铝电公司志

2009——2021

《铝电公司志》编纂委员会　编

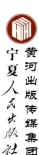

黄河出版传媒集团

宁夏人民出版社

图书在版编目（CIP）数据

铝电公司志. 2009—2021 /《铝电公司志》编纂委员会编. —— 银川：宁夏人民出版社，2024. 11. —— ISBN 978-7-227-08037-4

Ⅰ. F426.32

中国国家版本馆CIP数据核字第2024XJ5180号

铝电公司志（2009—2021）　　　　　《铝电公司志》编纂委员会　编

责任编辑　陈　浪
责任校对　陈　晶
封面设计　冯彦青
责任印制　侯　俊

 黄河出版传媒集团 宁夏人民出版社　出版发行

出 版 人　薛文斌
地　　址　宁夏银川市北京东路 139 号出版大厦（750001）
网　　址　http://www.yrpubm.com
网上书店　http://www.hh-book.com
电子信箱　nxrmcbs@126.com
邮购电话　0951-5052104　5052106
经　　销　全国新华书店
印刷装订　宁夏凤鸣彩印广告有限公司
印刷委托书号　（宁）0031065

开本　889 mm×1194 mm　1/16
印张　46
字数　900 千字
版次　2024 年 11 月第 1 版
印次　2024 年 11 月第 1 次印刷
书号　ISBN 978-7-227-08037-4
定价　260.00 元

《铝电公司志》编纂委员会

主　　任　冯建清

副 主 任　吴克明　　　刘　卫

成　　员　魏永春　　赵明杰　　张廷锋　　赵生茂　　周庆华　　张　永
　　　　　张志军　　张丽宁　　颜传宝　　胥克俊　　高士友　　郑小虎
　　　　　宋　越　　田　泽　　付　励　　党建锋　　刘志锋　　徐占亮
　　　　　邢继广　　杜向武　　邵　擎　　智世奇　　刘孝民　　蒋文多
　　　　　詹　磊　　王　斌　　李祖国　　魏永鹏　　周　涛　　杨丹丹
　　　　　黄晓明　　赵国利　　林金华　　王克义　　吕树平

《铝电公司志》编纂委员会办公室

主　　任　刘志锋

副 主 任　杜水锋　　高中华　　王兆虎　　沙　乐

成　　员　付晓强　　孙浩然　　刘志涛　　黄莎莎　　陈　琳　　黄　凯
　　　　　程闯将　　赵雯雪

《铝电公司志》编辑部

主　　编　冯建清

副 主 编　吴克明　　　刘　卫

执行主编　张韶华

编　　辑　吴卫国　　贺玉艳　　金　霞　　郭恒君（外聘）　　马生珍（外聘）

参　　编　杨新亮　　李富军　　吴　芳　　刘福明　　陈江伟

图片编辑　刘志涛　　韩新栋

铝电公司本部办公区

铝业国贸员工在夜盘开展套期保值交易

铝电金海几内亚项目铝土矿（出口）集堆场

山西铝业氧化铝生产厂区

遵义公司氧化铝生产厂区

临河发电厂区

青铝发电厂区

中卫新能源香山风电场

青铜峡分公司厂区

宁东分公司厂区

科技工程公司铝合金光伏支架

青鑫炭素大规格全石墨阴极炭块

新材料公司高端圆柱锭

山西铝业与中南大学合作研发的铝土矿无钙拜耳法溶出技术研发项目达到国际领先水平

山西铝业烧结法生产线是我国第一条、世界第二条串联法氧化铝生产线

遵义公司瓦厂坪矿首次将综合机械化开采工艺运用到地下铝土矿山

遵义公司氧化铝厂低品质高硫铝土矿焙烧提质工艺技术及装备，开创了铝行业悬浮焙烧脱硫规模化生产的先例

宁东分公司两段式电解烟气净化超低排放工艺技术装置系国内首家

科技工程公司铝电解废阴极炭块资源化综合利用项目生产系统达到国内领先水平

2009年9月25日，宁夏能源铝业党委书记、总经理黄河（中）与公司领导班子部分成员商讨企业发展大计

2020 年 1 月 25 日，公司党委书记、董事长刘丰（中）到几内亚项目现场慰问

2021 年 9 月 27 日，公司党委书记、董事长冯建清到青鑫炭素调研

2021 年 9 月 29 日，公司党委副书记、总经理吴克明到山西铝业调研

公司团委在扶贫帮扶点宁夏泾源县大湾乡苏堡村开展"映山红·点灯圆梦"爱心助学活动

公司驻海原县七营镇张堡村工作队队员给村民讲解菌菇种植技术

疫情期间，公司各单位配合防疫部门开展全员防控

公司举办职工篮球赛

公司举办"奋斗百年路，启航新征程"庆祝建党100周年职工合唱比赛

公司举办"未来之星"训练营

（本志书图片均由公司党建部提供）

序

　　《铝电公司志（2009—2021）》（以下简称《铝电公司志》）的付梓出版，是继《青铝志》之后又一部重要的公司史料集成，是记录历史、服务当代、惠及后世的一部志书，其存史、资治、育人之价值不可估量。

　　盛世修志，在于存史。《铝电公司志》仍续前志体例，上限始于2009年初，下限止于2021年末，以习近平新时代中国特色社会主义思想为指导，坚持马克思主义唯物史观，以适量的图片、翔实的数据、精练的文字，客观记录期限内宁夏能源铝业和铝电公司的历史沿革、发展与现状等真实历史，既传承"求实、创新、团结、图强"的青铝精神，更重现铝电公司（宁夏能源铝业）浴火重生、玉汝于成的奋斗历程。

　　志为信史，在于资治。处在中华民族伟大复兴的新时代，我们有责任为后人留下一部系统而翔实的企业史料，用定格的历史瞬间，展示铝电人无畏风雨、砥砺前行的智慧和勇气。2021年3月，公司党委聚有识之士，集各方之力，历三载寒暑，夜以继日，秉笔直书，数易其稿，终成本志。《铝电公司志》据事直书，以事系人，述而不论，从不同层面和角度重现了公司从小到大、从弱到强、从单一到多元、迅速发展的历史原貌。历经13年，公司由最初单一的电解铝生产，发展成铝土矿—氧化铝—电解铝—铝业贸易—电力供应（火电、新能源）完整的全产业链，布局也由宁夏一域辐射到山西、贵州、广西、北京、上海等多个省、自治区、市，并延伸到几内亚共和国。2021年，铝电公司营业收入415.65亿元，利润总额15.09亿元，资产总额403.55亿元。沧桑巨变，囊括其中。一卷在手，既宏观鸟瞰铝电概况，又微观透视沧桑巨变。阅之，实为铝电之镜，观兴废盛衰，知是非得失，明发展方向。

　　以志为鉴，继往开来。修志之意，旨在告慰前人，激励当代，启迪后世，造福桑梓。站在"两个一百年"交汇点上，期望铝电公司全体干部员工，准确把握习近平新时代中国特色社会主义思想丰富内涵和高质量发展本质要求，继承先辈壮志，发扬拼搏精神，人尽其才、物尽其用，踔厉奋发、争先实干，为全面建成世界一流清洁能源企业贡献力量。

　　寥寥感言，是以为序。

党委书记、董事长　冯建润

2024年4月29日

目　录

凡　例

一、《铝电公司志（2009—2021）》（以下简称"本志"）以习近平新时代中国特色社会主义思想为指导，坚定文化自信，遵循新时代社会主义新志修编要求，运用辩证唯物主义和历史唯物主义的观点、方法，客观记述宁夏能源铝业和铝电公司的历史与现状，发挥志书存史、资政、育人作用。

二、本志时间断限，始于 2009 年 1 月 1 日，止于 2021 年 12 月 31 日。为保持事物的完整性，部分内容适当上溯。

三、本志实行小编制，遵循"横分门类，类为一志"，"横不缺要项，纵不断主线"，"以事系人"的原则和编纂方法，遵照事物基本属性，分章、节、目、子目四个层次进行记述，节下目分别用一、（一）、1、（1）序号区分。章下设概述，节、目之下，直书其事。前有序言、彩插、概述、大事记，后殿附录、修志始末。

四、本志采用规范的汉语现代语体文书面语，运用第三人称，"横排竖写，述而不论"的记述方法，语言朴实、精练、流畅。采用述、记、志、传、图、表、录等体裁，以志体为主，适当增加图表。

五、本志大事记主要收录公司发展历程中发生的大事、要事、新事、特事，采用编年体与纪事本末体相结合，日期不详者，排于月末，用"本月"表示。月份不详者，排至年末，用"本年"表示。本年、本月、同日数事者，用"△"表示。

六、本志遵循生不立传原则，采用简介、名录等形式，将历届公司领导、省部级及以上劳动模范、公司管理的干部、断限下限在册的副高职称及以上职称人员及受到国家电投、公司表彰的先进集体、劳动模范、先进个人、先进党组织、优秀共产党员、优秀党务工作者载入志书，以获奖层级、年度为排序，其他以姓氏笔画排序。

七、本志设所属公司章节，按管控要求，只介绍 16 家三级管理主体单位，其他公司在其母公司或一体化管理、代管公司中介绍，支持性中心不做介绍，投资、注销公司列表做简要介绍。

八、本志涉及公司名称，每章首次出现用全称，其余以简称记述。所属子（分）公司名称，以公司发文明确的全称或简称记述。

九、本志使用标准简化字书写，执行《通用规范汉字表》规定。标点符号用法执行中华人民共和国国家标准《标点符号用法》。

十、本志使用数字、时间、计量等，一律按照中华人民共和国国家标准《出版物上数字用法》统一规范书写；时间采用公元纪年、阿拉伯数字书写；计量单位除习惯用法外，一律使用中华人民共和国法定计量单位，使用汉字表述。

十一、本志资料，主要来源于公司档案室、网站、《宁夏能源铝业报》、《青铜峡铝业报》、《铝和电》杂志及各部门（单位）档案资料；数据均来自公司主管部门的公开数据。

概　述

一

初心不改历沧桑，青铝英杰以梦为马筚路蓝缕三线精神铸铝魂；

始志终存逢盛世，铝电雄才不负韶华栉风沐雨风光无限绘绿电。

由铝电全产业链和新能源赋能的特大型企业集团——国家电投集团铝电投资有限公司（国家电投宁夏能源铝业有限公司），位于我国西北边陲、宁夏首府银川市，在"绿色、创新、融合，真信、真干、真成"价值观的培植下，在"风光无限，国家电投"品牌文化感召下，熠熠生辉。立足新发展阶段，贯彻新发展理念，构建新发展格局，推动高质量发展，风光无限，未来可期；涵盖煤炭开发、火力发电、风光发电、铝土矿开采、氧化铝生产、电解铝冶炼及铝产品铸造加工等业务，蕴藏着风力发电、光伏产业、智慧能源和氢能开发的巨大潜力；凝聚着科技创新、资源共享、贸易拓展和人才聚集的战略智慧；它是"社会主义是干出来的"的光辉典型，是三线建设的历史丰碑，是风光无限的精神象征，是中国有色金属行业的杰出代表，是国家电投产业一体化的生动案例，是宁夏经济社会发展的强力引擎。

2008 年，为促进宁夏地方国企青铜峡铝业集团有限公司（简称青铝集团）和中国电力投资集团公司（简称中电投）在宁夏的共同发展，发挥各方在区域、资源、人才、产业、资金、品牌等优势，大力发展电力、煤炭、铝业、煤化工等循环经济产业链，宁夏国资委、中电投、青铝集团三方决定全面开展战略合作，实施重组。国家电投作为我国五大发电集团之一，是集火电、核电、清洁能源、煤炭、铝业、铁路、港口、贸易等于一体的综合性能源公司，产业分布全国 25 个省区市。青铝集团是中国有色金属系统铝冶炼骨干企业和宁夏回族自治区特大型工业企业，电解铝、炭素制品生产规模位居全国单体电解铝生产企业前列，"QTX"牌铝锭于 1996 年在英国伦敦金属交易所和上海证券交易所注册，成为国际免检产品，连续多年名列全国 500 强及制造业 500 强。同年 12 月 26 日，中电投宁夏青铜峡能源铝业集团有限公司（简称宁夏能源铝业）挂牌成立，注册地在银川市金凤区新昌西路168号。按照中电投部署，宁夏能源铝业按照专业化管理原则，对旗下资产进行整合，全面深化改革，制定"三步走"发展战略，迅速在火电、煤炭、风电、光伏发电、电解铝等产业取得突破和长足发展，基本形成煤电铝产业链。

2016年，国家电投根据市场形势变化和国有资产投资公司建设要求，为优化整合铝土矿、氧化铝、电解铝及配套电力等上下游资源，发挥产业协同优势，提升铝业板块价值创造能力和市场竞争能力，按照"专业化板块发展要突出核心主业和核心能力"的要求，拟整合组建专业化公司。同年10月21日，国家电投决定合并重组国际矿业、宁夏能源铝业、铝业国贸的相关资产和业务，将国际矿业更名为国家电投集团铝电投资有限公司（简称铝电公司），总部设在北京，注册地为北京市西城区西直门外大街18号，宁夏能源铝业、铝业国贸归并铝电公司。按照产业一体化、管理专业化、机制市场化的全产业链创新型现代化企业目标要求，铝电公司被国家电投赋予"专业化产业子集团、铝业贸易服务平台、铝业科技创新平台"三大职能。经过两年运行，2018年底，为缩短与生产一线和职工群众的距离，靠前指挥，铝电公司请示国家电投同意，将机关搬迁到宁夏银川市金凤区，与宁夏能源铝业进行管理整合。2019年4月1日，铝电公司工作人员由北京搬迁至银川市金凤区新昌西路168号，与宁夏能源铝业机关合署办公，2个公司按照"两块牌子、一套班子、一个机关"运作模式，完成管理整合。

遵循协同发展、高效运营的原则和三级管控的要求，铝电公司优化调整管控体系和组织架构，建立更加高效的运转机制，形成以铝电产业链为核心的产业集群，产业主要分布于宁夏、山西、贵州、上海、北京以及非洲几内亚共和国。

截至2021年12月，铝电公司（宁夏能源铝业）共注销公司21家，投资参股9家，运行40家。运行公司中，有子公司31家，分公司4家，服务中心5家。按三级管控的要求，公司三级管理主体单位16家，用工总量9175人，其中，管理人员686人，专业技术人员876人。主要生产、经营电解铝、氧化铝、铝土矿及配套电力、铝产品加工、电力（火、风、太阳能发电）及热力和综合能源开发，铝业和其他金属进出口及国内外贸易融资业务。电解铝产能99万吨／年，炭素产能52万吨／年，其中，铝深加工产能30万吨／年、阳极炭素产能48万吨／年、阴极炭素产能4万吨／年；电力装机293.83万千瓦，其中，火电190.1万千瓦，风电84.65万千瓦，光伏19.08万千瓦；铝土矿产能1120万吨／年，氧化铝产能390万吨／年。

2009—2021年，累计生产阳极炭块587.3万吨，焙烧阳极炭块546.62万吨，阴极炭素制品41.4万吨，原铝液1205.49万吨，铸造铝产品793.58万吨；总发电量1163.73亿千瓦时，其中，火电 1060.12 亿千瓦时，风电 86.46 亿千瓦时，光伏 17.15 亿千瓦时；2017—2021 年，累计开采铝土矿 1016.02 万吨，生产氧化铝 1482.02 万吨。

2009—2021 年，宁夏能源铝业累计营业收入 1791.9 亿元，利润总额 1.92 亿元，缴纳各项税费 68.69 亿元。截至 2021 年 12 月 31 日，资产总额 189.46 亿元。

2017—2021 年，铝电公司累计营业收入 1835.57 亿元，利润总额 13.71 亿元，缴纳各项税费 50.55 亿元。截至 2021 年 12 月 31 日，资产总额 403.55 亿元。

二

发展是第一要务，是企业兴衰成败的基石。

2008 年，公司成功回购加宁铝业外方股权、收购青鑫炭素 100% 的股权，资产总额由重组时的 129 亿元增加到 168 亿元。

2009 年，公司适时把握国家西部大开发及宁夏回族自治区跨越式发展的大好机遇，在国际金融危机、市场需求紧缩、行业亏损和电力产业竞争日趋激烈的情况下，积极推进区域电力、煤炭、电解铝各产业发展，全力推进铝电一体化工作。按照"符合国家产业政策，符合宁夏回族自治区发展规划，符合集团公司发展战略"的原则，制定"三步走"发展战略，到 2010 年，产业集群初具雏形，形成产业链开发梯次和持续开发格局，成为西北区域具有一定市场竞争力的能源铝业集团；到 2015 年，产业集群发展格局基本形成，各产业链协同效应显现，成为国内有较强市场竞争力的能源铝业集团；到 2020 年，产业集群协同效应显著，成为国内技术装备最先进、国内外整体实力突出、可持续发展能力强、文化一流、技术一流、管理一流的大型能源铝业集团。

先后建设并投产青铝自备电厂 2×33 万千瓦机组、临河电厂 3×35 万千瓦机组、中卫热电 2×35 万千瓦、中卫香山 330 千伏升压站及输电工程、中卫香山 1—13 期 64.75 万千瓦风电、中卫香山 3 万千瓦光伏电站、红墩子 6 万千瓦光伏电站、吴忠太阳山 3 万千瓦光伏电站建设。电力总装机总容量 293.83 万千瓦，其中，火电 190.1 万千瓦，风电 84.65 万千瓦，光伏 19.08 万千瓦，清洁能源占比 23.01%。

扩大电解铝生产规模，宁东 350 千安、400 千安 2 个电解铝系列建成投产，增加电解铝产能 57 万吨 / 年，公司电解铝产能达到 115 万吨 / 年，阳极焙烧块产能 48 万吨 / 年，青铝股份进入工业和信息化部第二批符合《铝行业规范条件》企业公告名单。建设铝深加工项目，延伸铝加工产业链，铝深加工产能30万吨/年。对石墨化进行技术改造，形成阴极炭素产能4万吨/年，高石墨质炭块、石墨化阴极炭块等主要产品出口澳大利亚、德国、瑞典、荷兰、美国、巴西、印度、埃及等27个国家和地区41家铝企业，"青鑫"品牌以质量、信誉、服务等优势被国内外各大型电解铝企业认可。

推进氧化铝产业链建设，在山西、贵州境内开发铝土矿，建设氧化铝生产线，氧化铝年产能390万吨。在几内亚共和国获得884平方公里的铝土矿开采权，铝土矿产能累计达到1120万吨/年。获取宁东红墩子煤田11亿吨地质储量煤炭资源，基本形成以煤炭、氧化铝为产业基础，多能互补、综合开发的优越条件。

坚持"专业化产业子集团、铝业贸易服务平台、铝业科技创新平台"职能定位，瞄准"三化一型"战略目标，加强产业协同建设。落实国家产业政策，完成120千安、160千安电解系列产能关停。争取宁夏回族自治区产业政策和国家用电政策支持，成功实现青铜峡、临河发电机组直连线路点对点直供电解铝系列。获取宁夏电解铝供电模式与用电价格文件，与国网宁夏电力公司签署供用电协议，妥善解决电费结算遗留问题，实现电解铝自备供电模式，自备供电比例达100%。公司基本形成铝电产业一体化协同发展的全产业链格局，整体实力、抗风险能力和市场竞争力增强，成为国家电投重要的铝业发展平台、重要人才输送平台和铝板块重要企业，获"推动宁夏可持续发展十佳功勋单位"荣誉称号。

三

管理是永恒的主题，是企业兴旺昌盛的根本。

2009年，公司以建设电解铝生产基地、铝业发展重要平台和核心企业为目标，按照"综合管理＋专业管理＋监督保障"的管控模式，实行全员目标成本管理，实施节能减排措施，开展节约增效专项活动，紧盯大宗原材物料市场价格变化，整合供应渠道，减少供应环节，落实各项控亏减亏措施，降低财务费用，最大限度地降低生产物料采购成本，实现扭亏为盈。

受金融危机影响，公司连续四年亏损，2015年被国务院国资委列为重点治亏企业之一，要求限期扭亏。党的十八大的召开，为企业带来发展机遇，公司结合实际，制订三年治亏方案，以控亏脱困为重点，顺利完成无效、低效资产的核销工作，通过启用法人透支账户、加大承兑汇票支付、发行企业债券、压缩原材物料库存等措施，严格控制非生产经营性支出。发挥国家电投铝业贸易平台优势，通过集中电煤运输、优化铝产品发运结构、近距离串换氧化铝、转售进口长单、减少短倒中转、增加罐车等措施，减少生产成本，降低物流费用，努力改善经营困境。

按照国家电投"2035 一流战略"和"管理中心、利润中心和成本中心"管控要求，建立对子公司以利润为导向、分公司以成本控制为主的绩效考核机制，将公司年度综合计划、预算指标及年度重点任务与单位领导班子经营业绩挂钩，引导工作重心转移，促进生产一线降本增效。

加强电力板块运营管理，及时消除初期运营缺陷，通过开展劳动竞赛、技术消缺、机组大修等，实现电力板块的安全平稳运行。严格控制采购成本，实施燃料集中管控，减少二次转运及储存损耗，控制入厂、入炉标煤单价，减少供电煤耗。加强新能源运营管理，努力提高设备可靠性，风电损失电量、电站综合厂用电率大幅降低，电力板块发挥了利润支撑作用。

加强铝业板块生产管理，不断优化铝产品销售结构，实行铝液差异化销售，增加收益。加强设备维修管理，缩短电解槽大修周期，提高工作效率。整合优化铝业核心生产流程，理顺生产管理关系，提高设备保障水平。

开展对标综合评价和指标达标工作，加强制度体系和管理流程建设，制定主要岗位标准及业务流程，完善四级对标管理，以国家电投、区域内先进单位及民营企业为标杆，推进技术指标、成本指标不断改善，形成横向到边、纵向到底的全面管理格局。

加强人力资源管理，建立铝业技能培训师资队伍，健全煤炭、铝业板块评标专家库、合格供应商名录。推进风险控制体系建设，建立风险管理及内部控制标准，有序开展风险管理及内部控制自我评价工作。推进信息化建设，建设安全生产监控平台，实现工业视频监控信息的集中显示和生产控制系统数据的实时传送。推进商密网建设，实施公文节点限时督办，提高办公效率。

在加强生产运行管理的同时，不断推进产业协同。截至 2021 年，铝土矿—氧化铝侧自供率由 2019 年 12% 提升至 29%，成为驱动氧化铝降本的关键因素。电—铝侧，直连直供保持较高负荷动力供应，降低铝侧用电成本。大宗原材料采购集中度实现 100%，燃煤厂矿直供比提升至 61%，产业链要素禀赋优势持续扩大。

加强安全生产管理，建立起涵盖班组、岗位的安全生产管理、监督、保障体系，对主要生产经营单位全部设立独立的安全生产监督机构。建立"党政同责，一岗双责"的目标管理责任制，并将安全责任逐级、逐层落实到各岗位、各操作人员，形成一级抓一级、一级对一级负责的安全生产责任网络。推进安健环体系建设，完成管理手册、标准编制，建立全员、全过程的反违章防控体系和以绩效分配为导向的安全生产责任制体系。落实安健环管理体系与"三标一体"（质量、环境、职业健康安全）融合，推行安健环风险闭环管理，实行工作票制度和安全风险抵押金制度，建立外委劳务公司月度安全评价机制。强化安全生产督查、专业检查，实施隐患、危险源清单管理。推进 HSE 管理体系建设，强化工具应用，推广电力板块"二十五项反措"，实现优秀安全管理成果在各板块共享。加强班组安全管理，通过示范引领和现场交流，有效提升班组安全建设水平，青铜峡分公司动力综合维修班和青铜峡分公司成为首批国家电投安全建设示范班组和示范单位。建立应急管理体系，制订公司综合应急预案及专项预案，建立区域应急联动机制，开展应急培训和演练。强化安全责任落实，制定机关 123 个岗位、14 家直管单位的安全生产责任制到岗到位标准，开展"零死亡"安全专项工作，推进安全生产三年行动，安健环体系建设和质量贯标实现内审全覆盖，机关和所属生产单位通过"三标一体"认证审核。

在落实环保"三同时"的基础上，开展区域污废水治理工作，实施环保在线监测，实现污染源实时监测、达标排放。公司成为国内首家取得电解铝固废无害化处理资质的企业。落实绿水青山就是金山银山理念，督办重点环保改造项目，累计投入 14.6 亿元资金，先后完成火电机组超低排放、烟囱防腐、电解铝阳极煅烧、焙烧系列烟气净化除尘等改造，电解铝大修渣危废处理取得经营许可证，各生产企业主要污染物排放全部达标，并获取排污许可证，所有废气均达到行业特别排放限值。

四

改革是企业健康发展的动力，是决定前途命运的关键。

根据国家电投"着力在推进管控一体化和打通资本市场融资通道方面实现两个重大突破"的要求，实现宁夏能源铝业和青铝股份的管理整合。结合煤电铝产业建设，推进体制机制改革，落实"三级管理"机制，完成四、五级公司清理。完成铝业股权重组，实现铝业板块生产要素的集中管控，提升生产要素配置能力。按照"职能不重叠，事权界面清，业务流程顺"原则，优化工作流程，建立职能统分结合、责权清晰一致的层级管理体制。完成煤炭板块"两矿一厂"改革，提升专业化管理水平。完成青铝发电管理权接收，实现移交后生产的平稳运行。完成青铜峡、宁东区域化改革，煤炭板块管控优化、工程检修优化整合，理顺管理关系，缩短管理链条，节约生产管理成本。实施市场化改革，下放管理权限，赋予青鑫炭素、工程检修等公司组织架构调整权、自主用工权、分配自主权，平稳高效完成运营管控改革，企业的主观能动性得到释放。实施铝电公司和宁夏能源铝业管理整合，实行三级管控，理顺管理关系，改革体现出"铝电速度"和责任担当，得到国家电投党组的充分肯定。

持续推进劳动用工和薪酬制度改革，建立市场化用工机制，强化劳动定员和劳动合同管理，开展定员定编工作。建立以经济效益为导向的工资总额管理体系，实行差异化考核，在绩效管理体系基础上，增加专项考核指标，实施铝产品销售人员效益工资与吨铝销售费用、价格挂钩的业绩考核，年终绩效增量向一线职工和关键岗位倾斜，形成"业绩升薪酬升，业绩降薪酬降"的工资总额预算机制。加大对公司发展、成本控制有突出贡献人员的奖励力度，逐步减少内部分配矛盾。

深化人事制度改革，实施干部末位淘汰制和干部轮岗交流制度，推行实岗竞聘和考核分配制度改革，建立干部能进能出、能上能下的选人用人机制。推进管理干部选拔方式改革，实行主要负责人组阁制，落实业绩和任期责任制考核制度。

实施供给侧结构性改革，规范高效完成眉山铝业资产处置，完成青铝股份和青鑫炭素特困企业专项治理，完成鼎泰氧化铝"僵尸企业"处置，实现权益最大化，实现扭亏为盈攻坚计划任务。落实国家供给侧结构性改革精神，淘汰落后产能、减少同质化竞争、缓解经营困难，关停120千安、160千安2个小型预焙电解铝生产系列。优化区域煤电资源配置、促进宁夏区域中央企业煤电资产的健康可持续发展，将中卫热电国有产权无偿划转给国家能源集团宁夏电力有限公司，提高管理效率和整体效益。红墩子煤矿项目在取得国家能源局核准批复后，通过公开挂牌方式转让给北京昊华公司，合作开发，盘活煤炭资产。

稳妥实施主辅业分离，推进辅业主业化、社会化改革。青铝股份收购实业公司股权，积极与地方政府协商资产移交，争取足额编制，做好人员安排和职工利益维护工作。推进职工医院整体移交地方，完成生活区物业、安保社会化，实现青铜峡区域"三供一业"分离移交和设施维修改造工作。

五

科技是第一生产力，创新是企业发展的第一动力。

　　坚持创新驱动发展战略，不断推进科技创新工作，主动融入国家第二批科技创新型（试点）企业创建活动，完成国家发改委 2007 年重点科技创新产业化项目——电解铝固体废弃物的无害化利用技术实验室阶段性工作，完成 350 千安新型阴极结构铝电解槽技术研究与开发，得到中电投的高度关注。350 千安电解预焙阳极增产节能关键技术的研究应用项目获宁夏科学技术进步奖二等奖。青鑫炭素被科技部认定为全国高新技术企业。在青铜峡 350 千安电解系列和宁东 400 千安电解系列成功应用新型阴极钢棒技术，在宁东 400 千安电解系列成功运用电解、供电整流系统一体化技术，成为行业示范。实施 350 千安新型阴极结构铝电解槽技术改造及大型高效节能铝电解新技术研究与应用项目，被列入宁夏重大科技攻关计划项目。

　　加强科技研发与技术成果推广，铝电解生产智能系统及其推广与应用等 6 个项目分别获得中国有色金属行业与国家电投科技进步奖，铝电解生产智能系统及其推广运用项目获中国有色金属工业科学技术奖一等奖，重大技术开发项目——公司电解铝固体废弃物无害化利用转入工业化生产。组建技术工程公司，积极开展对外技术服务。公司成立以来，根据市场变化及客户需求，通过集中人力、财力、物力自主研发以及引进国内外先进工艺设备、与国内科研院所、高等学校、企业联合开发等形式，先后与 40 余家高等院校、科研院所、企业开展合作 107 项，开发新产品 26 项。完成铝电解科技创新团队、铝材深加工研发团队、炭素实验室的组建，成功研发 8030 合金产品，填补公司生产高端产品的空白。铝电解用阴极冷捣糊技术研发项目荣获中国有色金属工业科技进步奖二等奖，Al 99.90 铝实验取得阶段性成效。将创新成果与创新者收入和职业发展密切挂钩，科技创新奖励积分直接运用到岗位工资薪档晋升管理，激发全员创新工作热情。2010 年到 2021 年，各单位累计开展 QC 小组活动 412 项，创新项目 48 项；共征集合理化建议 2887 条；科技创新奖励 104 项，立项 47 项，创造价值 1.27 亿元；发表科技论文 869 篇。累计发放创新奖金 217.46 万元，一线员工获奖占比 55.3%。"十三五"期间，公司践行绿色低碳循环发展理念，创新实施全国氧化铝行业首例焙烧炉余热回收供热改造，项目经济效益、环保效益和社会效益显著。以解决生产实际问题为导向，加强研发项目成果转化，普铝自动打渣机器人在宁东铸造车间上线试用，成功研发多功能天车激光防撞装置，创新成果丰硕。宁夏能源铝业"邓宏兴劳模创新工作室"被评为"国家级技能大师工作室"，山西铝业、遵义公司、中卫热电、青铝发电、青鑫炭素多项科技成果获得国家电投和省级科技创新奖励。

　　落实创新驱动发展战略，新产品研发取得突破，重大技术攻关取得实效。遵义公司综采工艺在铝土矿首次应用取得成功、矿石焙烧脱硫技术研发成功并运用，科技工程公司风机塔筒免爬器大面积安装，铝合金建材在几内亚营地得到应用，青鑫炭素高体密石墨化炭块研发取得突破，山西铝业"无钙拜耳法溶出技术"、宁东分公司"两段式烟气净化超低排放技术研究"进入行业领先水平。众多科研项目获得政府科技创新支持和补助，2009年到2021年，公司共获得行业、宁夏回族自治区、国家电投科技项目奖励28项，共制（修）定国标、行标、团体标准34件，拥有授权专利175件。QTX商标2009年荣获中国驰名商标，连续八年荣获宁夏著名商标称号。技术中心通过国家复评认定，公司成为国家电投铝产业科技创新中心的依托建设单位，公司被国家工商行政管理总局列入国家商标战略实施示范城市（区）、示范企业名单。

六

坚持党的领导，加强党的建设，切实发挥国有企业党委"把方向，管大局，促落实"的领导作用。按照"大党建，强体系，聚人心，创价值"的工作思路，构建"大党建"工作体系。

公司党委始终把加强党的政治建设放在首位，把党的领导嵌入公司治理各环节，牢牢抓住国有企业的"根"与"魂"，把党的建设写入公司章程，把党委研究讨论作为董事会、经理层决策重大经营事项的前置程序，明确党组织在企业治理结构中的法定地位，确保党委重大决策部署在公司落地落实。

加强思想政治建设，全面落实意识形态工作责任制，树立社会主义核心价值观和国家电投"绿色、创新、融合，真信、真干、真成"价值观。充分利用自有宣传平台，联合主流媒体，抓住重大事件、关键时间节点，开展系列宣传报道工作，传承和弘扬"求实、创新、团结、图强"的青铝精神。开展深入学习实践科学发展观、"三严三实"专题教育、"两学一做"学习教育、"不忘初心、牢记使命"主题教育、党史学习教育活动，深刻领悟"两个确立"的决定性意义、增强"四个意识"、坚定"四个自信"、做到"两个维护"，把握新时代新征程党的中心任务，把党的政治建设融入公司改革发展全局，努力完成使命任务。围绕降本增效、扭亏增盈中心工作，积极探索党建工作新思路，开展"在状态，善谋事，风气正"为主题的解放思想大讨论活动，"转作风，促发展，大干100天，冲刺年度目标"主题实践活动，开展扭亏增盈我争先，"节支增效，提质降耗"系列活动，开展共产党员模范工程和党员立功竞赛活动，努力把政治优势转换为竞争优势。结合生产经营、项目建设组织开展形式多样的党员攻关、技术竞赛活动，为生产经营鼓劲助力。开展"保目标，降成本，增效益"，"亮牌示范，公开承诺"等主题实践活动，促进挖潜增效，提升企业效益。完善送温暖长效机制，开展节前及困难职工、一线岗位慰问活动，丰富职工业余文化生活，促进和谐企业建设，公司荣获"中央企业思想政治工作先进单位"。

落实全面从严治党主体责任，发挥巡视巡察利剑及"大监督"协同联动作用，不断加强对重点领域和关键环节的监督检查，全面配合审计署、国家电投对公司的审计工作，公司对所属单位资产负债损益审计、离任审计覆盖面达 100%。强化对重点部门、重点岗位的监督管理，对"小金库""账外账"进行清查，紧盯疫情防控、"采制化"、招投标、能源保供等关键领域进行专项检查，规范招标条件、程序、办法。加强对废旧物资管理、物资采购供应的效能监察，开展财务收支、经济责任及各类专项审计，建立内部控制约束机制。开展基层"软弱涣散"党组织专项整治，消除党员空白班组。严格落实中央八项规定精神，制定《全力推进铝电公司"1 号工程"加强作风建设八条规定》，严控非生产经营性支出，主动从严监督执纪问责，努力营造风清气正良好氛围。

加强党的组织建设，各级领导干部带头深入基层单位讲党课，带头参加双重组织生活，指导党建联系点工作。按照"围绕中心，找准载体，积极作为"的工作主旨，充分发挥党建工作服务中心、凝聚力量、推动发展、促进和谐的作用，通过开展基层示范党支部建设、"党员工程"、"劳模创新工作室"等品牌建设，提升全员的思想状态、工作状态、责任状态。围绕生产技术、安全管理、成本控制、科技创新、项目建设等重点工作，攻克技术难题，解决实际问题，将党建工作融入生产经营中心工作，形成组织互联、资源互通、功能互补的党建工作新格局，公司党委荣获国家电投"先进基层党组织"荣誉称号。

加强队伍建设，健全选人用人机制。按照国有企业领导人员"二十字要求"，紧紧抓住培养、吸引和用好人才三个环节，建立干部任期管理机制，完善职务职级分离并行管理机制，实施"515"人才培养计划，推行干部、人才常态化调研和骨干人才盘点，公司"职业经理人"人才库达到 50 人，"希望之星"155 人，"未来之星"337 人，综合管理、专业技术及技能人才库 713 人。推行"校企合作""实习顶岗"，实现"点对点"精准引才，"双一流"大学生招聘比例达到 20%。以提高工艺水平和操作能力为核心，持续加大技术技能人才培养，选派优秀青年干部到国家电投系统挂职锻炼，选拔优秀年轻干部到所属单位班子、专业总工等重要岗位培养锻炼，为"工匠"人才培养储备奠定良好基础。

发挥公司工会和共青团群团组织作用，在公司党委统一领导下开展"党群共建，创先争优"和"团旗飘扬工程"等主题实践活动，实施"青年奋斗者"成长积分管理，紧扣"选用育留"四大要素，在"未来之星"培养基础上，建立"希望之星"人才库，初步形成人才梯队，搭建青年成长成才平台。开展青年"五小"创新和职工创新创效活动，激发全员干事创业激情，5 个职工创新工作室被评为"国家电投示范创新工作室"，5 个单位、9 名职工分别获得"国家电投先进集体"和"杰出奋斗者"荣誉称号，多次获得国家电投技能竞赛个人和团体奖项。

遵循"奉献绿色能源，服务社会公众"的企业精神，发挥工团组织融入生产、服务生产的作用，主动履行社会责任，开展"金秋助学"，助力脱贫攻坚，落实产业扶贫、消费扶贫、教育扶贫等措施，帮助 5 个村实现整村脱贫。援建"中电投映山红郝渠希望小学"，提升公司社会形象。

加快文化融合，通过新建门户网站、党建网站，建设企业文化展厅，印发企业文化手册，推进标识统一等载体和形式，稳步推进国家电投企业文化融合、落地，公司图书馆被全国总工会命名为"职工书屋示范点"，公司被确定为宁夏企业文化示范基地。

七

雄关漫道真如铁，而今迈步从头越。

经过"十一五""十二五""十三五"的艰苦奋斗，公司已经形成以铝电产业为核心的全产业链，财务困境得到缓解，闲置资产得到盘活，核心产业走出困境，实现根本性好转。以县域为基本点的项目开发全面铺开，绿色低碳发展新跑道正在全速构建。

"十四五"时期，公司遵循国家电投发展思路，以"资源 + 能源 + 载能"绿电铝生态集成发展为方向，以产业一体化、管理专业化、机制市场化、产品高端化、业务国际化为路径，助力建设具有全球竞争力的创新型现代一流企业，助力国家电投"2035 一流战略"落地。到"十四五"末，原料保障率达到 100%，铝业成本竞争力进入前 30 分位，铝深加工比率达到 30%，铝业全产业链竞争力显著提升；电力产业效益明显发挥，装机规模达到 600 万千瓦，清洁比重 68%，大型清洁能源基地初具规模；资产总额达到 620 亿元，营业收入达到 544 亿元，利润总额达到 15 亿元。主动汇入国家电投"2035 一流战略"洪流，把握发展方向，积极探索新产业，谋求取得新实效。保持强烈的危机感，坚定发展信心，继续打好"存量牌、增量牌、未来牌"，全面推动战略落地。

继续发挥全产业协同作用，电解铝板块进一步巩固降本成效，发挥好利润支撑作用，加快装备自动化、智能化升级改造，加快"绿电制铝"进程，加大高附加值铝深加工产品研发和转化，全力推进电解铝产业绿色智能化及中高端转型升级。氧化铝板块进一步扭亏脱困，进一步挖潜增效，全力攻关焙烧脱硫和达产达标，确保完成控亏减亏任务。火电积极应对高煤价不利局面，在挖潜降本基础上，优化铝电两侧供电用电策略，逐步消除亏损。贸易板块严格落实国家电投关于金融衍生品业务的有关规定，以公司利益最大化为原则，创新商业模式，打造创新型贸易平台。按照 200 万千瓦容量落实清洁能源基地建设用地和建设指标，积极获取规划区域内清洁能源项目资源，力争与项目开发主体或当地政府签订合作协议，全力获取开发机会。加快推进氢能商业模式实证，在制氢示范项目投运实证基础上，以宁东精细化工用氢、车用加氢及氢能重载卡车作为发展重点，加快推进宁东氢能交通示范项目和加氢示范项目，加快发展绿电交通，不断扩大换电重卡运用范围，增大运营规模。

按照公司改革三年行动方案和国家电投要求，做好董事会职权试点工作，指导试点单位落实董事会职权试点实施方案、修订公司章程，完善董事会规范运作的各项规章制度，建立健全子企业董事会工作制度。做好经理层任期制契约化管理，制定公司所属单位经理层成员任期制与契约化管理工作方案，明确任期综合业绩考核要求，抓好组织落实。探索中长期激励措施，在原有 JYKJ、SDSJ 等激励机制的基础上，结合公司战略发展方向，在新能源获取和开发、科技创新、市场化改革单位优化管控等方面引入中长期激励机制，实现经营业绩快速提升、科技创新突破和企业高质量发展。

深入贯彻中共中央、国务院部署，积极承接国家电投"2035 一流战略"，落实"资源 + 能源 + 载能""绿电铝生态集成发展战略"，认真查找认识、能力、行动方面的短板与不足，在推动经营发展、深化改革、科技创新、管理提升、"三新"产业等重点任务中体现"三问"成效。深入推进"学习型、研究型、创新型、落实型"四型企业建设，发挥各级党组织促落实的基本职能，在促落实中体现各级党组织的战斗力。健全完善各级党组织发挥领导作用的制度机制和抓决策部署落实的工作机制，抓好党的领导融入公司治理和"8+N"行动项在机关和三级单位的深化落实。发挥巡视巡察作用，加强对"关键少数"和敏感岗位的监督，完善制度流程，封堵"靠企吃企"后门，规范权力运行，营造风清气正的政治生态。按照习近平总书记关于对国有企业领导干部"对党忠诚，勇于创新，治企有方，兴企有为，清正廉洁"的重要指示，全力推进一流干部人才队伍建设，常态化开展干部人才盘点，做好 360 度评价，做到知人善任。强化梯次人才库和专业人才库入库人员培养，推进实施"515"人才培养计划，有计划安排"两星"人员到公司最需要的岗位进行锻炼，全力培养国际化和"三新"产业人才，力争全员做到脚下有泥、心里有火、眼中有光，在公司"十四五"高质量发展的新征程中贡献才智、共同进步。

大事记

1964 年

10 月　根据中华人民共和国冶金工业部的安排部署，沈阳铝镁设计研究院派工程技术人员就在宁夏建设铝厂的选址一事进行实地考察。

12 月 26 日　冶金工业部决定，宁夏铝厂的代号为冶金部三〇四厂。

1965 年

3 月 2 日　国家计划委员会批准铝厂设计任务书，同意在宁夏青铜峡建设铝厂，规模为年产电解铝 3 万吨。

1970 年

8 月 21 日　电解车间一厂房 44 台电解槽启动，标志着三〇四厂正式投产。

9 月 7 日　经国务院批准，冶金部将三〇四厂下放宁夏回族自治区管理，实行冶金部和自治区双重领导，以宁夏回族自治区领导为主。

1972 年

6 月 30 日　冶金部将三〇四厂名称改为宁夏青铜峡铝厂。

1983 年

12 月 20 日　国家计委批准了青铜峡铝厂二期工程设计任务书。

1985 年

4 月 3 日　青铜峡铝厂二期工程开工典礼。宁夏回族自治区人民政府副主席王燕鑫、杨惠云，宁夏回族自治区人民政府顾问夏似萍，中国有色金属工业总公司基建部副主任刘爽、机动设备部副主任高尚戎为项目开工剪彩、奠基。

1997 年

12 月 6 日　青铜峡铝厂三期工程开工典礼。宁夏回族自治区党委书记毛如柏、自治区人民政府代主席马启智、政协主席刘国范和中国有色金属工业总公司党组副书记、副总经理康义及副总经理张健为三期工程开工奠基培土。

2000 年

7 月 14 日　根据国务院 6 月 26 日下发的《国务院关于调整中央所属有色金属企事业单位管理体制有关问题的通知》要求，青铜峡铝厂由中央下放宁夏回族自治区地方管理。

2001 年

6 月 8 日　召开青铜峡铝厂三期工程投产庆祝大会。宁夏回族自治区党委书记毛如柏、宁夏回族自治区党委常委刘丰富、中国有色金属工业协会会长康义等出席大会。

11 月 5 日　由宁夏回族自治区人民政府主席马启智主持召开的自治区人民政府常务会议讨论决定，批准设立青铜峡铝业集团有限公司、青铜峡铝业股份有限公司。

12 月 26 日　青铜峡铝业集团有限公司成立大会隆重召开。宁夏回族自治区人民政府主席马启智出席大会。

2004 年

1 月 12 日   青铝四期 350 千安系列首批电解槽顺利通电。

9 月 26 日   青铝二期工程 106 千安电解系列 200 台电解槽全部停止运行。

2008 年

1 月 18 日   青铝股份宁东异地改造项目场平工程开工。

2 月   青铝股份被科学技术部、国务院国资委、全国总工会列入"全国第二批创新型试点企业"行列。

3 月 8 日   中国电力投资集团公司与青铜峡铝业股份有限公司、西安迈科金属国际集团有限公司在北京宁夏大厦举行宁东煤电铝项目战略合作框架协议签字暨项目公司揭牌仪式，共同组建中电投青铜峡迈科铝业有限公司（简称中青迈铝业）。宁夏回族自治区党委书记、人大常委会主任陈建国，宁夏回族自治区人民政府主席王正伟，中国电力投资集团公司党组书记、总经理陆启洲，中国电力投资集团公司副总经理石成梁，中国有色金属工业协会会长康义出席签字仪式，并为中电投青铜峡迈科铝业有限公司揭牌。

3 月 18 日   中青迈铝业电解铝项目开工建设。宁夏回族自治区党委常委、银川市委书记崔波，宁夏回族自治区人大常委会副主任冯炯华，宁夏回族自治区政协副主席解孟林等领导出席开工典礼。

3 月 18—19 日   黄河上游水电开发有限公司宁东项目筹建处召开中卫 2×330 兆瓦热电联产项目初步可行性研究报告审查会。

5 月 26 日   宁夏发改委印发《关于加快黄河水电公司在宁夏项目前期工作的通知》，进一步明确黄河水电公司对红墩子煤炭预测区进行风险勘察，并要求加快开展规划的煤炭、电力、煤化工及铝项目的前期工作。

5 月 29 日   中电投印发《关于成立中电投宁夏能源有限公司的通知》，明确中电投宁夏能源有限公司（简称宁夏能源公司）是中电投的全资子公司，首期注册资本金 10 亿元，负责管理中电投在宁夏的资产与股权。

6 月 13 日   宁夏能源公司完成工商注册登记手续。

6 月 18 日   宁夏能源公司在银川举行揭牌仪式，宁夏回族自治区领导陈建国、王正伟、刘晓滨、马瑞文、陈守信等，中电投总经理陆启洲，中电投副总经理丁中智、石成梁及有关部门领导和西北分公司领导出席揭牌仪式。陈建国、王正伟，陆启洲、丁中智揭牌。

7月9日　国家知识产权局局长田力普在宁夏回族自治区人民政府副主席张来武陪同下到青铝股份检查指导工作。

8月27日　宁夏国资委、青铝集团、中电投就与青铝集团全面开展战略合作、实施战略重组、促进青铝集团和中电投在宁夏的共同发展等事项在青铝集团进行友好协商。三方原则同意，将中电投在宁夏区域的全部企业（及股权）与青铝集团及其全部所属企业（及股权）进行战略重组，将上述全部的企业、资产（含权益）及负债、机构与人员、生产经营业务、规划发展及前期项目进行整合，成为在宁夏区域的特大型企业集团。

9月18日　电力规划设计总院在银川组织召开中电投宁夏中卫热电厂工程可行性研究报告审查会，原则通过可行性研究报告。

△　青铝股份一、二期技术改造项目通过自治区环保厅验收。

9月24日　中共中央政治局委员、国务院副总理回良玉率庆祝宁夏回族自治区成立50周年中央代表团第二分团成员，在宁夏回族自治区党委副书记于革胜，党委常委、组织部部长徐松南陪同下到青铝集团参观。

10月18日　宁夏回族自治区人民政府主席王正伟到青铝股份调研。

12月25日　中电投党组书记、总经理陆启洲，副总经理余德辉拜会宁夏回族自治区党委书记、人大常委会主任陈建国，宁夏回族自治区党委常委、秘书长、纪委书记刘晓滨。中国有色金属工业协会会长康义参加会谈。

△　中电投与宁夏国资委在银川举行合作协议签字仪式。根据协议，中电投宁夏青铜峡能源铝业集团有限公司（简称宁夏能源铝业）注册资本金50亿元人民币，宁夏国资委以持有的青铝集团全部资产（含股权）15亿元进入，持有30%的股权；中电投以持有的中电投宁夏能源全部资产（含股权）10亿元和现金25亿元进入，持有70%的股权。

12月26日　宁夏能源铝业成立大会在银川举行。宁夏回族自治区党委书记、人大常委会主任陈建国，自治区主席王正伟，自治区党委常委、秘书长、纪委书记刘晓滨，自治区人大常委会副主任马瑞文，自治区政协副主席陶源，中电投党组书记、总经理陆启洲，中电投党组成员、副总经理余德辉及中国有色金属工业协会会长康义应邀出席。陈建国、王正伟与陆启洲、康义共同为新公司揭牌。

2009 年

5 月 15 日　国家工商总局公布 2008 年度中国驰名商标，铝电公司"QTX"商标上榜。

5 月 19 日　中电投党组书记、总经理陆启洲在银川拜会宁夏回族自治区党委书记、人大常委会主任陈建国，就宁夏能源铝业战略重组后的项目建设情况进行会谈。

5 月 22 日　宁夏回族自治区人民政府副主席赵小平，带领自治区相关部门负责人到青铝股份调研。

5 月 24 日　宁夏能源铝业青铝东方国际有限公司与中国银行（香港）有限公司签署 5000 万美元氧化铝贸易融资额度协议。

6 月 24—25 日　中电投党组成员、副总经理张晓鲁到公司调研。

6 月 26 日　宁夏回族自治区党委书记、人大常委会主任陈建国到青铝发电调研。

6 月 29 日　青鑫炭素 1 万吨石墨化技改工程竣工投产。

7 月 6—8 日　中电投副总经理苏力到公司调研。

7 月 28—29 日　中电投总经济师王利民到公司调研。

8 月 17 日　中电投总工程师袁德到公司调研。

8 月 31 日　青铝股份异地改造项目宁东阳极系统投产。

9 月 24 日　宁夏回族自治区党委书记、人大常委会主任陈建国观看公司职工科技文化活动展览。

10 月 9 日　中电投党组成员、纪检组组长王先文在银川拜会宁夏回族自治区党委常委、纪委书记刘晓滨。

10 月 10 日　中电投党建思想政治工作研讨会在银川召开。中电投党组成员、纪检组组长王先文，国务院国资委党建局副局长卜玉龙，宁夏国资委党委书记魏锡良等参加。与会代表还参观了公司电解铝生产现场。

10 月 23 日　临河动力站一期工程开工。

11 月 10 日　中电投党组成员、副总经理余德辉到公司生产建设现场调研。

11 月 18—19 日　中电投党组成员、副总经理张晓鲁到公司调研。

2010 年

3 月 4 日　中电投党组书记、总经理陆启洲拜会宁夏回族自治区党委书记、人大常委会主任陈建国。

3月10日　公司与国开行宁夏分行签署长期战略合作协议。

3月13日　青铝股份异地改造项目二期一系列工程启动。

4月20日　中电投党组书记、总经理陆启洲拜会宁夏回族自治区人民政府主席王正伟，双方就中电投在宁夏的发展事宜进行会谈。

4月21日　公司干部职工捐款70余万元支援青海玉树抗震救灾。

6月3日　宁夏回族自治区党委常委、银川市委书记崔波到宁东电解铝项目建设现场调研。

6月29日　中国有色金属工业协会会长康义到宁东基地考察调研。

9月17日　中电投党组书记、总经理陆启洲拜会宁夏回族自治区党委书记、人大常委会主任张毅，宁夏回族自治区人民政府主席王正伟。中电投副总经理余德辉，纪检组组长王先文，总经理助理、办公厅主任邹正平，总经济师王利民，公司总经理黄河等参加。之后，陆启洲一行到公司调研。

10月19—20日　中电投党组成员、副总经理孟振平到公司调研。

2011 年

1月24日　公司承办中电投"迎春晚会"。

2月10—11日　吴忠太阳山光伏发电一期30兆瓦项目和中卫香山风电二期49.5兆瓦项目分别获宁夏发改委核准。

6月12日　临河发电1号机组168小时试运行成功。

△　公司参加中国西部国际能源与节能减排博览会。

6月15日　中电投党组书记、总经理陆启洲拜会宁夏回族自治区人民政府主席王正伟，并到公司调研。

8月18日　公司入围首届宁夏企业100强，位列第三。

8月19—20日　中国有色金属工业协会会长康义到公司调研。

9月21日　中共中央政治局常委、全国政协主席贾庆林到青铝股份通润铝材压延车间视察。宁夏回族自治区党委书记、人大常委会主任张毅，宁夏回族自治区人民政府主席王正伟，中电投总经济师周世平，公司总经理王同明陪同。

10月31日　公司宁东400千安电解系列全面投产。

12月2日　中卫香山风电一期工程CDM项目在联合国注册成功。

2012 年

1 月 12 日　公司获"宁夏回族自治区 A 级纳税信用单位"称号。

2 月 9 日　宁夏回族自治区党委书记、人大常委会主任张毅到公司调研。

2 月 15　中电投党组书记、总经理陆启洲在银川拜会宁夏回族自治区党委书记、人大常委会主任张毅。

2 月 16 日，中电投党组书记、总经理陆启洲就贯彻落实中电投年度工作会议精神、管控一体化改革及用工分配改革工作进行调研。

2 月 23 日　宁夏回族自治区人民政府副主席李锐到青铜峡生产基地调研。

3 月 6 日　宁东 330 千伏进线改造工程项目可行性研究报告通过宁夏经信委审查。

3 月 27 日　中电投党组成员、副总经理张晓鲁到公司调研。

3 月 29 日　公司主持修订的《中国电力投资集团公司企业劳动定员标准——电解铝企业劳动定员标准》正式发布。

4 月 10 日　青铜峡 350 千安电解系列优化改造项目通过联合国清洁发展机制（CDM）项目现场审核。

4 月 11 日　宁夏发改委下发《关于同意中电投宁夏能源铝业中卫香山 30 兆瓦光伏并网发电项目开展前期工作的通知》。

5 月 8 日　宁夏回族自治区人民政府副主席李锐陪同中国航天科技集团副总经理张建恒考察宁东生产基地。

5 月 12—13 日　青铝股份质量检测中心检验室通过国家认可委员会复评审。

5 月 17 日　公司与宁夏回族自治区银川高新区管委会、振发公司及东旭公司分别签订《关于振发公司光伏发电项目建设用地备忘》《关于东旭公司光伏发电项目建设用地备忘》三方协议。

5 月 28 日　吴忠新能源获取国家电力监管委员会颁发的电力业务许可证。

5 月 31 日　宁夏回族自治区党委常委，宁东能源化工基地管委会党工委书记、主任袁家军到公司调研。

6 月 7 日　公司"350 千安电解新型异型阴极结构铝电解槽技术研究与应用"和"铝电解槽在线焊接关键技术研究及应用"项目通过宁夏回族自治区科技成果鉴定。

6 月 30 日　投资 1.23 亿元的青铝股份异地改造项目二期一系列阳极组装系统投产。

7月3日   公司职工书屋被中华全国总工会授予全国"职工书屋"示范点称号。

7月5日   中电投党组成员、副总经理余德辉到公司调研。

7月20日   中电投党组成员、副总经理苏力，党组成员、副总经理张晓鲁到公司调研。

8月14日   青铝股份质检中心检验室获得中国合格评定国家认可委员会颁发的实验室认可证书。

8月29日   宁东二期一系列阳极煅烧大窑点火成功。

9月5日   公司与青铜峡市人民政府签订《中电投宁夏青铜峡能源铝业集团有限公司所属青铝幼儿园移交协议书》，公司幼儿园正式移交青铜峡市人民政府管理。

9月21—24日   公司通过北京新世纪认证公司2012年度"三标一体"管理体系外部监督审核，同意推荐认证注册。

10月22日   公司获2012年度全国有色金属标委会"技术标准优秀奖"二等奖；参与起草的国家标准《铝电解安全生产规范》荣获三等奖；参与起草的国家标准《电解铝生产全氟化碳排放限额》《电解铝生产二氧化碳排放限额》通过审定；确定《电解铝行业二氧化碳排放统计核算规范》国家标准由公司负责起草。

11月6日   公司启动债券发行工作，发行债券30亿元，其中短期融资券10亿元。

11月9日   公司被国家工商总局确定为国家商标战略实施示范企业。

11月17—18日   青铜峡350千安电解槽技术改造项目通过国家发改委节能技改财政奖励项目核查工作组审核，并获得国家财政补贴剩余40%的节能资金。

11月20日   公司与东北大学联合开发的《新型阴极结构高效节能铝电解槽研制与应用》和与沈阳铝镁设计研究院联合开发的《350千安新型异型阴极结构铝电解槽技术研究与应用》项目分别荣获中电投科技进步一、二等奖。自主研发的《大规格石墨化阴极炭块研发与应用》和《大截面优质阴极炭块的研发与应用》项目分获中电投科技进步二、三等奖。

△   公司被环境保护部、环境保护杂志社授予百佳"节能环保型企业"称号。

12月10日   中卫新能源、吴忠新能源多业务广域网建设项目顺利完工，正式投入运行。

12月18日   公司与宁夏电力公司签订《用电负荷与其自备机组有关问题的框架协议》，双方就宁东电解铝项目与临河、青铝自备机组分阶段执行的供电方式、电价标准事宜达成一致意见，为公司铝板块实现自备电量奠定了基础。

12月25日   红墩子矿区30兆瓦光伏电站项目获得宁夏发改委核准。

12月27日   公司《铝电解生产智能系统及其推广运用》《铝电解槽在线焊接关键技术研究与应用》项目分获中国有色金属工业科学技术奖励一、二等奖。

2013 年

1 月 15 日　青鑫炭素"青鑫"品牌获宁夏回族自治区第八届"著名商标"称号。

3 月 7 日　公司获"全区企业 2012 年度专利工作先进单位"荣誉称号。

4 月 7 日　宁夏回族自治区人民政府代主席刘慧、副主席李锐到青铜峡生产基地调研。

4 月 15 日　公司"低温低压铝电解技术在中电投 350 ～ 450 千安铝电解系列推广应用及示范"科技项目获 2013 年国家科技支撑计划课题专项经费 75 万元。

4 月 26 日　公司"铝电解生产智能系统及其推广运用"科技成果获中国有色金属工业科学技术奖励一等奖。

5 月 14 日　中电投党组书记、总经理陆启洲在银川拜会宁夏回族自治区人民政府主席刘慧，宁夏回族自治区党委常委、人民政府常务副主席袁家军，双方就进一步深化合作、共同推进中电投在宁发展事宜进行会谈。

5 月 18 日　红墩子一期 30 兆瓦光伏电站项目正式开工。

5 月 28 日　公司负责起草的《电解铝企业单位产品能源消耗限额》《取水定额电解铝生产》2 项国家标准通过中国有色金属标准化技术委员会组织的专家审定。

6 月 4 日　宁夏回族自治区人大常委会副主任吴玉才到公司调研。

6 月 20 日　由人民日报社、工人日报社、宁夏广播电视总台等 10 余家驻宁及区内媒体组成的"走进新国企"采访团到公司采访。

6 月 26 日　公司筒式过滤装置、原铝液抽出装置、电解槽结壳块破碎料溜槽供风装置、大型预焙电解槽换极过程中的测量兜尺、多功能天车出铝小车压缩空气管道装置、振动成型机重锤提升机构钢丝绳防脱装置、自动残极压脱机活动剪刀接近开关防护装置 7 项技术创新项目获得实用新型授权专利。

6 月 29 日　红墩子二期 30 兆瓦、中卫香山 30 兆瓦光伏并网发电项目获宁夏发改委核准。

7 月 8 日　公司"节能型 SY400 铝电解槽技术研制与应用""宁东 400 千安系列电解与供电整流监控一体化研究与应用"2 项科研成果通过中国有色金属工业协会专家组鉴定。

7 月 19 日　由公司与北京矿冶研究总院完成的"电解铝固体废弃物无害化利用"技术开发科研项目正式转入工业化生产。

7 月 19 日　公司与国电南瑞科技、中南大学业翔科技有限公司共同完成的"电解与供电整流监控一体化研究与应用"项目通过中国有色金属工业协会科技成果鉴定。

7月20日　青铜峡分公司组装二车间自行设计的"自动残极压脱机活动剪刃接近开关防护装置"被国家知识产权局授予实用新型专利。

8月20日　公司质检中心检验室通过中国合格评定国家认可委员会"国家级实验室认可"监督评审。

9月24日　宁东分公司350千安电解QC小组、通润铝材铸轧车间QC小组、青鑫炭素成型一车间QC小组获"2013年有色金属工业优秀质量管理小组"称号。宁东分公司电解二车间三工区、检修分公司维修一车间维修三班获中国有色金属工业协会"2013年有色金属工业质量信得过班组"称号。

9月24—27日　经北京新世纪认证公司2013年度"三标一体"管理体系外部监督审核，公司保持认证注册资格并换发证书。

10月4日　公司350千安电解槽升级改造CDM项目获联合国执行理事会批准。该项目预计年均减排二氧化碳8.7万吨，计入期10年。

10月28日　国家能源局主持召开宁夏大坝电厂股权转让相关事宜协调会。会议决定维持《大坝框架协议》条款，青铝股份依法享有大坝电厂43.5%股权和权益电量。

10月31日　公司召开深入开展党的群众路线教育实践活动动员大会。

11月5日　根据公司与浙江省能源集团有限公司签署的增资扩股协议及公司2013年第一次临时股东会决议，向枣泉发电增资1900万元。公司累计向枣泉发电公司出资4900万元，持股比例由原来的50%变为49%。枣泉发电召开股东会议，人员整建制划转完毕。

11月7日　公司董事长刘丰、总经理吴连成在银川会见瑞士R&D炭素有限公司总裁沃纳·费舍尔一行，双方就进一步加强合作，提高炭素产品质量及阳极生产水平进行交流。

11月13日　由公司组织开发的"年处理4000吨电解铝废阴极炭块"科技项目，通过青铜峡市、吴忠市两级环保部门验收，标志着公司已具备处理电解铝固体废阴极生产能力和进行产业化生产条件。

11月22日　公司与沈阳铝镁设计研究院有限公司共同完成的"节能型SY400预焙阳极铝电解槽研发及应用"项目获2013年度中国有色金属工业科学技术进步奖励二等奖。

11月24日　红墩子一期30兆瓦光伏工程一次成功并网发电。

12月19日　中卫香山风电六期项目并网发电。

12月21日　红墩子二期30兆瓦光伏工程并网发电。

12月24日　中卫热电项目获得国家发改委核准批复。

12月25日　中卫香山沙洼110千伏输变电工程投运。

12 月 26 日　中卫香山光伏 30 兆瓦项目并网发电。

△　中卫香山风电七期项目并网发电。

12 月 30 日　中卫香山沙洼 110 千伏输变电工程项目获中卫市发改委核准。

12 月 31 日　红墩子一期、二期光伏项目及中卫香山光伏项目获取宁夏物价局 1.0 元 / 千瓦时电价批复。

2014 年

1 月 7 日　几内亚矿产和地质部部长穆罕默德·拉明·福法纳到公司参观考察。

1 月 20—21 日　中电投党组成员、副总经理余德辉到公司调研，了解电解生产、职工生活情况。

1 月 28 日　公司通过中国光大银行股份有限公司成功发行 2014 年度第一期非公开定向债务融资工具 5 亿元，债券期限 365 天，票面年利率 8.80%。

本月　公司被确定为第一批国家级知识产权优势企业。期限为 2013 年 12 月—2015 年 11 月。

2 月 1 日　公司被认定为国家首批创新方法示范培育企业。

3 月 17 日　公司参与修订的《电解铝企业单位产品能源消耗限额》国家标准，由国家质量监督检验检疫总局和中国国家标准化管理委员会发布，标准号为 GB 21346-2013。

4 月 21 日　中电投党组书记、总经理陆启洲在银川拜会宁夏回族自治区人民政府主席刘慧，宁夏回族自治区党委常委、人民政府常务副主席袁家军，双方就巩固和深化合作，加快推进相关项目建设进行协商。

4 月 23 日　青铝发电经营管理权由国电英力特能源化工集团公司正式移交青铜峡铝业股份有限公司，双方持股比例各 50% 不变。

4 月 25 日　国家轨道衡计量检定站兰州分站对公司质量检测中心青铜峡地区静态轨道衡进行强制性周期检定，轨道衡达到国家最高准确等级，授予合格检定证书。

5 月 15 日　公司举行 120 千安电解系列关停仪式，青铝老领导代表、退休职工代表、职工代表等 500 余人参加。

△　青铜峡分公司通过宁夏回族自治区、吴忠市、青铜峡市三级安全执法监督部门开展的安全生产标准化二级达标执法督察。

5 月 28 日　公司中卫香山风电十至十三期 200 兆瓦项目在中电投立项。

6月17日　公司获取中电投《关于青铝股份120千安、160千安电解系列关停方案的批复》。

6月26日　公司取得宁夏回族自治区《关于中电投中卫沙坡头香山风电场项目核准的批复》。

7月9日　宁夏回族自治区党委常委、人民政府常务副主席袁家军带领宁夏发改委、经信委、财政厅、国土资源厅、物价局、电力公司及青铜峡市相关部门到160千安电解车间、铸造车间、350千安电解车间，实地察看公司电解铝、多品种生产情况，了解公司生产现状，研究解决面临的问题。

7月23—24日　中电投党组成员、副总经理邹正平分别在银川市和中卫市拜会宁夏回族自治区党委常委、人民政府常务副主席袁家军，宁夏回族自治区人民政府副主席、中卫市委书记马廷礼。双方就巩固和深化合作，加快推进相关项目建设事项进行协商。邹正平一行还到中卫热电和香山330变电站施工现场调研。

8月14日　宁夏回族自治区党委常委、统战部部长马三刚到公司调研。

8月18日　宁夏经信委、财政厅联合下发《关于下达2014年新型工业化发展专项项目资金计划（第二批）的通知》，青铝股份《电解净化系统风机变频节电改造项目》获取2014年宁夏回族自治区"节能降耗技术改造专项"项目补助资金357万元。

9月1日　公司获取中电投《关于同意宁夏能源铝业中卫热电厂2×350兆瓦机组新建工程开工建设的批复》。

9月22—25日　北京新世纪检验认证公司对青铝股份"三标一体"管理体系进行外部监督审核，同意保持认证注册资格。

9月24日　青鑫炭素荣获"宁夏中小企业50强"称号。

10月17日　公司召开党的群众路线教育实践活动总结大会。

10月22日　公司的"电解铝厂生产全过程控制技术研究及系统开发""节能型SY400预焙阳极铝电解槽研发及应用""电解铝固体废弃物无害化处理技术开发"项目分获中电投2014年度科技进步奖一、二、三等奖。

11月20日　中和资产评估有限公司完成青铝股份120千安、160千安电解系列资产评估。

12月25日　公司收到2014年度淘汰（120千安、160千安电解铝系列）落后产能中央财政奖励资金3320万元。

2015 年

1月4日　青铜峡200千安、350千安,宁东350千安、400千安4个电解铝生产系列列入工业和信息化部第二批符合《铝行业规范条件》企业名单。

1月6日　宁夏回族自治区党委常委、人民政府常务副主席张超超到青铜峡分公司会展中心、青铜峡350千安电解车间实地考察,了解生产经营情况。

1月22日　公司印发《宁东区域化管理实施方案的通知》。确定原动力分公司、物流中心、质检中心、实业分公司负责的宁东区域业务及人员划转到宁东分公司管理,原供销分公司负责的物资采购业务及部分人员划归宁东分公司管理。

1月27日　青铜峡区域一体化改革全面展开。根据方案,青铜峡分公司接管动力分公司、物流配送中心、质量检测中心、供销分公司采购业务、实业分公司等负责的青铜峡区域业务及人员,全面负责青铜峡区域电解、阳极、铸造、动力、质检、物流配送、物资采购等管理工作,形成分公司—职能部门—生产单位组织结构,实现区域化 + 专业化管理。

5月19日　宁夏回族自治区党委常委、人民政府常务副主席张超超带领自治区政府相关部门、吴忠市、青铜峡市、宁东管委会、宁夏电力公司负责人到公司调研。

6月4日　中电投下发《关于开展亏损专项治理工作的通知》,公司被国务院国资委列入亏损企业专项治理名单。

7月23日　宁夏发改委、经信委联合下发通知,宁东350千安、400千安电解系列项目正式获取备案,临河动力站3×350兆瓦机组项目被纳入宁夏电源点规划。

8月10—11日　国家电投党组书记、董事长王炳华,党组副书记、总经理孟振平,党组成员、副总经理余德辉到公司调研。

8月21日　公司获得国家质量监督检验检疫总局颁发的中华人民共和国组织机构代码证。

△　公司获得国家税务总局颁发的税务登记证,国家电投宁夏电能配售电有限公司具备开业条件。

10月12日　宁夏发改委下发《关于中电投宁夏能源铝业集团宁东电解铝供电系统改造项目核准的批复》,公司宁东供电线路项目正式获批。

10月22日　国家电投副总经理时家林到吴忠新能源、银川新能源、临河发电调研,了解红墩子光伏电站运营及临河发电1号、2号机组运行及3号机组施工建设情况。

△　宁夏回族自治区人民政府副秘书长吴涛主持召开青铝股份职工医院移交地方管理协调会。宁夏编办、卫计委、发改委、财政厅、人社厅、监察厅、青铜峡市人民政府等相关部门、

单位及公司相关人员参加会议。会议就医院移交方案进行商议，并对医院移交地方管理后机构编制事项进行安排。

11 月 2 日 宁夏回族自治区人民政府与国家电投签订战略合作协议，明确公司在核电、大柳树水电以及火电、新能源、煤炭、铝电产业链等领域的发展方向。

△ 中卫热电 1 号机组首次点火成功。

11 月 16 日 国家电投总经济师王益华到吴忠新能源（银川新能源）调研。

11 月 18 日 宁夏卫计委下发《关于青铜峡市人民政府〈关于青铜峡铝业公司医院变更为青铜峡市职业病防治医院的请示〉的批复》，将青铝医院（青铜峡铝厂医院）名称变更为青铜峡市职业病防治医院，并由综合医院变更为专科疾病防治医院。

12 月 28 日 公司获取国网宁夏电力公司《关于中电投中卫香山风电场 200 兆瓦扩建工程并网运行的通知》，香山风电十三期风机开始送电。

2016 年

1 月 5 日 由青铝股份参与编制的"有色金属工业安装工程质量验收及评定系列标准（GB 0654、YS/T 5419-2013、YS/T 5420-2014"项目获中国有色金属工业科学技术一等奖。

1 月 23 日 临河发电 3 号机组点火启动成功，完成首次并网。

2 月 23 日 国家电投党组成员、副总经理时家林在银川拜会宁夏回族自治区党委常委、人民政府常务副主席张超超。

3 月 4 日 公司通过中国船级社质量认证公司首次认证，并取得能源管理体系认证证书。

3 月 15 日 宁夏经信委、物价局联合下发《关于调整国家电投宁夏能源铝业电解铝用电价格的通知》，明确宁夏能源铝业宁东区域铝电自备运行，青铜峡区域用电价格降低，标志着公司铝电自备工作取得突破性进展。

3 月 18 日 国务院国资委下发《关于国家电力投资集团公司清产核资结果的批复》。

3 月 23 日 宁夏回族自治区党委副书记、人民政府主席刘慧，党委常委、人民政府常务副主席张超超到宁东分公司调研。

4 月 13 日 国家电投纪委书记邓文奎到公司调研，了解公司设备治理、文明生产及"四风"整治"回头看"等工作。

8 月 3 日 宁夏回族自治区人民政府代主席咸辉来青铜峡分公司调研。

8 月 5 日 由青鑫炭素和沈阳化工大学共同完成的"铝电解用阴极冷捣糊制备技术"项

目通过宁夏科技成果管理中心科技成果鉴定。"铝电解用阴极冷捣糊技术研发"项目通过宁夏回族自治区科技成果鉴定和科技成果登记。

9月15日　青鑫炭素成功开发820×4200大规格阴极炭块，填补600千安铝用阴极炭块空白。

9月21日　公司获"2016中国铝行业十佳厂商"称号。

11月2日　由公司负责起草的《原铝液贮运安全技术规范》（有色标证〔2016〕9号）行业标准获2016年度全国有色金属标准化技术委员会技术标准三等奖。

11月18日　国家能源局综合司下发《关于同意宁夏红墩子矿区红一煤矿产能置换方案的复函》，同意红一煤矿实施产能减量置换，并办理项目建设相关手续。

12月8日　青铝股份与宁房公共服务公司签署青铝职工家属区"三供一业"职能移交框架协议，青铝职工家属区供热、物业管理移交宁房公共服务公司管理工作启动。

2017 年

1月22日　铝电公司召开干部大会，中电投党组成员、副总经理时家林宣布关于任命铝电公司领导班子成员的决定及干部任免文件并讲话。

3月2日　通润铝材关停人员安置工作全面完成。依据公司《人员安置实施方案》和《岗位双选方案》，42人留守，87人调配到青铜峡分公司、宁东分公司及工程检修公司，12人协商解除劳动关系并依法办理经济补偿。

3月20日　铝电公司被国家电投确定为运营管控体系建设试点单位。

4月19日　铝电公司与锦州港股份有限公司签署会议备忘录，锦州港公司拟采购1500万吨／年铝土矿。

5月4日　宁夏能源铝业取得国家电投拨付的2016年"僵尸企业"补助资金1.039亿元。

5月17日　国家电投党组书记、董事长王炳华，党组成员、副总经理时家林到铝电公司调研。

6月14日　山西省副省长王赋率山西省安全生产巡查组到山西铝业督查安全生产工作，调研经济运行情况。

6月19日　临河发电3号发电机组直供宁东350千安电解系列正式投入运行。

7月1日　宁夏能源铝业公司取得《宁夏经济和信息化委员会、物价局关于调整国家电投宁夏能源铝业电解铝供电模式与用电价格的通知》。

7月12日　宁夏能源铝业负责修订的《重熔用铝锭》（GB/T 1196−2017）国家标准发布。

7月31日　国家电投下发《关于同意贵州遵义氧化铝项目恢复建设工作的批复》。

8月3日　铝电公司在第四届中国企业文化传媒年会上荣获"互联网＋时代企业文化传播融合创新优秀单位"荣誉称号。

8月11日　国家电投党组成员、副总经理时家林到山西铝业调研。

本月　铝电公司成立领导小组和工作小组，确定与咨询机构和券商建立定期联席会议机制，正式启动资产证券化工作。

9月5日　国家发改委与几内亚总统投资理事会签署《关于开展资源换贷款合作框架协议》，将几内亚项目列入第一期优先项目中的资源开发项目。

9月22日　青铝股份通过北京新世纪检验认证有限公司对2017年度质量管理体系、环境管理体系、职业健康安全管理体系的"三标一体"监督审核，同意保持认证注册资格。

10月18日　宁夏发改委下发《关于宁夏风电基地规划2017年度开发计划的通知》，明确公司取得中卫20万千瓦风电开发权。

本月　铝电公司对遵义公司实施重组分立，将与遵义铝业项目无关的资产进行剥离，为遵义公司引入战略投资者做好准备。

△　铝电公司完成对山西能源的审计、评估工作，并与东方能源签署《关于山西能源股权转让框架协议》。

11月2日　西班牙铝合金型材及灌溉设备制造商代表团来青铜峡分公司考察。

△　通润铝材完成工商注销登记。

11月5日　遵义务（川）正（安）道（真）100万吨／年氧化铝项目开工。

11月23日　宁夏回族自治区人民政府副主席刘可为到青铝发电调研超低排放改造情况。

11月28日　青铝股份与内蒙古锡林郭勒白音华煤电有限责任公司签订《电解铝产能指标转让交易合同》。

12月4日　宁夏回族自治区人大常委会副主任肖云刚到青铝发电调研。

本月　按照遵义公司《增资扩股协议》，铝电公司分别向遵义公司注资2亿元、3.0971亿元，完成遵义公司资本金注资工作。

2018 年

1月10—25日　铝电公司与几内亚项目合作方锦州港股份有限公司、锦国投（大连）发展有限公司及中交一航院有关人员共同组成几内亚项目考察团,对几内亚项目进行考察。

1月26日　宁夏能源铝业与国网宁夏电力公司签署《关于电解铝供电模式及解决相关问题的框架协议》《关于解决电费结算遗留问题的补充协议》,公司铝电产业链建设取得重大突破,制约公司发展多年的铝电直供重大难题得以解决。

3月6日　山西省副省长贺天才到山西铝业调研,督察赤泥库安全管理情况。

3月8日　国家电投在公司召开铝业供电整流技术交流会,与会人员就供电整流运行进行交流。

3月8—9日　国家电投党组成员、副总经理时家林到公司调研,并组织召开国家电投铝业板块经营管理座谈会。电力协同产业部、黄河公司、内蒙古公司相关人员及铝电公司董事长、党委书记刘丰等陪同调研。

3月19日　宁夏回族自治区人民政府副主席刘可为到青铜峡区域调研。

3月20日　宁夏回族自治区党委常委、人民政府常务副主席张超超到宁东分公司调研。

△　山西铝业取得中国有色金属工业协会对兴县贺家圪铝土矿资源开发利用方案正式评审意见。确定该矿生产规模90万吨/年,露天开采和地下开采相结合,服务年限为16.8年。

3月27日　铝电公司与中国水利水电第三工程有限公司举行战略合作框架协议签字仪式,就几内亚铝业开发项目从股权到业务开展全面合作。

4月17日　临河发电"350兆瓦超临界直接空冷机组'点对点'直供电解铝关键技术的研究与实践"项目通过中国电力企业联合会的科技成果鉴定。

5月8日　山西铝业杨家沟铝土矿取得山西省国土资源厅颁发的采矿许可证。核准产能60万吨/年,开采方式为地下开采,服务年限15年。

5月9日　遵义公司瓦厂坪生产系统实现全负荷运转,标志着该矿历时6年建设成功出矿。

5月16日　青铝股份与青铜峡市卫计局签署职工医院移交协议,确定2018年6月1日,青铝股份职工医院正式移交青铜峡市卫计委管理。

6月12日　青鑫炭素"超高功率石墨电极关键设备改进及生产技术研究"项目通过宁夏科技厅评审。该项目被列入宁夏回族自治区2018年度重点研发项目计划,获得专项支持资金500万元。

6月25日　铝电公司与中国港湾工程有限责任公司签署《关于几内亚项目基础设施投资建设合作的谅解备忘录》,与河南国际矿业开发有限公司签署《合作框架协议》。

6月28日　科技工程公司《铝电解废阴极炭块无害化及资源化综合利用研究》项目通过宁夏科技厅评审,并被列入宁夏回族自治区2018年度重点研发项目计划,获得沿黄试验区科技创新专项支持资金 540 万元。

7 月 12 日　青铝股份与吴忠国运盛物业服务有限公司签订《青铜峡铝业股份有限公司职工家属区供水分离移交正式协议》。

7 月 17 日　中电投安全示范班组建设第三次推进会在宁夏吴忠市利通区召开。公司汇报了《班组安全建设指导意见》修订情况，并对《班组建设大纲》《班组减负指导意见》《新时期产业工人队伍建设改革方案实施意见》进行说明。

7 月 27 日　公司《基于效益最大化的跨产业链"点对点"直供电营销模式的探索与实践》荣获中电投 2018 年管理创新成果一等奖。

8 月 1—2 日　国家电投党组成员、副总经理刘祥民来公司调研，实地察看宁东区域、青铜峡区域电解铝和自备电厂生产运行，了解安全环保、生产经营、铝电直供等情况。

8 月 10 日　铝电公司获得几内亚政府颁发的矿业特许权证及维嘉园区临时用地法令。

8 月 16 日　青鑫炭素在 2018 年第十届全球炭素产业链市场研讨会及供需客户见面会上获"2018 年中国阴极炭块优秀供应商"称号。

8 月 24 日　国家电投党组成员、副总经理刘祥民到遵义公司调研。

8 月 30 日　宁东分公司焙烧车间 QC 小组、青铜峡分公司铁路站 QC 小组和科技工程公司辅修车间 QC 小组被中国有色金属工业协会命名为"2018 年有色金属工业优秀质量管理小组"。宁东分公司电解一车间运行一班、焙烧车间生产一班和青铜峡分公司电解一车间运行一班分别被有色金属工业协会命名为"2018 年度中国有色金属工业质量信得过班组"。

8 月 31 日　青铝股份与吴忠国运盛物业服务有限公司签订《青铜峡铝业股份有限公司职工家属区供气分离移交正式协议》。

本月　青铝股份武装部的 6 门单管三七高炮、3 门双管高炮移交青铜峡市人武部。

9 月 12 日　青铝股份与吴忠国运盛物业服务有限公司签订《青铜峡铝业股份有限公司职工家属区供热分离移交正式协议》。

9 月 18 日　青铝股份与吴忠国运盛物业服务有限公司签订《青铜峡铝业股份有限公司职工家属区物业分离移交正式协议》，青铝股份职工家属区"三供一业"管理职能移交全部完成。

9 月 26 日　国家电投党组成员、副总经理刘祥民到铝业国贸调研。

9 月 27 日　铝电公司与中国外运华北有限公司签署《战略合作框架协议》，就铝土矿、氧化铝等物料的国际、国内物流建立战略合作关系。

9 月 28 日　青鑫炭素在 2018 年宁夏企业质量论坛暨宁夏质量百强企业发布大会上，荣获"宁夏质量百强企业"称号。

10月11—12日　首届中国创新方法大赛宁夏分赛暨宁夏第二届创新方法大赛在银川举行。中卫热电"空冷风机减速机消除共振"、青铜峡分公司"关于铸造铝锭大小控制"获二等奖，宁东分公司"350千安电解槽A1A12换极电压摆优化"、临河分公司"粉、煤、灰地磅自动过磅系统""防止原煤仓堵断煤"获三等奖，公司获优秀组织奖。

10月30日　青鑫炭素主持修订的《铝电解用阴极糊》行业标准获2018年度全国有色金属标委会技术标准优秀奖三等奖。

11月13日　根据国家电投《关于铝电公司"三供一业"移交涉及资产无偿划转的批复》，青铝股份将供电15项资产无偿划转给国网宁夏电力公司吴忠供电公司，将供水1项、供气2项、供热22项、物业管理25项资产无偿划转给吴忠国运盛物业服务有限公司。

△　宁夏能源铝业与吴忠市政府签订框架协议，在吴忠地区规划建设600万千瓦光伏产业园。

11月7日　国家电投党组书记、董事长钱智民来铝业国贸调研。

12月3日　国家电投党组成员、副总经理刘祥民在吴忠会见吴忠市委书记沈左权、市长喜清江，福建省南平铝业股份有限公司董事长、党委书记李翔，就加大在吴忠市投资发展力度，加强与南平铝业合作，进一步发挥宁夏能源铝业电解铝资源优势等事宜进行交流。

12月3日　宁夏能源铝业与福建南平铝业股份有限公司签订战略框架协议，南平铝业将从技术、人员等方面协助宁夏能源铝业进行多品种生产和开发。

12月29日　国家电投党组成员、副总经理刘祥民来山西铝业调研。

2019 年

2月27日　公司在贵阳铝镁设计研究院组织召开《务川二期年产100万吨氧化铝项目预可研》审查会，预可研通过专家评审，标志着遵义公司务川二期年产100万吨氧化铝项目立项工作正式启动。

3月7日　宁夏回族自治区党委常委、人民政府常务副主席张超超到青铜峡分公司调研。

△　国家电投纪检监察组组长、党组成员陈维义到公司调研。

△　宁夏能源铝业在宁夏土地和矿业权网以21.17亿元价格成功竞得宁夏红墩子矿区红一煤矿采矿权。

3月15日　公司在银川召开干部大会，宣布国家电投党组关于铝电公司和宁夏能源铝业机关管理整合工作，党组成员、副总经理刘祥民出席会议并讲话。会后，刘祥民到青铜峡区域，就扭亏脱困及铝合金分公司生产经营情况进行调研。

3月21日　宁夏回族自治区党委书记、人大常委会主任石泰峰到青铜峡分公司调研。

4月1日　铝电公司机关由北京迁至银川，标志着铝电公司、宁夏能源铝业机关人员融合工作完成，公司运营管控优化调整工作取得阶段性成果。

4月15日　宁夏回族自治区人民政府副主席吴秀章到公司调研。

4月16日　国家电投党组成员、副总经理、总会计师杨亚到公司调研。

4月20日　山西铝业宁武宽草坪铝土矿项目开工。

4月22日　贵州省副省长吴强到遵义公司调研。

4月25日　遵义公司获得贵州省应急管理厅颁发的遵义公司瓦厂坪铝土矿安全生产许可证。

5月29日　几内亚铝业开发项目在几内亚维嘉工业园区开工，国家电投副总经理刘祥民为工程培土奠基。

6月4日　几内亚铝业开发项目（增资）获商务部核准，公司取得企业境外投资证书。

6月19日　宁夏回族自治区政协副主席洪洋调研青铝发电超低排放改造、青铜峡350千安煅烧烟气净化超低排放改造工作情况。

6月26—28日　国家电投外部董事朱鸿杰、刘宝瑛、李家模、杨继学到山西铝业调研。国家电投党组成员、副总经理刘祥民陪同调研。

7月5—6日　国家电投党组副书记时家林到公司，开展"不忘初心、牢记使命"主题教育调研。

7月14日　遵义公司大竹园矿首采工作面联合试运行成功，标志着遵义公司在建矿山项目全部投入生产。

7月18日　几内亚项目（一期）工程获国家发改委境外投资项目备案通知书。

9月27日　红墩子煤矿项目60%股权及相关债权在上海联合产权交易所成功挂牌转让，北京昊华能源通过竞价方式以31.58亿元取得股权。

10月15日　北京昊华能源进驻红墩子矿区，接管矿区安全生产管理工作。

10月25日　吴忠市委、政府，吴忠军分区同意撤销青铜峡分公司武装部，装备和文件资料移交青铜峡市人武部。

11月5日　公司与北京昊华能源在银川举行红墩子煤业公司60%股权转让签约仪式。

2020 年

1 月 3 日　科技工程公司获取宁夏生态环境厅颁发的盐渣浮渣利用、综合填埋处置两类别危险废物经营许可证。

本月　临河发电"点对点特殊供电运行方式下有效抑制电气系统谐波的研究与对策"项目荣获全国能源化学地质系统优秀职工技术创新成果一等奖。

2 月 5 日　宁夏回族自治区党委常委、统战部部长白尚成到中卫热电检查指导疫情防控和生产情况。

2 月 7 日　几内亚博法省省长到公司所属几内亚项目新营地和港口工程工地调研。

2 月 21 日　宁夏回族自治区人大常委会副主任董玲到青铝发电调研指导疫情防控和复工复产情况。

4 月 29 日　遵义公司氧化铝开始投料试车，标志着氧化铝全面进入试生产阶段。

5 月 9 日　青铝发电与青铜峡分公司完成三、四所母线直联工作，标志着青铝发电双机实现完全自备。

5 月 18 日　遵义公司氧化铝沉降赤泥外送赤泥堆场，标志着氧化铝湿法流程全线打通，赤泥堆场备料区开始堆存。

5 月 22 日　贵州省副省长陶长海到遵义公司调研矿产资源开发及氧化铝生产运行工作。

6 月 10 日　遵义公司实现焙烧炉带料烘炉，产出成品氧化铝，氧化铝系统一次性打通全流程。

7 月 6 日　铝电公司与广西投资集团出资的铝电金海有限公司成立，与几内亚公司一体化运作。

7 月 24 日　在 2020 年（第十二届）国际铝行业产业大会上，山西铝业获氧化铝行业技术领先奖。

8 月 21 日　青鑫炭素、科技工程公司被全国高新技术企业认定管理工作领导小组办公室认定为宁夏回族自治区 2020 年第一批"国家高新技术企业"。

9 月 16 日　在第十三届全球炭素产业链市场研讨会暨客户供需见面会上，青鑫炭素获"2020 年中国阴极炭块优秀企业奖"。

9 月 25 日　上海市委常委、统战部部长郑钢淼到铝业国贸调研经营改革发展情况。

本月　青铜峡分公司与银川市金凤区等 9 个地方政府签订移交协议，完成 2619 名退休人员（其中党员 541 名）社会化移交工作。

10月27日　国家电投党组副书记、总经理江毅到公司调研，了解宁东分公司电解车间、铸造车间、供电车间、制氢项目，临河发电运行，科技工程公司铝合金装配式房屋、免爬器、光伏支架等情况。

11月1日　几内亚项目一期矿山工程开采试车成功，标志着矿山开采具备条件。

12月7日　几内亚项目首车矿石圆满成功运抵港口堆场，标志着几内亚铝业开发项目矿石运输试生产揭开帷幕。

2021 年

1月7日　国家电投党组书记、董事长钱智民到公司调研，了解铝深加工及阴极炭素产品生产情况，慰问劳模、扶贫干部和困难职工代表。

1月28日　宁东分公司取得宁夏财务厅新型工业化发展专项拨付资金150万元，稳岗返还资金1433万元。

2月26日　新能源公司获取香山50兆瓦复合光伏发电项目电力业务许可证，27日完成售电业务准入。

3月8日　铝业国贸获2020年度上海市虹口区重点企业重大贡献奖。

3月9日　公司获得2020年度宁夏回族自治区研究开发费用财政后补助资金620.39万元。

3月12日　山西铝业宁武宽草坪铝土矿通过山西省应急管理厅安全生产标准化达标验收，评定等级为安全生产标准化二级企业。

3月18日　国家电投纪检监察组组长、党组成员陈维义到公司调研，了解宁东分公司生产经营、党建、人才队伍、科技创新、党风廉政建设及基层党支部保落实等工作开展情况。

3月23日　山西铝业荣膺2020年度全国铝行业明星企业奖（氧化铝类）。

3月26日　遵义公司取得赤泥堆场安全生产许可证。

4月9日　科技工程公司"高温处理电解铝废阴极炭块的电阻炉墙体结构"和"电解铝废阴极炭块的处理系统"项目获国家实用新型专利。

4月27—28日　国家电投党组成员、总会计师陈西到宁东制氢项目现场、临河发电、青铝发电以及青铜峡分公司调研，了解企业发展、生产经营、燃煤管理、氢能发展、电解铝及铝深加工情况。

5月18日　国家电投党组成员、总会计师陈西到铝业国贸调研。公司领导冯建清陪同调研。

6月3日　铝电公司与盐池县人民政府签订《盐池县新能源一体化发展战略合作框架协

议》，盐池县人民政府支持铝电公司在盐池县开发建设"15万吨铝型材清洁能源装备制造"项目、"高沙窝工业集中区热动力岛"项目、"盐池县革命历史纪念园建设低碳综合智慧能源"项目，开展"农村住房绿色改造及清洁取暖改造"项目，开展"源网荷储一体化"项目建设。

△ 科技工程公司《铝电解废阴极炭块无害化及资源化综合利用研究项目》通过宁夏科技厅验收，获宁夏回族自治区科学技术成果证书。

6月7日　几内亚项目首船铝土矿石经过中国远洋集团"兴隆"轮横跨三大洋，历时45天约11800海里抵达河北省唐山京唐港。6月10日，在京唐港举行接卸仪式。

6月22日　青鑫炭素入库宁夏回族自治区"专精特新"企业。

6月30日　铝电金海几内亚一期项目主体工程竣工。

7月2日　国家电投宁夏盐池县能源科技有限公司注册成立。

7月6日　公司宁东可再生能源制氢示范项目投产运行。

7月29日　公司与振发集团签订并购宁夏振武光伏协议。

7月30日　青鑫炭素研发项目"铝电解用高体密石墨化阴极炭块技术研发"完成验收，获宁夏回族自治区人民政府财政补贴260万元。

8月9日　科技工程公司自主研发、设计、制造的铝合金（氧化铝、电煤）集装箱试验成功，通过船级社认证。

8月18日　宁夏回族自治区党委书记、人大常委会主任陈润儿，党委副书记、人民政府主席咸辉在中阿博览会巡馆期间，参观国家电投展厅。

8月26日　科技工程公司"风电塔筒免爬器行进安全检测装置"获国家发明专利，"新型铝合金建筑模板""铝合金集装箱连接构件"获国家实用新型专利。

8月26日　铝业国贸荣登"2021上海企业100强"第52位。

9月3日　公司与宁夏回族自治区银川市兴庆区人民政府签订战略合作框架协议。

9月10日　铝电公司与同心县人民政府签订《投资合作框架协议》，同心县人民政府支持铝电公司开发建设1GW规模的农光互补、林光互补项目，助力同心县农林业高质量发展；并支持铝电公司开展整县屋顶分布式光伏开发，建设红色教育基地红军西征纪念园低碳综合智慧能源项目，参与同心县乡村振兴和生态文明建设，推进农村住房绿色改造及清洁取暖改造。

9月15日　国家电投（宁夏）清洁能源公司注册成立。

9月17日　科技工程公司"铝合金折叠式厢房构件项目""多层植物种植架项目"获国家实用新型专利授权。

9 月 23 日　铝合金分公司获上海恩可埃（NQA）认证公司对公司有害物质管理体系（IECQQC 080000：2017）认证推荐，获得电子元器件及食品级高端产品生产准入证。

9 月 27 日　公司与甘肃省平凉市人民政府签订战略合作协议。

9 月 28 日　铝电金海举行几内亚维嘉港投产运营庆典仪式，标志着港口一关三检等设施正式投入使用。

10 月 18—19 日　国家电投党组成员、副总经理刘明胜到公司调研安全生产、电力保供、科技创新等工作。

11 月 4 日　山西铝业厂区 20 兆瓦光伏发电项目 3 号、4 号逆变器成功并网发电。

11 月 10 日　公司 ERP 系统正式上线运行，实现财务、物资、销售、设备、项目及制造 6 个模块业务"横向集成"与"纵向贯通"，ERP 与集团统建系统、自建系统无缝集成。

11 月 18 日　水电水利规划设计总院按照铝电公司委托完成《宁夏（盐池—宁东）降碳减排绿电替代示范项目方案》编制，国家电投、宁夏发改委、铝电公司相关领导参加方案评审会议。

11 月 19 日　青铝发电《零耗能降低汽气混合物温度项目》获"2021 年中国创新方法大赛"全国总决赛三等奖。

12 月 20 日　公司与中南大学及湖南阿尔惠特科技股份有限公司联合开发的"基于分布式感知与数字孪生的电解智能优化制造关键技术开发与应用项目"，与长沙有色冶金设计研究院联合开发的"大型地下铝土矿床综合机械化连续开采技术及装备研发与应用项目"均获中国有色金属协会科学技术奖一等奖。

12 月 24 日　科技工程公司宁夏西鸽酒庄综合智慧能源项目并网发电。

12 月 28 日　宁东分公司取得专项设备及归集研发费用抵扣抵减企业所得税 1527.68 万元。

12 月 31 日　青铜峡分公司 20 兆瓦分布式光伏发电项目并网发电。

第一章 公司建置

在宁夏回族自治区党委、人民政府的支持下，宁夏国资委、青铝集团与中电投多次协商，达成全面合作意向，实施战略重组，成立中电投宁夏青铜峡能源铝业有限公司（简称宁夏能源铝业），发展电力、煤炭、铝业、煤化工等相关产业的循环经济产业链，实现国有资产保值和增值。

国家电投调整管控思路，提出专业化板块发展要突出核心主业和核心能力的要求，决定整合铝业，合并重组国际矿业、宁夏能源铝业、铝业国贸的铝业相关资产和业务，组建专业化铝电公司，按照三级管理结构，国家电投对铝电公司实行战略管控。铝电公司是利润中心、经营主体，所属子公司是成本中心。

第一节 宁夏能源铝业

一、宁夏能源铝业成立

宁夏能源铝业的历史，可上溯至青铜峡铝业集团有限公司之前。1964 年 12 月 26 日，冶金部成立三〇四厂。1972 年 6 月 30 日，三〇四厂名称变更为青铜峡铝厂。2001 年 12 月 26 日，青铜峡铝厂改制，成立青铜峡铝业集团有限公司（简称青铝集团）及青铜峡铝业股份有限公司（简称青铝股份）。

由于宁夏能源铝业上级公司重组、整合、合并及其对所属青铝股份一体化管控等，公司历史沿革大体分为两个时期，即宁夏能源铝业时期和铝电公司时期。

2008 年 8 月 27 日，宁夏回族自治区人民政府国有资产监督管理委员会（简称宁夏国资委）、青铝集团、中国电力投资集团公司（简称中电投）签署《战略合作重组备忘录》，三方一致同意，将中电投在宁夏的全部企业（及股权）与青铝集团及其全部所属企业（及股权）进行战略重组，注册资本金 50 亿元人民币。中电投以现金和在宁夏区域的全部企业（含资产与负债）股权注入，成为控股股东，青铝集团与中国电力投资集团宁夏能源有限公司（简称宁夏能源公司）等企业合并。重组后的新公司，作为中电投在宁夏注册的独立法人主体，承担宁夏区域各产业的投资、发展和经营管理。

按照《战略合作与重组备忘录》安排，三方组建联合工作组，下设综合法律组、财务资产组、规划发展组、机构人事组等 4 个专业组开展工作。2008 年 9 月 10 日，中电投 2008 年第八次总经理办公会议审议通过宁夏能源公司等公司与青铝集团重组相关事宜，明确提出，中电投以除青铜峡水电相关公司、唐渠水电公司之外的所有在宁夏企业及股权与青铝集团及其全部企业及股权进行重组。重组后的新公司为中电投在宁夏的二级单位。

按照 2008 年中电投第八次总经理办公会安排，宁夏能源公司和青铝集团分别向宁夏经贸委、财政厅上报《关于中电投宁夏能源有限公司资产评估立项的请示》《关于青铜峡铝业集团有限公司资产评估的立项请示》。宁夏经贸委、财政厅分别批复，同意对宁夏能源公司、青铝集团重组所涉及的资产进行立项评估。中电投分别与北京大成律师事务所、北京五联方圆会计师事务所有限公司、北京岳华德威资产有限公司签订《专项法律服务委托协议》《专项审计委托协议》《资产评估委托协议》。12 月 10 日、15 日、16 日、21 日，各受委托机构先后分别出具《关于中电投与宁夏国资委资产重组与战略合作项目尽职调查报告》《关于中电投与宁夏国资委资产重组与战略合作项目法律意见书》《关于青铜峡铝业集团 2008 年 6 月 30 日财务报表审计报告》《关于青铜峡铝业股份有限公司 2008 年 6 月 30 日财务报表审计报告》《宁夏能源有限公司资产评估报告书》《青铜峡铝业集团资产评估报告书》等法律意见书和评估、审计报告。国务院国有资产监督管理委员会核准专项《资产评估报告》。11 月 24 日，中电投印发《关于成立集团公司宁夏企业重组工作小组的通知》，工作小组由 11 人组成，负责中电投总经理会议议定涉及企业重组的事项提出具体建议，组织协调企业重组所决定事项的落实，协调重组实施过程中的有关事宜。12 月 19 日，中电投下发《关于成立中电投宁夏青铜峡能源铝业集团有限公司的通知》，决定成立中电投宁夏青铜峡能源铝业集团有限公司（简称宁夏能源铝业）。宁夏能源铝业由宁夏能源公司和青铝集团重组组成，为中电投二级单位。重组工作完成后，宁夏能源公司即行撤销。12 月 22 日，宁夏工商行政管理局正式核准中电投宁夏青铜峡能源铝业集团有限公司名称。12 月 23 日，宁夏国资委下发《关于重组设立中电投宁夏青铜峡能源铝业集团有限公司的说明》，宁夏回族自治区党委、政府同意由中电投对青铝集团实施重组，设立中电投宁夏青铜峡能源铝业集团有限公司。要求新公司成立后，3 个月内撤销青铝集团和宁夏能源公司，届时，两公司所属青铝股份、青铝经济技术开发有限公司、青铝集团进出口公司、青铝集团上海峡铝公司、中电投青铜峡迈科铝业有限公司全部变更为宁夏能源铝业的子公司。12月25日，宁夏国资委和中电投在银川阅海宾馆举行合作重组签字仪式，签署《合作及重组协议书》，明确双方的股权结构和新公司治理结构。宁夏国资委以其持有的青铝集团全部资产（含股权）经评估作价15亿元，中电投以其持有的宁夏能源公司全部资产（含股权）经评估作价10亿元，以及25亿元货币资金投资发起，设立"中电投宁夏青铜峡能源铝业集团有限公司"。双方同意以2008年6月30日作为评估基准日，11月30日为期后事项调整日，以经双方认可的北京岳华德威资产评估有限公司出具的评估报告为作价参考，注册资本金50亿元人民币，宁夏国资委持有新公司30%股权，中电投持有新公司70%股权。12月25日，中电投宁夏青铜峡能源铝业集团有限公司在宁夏工商局注册，公司性质为国有控股有限责任公司，注册资本金46.03亿元，注册地为宁夏银川市金凤区新昌西路168号。12月26日，宁夏能源铝业在阅海宾馆召开挂牌成立大会，宁夏回族自治区党委书记、人大常委会主任陈建国，宁夏回族自治区人民政府主席王正伟，中电投总经理陆启洲，中国有色金属工业协会会长康义为公司成立揭牌。

2009年1月13日，宁夏能源铝业取得宁夏工商行政管理局核发的企业法人营业执照，注册资本金50亿元人民币，其中，宁夏国资委股权30%，中电投股权70%，注册地为宁夏回族自治区银川市金凤区新昌西路168号。3月7日，中电投正式批复公司机构及所属单位设置。3月9日，召开中层干部大会，宣布公司领导班子组成。同日，宁夏能源铝业召开临时股东会，通过按会计准则相关规定，对青铝集团2008年12月31日净资产进行追溯调整的决议，确认归属于宁夏国资委的净资产为11.02亿元，出资比例由30%调减为23.95%，中电投出资比例由70%调增为76.05%。3月20日，各机构及岗位人员竞聘工作结束，31日前全部调整到位，4月1日，宁夏能源铝业正式运行。

宁夏能源铝业设立股东会、董事会、监事会。

2011年11月，宁夏能源铝业按照中电投管控一体化改革要求，以"有利于安全生产，有利于提高工作效率，有利于降低运营成本，有利于职工队伍稳定"为原则，强化公司利润中心、三级单位成本中心职能定位，对青铝股份实行管控一体化改革，将青铝股份管理机构上移，与宁夏能源铝业管理机构合署办公，为两块牌子、一套领导班子、一个管理机构，进行一体化运作，以减少管理层级，降低管理成本，提高管理效率。对电力、煤炭、煤化工产业实行专业化管理。对铝产业实行直线职能制管理，青铝股份生产组织划并到新成立的分公司。

二、股权收购及整合

按照《战略合作重组备忘录》安排，青铝集团与中电投在宁企业先后开展各自相关企业的股权收购和整合工作。

（一）变更和转让中电投青铜峡迈科铝业有限责任公司股权

中电投青铜峡迈科铝业有限责任公司（简称中青迈铝业）前身是 2008 年 1 月 7 日青铝股份与西安迈科金属国际集团有限公司（简称西安迈科）共同出资成立的青铜峡迈科铝业有限责任公司（简称青铜峡迈科铝业），即宁东电解铝项目，注册资本金 20 亿元人民币。3 月 2 日，青铝股份、西安迈科、中电投黄河上游水电开发有限公司（简称黄河公司）共同签署《中电投青铜峡迈科铝业有限公司增资扩股协议书》，黄河公司出资 10 亿元，占注册资本的 50%，青铝股份出资 5 亿元，占注册资本的 25%，西安迈科出资 5 亿元，占注册资本的 25%，黄河公司成为青铜峡迈科铝业新股东，青铜峡迈科铝业更名为中电投青铜峡迈科铝业有限责任公司。6 月 18 日，中电投宁夏能源公司在银川成立，为中电投的全资子公司，注册资本金 10 亿元人民币，负责中电投在宁夏的电力、煤炭、煤化工、有色冶金等产业的开发、建设和运营管理。8 月 1 日，经黄河公司请示，中电投批复同意，黄河公司将其所持中青迈公司 50% 的股权和所持宁夏大沽铁路有限公司 10% 的股权转让给宁夏能源公司。9 月 11 日，宁夏工商行政管理局核准，黄河公司将 50% 的股权变更至宁夏能源公司。宁夏能源公司成为中青迈铝业新股东，青铝股份和西安迈科公司的出资额和参股比例未变。2011 年 7 月，根据中电投批复，青铝股份吸收合并中青迈铝业所有资产，中青迈铝业成为青铝股份所属分公司，即宁东铝业分公司。

（二）收购宁夏加宁铝业有限公司股权

宁夏加宁铝业有限公司（简称加宁公司）是由加拿大铝业宁夏控股有限公司（简称加铝公司）与青铝集团、宁夏电力投资集团有限公司（简称宁夏电投）于 2004 年 3 月 9 日在宁夏银川经济技术开发区注册成立的中外合资企业，注册资本金 9.19 亿元人民币，分别由加铝公司出资 4.595 亿元人民币，占注册资本的 50%，青铝集团出资 2.757 亿元人民币，占注册资本的 30%，宁夏电投出资 1.838 亿元人民币，占注册资本的 20%。

2008 年 12 月 26 日，青铝集团与加铝公司签订关于加宁公司股权转让的协议。

2009 年 1 月 19 日，经商务部批复同意、宁夏国资委批准，青铝集团以 6.3 亿元的价格收购加宁公司 50% 股权，完成股权及工商变更等法律手续，实现资产、业务、人员平稳接收。加宁公司名称变更为青铜峡铝电有限责任公司，为青铝集团全资子公司。

（三）收购青铜峡市青鑫炭素有限责任公司股权

青铜峡市青鑫炭素有限责任公司（简称青鑫炭素）由原青铜峡铝厂职工集资组建，为青铜峡市民营企业，位于青铜峡工业园区铝厂厂区，1999 年 8 月 26 日成立，注册资本 6000 万元人民币。

2008 年 9 月 26 日，青铝集团向宁夏国资委上报《关于收购青铜峡市青鑫炭素有限责任公司的请示》。12 月 22 日，青鑫炭素召开股东大会，通过《关于青鑫炭素将 100% 股权转让给青铜峡铝业集团公司的决议》。12 月 23 日，宁夏国资委批复，同意青铝集团收购自然人所持青鑫炭素全部股份，青鑫炭素成为青铝集团全资子公司。

三、名称变更

2015 年 5 月 29 日，中电投与国家核电技术有限公司重组，成立国家电力投资集团有限公司（简称国家电投）。2017 年 2 月 14 日，经宁夏工商行政管理局核准，中电投宁夏青铜峡能源铝业集团有限公司名称变更为国家电投集团宁夏能源铝业有限公司（简称宁夏能源铝业）。

第二节　铝电公司

一、国际矿业

中国电力投资集团国际矿业投资有限公司 2009 年 9 月 30 日注册成立，属于法人独资有限责任公司，注册资本金 42.92 亿元人民币，注册地址在北京市西城区西直门外大街 18 号。2016 年 7 月 6 日，更名为国家电投集团国际矿业投资有限公司（简称国际矿业），为国家电投全资子公司。截至 2016 年 9 月，资产总额 157.6 亿元，员工总数 2169 人（含劳务工 688 人）。拥有铝土矿和氧化铝产业，所属子公司有山西铝业、遵义公司、几内亚项目公司和山西可再生能源公司。

二、铝业国贸

中电投铝业国际贸易有限公司（简称铝业国贸）2010 年 1 月成立，注册地在上海市虹口区，注册资本 1 亿元人民币。其中，中电投出资 3000 万元，占注册资本的 30%；中电投蒙东能源集团有限责任公司（简称"蒙东能源"）出资 2800 万元，占注册资本的 28%；宁夏能源铝业出资 2800 万元，占注册资本的 28%；黄河公司出资 1400 万元，占注册资本的 14%。

2011 年 3 月，注册资本金增资至 5 亿元人民币。增资后，出资比例分别为中电投 30%，内蒙古公司 25%，宁夏能源铝业 25%，黄河公司 20%。

2013 年 12 月，铝业国贸注册资本金增至 15 亿元人民币，各股东出资比例不变。

2017 年 4 月，国家电投将持有铝业国贸股权无偿划转铝电公司持有。股权划转后，铝业国贸股东及比例为铝电公司 30%，蒙东能源 25%，宁夏能源铝业 25%，黄河公司 20%。

2020 年 12 月，铝业国贸注册资本金增至 25 亿元人民币，持股比例不变。经国家电投批准，铝业国贸先后在沈阳、深圳、银川、武汉、重庆、上海自贸试验区、北京等地区设立 7 家分（子）公司、1 家参股公司。

三、组建成立铝电公司

2016 年，国家电投印发《集团公司深化改革总体实施方案》，决定将铝业作为主业的一部分，按照"专业化板块发展要突出核心主业和核心能力"的要求，整合铝业，组建专业化铝电公司，赋予"专业化产业子集团、铝业贸易服务平台、铝业科技创新平台"三大职能，致力于将铝电公司打造成为产业一体化、管理专业化、机制市场化的全产业链创新型现代化企业。10 月 21 日，国家电投《关于印发〈优化整合铝业相关资产及组建铝电公司的改革方案〉的通知》，确定组建铝电公司的方式、功能定位、组织机构，提出合并重组国际矿业、宁夏能源铝业、铝业国贸的铝业相关资产和业务。国家电投将所持宁夏能源铝业、铝业国贸股权无偿权划转给国际矿业，国际矿业更名为国家电投集团铝电投资有限公司（简称铝电公司）。10 月 22 日，国家电投召开优化整合铝业资产及组建铝电公司启动会（视频），对优化整合铝业资产及组建铝电公司改革方案进行说明，宣布成立铝电公司筹备组，全面负责铝电公司筹备各项工作，协调解决筹备工作中的有关重大问题，制订并落实铝电公司组建实施方案和相关配套方案。12 月 19 日，筹备组向国家电投上报《关于呈报〈国家电投集团铝电有限公司实施方案〉的报告》，国家电投对铝电公司组建实施方案进行备案。

2017 年 1 月 22 日，国家电投在国际矿业本部召开干部大会（视频），宣布干部任免决定。同时要求，在铝电公司党委正式成立前，组建领导小组负责研究决定铝电公司重大决策、重大人事任免、重大项目安排、大额度资金使用等"三重一大"事项，以加快推动铝电公司组建。24 日，组建领导小组印发《关于国家电投集团铝电有限公司组建实施方案的通知》，实施方案确定公司总体战略及发展目标和主要经营范围，明确公司治理结构、组织架构和管理权限。

按照重组后的资产股权关系，建立和完善公司法人治理体系，同时，把加强党的领导与完善公司治理统一起来。

铝电公司设立董事会、监事会和经营管理层。董事会下设战略发展委员会、薪酬与提名委员会、审计与风险管理委员会。

按照统筹规划、分步实施的原则，明确铝电公司各个阶段管控模式和运行体制。以战略实施、生产经营管理职能为主，结合业务和管理需要，按照"综合管理＋专业中心管理＋监督保障"的组织结构，公司设立2个专业管理中心和7个综合性及监督保障部门。

宁夏能源铝业承担铝业以外的电力业务发展职能，负责与地方政府对接、承担国家电投铝业科技创新平台的重要功能，负责建立健全铝业科技创新体系，推进生产技术进步，加强铝产品研发创新，提高铝产品附加值，提升核心竞争力。

铝业国贸负责铝电公司铝产品销售和期货、贸易融资、大宗原材料采购等业务，承担国家电投铝业贸易服务平台的重要职能，根据授权，按市场化原则，对蒙东能源、黄河公司的铝业大宗原材料采购，电解铝销售以及铝业套保等业务进行统一运作。

山西铝业、遵义公司、山西可再生能源公司负责本单位安全、生产经营、建设、科技等日常管理，几内亚项目公司负责项目前期各项工作。

按照三级管理结构，国家电投对铝电公司实行战略管控。铝电公司是利润中心、经营主体，在授权范围内拥有完全的经营自主权，并以效益最大化为重点，以运营管控为方向，对所属企业实行运营管控。铝电公司所属子公司是成本中心，以精细化管理、降本增效为重点，切实加强成本控制。

2017年2月25—26日，中共国家电投集团铝电投资有限公司委员会在青铜峡分公司图书馆会议厅召开第一次代表大会，选举产生中共国家电投集团铝电有限公司委员会第一届委员会委员和纪律检查委员会委员。3月30日，北京市市场监督管理局下发《关于名称变更的通知》，经北京市市场监督管理局核准，同意国家电投集团国际矿业投资有限公司名称变更为国家电投集团铝电投资有限公司，注册资本金44.77亿元，公司住所在北京市西城区西直门外大街18号。铝电公司子企业包括宁夏能源铝业、铝业国贸以及山西铝业、遵义公司、几内亚项目公司、山西可再生能源公司。

2017年4月20日，铝电公司召开第一届董事会第一次会议，选举董事长，聘任总经理，选举监事会主席。

2017年10月，铝电公司与国家电投石家庄东方能源股份有限公司签署《关于收购国家电投集团山西可再生能源有限公司100%股权框架协议》。2018年7月9日，铝电公司将持有的山西可再生能源有限公司股权以非公开协议方式转让给东方能源。

四、管控优化

2019 年 3 月 8 日，铝电公司召开一届三次职工代表大会联席会议，职工代表大会主席团成员、代表团团长、专门委员会负责人及工会委员会委员、职工董事、职工监事、公司党政主要负责人参加会议，审议通过《铝电公司运营管控优化调整方案》。3 月 15 日，公司在银川召开干部大会，宣布国家电投党组关于铝电公司和宁夏能源铝业本部管理整合后新一届领导班子。3 月 27 日，国家电投印发《铝电公司运营管控优化调整方案的通知》，结合国家电投国有资本投资公司试点的改革方向，遵循协同发展、高效运营的原则和三级管控基本思路，理顺管理关系，优化管控体系，调整组织架构，建立更加高效的运转机制，推动铝业高质量持续健康发展，确保国家电投新时期战略在铝电公司落地。要求铝电公司与宁夏能源铝业先进行管理整合，后进行资本整合。管理整合，即按照"两块牌子、一套班子、一个机关"运作。"两块牌子"，即在宁夏为宁夏能源铝业，在北京为铝电公司；"一套班子、一个机关"，即将铝电公司和宁夏能源铝业两套班子与管理人员优化整合为一套，实现一地集中办公。资本整合，与宁夏回族自治区人民政府协商，将其持有的宁夏能源铝业 23.95% 的股权进行整合，实现资产与管理的统一。整合后的铝电公司在履行国家电投专业化产业子集团职能的同时，作为国家电投在宁夏的代表机构，履行省域公司职能。

国家电投对铝电公司实行战略管控，铝电公司按照董事会职权试点，在授权范围内对所属企业实行运营管控。现阶段，宁夏能源铝业董事会、监事会按该公司章程执行，原则上除其他股东委派的董事、监事外，其他董事、监事的委派与铝电公司内部董事、监事人选要高度重叠。本次改革进一步优化党委和经理层"双向进入，交叉任职"领导体制。

2019 年 4 月 1 日，铝电公司机关工作人员由北京搬迁至银川市金凤区新昌西路 168 号宁夏能源铝业办公楼，与宁夏能源铝业机关工作人员合署办公，公司正式运行。

2021 年底，铝电公司所属单位（包括宁夏能源铝业所属单位）共 40 家（含中心）。其中，三级管控主体单位 16 家，分别为铝业国贸、铝电金海、山西铝业、遵义公司、临河发电、青铝发电、中卫新能源、青铜峡分公司、宁东分公司、科技工程公司、青鑫炭素、新材料公司、绿能公司、绿电能源、清洁能源、盐池能源科技。

2021 年，铝电公司实现营业收入 416 亿元，拥有铝土矿年产能 1120 万吨，在建铝土矿年产能 150 万吨；氧化铝年产能 390 万吨；电力装机 294 万千瓦（另有参股火电装机 122 万千瓦），其中，火电 190 万千瓦，风电 85 万千瓦，光伏发电 19 万千瓦；电解铝运行年产能 99 万吨，非普铝产品加工能力年产能 30 万吨，配套炭素年产能 52 万吨（其中，阳极 48 万吨，阴极 4 万吨）；可再生能源制氢项目每小时 1000 标准立方；上海铝业贸易服务平台具备大宗商品集约化贸易及期货、金融运作能力。

宁夏能源铝业、铝电公司主要财务指标分别见表 1-2-1、1-2-2。

表 1-2-1　宁夏能源铝业主要财务指标表

单位：万元

年份	营业收入	利润总额	资产总额	负债总额
2009	755674	4541	1687648	1135528
2010	1235198	24330	1965336	1375477
2011	1321345	33464	2593465	1960804
2012	1734273	−71511	2354903	1806002
2013	1685969	−85535	2208315	1766191
2014	1509172	−96705	2541115	2170172
2015	1209225	−117496	2360126	2460879
2016	921576	4888	2331529	1922986
2017	1379688	22241	2195898	1799710
2018	1417918	−48440	2211512	1872005
2019	1421942	134465	2083877	1624974
2020	1471128	80137	2194881	1692839
2021	1855912	134795	1894612	1180261
合计	17919020	19174	−	−

表 1-2-2　铝电公司主要财务指标表

单位：万元

年份	营业收入	利润总额	资产总额	负债总额
2017	3135074	89348	4040470	3058659
2018	3144984	−31140	4106234	3164541
2019	4544427	54119	4152816	3182799
2020	3374732	−126088	4333660	3435253
2021	4156474	150864	4035540	2910886
合计	18355691	137103	−	−

第三节　组织结构

一、宁夏能源铝业

（一）成立初期

2008 年 12 月，宁夏能源铝业成立。2009 年 2 月、11 月，先后注销宁夏能源公司和青铝集团的工商登记。

2009 年 3 月 7 日，中电投下发《关于中电投宁夏青铜峡能源铝业集团有限公司组织机构设置方案批复》，依据批复，宁夏能源铝业是一个涉及多行业、多产业的综合性大型公司，产业包含煤炭、煤化工、煤电、电解铝、风电等领域，根据其产业结构、特点及差异性，实行"板块"管理。同时，按照三级管控的要求，以二级单位为利润中心、三级单位为成本中心原则，宁夏能源铝业实行分公司、控股公司和职能中心方式管理。分公司、控股公司是成本控制中心和生产管理中心，执行公司产业发展规划和年度计划、人事决策、薪酬分配、预算控制和经营监督；职能中心是费用核拨单位，公司按照工作内容制定考核指标及年度费用指标。设置 7 个二级机构，为中电投三级单位，分别为宁夏能源铝业煤炭及煤化工分公司、宁夏能源铝业电力分公司、青铝股份、宁夏能源铝业科技信息中心、宁夏能源铝业青鑫炭素有限责任公司、宁夏能源铝业进出口有限公司（青铝东方国际有限公司）、宁夏能源铝业建筑安装工程公司。

在公司组织管理结构中，进一步明确煤、电、铝的管理方式。煤炭和煤化工分公司依据项目发展，成立相应的项目筹建处，根据项目进展情况，适时组建公司；电力分公司依据项目发展，成立相应的项目筹建处，根据项目推进情况，工程前期项目部、枣泉项目筹建处适时组建公司或股份公司；青铝股份管理青铜峡通润铝材有限责任公司（控股）、青铜峡铝业发电有限责任公司（双方各持股 50%）、经济技术开发有限公司和职工医院，代管中青迈铝业（控股）、青铜峡铝电有限责任公司。

2009 年 11 月 27 日起，根据宁夏能源铝业煤电铝项目进展和请示，中电投先后发文，成立宁夏枣泉发电有限公司、中电投宁夏能源铝业中卫新能源有限公司、中电投宁夏能源铝业吴忠新能源有限公司、宁夏能源铝业红墩子第一煤矿有限公司、中电投宁夏能源铝业临河发电有限公司等机构。

2010 年 8 月 18 日起，宁夏能源铝业先后对电力分公司、煤炭及煤化工分公司、宁夏能源铝业进出口有限公司、青铝东方国际有限公司等公司进行更名、撤销，成立电力事业部、中卫热电项目筹建处、煤炭事业部、红二煤矿项目筹建处等机构。12 月 15 日，实施铝板块吸收整合，青铝股份分别对青铜峡铝电有限公司和中青迈铝业进行吸收合并。截至 12 月 31 日，宁夏能源铝业所属子（分）公司及中心 14 家（见图 1-3-1）。

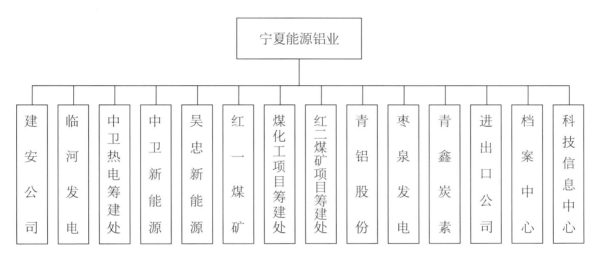

图 1-3-1　2010 年 12 月宁夏能源铝业组织结构图

（二）管控一体化

2011 年 6 月 10 日，中电投下发《集团公司管控一体化总体方案》的通知，要求各二级单位结合实际制订方案同步推进。宁夏能源铝业按照会议精神和"有利于安全生产，有利于提高工作效率，有利于降低运营成本，有利于职工队伍稳定"的要求，以建设国家电投重要的电解铝生产基地、铝业发展的重要平台和核心企业为目标，强化二级单位利润中心、三级单位成本中心职能，理顺管理关系，建立一体化管理，强化核心产业管控，形成有利于整合资源和集约化管理的运行机制，为全面实现"三步走"战略提供体制机制保证。9 月 12 日，中电投下发《关于宁夏能源铝业管控一体化实施方案的批复》，调整青铝股份的管理体制，将宁夏能源铝业和青铝股份调整为两块牌子、一个领导班子、一套管理机构，进行一体化运作，对铝业板块各单位实施一体化管理，减少管理层级，降低管理成本，提高管理效率。公司本部为二级单位，是利润中心，按照"综合管理 + 专业管理 + 监督保障"管控模式共设置15 个管理部门。对铝业板块实行直线职能管控，对煤炭及煤化工板块、电力板块实行产业专业化管控；公司所属单位是成本中心，按照产业板块和专业化管控模式，共设置 23 个分（子）公司。其中，电力板块设置 8 个子公司和筹建处，分别为临河发电有限公司、中卫热电筹建处、中卫新能源有限公司、吴忠新能源有限公司、银川新能源有限公司、积家井项目筹建处、甘塘项目筹建处、枣泉发电有限公司；煤炭及煤化工板块设置 3 个子公司和筹建处，分别为红一煤矿有限公司、红二煤矿项目筹建处、煤化工项目筹建处；铝板块设置 12 个分（子）公司，分别为青铝股份所属青铜峡铝业分公司、宁东铝业分公司、动力分公司、检修分公司、物流配送中心、供销分公司、质量检测中心、通润铝材公司、实业分公司 9 个分公司及青鑫炭素有限公司、建设工程有限公司、技术工程公司 3 个全资子公司。3 个支持性机构，属青铝股份费用核拨单位，分别为培训中心、新闻中心、会计核算中心。

2015 年 1 月 22 日，中电投下发《关于〈宁夏能源铝业铝业改革总体方案〉的批复》，要求在推进各项改革过程中，注意把握好产业链一体化和体制机制市场化两个特征，统筹考虑铝、电关系，推进宁东、青铜峡两个区域一体化进程。宁夏能源铝业下发《宁夏能源铝业铝业改革总体方案》相关配套方案，实行区域性管控优化。

1. 宁东区域管控优化

2015 年 1 月 22 日，宁夏能源铝业下发《关于宁东区域化管理实施方案的通知》，按照区域化管理安排，扩大宁东铝业分公司的管控范围，将青铝股份动力分公司、物流配送中心、质量检验中心负责的宁东区域业务及人员划转到宁东铝业分公司管理；实业分公司在宁东的业务划转到宁东铝业分公司，与宁东铝业分公司签订相关服务协议，人员及机构继续保留在实业分公司。组织结构优化和调整后，宁东铝业分公司成为成本控制及管理的主体。

实行专业化管理，将检修分公司在宁东铝业分公司全部业务和人员并入工程公司，以提高对外市场竞争能力。宁东区域管控优化，涉及宁东铝业分公司、动力分公司、物流配送中心、质量检验中心、检修分公司、实业公司、工程公司 7 家单位的业务。

2. 工程公司、检修分公司管控优化

2015 年 1 月 26 日，宁夏能源铝业下发《关于印发工程公司和检修分公司重组实施方案的通知》，按照"国有企业体制，民营企业机制"原则，发挥专业化优势，推动工程公司、检修公司机制转型，提升其核心业务市场竞争力。按照先合并业务后处置资产原则，将检修分公司电解槽大修、机加工等业务及相应人员与工程公司合并，成立工程检修公司，保留工程公司法人资格，增加业务范围。按照市场化原则，为青铝股份提供电解槽（炉、窑）大修理等工程施工专业化服务。将检修分公司资产权属由青铝股份划归新成立的工程公司，工程公司变更为宁夏能源铝业子公司。

3. 青铜峡区域管控优化

2015 年 1 月 26 日，宁夏能源铝业下发《关于青铜峡区域一体化改革实施方案的通知》，按照"区域化"管理模式，青铜峡铝业分公司全面负责青铜峡区域电解、阳极、铸造、供电、动力、质量检验、物流配送、物资采购、后勤服务等管理运行工作，是青铜峡区域产供一体化管理主体。撤销青铝股份动力分公司、物流中心、质检中心、实业分公司，成立动力部、物流部、质检部、后勤服务部，归青铜峡铝业分公司管理。物资采购业务划转到青铜峡铝业分公司和宁东铝业分公司，撤销供销分公司及相关机构。

4.煤炭板块管控优化

2014 年 3 月 4 日，宁夏能源铝业党政联席会议研究决定，对煤炭板块管控进行优化调整，设立煤炭部，承担专业管理部门职责，注册成立宁夏能源铝业煤业公司（简称煤业公司），是宁夏能源铝业全资子公司、法人单位。

2015 年 12 月末，成立中电投宁夏能源铝业二连浩特能源有限公司、国家电投宁夏电能配售电有限公司、国家电投集团宁夏能源铝业中卫热力有限公司。撤销积家井项目筹建处、甘塘项目筹建处。所属子（分）公司及项目前期办公室、筹建处、服务中心等共 21 家（见图 1-3-2）。

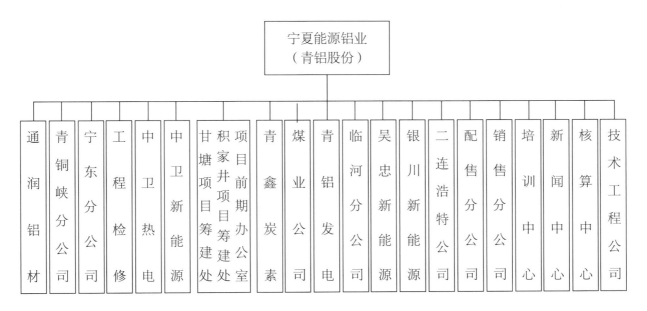

图 1-3-2　2015 年 12 月宁夏能源铝业组织结构图

2017 年 9 月，宁夏能源铝业根据国家电投深化改革总体工作部署和铝电公司管控要求，下发《宁夏能源铝业机构改革及管理人员编制实施方案》。按照"精简、高效"原则，实行"综合管理＋专业管理＋监督保障"管理模式，调整部门职能，优化管理结构。撤销新闻中心、会计核算中心、培训中心等支持性机构，将其公共管理职能及业务上移本部相关部门，与生产运营关联的业务划转相关生产单位，进一步做实生产单位。调整后，宁夏能源铝业组织结构为下设青铜峡分公司、宁东分公司、工程检修、青鑫炭素、铝合金分公司、煤炭项目筹建处、临河分公司、青铝发电、中卫热电、中卫新能源、银川新能源、售配电、吴忠新能源13家单位。

二、铝电公司

（一）成立初期

2017年初，铝电公司成立时，按照国家电投对铝电公司"专业化产业子集团、铝业贸易服务平台、铝业科技创新平台"定位，以战略实施、生产、经营管理职能为主，结合业务和管理需要，实行"综合管理＋专业中心管理＋监督保障"的组织管控结构，设立产业管理和营销管理两个专业管理中心和综合、监督、保障部门。其中，产业管理中心与宁夏能源铝业合署办公，宁夏能源铝业安全质量环保部、发电生产管理部、电解铝生产管理部、氧化铝生产管理部、科技管理部同时承担产业中心工作职责。氧化铝生产管理部与山西铝业合署办公。营销管理中心与铝业国贸合署办公，下设的金属部、原料部、期货部，业务分别归营销中心和铝业国贸双重领导。所属子公司包括宁夏能源铝业、铝业国贸、山西铝业、遵义公司、几内亚项目公司、山西可再生能源公司。

2017年10月，铝电公司与国家电投石家庄东方能源股份有限公司签署《关于收购国家电投集团山西可再生能源有限公司100%股权框架协议》。2018年7月9日，铝电公司将持有的山西可再生能源有限公司股权以非公开协议方式转让给东方能源。

（二）优化调整

为进一步优化铝电公司管控体系和组织结构，建立更加高效的运转机制，2019年3月，国家电投下发《关于铝电公司运营管控优化调整方案的通知》。决定将铝电公司与宁夏能源铝业进行管理优化调整，先进行管理整合，再进行资本整合，按照"两块牌子、一套班子、一个机关"的模式进行管理。截至2021年12月31日，资本整合工作尚未开展。

管理整合后，铝电公司在履行国家电投专业化产业子集团职能的同时，作为国家电投在宁夏的代表机构，履行省域公司职能。公司机关以战略实施、生产经营管理职能为主。

截至2021年12月31日，铝电公司（宁夏能源铝业）参股公司9家，注销公司21家，所属子（分）公司39家、服务中心6家。其中，三级管理的主体单位16家（见图1-3-3）。

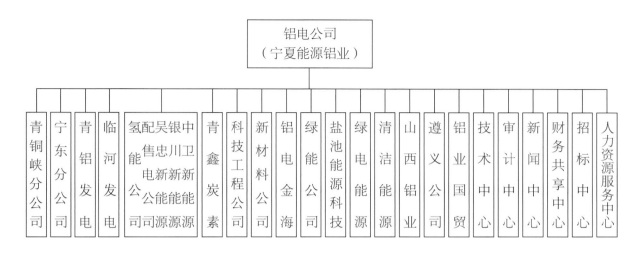

图1-3-3　2021年12月铝电公司（宁夏能源铝业）组织结构图

第四节　劳动用工

一、用工制度

2009年，宁夏能源铝业为规范用工行为，加强劳动合同管理，维护企业和员工双方的合法权益，建立和发展和谐稳定的劳动关系，制定《劳动合同管理办法（试行）》，对公司劳动合同的订立、履行、变更、续订、解除或终止等进行统一和规范。

宁夏能源铝业成立初期，电力、煤炭板块处于发展起步阶段，用工较少且比较单一。铝业板块技术工种、主要生产岗位全部使用固定期和无固定期员工，辅助岗位使用劳务工。为优化铝业板块各单位主要生产岗位用工结构，进一步提升队伍技能素质，2012年6月，宁夏能源铝业制定《所属铝业单位劳务派遣工转签劳动合同管理办法（暂行）》，规定劳务公司派遣到铝板块重要生产岗位、符合条件的人员，经综合测评合格后，可转签为九年制劳动合同工。12月，制定《劳务派遣人员管理办法》，规范劳务用工管理，防范劳务用工法律风险。

2013年3月，宁夏能源铝业制定《铝业单位九年合同制员工劳动合同变更管理办法（暂行）》，将铝业单位主要生产岗位符合条件的九年制合同工转签为无固定期劳动合同，进一步优化公司用工结构，提升队伍技能素质。之后，劳动用工权下放，各三级单位均执行该制度，延续至2021年。

2015年、2018年、2019年、2020年先后对《劳动合同管理办法》进行了4次修订，修订后的管理办法严格落实劳动用工契约化管理，依法开展劳动合同签订、履行、变更、续签、终止、解除等。2018 年，宁夏能源铝业修订统一的劳动合同标准文本，细化合同期限、工作内容、劳动纪律、绩效要求、考核标准以及续签、终止、解除劳动合同条件等条款，增强操作性，保障和规范员工能进能出。

二、劳动力调配

2012 年 5 月—2013 年 3 月，宁夏能源铝业制定《机关与所属单位事界面划分（试行）》，公司人资部负责办理机关及所属单位之间的员工调动，监督检查所属单位员工岗位变动、离职管理工作。所属单位提出员工调动需求，报人力资源部批准并负责办理员工内部岗位调动、辞职、辞退手续。

2013 年 4 月，为补充铝业板块用工缺口，宁夏能源铝业面向社会公开招聘合同工 290 人。其中，180 人用于补充九年制合同到期产生的人员缺口，110 人用于优化铝业板块用工结构。

2013 年 11 月 27 日，宁夏能源铝业制订《青铝股份主要生产设备检修及生产工艺车辆业务优化实施方案》，将物流中心、检修公司相关劳动组织分别划转归青铜峡分公司、宁东分公司，理顺管理关系，此次划转人员 1148 人。

2014 年 8 月，宁夏能源铝业制订《青铝股份 120 千安、160 千安系列关停人员安置方案》，120 千安、160 千安生产系统（含配套系统）关停后，按照"管理岗位人员统筹安排，生产岗位人员分阶段分批安置"的原则，以双选方式对 1269 人进行安置。其中，在煤炭、电力板块安置员工 279 人，通过理论和实操培训后上岗，其余人员在铝板块内部妥善安置。

2015 年 8 月，按照国务院国资委《关于中央企业开展亏损企业专项治理工作的通知》要求及中电投《关于开展亏损专项治理工作的通知》的工作部署，宁夏能源铝业制定《员工内部退养管理办法》，对距退休年龄不足 5 年的特殊工种、因病或非因工伤完全丧失劳动能力的员工，符合国家政策规定的距离退休年龄不足 5 年的员工，办理内部退养手续。截至 12 月 31 日，共为 733 人办理内部退养手续。2017 年，再次执行内部退养制度，共为 387 人办理内部退养手续。

2016 年 3 月，宁夏能源铝业制定《关于印发煤炭煤化工分公司停工期间人员安置实施方案的通知》，煤炭煤化工分公司停工期间，安排 99 个留守岗位。公司统筹系统内各单位用工需求，实施员工转岗安置。2016 年 4 月，实施煤炭板块停工放假政策，通过竞争上岗、转岗安置、协商解除劳动合同、停工放假等措施稳妥分流人员。年底，安置停工放假人员 175 人，其中，协商解除劳动关系 164 人，退回劳务公司 9 人，内退 2 人。

2017年1月，宁夏能源铝业按照国务院国资委关于"僵尸企业"处置和特困企业治理的相关政策要求，制订《通润铝材关停人员安置实施方案》，分流安置人员385人。其中，无固定期合同工辞职21人，系统内安置54人，劳务工退回劳务公司119名，协商解除九年制、三年制合同工48人。2月底，安置无固定期合同制职工及三年制合同工88人，协议解除无固定期合同制职工及三年制合同工13人，留守42人。

2021年2月，铝电公司第二次党委会研究决定，将科技工程公司炉窑修理业务及156名员工整建制划归青铜峡分公司。

三、用工情况

宁夏能源铝业2008年成立，2009年4月1日正式运行，用工总人数7442人，主要为无固定期合同工、固定期合同工和劳务用工三种用工形式。其中，无固定期合同工4258人，占比57.22%；固定期合同工2856人，占比38.38%；劳务工328人，占比4.41%。

2009年末，宁夏能源铝业用工总量10175人。其中，合同制员工共9036人，劳务用工1139人。合同制员工年龄结构为：29岁及以下2768人，30—39岁3378人，40—45岁1862人，46—49岁509人，50—54岁324人，55岁及以上195人。在岗合同制员工共8728人，学历结构为：硕士研究生25人，大学本科795人，大学专科1513人，中等专科762人，技校383人、高中及以下5250人。岗位结构为：管理岗位402人，专业技术岗位1300人，生产技能岗位7026人，分布在公司机关和各所属单位（见表1-4-1）。

表1-4-1　2009年12月宁夏能源铝业用工人数统计表

单位：人

序号	单位	合同制员工	劳务用工	小计
1	公司机关	81	20	101
2	煤炭煤化工分公司	84	5	89
3	电力分公司	95	4	99
4	青铝股份	8165	1078	9243
5	青鑫炭素	581	32	613
6	进出口公司	11	—	11
7	建安公司	19	—	19
总　计		9036	1139	10175

2011 年 11 月，宁夏能源铝业对青铝股份实行管控一体化改革。2012 年 1 月，完成管控一体化改革初期工作。2012 年末，宁夏能源铝业用工总量 11186 人。其中，无固定期合同工在岗 6330 人，不在岗 40 人，固定期合同工 1982 人，劳务用工 2834 人。合同制员工共 8352 人，年龄结构为：29 岁及以下 2300 人，30—39 岁 2702 人，40—45 岁 1982 人，46—49 岁 940 人，50—54 岁 286 人，55 岁及以上 142 人。在岗合同制员工共 8312 人，学历结构为：硕士研究生 38 人，大学本科 1046 人，大学专科 1883 人，中等专科 855 人，技校 751 人，高中及以下 3739 人。岗位结构为：管理岗位 490 人，专业技术岗位 828 人，生产技能岗位 6994 人（见表 1-4-2）。

表 1-4-2　2012 年 12 月宁夏能源铝业用工人数统计表

单位：人

序号	单位	合同制员工	劳务用工	小计
1	公司机关	122	20	142
2	红一煤矿公司	172	5	177
3	红二煤矿项目筹建处	28	4	32
4	煤化工项目筹建处	37	1	38
5	临河发电	130	9	139
6	吴忠新能源	25	1	26
7	中卫新能源	36	7	43
8	青铜峡分公司	2427	754	3181
9	宁东分公司	792	881	1673
10	动力分公司	691	20	711
11	供销分公司	58	－	58
12	检修分公司	988	237	1225
13	质量检测中心	316	15	331
14	物流配送中心	920	62	982
15	青鑫炭素	444	109	553
16	建设工程公司	81	－	81
17	技术中心	16	－	16
18	通润铝材公司	279	109	388
19	实业公司	657	598	1255

续表

序号	单位	合同制员工	劳务用工	小计
20	中卫热电	97	2	99
21	培训中心	5	–	5
22	新闻中心	13	–	13
23	枣泉发电	18	–	18
总　计		8352	2834	11186

2015年1月22日，宁夏能源铝业下发《宁夏能源铝业铝业改革总体方案》及相关配套方案，实行区域性管控调整和优化，青铜峡分公司和宁东分公司分别全面负责本区域电解、阳极、铸造、供电、动力、质量检验、物流配送、物资采购、后勤服务等管理工作，成为区域产供一体化管理主体。2015年末，宁夏能源铝业用工总量9511人。其中，无固定期合同工在岗5750人，不在岗677人（当年实施第一批内部退养和离岗休假政策），固定期合同工1432人，劳务用工1652人。合同制员工共7859人，年龄结构为：29岁及以下2006人，30—39岁2256人，40—45岁1670人，46—49岁1208人，50—54岁601人，55岁及以上118人。在岗合同制员工共7182人，学历结构为：硕士研究生35人，大学本科1415人，大学专科1894人，中等专科706人，技校452人，高中及以下2680人。岗位结构为：管理岗位453人、专业技术岗位676人，生产技能人员6053人（见表1-4-3）。

表1-4-3　2015年12月宁夏能源铝业用工人数统计表

单位：人

序号	单位	合同制员工	劳务用工	小计
1	公司机关	116	10	126
2	煤炭煤化工分公司	342	9	351
3	青铝发电	312	9	321
4	临河发电	286	8	294
5	吴忠新能源	32	3	35
6	中卫新能源	73	12	85
7	青铜峡分公司	3846	709	4555
8	宁东分公司	1522	491	2013
9	销售分公司	25	–	25

续表

序号	单位	合同制员工	劳务用工	小计
10	工程检修	333	194	527
11	青鑫炭素	384	85	469
12	技术中心	13	－	13
13	通润铝材	267	117	384
14	中卫热电	265	4	269
15	会计核算中心	27	－	27
16	培训中心	4	－	4
17	新闻中心	12	1	13
总　计		7859	1652	9511

2017 年 1 月，铝电公司成立，被国家电投赋予专业化产业子集团、铝业贸易服务平台、铝业科技创新平台的战略定位。2017 年末，铝电公司用工总量 11196 人。其中，无固定期合同工在岗 6487，不在岗 1183 人（当年实施第二批内部退养和离岗休假政策），固定期合同工 1302 人，劳务用工 2224 人。合同制员工共 8972 人，年龄结构为：29 岁及以下 2092 人，30—39 岁 2919 人，40—45 岁 1378 人，46—49 岁 1434 人，50—54 岁 1033 人，55 岁及以上 116 人。在岗合同制员工共 7789 人，学历结构为：博士研究生 4 人，硕士研究生 91 人，大学本科 1852 人，大学专科 2144 人，中等专科 630 人，技校 607 人，高中及以下 2461 人。岗位结构为：管理人员 595 人，专业技术人员 916 人，生产技能人员 6278 人（见表 1-4-4）。

表 1-4-4　2017 年 12 月铝电公司用工人数统计表

单位：人

序号	单位	合同制员工	劳务用工	小计
1	公司机关	119	14	133
2	山西铝业	1155	600	1755
3	几内亚公司	4	－	4
4	鼎泰铝业	14	－	14
5	山西可再生能源公司	30	3	33
6	纳米比亚公司	1	－	1
7	遵义公司	251	31	282

续表

序号	单位	合同制员工	劳务用工	小计
8	煤炭项目筹建处	198	-	198
9	青铝发电	317	6	323
10	临河发电	351	5	356
11	银川（售电）新能源	38	6	44
12	中卫新能源	81	14	95
13	青铜峡分公司	3725	673	4398
14	宁东分公司	1631	575	2206
15	工程检修	391	168	559
16	青鑫炭素	304	114	418
17	中卫热电	265	7	272
18	铝业国贸	97	8	105
	总　计	8972	2224	11196

2021年，根据国家电投人力资源优化配置"再出发"专项行动总体要求，铝电公司强化人员内部优化调整，逐步实施劳务用工"清零"计划，进一步提高用工效率。当年末，公司用工总量9175人。其中，无固定期合同工在岗7377人，不在岗283人，固定期合同工1102人，劳务用工413人。合同制员工共8762人，年龄结构为：29岁及以下1633人，30—39岁3296人，40—45岁1263人，46—49岁1072人，50—54岁1160人，55岁及以上338人。在岗合同制员工共8479人，学历结构为：博士研究生1人，硕士研究生97人，大学本科2327人，大学专科2444人，中等专科675人，技校613人，高中及以下2322人。岗位结构为：管理岗位686人，专业技术岗位876人，生产技能岗位6917人（见表1-4-5）。

表1-4-5　2021年12月铝电公司用工人数统计表

单位：人

序号	单位	合同制员工	劳务用工	小计
1	公司机关	148	-	148
2	山西铝业	1361	312	1673
3	几内亚公司	70	92	162
4	遵义公司	676	-	676

续表

序号	单位	合同制员工	劳务用工	小计
5	青铝发电	320	－	320
6	临河发电	372	－	372
7	中卫新能源	164	－	175
8	青铜峡分公司	2859	－	2859
9	宁东分公司	1649	－	1649
10	科技工程公司	333	－	333
11	青鑫炭素	376	－	376
12	新材料公司	267	－	267
13	清洁能源	5	－	5
14	盐池能源科技	1	－	1
15	绿电能源	5	－	5
16	绿能公司	24	－	24
17	财务共享中心	28	－	28
18	铝业国贸	104	9	113
	总　计	8762	413	9175

　　2009—2021 年，公司对员工队伍结构不断进行优化调整，在业务增加的同时严格控制用工总量，保证用工总量与业务总量相匹配。2009 年，无固定期合同工用工占比 69.1%，2021 年占比 83.5%，增加 14.4%；2009 年，九年制合同工用工占比 19.6%，2021 年占比 12%，降低 7.6%。员工年龄结构、学历结构均有所优化，有效保证队伍稳定，为公司发展壮大提供人力资源保障。

第二章 铝产业

公司铝产业由电解铝、炭素、铝制品、氧化铝及铝土矿构成，主要分布在宁夏、山西、贵州和几内亚共和国。青铜峡分公司、宁东分公司、新材料公司主要负责电解铝原铝液、铝锭、铝合金产品以及配套的阳极系列产品的生产，青鑫炭素主要负责阴极炭素的生产，科技工程公司和新材料公司主要负责铝深加工产品的生产。山西铝业、遵义公司和几内亚公司主要负责铝土矿和氧化铝生产。

公司有计划、有步骤、有重点地将铝产业发展与企业长远发展有机结合，依托自身的工业基础，生产、管理经验和人才、技术优势，建设技术先进、大电流、大容量、预焙阳极电解铝生产系列和先进工艺的氧化铝生产线，发展包括铝土矿、氧化铝、电解铝、铝合金及铝材加工产品等有色金属材料及高性能铝合金新材料，形成完整的铝业产业链和发展铝产业的比较优势。截至 2021 年末，公司拥有铝土矿产能 1120 万吨／年，氧化铝产能 390 万吨／年，电解铝产能 99 万吨／年，非普铝产品加工能力 33 万吨／年，阳极炭素产能 48 万吨／年，阴极炭素制品产能 4 万吨／年。

第一节 电解铝

一、青铜峡电解铝

（一）基本情况

青铜峡电解铝生产现场地处宁夏青铜峡市青铜峡镇，东临黄河，北近青铜峡火车站 1 公里，109 国道和包兰铁路分别从厂区东、西两侧通过，距青铜峡市政府所在地 20 公里，占地面积 12.8 平方公里。

青铜峡区域共有 4 个电解铝生产系列及配套的阳极、铸造、供电等辅助生产设施，为公司存量产业。其中，120 千安电解系列是青铝集团 2004 年 10 月对原 80 千安上插自焙槽电解系列升级改造项目，2005 年 12 月完成改造投产；160 千安电解系列是青铝集团 2004 年 8 月对原 106 千安上插自焙槽电解系列升级改造项目，2005 年 2 月改造完成投产；200 千安电解系列是 2001 年 12 月建成投产的项目；350 千安电解系列是国家重点技术改造项目，也是当时电流强度最大、系列产能最大、技术最先进的电解铝生产线，2004 年 1 月 12 日首批电解槽投产，2005 年 12 月 18 日全部建成投产。

青铜峡电解铝总产能 58 万吨，主要有各种重熔用铝锭、硅铝合金锭、变形铝合金原铸锭（扁锭）、稀土电工圆铝杆、铝母线、冷轧卷、各种规格的铝型材产品，根据用户需要可生产其他规格和含量的铝型材产品。

（二）120 千安、160 千安电解系列

120 千安、160 千安电解系列均采用小型预焙阳极生产工艺技术，设计产能各为 8 万吨 / 年，分别安装电解槽 244 台、200 台。与电解系列配套建设的工程有烟气净化、电算站、供电、动力、仓储、综合维修、质检、运输等辅助生产设施。同时，配套的 160 千安阳极生产线是同期与 120 千安、160 千安电解系列经改造建成的生产线，年产能 8 万吨；配套的 120 千安、160 千安铸造生产线与 120 千安、160 千安电解系列经同步改造建成，年产能各 8 万吨。

2014 年，由于 120 千安、160 千安电解系列在实际生产中的能耗指标、环保等方面与电解铝规范生产条件均存在一定的差距，影响青铝股份企业资格申报。为落实国家淘汰落后的产能政策，按照工业和信息化部要求，依据《宁夏能源铝业关停 120 千安、160 千安电解系列工作方案》，2014 年 5 月 15 日、6 月 23 日，分别对 120 千安、160 千安电解系列实施关闭，停止生产。

（三）200 千安电解系列

200 千安电解系列采用预焙阳极电解铝生产工艺，设计年产能 15 万吨。项目于 1999 年 3 月 1 日开工建设，2001 年 3 月 31 日通电投产。电解铝生产系统有 2 个厂房，配置 280 台电解槽。每个电解厂房配备 5 台多功能天车以及出铝抬包车、叉车等辅助设备。同步建设的配套辅助生产有烟气净化、电算站、供电、动力、仓储、综合维修、质检、运输等。

配套建设的预焙阳极生产系统，年产能 8 万吨。主要设备包括回转窑、球磨机、连续混捏机、振动成型机、90 室敞开式焙烧炉等。

配套建设的铸造项目，与电解系列同期建成投产，年产能 15 万吨，主要生产重熔用铝锭、硅铝合金锭等。铸造厂房主要设备包括 40 吨电加热混合炉、20 千克连铸机、合金铸造机等。

（四）350千安电解系列

350千安电解系列采用特大型预焙阳极生产技术，设计电解铝产能27万吨／年。项目于2003年4月15日开工建设，2005年12月18日全部通电投产。电解铝生产有2个厂房，配置288台电解槽。每个厂房配备6台多功能天车以及出铝抬包车、阳极牵引车、叉车等辅助设备。同步建设的配套辅助生产设施有烟气净化、电算站、供电、动力、仓储、综合维修、质检、运输等。

配套建设的预焙阳极生产线，年产能16万吨。主要设备有回转窑、立式研磨机、连续混捏机、振动成型机、36室敞开式焙烧炉、中频炉等。配套建设的铸造系统年产能27万吨。主要设备包括15/3.5吨桥式天车、40吨天然气加热混合炉、20公斤连续铸造机等。

（五）青铜峡电解铝直连供电线路

青铝200千安、350千安电解铝系列用电2016年以前由宁夏电力公司供应。2017年4月27日，吴忠市发改委核准《青铜峡铝业股份有限公司电解自备供电线路项目》；9月28日，直连供电项目开工建设。2019年12月10日投入运行。

青铜峡电解铝自备供电项目线路工程位于宁夏青铜峡市境内，工程分为三部分。第一部分线路起点为青铝自备电厂南侧新建构架，终点为新建青铝220千伏开关站，线路全长约2×4.5千米；第二部分线路起点为青铝股份已建铝三变220千伏母线构架，终点为新建青铝220千伏开关站，线路全长约2×0.25千米；第三部分线路起点为青铝股份已建铝四变220千伏母线构架，终点为新建青铝220千伏开关站，线路全长约2×0.15千米。

2019年，青铜峡分公司完成铝、电两侧开关站改造和直连线路建设，青铝发电2台机组分别于11月26日、12月8日向青铜峡分公司350千安系列供电。

2020年5月9日，青铜峡分公司自备供电线路项目新建220千伏开关站Ⅰ、Ⅱ母分段间隔通电，实现三所、四所贯通，完成试运行。

二、宁东电解铝

（一）建设背景

"十一五"期间，电解铝工业面临生产经营、技术创新和抗风险能力的竞争，铝工业格局发生变化，产业结构调整步伐加快，逐渐向资源、电力、资金和其他生产要素优势的地区转移。面对国内外铝工业的发展趋势和宁夏回族自治区所具备的条件，宁夏回族自治区人民政府积极调整工业发展思路，充分发挥宁东地区煤炭、土地资源优势，将宁东能源化工基地作为宁夏"一号工程"和推进小康社会建设的重大战略部署。充分利用青铝集团已有的铝工业基础和在生产管理中的经验及人才、技术优势，发展包括电解铝、铝合金及铝材加工产品等有色金属材料及其高技术加工产品，以铝产业为基础，带动全区经济建设和其他相关行业的发展。

随着国内外能源趋紧和原材料价格的不断上涨，以及环保达标排放的严格要求，采用具有发展前景好、技术先进、大电流、大容量、预焙型的铝电解生产系列，成为铝电解技术的发展趋势。国内铝行业在经过多年的引进、消化、吸收、开发后，从 120 千安至 350 千安等多种类型的预焙阳极电解槽技术已经成熟。结合宁东地区的建设条件，青铝集团决定新建总规模为 108 万吨 / 年的铝工业基地，以异地改造的方式对企业现有的 120 千安、160 千安电解系列分期实施改造，并同步配套建设预焙阳极生产系统和其他辅助生产系统。

宁东异地改造项目，由中国电力投资集团控股子公司黄河上游水电开发有限责任公司与青铝股份、西安迈科金属国际集团有限公司共同出资建设。项目概算总投资 270 亿元，包括 2400 兆瓦装机自备电厂及 800 万～1000 万吨配套煤矿。采用 350 千安预焙阳极铝电解和环保节能技术，设计年产电解铝 108 万吨，分 4 期建设，其中，一期 350 千安电解系列工程概算总投资 36 亿元，设计年产电解铝 27 万吨，阳极炭素制品 16 万吨；二期 400 千安电解系列工程概算总投资 27.12 亿元，设计年产电解铝 30 万吨。

宁东异地改造项目位于宁夏银川市辖灵武市境内的临河综合工业园 A 区，总占地面积 2.51 平方公里，距银川市约 38 公里，距河东机场约 25 公里。太中银铁路横穿宁东临河综合工业园，在宁东工业园区内设主站点，并与大古铁路接轨，青银高速公路从临河综合工业园区的中部通过。

（二）350 千安电解铝项目

1. 项目设计

项目由贵阳铝镁设计研究院设计，按年产 108 万吨电解铝、46 万吨预焙阳极的总体规模统筹规划，并配套建设相应的辅助生产系统，分 4 期建设。2007 年 11 月，宁夏经信委同意《青铜峡铝业股份有限公司关于 120 千安系列异地改造的请示》，项目一期在宁东能源化工基地建设 350 千安大型预焙电解铝项目，占地 2.51 平方公里，设计 288 台电解槽，年产能 27 万吨。概算总投资 36.36 亿元。

2. 工程建设

一期工程分为电解生产系统、阳极生产系统、供电与动力系统、公用及辅助生产系统、总图运输及综合管网等 6 大主体工程 68 个子项。

2008 年 1 月 12 日，场地土方工程开工。3 月 18 日，电解 AB、CD 厂房的土建工程等主体工程正式开工。与第一批 96 台电解槽通电投产相配套的电解系统及公用辅助设施 3 月 1 日起陆续开工，与第二批 96 台电解槽通电投产相配套的电解系统 7 月 1 日陆续开工，与第三批 96 台电解槽通电投产相配套的电解系统 9 月 1 日陆续开工。

2009 年 4 月 28 日，一期工程 288 台电解槽通电投产，六大系统及相应配套的设备、设施一并交付使用。一期工程概算总投资 36.36 亿元，其中，黄河上游水电 10 亿元，青铝股份 5 亿元，西安迈科 5 亿元，银行贷款 16.36 亿元。

工程项目总费用 28.69 亿元，其他基本建设费 2.83 亿元。

3. 主要工艺

一期工程采用 350 千安新型中间点式下料预焙阳极铝电解槽工艺技术，按最大运行电流 370 千安设计。主要设备有 288 台电解槽，6 台多功能天车，供更换阳极、出铝、运输等作业使用，3 套净化设备和供配料设备等。配套辅助生产有烟气净化、电算站、供电、动力、仓储、综合维修、质检、运输等。

配套建设的预焙阳极生产系统，年产能 16 万吨。主要设备包括回转窑、强力冷却机、连续混捏机、振动成型机、36 室敞开式焙烧炉等。配套建设铸造生产线，年产能 57 万吨。主要设备包括 50 吨燃气混合炉、16 吨 / 时铝锭连续铸造机等。

主要公用及辅助生产系统按新建模式进行总体规划，并为后续工程预留扩建的余地。

（三）400 千安电解铝项目

1. 规划设计

2008 年 5 月 26 日，宁夏经信委《关于青铜峡铝业股份有限公司异地改造项目二期工程核准的批复》核准建设电解铝 81 万吨（3 系列 ×27 万吨），批准二期工程一系列开工建设，二、三系列待建。主体工艺技术、主要生产设备达到国内先进水平。项目采用沈阳铝镁设计研究院最新研发的节能型 400 千安预焙阳极电解槽技术，建设规模为 31 万吨 / 年电解铝。

2010 年 10 月 25 日，宁夏经信委同意青铝股份异地改造项目二期工程建设。

2. 项目建设

电解系统工程由中国有色七冶、八冶、二十一冶等冶建单位承建，阳极组装扩容工程由二十三冶等单位承建，供电系统工程主要由二十一冶、七冶承建。贵阳新宇监理公司监理。

2010 年 3 月 13 日工程开工建设。2011 年 7 月 20 日首批 96 台电解槽通电投产，2011 年 10 月 288 台电解槽全部通电投产。二期工程概算投资 29.67 亿元，实际总投资 27.12 亿元，其中，建筑工程投资 5.56 亿元，安装工程投资 2.64 亿元，设备投资 15.15 亿元，其他投资 0.26 亿元，其他费用投资 3.51 亿元。

3. 主要工艺

400千安电解系列采用新型中间点式下料预焙阳极技术和最新铝电解高极距、低氧化铝浓度、低AE系数、低分子、低电解温度工艺技术，电解槽控制采用自适应控制技术及智能模糊控制技术。主要设备包括电解槽288台，多功能天车12台等。工程同步建设的配套辅助生产有烟气净化、电算站、供电、动力、仓储、综合维修、质检、运输等。

（四）宁东铝电直连供电线路

为进一步推进煤电铝产业链建设和宁东至临河自备直连供电线路建设方案落实，提高铝业、电力协同效益，完善产业链、产权链建设，打通铝电产业链、价值链，电力装机容量对电解铝的自备直供，实现一体化发展。

2015年11月，临河发电直供宁东铝业350千安、400千安电解铝系列的直通输电线路项目经宁夏发改委《关于中电投宁夏能源铝业集团宁东电解铝供电系统改造项目的批复》核准。

2016年4月，根据宁夏回族自治区人民政府《关于调整国家电投宁夏能源铝业电解铝用电价格的通知》，临河发电3台机组均以自备方式试运行，为宁东铝业350千安、400千安电解铝系列供电，结算方式为"自发自用"。2016年12月，国家能源局下发《关于加强发电企业许可监督管理有关事项的通知》，国家电投组织铝业部、发电部、临河发电、宁东分公司就宁东铝电保安直供电技术方案进行了讨论，明确3号发电机组直供宁东350千安系列孤网运行方式。

2017年1—3月，国家电投编制完成《临河3号发电机组直供宁东350千安系列铝侧处置方案》《3号发电机直供350千安电解系列启动方案》。当年6月19日，宁东至临河"点对点"直供线路正式投入运行。

宁东分公司铝电直连线路全长7公里，中间建设供电塔架18座及相关配套设施。2015年7月15日，新建供电间隔土方工程开始施工。2017年5月，铝业变电站1B、2B母线轮流停电，新建柳铝Ⅰ线间隔与1B、2B母线连接，临河发电至宁东分公司铝电直连双回线路接通运行；6月19日，临河发电3号发电机组直供宁东铝业，宁东铝业1号、2号整流机组接带临河79兆瓦负荷，宁东至临河点对点直供线路2017年6月19日正式投入运行。

第二节　阴极炭素

一、石墨质阴极炭素

（一）基本情况

公司石墨质阴极炭素项目位于青铝股份青铜峡生产区内，占地面积0.25平方公里。设计产能2万吨，分2期建设。是2008年底青铝集团收购的青铜峡市民营企业

一期工程设计年产半石墨质炭素制品1万吨。其中，阴极底块6000吨，阴极侧块1000吨，阴极糊3000吨。分煅烧、成型、焙烧三个工序，项目由贵阳铝镁设计院负责设计，青铝集团三期建设指挥部负责组织施工，宁夏煤建三公司、有色二十三冶、有色八冶、有色二十一冶承建，蓝野监理公司监理。1999年10月30日开工建设，2000年10月25日建成投产，总投资7500万元。

二期工程生产高石墨质优质炭块（石墨含量大于35%），半石墨炭块，各种热捣糊、冷捣糊，设计年产能为1万吨。其中，底部炭块6000吨，侧、角部炭块1000吨，阴极糊3000吨。由贵阳铝镁设计研究院负责设计，有色八冶承建。2004年3月开工建设，2004年11月20日建成投产，总投资1.08亿元。

（二）主要工艺与设备

一期工程采用挤压成型石墨质炭块生产工艺，二期工程采用振动成型生产石墨化生产工艺。主要设备有立式电煅炉、悬辊式磨粉机、反击式破碎机、500吨残极破碎机、3500吨立压卧挤旋转料室油压机、混捏锅、32室带盖环式焙烧炉等。辅助生产设施包括10千伏配电所、质检站、原料取样分析站、煅烧取样站、原料仓库、成品库、填充料加工、热媒加热等。

二、石墨化阴极炭素

（一）项目建设

随着电力、原料等价格的不断上涨，电解铝生产企业普遍将降低电耗和强化电流作为降低成本的主攻方向。国际上几乎所有的大型电解铝厂都把采用石墨化阴极和改进内衬作为降低成本的主要措施。国内新建电解铝厂均采用新型大容量电解槽技术，高品质的石墨化阴极块，以降低电耗，延长电解槽寿命，提高电解槽单位面积铝产量，达到降低成本的目的。青鑫炭素经过8年发展，成为当时全国最大的铝用阴极炭素制品生产厂家。2006年，为开发石墨化阴极炭素制品，完善产品结构，满足日益增长的市场需求，青鑫炭素从原有产能中转产

1万吨石墨化阴极炭块。2007年3月，利用新建1万吨石墨化阴极炭块项目富余的生产能力，扩建2万吨阴极炭块毛坯生产线。

一期工程设计产能1万吨，由贵阳铝镁设计院设计，二十一冶、二十三冶承建，青铝集团工程管理处、蓝野监理公司监理。工程于2007年3月15日开工建设，12月24日建成。项目完成投资1.8亿元。

二期工程设计产能2万吨，由贵阳铝镁设计院设计，八冶、二十一冶、二十三冶承建。2007年7月28日开工建设，2009年7月1日投产，项目完成投资2.9亿元。

（二）主要工艺

一、二期石墨化工艺采用国内先进的内串式石墨化炉生产工艺。一期石墨化炉生产线，主要由2组石墨化炉及供电、机加工生产线、炭块加工组合机床、脉冲袋式除尘器、螺旋输送机、斗式提升机等组成。二期2万吨阴极炭块生产线由煅烧、中碎配料、混捏成型、焙烧等组成。主要设备有电煅炉、悬辊磨粉机、反击式破碎机、双直线振动筛、混捏机、振动成型机、32室带盖环式焙烧炉等。

第三节　氧化铝与铝土矿

一、山西氧化铝

（一）基本情况

山西氧化铝及铝土矿，是2012年3月31日，经国务院国资委批准，国际矿业收购鲁能集团持有的鲁能晋北铝业96.54%股权而来，收购价33.21亿元。收购后，鲁能晋北铝业更名为中电投山西铝业有限公司。

山西铝业核心产业为氧化铝及铝土矿。其中，氧化铝一期工程建设2条拜耳法生产线、1条烧结法生产线；二期工程建设4条拜耳法生产线。氧化铝年产能260万吨。

2017—2018年，山西铝业实施氧化铝挖潜改造工程项目，年增加氧化铝产能30万吨。

氧化铝项目同时配套4座铝土矿山，铝土矿地质储量约1.02亿吨。其中，五台县的五台天和铝土矿和宁武县的宁武宽草坪铝土矿，储量约为2899万吨和3180万吨；兴县的贺家圪台铝土矿和杨家沟铝土矿，储量约为2401万吨和1721万吨。

截至2021年底，山西铝业共有6条拜耳法生产线，1条烧结法生产线，氧化铝产能290

万吨／年。除五台天和铝土矿和宁武宽草坪铝土矿为生产运行矿山外，其他矿山为筹建或在建矿山。

（二）氧化铝

1.一期工程

2005 年 10 月 14 日，《山西鲁能晋北铝业有限责任公司 100 万吨氧化铝工程项目》经国家发改委核准，一期氧化铝工程建设项目获得正式批复。项目内容包含拜耳法生产系统、赤泥烧结生产系统及装机 7.5 万千瓦的自备热电等辅助配套工程。同时，配套年产 150 万吨自建矿山、80 万吨石灰石矿，占地面积 7.47 平方公里。

一期氧化铝有多家设计单位参与设计，多次进行设计变更和工艺变更。

2004 年 10 月 15 日开工建设。2006 年 5 月 25 日生产出第一批氧化铝，9 月底达产达标。烧结法工程 2007 年 12 月开工，2009 年 6 月建成，同年 11 月 18 日成功产出第一批熟料。2010 年 4 月 28 日，一期烧结法生产工艺流程打通，成功产出合格铝酸钠溶液，转入拜尔法生产系统，实现"拜尔—烧结"串联方式生产氧化铝。

一期氧化铝项目总投资概算 59.28 亿元，其中，拜耳法生产线为 48.92 亿元，烧结法生产线为 10.36 亿元。实际总投资为 57.23 亿元，其中，拜耳法生产线投资 46.27 亿元，烧结法生产线投资 10.96 亿元。

2.二期工程

2007 年 9 月 27 日，二期氧化铝年产 100 万吨扩建项目获得国家发改委正式核准。项目内容包含拜耳法生产系统、赤泥烧结生产系统及自备热电站、煤气站等辅助设施。同时，配套建设年产 150 万吨自建矿山和项目需新征土地 1.8 平方公里，主要用于赤泥及灰渣堆存。同一期一样，有多家设计单位参与设计，经过多次变更。

2008 年 4 月 17 日，二期氧化铝项目开工建设。2010 年 10 月，项目建成投产。2011 年上半年项目达产达标。

二期氧化铝项目总投资概算 54.50 亿元，实际总投资额 48.22 亿元。

同期建设的自备电厂、铁路专用线、公路、赤泥库、包装及仓储、供水、供电等配套项目，随主体工程建成投产而投入运行。

（三）铝土矿

1.五台铝土矿

五台天和铝土矿（简称五台矿）位于山西省忻州市五台县城东南约 15 公里处的茹村乡。矿区面积 13.86 平方公里，铝土矿资源储量 2899 万吨，开采方式为露天／地下开采，批准生产规模 100 万吨／年，开采深度 920—1220 米，采矿许可证有效期至 2038 年 9 月 30 日。矿石开采、破碎后，由汽车运输至氧化铝生产基地。

五台矿一期工程由中国有色工程设计研究总院（中国恩菲工程技术有限公司）设计，露天开采方式开采。五台矿一期 2005 年 4 月开工建设，2009 年 1 月建成试生产，2010 年 8 月正式投产。概算总投资 3.57 亿元，实际投资为 2.12 亿元，投资包括采矿、选矿、破碎、辅助生产系统、公用设施、行政福利设施及其他费用等。

2. 宁武铝土矿

宁武宽草坪铝土矿（简称宁武矿）位于山西省忻州市宁武县薛家洼乡。矿区面积 13.6 平方公里，铝土矿资源储量 3180 万吨，为露天开采，生产规模 120 万吨／年。

宁武矿由河南省冶金规划设计研究院有限责任公司设计，2019 年 4 月 20 日基础开工。2020 年 9 月 30 日，取得安全生产许可证，投入生产。概算总投资 4.09 亿元，工程建设资金投入 4.06 亿元。

3. 杨家沟铝土矿

杨家沟铝土矿位于山西省兴县魏家滩镇东磁窑沟村杨家山，矿区面积 17.81 平方公里。铝土矿资源储量 1721 万吨，设计利用资源储量 1027 万吨，生产规模 60 万吨／年，开采方式为地下开采。2020 年 11 月 17 日，地采开工，截至 2021 年底，累计完成总进尺 771.5 米。二系统场平及道路施工工程于 2021 年 4 月 9 日开工建设，至 2021 年末，场平工程基本完成标高土方工程量。

项目计划总投资 6.55 亿元，截至 2021 年底完成投资 3.3 亿元。

4. 贺家圪台铝土矿

贺家圪台铝土矿位于山西省兴县蔚汾镇贺家圪台村。矿区面积 7.29 平方公里，铝土矿储量 2401 万吨，设计利用铝土矿储量 2009 万吨，生产规模 90 万吨／年，开采方式为地下开采。2017 年 6 月，开工建设矿区运输道路及转载站。2018 年 4 月，开工建设临时办公、生活区，9 月份竣工。2019 年 9 月，开工建设储运加工系统。截至 2021 年 12 月，完成储运中心（破碎系统）土建、总图工程以及破碎系统主体设备安装。

贺家圪台铝土矿工程总投资概算为 11.98 亿元。截至 2021 年末，完成投资 8 亿元。

二、遵义氧化铝

（一）基本情况

2007 年 12 月 15 日，中电投成立中电投贵州遵义产业发展有限公司（简称遵义公司），属二级单位，负责中电投在遵义地区煤电铝一体化项目开发和建设。

2011年9月，中电投实施管控一体化，遵义公司与贵州金元集团进行管理架构重组，由金元集团直接管理，属中电投三级单位，作为中电投全资子公司的股权关系不变。

2014年12月，为构建铝土矿—氧化铝专业平台，中电投按照专业化管理原则，制订将遵义公司划归国际矿业的方案，金元集团与国际矿业签署《遵义公司委托管理协议》。2015年，遵义公司股权正式划给国际矿业。2016年4月28日，遵义公司名称变更为国家电投集团贵州遵义产业发展有限公司。2017年1月，遵义公司划归铝电公司管理，注册资本金18.9亿元，注册地址为贵州省遵义市务川仡佬族苗族自治县大坪工业园区电商四楼。

遵义公司核心产业为氧化铝，一期规划建设年产200万吨铝土矿、100万吨氧化铝项目。氧化铝生产选用拜耳法工艺，采用"干法制粉、矿石焙烧脱硫"技术。2017年7月，一期氧化铝项目开工建设。2020年4月29日，氧化铝生产系统开始负荷试车；6月10日，正式产出氧化铝产品。

遵义公司氧化铝工程项目配套有自备热电厂，为氧化铝生产系统供应电和蒸汽，电厂装备2台超高压、单汽包横置式锅炉，配套2台汽轮发电机组，总装机容量167.97兆瓦。在务川自治县配套建设5座铝土矿，铝土矿地质总储量约11.5亿吨。

截至2021年底，瓦厂坪矿、大竹园矿已投入生产运行，岩风铝土矿、红光坝铝土矿、姚家林铝土矿正在勘探中。

（二）项目前期

2007年11月18日，为加快贵州省"务正道煤电铝基地"建设，中电投与贵州省政府签署《煤电化铝一体开发项目框架合作协议》，根据当地资源状况和自身产业发展的需要，对贵州省绥阳循环经济型重化工基地项目进行煤电化铝一体开发。

2008年6月，遵义公司获得贵州省发改委关于《贵州遵义务正道煤电铝基地总体规划》的批复，并组织贵阳铝镁设计院对务川县涩水和镇南镇等6个厂址进行遴选，就铝土矿资源、石灰石资源、水资源以及交通运输条件等因素进行比对，最终选址于务川自治县镇南镇镇南村。6月30日，贵州省发改委印发《关于贵州遵义务正道煤电铝一体化基地总体规划》，同意遵义公司牵头开展遵义务（川）正（安）道（真）煤电一体化项目前期工作。铝工业区规划年产氧化铝80万吨，含配套热电厂和年产铝土矿200万吨，年产电解铝40万吨，铝用阳极炭素制品年产23.5万吨，年产40万吨铝材加工，装机4×300兆瓦自备电厂，配套年产600万吨煤矿。项目建设按照统一规划，分步实施的原则进行。

2009年2月4日，贵州省国土资源厅下发《关于遵义务正道煤电铝一体化项目资源配置有关问题的意见》，同意将遵义务正道片区的铝土矿资源配置给务正道煤电一体化项目。2月19日，贵州省发改委同意遵义公司为遵义务正道煤电铝一体化项目法人，加快推进项目前期工作。6月22日，贵州省住建局批复并发放项目建设选址意见书，厂址位于务川自治县镇南镇工业园区内。工厂地处务川县镇南镇，无铁路接轨条件，厂外运输均采用公路运输。12月31日，按照贵州省发改委批复意见，遵义公司正式开展遵义务正道务川瓦厂坪和大竹园铝矿山项目前期工作。

2010年11月，遵义公司委托贵阳铝镁设计研究院开展务川氧化铝可行性研究，初步设计产能为80万吨／年。12月27日，通过中电投组织专家评审，提出"按矿石资源量、规模经济性，进行100万吨／年氧化铝初步设计"意见，考虑配套矿山产能为200万吨／年及项目规模经济效益等原因，中电投下发《关于贵州务正道100万吨／年氧化铝工程初步设计》，决定氧化铝初步设计规模为100万吨／年。12月，通过贵州省务川县大竹园矿和瓦厂坪矿项目核准批复，矿山总生产建设规模为200万吨／年。大竹园、瓦厂坪铝土矿依据"三同时"建设要求，依次通过并取得矿山初步设计批复、贵州省安全生产监督管理局矿山安全预评价评审备案以及铝土矿矿山工程安全设施设计审查批复、贵州省环境保护厅铝土矿矿山环境影响报告、贵州省水利厅取水行政许可和水土保持方案批复等文件。同时，按照国家有关矿山建设的安全生产法律法规要求，履行建设程序，依法取得采矿许可证、安全生产许可证。

2013年，在中电投和贵州省政府的共同努力下，遵义务正道煤电一体化项目先后通过国家安监总局安全监督评审备案，水利部水土保持监测中心水土保持技术审查，国土资源部建设用地预审，环保部环境影响评估，以及国家发改委节能评估和项目前期开工批复。12月31日，中电投下发《关于同意金元集团贵州大竹园、瓦厂坪铝土矿项目开工建设的批复》，两矿山正式开工建设。

2016年5月，按照国家核准目录（2016年本）和贵州省下发的《关于中电投贵州务正道100万吨／年氧化铝工程备案的通知》，氧化铝项目核准调整为地方政府备案。务川氧化铝完成《中电投贵州务正道100万吨／年氧化铝工程》在地方行政部门备案。

（三）氧化铝工程项目建设

遵义公司氧化铝项目分一期、二期分期建设。

一期氧化铝项目采取EPC总承包方式，由中电投电力工程有限公司进行总承包，贵阳铝镁设计研究院、中铝国际工程股份有限公司贵阳分公司研究院设计，七冶建设集团有限责任公司、二十三冶建设集团有限公司等单位建设。2014年7月，氧化铝项目获得中电投批复后，进行前期场地平整及部分基础施工，2015年至2017年11月，项目受铝行业市场影响，工程处于停滞阶段。2017 年 11 月，铝电公司批复开工，重新启动。2020 年 4 月 29 日，氧化铝生产系统带料负荷试车，6 月 10 日生产出氧化铝。项目概算总投资 32.19 亿元，实际总投资 30.71 亿元。

2019 年 2 月 17 日，铝电公司对《二期 100 万吨／年氧化铝项目预可研》进行评审，年产能 100 万吨，总投资概算 24.87 亿元。2019 年 5 月 5 日，提交务川县发改局备案。根据一期矿石焙烧脱硫系统投运效果以及矿石供应情况，适时启动前期工作。截至 2021 年底，二期项目未启动工程建设。

遵义氧化铝项目，配套建设热电厂项目，2018 年 2 月 26 日开工建设，2018 年 8 月 13 日完成 1 号锅炉水压试验，2019 年 6 月 12 日投入生产。其他配套项目及设施主要包括厂内外运输道路、氧化铝仓储、赤泥库堆放场和给、排水系统等如期交付使用。

（四）铝土矿

瓦厂坪铝土矿，位于贵州省务川县濯水镇城北，距离务川县城 70 公里。矿区面积 10.89 平方公里，铝土矿储量 3890 万吨，设计铝土矿储量 2802 万吨。设计产能为 100 万吨／年。采用平硐＋斜井开拓方式走向。2013 年 4 月开工，2018 年 3 月竣工，同年 5 月开始综采现场试生产。2019 年 4 月，取得安全生产许可证转入正式生产。概算总投资 10.99 亿元，实际总投资 11.33 亿元。

大竹园铝土矿，位于务川自治县北部，分布在该县濯水镇、砚山镇、泥高乡和分水乡辖地内。矿区面积 18.58 平方公里，铝土矿储量 6335 万吨，设计产能为 100 万吨／年。采用走向长壁综合机械化采矿工艺。2012 年 5 月，矿井巷工程开工，2014 年 11 月 24 日完工。2016 年 1 月，对井巷实体工程、竣工资料进行验收。2017 年底，地面土建工程开工。2019 年 4 月，安装综采试验设备；7 月，综采设备试用。2021 年 6 月，完成联合试运行。项目概算 11.47 亿元，实际总投资 11.2 亿元。

岩风阡铝土矿，位于贵州省务川县浞水镇。2009 年 12 月 10 日，遵义公司与一〇六地质大队签订《贵州省务川县岩风阡铝土矿探矿权转让合同》，获取探矿权，探矿权面积 7.78 平方公里，铝土矿资源量 2895 万吨。探矿权有效期于 2026 年 3 月 31 日截止。

红光坝铝土矿，位于贵州省正安县格林镇。2009 年 12 月 10 日，遵义公司与一〇六地质大队签订《贵州省务川县岩风阡铝土矿探矿权转让合同》，获取探矿权，矿权勘探已完成，探矿权面积为 6.78 平方公里，铝土矿资源量 2037 万吨。

姚家林铝土矿，位于贵州省道真县洛龙镇。2009 年 12 月 10 日，遵义公司与一〇六地质大队签订《贵州省务川县岩风阡铝土矿探矿权转让合同》，获取探矿权，已完成地质详查工作，探矿权面积为 3.30 平方公里，铝土矿资源量 260 万吨。

三、几内亚项目

（一）项目前期

2004 年，中电投以增强电煤保障能力，提升电力消纳能力为发展思路，实施煤电联营战略，重组内蒙古霍林河煤业集团公司，进入上游的煤炭和下游的电解铝行业。2007 年，在青海省组建黄河鑫业公司。2008 年，重组青铝集团，成立宁夏能源铝业。在电解铝规模形成后，为锁定原料成本，围绕电解铝上下游实施纵向一体化战略，持续延伸铝业板块的产业链。在国家鼓励支持大型央企"走出去"的大背景下，中电投与几内亚政府签署《关于授权开发相关铝土矿资源的谅解备忘录（MOU）》，几内亚政府同意以特许权方式为中电投配置储量不低于 20 亿吨的铝土矿资源。

2008 年 11 月 3 日，中电投成立几内亚项目领导小组，对几内亚项目进行统一领导，并组建几内亚公司筹备处，推进几内亚项目 3650 号矿区铝土矿资源勘探。12 月，中电投组织沈阳铝镁设计院、东北大学设计院专家赴几内亚考察 5 处港址。

2009 年 8 月 7 日，为加快几内亚项目进程，成立中电投国际矿业投资有限公司（简称国际矿业）。2009 年 9 月，完成现场潮位观测和水上勘探工作，并编制完成港口选址预可行性研究报告初稿。

几内亚西临大西洋，海岸线长约 350 公里，整体呈西北东南走向。中电投经过 2 年对 5 个港址的比选，从建设投资、陆域空间、地质条件等方面分析，同时考虑到工业园区内氧化铝厂生产性质、建筑、构筑物特点，立足于安全、环保、投资等综合因素，将铝业开发项目工业园区选址于维嘉（百莱）。维嘉港是几内亚海岸线中段向南部海洋突出的一处岬角，平均宽度约 2.5 公里，距首都科纳克里 112 公里。

国家电投所属矿区为 17 号矿区，分南北两个矿段。南矿段位于博凯和博法两省的交界处，面积为 126 平方公里；北矿段位于泰利梅莱省与加瓦尔省交界处，距南矿段约 41 公里，面积为 758 平方公里。最大的单个矿体储量达 4.2 亿吨，矿层平均厚度超过 5 米，属优质的铝土矿资源，具有较高的开采价值。

2010 年 6 月，中电投完成几内亚项目初可研的编制，并组织内外部专家进行评审。同年 10 月，国际矿业提交《关于开展几内亚共和国铝业开发项目前期工作的请示》，中电投根据对初可研的评审结果；11 日，下发《关于同意开展几内亚共和国铝业开发项目前期工作的批复》，同意开展几内亚共和国铝业开发项目前期资源勘探、港口和工业园区选址、运输通道选线、总体规划和可行性研究报告等工作。28 日，成立中电投国际矿业几内亚有限责任公司，注册资金 10 亿几内亚法郎（约合人民币 80 万元），注册地为几内亚共和国科纳克里市，具有独立的法人资格，属中电投管理的三级单位。主要任务是开展几内亚境内氧化铝厂、矿山、港口、电站建设及交通运输等工作。按照境外投资的监管程序，2010 年几内亚项目取得商务部的对外投资许可。

2011 年 6 月，中电投上报几内亚政府，申请签署《特许权协议》。由于几内亚国家政府更迭、矿业法 2 次修订等原因，特许权协议谈判和签署一延再延。其间，中电投持续对项目可行性研究进行优化，对特许权协议草案多次组织评审和修订。

2013 年 9 月，在外交部、商务部的沟通协调下，国际矿业与几内亚政府签署《中电投几内亚铝业项目特许权协议》，协议特别注明将双方正式签署、中国政府审批和取得采矿权证作为协议生效的前提条件。同年 12 月，中电投向国务院国资委提交《中电投集团关于投资中电投几内亚铝业开发项目的请示》，拟投资建设非洲几内亚铝业开发项目，总投资约 392 亿元人民币。到 2013 年底，几内亚项目累计前期投入 5.4 亿元人民币，主要用于资源勘探、选址勘探、项目规划、项目可研、法律咨询、特许权协议、财务利息等费用，后续只增加维护资源和维持项目而必须支付的税费、管理费、租金等。

2014 年 1 月 4 日，国务院国资委根据《中央企业境外投资监督管理暂行办法》第十条相关规定，复函中电投"投资几内亚铝业开发项目属非主业，投资该项目存在较大的政治和法律风险，并且在资金、技术、管理和投资收益上也存在很大风险，原则上不同意公司投资该项目"。

2014—2017 年，项目处于停滞状态。一方面，几内亚遭遇严重的埃博拉疫情，大部分外资企业都撤出几内亚。另一方面，签署协议后，中电投没有及时申领到采矿权证。按照几内亚法律，探矿证最多只能更新 2 次，每次 2 年，而几内亚矿在 2008 年颁发的探矿证，于 2012 年 1 月第一次更新，2015 年 3 月第二次更新。2016 年，埃博拉疫情结束后，几内亚地矿部大力处理"僵尸矿权"，在 3 月份一次性取消多达 140 个长期搁置未开发的矿权证，而几内亚项目的探矿权证将于 2017 年 3 月 16 日到期，且未开展任何实质性工程。国家电投根据国家相关部委要求，积极寻找战略合作伙伴，平稳有序推进转让退出工作，考虑特许权协议约定及市场变化情况，以战略合作伙伴的关注点为重点，对项目可研进行了持续优化。2016 年 10 月 19 日，国家电投第十五次党组会议审议几内亚项目相关事宜，要求：一是与中铝集团合作的设想尽快向国资委进行专项汇报，充分了解国资委对该项目的意见；二是国家电投正式向几内亚地矿部回函，确保取得的权证不灭失；三是要在探矿权证有效期限（2017

年3月16日）内尽最大努力寻找合作伙伴，同步开展特许采矿权证办理工作；四是若在有效期内确实无法找到合作方则终止该项目。2016年12月，国家电投召开重点项目推进会，明确平稳有序推进几内亚项目转让退出工作。为确保项目能够顺利转出，2017年3月，在国家发改委和中国驻几内亚大使馆的协调与支持下，国家电投办理项目探矿权证的第三次展期，最终有效期于2018年8月3日截止。

2017年9月7日，为确保铝土矿战略资源不灭失，保障中国铝工业可持续发展，在中几两国领导人的见证下，签署《中几两国资源与贷款合作框架协议》，国家发改委将国家电投几内亚项目列入资源与贷款合作框架内。12月21日，几内亚政府要求中国矿企遵守承诺，保证矿业和铝业项目如期开发建设，保证项目建设进度。

2018—2019年，国务院国资委多次协调将几内亚项目整体转让中铝集团，由中铝集团牵头制订转让方案。在合作退出难以突破的情况下，考虑工期又迫在眉睫，国资委同意"边建边退"，同时，国家电投启动备案及应急施工决策程序。

2019年3月22日，铝电公司董事会审议通过《关于几内亚项目实施"边干边退"方案的议案》，同意几内亚项目实施"边开工履约，边合作谈判，通过股权合作全面退出"方案，并在国家相关部委核准备案，同时，按近期规模组织开工建设。4月中旬，国家电投分别召开投资协调领导小组会议和党组会，就几内亚项目进行审议，会议明确以化解违约风险为前提，同意几内亚项目按一、二期工程启动核准备案工作，同时开展对外合作谈判、项目应急和退出等有关工作，启动应急施工方案，规避政治、外交、信誉等风险。4月26日，国家电投召开董事会，国资委改革局相关人员列席会议，董事会审议通过《关于几内亚项目工作方案的议案》，同意几内亚项目按项目可行性研究报告确定的分期对一、二期工程启动核准备案工作，开展项目对外合作谈判工作。为确保不发生政治、外交风险，维护国家和企业信誉，避免违约责任，同意启动项目应急施工建设，开展项目融资、招投标等有关工作。7月18日，国家电投获得国家发改委对几内亚铝业一期项目的审批备案。

几内亚项目按照"整体规划，滚动发展，分步实施"的原则，项目分近期、中期、远期三个阶段规划实施。其中，近期规模实现简易出矿，产品为南矿段72号矿区铝土矿750万吨/年，配套建设南矿段至维嘉园区的公路，以及港口设施；中期规模在南矿段扩建铝土矿400万吨/年，总规模为铝土矿1150万吨/年。其中，750万吨出口，400万吨用于生产氧化铝。建设一条135万吨/年氧化铝生产线，同时，配套热电站，铝土矿750万吨/年。远期增加1550万吨/年铝土矿产能，将产能提升至2700万吨/年。其中，72号矿区1500万吨/年出口，北矿段1200万吨/年用于生产氧化铝。扩建氧化铝厂至400万吨/年，扩建港口、热电站等辅助设施。

（二）一期工程

中交第一航务工程勘察设计院有限公司、中国瑞林工程技术公司、国核电力规划设计研究院有限公司等单位承担几内亚项目设计工作。采用露天采矿机进行分层开采。

2019 年 5 月 29 日，一期工程举行开工仪式。2020 年 7 月 27 日，公路工程通车；同年 12 月 26 日、30 日，2 个标段正式通过验收。2021 年 3 月 31 日，码头主体工程和港口堆场完工；4 月 24 日，实现首船铝土矿发运；6 月 8 日抵达京唐港接卸；6 月 30 日，一期项目主体工程通过验收；8 月，矿山化验室正式投入运行；9 月 30 日，一期工程完成试运行，实现商业化运营。铝土矿 750 万吨 / 年。矿山营地生活污水处理设施、公路工程绿化及环境保护工程、港口给排水及消防系统、通风除尘系统、工程安全等安全和环保设施同步实施。

几内亚主要生产设施由承包商自购后投入生产，自主投入设备主要是制样设备。

几内亚矿项目一期工程总投资 25.97 亿元。截至 2021 年底，累计完成投资 18.65 亿元。

几内亚一期项目建成后，由铝电金海运营管理。

第三章　能源产业

公司坚持"创新、协调、绿色、开放、共享"的新发展理念，围绕"煤为基础，电为支撑，铝为核心，产业一体化协同发展"的思路，优化资源配置，实现发电、供电、用电一体化，发挥铝电产业协同效益。

"十二五"期间，电力装机实现从无到有，火电投产 70 万千瓦，风电 64.75 万千瓦，光伏 12 万千瓦。"十三五"期间，按照清洁低碳、安全高效、创新创造思路，以清洁能源作为增量主体，充分利用国家新能源产业政策，借助宁夏新能源产业示范区和区位优势，全力推进风电、光伏电项目建设，氢能和智慧能源项目开发有序推进。随着能源产业的不断发展，新能源装机规模的不断扩大，公司遵循和倡导"升维＋跨界＋融合"的思维模式，追求与产业链、供应链上下游的价值共生，以多能融合、技术融合、产融结合、业财融合等模式，构建协同发展、互利共赢的产业体系和生态体系，推动企业高质量发展。

截至 2021 年末，公司电力装机容量 293.83 万千瓦。其中，火电 190.1 万千瓦，风电 84.65 万千瓦，光伏发电 19.08 万千瓦，可再生能源制氢 1000 标准立方米／时，清洁能源装机占比 35%。

第一节　火　电

一、青铝发电

（一）基本情况

电解铝是高能耗工业，吨铝电耗约达 1.4 万千瓦时，电力消耗占电解铝产品成本的比重较大，电价和电力供应是电解铝企业生存和发展的关键。2005 年 9 月 7 日，国务院常务会议通过的《铝工业发展专项规划》和《铝工业发展政策》强调："鼓励铝电联营、发展铝合金和铝深加工产品，充分利用国内外资源，建立稳定的铝工业资源供给体系"。宁夏实施煤、电、铝一体化经营具有良好条件，青铝集团依托宁东地区丰富的煤炭资源，建设青铜峡铝业自备电厂项目作为煤电铝产业的配套项目，被列入宁夏"十一五"发展规划。

青铜峡铝业自备供电项目，由宁夏英力特公司和青铝股份双方各出资 50% 建设。位于青铜峡铝厂西北方向，201 省道以东，包兰铁路以西，小新公路以南，占地 0.39 平方公里，距青铜峡市区 20 公里。青铜峡市污水处理厂的回用中水作为主水源，浅层地下水作为备用水源。贮灰场位于电厂西北方向约 4.5 公里处的盛家墩，是青铜峡市对电厂废弃物统一规划区域。青铝自备发电项目规模为 2×330 兆瓦亚临界燃煤空冷机组，计划总投资 29.82 亿元。

（二）项目规划

2006 年 3 月 22 日，国家发改委下发《关于委托对国家石油储备项目等 7 个项目进行评估的函》，青铝自备电厂 2×300 兆瓦项目被列为第 6 项。同年 11 月 9—11 日，中国国际工程咨询公司对青铝自备电厂项目可行性研究报告进行评估，并向国家发改委提交《关于青铜峡铝业自备电厂 2×300 兆瓦工程可行性研究报告的核准评估报告》。12 月 30 日，国土资源部出具《关于青铜峡铝业自备电厂 2×300 兆瓦工程建设用地预审意见的复函》，项目用地符合当地土地利用总体规划，同意通过用地预审，批复土地 0.39 平方公里。至此，青铝自备电厂项目列入《宁夏回族自治区"十一五"电力发展规划》。

2007 年 2 月 26 日，国家电网公司出具《青铜峡铝业自备电厂 2×30 万千瓦工程接入电网意见的函》，同意宁夏电力公司关于青铝自备工程接入系统方案的审查意见，接入 220 千伏小坝变电站。4 月 16 日，取得宁夏卫生厅《关于〈青铜峡铝业自备电厂 2×300 兆瓦项目职业病危害预评价报告书〉的批复》。4 月 21 日，取得宁夏安监局《关于〈青铜峡铝业自备电厂 2×300 兆瓦工程安全预评价报告书〉的审查批复》。5 月，取得宁夏水利厅《关于〈青铜峡铝业自备电厂 2×300 兆瓦工程水资源论证报告书〉的审查批复》。7 月，西北电力设计院完成项目申请报告和可行性研究报告，并上报国家发改委。宁夏回族自治区人民政府以《关于恳请核准青铜峡铝业股份公司铝电一体化自备电厂项目的函》报国家发改委。国家环保总局出具环境影响报告书批复。8 月，宁夏回族自治区将青铝自备电厂列为自治区电力建设重点项目，并纳入 2008—2010 年能源建设总容量内。该项目在前期申报审批的同时，完成建设用地的清理平整工作，基本具备"五通一平"的施工条件。

2008 年 10 月 16 日，国家能源局下发《国家能源局关于开展宁东煤电化基地项目前期工作的函》，同意青铝自备电厂按照国家有关规定，落实电厂项目外部建设条件。做好规划选址、土地利用、环境保护、水土保持和银行贷款等工作。

2009年1月20日，国家发改委下发《国家发展改革委关于宁夏青铜峡铝业自备电厂核准的批复》，要求青铝股份根据本核准文件，办理本项目相关城乡规划、土地使用、资源利用、安全生产等相关手续后，方可开工建设。

（三）项目设计

2005年10月9日，青铝股份委托中国电力工程顾问集团西北电力设计院编制可行性研究报告；11月25日，编制完成《青铜峡铝业自备电厂2×300兆瓦工程可行性研究报告》；12月8日，宁夏经信委和发改委组织对可行性研究报告进行初步审查。

2006年8月28—29日，宁夏经信委和发改委组织对《青铜峡铝业自备电厂2×300兆瓦工程可行性研究报告》修改版进行审查。2007年7月，审定完成。

2010年，根据中国国际工程咨询公司出具的《初步设计审查意见》，对装机容量进行调整，并向宁夏发改委上报了《关于青铜峡铝业自备电厂装机容量调整的请示》；10月10日，宁夏发改委下发《关于同意青铜峡铝业自备电厂机组优化的函》，函复在项目建设中，同意按照2×330兆瓦亚临界空冷燃煤机组建设。

（四）项目建设

青铝自备电厂项目装机容量为2×330兆瓦国产亚临界直接空冷凝汽式机组，同步建设脱硫设施。项目由西北电力设计院设计。工程包括热力系统、燃煤供应系统、除灰系统、水处理系统、供水系统、电气系统、热工控制系统、附属生产系统、脱硫装置等9个主辅生产工程及交通运输工程、灰场工程、补给水工程、地基处理、场地平整土石方工程、场内外临时工程等6个单项工程。工程主体施工单位分别为宁夏电力建设安装工程公司（A标段）、青海火电安装工程公司（B标段安装工程）、宁夏二建集团有限公司（B标段建筑工程）、烟气脱硫装置总承包单位为北京博奇电力科技有限公司，项目工程均由宁夏恒安建设监理咨询有限公司负责监理，主体调试单位为西北电力建设调试施工研究所和宁夏电力公司电力科学研究院。

青铝自备电厂项目，采用邀请招标、询价采购和单一来源采购方式确定工程施工单位和物资供应单位。主要工程项目由中国国电邀请招标。基建工程施工单项合同估算价在200万元以下，设备、材料等采购合同估算价在100万元以下，勘察、设计、监理等服务类合同估算价在50万元以下及小额零星、应急补缺采购由青铝发电负责招标。

1号、2号机组工程中标单位有宁夏电力建设工程公司、北京博奇电力科技公司等9家单位，主要设备中标单位有上海电气集团股份有限公司、兰州电力修造厂等13家单位。

2008年10月16日，1号、2号机组开工。2010年11月5日、24日，1号、2号机组分别建成，双机通过 168 小时试运行，正式移交生产运行。

（五）安全与环保

2007 年 4 月 21 日，通过宁夏安全生产监督管理局对 2×300 兆瓦工程安全预评价报告的评审，同意安全预评价报告审查通过。2012 年 12 月 7 日，组织有关专家对青铜峡铝业自备电厂 2×330 兆瓦工程《安全验收评价报告》进行评审，专家组依据国家有关安全生产、行业标准和规范及法律、法规，要求，对报告进行评审，中国安全生产科学研究院对本次评审过程进行监督，同意《安全验收评价报告》的评审。

2013 年 1 月 28 日，国家安全生产监督管理总局同意备案《关于青铜峡铝业自备电厂 2×330 兆瓦工程安全验收评价报告备案的函》。

环保设施主要包括脱硫、脱硝和除尘装置，煤场环境治理及废气、废渣、水质净化等。2007 年 7 月 20 日，工程项目通过国家环境保护总局《青铜峡铝业自备电厂 2×300 兆瓦工程环境影响报告书》的审查，并获得批准。2012 年 1 月 13 日，工程项目通过环境保护部验收《关于青铜峡铝业自备电 2×300 兆瓦竣工环境保护验收意见的函》。

青铝自备项目安全、环保设施与主体工程同步设计、施工、投运。安全设施总投资 1332 万元，环保投资 1.78 亿元。

（六）主要工艺及设备

青铝发电自备项目采用亚临界直接空冷凝汽式工艺技术。主要设备包括汽轮机、发电机、锅炉等。

二、临河发电

（一）建设背景

建设发电厂是宁夏能源铝业宁东煤电铝循环经济产业链重要组成部分，也是打通宁东煤电铝循环经济产业链，实施煤、电、铝一体化发展的需要，对宁夏回族自治区资源优化配置和促进地区经济发展具有十分重要的意义。

2009 年 1 月，宁夏能源铝业向宁夏有关部门上报建设临河发电项目申请等材料。4 月，宁夏经信委通过临河发电并网等相关事宜，同意将一期项目纳入宁夏回族自治区"十二五"电力发展规划，要求按照公网电厂在国家层面进行核准。2010 年末，宁夏能源铝业按照公网电厂核准要求，完成《可行性调研报告》的修编和宁夏回族自治区相关支持性文件换取工作。

为满足中电投青铜峡迈科铝业 27 万吨电解铝系列电力供应，作为宁东电解铝动力配套工程，由青铜峡迈科铝业负责项目全面建设。

（二）项目规划

2008 年，中青迈铝业委托中国电力工程顾问集团西北电力设计院对青铝股份异地改造动力站项目进行实地勘探，编制可行性研究报告。同年 11 月 6 日，宁夏经信委组织相关部门和专家召开青铝股份异地改造项目动力站一期 3×330 兆瓦火电机组工程可行性研究审查会议，认为该项目可行性研究报告内容齐全，符合国家相关法律法规，符合电力行业规范要求，工程设想全面、详细，可作为下一项目的依据。会后设计单位按照会议纪要精神，抓紧完成各项工作，修改完善项目可行性研究报告。

2009 年 6 月 2 日，中电投委托中国电力工程顾问集团西北电力设计院在宁夏银川市召开中电投宁夏临河发电动力站一期工程初步设计预审查会议，同意中国电力工程顾问集团西北电力设计院提出的工程初步设计，将项目变更为 2×350 兆瓦机组，同步建设烟气脱硫装置，留有再扩建 1×350 兆瓦机组的条件。

2010 年 6 月，宁夏发改委、宁夏电力公司按照"宁夏回族自治区自身发展负荷增长需求"原则，同意将一期项目纳入宁夏"十二五"电力发展规划，并按照公网电厂在国家层面进行核准。6 月 7 日，宁夏发改委组织有关部门对中电投宁夏临河电厂接入系统设计进行审查，认为接入系统技术可行。7 月 14 日，宁夏回族自治区人民政府《关于中青迈公司动力站一期工程项目建设用地的批复》，同意将临河镇国有土地 0.72 平方公里（其中林地 0.57 平方公里、牧草地 0.15 平方公里）转为国有建设用地后，划拨给中电投青铜峡迈科铝业有限公司，作为动力站一期工程项目建设用地。

2011 年 10 月，中国电力工程顾问集团西北电力设计院修编完成可行性研究报告，将临河电厂一期设计为 3×350 兆瓦。11 月 2 日，宁夏发改委对西北电力设计院编制的《中电投宁夏临河电厂 3×350 兆瓦机组工程可行性研究报告》进行预审查，认为项目建设方案可行。

2015 年 7 月 23 日，宁夏发改委、经信委联合下发《关于对宁夏申银特钢股份有限公司年产 300 万吨特种钢铁项目等违规建成钢铁、电解铝项目予以备案的通知》，临河动力站 3×350 兆瓦机组工程作为年产 27 万吨电解铝异地改造和年产 30 万吨电解铝异地改造项目配套项目，鉴于宁夏经信委已予以核准，且已全部建成，项目单位可在完善相关手续后，申请宁夏发改委报请国家能源局纳入国家电源点规划。

2017 年 5 月 26 日，宁夏发改委下发《关于临河机组合规性确认意见函》，鉴于临河 3×350 兆瓦机组已建成投运，属于"已纳入电量平衡的发电项目"，且由宁夏经信委核准，确认机组合规性并同意其申报发电类电力业务许可证。

（三）项目建设

临河发电项目建设采用 EPC 总承包方式，一期 1 号、2 号机组建设由中电投电力工程有限公司负责组织实施。由宁夏电力建设监理咨询有限公司监理。一期 1 号、2 号机组于 2009 年 10 月开工建设，分别于 2011 年 6 月 12 日和 7 月 2 日通过 168 小时试运行后，正式移交投入生产运行。工程概算总投资为 32.44 亿元，建设期实际完成投资 29.21 亿元。

一期 3 号机组由山东电力建设第一工程公司、中国能源建设集团天津电力建设有限公司、中电投远达环保工程有限公司负责实施，内容包括设备材料保管、土建施工、安装、调试、性能试验、工程达标、项目评价配合等方面所需的工作和服务，由宁夏电力建设监理咨询有限公司负责工程监理。一期 3 号机组于 2013 年 7 月 29 开工建设，同步建设脱硫、脱硝装置系统，于 2016 年 3 月 12 日通过 168 小时试运行后，正式移交投入生产运行。工程概算总投资 11.56 亿元，实际投资 10.59 亿元。

临河发电 1 号、2 号、3 号机组建设，通过公开招标、邀请招标、竞争性谈判、询价采购和单一来源采购方式确定工程施工单位和物资供应单位。主要工程项目由中电投统一集中招标。脱硫工程由中电投重庆远达环保有限公司投资建设，采用特许经营（BOT）方式运营。

（四）安全与环保设施

2009 年 9 月 10 日，北京达飞安评管理顾问有限公司出具关于《中电投青铜峡迈科铝业有限公司临河动力站一期 3×350 兆瓦工程安全预评价报告》。

2016 年 3 月，临河发电委托宁夏环境科学研究院完成临河发电一期 3×350 兆瓦现状环评报告。4 月 19 日，宁夏环保厅下发《关于中电投宁夏临河动力站一期 3×350 兆瓦机组工程环保备案意见的函》，认为项目建设符合国家、宁夏回族自治区相关规划，同意对该项目予以环保备案。主要环保设施有脱硝、除尘及脱硫装置，储煤场、水质净化、废水、废气、废渣、灰库等。

2017 年 5 月 22 日，宁夏环境保护厅以《关于国家电投宁夏能源铝业临河 3×350 兆瓦机组符合环保要求的函》同意对临河发电一期 3×350 兆瓦机组工程予以环保备案，并分别出具一期三台机组除尘、脱硫、脱硝设施验收、核查意见，发放排污许可证。三台机组大气污染物排放达标，符合环保相关管理要求。

2021 年 11 月，宁夏石化银骏安全技术咨询有限公司做出《国家电投集团宁夏能源铝业有限公司临河发电分公司一期 3×350 兆瓦工程安全验收评价报告》，均认为临河发电项目各项安全措施基本符合国家、行业安全法规、标准，建设项目安全设施符合《安全设施设计专篇》的要求，安全设施与主体工程做到"三同时"，其安全设施运行正常、有效，具备安全验收的条件。

　　临河发电一期 3×350 兆瓦安全设施概算投资 4.48 亿元，实际投资 4.16 亿元，其中，消防系统投入 1393 万元，环保设施及检测投入 1903 万元，水质净化工程投入 885 万元，脱硝系统投入 1.19 亿元，除灰系统投入 5030 万元，除尘排烟系统投入 5783 万元，岳家沟灰渣场投入 840 万元。

　　临河发电一期 3×350 兆瓦环境设施概算投资 5.18 亿元，实际投资 3.26 亿元，其中，污水治理投入 1739 万元，废气排放治理投入 2.88 亿元，废渣治理投入 1481 万元，绿化投入 591 万元。

（五）主要工艺与设备

　　临河发电项目采用超临界燃煤直冷式工艺技术。主要设备包括汽轮机、发电机、锅炉等。

三、中卫热电

（一）基本情况

　　热电联产属于国家鼓励发展的节能、环保项目。宁夏银川市、固原市、大武口区相继建成热电联产项目，实现城市热电联产集中供热。而中卫市区供热至 2008 年仍以燃煤锅炉供热为主，供热锅炉普遍存在设备老化、供热效率低、污染环境等问题。根据《中卫市城市总体规划》，建设中卫热电厂，实施集中供热，势在必行。中卫热电厂建设不仅可以满足中卫市区采暖及工业热负荷需求，也有利于解决中卫市现有小锅炉众多、布局分散、能源消耗大、热效率低、污染环境等问题。同时，既能优化宁夏电源布局和电网结构，又能满足宁夏经济发展对用电负荷增长的需要。宁夏能源铝业决定建设中卫热电项目，规模为 2×350 兆瓦超临界燃煤直冷双抽供热发电机组。

（二）项目规划

　　中卫热电项目位于宁夏中卫市工业园区宁钢大道东侧，C4 路南侧，距中卫市区 12 公里。厂址土地属干旱荒漠丘陵地貌，为工业园区规划用地，东西长 1400 米，南北宽 900 米，场地可利用面积 1.26 平方公里。

　　2008 年 2 月，中电投宁夏项目筹建处委托西北电力设计院编制完成初步可研报告，建设两台 350 兆瓦超临界燃煤直冷双抽供热发电机组，为中卫市城市供热及园区工业供汽的热电联产项目，厂区留有扩建条件。3 月，宁夏发改委组织审查可行性研报告，同时下发《关于印发〈宁夏中卫 2×330 兆瓦热电厂工程初步可行性研究报告审查意见〉的通知》，要求进一步修改、完善项目可行性研究报告。

　　2010 年 3 月，根据国家产业政策、电力规划调整及发电设备技术发展，将中卫热电项目可行性研究阶段的装机方案由 2×330 兆瓦亚临界热电联产机组更改为 2×350 兆瓦超临界热电联产机组。9月，宁夏发改委上报国家能源局《关于请求开展中卫热电厂 2×350 兆瓦工程前期工作的请示》。12月，宁夏发改委下发《关于中卫市热电联产专项规划的批复》，同意中卫市热电联产专项规划，承担中卫市城区部分区域集中供热。

2011 年 3 月，国家能源局《关于同意中卫热电厂新建项目开展前期工作的复函》，同意中卫热电项目开展前期工作。

2013 年 8 月 27 日，电力规划总院编制完成《中电投宁夏中卫热电厂新建工程初步设计预审查》。12 月 24 日，获取国家发展和改革委员会《关于宁夏中电投中卫热电新建工程项目核准的批复》，项目获得核准。

（三）项目建设

中卫热电项目建设采用 EPC 总承包方式，由中电投电力工程有限公司负责组织实施，内容包括工程勘测设计、设备材料采购、监造、运输、保管、土建施工、安装、调试、性能试验、工程达标、项目评价配合等方面所需的所有工作和服务。由宁夏电力建设监理咨询有限公司负责工程监理。1 号、2 号机组于 2014 年 5 月开工建设。其间，12 月 15 日，得到宁夏回族自治区人民政府《关于中电投中卫热电新建工程建设用地的批复》，批复用地 0.23 平方公里。经过 2 年多的工程建设，2 台机组分别于 2016 年 11 月 4 日和 11 月 11 日双机通过 168 小时试运行，正式移交投入生产运行。工程概算总投资 29.09 亿元，实际投资 27.16 亿元。

（四）主要工艺与设备

中卫热电 1 号、2 号机组工程采用超临界燃煤直冷双抽式工艺技术，主要设备包括汽轮机、发电机、锅炉等。

第二节　新能源

一、香山风电、光伏项目

（一）香山风电

1. 基本情况

根据宁夏回族自治区人民政府《关于鼓励新能源产业发展的若干意见》精神，2009 年 9 月，宁夏能源铝业和中卫市政府协商，就合作开发建设中卫市区域内能源项目、煤炭资源勘探、香山风电资源等达成框架协议。中卫市为开展项目前期工作提供必要的政策支持。

宁夏能源铝业在中卫市香山、红泉地区约 300 平方公里内开发风能资源，规划风电装机容量 100 万千瓦，总投资估算 88 亿元人民币。香山风电装机容量 84.85 万千瓦，包括香山一至十三期风电场、穆和第二风电场，建设期从 2010 年 7 月至 2020 年 9 月。香山风电项目位于中卫市东南方向 20 ~ 60 公里范围，场址区域海拔高度在 1900 ~ 1970 米之间，为低山丘陵地貌，山顶场地较为开阔，地形起伏较大。场内道路与西侧 201 省道相连，对外交通较为便利。

2. 项目规划

2010 年 4 月—2017 年 12 月，宁夏发改委根据宁夏能源铝业建设规划，先后审查并通过中卫香山风电第一期至第十三期建设项目以及穆和第二风电场 200 兆瓦风电项目可行性研究报告，作为清洁发展机制（CDM）同期核准项目建设。

2010 年 5 月—2019 年 6 月，公司分别取得宁夏回族自治区人民政府关于香山风电一至十三期和 200 兆瓦风电项目建设用地批复。宁夏电力公司也相继审核同意中卫香山风电项目接入宁夏电网。

3. 项目建设

香山风电共有 4 个风电场，香山第一风电场（一至六期），分别于 2010 年 1 月立项，2010 年 7 月—2011 年 10 月相继开工建设，2011 年 7 月—2013 年 12 月陆续投产运行。由西北勘测设计研究院、宁夏电力建设工程公司、宁夏恒安建设监理咨询有限公司等单位设计、建设和监理。项目总投资 21.14 亿元，总装机容量 29.85 万千瓦。

香山第四风电场，七至九期），于 2011 年 3 月立项，2013 年 7 月—2014 年 4 月相继开工建设，2013 年 12 月—2015 年 2 月陆续投产运行。分别由中国电力建设工程咨询公司、宁夏电力建设工程公司、宁夏重信建设工程监理有限公司设计、建设和监理。项目总投资 10.86 亿元，总装机容量 15 万千瓦。

香山第六风电场（十至十三期），于 2014 年 5 月立项，2015 年 7 月相继开工建设，2016 年 5 月全部投产运行。由中国电力工程顾问集团有限公司负责设计、宁夏电力建设工程公司建设、宁夏兴电工程监理有限责任公司等单位设计、建设和监理。项目总投资 14.81 亿元，总装机容量 20 万千瓦。

穆和第二风电场，2019 年 3 月立项，2019 年 11 月开工建设，2020 年 9 月投产。由国核电力规划设计研究院有限公司新能源分公司、西北电力建设第一工程建设有限公司、福建省宏闽电力工程监理有限公司等单位设计、建设和监理。项目总投资 14.65 亿元，总装机容量 20 万千瓦（见表 3-2-1）。

香山风电占地面积 279.57 亩。

表 3-2-1　2010—2019 年香山风电项目建设情况表

项目	立项时间	审批时间	设计单位	开工时间	施工单位	监理单位	项目投资（万元）	投产时间	竣工时间	装机容量（万千瓦）
香山风电一期项目	2010年1月19日	2010年9月2日	西北勘测设计研究院	2010年7月22日	宁夏电力建设工程公司	宁夏恒安建设监理咨询有限公司	41089	2011年6月22日	2011年7月9日	4.95
香山风电二期项目	2010年11月5日	2011年2月11日	西北勘测设计研究院	2011年4月2日	宁夏电力建设有限公司	宁夏恒安建设监理咨询有限公司	35465	2011年12月28日	2012年7月6日	4.95
中卫香山风电三期项目	2010年11月5日	2011年3月1日	中国电力建设工程咨询公司	2011年7月24日	宁夏电力建设工程公司	山西电力勘测设计院	31947	2011年12月22日	2012年7月6日	4.95
中卫香山风电四期项目	2011年3月14日	2011年8月30日	西北电力设计院	2011年7月6日	江苏省电力建设第三工程公司	陕西省大安工程建设监理有限公司	35053.50	2011年12月25日	2012年7月6日	4.95
中卫香山风电五期项目	2011年3月14日	2011年11月3日	中国电力建设工程咨询公司	2011年9月20日	江苏省电力建设第三工程公司	山西省电力勘测设计院	34080	2011年12月25日	2012年7月6日	4.95
中卫香山风电六期项目	2011年3月14日	2013年7月8日	西北电力设计院	2011年10月6日	葛洲坝集团电力责任公司	陕西大安工程建设监理有限责任公司	33758	2013年12月19日	2014年3月5日	4.95
中卫香山风电七期项目	2011年3月14日	2013年7月8日	中国电力建设工程咨询有限公司	2013年7月6日	宁夏电力建设工程公司	宁夏重信建设工程监理有限公司	32860.81	2013年12月23日	2014年3月10日	4.95
中卫香山风电八期项目	2011年3月14日	2014年6月26日	西北勘测设计研究公司	2014年3月28日	中国能源建设集团湖南火电建设有限公司	宁夏重信建设工程监理有限公司	34619.24	2014年12月31日	2015年3月12日	5
中卫香山风电九期项目	2011年3月14日	2014年6月26日	宁夏回族自治区电力设计院	2014年4月11日	中国能源建设集团江苏省电力建设第三工程公司	宁夏重信建设工程监理有限公司	41168.98	2015年2月6日	2015年3月5日	5

续表

项目	立项时间	审批时间	设计单位	开工时间	施工单位	监理单位	项目投资（万元）	投产时间	竣工时间	装机容量（万千瓦）
中卫香山风电十期项目	2014年5月28日	2014年12月	中国电力工程顾问集团有限公司	2015年8月18日	山东电力建设第一工程公司	宁夏兴电工程监理有限责任公司	37092.76	2016年1月15日	2016年5月20日	5
中卫香山风电十一期项目	2014年5月28日	2014年12月	中国电力工程顾问集团有限公司	2015年7月26日	山东电力建设第二工程公司	宁夏兴电工程监理咨询有限责任公司	36888.23	2016年5月30日	2016年6月28日	5
中卫香山风电十二期项目	2014年5月28日	2014年12月	中国电力工程顾问集团有限公司	2015年7月26日	山东电力建设第二工程公司	宁夏兴电工程监理有限责任公司	37092.76	2016年6月8日	2016年6月28日	5
中卫香山风电十三期项目	2014年5月28日	2014年12月	中国电力工程顾问集团有限公司	2015年10月4日	宁夏电力建设工程公司	宁夏兴电工程监理有限责任公司	37031.88	2016年3月31日	2016年5月20日	5
中卫香山穆和二风场200兆瓦风电项目	2019年3月15日	2017年12月15日	国核电力规划设计研究院有限公司新能源分公司	2019年11月2日	Ⅰ标段：西北电力建设第一工程建设有限公司Ⅱ、Ⅲ标段：中电建宁夏工程有限公司	福建省宏闽电力工程监理有限公司	146505.76	2020年9月28日	2020年11月15日	20

4. 安全与环保

2012年1月11日，中卫市公安消防支队出具《建设工程消防验收意见书》，中卫香山330千伏升压站消防安全验收合格。

2013年7—10月，宁夏环保厅组织中卫市环境保护局对香山风电场一期49.5兆瓦工程竣工进行环境保护验收，出具《建设项目竣工环境保护验收报告》。

2016年8月22日，中卫市公安消防支队出具《建设工程消防验收意见书》，综合评定中卫沙梁110千伏升压站消防安全验收合格。

2020年8月，中卫市公安消防支队组织对建设工程进行验收并出具《建设工程消防验收意见书》，综合评定中卫老君台110千伏升压站消防安全验收合格。

香山风电安全设施总投入4.14亿元，其中，消防水系统投资约32万元，电气保护设施投资约 190 万元。环保设施投入 204 万元，其中，污水处理系统投资约 33.8 万元。

5. 主要工艺与设备

香山风电项目采用双馈和直驱工艺技术，主要设备包括 429 台风机，429 台箱变、变压器等。

（二）香山光伏

1. 基本情况

中卫香山光伏一期项目位于沙坡头区香山乡熊家水村，距中卫市约 30 公里，占地面积 0.78 平方公里。场址南侧紧邻红油公路，运输方便。香山 50 兆瓦复合光伏发电项目，位于中卫市沙坡头区常乐镇，总占地面积 2682.43 亩。

2. 项目规划

2012 年 4 月，取得宁夏发展改革委核准。先后取得中卫市规划管理局建设用地批复、宁夏环境保护厅环评审批、中卫市国土资源局建设用地环评批复，宁夏水利厅对水土保持环评批复。

2013 年 5 月，中卫香山光伏一期项目取得宁夏电力公司入网许可。6 月，相继取得宁夏国土资源厅、发改委，中卫市发改委《关于中电投宁夏能源铝业公司中卫香山 30 兆瓦光伏并网发电项目核准的批复》。同意该项目作为清洁发展机制（CDM）项目，项目单位即可开展建设相关工作。12 月，取得《国网宁夏电力公司关于中电投中卫香山 30 兆瓦光伏发电项目并网运行的通知》，同意并网运行。

2014 年 11 月，中卫香山光伏一期 30 兆瓦项目取得宁夏回族自治区人民政府《关于中电投宁夏能源铝业公司中卫香 30 兆瓦光伏并网发电项目建设用地的批复》，项目批复建设用地 0.02 平方公里。

2020 年 7 月，香山 50 兆瓦复合光伏发电项目取得宁夏发改委批准。8 月，宁夏电力公司同意该项目接入宁夏电网。

2021 年 3 月，中卫新能源与中卫市自然资源局签订光伏项目土地租赁协议，主要用于香山 50 兆瓦复合光伏发电项目工程建设。租赁土地位于中卫市沙坡头区常乐镇，面积 0.97 平方公里。

3. 项目建设

中卫香山光伏项目总装机容量 80 兆瓦。其中，一期项目建设规模为 30 兆瓦，2013 年 9 月开工建设，2013 年 11 月并网运行。香山 50 兆瓦复合光伏发电项目装机规模为 50 兆瓦，2020 年 10 月开工建设，2020 年 12 月并网运行。

一期项目采用自主招标的方式，由中国电建西北勘测设计研究院、西北火电工程设计咨询有限公司设计，中国能源建设集团湖南省火电建设公司、宁夏中讯电力有限公司等单位建设，黑龙江省华宇电力工程监理有限公司监理。工程实际投资 2.86 亿元。

香山 50 兆瓦复合光伏发电项目通过 EPC 总包方式，由国核电力规划设计研究院有限公司设计，中电建宁夏工程有限公司工程施工，宁夏兴电工程监理有限公司监理。工程实际投资 2.13 亿元。

4. 安全与环保设施

香山光伏一期 30 兆瓦项目，电气保护设施投资约 20 万元，主要用于消防、绝缘、电气伤害、安全带、防高空坠落、防坑洞等安全设施、安全工器具配备。2012 年 7 月 9 日，宁夏环保厅下发《建设项目符合环境保护规定的自评报告》，该项目各项环境保护指标均符合环境报告书要求。2014 年 7 月 24 日，宁夏安全生产监督管理局下发《关于中电投宁夏能源铝业中卫新能源有限公司中卫香山 30 兆瓦光伏并网电站项目〈安全预评价报告〉备案的通知》，同意备案，并将《安全预评价报告》作为该项目安全设施设计的依据之一。

香山 50 兆瓦复合光伏发电项目，2020 年 9 月 24 日，中卫市生态环境局沙坡头区分局下发《关于同意国家电投集团宁夏能源铝业中卫新能源有限公司沙坡头区香山 50 兆瓦复合光伏发电项目环境影响报告的函》，该项目符合国家、宁夏相关规划，同意按照所列建设项目的性质、规模、地点、环境保护措施等进行。10 月，宁夏庆鹏安环科技有限公司编制《国家电投集团宁夏能源铝业中卫新能源有限公司沙坡头区香山 50 兆瓦复合光伏发电项目安全预评价报告》，聘请国网宁夏电力公司、宁夏石嘴山供电局、国网宁夏电力检修公司相关专家进行安全设施审查。

（五）主要工艺与设备

香山光伏一期 30 兆瓦项目采用单面晶硅发电技术。主要设备由 12.66 块电池组件构成，通过 60 台 500 千瓦集中式逆变器接入沙洼 110 千伏变电站。

香山 50 兆瓦复合光伏项目采用固定式双面双玻晶硅发电技术，主要设备由 14.74 万块电池组件构成，通过 256 台组串式逆变器接入沙洼升压站。

香山风电、光伏项目由中卫新能源管理和运营。截至 2021 年 12 月 31 日，中卫新能源总装机容量 92.85 万千瓦，其中，风电 84.85 万千瓦，光伏 8 万千瓦。总占地面积 2962 亩，其中，风电 279.57 亩，光伏 2682.43 亩。办理土地证面积 67.02 亩，租赁土地面积 263.39 亩。

二、太阳山光伏项目

（一）基本情况

太阳山光伏一期 30 兆瓦项目位于宁夏回族自治区太阳山开发区内，211 国道东侧，盐（池）

至中（宁）高速公路北侧，距吴忠市太阳山管委会所在地约 12 公里。建设规模为 30 兆瓦，分为 30 个 1 兆瓦的光伏方阵，选用 230 兆瓦的多晶硅电池组件，配备 60 台 500 千瓦逆变器，全部采用固定式安装方式，土地性质为国有未利用荒山。

（二）项目规划

2010 年太阳山光伏一期项目可行性研究报告相继通过，宁夏发改委、水利厅、环保厅审查，并取得吴忠市规划和城市管理局太阳山开发区分局批准，取得建设用地规划许可证。

2011 年 1 月，宁夏国土资源厅出具《关于中电投宁夏太阳山 30 兆瓦并网光伏电站工程建设用地的预审意见》，认为项目符合国家的产业政策和供用地政策。宁夏回族自治区人民政府做出《关于中电投太阳山光伏并网电站一期 30 兆瓦工程项目建设用地的批复》，同意将太阳山镇 0.84 平方公里国有牧草地作为中电投太阳山光伏并网电站一期 30 兆瓦项目建设用地。2 月 10 日，宁夏发改委《关于核准中电投太阳山光伏并网电站一期 30 兆瓦工程项目的批复》，同意建设该项目，总装机容量 30 兆瓦，并作为清洁发展机制（CDM）项目开展相关工作。12 月 27 日，国网宁夏电力公司《关于太阳山光伏电站中电投一期 30 兆瓦工程并网运行的通知》，同意该项目接入宁夏电网。

2012 年 4 月 13 日，宁夏安全生产监督管理局对太阳山 30 兆瓦并网光伏工程备案。7 月 4 日，经国家电力监管委员会西北监管局审查，同意吴忠新能源太阳山一期 30 兆瓦光伏电站进入商业运营。

（三）项目建设

太阳山一期光伏项目采用 EPC 总承包方式，由特变电工新疆新能源股份有限公司承建，工程概算总投资 5.33 亿元，实际完成投资 4.02 亿元。工程于 2011 年 9 月 20 日开工建设，12 月 4 日完成设备单体调试，12 月 31 日全容量并网发电。

（四）安全与环保设施

太阳山一期光伏项目安全环保设施共投入资金 40 万元（其中，消防设施投资 20 万元，电气保护装置投资 20 万元），主要用于消防、绝缘、电气伤害、安全带、防高空坠落、防坑洞等安全设施、安全工器具配备，防扬尘、粉尘的洒水设备，防水土流失工程措施、植被保护等。2010 年 7 月 20 日，宁夏环保厅下发环境保护验收单，根据环评结论和技术评估报告，同意该项目建设。2013 年 2 月 7 日，吴忠市公安消防支队出具《建设工程消防验收意见书》，综合评定太阳山一期 30 兆瓦光伏项目消防安全验收合格。

（五）主要工艺与设备

太阳山一期光伏项目采用固定式单晶硅、多晶硅发电技术，共有 12.64 万块电池组件，通过 60 台 500 千瓦逆变器，接入吴忠市 330 千伏罗山变电站。

三、红墩子光伏项目

（一）基本情况

红墩子光伏一、二期项目总装机容量 60 兆瓦。一期项目位于银川市红墩子工业园区内，为荒漠戈壁滩，土地性质为国有未利用荒地。场址南侧紧邻 S203 公路，距银川市约 30 公里，交通便利，运输方便。二期项目场址位于银川市兴庆区月牙湖乡境内，与一期工程相邻。

（二）项目规划

红墩子光伏一期项目。2012 年 7 月 25 日，由宁夏发改委组织有关部门和专家对红墩子 30 兆瓦光伏电站可行性研究报告进行审查。11 月，红墩子 30 兆瓦光伏电站项目建设用地先后通过银川市国土资源局和宁夏国土资源厅用地预审。12 月 25 日，宁夏发改委做出《关于核准中电投红墩子矿区 30 兆瓦光伏电站项目的批复》，同意建设该项目，并作为清洁发展机制（CDM）项目开展相关工作。

2013 年 1 月 10 日，中电投做出《关于同意宁夏能源铝业红墩子一期 30 兆瓦和中卫香山 40 兆瓦光伏并网项目立项的批复》，同意红墩子一期 30 兆瓦光伏并网项目开展前期工作。5 月 21 日，宁夏安全生产监督管理局对红墩子矿区 30 兆瓦光伏电站项目安全备案。9 月 29 日，国网宁夏电力公司同意将中电投红墩子矿区一期 30 兆瓦光伏电站项目接入宁夏电网。

红墩子光伏二期项目。2013 年 4 月 8 日，宁夏发改委同意中电投吴忠新能源在银川市红墩子煤矿区开展二期 30 兆瓦光伏电站土地预审、环境评价、水土保持、电网接入等方面的前期工作。6 月 21 日，宁夏环保厅同意红墩子煤矿区二期 30 兆瓦光伏电站项目建设。6 月 29 日，宁夏发改委同意中电投红墩子煤矿区二期 30 兆瓦光伏项目建设，作为清洁能源发展机制项目开展相关工作。

2013 年 11 月 15 日，中电投做出《关于宁夏红墩子二期 30 兆瓦、中卫香山 30 兆瓦两个光伏发电项目可研设计报告审查的批复》，同意按照审查后的方案开展设计、施工，并按照批复的总投资下浮 2% 作为执行概算进行控制。

2013 年 12 月 16 日，国网宁夏电力公司同意中电投红墩子矿区二期 30 兆瓦光伏电站项目接入宁夏电网。

2017 年 2 月 13 日，银川市政府做出《关于中电投红墩子矿区 30 兆瓦及二期 30 兆瓦光伏电站项目用地的批复》，同意将位于兴庆区滨河新区 203 省道以东、红墩子红一煤矿和红二煤矿之间的 4.32 平方公里国有建设用地划拨给中电投宁夏能源铝业银川新能源公司，作为该项目建设用地。

（三）项目建设

红墩子光伏发电一期项目。2013 年 5 月 9 日开工建设，6 月 4 日支架及组件开始安装，9 月 12 日综合控制楼结构封顶，11 月 24 日电站整体调试完成，11 月 25 日并网运行。工程施工采用承包方式，由葛洲坝电力建设集团公司承建，项目总投资 3.05 亿元。

红墩子光伏发电二期项目。2013 年 9 月 20 日开工建设，10 月 11 日支架开始安装，11 月 3 日组件开始安装，12 月 21 日首批组件并网发电，12 月 28 日全容量并网发电。工程施工采用承包方式，由葛洲坝电力建设集团公司和东北电力建设第二工程公司承建，项目总投资 2.89 亿元。

（四）安全与环保设施

红墩子光伏发电一期项目。2013 年 5 月 21 日，宁夏安监局《关于中电投宁夏能源铝业吴忠新能源有限公司中电投红墩子矿区 30 兆瓦光伏电站项目〈安全预评价报告〉备案的通知》，同意备案，并将《安全预评价报告》作为该项目安全设施设计的依据之一。2014 年 6 月 3 日，西北监管局发出《中电投宁夏能源铝业银川新能源有限公司红墩子矿区一期 30 兆瓦光伏电站并网安全性平价报告的通知》，该项目满足并网运行的安全要求，同意《安全性评价报告》。

红墩子二期项目。2014 年 6 月 3 日，西北监管局印发《中电投宁夏能源铝业银川新能源有限公司红墩子矿区二期 30 兆瓦光伏电站并网安全性平价报告的通知》，该项目满足并网运行的安全要求，同意《安全性评价报告》。8 月 25 日，宁夏安监局《建设项目安全设施"三同时"备案告知书》，同意将《安全预评价报告》作为该项目安全设施设计的依据之一。10 月 21 日，宁夏水利厅发出《关于中电投红墩子矿区二期 30 兆瓦光伏电站项目水土保持方案的复函》，同意该项目水土保持方案。

2015 年 2 月 2 日，宁夏水利厅在银川市召开中电投红墩子矿区二期 30 兆瓦光伏电站项目水土保持设施验收会议，认为该工程水土保持设施建设基本达到水土保持技术规范、标准的要求，符合相关法律法规之规定，工程质量总体合格，运行期管理责任落实，同意验收。

红墩子光伏发电一期、二期项目，安全环保建设投资 60 万元（其中，消防系统投资 20 万元，电气保护装置投资 40 万元），主要用于消防、绝缘、电气伤害、安全带、防高空坠落、防坑洞、防扬尘、粉尘的洒水设备，防水土流失工程及植被保护等。按照设计设施进行建设，达到安全与评价的要求。

（五）主要工艺与设备

红墩子一、二期光伏项目采用固定式与可调式单晶硅和多晶硅发电技术，共有 25.83 万块组件组成，通过 120 台逆变器接入国网 110 千伏兵沟变电站。

四、办公区分布式光伏项目

（一）基本情况

宁夏能源铝业办公区分布式光伏项目位于银川市金凤区新昌西路 168 号公司机关大院厂房屋顶。建筑面积 2.16 万平方米，建设规模 0.0418 万千瓦，采用"自发自用，余电上网"模式，设计年限 25 年，预计年均发电量 55.36 万千瓦时，每年可节约标准煤 177.15 吨。该项目由电能配售电有限公司投资、运营、管理。

（二）项目规划

2016 年 6 月 29 日，银川市金凤区经济发展局下发宁夏能源铝业分布式光伏项目备案通知书。建筑面积 2.16 万平方米，生产能力 0.5 兆瓦，估算总投资 400 万元。

2016 年 7 月 13 日，宁夏能源铝业召开项目可行性研究报告审查会，原则同意可研报告。9 月 30 日，宁夏能源铝业《关于机关大院分布式综合智慧能源示范项目工程可行性研究报告的批复》，同意项目装机容量 0.0418 万千瓦。项目静态投资 359.53 万元，动态投资 363.04 万元，按照批复的总投资下浮 2% 作为本工程的执行概算进行控制。

（三）项目建设

该项目由西安特变电工电力设计有限责任公司设计，宁夏能源铝业工程检修公司承建。2016 年 10 月 26 日开工建设，12 月 21 日完成 240 小时试运行，正式并网发电。按"自发自用，余量上网"模式运作。

（四）主要工艺与设备

宁夏能源铝业办公区分布式光伏项目采用固定式单晶硅发电技术，安装电池组件 1496 块，通过 12 台组串式逆变器，接入机关低压配电系统。

五、氢能项目

（一）基本情况

按照《宁夏回族自治区能源发展"十三五"规划》，宁夏被列为全国首个新能源综合示范区。发展氢能产业，推广氢能与燃料电池等技术应用，扩大新能源利用范围，有利于优化能源开发布局，创新用能方式。随着风电、光伏电价的不断降低，大规模利用可再生能源制氢，是未来氢能发展的趋势。实施分布式光伏发电制氢项目，总结风光互补制氢系统关键技术，研究提高可再生能源制氢效率途径，为后期打造高效率、高可靠性的大规模风光耦合制—储—

输—用氢综合系统，探索宁夏可再生能源利用开辟新的方向。铝电公司抓住宁夏回族自治区打造新能源综合示范区的发展机遇，坚持清洁能源发展方向，牢固树立创新、协调、绿色、开放、共享的新发展理念，共同推动公司能源利用转型发展，助力宁夏地区能源结构调整和区域经济发展。

（二）项目规划

2019 年 12 月 24 日，铝电公司决定，申请宁东可再生能源制氢示范项目立项。

2020 年 8 月 13 日，国家电投科学技术研究院对铝电公司宁东可再生能源制氢项目可行性研究报告进行审查，对制氢站、值班室、系统接入、运输道路等方面提出修改意见。8 月 20 日，铝电公司决定开展宁东可再生能源制氢项目前期工作。

2021 年 6 月 8 日，宁夏宁东能源化工基地管理委员会经济发展局下发宁夏回族自治区企业投资项目备案证，明确宁东可再生能源制氢示范项目为，新建一座制氢站，包括制氢厂房、氢气压缩区、综合水泵房、消防水池、冷却塔及氢气充装区等，配套建设电控间等辅助设施。7 月 15 日，宁东管委会自然资源局下发建设工程规划许可证、建设用地规划许可证，批准项目总建筑面积 1602 平方米，土地用途为工业用地。

（三）项目建设

氢能应用项目位于宁夏回族自治区宁东能源化工基地核心区。厂址位于宁东能源化工基地临河综合工业园区宁东分公司厂区内。建设类型为光伏发电站＋制氢站，建设规模为制氢规模 1000 米³/ 时，预留 1000 米³/ 时制氢占地；光伏发电装机容量 12 兆瓦。运行模式为制氢站夜间采用谷底电，白天主要采用本项目光伏发电制氢，制得的氢气用于精细化工企业或氢燃料电池等，宁东分公司一期为本项目制氢站补充供电。项目用水来源主要为宁东市政管网供水。

氢能项目于 2020 年 9 月 25 日开工建设，2021 年 1 月 25 日制氢厂房主体封顶，2021 年 6 月 29 日，完成制氢系统调试，生产出第一方氢气，氢气纯度为 99.9997%，项目整体具备满负荷生产条件。项目总投资为 9993 万元，其中，制氢部分投资 4421 万元，光伏部分投资 4608 万元，制氢站外各接口工程投资 863 万元。

（四）安全与环保设施

安全设施投入 215.29 万元，其中，消防水系统 46.6 万元，视频监控系统 27.13 万元，火灾报警系统 19.45 万元，电缆防火 2.66 万元，防爆墙 19.06 万元，全场接地 11.37 万元。氢气报警控制器 5 万元，氢气检查报警仪 6 万元，不停电源装置 15.63 万元。环保设施投资 70 万元。

（五）主要工艺与设备

宁东可再生能源制氢项目采用电解法生产工艺，主要设备包括电解槽、气液处理器、干式冷却器、湿式换热器、冷冻机、空气压缩机、整流变压器等。

六、智慧能源项目

（一）基本情况

为落实国家电投"2035 一流战略"和铝电公司加快"绿电铝生态集成发展战略"落地，解决区域综合能源一体化，实现横向"电、热、冷、气、水"能源多品种之间，纵向"源—网—荷—储—控"能源多供应环节之间的生产协同、管控协同、需求协同以及生产和消费间的互动。采用市场化的价格机制，应用大数据、云计算、物联网等技术，建立综合能源控制中心和服务平台，实现不同能源品种供给侧优化，实现供给、消费主体之间互动。以国家电投确定的三年任期考核（297 万千瓦）、"十四五"任务目标（400 万千瓦）为基础，结合现阶段自身人员、技术水平，建立健全体制机制，创新开发模式，深化县域市场开发，大力发展综合智慧能源，新能源装机规模的快速提升，助推公司绿色转型发展。

2021 年 6 月，铝电公司第十二次党委会决定，成立智慧能源开发部，主要负责综合智慧能源项目（泛指集中式新能源、分布式能源、多能互补、源网荷储项目以及氢能、电能替代等三新产业项目）开发工作集中统一管理。负责智慧能源产业项目的开发、工程设计和建设管理；监督落实智慧能源产业建设项目工程设计、安全、质量、进度、造价的全过程管理；协调指导智慧能源产业及具体项目的技术经济工作，配合公司经济运行分析与评价相关工作。

铝电公司自 2020 年起，陆续开发青铜峡、盐池等区域智慧能源项目。截至 2021 年底，已与 10 个市、县（区）签订项目开发协议。其中，兴庆区纳入国家整县推进分布式光伏开发试点名单，青铜峡市纳入国家电投第三批县域开发"样板房"。项目均采用"自发自用，余电上网"发电模式，通过综合智慧能源项目新增容量 5.8 万千瓦。铝电公司与大连理工大学、宁夏广电传媒集团、上海发电设备成套设计研究院有限责任公司、宁夏农垦集团有限公司、中国石油天然气股份有限公司宁夏销售分公司等 8 家企业签订合作框架协议。规范技经测算边际条件，提供技经测算支持，复核综合智慧能源项目预可研、项目建议书 13 项，配合测算项目经济性 30 余项。编制项目开发手册，明确不同场景开发边界条件及收资清单。收集整理全国 31 个省级行政区电价、等效利用小时数、税收政策等信息，为项目初筛提供数据支撑。指导各单位与政府部门沟通，签订县域开发协议。建立外部服务单位的合格供应商短名单，进一步提升项目建议书、可研报告等方案设计文件编制的及时性和质量标准。

绿电能源。2021年7月6日，公司在银川注册成立绿电能源公司，负责铝电公司在宁夏区域外的新能源、智慧能源项目前期开发、建设和运营职能。2021年底，绿电能源（平凉）、绿电能源（定西）项目均处于前期阶段。

清洁能源。2021年9月，公司在银川注册成立清洁能源有限公司，主要承担公司在宁夏区域内风电、太阳能发电等项目投资、建设。2021年10月12日成立同心县新能源公司，12月底完成同心县王团三户分布式光伏项目试点及行政中心光伏车棚（8个车位）的工程建设；2021年10月15日成立宁东新能源有限公司，11月19日完成宁东150兆瓦光伏复合发电项目备案。

绿能公司。2021年4月，公司在重庆注册成立绿能公司，从事绿色智慧物流相关的电动汽车、充换电设施投融资、建设、运营及新能源开发、投资、建设、经营、维护、管理、技术服务等。

（二）项目建设

1.青铜峡市大坝镇韦桥村项目

2021年7月，在青铜峡市大坝镇韦桥村村民屋顶作为场地，建设分布式光伏项目，宁夏能源铝业同意立项。2021年10月，获得宁夏能源铝业审批，建设规模2.3兆瓦。由坤泽河山建设工程有限公司宁夏分公司设计，宁夏宝龙新能源科技有限公司施工，到2021年底工程项目正在建设当中，项目装机规模1.67兆瓦，概算总投资972万元。

2.西鸽葡萄酒庄综合智慧能源项目

2021年7月，宁夏能源铝业立项。10月，获得宁夏能源铝业审批，设计规模0.22兆瓦。由四川美奂电力工程设计有限公司设计，宁夏越鑫晟通电力工程有限公司施工，2021年11月开工建设，2021年12月投产。项目完成投资120.07万元。

3.盐池县革命历史纪念园综合智慧能源项目

2021年6月22日，宁夏能源铝业与盐池县政府签订《盐池县新能源一体化发展战略合作框架协议》，一体化项目先期实施盐池县革命烈士纪念馆综合智慧能源项目。7月，由宁夏能源铝业立项；10月，获得宁夏能源铝业审批，建设规模0.1兆瓦。项目由杭州交联电力股份有限公司设计，国家电投集团电能核电设备有限公司施工。2021年10月开工建设，2021年12月投产。项目完成投资175.38万元。

4.山西铝业厂区分布式光伏项目

2020年3月，铝电公司立项；10月，获得铝电公司审批，建设规模20兆瓦。项目由山东电力工程咨询院有限公司负责设计及建设。2021年10月开工建设，2021年11月投产。项目完成投资 7780.8 万元。

以上项目建成后，交付各生产单位管理运营。

七、其他项目

（一）基本情况

2015 年 7 月 28 日，宁夏能源铝业成立配售电公司，为全资子公司，注册资本 1.41 亿元。主要负责购售电、热、冷、气、水，新能源技术开发、技术咨询、技术服务，综合节能和用电咨询，电力项目投资建设、运营管理业务，供热管网、水管网的投资建设、运营管理等。

（二）项目规划

2016 年 1 月，配售电公司委托山东设计院编制完成《青铜峡市新材料基地供热项目调研报告》，将青铝发电余热蒸汽通过建设供热管网供应给园区企业。项目规划分 3 期建设，一期管网长度约 2 公里，投资约 600 万元，供汽能力 100 吨 / 时；二期管网为一期管网的延伸部分，长度约 6 公里。11 月 21 日，与青铜峡市新材料基地管委会签订《综合能源项目合作协议》，就电热冷等能源供应进行独家经营达成合作意向。

（三）项目建设

青铜峡市新材料基地工业蒸汽循环利用项目，一期工程 2018 年 5 月 16 日开工建设，9 月 26 日投入商业运营。概算总投资 952.93 万元，实际投资 824.93 万元。获取投资额补贴 1000 万元。二期工程 2019 年 9 月 13 日开工建设，12 月 17 日完工，向 6 家企业供汽。获取投资额补贴 481 万元。

第三节　煤炭及煤化工

一、煤炭产业

（一）基本情况

1. 项目前期

2008 年，宁夏回族自治区人民政府加大对煤炭项目的投资开发力度，中电投进入宁夏回族自治区后，全面投入宁东能源化工基地建设。按照"符合国家产业政策，符合宁夏回族自治区发展规划，符合集团公司发展战略"的原则和"煤为基础，电为支撑，铝为核心，产业一体化协同发展"的方针，打造完整的煤电、煤电铝及其深加工产业链为主的特色产业集群。2009 年 7 月，宁夏回族自治区人民政府 2009 年第九次会议决定，将红墩子矿区红一井田、红二井田、红三井田煤炭资源配置给中电投，并进行动态管理，要求在 1 年内开工，否则将收回配置的煤炭资源。红墩子矿区资源总量约 12.06 亿吨，矿区煤层赋存稳定，构造简单，煤层瓦斯含量低，水文地质条件复杂，煤种以气煤为主，1/2 中黏煤，原煤经洗选可用作炼焦配煤、气化原料或动力煤。中电投根据红墩子煤种、煤质特性和赋存情况，按照煤炭资源就地转化原则，规划利用洗精煤发展煤化工产业。红墩子煤矿原煤开采经洗选加工后，洗精煤作为煤化工产业原料；洗混煤与外购原煤混掺作为煤电铝产业链动力车间燃料，为电解铝生产提供动力。

2013 年 2 月，红墩子矿区总体规划获得国家发改委批复，明确宁夏能源铝业为红墩子矿区开发主体，红墩子 3 个矿井规模为 660 万吨／年。2013 年 11 月—2014 年 4 月，宁夏能源铝业取得国土资源部对红墩子矿区煤炭资源矿业权审查备案。由于国家宏观政策调控，国土资源部长期冻结矿权办理，项目前期手续推进缓慢。2016 年 3 月，根据国务院关于化解产能过剩通知精神，自 2016 年起 3 年内停止新建煤矿项目审批，红墩子煤矿项目前期工作被迫停滞。

2018 年 4 月，自然资源部下发《关于支持钢铁煤炭行业化解过剩产能实现脱困发展的意见》，对之前有关政策进行调整，恢复对新建煤炭项目审批，并原则同意按照协议出让方式办理红墩子采矿权。

2018 年 7 月 31 日，宁夏能源铝业成立宁夏红墩子煤业有限公司，负责红墩子矿区及洗选煤厂项目前期、建设、生产及营销工作，注册资本金 2 亿元。

2019 年 3 月，取得红墩子一矿、二矿采矿权。2019 年 7 月，红一、红二煤矿项目取得了国家能源局核准批复，并按照煤炭产业政策，做好相关工作。

2. 机构沿革

2009 年 3 月，宁夏能源铝业成立煤炭与煤化工分公司。

2010 年 7 月，宁夏能源铝业成立宁夏红墩子第一煤矿有限公司，负责红一煤矿建设工作。12 月，宁夏能源铝业撤销煤炭煤化工分公司，成立煤炭事业部、红二煤矿项目筹建处、煤化工项目筹建处。其中，煤炭事业部属公司专业管理部门，负责协调煤炭、煤化工产业项目前期、人员培训、计划管理等工作。红二煤矿项目筹建处负责协调红二、红三煤矿项目前期工作。煤化工项目筹建处负责协调煤化工项目前期、人员培训、计划管理等工作。

2014 年 3 月，按照中电投管控一体化改革要求，宁夏能源铝业成立煤炭部。8 月，中电投做出《关于成立中电投宁夏能源铝业煤业有限公司的批复》，注册成立中电投宁夏能源铝业煤业有限公司（简称煤业公司），煤炭部与煤业公司合署办公，主要对煤炭产业的项目前期、工程建设、生产经营等工作实施专业化管理。所属单位包括红一煤矿（撤销原红一煤矿有限公司）、红二煤矿项目筹建处、选煤厂项目筹建处、项目前期工作组。同时，注销宁夏红墩子红一煤矿有限公司和中电投宁夏青铜峡能源铝业集团有限公司煤炭煤化工分公司。2015年1月，红一煤矿、红二煤矿因国家宏观政策调控，全面停止建设。

2017年10月24日，根据国务院国资委关于处置"僵尸企业"的通知精神，相关的资产负债等事项由宁夏能源铝业承继。当年12月26日，宁夏能源铝业决定成立国家电投集团宁夏能源铝业煤矿项目筹建处，下设红墩子、遵义瓦厂坪两个项目部。煤矿项目筹建处承接原煤炭煤化工分公司相关业务。

（二）煤矿

1. 红一煤矿

红一煤矿位于银川市东，距银川市区约30公里，京藏高速和青银高速分别从矿区西、南通过。井田呈南北向条带状展布，南北长约9.5公里，东西宽约2—5公里，面积约为28平方公里，红一煤矿煤炭资源总量4.67亿吨，可开采量1.92亿吨，设计生产能力240万吨/年。

工程设计。红一煤矿属低瓦斯和水文地质条件复杂矿井。煤质为气煤、1/2中黏煤，原煤经浮选可做炼焦配煤、气化原料或燃料用煤，煤层赋存最深约1280米。根据矿井外部条件和资源条件，采用立井、暗斜井开拓方式，矿井投产时共布置3个井筒，通风方式为中央并列式，采煤方法为走向长臂式综合机械化开采。初步设计矿建总工程量26292米，其中，煤巷13508米，岩巷12785米。由中煤国际工程集团武汉设计院承担红一煤矿项目设计。

工程建设。2009年10月，红一煤矿开始井筒冻结工作。2010年5月项目开工建设，中煤第三建设（集团）有限责任公司负责风、副井掘砌，华煤集团有限公司负责主井掘砌；煤炭工业济南设计研究院有限公司负责工程监理。2011年6月，主副风三井贯通。2011年10月，根据国家发改委《关于深入贯彻落实国务院常务会议精神采取坚决措施进一步加强煤矿安全生产工作的通知》精神，红一煤矿开展停工整顿工作。2013年6月，复工。2014年底，完成矿建一、二期工程，累计进尺8124米；地面土建工程基本完工；矿井提升、压风、供电、排水及通风系统基本建成。2015年1月，国家将煤炭产能过剩矛盾作为产业结构调整的重点，红一煤矿在未取得采矿证的前提下，按照产业政策停止建设。

建设资金。工程建设概算投资27.68亿元，实际投资19.83亿元。其中，矿建工程4.18亿元，土建工程2.11亿元，设备及工器具1.86亿元，安装工程1.07亿元，工程建设其他费用6.02亿元，基本预备费657万元。

2 红二煤矿

红二煤矿位于红墩子矿区南部，京藏和银青高速公路从矿区西南经过，陶横公路从矿区西部穿过。井田南北长约 8 公里，东西宽 6.3 公里，面积约为 28.4 平方公里，红二煤矿井田资源总量 4.03 亿吨，可采储量 2 亿吨，设计生产能力 240 万吨／年。

工程设计。矿井水文地质条件及开采方式同红一煤矿相同。初步设计矿建总工程量 2.35 万米，其中，煤巷 1.07 万米，岩巷 1.28 万米。根据矿井外部条件和资源条件，采用立井开拓方式，初期共布置 3 个立井开拓。主井、副井、风井位于同一工业场地。初期设计利用集中运输、轨道、回风上山通过中车场及石门开采各层煤。矿井通风初期采用中央并列式通风系统，机械抽出式通风方式。根据对煤层赋存条件及开采技术条件的分析，初期开采的 4 号煤采用走向长壁综合机械化一次采全高采煤方法，5 号煤采用走向长壁综采放顶采煤方法。由中煤国际工程集团武汉设计研究院承担红二煤矿项目设计。

工程建设。中煤第三建设（集团）有限责任公司承担红二煤矿项目建设，中煤国际工程集团北京华宇工程有限公司负责工程监理。2011 年 10 月，红二煤矿完成主副风三井冻结造孔工作，冻结孔注入盐水准备冻结。国家发改委下发《关于深入贯彻落实国务院常务会议精神采取坚决措施进一步加强煤矿安全生产工作的通知》，红二煤矿停工。由于冻结管设计寿命只有两年，为了控制井筒重新选址的风险，2013 年 6 月井筒冻结，9 月项目开工建设。2014 年底，累计进尺 2220 米，矿井供电、供水等系统已形成，地面完成宿舍楼、35 千伏变电所、锅炉房等设施。2015 年 1 月，国家将煤炭产能过剩矛盾作为产业结构调整的重点，红二煤矿一直处于停工建设状态。

建设资金。总投资概算 34.89 亿元，实际投资 7.23 亿元。其中，矿建工程 3.28 亿元，土建工程 7630 万元，设备及工器具购置 2445 万元，安装工程 991 万元，其他费用 1.1 亿元。

3. 红三煤矿

2010 年 12 月，红三煤矿完成精查，并通过宁夏回族自治区矿产资源储量评审中心评审，取得备案证明。2011 年 6 月，编制完成《红三煤矿可研报告》，项目计划投资 27.64 亿元。红三煤矿面积约 43.1 平方公里，矿井煤炭资源储量 4.76 亿吨，设计可开采量 1.51 亿吨，矿井设计开采规模 180 万吨／年。红三煤矿只开展可研编制、资源勘探等部分前期工作，未开工建设。

4. 选煤厂

2010 年 6 月，编制完成《中电投宁夏青铜峡能源铝业集团红一选煤厂方案设计》，选煤厂为群矿型选煤厂。设计规模 600 万吨／年，主要入选红一和红二煤矿的原煤。项目概算总投资 6.94 亿元。2011 年 7 月，项目可研报告通过宁夏发改委、中电投联合审查。2014 年 1 月，项目获得宁夏发改委核准。作为红一、红二煤矿配套项目，选煤厂项目只开展部分前期工作，未开工建设。

（三）资产处置

2015 年 1 月，红墩子煤炭项目停止建设。2019 年 5 月，国家电投下发《关于开展低效无效资产清理处置工作的通知》，要求年内完成对外转让。铝电公司分别与山东新矿集团、北京昊华集团、冀中能源等意向合作单位签订合作框架协议，并开展相关工作。9 月 27 日，北京昊华能源公司通过竞价方式取得铝电公司所属宁夏红墩子煤矿项目 60% 股权，成功转让。10 月 14 日，北京昊华能源股份有限公司宁夏红墩子煤业公司筹备组进驻煤业公司现场，双方自 2019 年 10 月 15 日起开展移交工作，2019 年 10 月底完成移交。

二、煤化工产业

（一）基本情况

2007 年 11 月，中电投与宁夏回族自治区人民政府达成电力、煤炭、煤化工等能源项目合作开发共识，并签署战略合作框架协议。公司投入 4300 万元，用于红墩子矿区普查、详查、精查等工作，并提出煤制烯烃、煤制天然气、煤焦化多联产等可行性方案。

按照煤化工项目建设与煤矿建设相同步的原则，规划煤焦化多联产项目规模为 300 万吨 / 年。项目总体规划分期、分系列实施。

（二）项目前期

2011 年 1 月 17 日，根据宁夏回族自治区发改委《关于同意中电投宁夏青铜峡能源铝业集团有限公司开展 300 万吨 / 年煤焦化多联产项目前期工作》的批复意见，研究煤焦化多联产项目下游产品链及工艺路线，合理确定产品规模和产品方案，做好建设规划。土地利用、环境保护、节能评估、安全评价等前期工作。5 月 9 日，中电投批准《宁夏能源铝业开展红墩子二号三号煤矿及煤焦化多联产等项目前期立项工作》，同意宁夏红墩子二矿、三矿、红墩子 300 万吨 / 年煤焦化多联产项目及红墩子选煤二厂前期工作，落实项目肥煤、无烟煤等原料煤来源及价格，落实煤焦化多联产主副产品市场，发挥协同优势，形成产业链。

2011—2012 年，煤焦化多联产项目先后获得宁夏国土资源厅项目建设用地批文。该项目拟建规模为年产冶金干全焦 300 万吨，生产规模分别为 15 万吨 / 年焦油加工、5 万吨 / 年苯加氢装置及生产规模为 2.88 亿标准立方米 / 年的煤气合成天然气，项目拟用地总规模 2 平方公里，总投资 39.67 亿元。项目选址位于红墩子工业园区，毗邻公司红一煤矿。同时，取得宁夏水利厅、长城水务有限公司关于项目用水申请的批复意见。煤焦化多联产项目编制和审查工作已获得政府主管部门对项目地震安全性评价、地质灾害危险性评价和压覆矿产资源评估、压覆文物调查与勘探、节能评估、环评、职业病评价、安评和水土保持等专题报告批复意见。

第四章　生产运行管理

公司肩负着国家电投"专业化产业子集团、铝业贸易服务平台、铝业科技创新平台"三大重任，对电解铝、火电、新能源、氧化铝与铝土矿等实体单位及贸易平台进行运行、管理。明确总部是利润中心，各单位是成本中心的职能定位，遵循"协同发展，高效运营"的原则和三级管控要求，明确各级管理者责任，通过直连直供、新能源开发、增加机组小时利用率、降低厂用电率和燃料消耗，不断减少各项费用，降低成本，安全平稳运行。通过开展安全环境、质量、能源消耗、设备、生产技术、节能降耗等精细化管理，落实采制化措施，强化原材料、生产加工和营销环节管理，全面提升高品质原铝质量和生产能力。贸易服务平台具备大宗商品集约化贸易及期货、金融运作能力等，有效降低销售费用，创造更好的经济效益。

第一节　电解铝

一、运行机构

2009 年 3 月 7 日，青铝股份生产机动部负责电解铝板块生产管理。

2011 年 6 月 10 日，宁夏能源铝业下发《辅业改革及青铝股份重组整合机构设置方案、公司干部编制及干部聘任方案的通知》，按照《通知》要求，6 月 30 日，青铝股份成立生产机动部（调度中心），负责电解铝板块生产管理工作。9 月 12 日，宁夏能源铝业与青铝股份管理机构整合，按照"综合管理 + 专业管理 + 监督保障"的管控模式，机关成立铝业生产部（调度中心）。

2017 年 1 月，铝电公司成立产业中心，下设电解铝生产管理部，与宁夏能源铝业双重领导。同年 9 月，宁夏能源铝业机构改革，将铝业生产部（调度中心）更名为电解铝部，与市场营销部合署办公，技术中心挂靠电解铝部。

2019 年 3 月 27 日，电解铝部独立运行，主要负责制订、调整电解铝产业的发展规划，负责对电解铝产业综合计划、年度预算指标提出专业意见及考核意见；负责对电解铝产业项目初步可行性研究提供专业技术支持；负责监督指导电解铝产业建设项目工程设计、安全、质量、进度、造价的全过程管理；负责电解铝产业集中招标专业技术支持工作；负责对后评价报告提出专业审查意见；负责监督指导协调电解铝生产技术及生产运营管理；负责监督指导电解铝产业重大设备大修和技术改造工作；负责在电解铝产业的有关内部价格制定工作中，提供内部交易量价平衡建议，并配合监督内部价格的执行情况；负责指导、监督电解铝产业安健环体系的建设和运行，履行安全保证职责；负责指导、监督电解铝产业生态环境保护与节能管理工作；负责协调指导电解铝产业的技术经济工作，配合公司经济运行分析与评价相关工作；负责协调指导电解铝产业电力外购竞价工作，提供相关量价平衡建议；负责组织本专业碳减排技术的推广应用。

二、运行单位

公司电解铝生产主要涉及青铜峡分公司、宁东分公司、青鑫炭素、科技工程公司、新材料公司 5 个单位，其中，青铜峡分公司、宁东分公司主要负责电解铝、阳极炭素、普铝生产运行管理；青鑫炭素负责阴极炭素的生产运行管理；科技工程公司和新材料公司主要负责非普铝及铝加工产品的生产运行管理。

（一）青铜峡分公司

1. 管理机构

2011 年 6 月 30 日，宁夏能源铝业对青铝股份实行一体化管控和区域管控优化改革，青铝股份管理职能与宁夏能源铝业合并，对青铜峡区域电解铝、阳极、铸造生产及动力能源供应、质检、综合服务等单位进行整合，成立青铜峡铝业股份有限公司青铜峡铝业分公司（简称青铜峡分公司）。

2021 年底，青铜峡分公司设置办公室、计划经营部、人力资源部（培训中心）、财务部、生产技术部（调度室、科技信息部、质量监督部）、安全与环境保护监察部（HSE）部、党群工作部（工会办公室）、纪委办公室 8 个职能部室，下设电解一车间、电解二车间、电解三车间、电解四车间、净化车间、电解维修车间、电算站（信息中心）、成型一车间、成型二车间、焙烧一车间、焙烧二车间、组装车间、铸造车间、动力一车间、动力二车间、供电三车间、供电四车间、运输一车间、运输二车间、仓储配送中心、铁路工厂站、炉窑维修中心、供销中心、质检计控中心、综合服务中心等 25 个生产车间（站、中心），在册员工 2792 人。

2. 产能及产量

2009—2013 年，青铜峡分公司有 120 千安、160 千安、200 千安、350 千安 4 个电解系列，电解铝产能 58 万吨、阳极炭素产能 32 万吨、非普铝产品产能 30 万吨。

2014 年 5 月 15 日、6 月 23 日，分别对 120 千安、160 千安电解系列实施政策性关停，160 千安阳极煅烧、成型生产线关停。关停后，青铜峡分公司电解铝产能为 42 万吨，其中，200 千安电解系列 15 万吨，350 千安电解系列 27 万吨。

120 千安、160 千安电解系列 2004—2014 年运行期间，生产原铝液分别为 68 万吨和 79 万吨。200 千安电解系列 2001—2021 年共生产原铝液 315 万吨。350 千安电解系列 2004—2021 年共生产原铝液 486 万吨。

2009—2021 年，160 千安、200 千安、350 千安阳极生产焙烧阳极块分别为 83.39 万吨、93.42 万吨、191.68 万吨。铸造铝产品分别为普铝 361.89 万吨、铝合金锭 78.78 万吨、电工圆铝杆 22.84 万吨、变形铝合金圆铸锭 38.54 万吨、铝母线 1.01 万吨，原铝液、铝产品及阳极产品产量见表 4-1-1。

表 4-1-1　青铜峡分公司原铝液、铝产品及阳极产品产量表

年份	原铝液（万吨）	铝产品（万吨）	阳极产品（万吨）		
			生块	焙烧块	组装块
2009	37.13	36.69	18.54	14.36	18.81
2010	34.97	36.87	30.69	27.70	31.02
2011	50.32	48.14	30.70	28.83	25.57
2012	60.13	55.26	32.50	30.64	29.39
2013	58.67	55.18	32.33	30.92	28.82
2014	49.14	45.79	28.12	26.30	24.54
2015	42.62	39.36	25.12	24.85	22.09
2016	30.56	37.48	24.60	22.41	20.33
2017	39.71	37.93	23.59	21.50	20.82
2018	41.94	38.40	24.94	28.16	21.16
2019	43.20	27.35	31.34	30.75	21.71
2020	43.15	20.45	32.89	30.22	21.43
2021	43.19	25.50	31.25	28.15	21.77

3. 现场管理

（1）劳动组织。青铜峡分公司采用分公司—车间（中心、站）—班组三级劳动组织管理形式，均采用 8 小时工作制，实行常白班制和四班三倒作业制。

（2）生产技术管理。生产技术部负责电解铝、阳极、铸造、净化、质检、动力能源等管理工作，内容包括安全生产及环境保护、生产工艺技术、产品质量、管理制度及生产调度指挥协调等。

预焙电解槽在生产中，阳极消耗到一定周期时，需要将残极进行更换，重新安装新阳极，使电解槽能够正常平稳运行。出铝采用真空包虹吸的方法将槽膛内的液体铝抽出，运往铸造车间进行铸造，出铝周期 24 小时。随着阳极的消耗，阳极母线会跟着逐步下降，当下降到一定位置时，需要利用母线提升机将母线抬起，防止阳极整体下滑，造成丝杠脱扣，电解系列的抬母线周期为 18 天。电解过程中，通过给电解质添加氧化铝，提高氧化铝浓度，及时消除阳极效应。定期对电解槽添加氟化盐，以保证电解槽电解质分子比稳定。加强对铝水平、电解质水平、槽温、阴极压降、炉帮、伸腿等的常规测量，并且在日常工作中必须对电解槽进行巡视，主要观察下料系统是否正常，有无塌壳冒火现象；有无阳极钢爪发红、阳极下滑或脱落现象；供风、供料系统是否正常，有无跑冒滴漏现象；电解槽侧壁、钢棒有无发红，有无渗铝或渗电解质现象；槽电压有无异常现象等。

120 千安电解系列。2010 年 7 月，在一工区进行换极周期实验，成功将换极周期由 32 天延长至 33 天，8 月在全系列推广。电解槽出铝方式由负压出铝改为正压出铝并成功推广使用。2011 年上半年，实现电解槽氟化铝自动下料，结束人工添加氟化盐的历史。2012 年，逐步推广阴极新型双钢棒电解槽技术，随着高锂钾氧化铝使用，系列锂钾含量逐步上升，分子比略有下降，系列设定电压逐步下调，平均电压、电解质温度随之下降，生产稳定。

160 千安电解系列。2010 年 9 月，将换极周期由 31 天延长至 32 天。2011 年，通过对供电整流系统 2 套机组设备进行增容、优化改造，系列电流逐步强化。同年，实现氟化铝自动添加，结束了人工添加氟化铝的时代，电解槽由负压改正压出铝，并推广使用。2012 年 6 月，推广新型双钢棒电解槽技术，随着高锂钾氧化铝使用，系列锂钾含量逐步上升，分子比略有下降，设定电压逐步下调，平均电压、电解质温度随之下降，电解车间生产稳定。2009—2011 年系列电流强度保持 151 千安，2012 年强化至 154.5 千安，2013 年强化至 157 千安。2013 年 5 月 15 日，进行阳极开槽试验，降耗效果明显。

200 千安电解系列。2010 年，应用不停电开关装置，实现启停槽不停电操作。2014 年 1 月，双钢棒技术首台槽通电启动；5 月，117 台电解槽技改项目全部完成。2018 年 4 月，完成电解槽槽控机升级改造。2019 年 3 月，完成槽控系统改造，新开槽降分子比从 65 天调整为 70 天。2020 年 1 月，氟化铝加料车投入使用，降低成本和传统作业时的安全风险；7 月，铝水平测量取消槽龄修正。2021 年 10 月，200 千安电解系列 1 号母线提升装置实现自动打卡。2009 年，系列电流强度 213 千安，2010 年降至 208 千安，2011 年降至 205.5 千安，2012—2013 年升至 208 千安，2014—2021 年保持在 213 千安。2009—2021 年 200 千安电解系列历年工艺条件见表 4-1-2。

表 4-1-2　200 千安电解系列历年工艺条件表

年份	系列电流（千安）	设定电压（伏）	工作电压（伏）	平均电压（伏）	分子比	电解质温度（摄氏度）	电解质水平（厘米）	铝水平（厘米）	氧化铝投入量（千克）	电压摆幅（毫伏）	氟化铝投入量（千克）	阴极压降（毫伏）
2009	213.05	4.277	4.296	4.302	2.50	960.00	14.6	21.5	3235	144	18.0	282
2010	208.05	4.274	4.285	4.293	2.51	959.7	15.7	21.6	3182	111	15.5	382
2011	205.61	4.266	4.271	4.272	2.50	956.0	16.1	24.0	2954	66	19.7	386
2012	207.81	4.217	4.214	4.222	2.51	946.8	15.5	24.9	2846	61	26.3	395
2013	208.95	4.143	4.139	4.148	2.53	944.6	15.8	25.6	2898	99	23.1	405
2014	212.96	4.101	4.082	4.095	2.55	939.8	15.2	26.9	2984	88	19.6	362
2015	213.99	4.073	4.082	4.087	2.57	932.8	13.8	28.4	2919	180	16.8	374
2016	213.42	4.048	4.067	4.084	2.63	931.7	13.7	29.5	2993	381	16.1	361
2017	213.06	4.013	4.049	4.069	2.71	932.6	15.6	24.5	2978	119	10.9	321
2018	213.16	4.008	4.044	4.089	2.53	925.4	16.8	24.5	3012	225	21.9	318
2019	213.25	4.015	4.030	4.035	2.44	925.5	15.9	27.2	2940	30	21.5	342
2020	213.17	4.008	4.022	4.033	2.44	925.7	16.2	27.0	2953	5	19.7	338
2021	213.60	4.014	4.013	4.016	2.41	929.2	16.8	27.2	2985	5	13.8	324

350 千安电解系列。2010 年 2 月，优化母线投入使用后，电解槽磁场和热场明显改善，稳定性增强，电流效率进一步提高，能耗降低。2011 年，推广使用新型双钢棒电解槽技术。2014 年，对天车打壳机构进行四连杆改造，解决换极时打不到中缝的问题，提高换极质量。2017 年 3 月，成功进行电解槽采用天然气焙烧生产试验。2018 年，分子比化验方法由衍射法改为荧光法。2019 年，数字化电解槽智能综合控制系统升级改造后，各项经济技术指标持续向好。2019—2021 年，先后完成天车渣铲改造，减轻了换极作业劳动强度。2020 年，对母线

提升机进行升级改造，母线提升机自动打卡技术得到推广应用，对天车加装阳极自动定位装置，提高换极效率和阳极定位的精准度；氟化铝加料车的投入使用，降低安全风险和生产成本。系列电流 2009—2010 年保持在 350 千安，2011 年强化至 351.5 千安，2012—2013 年保持在 354 千安，2014—2016 年强化至 359 千安，2017 年降至 357 千安，2018 年升至 361 千安，2019—2021 年保持在 362.5 千安。2009—2021 年 350 千安电解系列历年工艺条件见表 4-1-3。

表 4-1-3　350 千安电解系列历年工艺条件表

年份	系列电流（千安）	设定电压（伏）	工作电压（伏）	平均电压（伏）	分子比	电解质温度（摄氏度）	电解质水平（厘米）	铝水平（厘米）	氧化铝投入量（千克）	电压摆幅（毫伏）	氟化铝投入量（千克）	阴极压降（毫伏）
2009	350.12	4.197	4.198	4.204	2.64	966	18.3	27.5	4836	22.6	44.9	312
2010	350.14	4.204	4.222	4.223	2.58	963	17.0	25.4	4894	17.4	40.9	331
2011	351.45	4.092	4.039	4.052	2.63	966	18.8	25.2	4994	20.8	39.3	290
2012	354.35	4.029	4.061	4.061	2.52	958	15.8	28.4	5115	21.8	39.4	316
2013	353.45	3.969	3.993	3.994	2.55	953	16.4	26.6	5132	21.9	45.7	323
2014	358.74	4.011	4.028	4.030	2.53	941	16.1	28.0	5278	20.2	41.5	338
2015	360.26	4.039	4.057	4.065	2.61	941	14.8	28.6	5566	21.0	31.6	316
2016	359.05	4.023	4.049	4.057	2.71	937	14.9	28.2	5335	27.4	31.1	316
2017	357.23	3.995	4.018	4.042	2.73	936	15.9	26.3	5254	27.9	22.0	308
2018	361.13	3.976	4.019	4.039	2.58	932	17.0	26.3	5381	34.1	47.6	317
2019	362.58	4.006	4.058	4.066	2.49	929	16.6	29.2	5031	22.9	34.5	321
2020	362.78	4.011	4.049	4.059	2.47	930	16.7	29.6	5032	4.4	35.5	321
2021	362.57	4.031	4.045	4.047	2.44	932	16.4	31.6	4954	4.2	24.7	312

阳极生产线。阳极生产线有成型、焙烧、组装 5 个车间。其中，成型一车间、焙烧一车间、组装车间一区为 200 千安电解系列生产组织，包括煅烧、成型、沥青融化、焙烧、组装等工序；成型二车间、焙烧二车间、组装车间二区为 350 千安电解生产组织。

2011 年 6 月，对 200 千安焙烧炉进行改造。2012 年 2 月，对 200 千安成型工艺条件进行优化。2014—2015 年，分别对 350 千安 1 号、2 号焙烧炉进行改造。2018 年，对 160 千安焙烧炉进行整体大修、燃控系统优化，对焙烧工艺进行攻关改进。2020 年 4 月，对 200 千安成型系统烟气净化进行改造，改善作业现场环境，沥青焦油排放 ≤ 20 毫克/标准立方米，粉尘

排放 ≤ 10 毫克 / 标准立方米，达到国家环保排放标准。2021 年 10 月，对 160 千安焙烧烟气净化脱硫改造后，氟化物、二氧化硫、焦油排放等指标满足超低排放标准，改善环境污染。

铸造生产线。设置一个生产运行车间，主要承担重熔用铝锭铸造生产任务。有 3 条 20 公斤铝锭连续铸造生产线，生产重熔用铝锭，年产能 30 万吨。2017 年 11 月，对 2 号铸造机进行改造，单机产能从 12 吨 / 时提升到 16 吨 / 时。2018 年 12 月，新增 1 条 25 吨 / 时连续铸造机，提高产能，降低安全风险。2020 年 1 月，完成 25 吨 / 时连续铸造机升级改造。2021 年 12 月，对两台双梁桥式起重机进行升级改造，提高设备的安全性能。

（3）质量管理。生产技术部负责质量管理。"三标一体"覆盖各部门、各单位。严格执行国家及有色行业产品标准，建立、完善分公司质量管理体系，做好进厂原辅料、生产过程和出厂产品的质量控制。按照内控标准和产品销售合同规定的质量技术文件，制定、更新、发布产品质量的内控标准。根据客户需求，调整质量标准，提供满足客户需求的产品。

2009 年开始，每年进行"三标一体"内审、外审，整改审核中存在问题及落实质量方针、目标与计划，确保质量认证证书的有效性。2021 年 12 月 14 日，通过新世纪检验认证有限责任公司对质量管理体系、职业健康安全管理体系、环境管理体系再认证，证书有效期至 2024 年 10 月 27 日。

对大宗原材料实行采制化管理，先后在成型车间、净化车间、铸造车间、仓储配送中心、质检计控中心各原料取样点、交接试样点安装摄像头，配备 25 个专用送样箱，实行双锁管理（钥匙锁、密码锁），密码、钥匙由质检中心管理，试样送至质检中心后，收样人员在摄像头监控下打开双锁。取样人员和取样车辆配置记录仪，对样品存、送、取样过程全程记录，取样录像文件复制入专用电脑备查，存储时间至少 3 个月。原辅料到货取样时，安排专人佩戴袖标全过程监督，采样完成后由监督员签字确认，实现从取样、收样、制样全过程监管。

每年组织开展 QC 小组活动、合理化建议等群众性质量管理活动，开展创新成果评审、QC 成果发布，推广科技创新、QC 小组成果和经验。2009—2021 年，共开展 QC 课题小组活动 177 项，7 个 QC 质量管理小组获得行业、协会优秀质量小组，7 个班组获得行业、协会质量信得过班组。

（4）设备管理。生产技术部为设备管理的主体责任部门，负责生产设备维修管理、特种设备管理、固定资产的实物管理以及备品备件计划管理等工作。各生产车间设备主任及设备技术人员负责本单位日常设备管理工作。以"机械化、自动化、信息化、智能化、集成化"为思路，结合设备运行状况，分析设备基础管理、运行状态、计划性检修、更新改造、隐患整治、创新创效、装备提升等方面存在的不足，修订设备管理办法，细化制订设备管理提升方案，提高设备运转率，实现一般及以上设备事故为零的目标。

2009—2014 年，制定《设备管理办法》《两票管理办法》《设备缺陷管理办法》等 20 部设备管理制度和《设备安全操作规程》《设备安全检修规程》《设备安全维护规程》等 66 部设备管理规程。实现事后维修到预知维修、计划检修向精准检修的转变。通过近几年计划检修实践，逐步掌握检修周期及规律，通过不断修正检修计划，为精准检修提供保障。日常设备管理主要包括计划、检查、整改、验证等，形成闭环管理。

2015—2021 年，在电解、阳极、铸造主要生产单位及辅助生产单位开展技术改造及大修工作。重点实施电解槽工艺技术、成型系统烟气净化、焙烧炉及焙烧烟气净化、铸造优化扩能改造等技改、大修项目，共实施技术改造项目 57 项，累计投资 9.46 亿元。实施大修项目 162 项，累计投资 3.88 亿元。

2021 年底，分公司设备完好率 98%，设备利用率 94%，设备可开动率 97%，计划检修完成率 99%。

（5）能源管理。成立能源（节能）管理领导小组，对节能进行全面管理。日常工作由生产技术部负责，制定《计量管理办法》《计量器具 ABC 管理办法》《能源计量核算管理办法》等 8 部制度，明确电、天然气、水等能源的使用范围、用量、管理流程及工作职责。

分公司能源消耗主要包括电、天然气、水、柴油、汽油、压缩空气、蒸汽等。其中，电力由供电局输送到供电变电所，直流电经供电车间整流变压器整流后由母线输送到电解车间，交流电经地埋电缆输送到电解、净化、阳极、铸造等生产车间及辅助生产单位。新水是由动力二车间在水源地自备水井中通过水泵，将水抽到加压泵站经加压后输送到生产泵房及生活区泵房，由生产泵房向厂区生产供水，生活泵房向生活区供水。天然气通过长输管线向青铜峡区域输送天然气。压缩空气、蒸汽为自产自用。

能源消耗总量约 98 万～ 105 万吨标煤 / 年。其中，耗电量 61 亿千瓦时 / 年，占能源消费总量的 73%；天然气消耗量约 2954 万标准立方米 / 年，占能源消费总量的 3.5%；柴油和汽油用量较少，占比不足 1%。

2016 年 1 月 11—15 日，中国船级社质量认证公司对青铝股份能源管理体系进行认证审核，并定期开展能源管理体系内审、外审工作，保证能源管理体系的正常运行。

制定《计量器具管理办法》，根据实际运行情况不断完善、修订，使计量器具管理更加科学规范。对照《用能单位能源计量器具配备和管理通则》和行业标准要求，配备各类能源计量仪表及衡器 544 台。其中，配备关口电能表 16 块，水电磁流量计 4 块，天然气流量计 6 块，原料秤 1 台，铝水秤 2 台，铝锭秤 6 台，轨道衡 1 台，均按贸易结算要求按期进行检定。

将能源指标、能耗定额等纳入《青铜峡分公司组织绩效管理考核规定》，与分管经理、职能科室、生产车间（中心、站）的月度绩效挂钩。重点抓好降低电解铝综合交流电单耗工作，加强工艺技术条件管控和用水管理，降低新水消耗，改进生产工艺，降低天然气消耗，通过能源管控机制节约能源、降低生产成本。强化生产过程管控，加大两水平、分子比、新开槽考核力度，通过加大低锂钾氧化铝采购占比，降低电解质锂钾成分。组织开展电解烟气净化系统节能改造、电解槽打壳系统大修、氧化铝输送系统改造、石墨化阴极、燃气焙烧启动等节能项目试验，总结优化工艺技术方案、标准。2015 年以来各项能耗指标均完成年度预算值。2021 年，实现全年原铝液产量 43.12 万吨，氟化铝单耗 12.5 千克／吨铝，铝液综合交流电单耗 13644 千瓦时／吨铝，较电解铝行业阶梯电价分档标准低 6 千瓦时／吨铝。铸造车间混合炉由热备改为冷备，通过原铝液热量熔化回炉铝锭、铝渣，减少热备时天然气消耗；成型车间改变回转窑运行方式，发挥大窑产能，降低天然气消耗；使用液体沥青，减少固体沥青熔化工序的天然气消耗；组装车间调节钢爪烘干装置天然气喷嘴压力，并将连续烘干改为间断式烘干，减少天然气消耗；焙烧车间加强炉室管理，做好焙烧火道墙的密封工作，杜绝天然气泄漏，提高天然气燃烧效率。通过建立各种能源消耗原始记录和统计台账，提供翔实可靠的统计数据，每月对交流电、成品油、水、煤、天然气等各类能耗进行统计分析。

（6）安全环保管理。成立安全与环境保护监察部，各生产单位配置专职安全员，班组配兼职安全员，开展安全生产监督管理工作。在安健环、安全生产标准化管理基础上，每年组织开展管理制度、作业规程、应急预案的制定、修订工作。截至 2021 年，建立安全管理各类制度 257 部，实行全员安全生产责任制，明确各级人员在安全生产中的岗位安全职责、到位标准和考核要求。

建立以生产技术部为主的安全生产保证体系，直接从事与安全生产有关的各单位及所有岗位和人员，共同履行安全生产保证职责。建立以安全监督部门为主的安全生产监督体系，直接从事安全监督工作的机构及所有岗位和人员，共同履行安全生产监督职责，对安全生产监督检查和指导协调。建立由党群工作部、计划经营部、财务部、人力资源部、纪委办公室、办公室等部门、机构及所有岗位和人员为主的安全生产支持体系，共同履行对分公司的安全生产支持职责，对安全生产工作督促和支持保障。

每年制订安全教育培训计划，建立"一人一档"，全员安全培训时间均高于法规要求。新入职员工三级安全教育培训必须达到 72 学时，考试合格方可上岗。各部门、各车间、各专业依据培训需求，每年制订培训计划，进行多形式日常安全教育，包括班前会、安全生产会议、安全活动日、张贴安全生产画报（图片、标语、标志），媒体（电视、广播、报纸、网络）、劳动竞赛等形式，普及安全管理知识，进行有针对性的教育培训。公司主要负责人、各级安全生产管理人员、特种作业和特种设备作业人员，及时参加危险化学品安全管理培训、金属冶炼安全管理人员及特种设备操作和特种作业人员取证培训，持续跟踪各类人员资格证持证情况。2021年，持证人员达到1700人。

修订《安全生产费用管理实施办法》，依法依规提取安全生产费用，按照"预算控制，统一提取，分别列支，统筹使用"的总体原则进行管理，优先用于安全生产整改措施或达到安全生产标准所需费用。建立健全岗位安全生产责任制，明确每个岗位安全生产职责和到位标准，开展岗位履职评价，督促各级人员严格落实安全生产责任。建立并完善安健环、安全生产标准化等管理体系，用系统的安全管理思想和方法做好安全生产全过程管理。自2012年安健环体系建设开始，每年至少开展1次自下而上、全员参与的岗位风险辨识与评估活动，从人、机、料、法、环5个方面全面辨识岗位作业每一个步骤存在的风险并制定风险管控措施，并将辨识评估结果用于规程和应急预案持续修订完善工作之中。2012年被列入中电投安健环体系建设三级试点单位。2013年，成立安健环建设小组，针对危害辨识和体系标准建设安健环体系，安排专人负责推进与协调，制订工作计划，明确责任单位工作要求及完成时间节点，每周召开专项会议对体系建设工作进行总结纠偏，当年完成65个管理标准编写工作，完成14个车间（站）危害辨识与风险评估及重点风险辨识和防控措施制定工作。2014年1月，接受中电投评估，运行符合性51%，达到一钻标准。1月12日，召开安健环体系建设问题整改专题会，针对整改意见制订整改计划，明确职能部门、责任人、整改时间等，对存在的问题进行专项整改，并对关键作业任务进行识别，不断完善体系文件。年终组织9名内审员，对16个体系覆盖单位进行2014年度安健环管理体系的内部审核。2015年，组织开展安健环管理标准融合升版工作，修订、评审、发布安健环管理标准75项。2016—2018年，以"三标一体"和国家电投"HSE"十大管理工具为主，推进管理单元模块化，实现传统安全管理模式向体系安全管理模式的过渡，依据《安健环体系建设指南》，构建13个单元58个要素，建立标准81个，并在实际生产过程中不断运行完善、改进，提升体系运行符合性。2019年，按照《国家电力投资集团公司安全健康环境管理体系评估指南（三级单位冶金）》（2018年）标准，完成安健环体系内部评估，铝电公司安环部组织对分公司安健环体系运行情况进行评审，评估获得"一钻"水平。2020年，改进提升体系相关要素管理水平，利用量化评估数据，分析体系与国家电投体系评估标准之间存在的缺陷和差距，制订青铜峡分公司安健环体系建设实施方案，将公司体系管理文件确定为82项，解决一事多标准等问题。11月，铝电公司安环部组织对青铜峡分公司安健环体系开展评审，安健环管理体系过程得分率66.94%，达到

"三钻"。2021年，根据新版《国家电投安全健康环境管理体系建设指南》《国家电投安全健康环境管理体系评估标准（通用篇、电解铝专业篇）》继续完善分公司体系，开展管理提升及固化工作，提升各级人员体系管理主动践行意识，逐步提升安健环管理绩效。铝电公司通过现场检查、查阅资料、人员访谈、现场提问等方式，运用"PDCA"的审核方法对青铜峡分公司安健环管理体系13个单元61个要素的运行情况进行审核评估，综合认定分公司安健环管理体系达"三钻一星"水平。

加强大气污染物达标排放管理，做好环保设备设施点检维护，确保正常运行。开展污染源自行监测、数据公开以及环保自查工作。从2018年开始，根据国家大气污染物排放限定标准，实施大气污染物治理环保设施系统性提效或达标改造，提升烟气集气效率和净化效率治理。2018—2021年，投资2.42亿元，完成阳极煅烧工序烟气脱硫技术改造、阳极成型工序烟气黑法净化改造、焙烧烟气脱硫改造，进行阳极煅烧工序烟气脱硝深化治理。投入1000余万元，先后实施净化车间残极厂房除尘系统大修、成型车间高楼部除尘器和煅后除尘系统大修、焙烧一车间200系列净化除尘器大修、焙烧二车间电捕焦油器大修、组装车间通风采光除尘器大修等工作，大气污染物治理能力全面提升，污染物达标排放。重视危险废物管理，严格执行危险废物管理要求，建立完善危险废物管理制度、管理台账、产生流程图等基础管理，按标准建立危废暂存库，危险废物实行集中存放暂存，危险转移、处置等工作严格按照法规程序办理相应手续后实施。严格废水管理和无组织排放管理，2017年，将各类废水统一收集后送至青铜峡市工业园区污水处理厂进一步处理。2021年，投资268万元实施厂区雨水排放系统维修。

安全生产系统性风险主要有电解系统主要存在短路口爆炸、漏炉、熔融金属爆炸等系统性生产事故；阳极系统主要存在热媒管路、天然气泄漏引发的燃爆和火灾事故以及焙烧炉室坠落事故；供电系统主要存在设备缺陷造成的系统供电事故，以及安全措施落实不到位造成的人身伤害事故；运输系统主要存在移动车辆及铁路交通事故；动力系统主要存在天然气场站以及使用过程中火灾、爆炸事故；铸造系统主要存在漏炉、熔融金属及天然气爆炸等事故。

2019年，开展双重预防机制建设，按照《宁夏回族自治区安全生产风险分级管控与安全生产事故隐患排查治理办法》要求，成立组织机构，开展人员培训、组织风险辨识与评估、风险分级管控、安全风险图编制、隐患排查治理、持续改善运行等目标工作任务，共评估出风险16096项、较大风险112项、一般风险5990项、低风险9994项，青铜峡分公司重点管控风险15项。各单位根据风险等级评定结果，绘制安全生产风险空间分布图24份，制定公司、部门、车间、班组风险隐患排查清单共计318份。其中，分公司级综合排查清单1份，专项排查清单 117 份，季节性和节假日排查清单 91 份，车间和班组日常排查清单 109 份。2021 年，按照铝电公司安全风险分级管控与隐患排查治理双重预防机制建设要求，制订《安全风险分级管控与隐患排查治理双重预防机制建设方案及实施计划》，成立双重预防机制建设领导小组，从建立安全风险分级管控和隐患排查治理制度、建立安全风险数据库、制定重点安全风险管控措施、设置重点安全风险公告栏、制作岗位安全风险告知卡、制作岗位应急处置卡、绘制区域内安全风险四色分布图、建立隐患排查治理台账或数据库、制定较大及以上隐患治理实施方案等 9 项工作目标方面有序推进落实。共辨识出风险 12895 个，其中，高风险 36 个，中风险 406 个，可能的风险 5264 个，可接受的风险 7189 个。完成岗位安全风险告知卡、岗位应急处置卡制作，完善隐患排查清单和计划，建立健全四级隐患排查责任清单 488 份。结合安健环体系建设计划，修订《检查与隐患排查治理管理办法》。每年针对电解铝生产工艺和季节特点，定期组织开展春季、夏季（迎峰度夏）、防汛、秋季、冬季（防寒防冻）等季节性安全检查。对各单位隐患排查、班组管理、反违章管理、现场作业、设备设施管理、安全文明标准化现场保持工作等进行巡查，并根据国家、地方政府以及上级公司工作安排，开展专项监督检查工作，及时消除现场安全隐患。

4. 综合计划管理

（1）编制依据。依据铝电公司《关于编制年度综合计划（JYKJ）方案的通知》和《年度综合计划（JYKJ）方案编制指导意见》，结合分公司实际产量指标，综合考虑产能、设备检维修、市场需求、能耗和物耗等内容，编制年度综合计划。

（2）编制综合计划。青铜峡分公司年度综合计划由其计划经营部牵头组织编制，办公室、人力资源部、财务部、生产技术部、安全环保监察部、党群部、供销中心等专业部门参与编制，主要负责提供年度计划编制的专业数据。其中，办公室负责办公、差旅、会议、业务招待及公务车辆使用等费用预算计划。人力资源部负责职工人数、全员劳动生产率、职工薪酬等计划。财务部负责核定各类预算指标。生产技术部负责提出技术改造项目、大修项目、固定资产投资、科技信息项目等计划，提出产品产量、检修计划，提出生产技术指标预测边界条件，提出外委设备维修、外委土建维修、外委检验检测、外委装卸业务、外委运输业务、机物料、保险、节能技术服务、启动费等计划、费用预算。安全与环境保护监察部负责协助确定安全、环保技改投资计划和与安全、环保相关的指标计划。党群部负责提出党团活动经费计划。供销中心负责提出产品销量计划及各类原材料采购价格、数量及计划。

计划经营部每年 9 月上旬发布通知，启动下一年度综合计划编制工作。根据历年实际运行状况，组织各部门、各单位评估生产能力。9 月中旬，各部门、各单位根据职责分工编制生产计划、成本费用建议草案并报计划经营部。计划经营部结合各部门、各单位上报的计划编制分公司年度、月度综合计划建议稿。

10月上中旬，匡算次年综合计划与经营预算目标，报经分公司JYKJ工作领导小组审议通过后，根据评审结果进行修订，提出建议稿。10月底，根据各部门联合审查意见修改完成分公司综合计划（建议稿）。11月底，计划经营部组织各部门、各单位按照公司下发的会审要求再次修订完善综合计划，并报分公司JYKJ工作领导小组审议，经青铜峡分公司党委会审批通过后上报铝电公司。

（3）编制内容。年度综合计划编制的主要包括上年度生产指标、制造费用、项目预计完成情况、年度计划偏差及偏差说明；本年度产销量、能耗等主要生产经营指标及相关边界条件、制造费用、技改（含零购）、科研及信息化计划及编制说明等。

（4）完成情况。青铜峡分公司2012—2021年综合计划完成情况见表4-1-4。

5. 辅助生产管理

（1）净化系统。青铜峡分公司有4个烟气净化系统，各自对应负责电解系列的烟气净化和氧化铝输送工作。2014年5月，随着120千安、160千安电解系列政策性关停，其净化系统随之关停。

2018年1月，成立净化车间，负责5套电解烟气净化系统、5套电解烟气脱硫系统、2套氧化铝输送系统和2套残极清理系统生产运行。200千安、350千安电解烟气净化系统分别负责200千安电解系列280台电解槽和350千安电解系列288台电解槽烟气净化和氧化铝输送工作。

烟气净化系统主要设备有主排风机、罗茨风机、高压离心通风机、大布袋除尘器。氧化铝输送系统主要设备有天车、压力罐、浓相管。烟气脱硫系统主要设备有脱硫塔、除尘器、水泵、空压机，采用悬浮分离式半干法脱硫技术。

（2）供电系统。青铜峡分公司有4个供电系统，分别为120千安、160千安、200千安及350千安电解系列交直流供电。同时，为配套的阳极生产、铸造生产、阴极生产、空压站和生产辅助系统提供动力供电任务。其中，1号、2号变电整流所分别为120千安、160千安电解系列配套供电；120千安、160千安电解系列关停后，将2座110千伏变电站改为单动力运行，主要负荷有铸造二期、水源地、生活区、青鑫公司石墨化、青铝自备电厂备用电源和通润铝材等；3号变电整流所为200千安电解系列配套供电工程，供电电源由宁夏青铜峡大坝电厂以220千伏双回路供给，主要承担200千安电解系列的交直流供电及配套的阳极、空压站、铸造等动力供电任务；4号变电整流所主要承担350千安电解系列的交、直流供电及

表4-1-4 2012—2021年青铜峡分公司综合计划完成情况表

年份	年度计划							年度完成情况						
	原铝液（万吨）	电解铝（万吨）	生块（万吨）	焙烧块（万吨）	组装块（万吨）	电解铝综合交流电耗（千瓦时/吨）	铸损（‰）	原铝液（万吨）	电解铝（万吨）	生块（万吨）	焙烧块（万吨）	组装块（万吨）	电解铝综合交流电耗（千瓦时/吨）	铸损（‰）
2012	59.30	59.28	31.93	30.15	28.82	13900	6.8	60.13	55.26	32.50	30.64	29.39	13993	6.5
2013	58.76	58.85	37.63	39.84	38.47	13969	5.3	58.67	55.18	32.33	30.92	28.82	13874	5.2
2014	58.25	58.68	27.80	25.09	28.93	13840	4.2	49.14	45.79	28.12	26.30	24.54	13820	4.2
2015	43.46	44.52	28.48	30.08	25.33	13814	3.5	42.62	39.36	25.12	24.85	22.09	13881	3.9
2016	42.10	42.83	24.58	23.13	21.78	13811	3.5	39.56	37.48	24.60	22.41	20.33	14026	4.5
2017	41.73	42.37	39.26	37.01	43.53	13850	3.5	39.71	37.93	23.59	21.50	20.82	14169	5.2
2018	41.21	41.62	27.17	27.50	21.07	13897	4.5	41.94	38.40	24.94	28.16	21.16	14080	4.8
2019	42.56	43.00	30.43	30.80	21.14	13712	4.5	43.20	27.35	31.34	30.75	21.71	13639	6.5
2020	43.04	42.93	30.45	30.11	21.65	13602	6.8	43.15	20.45	32.89	30.22	21.43	13420	6.0
2021	43.31	43.24	28.52	27.68	21.75	13460	6.5	43.19	25.51	31.25	28.15	21.77	13470	5.4

配套的阳极、空压站、青鑫炭素一、二期的动力供电任务。

供电一、二两个车间，分别为 120 千安和 160 千安电解系列送电，120 千安和 160 千安系列的停产，车间撤销。

供电三车间主要承担 200 千安电解系列的交直流供电及配套的阳极、电解空压站，合金分公司，及二期阳极、空压站的动力供电任务。同时，负责 10 千伏高压电气设备的巡检和维修工作。2011 年技改新增 5 号整流机组，2016 年增加 3 号动力变。

供电四车间主要承担 350 千安电解系列的交、直流供电及配套的阳极、空压站、青鑫炭素一、二期的动力配电任务和 10 千伏以上高压电气设备的巡视、检修任务，负责厂内路灯日常维护工作。

（3）动力能源供应。动力能源供应系统包括供风、供水、供蒸汽、供天然气、供暖、排水及余热发电等。2009 年 1 月，该系统隶属于青铝股份动力部管理运行。2011 年 7 月，成立动力分公司，动力一车间负责青铜峡区域采暖、蒸汽、天然气、余热发电、压缩空气、给排水等运行管理，动力维修车间负责青铜峡和宁东两地动力能源系统的检修工作。2015 年 1 月，撤销动力分公司，相关机构和人员划归青铜峡分公司自主管理。

供风系统。一期空压站共有 14 台空压机，总装机容量为 860 立方米，安装干燥机 2 台、循环水泵 8 台、冷却塔 1 座。2016 年 6 月，一期空压站设备全部停用。二期空压站共有空压机 7 台，安装干燥机 2 台、循环水泵 8 台、冷却塔 2 座。2008 年 7 月，改建新 2 号空压站，安装离心式空压机 2 台，二期空压站不再作为主要生产运行设备。2012 年 6 月，报废 2 号空压站 7L－100/8 空压机，将 1 号空压站 3 台离心式空压机转移至 2 号空压站。2016 年 6 月—2018 年 5 月，先后将 3 台离心式空压机移装至新 3 号空压站。三期空压站安装离心式空压机 6 台、活塞式空压机 2 台，总装机容量 1064 立方米，安装循环水泵 8 台、冷却塔 2 座。四期空压站安装空压机 5 台，装机容量为 720 立方米，安装干燥机 4 台、循环水泵 8 台、冷却塔 2 座。

给排水系统。给水系统的水源地主要有一期水源深井 5 口，二期水源深井 7 口，三期水源深井 10 口，共计 22 口深水井。2018 年 12 月，根据"三供一业"移交政策要求，将 20 号、21 号、22 号深井移交市政。2021 年，为深化国务院"放管服"改革，进一步加强和规范取水许可管理，根据《中华人民共和国水法》《取水许可和水资源费征收管理条例》，水源地封存、报废 1—6 号及 17 号深井泵房，正常运行 12 台深井。2018 年 11 月，生活排水东坑排水泵房移交市政，生活区排水自流至青铜峡市政第二排水厂。12 栋楼排水泵房、厂区东大门污水处理站负责青铝地区生产区各单位生活、生产、雨水收集排放。

供热系统。2009 年，供热系统有 1—4 号余热炉、1—2 号燃煤锅炉房、东区换热站、南区换热站、西区换热站、200千安换热站、350千安换热站等，换热站均为汽—水换热站。2010年，对供热能源结构进行优化改造，对东区、南区、西区换热站进行改造，汽—水换热站改为水—水换热站，高温热水（130摄氏度）引自青铝发电。2012年。5台燃煤锅炉停运。2015年10月，实施电解及200千安煅烧余热烟气回收项目，东区、南区换热站的一次热源由电厂高温热水改为200千安煅烧窑高温热水，电厂高温热水作为备用热源。200千安、350千安换热站均由汽水换热改为电解余热烟气换热。2020年1号余热炉拆除，2021年5台燃煤锅炉拆除。

天然气系统。青铜峡生产区域有天然气末站1座，承担青铜峡区域的天然气供应工作。2008年，对天然气末站进行扩容改造，增加1条通润铝材输气管线。2012年，由于青铜峡市工业园区的建设用地，对长输管线进行移线改造，长度8公里，补号阀室进行搬迁，新增南庄阀室。2011年7月，动力分公司成立后，该业务由动力一车间负责。2015年1月，动力分公司撤销，该业务由青铜峡分公司动力一车间负责。

（4）运输。2009年初，铝业运输业务由物流配送中心负责，主要承担青铜峡厂区原料、辅料吊装、转运工作，青铜峡、宁东两地厂区生产物资的运输工作。2011年7月，青铝股份成立物流配送中心，所属机构及职责进行相应调整，重点负责宁东、青铜峡两地铁路运输、厂区物料配送、出铝及出入库管理、仓储等工作。2015年，宁夏能源铝业机构改革，撤销物流配送中心，相关业务划归宁东分公司、青铜峡分公司属地管理。

（5）仓储物流。2008年3月，青铝股份成立物流配送中心。2015年7月，物流配送中心并入青铜峡分公司，成立物流一车间。2018年更名为仓储配送中心。

青铜峡生产区域仓储范围主要有氧化铝、沥青、石油焦、气体、成品油、材料、备件及铝产品等。为卸载由铁路运输的罐装氧化铝，分别设有一期、二期、三期、四期共4个罐装氧化铝卸料站。2014年，120千安、160千安电解系列停产，二期卸料站停用，2021年拆除。青铜峡生产区有露天铝锭库3个、氧化铝储罐6个、石油焦库2个、沥青库2个、氧化铝库2个。

（6）综合维修。200千安、350千安4个电解系列的设备维修工作。2014—2017年，综合维修车间经过机构整合，划分为200千安、350千安电解车间综合维修班。2018年1月，成立电解维修车间，主要承担200千安、350千安2个电解系列及净化系统的设备设施、低压配电室的维护保养工作。设备检修执行集中检修方式，由电解维修车间统一安排，各车间配合完成各系统设备的检修工作，各系统执行计划性周检+临时性检修的方式。

炉窑维修。由炉窑维修中心负责，主要承担电解槽、煅烧回转窑、阳极焙烧炉、铸造混合炉等大修工作。电解槽大修包括刨槽、吊运槽壳、座槽壳、槽底砌筑、阴极炭块的组装、下阴极炭块、阴极钢棒的对接及焊接、打浇筑料、砌侧块、阴极炭块加热、扎缝、挂阳极、检修等作业；煅烧回转窑大修主要包括内衬拆除、铆固件安装、浇筑窑体保温料及窑体重质料等作业；阳极焙烧炉火道墙大修主要包括火道墙拆除、火道墙砌筑等作业；铸造混合炉大修主要包括内衬拆除、炉壳、炉门校正修复、内衬砌筑等作业。

（7）质检。质检计控中心主要负责电解铝生产过程及成品、阳极生产过程及成品、进厂原辅材料的分析检测、检斤，和青铜峡区域一、二级能源计量抄表、核算、数据统计等工作，是一个综合性的检验、校准实验室。制样、分析实施采制化管理。计量工作分两部分，一是仪表检定，质检计控中心建立压力、温度、衡器类等15项计量标准考核资质，并通过宁夏质量技术监督局的验收，可以开展该类仪表的检定工作，对部分无法检定的仪表采取外送宁夏计量质量技术研究院检定方式进行检定。二是能源数据抄报，主要对青铜峡区域水、电、天然气、蒸汽、压缩空气计量数据进行定期巡视抄报，每月核算上报一次能源报表。实验室依据CNASCL01：《检测和校准实验室能力认可准则》，建立实验室，2006年，通过中国合格评定国家认可委员会实验室认可证书，并保持有效运行。

质检计控中心配备直读光谱仪、自动初晶温度测量、电感耦合等离子体发射光谱仪、紫外可见光分光光度计、气相色谱分析仪等大型仪器设备，满足电解铝、氧化铝等原材物料的分析化验，确保产品质量。

（8）电算站。电算站主要承担各电解系列智能槽控系统及生产区域网络运维、视频监控和超高清视频会议系统的设备设施维护工作。

2015年7月，青铜峡分公司调整电算站职能，合并原宁夏能源铝业科技信息中心部分职能，将青铜峡区域网络运维、视频监控和视频会议系统运行维护划归电算站。

200千安电解系列主要有AIC-Ⅱ型铝电解智能控制器280台、电流分配器柜1台、历史服务器1台、数据中心8台，350千安电解系列主要有AIC-Ⅱ型铝电解智能控制器288台、电流分配器柜1台、历史服务器1台、动态服务器1台和数据中心6台。

2018—2019年，青铜峡分公司先后以科研项目、技改项目形式对电解槽控系统进行优化改造，开展基于数字化电解槽的铝电解智能优化控制系统，采用高可靠性和低成本的电解槽在线阳极电流分布传感器系统、侧底部温度传感器系统和母线位置传感器系统，将在线传感器信息参与电解槽控制系统的智能优化，构建铝电解控制智能优化的三级优化系统，并采用以太网集成信息化系统，将现场数据接入控制系统和远程多功能集成服务客户端软件。预留数据接口，可扩展性强。

（二）宁东分公司

1. 管理机构

青铜峡铝业股份有限公司宁东铝业分公司（以下简称宁东分公司）前身为中电投青铜峡迈科铝业有限公司，是青铝股份的全资分公司，2011年6月30日成立。

2021年底，宁东分公司设置办公室、计划经营部、人力资源部、财务部、生产技术部（调度室）、安全与环境保护监察部、党群工作部、纪委办公室8个职能部门，下设电解一车间、电解二车间、电解三车间、电解四车间、净化车间、维修车间、电算站、煅烧车间、成型车间、焙烧车间、组装车间、铸造车间、动力车间、供电车间、运输车间、铁路工厂站、供销中心、质检站、后勤服务部等19个生产车间（中心、站），在册人数1670人。

2. 产能及产量

2009年4月，宁东350千安电解系列288台电解槽全部通电投产，产能27万吨/年。2011年10月，400千安电解系列288台电解槽全部通电投产，产能30万吨/年。截至2021年底，宁东分公司电解铝总产能57万吨/年，阳极产能16万吨/年，铸造产能57万吨/年。

宁东分公司350千安电解系列自2009年4月28日投产至2021年12月，累计生产原铝液305.61万吨。400千安电解系列自2011年10月30日投产至2021年12月末，累计生产原铝液291.89万吨。阳极自2009年4月28日投产至2021年12月，累计生产生块208.28万吨、焙烧块173.65万吨。铸造生产线自2009年4月28日投产至2021年12月，共计生产重熔用铝锭267.87万吨。2009—2021年宁东分公司原铝液、铝锭及阳极产品产量见表4-1-5。

表4-1-5　宁东分公司原铝液、铝锭及阳极产品产量表

年份	原铝液（万吨）	铝锭（万吨）	阳极产品（万吨）		
			生块	焙烧块	组装块
2009	8.81	7.92	2.418	3.160	5.771
2010	27.65	27.19	17.141	16.343	14.446
2011	36.31	29.12	18.355	17.094	19.644
2012	55.68	27.22	18.456	16.863	28.167
2013	55.47	25.46	17.374	15.713	27.492
2014	56.37	27.57	18.083	16.369	27.864
2015	44.31	20.33	17.240	14.861	21.757
2016	37.49	13.23	13.871	13.961	18.942

续表

年份	原铝液（万吨）	铝锭（万吨）	阳极产品（万吨）		
			生块	焙烧块	组装块
2017	46.41	18.83	17.648	16.271	23.133
2018	56.37	18.78	13.355	6.937	27.827
2019	57.29	17.45	17.562	17.228	28.299
2020	57.33	15.96	18.494	17.404	27.957
2021	57.91	21.87	18.283	1.450	28.220

3. 现场管理

（1）劳动组织。宁东分公司生产运行管理采用分公司—车间（站）—班组的劳动组织形式。车间下设生产运行班组，实行四班三倒连续作业，每班工作 8 小时，其中一个班轮休。电解车间下设三个工区，负责完成生产任务和电解槽日常生产技术条件管理等。

（2）生产技术管理。宁东分公司生产技术管理归口生产技术部，管理内容为电解铝、阳极、铸造、净化、质检、动力能源生产工艺技术改进、调度、指挥、协调等。

电解系列。350 千安电解系列，2012 年 8 月 12 日开始优化技术条件并强化电流，11 月中旬，电流强化到 370 千安，在强化电流过程中逐步降低设定电压，单槽最低降至 4.11 伏，运行至 2015 年 7 月，基建槽平均槽龄达 2200 天，电解槽进入大修期。由于电解槽阴极软带与钢棒连接采用铜铝压接器与钢棒压接方式，随着时间变化，部分压接面氧化，导致压降升高 20 毫伏以上，电流分布不均，部分点温度偏高，系列生产运行存在安全隐患。鉴于以上原因，2015 年 7 月 25—31 日，350 千安电解系列停产进行隐患治理及技术升级改造。2015 年 7 月 29—31 日，贵阳铝镁设计研究院对 350 千安电解系列存在的隐患进行现场沟通和实地测量，对母线基础、2.75 米平台梁板、一通廊天车轨道桁架、天车制动梁加固、整流一所整流柜基础等主要项目初步设计处理方案。2016 年 6 月 18 日，350 千安电解系列完成技术升级改造通电投产。2017 年 6 月 19 日，临河发电 3 号发电机组直供宁东 350 电解系列正式投入运行，铝侧线路及设备安全平稳运行。2020 年 9 月，实施 350 千安、400 千安电解系列净化系统烟气脱硫改造，达到合格排放标准。2020 年 11 月 30 日，对 350 千安电解系列电解槽进行数字化智能优化控制技术升级改造，并完成。

400 千安电解系列。2011 年 7 月启动，启动初期系列电流为 400 千安。由于设计原因，至 2011 年 12 月有 197 台电解槽出现早期破损，12 月 2 日—2012 年 1 月 9 日系列电流分级降至380千安。2012年3月24日—4月5日，系列电流分级降至375千安，解决电解槽炉帮薄弱等问题，降低漏槽风险。由于内衬优化方案按400千安电流进行模拟计算，电解槽呈冷行程，经与设计院沟通，对内衬结构进行重新优化，逐步将系列电流升至380千安。2019年12月13日，将400千安电解系列电流从382.5千安上调至383千安。2021年，全年开展能源双控工作，能源消费总量较2020年降低3.98万吨标煤，万元产值能耗下降率7%。10月，电解铝系列两段式烟气净化超低排放技术研究项目荣获铝电公司科技进步奖二等奖。

阳极。煅烧1号回转窑建于2008年，2009年6月投产运行，2号回转窑建于2012年，2013年5月投产运行。为改良型回转窑，在原有回转窑基础上采用新型液压挡轮、窑尾10米为变径部分。2014年5月，煅烧系统加强分仓管理和掺配过程管理，及时对石油焦掺配比例做出相应调整，每周对高硫焦搭配硫分情况进行汇总分析，通过趋势图查看硫分变化及时进行调整，确保掺配质量和产品质量。

成型与煅烧生产线主要承担生阳极块的生产，该系统增加强力冷却机，能够有效地控制生阳极块成型前的生产工艺温度。2013年5月9日，对液体沥青使用设备进行改造。2016年6月—2020年9月，完成7次进口球磨机国产上磨环更换试验，磨机运行平稳，上磨环国产化取得成功。2019年3月，生产出635±5毫米加高阳极生块。车间通过控制各项工艺参数、加强磨粉系统操作及筛分化验、控制干料预热温度、加大设备巡检润滑及隐患排查力度，保证增高试验块的连续生产，电解换极周期从33天增加到34天。

焙烧生产线以30小时焙烧周期运行，设计产能16万吨/年，为电解350千安、400千安提供阳极焙烧块。2018年，为提升焙烧块质量，焙烧系统火焰移动周期由原来的28小时改为30小时。2019年3月，生产出635±5毫米加高阳极生块，各项指标良好。

组装生产线，年产32万吨，为电解350千安、400千安提供阳极组装块。2019年12月，组装一区新增一套钢爪清理机，代替传统的人工清理方式，对钢爪表面氧化层进行在线自动清理，减轻劳动力，清理质量增加，残极灰分降低。2020年，组装系统新增两套残极清理机，对残极进行在线自动清理，减轻劳动强度，提高清理质量，降低粉尘污染。2021年，将原有组装块钢爪防氧化包环方式改为新型喷涂方式，为电解质自动清理奠定基础。

铸造系统。350千安、400千安2个电解系列日产量约为1560吨。铸造生产线按照27万吨/年生产能力，配置4条16吨/时连续铸造机，剩余30万吨铝液外销设计。2014—2015年，宁东分公司先后将2号、3号铸造机改造为25吨/时连续铸造机，将年产能提升至44.67万吨，具备短期内应对日产量1560吨的应急生产能力。2018年，将1号、4号铸造机组升级改造为25吨/时连续铸造机，4条生产线全部运行，满足年产57万吨原铝液生产需要。

（3）质量管理。宁东分公司贯彻执行国家及有色行业产品标准，建立、完善分公司质量管理体系，做好进厂原辅料、生产过程和出厂产品的质量控制。按照内控标准和产品销售合同规定的质量技术文件，制定、更新、发布产品质量的内控标准，根据顾客需求不断改进产品质量，提供满足顾客需求的产品。生产技术部是质量管理的责任部门，"三标一体"体系覆盖各部门、各单位，并履行相应的质量管理责任。2009—2021年，每年参与青铝股份内审、外审，保持质量体系证书的有效性。

宁东分公司主要对氧化铝、冰晶石、电解质、石油焦、沥青、煅后焦、阳极炭块、原铝等原辅料及产成品的质量进行分析检测。

电解工艺过程管控中主要关注氧化铝中二氧化硅、三氧化二铁、氧化钠、氧化钾、氧化锂的含量，电解质的分子比，原铝的硅、铁含量；阳极工艺过程管控中主要关注石油焦、煅后焦灰分、粉焦量，炭块电阻率、耐压强度等指标。

2013年，将制样化验分离，实现原辅料取样、制样、化验三级分离，同时实施三级编码制，规范大宗原料的采制化过程管理。2015年，进一步规范采制化管理，增加监督环节，由成型、焙烧车间进行原料的取样监督；铁路工厂站负责原料的取样、送样、判级等工作；质检站负责原辅料制样、化验工作；生产技术组织召开不合格评审会议，对不合格品提出处置意见并形成纪要。

每年组织质量管理体系内、外部审核，监督落实审核问题的整改及质量方针、目标与计划落实。组织开展群众性质量管理活动。开展创新成果评审、QC成果发布，推广科技创新、QC小组成果和活动中所取得的经验。2013—2021年，共计开展QC小组活动111项，9个QC质量管理小组获得行业、协会优秀质量小组，11个班组获得行业、协会质量信得过班组。

（4）设备管理。根据设备运行状况，分析设备基础管理、运行状态、计划性检修、更新改造、隐患整治、创新创效等方面存在的不足，修订设备管理办法，制订提升方案，提高设备运转率，实现一般及以上设备事故为零的目标。运用12345工作方法开展设备管理工作（即1个理念：一切隐患皆可发现，一切故障皆可预防；2个途径：属地检查＋业务轮查；3个对象：辅助作业线＋主作业线＋预防维修；4个工具：点检＋HSE＋上锁挂牌＋物理隔离；5个步骤：定标准、做培训、精检查、抓整改、严奖惩）。

实施设备包机制，将每台设备责任到人，督促强化日常管理，制订并落实检修计划，推行预知维修，降低故障停机频次。推行HSE矩阵式设备检查模式，制定年度检查计划并严格落实，确保设备检查深度和广度。实行备品备件寄售制和质量黑名单管理，保证检修效率和质量，设备完好率保持在95%以上。

根据设备大修周期及运行状况，提前研究制订设备技改、大修计划，做好计划申报、项目建设及验收全过程跟踪，确保设备运转率达标。

推动设备国产化改造，先后实施设备整机国产化改造 5 项，实施重要备件国产化改造 16 项，进口设备及部分备件实施国产化替代改造，节约费用 3600 余万元。建立设备提升责任清单，推行设备评价考核体系，促进分公司各级人员设备管理能力的提升。按照安建环体系建设要求，制定年度及月度设备矩阵式检查计划，并严格按照计划组织开展设备隐患排查治理，形成设备检查、总结、改进长效机制。

2013—2021 年，宁东分公司累计投资 3.79 亿元，重点实施电解槽、回转窑、焙烧炉、混合炉、整流机组等 102 项大修项目，保障设备的正常运转和生产的持续平稳。投资 5.97 亿元，实施电解槽改造、烟气在线监测系统改造、煅烧烟气净化改造、电解脱硫改造等 30 项技术改造项目。取得电解槽结构优化和"低电压低分子"铝电解控制新技术的重点突破，形成具有自主知识产权的电解槽高效低耗运行控制成套技术，并在铝电公司其他电解系列得到应用，经济效益显著；增加烟气在线监测，数据传输及时准确，为净化车间工艺技术调整提供了参考，也为宁夏环保厅烟气排放提供了实时数据；煅烧烟气净化改造确保煅烧系统安全平稳运行，改善现场员工作业环境；电解脱硫改造消除环保隐患，烟气排放达标脱硫后二氧化硫排放浓度 ≤ 100 毫克 / 标准立方米，颗粒物排放浓度 ≤ 10 毫克 / 米^3，有效降低电解烟气中二氧化硫、粉尘的排放量，排放指标达到国家环保标准的排放要求，且大大降低了企业的脱硫成本。

（5）能源管理。宁东分公司能源消耗主要包括电、天然气、水、柴油、汽油、压缩空气、蒸汽等。其中，电力由供电局输送到供电变电所，经供电车间整流变压器整流后由母线输送到电解车间，交流电经地埋电缆输送到电解、净化、阳极等生产车间及辅助生产车间。新水由水务公司向宁东厂区供水。天然气由公司向天然气公司按价购买，通过长输管线输送天然气。压缩空气、蒸汽为自产自用。

通过对各类能源数据的抄报、统计，建立各种能源消耗原始记录和统计台账，提供翔实可靠的统计数据，每月对交流电、成品油、水、煤、天然气等各类能耗进行统计分析。

宁东分公司年能源消耗总量约 110 万 ~ 115 万吨标煤。其中，年耗电量约 80 亿千瓦时，占能源消费总量的 88%；石油焦 12 万吨左右，占能源消费总量的 10%；天然气消耗量约 1500 万标准立方米，占能源消费总量的 1.7%。

2016 年 1 月 11—15 日，中国船级社质量认证公司对青铝股份能源管理体系建设工作进行认证审核，并定期开展能源管理体系内审、外审工作，保证能源管理体系的正常运行。宁东分公司定期组织开展节能周、节水周宣传活动，通过电投壹、电子屏宣传节能降碳知识，提升全员节能意识。定期对仪器仪表进行检定，对天然气、设备设施等跑冒滴漏开展专项检查，规范各单位安全有效用能，促进分公司能源管理水平提升，提高能源综合利用效率。

持续投入计量器具配备、检定经费，对各车间主要用能设备进行监测，计量器具配备达到《用能单位能源计量器具配备和管理通则》相关要求。制定《计量器具管理细则》，明确相关管理要求，并根据实际运行情况不断完善、修订，使计量器具管理更加科学规范。对照《用能单位能源计量器具配备和管理通则》和行业标准要求，配备各类能源计量仪表及衡器426台。进出用能单位配备率、完好率100%。进出辅助用能单位能源计量器具配备率、完好率均达到98%以上。

将能源指标、能耗定额等纳入《组织绩效管理考核规定》，与分管经理、职能科室、生产车间（中心）的月度绩效挂钩。重点抓好降低电解铝综合交流电单耗工作，加强工艺技术条件管控和用水管理，降低新水消耗，改进生产工艺，降低天然气消耗，通过严格的能源管控机制节约能源、降低生产成本。

2014—2021年，对耗能高、内衬破损严重的电解槽进行大修，使电解槽吨铝电耗下降约200千瓦时。开展余热综合利用，将电解烟气余热进行回收利用，代替蒸汽采暖、生产及生活使用，节省的蒸汽用以增加余热发电量。

通过实施电解烟气净化主排烟风机变频节电改造、压缩空气节能改造，净化风机节电率达33.7%，吨铝综合交流电耗降低41千瓦时。2020—2021年对阳极系统焙烧火道墙进行大修，热效率提高3%以上，降低燃料损失和天然气单耗。

（6）安全环保管理。宁东分公司建立和完善安全环保管理体系，包括保证责任体系、监督责任体系及支持责任体系。安全生产保证责任体系是安全生产工作的基础和核心，监督责任体系是对安全生产工作起到监督检查和指导协调作用，支持责任体系是对安全生产工作起到引领督促和支持保障作用。

坚持实行安全生产目标责任制，逐级签订安全目标责任书，实现安全目标与责任全员覆盖。

2013年，开展安全风险分级管控与隐患排查治理双重预防机制建设，实行公司级、部门级、车间级、班组级四级管控，依据《宁夏能源铝业安全风险分级管控与隐患排查治理双重预防机制建设工作方案及实施计划》，制定分级管控清单和对应的隐患排查清单，每年不断修订推进方案。通过风险信息识别、评级，实施隐患分级管控，落实清单隐患排查治理责任，提升本质安全水平。

2014—2021年，公司以安全风险辨识和分级管控为基础，以隐患排查和治理为手段，把风险控制挺在隐患前面，从源头系统识别风险、控制风险，并通过隐患排查，及时查找风险控制过程可能出现的缺失、漏洞及风险控制失效环节，把隐患消灭在事故发生之前；全面辨识和排查岗位、作业区域、设备、环境、职业健康、火灾、道路交通、构建筑物等安全风险和隐患，采用科学方法进行评估与分级，建立安全风险与事故隐患信息管理系统，重点关注重大风险和重大隐患，采取技术、管理等措施有效管控风险和治理隐患；构建形成点、线、面有机结合，持续改进的安全风险分级管控和隐患排查治理双重预防性工作机制，推进事故预防工作科学化、智能化，切实提高防范和遏制事故的能力和水平。

以安全"六不发生"（不发生轻伤及以上级别人身伤害事故，不发生一般及以上级别设备事故，不发生一般及以上级别负主要责任的道路交通事故，不发生一般及以上级别的火灾事故，不发生群体中毒事故，不发生严重违章行为）、环保职业健康"五不发生"（不发生受到政府或上级部门通报或罚款的环境污染事故，不发生环保设施投入运行率未达到100%，不发生污染物排放不达标，不发生固体废弃物安全处置率未达到100%，不发生职业病例）为工作目标，做到安全目标指标分解及责任书签订率、月度隐患排查整改率、作业票签发合格率、在岗员工和外来人员安全教育培训覆盖率和考试合格率、主要负责人和安全管理人员培训考核合格率、特种作业人员和特种设备作业人员持证上岗率、特种设备定期检验率、强检计量器具到期检定率、污染物排放达标率、环保设施同步运转率、固废（含危废）暂存、转运和处置合规率、职业危害岗位作业员工健康检查率等100%。通过建立安全风险分级管控和隐患排查治理制度，建立安全风险数据库，制定高危风险安全管控措施，设置重大安全风险公告栏，制作岗位安全风险告知卡，制作岗位应急处置卡，绘制公司安全风险四色分布图，建立隐患排查治理台账或数据库，制订安全风险分级管控与隐患治理实施方案，安全环保职业卫生管理可控、在控。

按照规定标准提取安全生产费用，严格按照投入计划安排使用，专款专用。主要用于完善、改造和维护安全防护设施设备支出、配备、维护、保养应急救援器材、设备支出和应急演练支出、安全生产检查、评价、咨询和标准化建设支出、安全生产宣传、教育、培训支出、配备现场作业人员安全健康防护用品支出、安全设施及特种设备检测检验支出，保障分公司生产经营正常有序开展。

4. 综合计划管理

（1）编制依据。2011年7月，宁东分公司开始实施综合计划管理，制定《综合计划管理办法》，实现计划编制、实施、跟踪、控制统一管理。2019年开始执行JYKJ一体化管理制度，计划经营部、财务部根据分公司中长期发展规划、产品订货合同和市场预测资料、历史统计资料及边界条件、生产经营现状，结合各部室、车间（站）上报的计划建议编制年度计划。

（2）编制综合计划。宁东分公司综合计划编制主要包括生产计划、大宗原料消耗及采购计划、成本预算等。计划经营部、财务部根据历年实际运行状况，评估分公司生产能力，结合分公司生产经营实际情况，编制初步计划进行讨论审核，根据审核结果进行修订。审批通过后上报铝电公司。计划经营部将年度计划、成本预算分解到各部室、车间（站）按月执行。

（3）2012—2021年综合计划完成情况。

宁东公司2012—2021年原铝液、电解铝、生块等指标完成情况见表4-1-6。

5.辅助生产管理

（1）净化系统。2009年3月，成立净化车间，负责净化生产运行、储运和综合任务（兼管残极清理）。2018年11月，残极清理划归维修车间管理。

350千安、400千安烟气净化系统各由氧化铝供配料输送系统、电解烟气干法净化系统（三套）和半干法脱硫系统（三套）组成。

烟气净化主要有主排风机、主排循环水泵、罗茨风机、离心通风机、大布袋除尘器等。电解脱硫主要有脱硫塔绞笼、排灰绞笼、喷淋水泵、消化水泵、石灰消化器、缓冲气提机、排灰气提机等。

氧化铝供配料系统主要有天车、压力罐、单机除尘器、供料风机、溜槽、稀相罐车打料平台、储气罐、打料提升机构、钢仓、中转仓栈桥等。氧化铝输送主要由气垫式皮带输送机、胶带斗式提升机、自动除渣除杂装置、缓冲仓、氧化铝计量装置（皮带秤）等。

2019年6月，350千安、400千安电解系列增加6套半干法烟气脱硫布袋除尘装置，实现二氧化硫排放浓度小于50毫克／标准立方米，氟化物排放浓度小于1毫克／标准立方米，颗粒物排放浓度小于10毫克／标准立方米。

2020年7月，实施氧化铝库输送装置优化改造，将罐车稀相输送改为稀相＋超浓相＋斗提的输送方式，将浓相输送改为超浓相输送溜槽＋气垫式皮带输送机＋斗式提升机的输送方式。项目改造后，运行稳定，设备故障率低，总电能单耗降低25.25千瓦时／吨氧化铝，用电量降低2774万千瓦时／年，节能效果明显。罐车卸料用风量由原来的73～76标准立方米／吨，减少至20.4标准立方米／吨，氧化铝45微米颗粒含量较前期降低4%，卸料罐数由改造前的36罐／日，增加到56—60罐／日，且具备100%罐氧的卸车能力。浓相输送装置改造后，用风量由原来的100标准立方米／吨，下降至28.2标准立方米／吨，无论袋氧还是钢仓罐氧均通过超浓相输送溜槽、气垫式皮带输送机、除渣除杂设备、斗提输送至4号、5号、

表4-1-6　2012—2021年宁东分公司综合计划完成情况表

年份	年度计划							年度完成情况						
	原铝液（万吨）	电解铝（万吨）	生块（万吨）	焙烧块（万吨）	组装块（万吨）	电解铝综合交流电耗（千瓦时/吨）	铸损（‰）	原铝液（万吨）	电解铝（万吨）	生块（万吨）	焙烧块（万吨）	组装块（万吨）	电解铝综合交流电耗（千瓦时/吨）	铸损（‰）
2012	57.98	57.74	17.99	16.78	30.91	13500	6.85	55.68	55.48	18.46	16.86	28.17	13880	6.84
2013	56.50	56.35	—	16.30	—	13590	5.30	55.47	55.33	17.37	15.71	27.49	13570	5.26
2014	57.00	56.89	—	16.30	—	13550	4.20	56.37	56.25	18.08	16.37	27.86	13521	4.19
2015	56.65	56.56	18.15	16.30	27.95	13485	3.50	44.31	44.89	17.24	14.86	21.76	13475	4.04
2016	43.28	42.68	16.26	15.30	21.70	13535	3.66	37.50	37.08	13.87	13.96	18.94	13471	3.45
2017	45.82	45.70	15.41	14.50	22.54	13523	3.50	46.41	45.96	17.65	16.27	23.13	13635	3.70
2018	57.17	57.00	20.00	15.00	27.98	13587	4.10	56.37	56.18	13.36	6.94	27.83	13667	4.14
2019	57.00	56.92	19.00	16.30	28.00	13550	4.50	57.29	57.23	17.56	17.23	28.30	13521	5.84
2020	57.16	57.05	17.28	16.50	28.00	13562	6.80	57.33	57.37	18.49	17.40	27.96	13388	6.64
2021	57.50	57.47	19.13	16.30	28.35	13390	6.50	57.91	57.82	18.28	17.54	28.22	13354	6.44

6 号中转仓内，原有的 12 台浓相压力罐输送系统全部停运作为备用系统。原来需要 24 小时完成 3160 吨／日的氧化铝输送任务，现仅需 12 小时即可完成。

（2）供电车间。2008 年至 2011 年 6 月，供电车间归青铝股份动力部、动力分公司管理。

2015 年 1 月 23 日，宁东区域实行区域一体化管理，供电车间划归宁东分公司自行管理。

宁东分公司有两套供电整流系统，分别承担 350 千安、400 千安电解系列交直流供电任务及配套的阳极生产系统、铸造生产系统、净化生产系统、空压站和仓储物流中心、运输车间等辅助生产系统的动力供电任务。供电电源来自电网侧徐家庄变电站 2 条 330 千伏线路、临河自备电厂侧 2 条 330 千伏线路。350 千安整流系统配套 7 套整流机组，400 千安整流系统配套 6 套整流机组。交流供电采用两台 50 兆伏动力变压器，将 330 千伏降至 10 千伏，经各低压配电室，向电解、阳极、铸造、动力车间等单位供应动力电。

（3）动力。主要是压缩空气、采暖、天然气等供应及给排水。

供风系统由 12 台 180 米³／秒离心式空压机、1 台 60 米³／秒螺杆式空压机及附属空气过滤、干燥等装置组成，承担电解、阳极、铸造、氧化铝卸料等及辅助生产压缩空气的供给任务。

供暖及天然气系统有 2 台余热锅炉，2 座天然气站、7 座换热站及相应配套设施，承担宁东生产区暖气、蒸汽、天然气供应及余热发电工作。

宁东区域供水系统水源由宁东能源化工基地临河综合工业园区水务局供给，在厂区南侧建有 1 座加压泵站，站内设置有效容积 3000 立方米的清水池 2 座、750 立方米的清水池 2 座，平均日供水量为 4000 立方米，满足全厂生产、生活用水。

宁东厂区排水系统有雨排管道和污排管道，两种排水管道在生活区公寓楼东侧汇集到一条总排水管道内，通过自流排到污水计量站。污水计量站有两座容积约 1500 立方米的水池，2 台污水泵，2 台格栅除污机，污水泵采用液位自动启停控制，将水池内的污水输送到宁东工业园区污水处理厂进行处理。

（4）运输。2009 年 4 月 28 日，运输任务由青铝股份物流配送中心物流二车间承担。

2013 年 11 月，物流二车间划归宁东分公司管理，更名为运输车间。负责宁东分公司电解铝液、破碎料、氟化铝的运输，铸造车间铝锭下线、交库，阳极块、残极、阳极导杆的转运，组装生产线炭块的装卸，抬包日常清理等工作。

（5）仓储物流。宁东分公司仓储物流主要负责铝产品收发存、大宗原材料备件的收发盘存配送、进厂物资取样、抽检、送检以及判级等工作。

铝锭库总库容 7280 立方米，炉料库、电解阳极备件库、钢材库容积 4835 立方米，综合库容积 1587 立方米，氧化铝库容积 18700 立方米，石油焦库容积 48214 立方米、面积 10512

平方米。沥青库容积 4204.8 立方米、面积 4204.8 平方米。

铁路工厂站管理宁东铁路黎红线、厂内铁路专用线，衔接鸭子荡车站，办理货物整车、集装箱发送、到达业务，有 2 个站场分别为交接站、调车场，交接站办理货物接发，调车场主要用于货物的装卸及暂放，设计承载量 57 万吨 / 年。铁路运输业务对接国铁大坝站、梅花井站进行石油焦原材料、铝产品接发，同时对接地方铁路宁东古窑子站氧化铝原材料接发。2010—2021 年总运输量 936.35 万吨。

（6）维修。维修车间负责电解、阳极、净化车间、储运、运输车间、铁路工厂站、电算站设备维修及生产区、生活区道路照明维护及电解质清理工作。设备检修采用集中检修方式，由维修车间统一安排，各车间配合完成各系统设备的检修工作，各系统执行计划性周检＋临时性检修方式。

（7）质检。质检站主要负责原辅料、成品的检斤、制样、分析、仪表检定、能源数据抄报等工作。制样实施采制化管理。2017 年取得压力、温度、衡器类计量仪表检定资质，开展该类仪表的检定工作，部分仪表采取外送检定方式进行检定。同时，负责水、电、天然气、蒸汽、压缩空气计量数据定期巡视抄报、核算、能源报表上报管理。产品检验除采用专用仪器分析方法外，还采用氧化铝、冰晶石、氟化铝、电解质、铝及铝合金等 11 种化学分析方法。

2009 年 4 月—2015 年 1 月，宁东分公司微量元素检测工作委托青铜峡质检站检测。2019 年 8 月—2021 年 12 月，先后购入马弗炉、颚式破碎机、原子吸收分光光度计、X 射线荧光光谱仪等设备、仪器仪表，实现原辅料、产成品的自行检测。

（8）电算站。电算站负责 2 个电解系列槽控系统、计算机控制系统的运行维护及网络运维、视频监控和视频会议系统设备设施维护等。

电解系列为新型智能综合控制系统，采用工业现场总线与工业以太网相结合的集散式控制模式，由二级控制系统组成，分为现场槽控系统和后台管理级系统两部分，实现电解系列生产自动化控制。

350 千安电解系列主要由 288 台槽控机、1 台电流分配器柜、2 台历史服务器、2 台车间管理机组成，400 千安电解系列主要由 288 台槽控机、1 台电流分配器柜、1 台历史服务器、1 台动态服务器和 2 台后台数据中心组成。

2011 年 7 月，安装 400 千安电解槽控系统，该系统可监控焙烧、启动过程，优化氧化铝浓度控制，处理电解槽异常状态响应，控制工艺过程，实现工作制度管理和热制度管理与控制，分析系列数据等。该槽控系统采用基于云架构的多级分布式结构，可实现全球范围的远程工艺分析与会诊功能。车间控制级与机房数据私有云中心之间安装有若干台智能转换器，通过协议转换实现控制信息在现场总线与工业以太网间的无缝连接。

2019—2020 年，先后以科研项目、技改项目形式对电解槽控系统进行优化改造，采用高可靠性和低成本的电解槽在线阳极电流分布传感器系统、侧底部温度传感器系统和母线位置传感器系统，将在线传感器信息参与电解槽控制系统的智能优化，构建铝电解控制智能优化的三级优化系统；并采用以太网集成信息化系统，将现场数据接入控制系统和远程多功能集成服务客户端软件。预留数据接口，可扩展性强。

（三）青鑫炭素

1. 管理机构

中电投宁夏能源铝业青鑫炭素有限公司（简称青鑫炭素）前身为青铜峡市青鑫炭素有限责任公司，成立于 1999 年 8 月 26 日，是宁夏能源铝业全资子公司。

2021 年底，公司下设综合部、党群工作部、财务部、计划与生产技术部、安全质量环保监察部、装备能源部、营销部 7 个职能部门，成型一车间、成型二车间、焙烧车间、石墨化车间、炭块加工车间 5 个生产车间，有员工 368 人。

2. 产能及产量

青鑫炭素主要产品有铝电解用半石墨质、高石墨质、全石墨质和石墨化阴极炭块及配套的侧、角部炭块、热捣糊、冷捣糊、炭胶泥等产品。核心业务为铝用阴极炭素制品的生产销售，挤压成型生产线产能 1.5 万吨／年，振动成型生产线产能 2 万吨／年。2009—2021 年底，累计生产阴极炭块及糊料 42.27 万吨，其中，生产石墨化炭块 6.28 万吨，石墨质炭块 24.94 万吨，糊料 7.19 万吨。

3. 现场管理

（1）劳动组织。青鑫炭素采用公司—车间—班组的生产组织形式。生产班实行四班三倒连续作业，每班 8 小时工作制，其他班组实行白班制。2020 年 7 月，成型一车间、成型二车间开始实行三班两倒连续作业，每班 12 小时工作制；8 月，焙烧车间开始实行三班两倒连续作业，每班 12 小时工作制，其他班组工作制未发生变化。

（2）生产技术管理。2009 年，依据加工情况和产品特性，制定《振动成型机加打取样标识方法》，确定产品的开槽面和工作面。随着青鑫炭素产量的不断增加和产品品种的日益增多，为降低成品和半成品炭块在转运过程中发生混淆等情况，2010 年，制定《半成品、成品检验交接制度》，详细规定随行卡的粘贴方法、各工序的交接程序等，提高了工作效率。研发开发 3990×700×530 毫米、3990×720×560 毫米超大规格阴极炭块，是当时世界最大规格铝用阴极炭块，主要供应中国铝业连城铝厂 500 千安生产运行电解槽及 600 千安试验电解槽。

2011年，制定《炭块随行卡粘贴、标记办法》，规定炭块随行卡识别方式、粘贴位置，并纳入日常考核管理。

2012年，更新石墨质底块执行标准，增加石墨质侧角块标准。阴极糊类执行标准由YS/T 65-2007变更至YS/T 65-2012，其中高石墨质糊类体积密度要求由1.47克/厘米³提升至1.48克/厘米³，半石墨质糊类体积密度提升由1.44克/厘米³提升至1.46克/厘米³，取消高石墨质周围糊电阻率限制。随着成品加工精度的提高，对加工车间执行标准公差的工艺要求，对成品炭块外部规格尺寸、钢棒槽（宽和深）、炭块划痕（宽和深）进一步规范，制定《出口炭块检验制度》，使出口产品质量及包装质量符合质量、环境、职业健康安全标准要求。4月，青鑫炭素"铝电解用石墨化阴极炭块"获科学技术部颁发的国家重点新产品证书。6月，制定《高压浸渍系统生产工艺规程》，完善高压浸渍产品的生产技术规定。

2013年，结合公司安全生产情况和现场特点，取消工艺规程中《原料煅烧车间生产工艺规程》，修订成型车间《生产工艺规程》，新增《浸渍工段生产工艺规程》。制定《生产技术管理规定》《生产调度管理办法》等制度，规范生产工艺、生产技术管理，优化生产方案，实现优质、高产、低耗、安全、环保生产目标，满足《电解铝（含熔铸、碳素）企业安全生产标准化评定标准》和"三标一体"管理的相关要求。9月，与沈阳化工学院联合研发的冷捣糊首台槽工业试验，并在青铜峡200千安电解系列7325号槽得到应用。

2016年8月，"铝电解用阴极冷捣糊技术研发"项目通过宁夏科技成果鉴定和科技成果登记。9月，成功研发820×4200毫米大规格阴极炭块，该规格炭块适用于600千安电解系列，保持行业领先。11月，"铝电解用阴极冷捣糊技术研发"项目被评为2016年度有色金属工业科学技术奖二等奖。

2017年，完善《生产工艺规程》，将原成型二车间的《生产工艺规程》中煅烧工段（4号电煅炉）的生产工艺操作规程整合到成型一车间《生产工艺规程》，成型一车间的《生产工艺规程》中增加冷捣糊、石墨电极生产工艺标准及要求，成型二车间的《生产工艺规程》中增加冷捣糊的生产工艺标准及要求和使用调质沥青生产阴极炭块的生产工艺标准及要求，炭块加工车间《生产工艺规程》中增加加工设备技术条件及参数要求，《石墨化炉送电工艺操作规程》中取消8小时喷淋的强制冷却等作业内容。6月，打通成型一车间35兆牛挤压机电极生产线，具备7种规格电极生产能力，为青鑫炭素多品种生产经营奠定基础。

2018年，更新石墨化炭块执行标准，电阻率要求由14微欧姆·米提升至12微欧姆·米，抗折强度要求由6兆帕提升至7兆帕，体积密度要求由1.56克/厘米³提升至1.60克/厘米³，耐压强度由16兆帕提升至20兆帕，石墨化制品指标要求均有提升。9月，青鑫炭素组织编制的《电解铝用阴极糊》《石墨化阴极炭块用煅后焦》行业标准通过有色金属行业协会评审。

2019 年，更新阴极糊类指标，新增冷捣内村糊，冷捣钢棒糊指标要求。11 月 28 日，《超高功率石墨电极关键设备改进及生产技术研究》科技创新项目，被列为宁夏科技厅 2018—2019 年重点研发计划。青鑫炭素研究开发的高体密石墨化炭块，振动成型炭块体积密度达到 1.62 克／厘米^3，较 2018 年提高了 0.02 克／厘米^3。组织开展的《改质沥青生产大容量铝电解槽用阴极炭块工艺研究》科技项目圆满结题，首批大容量铝电解槽用阴极炭块在山东魏桥铝业、内蒙古华云铝业成功应用。

2020 年，完成"敞开式焙烧炉升温控制"技术攻关，焙烧坯合格率达到 98%，创历史新高。"超高功率石墨电极关键设备改进及生产技术研究"项目通过宁夏科技厅验收，填补了宁夏地区超高功率石墨电极产品的空白。

2021 年，再次更新石墨质底块和石墨质侧角块执行标准，耐压强度要求在 2012 版标准上提升 1 ～ 2 兆帕，HC5、HC10 体积密度均提升 0.01 克／厘米^3。

（3）质量管理。青鑫炭素 2003 年通过质量体系管理认证，后续每三年开展一次再认证，至 2021 年连续十八年通过质量管理体系外部监督审核，保持管理体系有效运行。

2009 年，制定《成品及半成品检验标准》《原料质量要求及取样检验方法》，规范产品的检验标准和取样方法。

2013 年，制定《过程监控检查标准》，规定产品生产过程监控内容、检验项目及检验标准。制定《关于送检频次和检验的暂行办法》《原料、半成品及成品检验规程》，明确原辅料的判级依据、检验取样批次、检验取样方法和常规化验项目等，提高原辅料及过程产品检测的有效性。

2015 年，公司通过 GB/T 19001、GB/T 24001、GB/T 45001"三标一体"认证，完成质量、环境、职业健康安全三个管理体系整合。在体系运行中，管理者代表负责组织建立、实施和保持质量、环境和职业健康安全管理体系，代表公司就管理体系的有关事宜与外部各方进行联络。计划与生产技术部为管理体系的主管部门，负责监督质量体系有效运行，安全质量环保监察部负责监督环境、职业健康安全体系有效运行。

2016 年，制定《质量管理办法》，完善公司质量控制与责任追究流程。

2017 年，修订《原料检验规程》，将原料检验规程中原固体原料取样方法条款统一编制成《固体原料进厂验收取样方法》，新增废阳极焙烧块、废阳极生块、阳极石墨碎检验条款，增加外购原料取样单位条款，对取样操作、样品混合制备、样品保存及特殊情况取样有了明确规定。

2019 年，制定《外购原辅料管理办法》，依据质量管理体系，规范管理流程，对原辅料质量进行有效控制，确保生产用各种原辅料质量和产品质量。

2020—2021 年，制定《外购原辅料降级及退货标准》《原辅料及产成品取样、筛分、检验标准》，进一步规范原辅料及产成品取样、筛分、检验管理，细化作业流程，提升管控水平。

公司利用各种活动贯彻国家电投的质量方针和工作目标，每年开展 QC 活动、质量月活动。QC 活动内容包括质量技术攻关、岗位操作、设备能力提升等方面，通过 QC 活动强化员工质量意识，营造企业追求卓越、尊重创新的氛围。2013—2021 年青鑫炭素组织开展的"提高收尘效果降低厂房粉尘浓度""提升敞开式焙烧炉焙烧块质量"等 QC 成果获得铝电公司二等奖，《提升挤压成型石墨化炭块体积密度》《优化送电曲线降电耗提产能》等 QC 成果获质量协会三等奖。

（4）设备管理。2008 年，设备管理工作由生产与计划部负责，下设设备维修中心，负责设备检修工作。

2021 年 4 月，成立装备能源部，负责设备检修工作。主要负责收集、传达相关法律、技术标准，制定青鑫炭素设备管理相关制度，落实铝电公司相关要求，指导监督青鑫炭素各车间设备管理及运行，并提出考核意见。负责青鑫炭素设备大修、零购、技术改造项目技术文件的审核。组织或参与设备事故事件调查、分析、抢修和恢复，对设备事故鉴定并提出处理意见。各车间负责制订车间的检修计划，负责编制车间大修、技改的技术方案，执行公司下发的要求。负责组织车间员工对设备进行维护保养，及时处理设备运行存在的问题。

2009—2021 年，累计投资 1.08 亿元，主要针对挤压成型、煅烧炉升级实施 9 项技术改造。改造后，3 号、4 号焙烧炉产量均由 1.3 万吨提升至 2.33 万吨，单位产品天然气单耗由 110 标准立方米 / 吨降至 95 标准立方米 / 吨。投资 550 万元，对石墨化三区石墨化炉进行大修，大修后工艺电耗由 3750 千瓦时降至 3550 千瓦时。

（5）能源管理。2008 年，能源管理工作由生产与计划部负责。2021 年 4 月，成立装备能源部，负责能源管理工作。主要负责收集、传达能源管理相关法律、技术标准，组织能源体系认证工作，制定公司能源管理制度、各工段年度能源单耗，落实政府下达能源双控目标，指导监督各车间能源管理及运行，并提出考核意见。

2015 年开始，进行能源管理体系认证工作，每年接受中国船级社能源管理体系认证审核，并逐步完善能源管理体系建设。

青鑫炭素能源构成主要有精洗煤、电力、天然气，耗能介质有压缩风、蒸汽、水。其中，电力是最主要的能源消耗，占能耗总量的 46.38%。

青鑫炭素能源管理实行公司管控能源消耗总量目标和车间工段能源定额，车间分解工段能源定额到工序，管控车间产品能源单耗，班组依据车间下达定额方式，管控本工序单位产品能耗，节能目标层层分解、层层落实的能源管理机制。

（6）安全环保管理。2009年以来，青鑫炭素逐步建立完善安全环保管理体系，成立安全生产委员会和安全生产领导小组、应急管理领导小组和消防管理领导小组。建立完善安全生产责任制，明确安全生产监督、保证、支持体系的安全职责、到位标准、考核标准，主要涉及136个岗位。设专职安全监督管理岗，有6人取得注册安全工程师资格证。2013年12月，通过宁夏应急管理厅安全生产标准化二级企业评审。

从2009年开始，实行安全生产目标责任制，青鑫炭素负责人与各职能部门、车间签订安全目标责任书；各部门、车间与职能管理人员、车间管理人员逐级签订安全目标责任书；班组与岗位员工签订目标责任书，实现全覆盖。

2013年，组织开展安全风险分级管控与隐患排查治理双重预防机制建设，设置公司、部门、车间、班组四级管控组织，制定分级管控清单和对应的隐患排查清单，每年不断修订推进方案。通过风险信息识别、评级，实施隐患分级管控，落实清单隐患排查治理责任，提升公司本质安全水平。

2014—2021年，青鑫炭素以安全风险辨识和分级管控为基础，以隐患排查和治理为手段，把风险控制挺在隐患前面，从源头系统识别风险、控制风险，并通过隐患排查，及时寻找出风险控制过程可能出现的缺失、漏洞及风险控制失效环节，把隐患消灭在事故发生之前；全面辨识和排查岗位、作业区域、设备、环境、职业健康、火灾、道路交通、构建筑物等安全风险和隐患，采用科学方法进行评估与分级，建立安全风险与事故隐患信息管理系统，重点关注重大风险和重大隐患，采取技术、管理等措施有效管控风险和治理隐患；构建形成点、线、面有机结合，持续改进的安全风险分级管控和隐患排查治理双重预防性工作机制，推进事故预防工作科学化、智能化，切实提高防范和遏制事故的能力和水平。

按照冶金企业计提安全生产费用标准，2009—2021年，投入2000多万元，用于生产现场设备设施及装备安全本质化提升治理。

4. 综合计划管理

（1）编制依据。青鑫炭素计划预算编制按照铝电公司《关于编制综合计划（JYKJ）方案的通知》要求，以铝电公司重点工作任务为导向，结合国内外阴极炭素上下游市场现状、公司实际产能、产品质量合格率、设备运转效率、能耗指标、技改零购计划、土建维修项目及安全环保工作等内容作为计划预算编制的基础条件。

（2）编制综合计划。计划预算管理分为综合计划管理和全面预算管理。综合计划由计划与生产技术部牵头编制，全面预算由财务部负责编制。根据营销部门提出的产品销量计划建议，提出青鑫炭素年度产量计划建议，拟订年度综合计划编制初稿，并报请JYKJ工作领导小组审议、总经理办公会审批。将铝电公司批复或经青鑫炭素决策机构审批通过的综合计划总体方案对年度目标、重点任务、指标计划及专项计划分解、下达所属各单位；财务部根据各部门提出的年度产销量、能源单耗、技改大修、科技开发、安全投入、材料备件消耗等计划建议及财务预算情况，综合汇总平衡提出公司年度目标，结合投融资平衡及发展总体目标，对年度固定资产投资计划进行总量平衡，核定公司投资计划。根据相关部门提出的产销量、能源单耗、技改大修计划，提出生产成本预算，综合汇总平衡提出年度生产、销售目标；综合部负责按照青鑫炭素党委有关部署和要求梳理提出年度重点任务建议；营销部负责提出招标采购计划和大宗原料采购建议和各品种铝用阴极炭素产品销售计划建议；安全质量环保监察部负责提出安全环保规划分解年度目标建议，提出年度安全目标建议；装备能源部负责设备维修年度材料、备件目标建议，负责编制能源年度预测和月度使用计划建议；创新项目部负责提出投资计划（技术改造、大修、零购）目标建议，提出科技创新及信息规划分解年度目标建议，负责提出科技及信息化投资计划建议。

青鑫炭素年度综合计划管理包括铝用阴极石墨质、石墨化炭块产能及产量、铝用阴极糊产能及产量、营业收入、利润总额、EVA、资产负债率、安全事故控制、资产保值增值率等目标。指标计划包括投资计划（技术改造、大修、零购等计划）、融资计划、销量计划（铝用阴极炭块销量、铝用阴极糊销量等）、产量计划（铝用阴极炭块产量、铝用阴极糊产量）、节能减排计划（能源单耗、污染物排放、节能环保技术改造计划等）、科技创新计划、人力资源计划（劳动生产率、期末职工总数、人事费用率、人工成本利润率、工资总额等计划）。在铝电公司指标体系基础上，结合自身实际增减其他指标。

（3）综合计划执行情况。青鑫炭素2009—2021年产量、销量、营业收入等指标完成情况见表4-1-7。

（四）科技工程公司

1. 管理机构

2015年1月26日，检修分公司与中电投宁夏能源铝业建设工程有限公司合并，成立中电投宁夏能源铝业工程检修有限公司。2017年6月30日，公司名称变更为国家电投集团宁夏能源铝业工程检修有限公司。2018年9月7日，公司名称变更为国家电投集团宁夏能源铝业科技工程有限公司（简称科技工程公司）。

表 4-1-7　2009—2021 年青鑫炭素综合计划完成情况表

年份	产量（吨）		销量（吨）		营业收入（万元）		利润总额（万元）		资产总额（万元）		负债总额（万元）		权益总额（万元）		资产负债率（%）	
	计划	完成	计划	完成	计划	完成	计划	完成	计划	完成	计划	完成	计划	完成	计划	完成
2009	30000	22262	30000	24136	18000	21197	5100	6060	101000	101573	64000	62614	37000	38959	63.37	61.64
2010	30000	27937	30000	24958	24316	19610	5930	241	101573	104236	62614	65117	38959	39119	61.64	62.47
2011	35000	35744	35000	35079	25521	28670	5000	-1736	104236	106816	65116	69450	39120	37366	62.47	65.02
2012	35000	23407	35000	25167	22520	19989	-3500	-12489	76815	74563	52563	49466	24252	25097	68.43	66.34
2013	35000	35551	35000	36531	28122	26327	-3544	-7279	66462	62631	44670	46707	21792	17779	67.21	72.43
2014	35000	32546	35000	32336	23201	21472	-2997	-2727	50832	55361	47156	40141	3676	5419	92.77	88.11
2015	35000	35007	35000	35037	22186	24181	-4400	-2247	47800	46353	45341	43405	2459	2990	94.86	93.55
2016	35000	35015	35000	35082	23116	22108	-1000	492	45650	42782	42611	39179	3039	3603	93.34	91.58
2017	35000	36481	35000	38036	25250	24795	410	506	41000	39400	36000	35575	5000	3825	87.80	90.29
2018	35000	38330	35000	34677	27000	29009	1000	3007	48360	48174	38510	37722	9850	10452	79.63	78.30
2019	30890	35000	35000	32194	28407	29252	3602	2000	40449	44900	27294	29700	13155	15200	67.47	66.65
2020	35000	30441	35000	28449	29252	28699	2000	4005	44900	41493	29700	25938	15200	15555	66.65	62.51
2021	36100	33673	36100	35250	33450	36455	3009	5011	42900	42151	25800	22922	17100	19229	60.08	54.38

2021年底，科技工程公司设置办公室、人力资源部、计划与财务部、生产技术部、安全与环境保护监察部（HSE）部、物资管理部、营销部、党群工作部（纪委办公室）8个职能部室；下设机械制造部、固废处理部、铝材事业部、新能源装备部、综合智慧能源部、工程项目部8个事业部；研发中心为支撑性机构。有员工327人。

2. 产能及产量

科技工程公司主要承揽阳极钢爪铸造及加工、铝导杆组修理、电解危废处置、铝型材加工等业务。其中，铸钢（阳极钢爪）产能5000吨／年、铝导杆组修理能力5.6万组／年、危废处置能力4万吨／年、铝型材加工产能6000吨／年。

2015—2021年，累计铸钢产量1.75万吨，导杆修理30.64万组，铝型材2.38万吨。2017—2021年，危废处理7.27万吨。

3. 现场管理

（1）劳动组织。科技工程公司生产管理采用公司—事业部（车间）—班组的劳动组织形式。固废处理部炭渣利用班、危废处理中心、机械制造部铸造二班实行三班三倒连续作业，每班工作8小时；铝材事业部挤压班、氧化班、加工班，机械制造部铆焊班、锻造班、导杆修理班等其他班组实行单班（白班）生产，个别时段实行三班两倒作业制。

（2）质量管理。执行国家（行业）各种产品标准，建立、完善质量管理体系，做好进厂原辅料、生产过程和出厂产品的质量控制。按照内控标准和产品销售合同规定的质量技术文件，制定产品质量内控标准，根据顾客需求，提供满足顾客需求的产品。生产技术部是科技工程公司质量管理的责任主体，"三标一体"体系覆盖各部门，并履行相应的质量管理责任。2015年以来，始终保持质量体系证书的有效性。2019年6月5日，科技工程公司通过新世纪检验认证有限责任公司对质量管理体系、职业健康安全管理体系、环境管理体系再认证，证书有效期至2022年6月2日。

2015—2021年，科技工程公司制定《生产技术管理办法》《质量管理办法》《机加工产品生产管理办法》《作业过程管理办法》制度。

科技工程公司主要产成品有铝合金型材品、阳极钢爪、导杆组、电解质等。原材料主要包括铝棒、废炭渣、废大修渣、废阴极块、圆钢、钢板等。依据宁夏能源铝业关于电解铝板块铝合金、阳极钢爪等产品的质量管理文件、质量标准、工艺规程，制定采制化管理标准，对进厂原辅料采购，在合格供应商名录中选取，取样、制样、化验与分析进行采制化管理。生产技术部对各事业部定期或不定期抽查，对生产成品、原辅料存样进行互检或外检，保证检验结果真实、有效。

树立"质量第一"和满足用户需求的理念，每年开展质量管理体系内、外部审核，监督问题整改及质量方针、目标与计划落实。开展质量培训及考核工作，组织开展群众性质量管理活动（QC 小组活动、合理化建议等）。组织创新成果评审、QC 成果发布，推广科技创新、QC 小组成果和活动中所取得的经验。依据《实施工作指导意见》，每年对科技创新、QC 小组、质量信得过班组进行评比。2018 年 6 月，"提高铝电解槽打壳锤头端轴加工效""改进 200kA 打壳锤头结构""电解槽铝母线在线焊接工艺改进" 3 项 QC 成果获得宁夏能源铝业三等奖。2021 年 11 月，"光伏长廊研发设计与应用"，"优化研磨系统，提高球磨机产能" 2 项 QC 成果，获得铝电公司三等奖。

（3）设备管理。生产技术部负责设备管理工作，主要负责设备采购、转固、运行维护、维修、报废的过程管理。

科技工程公司主要从事铝加工、铝电解固废处置、机械制造及综合智慧能源开发建设等业务。铝型材加工主要生产设备有挤压机、台式热剪炉、氧化生产线、喷涂生产线。机加工制造主要生产设备有中频炉、牛头刨床、铣车床、带锯床、摩擦焊机、滚丝机、抛丸清理滚筒等。固废处置主要设备有高温焙烧炉、鄂式破碎机、皮带输送机、斗式提升机、振动给料机、球磨机、熔炼炉等。截至 2021 年底，科技工程公司共有各类设备 310 台（套），资产原值 6.58 亿元，净值 2.88 亿元，主要设备完好率 ≥ 98.5%、主要设备利用率大于等于 91%、主要设备故障率小于等于 5%、计划检修完成率大于等于 95%、关键设备综合效率大于等于 90%。

2015—2021 年，先后投资 4189.6 万元，实施 6000 吨 / 年铝型材粉末喷涂生产线、固废填埋场、阴极高温处理生产线 3 项技术改造项目。经处理的电解废渣达到国家环保要求，电解阴极高温处理，达到国家环保要求，实现循环利用。

（4）能源管理。生产技术部负责编制和修订单位能源及节能管理办法，对事业部能源管理项目进行指导、监督、检查、考核及后评价工作。指导、监督事业部水、汽、风、电、天然气及澡堂用水等日常管理工作，公司设专职能源管理员，定期对全公司的能源统计工作进行监察，完善能源计量器具的配置，并进行定期校检工作。

制订节能规划及年度节能工作计划、节能降耗与能源管理方案、实施细则和考核办法，组织开展节能降耗与能源管理工作及节能技术改造工作。根据能源目标和指标，结合各车间能源使用的类型和数量、节能潜力等实际情况，将目标、指标进一步分解，细化为工序能耗指标和车间能耗定额，分解的能源指标及定额上报能源管理领导小组审批后，列入公司年度综合计划执行。科技工程公司能源消耗主要包括电、水、天然气、蒸汽等。

（5）安全环保管理。成立由主要领导为主任，协管安全副总经理任副主任，各部门、各单位、承包商主要负责人组成的安全生产委员会，负责贯彻落实国家有关安全生产的方针、政策、法律法规，研究部署公司安全生产工作；负责研究公司安全生产形势，分析存在的问题，研究决定安全生产工作中的重大事项。安全生产委员会下设办公室，办公室设在安全与环境保监察部。成立生态环保管理委员会、职业健康管理委员会、应急管理委员会，建立和完善以专业管理部门、生产单位为主，直接从事与安全生产有关的生产、基建、技术、运行、检修、维护、试验等部门及所有岗位和人员，履行公司安全生产及管理主体责任。

安全生产保证责任体系主要是生产运行的专业技术部门的所有岗位和人员，负责建立公司设备设施管理、作业管理等方面的安全生产规章制度和安全生产责任制，规范、有效使用安全生产费用，组织开展隐患排查治理工作，按照"等同管理"要求做好承包商安全管理，建立专项应急预案和现场处置方案。

安全生产监督体系主要是安全与环境保护监察部和从事安全监督管理工作的部门及所有岗位和人员，履行公司安全生产监督管理主体责任。主要任务是组织开展危险源辨识和评估，检查本单位安全生产状况，及时排查生产安全事故隐患，制止和纠正违章指挥、强令冒险作业、违反操作规程的行为，负责安全生产事故调查处理与安全和职业健康信息统计分析与上报，负责监督安全生产费用的提取、使用，督促落实本单位安全生产整改措施。

安全生产支持责任体系主要是党群、纪检、工会等部门及所有岗位和人员，履行公司安全生产支持主体责任。主要是对安全生产工作起到引领督促和支持保证的作用。在影响和制约安全生产工作的员工队伍建设、政治思想教育、人文环境培育、激励约束机制建设、必要的财力供给等方面提供支持。

科技工程公司以安全风险辨识和分级管控为基础，以隐患排查和治理为手段，全面辨识和排查岗位、作业区域、设备、环境、职业健康、火灾、道路交通、构建筑物等安全风险和隐患，采用科学方法进行评估与分级，建立安全风险与事故隐患信息管理系统，重点关注重大风险和重大隐患，构建形成点、线、面有机结合，采取技术、管理等措施有效管控风险和治理隐患，持续改进的安全风险分级管控和隐患排查治理双重预防性工作机制，推进事故预防工作科学化、智能化，切实提高防范和遏制事故的能力和水平。

科技工程公司成立安全风险分级管控与隐患排查治理工作组织机构，覆盖所有部门及岗位。建立安全风险分级管控和隐患排查治理制度，建立安全风险数据库，制定高危风险安全管控措施，设置重大安全风险公告栏，制作岗位安全风险告知卡，制作岗位应急处置卡，绘制安全风险四色分布图，建立隐患排查治理台账或数据库，制订安全风险分级管控与隐患治理实施方案。

科技工程公司风险按照从高到低的原则划分为重大风险、较大风险、一般风险和低风险，分别用"红橙黄蓝"四种颜色标示。风险分级管控应遵循风险越高管控层级越高的原则，对于操作难度大、技术含量高、风险等级高、可能导致严重后果的作业活动应重点进行管控，上一级负责管控的风险，下一级必须同时负责管控，并逐级落实具体措施。其中，26 处作业区域包括中频炉作业、分解、组装槽壳作业、焙烧炉炉盖起吊转移等较大风险（橙色）作业。25 处作业区域包括熔爪对接、天然气管道检查、铝材设备检修等中等风险（黄色）作业。5 处作业区域包括镗削工件、刨切工件、焊接复合块等较小风险（蓝色）作业。

科技工程公司严格执行国家电投新版作业、职业健康、环境、设备四大类风险辨识与评估标准，对生产作业过程中存在的风险进行了重新辨识评估，健全了作业、职业健康、环境、设备、火灾、交通、构建筑物、安保等八大类风险数据库，并持续评估、改进，达到从根本上预防和控制安全风险，保证人身、设备安全。

2021 年，辨识危险有害因素辨识数量由原来的 2271 条下降至 1542 条，同比减少 32%。其中，机械制造部中等级固有 / 残余风险 230 项，固废处理部中等级固有 / 残余风险 18 项（新增 7 项），铝材加工部中等级固有 / 残余风险 97 项，新能源装备部中等级固有 / 残余风险 5 项（新增 1 项），综合智慧能源部中等级固有 / 残余风险 26 项。

2015 年，各部门、车间（包括项目部、中心）、班组结合公司总体目标及具体工作实际，制定三级安全生产目标责任制，签订责任书，做到层层分解落实，实现纵向到底、横向到边的安全责任全覆盖。当年安全生产实现零伤害、零事故，及"六不发生"（不发生一般及以上人身事故，不发生一般及以上设备事故，不发生一般及以上火灾事故，不发生一般及以上道路交通事故，不发生一般及以上环境污染事件，不发生群体中毒事故）。

2016 年，建立健全各部门、单位各岗位安全职责及到位标准，消除责任空白和盲点。依据岗位安全生产职责到位标准和考评标准，制定《安全生产管理量化考核办法》，每月对各单位、各部门及人员安全履职情况进行量化考评。依据公司 HSE 管理提升工具应用实效评估，结合安健环体系运行要求，开展公司 32 项 HSE 管理工具应用。

2017 年，落实"安健环"管理体系及 HSE 推进项目，实行安全环保目标任务完成情况考核、奖励及责任追究，按照安全考核管理办法规定，进行月度、年度绩效考核管理，对负责辖区内没有完成安全生产控制指标，实行安全"一票否决"制。加强安全监管，各级管理人员分片分区，落实责任，认真解决安全生产工作中存在的问题。

2018 年，落实安全生产责任制，持续夯实安全生产基础管理工作，当年安全生产平稳有序，全年实现"六不发生"。

2019 年，依据危险作业审批管理、两票三制、能源锁死等规定，有效应用 JHA/JSA 管理工具，对动火作业、高处作业、吊装作业、临时用电等七大危险作业编制 JSA 工前作业环节风险提示卡，有效与高风险作业管理衔接，实现高风险作业工前管控。制订安全生产自主管理型班组提升实施方案，开展班组考评，提高"三会"（班前会、工前会、班后会）、"两票"（工作票、操作票）、"三制"（交接班制、巡回检查制、设备定期试验与轮换制）、"一活动"（安全日活动）等效果。开展"三查三反一抓"活动（"三反"：反松懈、反麻痹、反违章，"三查"：查思想、查隐患、查落实，"一抓"：抓好隐患治理整改）。严格执行《承包商安全管理十大禁令》，落实施工人员实名制、积极推进三分离。执行三外管理"四个 1+"罚则，加强承包商安全管理协议的执行、监督落实安全管理责任，对本单位员工违章严格执行"联责处罚"规定，确保公司外包业务和建设项目安全在控受控。开展环保监督检查和考核，查找在环评三同时、环保设施运维、环保台账、危废管理、无组织排放管理、跑冒滴漏等不足，形成问题整改闭环管理机制，确保环保设备设施投运率满足要求。

2020—2021 年，持续推进安健环管理体系的运行、执行、应用。加强"三基"建设，开展"安全生产自主管理型班组"建设、"零事故、零伤害和零违章"班组技能竞赛、"安全生产月"及"百日安全质量无事故"等活动，强化安全培训教育。开展"无违章事业部、无违章班组、无违章员工"活动。修订、完善《典型违章界定及考核制度》，对"三违"行为加大考核力度。不定期开展承包班组班前会及安全日活动，提高班组安全生产自主管理水平。严格执行岗位安全作业规程，特种作业人员持证上岗率达到 100 %。对重点区域、重点设备、重点部位、异常作业、临时作业、受限空间作业、特种作业等进行现场安全隐患排查，对存在的重要问题制订专项整治方案。对违章行为按"四不放过"的原则进行分析，找出原因，分清责任。对辖区范围内环境保护设备、设施的运行情况加强检查，做好主要生产环保设备的检修维护工作，保证关键能耗设备和环保设备的正常运行。未发生轻伤及以上人身伤害事件、一般及以上设备事故、负主要责任道路交通事故、火灾事故，未发生环境污染事件，未发生新增职业病病例事件。

3. 综合计划管理

（1）编制依据。科技工程公司依据铝电公司下达的《关于编制年度综合计划（JYKJ）方案的通知》和《年度综合计划（JYKJ）方案编制指导意见》，结合年度内部关联交易需求计划、型材加工产、销量，危废处置产能，原辅料消耗，大修计划，基建计划，技术改造项目计划，科技投资计划，职工薪酬及人员计划，安全环保指标计划及主要技术经济指标等内容，编制年度综合计划。

（2）编制综合计划。科技工程公司年度综合计划编制的主要包括本年度产、销量计划，产品售价，销售收入，能耗指标，物耗指标，办公、差旅、会议、业务招待及公务车辆使用等费用，利润总额，基建计划，技术改造项目计划，科技投资计划，融资计划等内容。

年度综合计划由计划与财务部牵头组织编制，生产技术部、营销部、安全与环境保护监察部、办公室、人力资源部等专业部门参与，并提供年度计划编制的基础材料。其中，生产技术部负责年度产、销量计划，技术经济指标，能耗指标，物耗指标，成本指标以及技术改造项目、大修项目、科技信息项目的编制计划；负责外委设备维修、外委土建维修、外委检验检测等费用预算。营销部负责产品销量、销售价格、销售费用及各类原材料采购价格、数量等相关编制计划。安全与环境保护监察部负责安全、环境、健康投入及劳保品费用编制计划。办公室负责办公、差旅、会议、业务招待及公务车辆使用等费用预算。人力资源部负责公司职工人数、职工薪酬等编制计划。

计划与财务部每年在 10 月中下旬完成年度综合计划初稿编制，经各专业分管领导、主要领导审核后上报铝电公司计财部，在铝电公司综合评审的基础上，科技工程公司根据综合评审意见进行修改完善后重新上报，履行公司党委、董事会审议流程。

（3）综合计划完成情况。科技工程公司自 2015 年成立以来，连续七年实现盈利，累计实现营业收入 18.35 亿元，累计实现利润 1.21 亿元（见表 4-1-8）。

（五）新材料公司

1. 管理机构

2019 年 1 月 29 日，青铝股份整合铝合金材料分公司，原通润铝材、青铜峡分公司非普铝产品铸造车间，成立铝合金材料分公司。2021 年 11 月 2 日，对铝合金材料分公司进行市场化改革，成立国家电投宁夏青铜峡新材料有限公司（简称新材料公司），为青铝股份全资子公司。设置综合管理部、财务部、企业管理部、安全环保监察部、市场营销部、物资采购部 6 个职能部门，合金事业部、板带箔事业部 2 个事业部。下设变形铝合金铸造车间、合金锭铸造车间、铸轧车间、压延车间 4 个生产车间。有员工 267 人。

2. 产能及产量

2019 年 1 月，铝合金材料分公司有 12 条生产线，年产能 30 万吨。其中，变形铝合金锭产能 8 万吨，铸造铝合金锭产能 12 万吨，铸轧卷产能 10 万吨。2021 年 4 月，压延车间启用，新增冷轧卷产品（铸轧卷延伸产品）年产能 10 万吨。

2019—2021 年，新材料公司累计生产各种铝合金锭 33.5 万吨。其中，变形铝合金锭 7.36 万吨，铝合金锭 15.12 万吨，铸轧卷 9.51 万吨，冷轧卷 1.23 万吨，普通铝锭 0.28 万吨。

表 4-1-8　2015—2021 年科技工程公司综合计划完成情况表

产品	单位	2015 年 计划值	2015 年 完成值	2016 年 计划值	2016 年 完成值	2017 年 计划值	2017 年 完成值	2018 年 计划值	2018 年 完成值	2019 年 计划值	2019 年 完成值	2020 年 计划值	2020 年 完成值	2021 年 计划值	2021 年 完成值
青铜峡导杆组修理	组	7000	7816	5700	12783	12813	16067	15000	26280	20000	26810	23000	30793	24000	27592
宁东导杆组修理	组	12000	11499	14000	11405	11520	20240	18500	30406	19200	32411	2000	21506	26000	30648
阳极钢爪	吨	1120	875	1084	1252	1841	2171	2660	2740	2065	3477	3404	2905	3514	4087
宁东 350 千安电解槽修理	台	50	25	60	204	71	93	30	3	10	13	25	30	35	—
宁东 400 千安电解槽修理	台	20	11	35	31	66	50	60	58	60	81	75	52	45	—
青铜峡 200 千安电解槽修理	台	30	16	40	41	40	29	50	20	20	26	15	42	55	—
青铜峡 350 千安电解槽修理	台	35	22	50	56	80	70	90	57	50	54	70	32	25	—
外部电解槽修理	台	—	12	70	62	50	47	30	44	0	27	—	—	—	—
大修渣	吨	—	—	—	—	—	—	—	—	—	—	8000	8651	15000	16915
废阴极	吨	—	—	—	—	—	3959	5000	3975	8000	7056	6000	6793	12000	6849
阳极炭渣	吨	—	—	—	—	—	—	—	—	5000	4319	7000	6784	7000	7519
光伏支架	吨	—	—	—	4795	10000	10833	9000	15214	5000	2461	7000	7009	13000	592
电缆桥架	吨	—	—	—	—	1000	904	500	829	500	394	—	26	—	18
电解槽罩	片	—	—	—	—	—	—	—	—	—	—	25000	26416	23810	36248
民用材	吨	—	—	—	251	4000	47	500	12	1500	824	2500	490	1500	369
免爬器	台	—	—	—	—	—	—	—	—	—	99	—	80	800	439
营业收入	万元	16553	12245	41527	20645	34089	35692	39051	34023	38594	22471	41624	31810	45953	26615
利润总额	万元	1001	248	4000	1424	2200	2387	2400	2761	3000	1615	2500	1872	2758	1778

3. 现场管理

（1）劳动组织。新材料公司采用公司—事业部（车间）—班组的劳动组织形式。合金事业部、板带箔事业部所属车间设生产运行和综合维修班，生产运行班实行三班两倒制连续作业，一个班组轮休，综合维修班实行单班（白班）制。

（2）生产技术管理。生产技术管理范围包括变形铝合金锭、铸造铝合金锭、铸轧卷、冷轧卷生产工艺技术改进、设备技术改造等。管理内容包括合金生产用原材料、生产工艺、生产设备、生产环境等影响产品质量和生产成本的所有因素。管理内容主要是贯彻执行国家、行业及铝电公司有关生产技术方面的法规、政策及标准，监督各事业部生产技术管理体系的建立和运行，监督各项生产技术规范的制定、执行和持续改进。合金锭铸造车间负责铝及铝合金锭的生产过程控制，变形铝合金铸造车间负责变形铝合金圆锭的生产过程控制，铸轧车间负责铝及铝合金铸轧卷的生产过程控制，压延车间负责铝及铝合金冷轧卷及冷轧板的生产过程控制。

新材料公司生产车间严格按照产品的工艺操作标准和流程进行作业。重熔用铝锭生产主要是控制炉内铝液温度、浇铸温度等，铸造铝合金产品生产主要是控制炉内铝液温度和精炼温度、精炼时间、浇铸温度等，变形铝合金生产主要是控制炉内铝液温度和精炼温度、精炼时间、浇铸温度、浇铸速度、浇铸时铝液流量等，铸轧卷生产主要控制炉内铝液温度、精炼温度、精炼时间、钛丝进给速度、铸轧速度等，冷轧卷生产主要控制轧制速度、开卷张应力、卷曲张应力、轧制油油压油温等。

2019 年，合金锭铸造车间完成 3 号混合炉炉底中修及节能烧嘴改造，天然气单耗下降约 10 标准立方米 / 吨铝。10 月 17 日，对变形铝合金铸造车间 2 号熔炼炉天然气烧嘴进行改造，综合能耗降低 6.8 标准立方米 / 吨铝。10 月 22 日，变形铝合金铸造车间具备生产含氢量小于 0.15 毫升 /100 克铝圆铸锭产品的能力。12 月 2 日，直径 127 ~ 6063 毫米圆铸锭试生产成功。12 月 26 日，254 ~ 6063 毫米大直径圆铸锭试生产成功。

2020 年，对 6 条铸轧生产线进行改进，安装单机控流箱及平行四边形控流器，使 1—4 号线机速由原来的 0.85 米 / 分提升到 0.95 米 / 分，每条生产线每小时可增加产量 150 千克，5 号、6 号线机速由原来的 0.85 米 / 分提升到 1.05 ~ 1.1 米 / 分，每小时可增加产量 163 千克；7 月，铸轧车间成功试制成功 3102D 空调箔坯料，铸轧卷具备了生产空调箔坯料能力。8 月，通过对铸轧车间热铝渣回收装置进行改造，铸损由原来的 1.8% 逐步降低至 1.2%。9 月，成功研制 8011 空调箔，并批量生产。11 月，高品质直径 254 ~ 6061 毫米圆铸锭在变形铝合金生产成功，性能符合客户要求，取得订单。

2021年，合金锭铸造车间自主设计并制作安装工业硅添加装置，硅实收率由94%提高至97%，全年节支210万元。11月4日，铸轧车间成功试制出8011单零箔坯料1260毫米规格宽幅卷材坯料。11月8日，变形铝合金铸造车间用竖井装置试制的A356.2-2圆铸锭获得成功。11月27日成功铸造出A356.2-2方铸锭，为拓宽该产品销售市场创造有利条件。

（3）质量管理。新材料公司是铝产品质量管理的责任主体，"三标一体"体系覆盖各部门、各车间，并履行相应的质量管理责任。执行国家及中国有色金属行业铝产品标准，按照内控标准和产品销售合同规定的质量技术文件及顾客需求，不断改进铝产品质量和规格，生产满足顾客需求的产品。

执行上级公司质量管理工作方针、目标以及规章制度，按照全面质量管理、ISO 9001（GB/T 19001）标准和《质量管理体系要求》，制定、修订《原辅料管理办法（试行）》《外销产品质量异议处理及追溯管理办法》《工艺纪律考核细则》《铝产品售后服务管理办法》等制度，并对各单位质量管理工作及指标完成情况进行监督检查考核。

严格执行公司电解铝板块质量管理文件、质量标准、工艺规程，自主开展质量管理、分析、考核及培训工作，完善质量管理体系。产品及原材料质量控制均执行《质量管理工作规定》及铝电公司内控标准。进厂原辅料采购，按照本单位采制化管理办法，在铝电公司合格供应商名录中选取，取样、制样与分析进行采制化管理。并采取定期或不定期抽查的方式，对各自生产成品、原辅料存样进行互检或外检，保证检验结果真实、有效。

每年开展质量管理体系内、外部审核，开展动QC小组、合理化建议等群众性质量管理活。组织创新成果评审、QC成果发布，推广科技创新、QC小组成果经验，对科技创新、QC小组、质量信得过班组进行评比并奖励。"优化工艺条件，减小3003铸轧卷工艺裂边"获得铝电公司2019年度QC成果二等奖，QC活动全年创效118.98万元。2020年，完成铝电公司"合金锭铸造车间加硅料斗"和"铸轧车间1060合金铸轧卷轧制速度提升"2项揭榜创新项目。发表QC成果12项，其中"改变加硅方式，提高工业硅实收率"获铝电公司三等奖。新材料公司QC成果小组获得"2019—2020年度有色金属行业优秀质量管理小组"荣誉称号。

新材料公司相继通过新世纪检验认证有限责任公司对质量管理体系、职业健康安全管理体系、环境管理体系再认证，证书有效期至2021年12月22日。

2020年10月16日，通过IATF 16949汽车行业质量管理体系认证。

2021年9月23日，通过QC 080000有害物质过程认证。12月14日，通过新世纪检验认证有限责任公司对质量管理体系、职业健康安全管理体系、环境管理体系再认证，证书有效期至2024年10月27日。

（4）设备管理。安全生产技术部负责设备管理，包括设备采购、转固、运行维护、维修到报废的全生命周期过程管理。主要设备集中在铝合金棒材、铝合金锭、铸轧卷、冷轧卷等铝合金产品熔炼、铸造、冷（热）轧制等生产线。

2021年末，公司共有各类生产设备454台（套），资产原值5.79亿元，净值2.86亿元。持续开展"无泄漏"安全文明生产标准化工厂三年专项整治活动，整改完成率100%，实现重特大及一般设备事故为零的安全生产目标，主要设备完好率大于98%、可开动率大于95%、故障率小于5%。

2021年底，新材料公司技改项目合计8项，总投资3302.88万元，大修项目9项，总投资911.17万元。通过技术改造项目的开展，实现金属铝回收率大于80%，铸损降低3‰~5‰，拓宽产品品种，提高设备自动化装备水平，提升设备安全可靠性能，改善生产现场环境。实施设备大修，在恢复设备完好性能的同时，降低天然气消耗及减少金属铝烧损，提高劳动生产率和产品合格率。

（5）能源管理。企业管理部负责编制和修订单位能源及节能管理制度，审核项目立项计划，指导、监督事业部水、汽、风、电、天然气等能耗管理工作，对事业部能源管理项目进行指导、监督、检查、考核及后评价工作。成立能源管理领导小组，主要负责能源体系的建立、修订、完善。能源管理工作小组根据能源指标，结合各车间能源使用的类型和数量、节能潜力等情况，将目标、指标进一步分解，细化为工序能源指标和车间能耗定额，分解的能源指标及定额上报能源管理领导小组审批后，列入年度综合计划。

新材料公司能源包括一次能源（水、天然气等）、二次能源（电、成品油、液化气、蒸汽等）和含能或载能工质（压缩空气、水等）。能源指标分解不仅在生产单位、主要工序、能源介质系统、重点用能设备等层面，还包括工艺技术、生产组织、采购管理、品质管理等部门。实行绩效激励，开展"跑、冒、滴、漏"治理，落实节能减排指标。

2019年，重点完成两个车间混合炉炉门改造、铸轧车间1—4号熔炼炉节能烧嘴改造、合金锭和圆铸锭热铝渣回收技改项目。金属铝回收率提高30%以上，变形铝合金铸造车间1号圆铸锭生产线具备含氢量小于0.15毫升/100克铝圆铸锭生产能力。交流电单耗63.28千瓦时/吨铝。2020年，圆铸锭、合金锭能耗持续走低，创历史最佳水平，动力电单耗53.88千瓦时/吨铝，同比下降9.4千瓦时/吨铝，降幅14.85%。2021年，通过实施铸轧2号保温炉节能改造，节气约12标准立方米/吨铝，节气率提高40%以上。全年综合交流电单耗83.82千瓦时/吨铝，综合天然气单耗31.19标准立方米/吨铝，综合铸损率1.2%，产品综合合格率96.47%。

（6）安全环保管理。按照"管行业必须管安全，管业务必须管安全，管生产经营必须管安全"的安全管理理念，履行安全生产保证、监督和支持责任。遵循"安全第一"，"协调联动，齐抓共管"和"安全责任无盲区"三大原则，明确安全管理保证、监督和支持三个体系职责，制定全员岗位安全生产责任制。按照各岗位的安全生产职责、到位标准和考核标准，每月按照岗位安全生产责任制落实评价，对各部门安全生产职责落实情况进行监督、检查、考核和评价。按期召开安委会会议、安全生产分析会，协调安全生产问题并督办落实，做好生产现场日常性、季节性、综合性、专项及节假日等检查，主要包括重点区域、高风险设备设施、危害辨识、外来承包商等危险作业过程隐患排查治理。

制定《安全生产责任制管理办法》《安全生产风险分级管控管理办法》，组织全员开展安全风险危害辨识和风险控制，根据辨识的风险使用 LEC 法进行风险值判定，将风险由高到低划分为重大风险、较大风险、一般风险、低风险、轻微风险的 5 级风险，并制定防控措施。利用"微安全"APP 平台，对混合炉、液化气站、冷轧机、深井铸造、地下油库 5 项较大风险点风险实行公司、事业部、车间、班组四级分级管控，给各级管理人员下发监督排查任务，定期对重点风险进行排查，有效预防安全隐患，防止安全生产设备事故的发生。每年签订安全生产目标责任书，将人身零伤害、设备零事故、环保零污染、职业病发生率为零的安全健康环保目标作为全员安全生产责任书的主要内容，层层落实安全生产职责，确保公司安全生产目标的顺利实现。

2019 年，制定《岗位安全生产责任制》等制度 29 部，发布 HSEQ 管理标准 101 个，开展安全尽职督查、隐患排查及反违章专项整治 79 次，组织天然气泄漏、铝液真空抬包倾翻坠落等事故应急演练 26 次，辨识 5223 项危险源及岗位评估风险，11 个班组通过安全自主管理型班组验收。

2020 年，全面开展安全尽职督察，督查整改内部体系建设、危害辨识和岗位风险评估 83 项。开展高空作业、构建筑物等专项检查 243 次，安全生产自主管理型班组达标率 100%。公司实现安健环管理体系"二钻"目标和"三标一体"认证审核。

2021 年，依据《中华人民共和国环境保护法》及《排污许可管理办法》规定，对废铝灰暂存库、废机油库进行改造，依法依规存储、转运危废，并取得排污许可证书。全年实现人身零伤害、设备零事故和环境零污染目标，安健环体系通过铝电公司"二钻"达标验收。

3. 综合计划

公司根据铝电公司下达的《JYKJ 方案编制指导意见》，结合年度铝加工产、销量，原辅料消耗，销售收入，大修，技术改造项目，科技投资，职工薪酬及人员，安全环保指标等内容，每年编制年度综合计划。

年度综合计划由财务部牵头组织编制，市场营销部、安全与环境保护监察部、综合管理部等专业部门负责提供年度计划编制的基础材料。其中，企业管理部负责年度产销量计划、技术经济指标、能耗指标、物耗指标、成本指标，负责技术改造项目、大修项目、科技信息项目等编制计划，负责外委设备维修、外委土建维修、外委检验检测等费用预算。市场营销部负责提出产品产、销量，年度销售收入，销售费用及各类原材料采购价格、数量等相关编制计划。安全保护监察部负责提出安全、环境、健康投入及劳保品费用编制计划。综合管理部负责办公、差旅、会议、业务招待及公务车辆使用等费用预算，负责职工人数、职工薪酬等编制计划。

新材料公司年度综合计划编制的主要包括本年度产、销量计划，能耗指标，物耗指标，销售收入，销售费用，产品售价，营业收入，利润总额，办公、差旅、会议、业务招待及公务车辆使用费等内容。

财务部每年 10 月中下旬完成年度综合计划初稿编制，经各专业分管领导、主要领导审核后上报铝电公司计财部，铝电公司计财部组织铝电各专业部门进行综合评审，新材料公司根据综合评审意见进行修改完善后重新上报铝电公司，履行公司党委会、总经理办公会审定程序。

2019—2021 年，新材料公司累计生产铝产品 33.93 万吨、销量 33.51 万吨、净利润负1052 万元。

第二节　电　力

一、运行机构

2009 年 3 月 7 日，宁夏能源铝业成立电力分公司，主要负责电力产业规划、项目设计、工程建设、生产技术管理、安全管理等。下设综合部、财务部、安全生产部、工程部。

2010 年 8 月 11 日，宁夏能源铝业成立电力事业部，主要职责是开展项目前期工作，指导协调计划执行、工程建设、安全生产、科技进步和环境保护等。

2011 年 11 月 11 日，宁夏能源铝业成立发电部。

2018 年 12 月 24 日，铝电公司成立发电与营销部。

2019年3月，铝电公司运营管控优化调整，成立电力部，主要职能是负责发电企业安全生产技术管理，履行安全环保质量保障职责，增加对氧化铝单位供电供热业务、制氢业务及为电力生产提供生产技术支持等职责。

2021年底，公司电力总装机293.83万千瓦，其中，火电190.1万千瓦，风电84.65万千瓦，光伏发电19.08万千瓦，清洁能源装机占比35%。

二、运行单位

公司发电企业分布于宁夏银川市、吴忠市、中卫市等，分别由青铝发电、临河发电、中卫热电、中卫新能源负责管理运行。铝业相关单位配套建设的热电项目，由各单位运行管理。

（一）青铝发电

1. 管理机构

2006年5月26日，青铝股份与宁夏英力特电力集团股份公司各出资50%，成立青铜峡铝业发电有限责任公司（简称青铝发电）。项目建成投产后，青铝发电一直由国电英力特运营管理。

2014年4月23日，青铝发电经营权由青铝股份负责。

2021年底，青铝发电设置办公室、党群工作部（纪委办公室）、人力资源部、计划经营部、财务部、生产技术部、安全质量环保监察部、燃料管理部8个职能管理部门，下设发电运行部、设备维护部、输煤除灰部、化验中心4个生产单位，在册员工320人。

2. 装机容量及发电量

青铝发电装机为2台330兆瓦亚临界空冷燃煤抽汽凝汽式汽轮发电机组，2010年11月投产。2010—2021年，累计发电量456.94亿千瓦时，其中，1号机组累计发电225.55亿千瓦时，2号机组累计发电231.39亿千瓦时。

3. 现场管理

（1）劳动组织。青铝发电实行公司—事业部—班组三级劳动组织形式，发电部为主要生产单位。2010年1月，发电部成立4个运行班组，实行四班三倒制，每班8小时。2012年8月，调整为5个运行班组，实行五班四倒制，每班6小时。2018年1月，运行班组调整为四班三倒，每班8小时。2020年1月，恢复五班四倒模式。输煤部、设备维修部采用四班三倒制，其他班组均执行标准工时制。

（2）生产技术管理。生产技术部负责生产运行、生产技术管理和设备运行管理，审核设备购置、调拨和报废计划，制定设备管理标准并检查执行情况。计划经营部负责设备购置和报废回收处理。运行部负责设备的运行、调度管理。设备维护部负责设备的检修、维护。

发电运行部是生产运行管理主体。2009 年 7 月，公司进行人员培训，针对火电厂理论知识和生产操作开展培训。2010 年，参与 2 台机组的运前准备、设备调试、锅炉上水、水压试验、机组启动等，完成 1 号、2 号机组 168 小时试运行。2012—2013 年，将 1 号、2 号锅炉燃烧器更换为低氮燃烧器，有效缩短煤粉气流的着火距离，使整个炉膛火焰中心下移，降低炉膛出口温度，减少温水投入量，提高锅炉效率。实施磨煤机增容改造，实现 4 台磨煤机运行，锅炉综合耗电率下降 0.15%。

2014—2018 年，完成锅炉提温不提压改造，将热汽温度提升至 566 摄氏度水平。2018 年，完成 1 号、2 号机组的超低排放改造。2019 年完成 1 号、2 号机组铝厂直供电，完成园区工业供汽和民用供暖项目。

定期组织实施设备等级检修。2011—2021 年，1 号机组完成 2 次 A 级检修（A 级检修是指针对发电机组进行全面的解体检查和修理，以保持、恢复或提高设备性能），2 次 B 级检修（B 级检修是指针对机组某些设备存在问题，对机组部分设备进行解体检查和修理），6 次 C 级检修（C 级检修是指根据设备的磨损、老化规律，有重点地对机组进行检查、评估、修理、清扫）；2 号机组完成 1 次 A 级检修，1 次 B 级检修，5 次 C 级检修，3 次 D 级检修（D 级检修是指机组总体运行状况良好，而对主要设备的附属系统与设备消缺）。设备利用小时保持在 6000 小时左右，负荷率控制在 75% ~ 92% 之间。

对生产工艺进行优化，对配套公用系统进行升级改造。先后进行磨煤机增容改造、机组超低排放改造、仿真机优化升级改造等 13 项技术改造，累计投资 8.87 亿元。通过改进磨煤机运行方式，有效降低磨煤机电耗，综合厂用电率降低 0.40%；机组超低排放改造后，二氧化硫排放低于 35 毫克 / 米 ^{3}，烟尘排放低于 10 毫克 / 米 ^{3}，氮氧化物排放低于 50 毫克 / 米 ^{3}，符合国家最新环保排放标准。

（3）燃料管理。青铝发电采用燃料主要是煤炭，煤炭来源主要在宁夏、内蒙古、新疆地区。每年购进煤炭量 230 余万吨，全部采用汽车运输，日接卸车辆 200 多车次。燃料从采购到煤场验收各环节之间点多面广，管理难度大。青铝发电成立以主要领导为组长的燃料管理委员会，明确燃料管理委员会职责。各部门分工协作，密切配合，实现燃料管理工作从采购决策、入厂验收、复核结算等各环节的规范运作。从 2011 年开始，公司不断探索、创新燃煤管控模式，梳理完善燃料管理标准制度，调整组织结构，优化工作流程，规范管理单元。

燃料采购管理。2015 年，成立燃料部，将燃料采购管理由计划经营部调整为燃料管理部，将燃煤采购、入厂储存、验收、调运各环节调整为燃煤燃料管理部、输煤运行部、燃煤检验中心等部门分别管理。对燃料相关管理标准、制度及流程进行修订和优化，落实细化燃煤管理、责任倒查追究等制度。燃料管理先后使用燃料管理信息系统、燃料一体化协同管控系统、智能物流协同平台操作系统、铝运通及集团燃料信息系统，逐步实现燃料管理智能化和信息一体化管控。每月对入厂、入炉标煤单价，采购煤种、煤源等燃煤关键指标，在区域内电厂之间进行比对分析，开展燃料对标管理。根据煤炭市场变化测算度电边际贡献值，指导调整燃煤采购策略，动态优化来煤结构，推进厂矿直购，减少中间环节有效降低燃料采购成本。由于大型煤炭企业在燃煤价格上采取一系列捆绑销售政策，为避免形成燃煤市场垄断，在确保区内大型煤炭厂矿直供矿点安全供煤的基础上，积极拓展区外煤炭市场，引进内蒙古西、内蒙古东低价厂矿直供煤作为替代煤种，控降燃料成本。2020年以前，燃煤及运输一直采用线下竞价采购，通过纪委邮箱询价、报价。2020年，青铝发电采用平台竞价采购，实现"一键招标，自动竞价，全程跟踪，智能管控"燃料管控，使承运商、供应商审核、入围、货主端公告、竞价、定标到合同签订全流程公开、透明。同时，采用电煤集中竞价模式，提高竞争性，燃煤价及运价同比下降，降本效果明显。2021年，将国家电投燃料信息系统与公司厂内系统全面整合，实现计划、合同、调运、验收、耗存、结算、暂估、盘点及报表分析、采购竞价等管理一体化，全链条线上流转。不断加快燃料管理转型升级，强化各环节指标自动分析与跟踪，杜绝管理漏洞，实现燃料阳光采购。

燃煤入厂管理。推行燃料管理信息系统、标准化验室数据实时采集系统、入厂验收"无人值守"智能化管理，使燃煤合同、计量、采制化、结算、成本等相关信息互相衔接，实现各环节的监督和制约。采制化编码实行计算机随机条形暗码，在纪委监督下共同采样、制样，实行双锁管理，并对采、制、送、化、存各环节采取无死角视频监控。入厂煤接卸严格执行《入厂煤储存管理制度》，按照国家标准进行化验，监督部门不定期对备查样进行外部核对性抽查检验，确保煤质的准确性，煤场检质检斤率100%。加强异常燃煤采样、制样、化验管理，根据化验指标，按照《燃煤验收管理制度》及燃煤采购合同处理。严格无人值守系统管理，依据来煤矿别及煤种分类设置采样点，执行自动化选点采样，杜绝人为干涉，保证采样的代表性。接卸过程中，严格进行入厂煤验收，并对车辆拉筋、车厢底部等采样机无法采样的部位进行人工采样对比。按批次采取多个人工煤样对比，确保入厂煤煤样指标具有代表性。人工采样指标与机采指标每天进行对比，连续两天热值差超过200大卡的燃煤停止接卸，通过燃料部联系供应商进行调整。采样过程中，采样机值班员定期对采样设备进行检查，防止破碎机、采样筒、落煤管发生黏煤导致混样，每天采样结束后要对采样设备进行彻底清理。采样结束自动生成三级编码，按照国标（GB 474-83）要求制备煤样，过程中严格执行唱码、复诵、核对规定，不同煤种制样完毕必须彻底清理制样机内部积煤，杜绝发生混样；在燃料化验方面，认真执行国家及行业标准，在进行日常煤质化验的同时，针对输煤部送来的比对样与正常煤样同等对待化验，出现指标异常时及时进行复检。每天燃料指标都必须由班长进行复核，经主管专责及主任审核后方可出具最终报表，确保燃料指标的准确性，杜绝因化验指标错误引起结算问题的事件发生。

制样化验管理。依据铝电公司《燃料内控管理标准》，修订青铝发电《燃煤制样、化验管理标准》。建立标准资料库，完善报表存档管理。入厂煤化验仪器每年按计划检定1次，每2年按计划试验1次，每年进行第三方煤质能力验证检测。各功能室按标准化实验室要求进行配置，各实验仪器仪表数量根据来煤平均样数进行配置，满足实验要求。入厂煤制样间设置专门交接样室，制样、交样人员只准一方人员进行操作。化验中心设置样品提升机，实现无人煤样交接。人员上岗采取抽签方式，并上交通信工具，纪委办随机抽查，避免煤样信息外泄。发电部及化验中心两部门定期将入厂、入炉煤进行化验比对，确保各项燃煤指标准确性。采取单向流水化作业模式，规范设备仪器布局，优化化验流程，提升化验效率与标准性。加装样品传送机，有效打断交接样三方关联，提升廉洁管控力。增加8处摄像头，作业区域无死角，化验全过程可有效追溯。

（4）质量管理。青铝发电制定《质量管理工作规定》《质量管理小组活动管理标准》《科研项目管理标准》《科技创新管理办法》管理制度，并坚持长期开展质量管理活动。

发电生产过程包括燃料管理和输送、水处理，磨煤制粉、给粉、煤粉燃烧及蒸汽产生，热能动力转换（蒸汽做功），凝汽与给水，电能产生、变压及配送电，按照GB/T 19001-2016、GB/T 24001-2016、GB/T 45001-2020、ISO 50001：2018、RB/T 116标准，采取PDCA循环和基于风险的思维对过程进行系统管理，建立质量、环境、职业健康安全、能源管理体系，实施、保持并持续改进其有效性。

2015年2月2日，获质量管理体系认证证书。2016年1月21日，完成质量管理体系第一次监督认证。2017年1月19日，完成质量管理体系第二次监督认证。2018年7月27日，完成质量管理体系再认证。2019年10月25日完成质量管理体系第一次监督认证。2020年11月13日，完成质量管理体系第二次监督认证。2021年1月18日，完成换证工作并获得《保持管理体系认证注册通知书》；9月6—10日，完成质量管理体系再认证审核工作；10月9日，取得第二次换证证书。

（5）能源管理。2014年，成立节能领导小组，负责贯彻落实国家有关节能降耗的方针、政策和规定，研究部署节能降耗工作，建立和完善节能管理制度，建立综合指标和日、月、年度能源消耗统计报表，开展日报指标分析，周汇总分析部署，月全面分析总结奖惩的节能监督管理体系。

青铝发电能源种类主要有煤、水、油。依据国家能源政策法规和标准，严格执行《GB 64/T 1147-2022工业企业单位产品能源消耗限额》，并将能源定额指标分解到主要工序、能源介质系统、重点用能设备等生产单位。

每季度对1号、2号炉进行一次燃烧优化调整，使锅炉炉内结焦、掉焦现象明显好转，锅炉热效率提高2%。进行空预器漏风试验、烟风道及空预器漏风检查、空预器堵灰冲洗。2011年，对补水热网循环泵和调频器进行改造，降低机组厂用电量。

2012—2013年，结合脱硝技改工程，对1号、2号机组增压风机、引风机进行二合一改造，中压缸叶顶汽封结构进行改造，降低厂用电率0.15%。空冷岛增加喷淋雾化装置，增加空冷风机出口空气湿度，提高换热效率，机组背压降低、煤耗下降。实施1号、2号机组电除尘器高频电源供电改造，节约电除尘电耗50%。

2014—2018年，将电泵液力耦合器调节控制器改造为变频调节控制器，供电煤耗下降2.1～3.15克/千瓦时。进行辅机冷却水泵变频改造、锅炉暖风器改造，有效降低电耗。锅炉增加低温省煤器和烟水复合换热系统，降低锅炉排烟温度，提高给水温度，实现供电煤耗下降4克/千瓦时。拓展热电联产，实现工业园区用热单位集中供热工作，实现供电煤耗下降10克/千瓦时。完成2台机组汽轮机通流部分改造。

2018年9月19日，青铝发电获得中电联（北京）检测认证中心有限责任公司颁发的能源管理体系认证证书。2021年9月19日完成换证工作，有效期至2024年9月18日。

（6）安全环保管理。青铝发电成立安全生产、生态环境保护、职业健康、应急管理委员会，负责贯彻落实国家有关安全生产的方针、政策、法律法规，安排公司安全生产工作；研究决定公司安全生产工作的目标、理念、规划；研究公司安全生产、生态环境保护、职业健康、应急管理形势，分析存在的问题，决定安全生产工作中的重大事项；履行应急管理主体责任，建立健全应急管理体系；决定公司应急管理重大事项和目标任务、经费投入等，审议公司综合应急预案；组织一般及以下突发事件应急响应的指挥和协调，负责突发事件报告、处置和善后、舆情监测、信息披露、新闻危机处置、事后调查等；决策公司应急管理其他重要事项。

建立安全生产保证责任体系、安全生产监督责任体系、安全生产支持责任体系。安全生产保证责任体系，以公司专业管理部门、生产单位为主，直接从事与安全生产有关的生产、基建、技术、运行、检修、维护、试验等部门及所有岗位和人员，履行公司安全生产及管理主体责任，包括安全质量环保监察部、生产技术部、发电运行部、设备维护部、输煤部、化验中心。安全生产保证责任体系是安全生产工作的基础与核心，负责建立公司设备设施管理、作业管理等方面的安全生产规章制度和保证体系安全生产责任制；规范、有效提取和使用安全生产费用；组织开展隐患排查治理工作；按照"等同管理"要求做好承包商安全管理；建立专项应急预案和现场处置方案。安全生产监督责任体系履行公司安全生产监督管理主体责任，主要是安全质量环保监察部及各部门安全管理人员，监督检查和指导协调安全生产，负责国家安全生产法律法规、政策规划监督执行；组织建立公司安全工作方针目标和规划及安全生产规章制度；组织参与本单位安全生产教育和培训，如实记录教育和培训情况；组织开展危险源辨识和评估；检查本单位安全生产状况，及时排查生产安全事故隐患；制止和纠正违章指挥、强令冒险作业、违反操作规程的行为；负责安全生产事故调查处理与安全和职业健康信息统计分析与上报；负责监督安全生产费用的提取、使用；督促落实安全生产整改措施，包括党建部、人力资源部、计划经营部、财务部、党建部、纪委办公室、综合管理部，对安全生产工作起到引领督促和支持保证的作用，在影响和制约安全生产工作的员工队伍建设、政治思想教育、企业人文环境培育、激励约束机制建设、必要的财力供给等方面，提供资源支持。

以安全风险辨识和分级管控为基础，以隐患排查和治理为手段，全面辨识和排查岗位、作业区域、设备、环境、职业健康、火灾、道路交通、构建筑物等安全风险和隐患，采用科学方法进行评估与分级，建立安全风险与事故隐患信息管理系统，重点关注重大风险和重大隐患，采取技术、管理等措施有效管控风险和治理隐患。

建立安全风险分级管控和隐患排查治理制度，建立安全风险数据库，制定高危风险安全管控措施，设置重大安全风险公告栏，制作岗位安全风险告知卡和岗位应急处置卡，绘制公司安全风险四色分布图，建立隐患排查治理台账或数据库，制订安全风险分级管控与隐患治理实施方案。规范运行、检修规程，制定和完善应急预案、作业指导书等文件。严格按照"两票三制"相关管理制度进行风险评估、风险预控与现场管理。

对新入厂、入职人员进行安规动画讲解、事故案例分析、现场风险点辨识等方面的培训。采用 AR 现场模拟装置，模拟现场作业中可能发生的突发情况进行授课，培训结束后，经三级安全考试合格方可进入现场。对长期承包商与公司员工实行等同化管理，纳入班组安全管理体系，每周定期开展安全活动。制订年度安全培训、演练计划，按照计划开展安全、消防、应急处置等活动，提高个人安全防护能力。制定反违章制度，建立安全监督网，每日对现场的违章、隐患进行监督检查，对发现的隐患每周进行曝光并考核。每月定期开展安全、消防、环保等专项检查工作，并下发不符合项整改任务书，按照"五定"原则要求按期整改，形成闭环。

加强环保设备设施日常维护，保持最佳运行状态，使污染物年排放总量达到最低值，危险废物及时联系有资质单位转运处置，确保危废管理合法合规。做好运营监管平台数据传输维护，定期开展校验、标定等工作，确保年度政府环保平台传输有效率超过 99%，CEMS 数据有效率达到 100%，集团公司运营监管平台数据传输有效率达到 100%。配合宁夏监测中心站和吴忠监测中心站完成一年 2 次监督性监测，做好厂区废水处理系统和雨污管网维护工作，完善煤场雨水排放装置。实施碳排放在线监测比对工作，细化碳排放数据和质量控制计划管理，完善元素碳含量检测工作。完成煤场全封闭环保升级改造、液氨改尿素、卸煤车辆轮胎冲洗装置项目，组织各部门按专业编制突发环境事件应急演练方案，监督落实年度演练工作。配合属地环保部门完成厂区周边环境治理工作，跟进化学和工业水系统增容改造项目，推进 2.69 兆瓦分布式光伏发电等项目的筹建工作。开展职工职业健康体检工作，建立职工职业健康档案，按季度发放劳动防护用品。开展年度职业病危害监测工作，根据监测结果更新现场职业危害场所告知提示，对存在职业病危害区域指定改善措施，消除职业病危害。定期开展职业病危害培训工作，发放职业病危害防治手册，将职业病危害防护纳入青铝发电安全管理工作中。

截至 2021 年底，青铝发电未发生一般及以上设备损坏事故，未发生恶性人为误操作事故，未发生环境污染事故，未发生火警等其他不安全情况，未发生主机非计划停运，未发生国家电投考核的异常事件。环保设施运行正常，参数无超限，二氧化硫和氮氧化物达标排放，安全环保形势可控在控。

4. 综合计划

青铝发电遵循"以安全生产为基础，以经济效益为中心，以节能降耗和科技进步为动力，寻求公司总体效益最优"的原则。牢牢把握上级公司战略目标，以中长期发展规划为基本依据，认真分析研判市场行情，客观、科学、合理地测算各项生产经营指标。

每年 10 月上旬启动次年综合计划编制工作，根据铝电公司次年综合计划边界条件，编制匡算青铝发电次年综合计划与经营预算目标。11 月中旬，经青铝发电研究审核，向铝电公司上报编制年度综合计划初稿，按照铝电公司审核意见，修改完善后正式上报铝电公司。根据铝电公司批准下发的年度综合计划和预算指标，按月进行分解，下达公司各部门，并与公司各部门签订年度目标责任书。

综合计划主要包括上年度公司综合计划和预算执行情况、本年度综合计划预算编制组织情况、综合计划预算编制依据、投资安排、产量和经济技术指标计划、大宗原燃物料价格及上网电价、费用计划、成本计划、利润计划、计划预算执行保障措施等（见表 4-2-1）。

（二）临河发电

1. 管理机构

2010 年 8 月 18 日，宁夏能源铝业成立临河发电公司，属宁夏能源铝业全资子公司，负

表 4-2-1　2014—2021 年青铝发电综合计划完成情况表

指标	单位	2014年		2015年		2016年		2017年		2018年		2019年		2020年		2021年	
		计划值	完成值	计划值	完成值	计划值	完成值	计划值	完成值	计划值	完成值	计划值	完成值	计划值	完成值	计划值	完成值
发电量	亿千瓦时	44.40	44.91	44.60	39.42	42.00	35.76	41.00	38.46	41.31	38.21	47.00	44.15	47.00	40.76	40.97	39.54
供热量	万吉焦	45.00	41.01	41.00	40.92	45.00	43.48	45.00	43.34	41.00	54.91	76.09	98.75	120.00	103.08	120.00	150.42
供电标准煤耗	克/千瓦时	340.00	339.96	339.50	339.48	339.48	339.44	338.80	339.45	339.50	338.16	338.00	336.99	336.00	338.97	338.00	337.87
供热标准煤耗	克/吉焦	40.50	40.31	40.50	40.22	40.35	40.25	40.35	40.43	41.50	40.34	40.50	41.04	40.50	42.53	42.00	42.29
综合厂用电率	%	8.10	8.22	8.30	8.13	8.13	7.99	7.98	8.25	8.25	8.52	8.60	8.58	8.60	8.58	8.60	8.83
入厂入炉煤热值差	兆焦/千克	0.25	0.28	0.30	0.06	0.30	-0.09	0.30	0.10	0.42	0.15	0.30	0.34	0.42	0.42	0.42	0.30
利润总额	万元	19000	13400	9147	10050	-0.24	481	1630	-6727	-5368	-8135	-2296	201	-697	-9231	-3555	-3286

责临河火电项目前期、项目核准、建设与生产运行管理。

2014年8月2日，临河发电公司更名为临河发电分公司。

2021年底，临河发电设置办公室、党群工作部、人力资源部、财务部、计划经营部、燃料管理部、生产技术部、HSE部、纪委办公室、项目前期办公室（临时机构）10个职能管理部门，下设发电运行部、设备维护部、输煤除灰部、化验中心、信息中心5个生产部门。在册职工357人。

2. 装机容量与发电量

临河发电3台火电机组设计容量均为35万千瓦，总容量105万千瓦2011年6月并网发电，至2021年12月，累计发电量626.07亿千瓦时。

3. 现场管理

（1）劳动组织。临河发电采用分公司—事业部—班组劳动组织形式。生产运行部门（发电运行部、输煤部）2017年1月以前实行四班三倒制，2017年1月以后实行五值四倒制，均为连续作业；检修、化验部门实行8小时白班制，同时安排部分人员值夜班。

（2）生产技术管理。临河发电技术管理范围包括生产设备管理和生产运行，主要对金属及压力容器、化学、绝缘、电能质量、电测、继电保护、励磁、轮机、热工、节能、环保、构建筑物共12项实施技术监督工作，对设备健康水平、安全、质量、经济运行的重要参数、性能与指标进行监督、检查、调整及评价，并将生产运行中的不安全事件列入技术监督范围，以确保发电供电设备在良好状态或允许范围内运行。

2011—2021年，临河发电先后实施1号炉引增合一、电除尘、汽轮机汽封改造，2号炉电除尘、电源改造，3台机组超低排放改造，1号、2号、3号机空冷岛喷淋装置优化改造等13项环保、节能工艺改进。改造后，引风机厂用电耗电率为1.2%，节约厂用电率0.21%，电除尘排放低于20毫克/标准立方米，二氧化硫、氮化物、粉尘分别小于35毫克/标准立方米、50毫克/标准立方米、10毫克/标准立方米的环保排放要求。

先后实施1号、2号机组脱硫装置增容改造，1号、2号锅炉脱硝系统改造，3台机组磨煤机增容改造，燃料采制化升级改造，煤场封闭改造等91项技术改造，累计投资2.07亿元。其中，50万元以上技改项目40项，投资1.7亿元。改造后，机组在额定负荷、脱硫设备本体无明显故障的情况下，脱硫装置出口二氧化硫排放浓度满足保证值要求，脱硫装置二氧化硫浓度脱除率满足保证值要求；氮化物达标排放，降低氨消耗量。

实行计划性检修与日常维护相结合，定期进行等级检修，共实施机组检修35项。其中，A级检修1项，B级检修1项，C级检修16项，D级检修17次，设备的运行时间、负荷率、平均利用小时显著提高，等效可用系数降低（见表4-2-2）。

（3）燃料管理。临河发电燃料主要是煤炭，每年购进煤炭量350余万吨，采用汽车运输，日接卸车辆约350车（次），煤炭占发电成本的60%～70%。煤炭来源为厂矿直供煤和市场采购煤，直供煤有新疆准东和哈密、内蒙古乌海、宁夏宁东和固原等，市场采购煤为宁夏盐池高沙窝工业园区、宁东新永利煤场、内蒙古鄂西煤炭物流园等。2011年6月，公司成立以总经理为领导小组组长、经营副总经理为工作组组长、纪委书记为监督组组长的燃料管理委员会，协调和指导燃料管理工作，解决燃料管理过程中的重大事项，建立健全燃料管理全过程的管理制度、工作程序和标准。

临河发电燃料管理主要包括燃料管理信息、一体化燃料管控、智能物流、燃煤采样、燃煤化验装置、车辆称重装置、车辆GPS定位、视频监控与调度。其中，燃料管理信息系统是燃料管理的核心，实现所有数据的采集、汇总、分析与数据交换。燃料管理主要为燃料入场、采样、收样、交样、并样、制样、化验、廉洁风险内控及称重、视频监控和门禁管理等。燃料管理部负责入厂采购及计量。燃化除灰部负责接卸、入厂煤对比样采样、掺配。实验中心负责入厂煤采样、制样、化验。

燃料入厂管理。对入厂燃煤运输车辆称重程序进行优化改进，超重车辆、标重车辆均随机进入规定车道，按入厂时间顺序进行采样。随机分配采样机，采样全过程自动操作。

采样、制样管理。对车辆随机分配采样机，采样完毕后煤样直接入旁路落料管；取消可自动切换的集样桶，将旁路落料管改为锥形套袋管；将"一车一卡"改为"一车两卡"，分别放入两个套袋煤样，一并放入集样小车，杜绝车辆混样；将每车3点采样修改为"随车重多点采样"，提高本车煤种的代表性；完善采样间视频监控信号，对采样、收样过程无死角监控；将集样桶改造为集样小车，实行双锁管理。优化制样管理流程，对存查样实行双锁门禁管理；对制样间和推样车进行程序化管理；按设定煤样重量自动破碎、缩分至规定制样重量，全水样由13毫米样品改为6毫米样品；增加除尘吸尘装置与恒温恒湿空调，使制样间保持稳定的温湿度，减少煤样在制备过程中水分损失。

化验管理。设备设施、软硬件齐全，所有样品的水分、灰分、挥发分均采用自动工业分析仪进行检测，并上传数据结果，保证检测结果的及时性和准确性。

（4）质量管理。临河发电质量管理主要包括燃料管理和输送、水处理，磨煤制粉、给粉、煤粉燃烧及蒸汽产生，热能动力转换（蒸汽做功），凝汽与给水，电能产生、变压及配送电，粉煤灰的排放和综合利用，烟气脱硫排放等。

（5）能源管理。临河发电能源种类主要有烟煤、燃油、水、电，严格按照《GB 64/

表 4-2-2　2011—2021 年临河发电设备技术指标完成情况表

年份	运行时间（小时）			负荷率（%）			平均利用小时（小时）			等效可用系数（%）		
	1号机组	2号机组	3号机组	1号机组	2号机组	3号机组	1号机组	2号机组	3号机组	1号机组	2号机组	3号机组
2011	4834.70	3852.050	—	80.59	77.46	—	3896.36	2983.92	—	99.73	88.19	—
2012	8179.69	6220.244	—	72.91	72.10	—	5964.18	4484.57	—	93.12	96.72	—
2013	8088.74	8001.760	—	79.43	78.76	—	6424.90	6302.25	—	95.52	95.66	—
2014	7322.55	8363.940	—	80.67	80.69	—	5907.10	6748.85	—	90.68	98.84	—
2015	7796.55	8047.410	—	79.05	79.05	—	6163.21	6361.70	—	100.00	96.85	—
2016	7894.03	6144.890	2661.70	81.17	76.70	80.08	6407.51	4713.42	2842.15	96.77	81.41	100.00
2017	7755.40	8662.870	3901.05	75.48	77.10	51.86	5853.69	6679.31	2023.15	88.53	100.00	100.00
2018	8162.48	8065.730	8378.95	92.86	87.29	89.01	7579.92	7040.95	7458.43	93.18	92.50	95.65
2019	7533.17	7787.180	8169.86	95.06	95.92	98.91	7161.33	7469.27	8081.21	93.12	88.89	94.31
2020	8059.26	7845.170	7429.11	95.12	93.58	98.61	7666.19	7341.16	7326.10	96.01	89.31	87.83
2021	8013.60	8030.250	7465.45	79.81	76.83	86.57	6395.93	6169.59	6462.79	91.48	94.72	85.22

T 1147—2022 工业企业单位产品能源消耗限额》实施能源管理，取得能源管理体系认证证书。建立综合指标和小指标日、月、年度统计台账，采用日报指标分析、周汇总分析、月全面分析总结奖惩的节能管理形式，按计划实施能源管理（见表 4-2-3）。

表 4-2-3　2011—2021 年临河发电主要能源消耗指标表

年份	供电煤耗指标（克／千瓦时）	供电煤耗（克／千瓦时）	发电厂用电率（％）	燃油消耗（吨）	发电水耗（千克／千瓦时）
2011	339.00	343.45	9.94	502.01	0.39
2012	331.00	330.96	8.26	310.33	0.31
2013	331.00	328.98	8.31	116.32	0.26
2014	329.00	328.90	8.11	111.87	0.24
2015	327.90	327.78	8.03	144.98	0.23
2016	327.78	327.71	8.17	259.54	0.24
2017	326.80	339.91	8.46	507.98	—
2018	332.41	335.93	9.13	739.85	—
2019	330.00	329.97	9.33	332.52	0.27
2020	330.00	329.97	8.98	295.38	0.27
2021	329.80	329.74	8.72	194.15	0.28

（6）安全环保管理。2011 年，临河发电成立安全生产委员会，由公司主要负责人担任安委会主任，各分管领导担任副主任，各部门负责人担任委员。

2014 年，成立以总经理为组长，副总经理、工会主席为副组长，主管部门及有关部门负责人为成员的职业健康管理领导小组，统筹管理职业健康和卫生工作。

临河发电建立以生产技术部、发电运行部、输煤部、设备维护部、化验中心、前期办、远达环保 BOT 项目部为主体的保证体系，履行安全生产保证主体责任；以安全环保监察部为主体的安全监督体系，履行安全生产监督主体责任；以党群工作部、办公室、人力资源部、燃料管理部、计划经营部、财务资产部、纪委办公室为主体的安全支持体系，履行安全生产支持主体责任。安全保证、监督、支持体系各尽其责，形成安全生产管理合力。

建立以绩效考核为导向的安全生产责任体系，逐级落实安全生产责任制。按照"四不放过"的原则，加大现场反违章力度。加强"两票"管理，修编完善"两票"实施细则，依据每日工作票、现场主要工作对各检修作业点进行定位督查。加强外包工程及劳务用工安全管理，严把资质关，确保现场安全可控在控。创建"安全生产自主管理型班组"，以安全月活动、事故反思会、安全讲解十分钟等载体，重点结合典型违章照片、安全异常事件及电力系统设备损坏、人身伤亡事故案例，加强安全宣传教育，对原因进行深入分析并制定整改措施。建立消防网络信息系统，完成重大危险源登记、建档与评估。环保设备设施持续稳定运行，1号、2号机脱硝系统 2014 年顺利投运并通过环保验收，各类污染物达标排放。

2015 年，启动安健环体系建设，成立组织机构，制订实施计划。利用周会、月度会、班前会及安全活动日，宣贯安健环体系知识，提高职工安全意识。10 月经中电投评审，安健环体系建设达"一钻"。

2016 年，修订《安全生产责任制管理标准》，编制实施细则，进入生产现场人员穿着高可视性警示服，实行全员"实名制"管理。强化现场作业分级管控，重大作业专人实时监督、领导到场把控，完善节假日带班、值班制度，全年未发生不安全事件。开展全厂起重设施、电梯、脚手架以及楼梯平台、井坑孔洞盖板等专项检查。利用安全生产月、安全日活动、事故反思大讨论等，开展系列吸取事故教训安全教育及高危作业事故预防安全知识培训。完善厂内交通道路画线及标志标识，严控车辆停放地点与入厂数量，实行外委人员信息录入与入厂指纹管控。获取 3 台机组临时排污许可证，1 号、3 号机组污染物排放满足银川市特别排放限值，2 号机组完成超低排放改造，并获取除尘验收与电价，在线监测设备顺利通过宁夏环保厅验收。

2017 年，修订 18 部安全管理制度，对安全管理各环节、各岗位初步实现全覆盖。持续推进安健环管理提升，完善体系管理策划标准、建立作业风险库及各类作业控制表单，全面识别辨识设备、作业、职业健康等 12 类风险。实行领导划区负责，部门每周联合排查，为班组设置专职安全员，作业现场分级管控，安全可控在控。针对 3 号机组直供电，制订特护方案，严格落实各级人员工作职责，通过 24 小时轮流值班，做到全过程安全管控。完成排污许可证网上申报，并取得排污许可证。完成 1 号、3 号锅炉脱硝超低排放改造，机组均满足超低排放要求。实施北煤场抑尘网的安装和降尘喷淋改造，达到环保要求。

2018 年，规范企业生产经营活动，修订全员安全生产责任制，明确组织体系框架、岗位清单、部门职责及各岗位安全职责、到位标准、考核标准。严格落实 HSE 管理体系建设要求，推行可视化管理、团队式站班会、矩阵式安全检查、安全观察卡等管理工具在生产实践中的应用，10 个班组达到安全生产自主管理型优秀班组标准。职业病危害因素在银川市安监局备案，250 名生产人员按照职业健康危害因素进行职业健康体检。安装厂外运煤道路限速抓拍装置，对超速车辆通报、考核。通过等同化管理将外委单位、劳务用工、临时用工纳入安全生产管理体系，落实外包单位和人员的"黑名单"制度。开展应急综合演练 1 次，专项演练

10 次，现场处置演练 51 次，制定岗位应急处置卡 202 份，有效提高了应急处置能力。1 号、3 号机组超低排放通过验收，3 台机组全部实现超低排放，全年未发生环保超排事件。12 月聘请北京华企集团专家开展内部审核，总得分率 45.11%，达到安健环体系建设"一钻"。

2019 年，按照"党政同责，一岗双责，齐抓共管"的安全生产责任制要求，修订《安全生产责任制管理标准》，将安健环体系建设作为长期工作全面推进并纳入绩效考核。开展季节性、节日前、专项隐患排查工作，按照"五定"原则，落实分解任务。强化承包商资质审查、培训教育、现场管控，新增门禁人脸识别系统。持续推进安全生产自主管理型班组创建工作，按照"干什么、学什么、用什么、考什么"原则，对职工进行针对性培训，提升员工安全技术能力。

2020—2021 年，全面植入 HSE 管理工具，提升体系管理水平。结合体系思维对业务流程及各部门职责进行调整，提高决策层、管理层及执行层的系统思维和认识水平，按照主要负责人亲自部署，分管业务负责人统筹策划，牵头部门分步实施，其他部门大力支持、发动全员的工作思路，打破重策划、轻执行、重检查、轻回顾现象。将风险管理方法、原则融入业务管理过程，提高各层级人员意识，优化业务管理流程和作业过程控制要求，实现风险的全面识别和有效管控。建立完善纠正与预防机制，以问题为导向，推动体系与业务管理的深度融合。发挥各专业领域骨干引领作用，提升风险辨识防范能力。

2020 年 8 月，临河发电通过"质量、环境、职业健康管理体系"认证，2021 年开展"三标一体"监督审核工作，体系正常有效运行。2021 年 12 月，铝电公司对临河发电开展安键环体系建设评审，总得分率 66.73%，达到"三钻一星"。

临河发电将安全生产风险等级划分为重大风险、较大风险、一般风险和低风险，分别用红、橙、黄、蓝四种颜色标示，并依据安全生产风险类别和等级建立安全风险评价及风险分级清单以及数据库，绘制公司级、部门级"红、橙、黄、蓝"四色安全风险空间分布图。针对风险类别和等级，各责任部门制定包括工程控制、管理控制、个体防护控制、应急控制等典型风险管控措施，制作安全风险防控清单，将风险点逐一明确管控层级（公司、部门、班组、岗位），落实具体的责任部门、责任人。

4. 综合计划

（1）编制依据。2011—2012 年，临河发电依据宁夏能源铝业《关于下达公司系统综合计划的通知》编制各年度综合计划。2013—2018 年，依据宁夏能源铝业《综合计划汇总表》编制各年度综合计划。2019—2021 年，临河发电依据铝电公司《JYKJ 方案编制指导意见》编制各年度综合计划。

（2）编制。编制综合计划，由计划经营部、财务部牵头，其他部门配合参与。编制完成后报送铝电公司审查批复，内容主要包括生产经营指标（发电量、综合厂用电率、供电煤耗、等效可用系数及利润总额等）、重点任务指标等，每年年中对部分指标进行微调整。

（3）完成情况。2011—2021年，计划发电量累计664.31亿千瓦时，实际完成发电量累计626.07亿千瓦时，各项指标均按计划指标执行（见表4-2-4）。

表4-2-4　2011—2021年临河发电年综合计划完成情况表

年份	发电量（亿千瓦时）		综合厂用电率（%）		供电煤耗（克/千瓦时）		利润（万元）	
	计划	实际	计划	实际	计划	实际	计划	实际
2011	30.15	24.08	10.30	10.07	339.00	343.45	100.00	2844.30
2012	39.44	36.57	9.85	9.22	331.00	330.96	1100.00	559.91
2013	43.05	44.54	9.90	9.24	331.00	328.98	6589.79	14620.13
2014	46.75	44.30	9.20	9.05	329.00	328.90	15162.00	327.00
2015	44.60	43.84	9.20	9.06	327.90	327.78	845.00	1729.10
2016	68.00	48.99	9.06	9.05	327.78	327.71	—	387.35
2017	71.95	50.95	9.18	8.97	326.80	326.66	512.00	−23620.30
2018	72.85	75.54	9.92	10.00	332.41	335.93	−7597.00	−15488.60
2019	85.05	79.49	10.48	10.20	330.00	329.97	−1525.71	−7453.54
2020	83.12	78.17	10.30	9.72	330.00	329.97	−4075.83	17.85
2021	79.35	99.60	9.88	9.52	329.80	329.74	40.00	−9813.57

（三）中卫新能源

1.管理机构

2010年10月，宁夏能源铝业成立中卫新能源有限公司（简称中卫新能源），设置综合部、计划与财务部、安全生产技术部、工程管理部4个职能管理部门，1个生产部门为香山风电场。

2014年11月，撤销计划与财务部，成立计划部，负责风电、光伏新能源项目的前期、招投标、综合计划管理工作；成立财务部，负责中卫新能源财务相关工作。撤销香山风电场，成立发电一场（负责风电一至六期、十至十一期风电和330千伏升压站监控、设备巡检、现场操作等工作）、发电二场（负责风电七至九期风电、香山光伏电站和110千伏升压站监控、设备巡检、现场操作等工作）、检修中心（负责中卫新能源风电、光伏、升压站设备维护、检修工作）3个生产单位。

2011年9月，宁夏能源铝业成立吴忠新能源有限公司，注册地址为吴忠市太阳山开发区连接线 4 号地，设置综合部、工程部、计财部 3 个职能管理部门，太阳山光伏电站 1 个生产部门。

2013 年 4 月，宁夏能源铝业注册成立银川新能源有限公司，注册地址为银川经济技术开发区红墩子工业园区经三北路 192 号。与吴忠新能源实行两块牌子、一套机构的一体化管理，设置综合部、财务部、计划部、安生部 4 个职能管理部门，太阳山光伏电站、红墩子光伏电站 2 个生产部门。

2015 年 8 月，注册成立国家电投宁夏电能配售电有限公司，注册地址为银川市金凤区新昌西路 168 号，设置综合管理部、计划经营部、财务部、市场部、区域电能中心 5 个职能部门。12 月，中卫新能源撤销安全生产技术部，增设生产技术部、安全与环境保护监察部。

2019 年 9 月，根据《国家电投集团铝电投资有限公司新能源板块所属单位机构优化整合实施方案》，中卫新能源、银川新能源、吴忠新能源、配售电公司按照"四块牌子、一套领导班子、一个管理机构"进行整合，成立国家电投集团铝电新能源有限公司。其中，对行政办公、计划经营、人力资源、财务管理、生产技术、安全管理、工程管理、党建及纪检等管理职能进行整合，一地集中办公，办公地点设在中卫运营中心；原生产单位按照场站分布属地办公。设置办公室、党群工作部、人力资源部、计划经营部、财务部、生产技术部、安全质量环保部、项目管理部 8 个职能管理部门，中卫发电一场、中卫发电二场、太阳山光伏电站、红墩子光伏电站、小罗山风电项目部、检修中心 6 个生产单位。

2021 年 2 月，对所属 6 个生产单位进行优化调整，撤销中卫发电一场、中卫发电二场、红墩子光伏电站、太阳山光伏电站、小罗山风电项目部以及检修中心管理机构。设置运行监控中心（负责公司所管辖电站的设备运行监视、设备遥控操作及事故处理等工作）、电气运维部（负责光伏电站设备、变电所、线路、箱变的巡回、消缺、检修和现场电气设备操作工作，负责氢能项目制氢车间机务设备现场操作、定期维护、日常巡检和消缺工作，以及配合工程建设项目调试等工作）、风机运维一部（负责香山第一至三期 99 台 1.5 兆瓦风机设备的日常消缺、定期维护工作，负责香山第四至六期风机、十至十三期风机日常消缺及维护监督验收等工作）、风机运维二部（负责香山第七至九期 75 台 2 兆瓦风机设备的日常消缺、定期维护，负责香山新建 200 兆瓦风机日常消缺及维护监督验收工作）4 个生产单位。8 月，增设发展部，负责新能源公司发展规划的编制和落实工作，负责新能源公司项目前期开发工作。11 月，由于国家电投集团铝电新能源有限公司无法进行工商注册，根据铝电公司人资部《关于规范新能源公司名称使用的通知》，明确原中卫、银川、售电、吴忠四家单位合署办公，统称为国家电投集团宁夏能源铝业中卫新能源有限公司（简称中卫新能源）。

2021 年底，中卫新能源设置办公室、党群工作部、人力资源部、发展部、计划经营部、财务部、安全环保质量监察部、生产技术部、工程管理部9个职能管理部门，下设运行监控中心、电气运维部、风机运维一部、风机运维二部4个生产单位，在册员工163人。

2. 装机容量及发电量

（1）风电。香山一至三期，风机为99台1.5兆瓦双馈机组，总装机容量150兆瓦，2011年6月—2012年4月投入运行。香山四至九期，风机为150台2.0兆瓦双馈机组，总装机容量300兆瓦，2012年4月—2014年11月投入运行。香山十至十三期，风机为100台2.0兆瓦双馈机组，总装机容量200兆瓦，2016年3—6月投入运行。穆和第二风电场，风机为80台2.5兆瓦直驱机组，总装机容量200兆瓦，2020年10月投入运行。

（2）光伏。香山一期光伏电站，总装机容量30兆瓦，以1兆瓦为一个单元并网发电，共30个单元，2013年12月23日投入运行。香山复合光伏电站，装机容量为50兆瓦，分为16个3.15兆瓦集中式光伏发电子阵，2020年12月25日投入运行。吴忠太阳山一期光伏电站，装机容量30兆瓦，以1兆瓦为一个单元并网发电，共30个单元，2011年12月31日投入运行。红墩子一期光伏电站、二期光伏电站建设容量60兆瓦，分别以1兆瓦为一个单元并网发电，共60个单元。一期光伏电站2013年11月23日投入运行，二期光伏电站2013年12月21日投入运行（见表4-2-5）。

3. 现场管理

（1）劳动组织。中卫新能源采用公司—部（单位）—班组生产组织形式，设置4个生产单位9个班组。

运行监控中心设运行一班、运行二班。每个班组分两值，实行四值三倒。

（2）生产技术管理。中卫新能源生产技术部负责生产运行、特种设备、技术改造、技术监督、科技工作、技术标准、知识产权、信息化及设备管理等。按照生产实际，组织开展风电机组、光伏电站、各变电站化学监督、绝缘监督、金属监督、电能质量监测等工作。风电场及光伏电站利用小时数、可利用率等主要生产技术指标均在区域内前列，并且逐年上升。

2019—2021年，中卫新能源围绕技术升级、加装保护设施等，先后完成14项技术改造，累计投资4117.28万元。

（3）质量管理。中卫新能源成立质量体系认证工作组织，制定质量管理工作规定，根据年度安全、质量、环保工作要点，完善管理体系适宜性、有效性、充分性。比照生产安全事件管理，完善质量事件分析处理，分解质量指标要求，持续提升质量管理水平。加强一线作业人员质量与技术培训，提升质量监督和管理人员专业能力素养。应用精益管理、流程管理、对标管理等工具方法，实施公司质量管理创新工程。开展QC小组活动和全国"质量月"等

表4-2-5　2011—2021年中卫等新能源各场（站）发电量表

单位：万千瓦时

场　站	2011年	2012年	2013年	2014年	2015年	2016年	2017年	2018年	2019年	2020年	2021年
香山第一风电场	4412.26	38092.12	46646.66	47745.50	40911.34	36087.79	34366.59	42163.61	41625.53	40088.68	43927.00
香山第四风电场	—	—	—	8635.60	23035.64	24776.34	25337.97	29272.28	28219.33	26503.40	30001.11
香山第六风电场	—	—	—	—	—	24643.31	31888.55	36644.74	35105.40	32359.72	38930.50
穆和第二风电场	—	—	—	—	—	—	—	—	—	7653.03	45627.46
中卫香山一期光伏	—	—	—	4839.89	4543.90	4374.98	4012.47	4988.50	4855.68	5211.08	4851.24
中卫沙坡头区香山复合光伏	—	—	—	—	—	—	—	—	—	—	9104.51
吴忠太阳山一期光伏	—	4997.15	4921.70	5100.79	4423.64	4372.74	4505.95	4865.00	4672.94	4711.58	4682.99
红墩子一期光伏电站、宁夏红墩子二期光伏电站	—	—	381.39	9971.00	8846.45	8916.44	9783.68	9933.75	9593.07	9518.85	9779.86

群众性质量活动，推动全员参与质量管理工作。加强质量监督检查，细化、深化质量监督检查工作。借鉴国内外先进企业良好实践，推进精细化管理，打造新能源运营质量标杆，提升公司生产运营安全质量。中卫新能源在风电、光伏发电基建项目中严格把控施工质量关、材料进场关有效保证基建项目施工质量，未发生质量事件。

组织开展质量、环境、安全管理体系认证内审工作，不断提升安全生产管理效率和经营效益。组织 166 人次参与全国企业员工质量管理知识竞赛，提升全员质量意识，增强安全质量意识。以班组"三基"为抓手，强化安全型班组、质量信得过班组和学习型班组建设，发挥工生产一线人员的积极性和创造性。每项工作任务的完成应形成交付物形式体现质量控制、保证和改进，实现全过程闭环、有效运行，确保班组的质量指标的实现。将质量管理的思想、原理、知识和方法，渗透到班组工作的每一个角落。公司组织各生产部门开展 QC 活动，涉及风电机组、光伏及电气和运行监控各专业，通过 QC 活动的开展解决了以往存在的影响安全质量问题，为多发电量、设备长周期安全运行奠定了基础。以质量标杆和质量信得过班组建设为抓手，树立质量标杆，带动质量全面提升。

2020 年 12 月 24 日，中卫新能源风力发电及光伏发电通过北京新世纪检验认证有限公司"三标一体"体系认证，2021 年顺利通过复查评审。

（4）能源管理。新能源场站能源管理主要从发电量、可利用率、弃风及弃光率、综合厂用电率等电量数据相关的指标开展工作。

2011—2021 年新能源各风电场可利用率、弃风、弃光率、综合厂用电率表见表 4-2-6。

2011—2021 年新能源各光伏电站可利用率、弃风率、弃光率、综合厂用电率见表 4-2-7。

表 4-2-6　2011—2021 年中卫新能源各风电场可利用率、弃风、弃光率、综合厂用电率表

场站	指标		2011年	2012年	2013年	2014年	2015年	2016年	2017年	2018年	2019年	2020年	2021年
香山第一风电场	可利用率	计划值	98.00	98.00	98.00	98.00	98.00	98.00	98.00	98.00	98.00	98.50	98.50
		完成值	99.18	98.73	96.47	98.54	97.93	98.21	98.44	97.04	97.09	98.66	98.91
	弃风、弃光率	计划值	–	–	–	–	–	–	–	–	–	3.50	4.71
		完成值	–	0.79	0.96	2.61	13.23	22.35	6.12	5.32	3.78	4.32	3.31
	综合厂用电率	计划值	–	3.60	3.60	3.20	3.20	3.20	3.20	3.20	3.50	3.50	3.50
		完成值	3.70	3.21	3.14	1.50	1.05	0.86	0.82	0.94	2.03	2.04	2.03

续表

场站	指标		2011年	2012年	2013年	2014年	2015年	2016年	2017年	2018年	2019年	2020年	2021年
香山第四风电场	可利用率	计划值	–	–	–	98.00	98.00	98.00	98.00	98.00	98.00	98.50	98.50
		完成值	–	–	–	98.25	97.26	98.65	99.02	97.73	97.89	98.82	98.90
	弃风、弃光率	计划值	–	–	–	–	–	–	–	–	–	3.50	4.71
		完成值	–	–	–	4.73	15.25	19.02	6.72	4.90	3.83	4.43	2.81
	综合厂用电率	计划值	–	–	–	3.20	3.20	3.20	3.20	3.20	3.50	3.50	3.50
		完成值	–	–	–	2.01	0.86	0.80	0.71	0.87	2.32	2.10	2.18
香山第六风电场	可利用率	计划值	–	–	–	–	–	98.00	98.00	98.00	98.00	98.50	98.50
		完成值	–	–	–	–	–	99.74	99.59	98.65	99.11	99.34	99.38
	弃风、弃光率	计划值	–	–	–	–	–	–	–	–	–	3.50	4.71
		完成值	–	–	–	–	–	17.92	4.63	4.57	3.32	4.95	2.62
	综合厂用电率	计划值	–	–	–	–	–	3.20	3.20	3.20	3.50	3.50	3.50
		完成值	–	–	–	–	–	0.87	0.77	0.76	2.90	2.55	2.13
穆和第二风电场	可利用率	计划值	–	–	–	–	–	–	–	–	–	98.50	98.50
		完成值	–	–	–	–	–	–	–	–	–	98.63	99.10
	弃风、弃光率	计划值	–	–	–	–	–	–	–	–	–	3.50	4.71
		完成值	–	–	–	–	–	–	–	–	–	1.57	1.67
	综合厂用电率	计划值	–	–	–	–	–	–	–	–	–	3.50	3.50
		完成值	–	–	–	–	–	–	–	–	–	2.70	2.72

表4-2-7　2011—2021年中卫等新能源各光伏电站可利用率、弃风率、弃光率、综合厂用电率表

场站	指标		2012年	2013年	2014年	2015年	2016年	2017年	2018年	2019年	2020年	2021年
中卫第二十光伏	可利用率	计划值	–	–	99.00	99.00	99.00	99.00	99.00	99.00	100.00	100.00
		完成值	–	–	100.00	100.00	100.00	100.00	100.00	100.00	100.00	100.00
	弃风、弃光率	计划值	–	–	–	–	–	–	–	–	4.00	3.62
		完成值	–	–	–	11.74	15.38	10.13	3.49	1.85	0.53	3.53
	综合厂用电率	计划值	–	–	5.00	4.00	4.00	4.00	4.00	2.60	2.60	2.80
		完成值	–	–	2.74	2.67	2.52	2.35	2.32	2.87	1.92	3.06
中卫第六十七光伏	可利用率	计划值	–	–	–	–	–	–	–	–	–	100.00
		完成值	–	–	–	–	–	–	–	–	–	100.00
	弃风、弃光率	计划值	–	–	–	–	–	–	–	–	4.00	3.62
		完成值	–	–	–	–	–	–	–	–	–	9.94

续表

场站	指标		2012 年	2013 年	2014 年	2015 年	2016 年	2017 年	2018 年	2019 年	2020 年	2021 年
中卫第六十七光伏	综合厂用电率	计划值	–	–	–	–	–	–	–	–	–	3.00
		完成值	–	–	–	–	–	–	–	–	–	3.43
吴忠第七光伏	可利用率	计划值	99.00	99.00	99.00	99.00	99.00	99.00	99.00	99.00	100.00	100.00
		完成值	100.00	100.00	100.00	100.00	100.00	100.00	100.00	100.00	100.00	100.00
	弃风、弃光率	计划值	–	–	–	–	–	–	–	–	4.00	3.62
		完成值	–	–	–	13.90	14.85	9.62	2.80	6.17	5.00	4.45
	综合厂用电率	计划值	–	–	–	–	–	–	–	–	2.60	2.60
		完成值	1.48	3.21	2.74	2.94	3.08	2.58	2.03	2.19	1.83	2.04
银川第七、第十光伏	可利用率	计划值	–	–	99.00	99.00	99.00	99.00	99.00	99.00	100.00	100.00
		完成值	–	–	100.00	100.00	100.00	100.00	100.00	100.00	100.00	100.00
	弃风、弃光率	计划值	–	–	–	–	–	–	–	–	4.00	3.62
		完成值	–	–	–	–	–	–	–	–	3.94	3.27
	综合厂用电率	计划值	–	–	–	–	–	–	–	–	2.60	2.60
		完成值	–	–	–	–	–	–	–	–	2.23	2.29

（5）安全环保管理。中卫新能源按照"党政同责，一岗双责"要求，成立应急管理委员会、生态环保管理委员会、职业健康管理委员会、消防管理委员会。公司主要负责人担任委员会主任，班子其他成员任副主任，各部门主任为安全生产管理委员会成员，明确各管理委员会的职责。基于风险管理，全面推行安健环管理体系建设，按照四大风险评估标准，有针对性地设立设备、作业人员及环境、职业健康、生态环保风险数据库，强化作业过程风险管控和风险数据库应用。在"两票"执行过程中严格按照高中低风险管理，对应红、黄、白三色可视化票面，建立风险分级管控和隐患排查双重预防机制，对危险性较大的作业执行旁站式监督管理，确保作业风险可控在控。设备风险基于电力安全工作规程要求，对风电机组加装自动消防灭火装置，优化机组自动偏航侧风保护功能，在发生变桨故障或其他特殊情况叶片无法顺桨时，能够自动偏航至与风向垂直90°方向，使设备风险处于可控状态。

根据年度安全质量环保工作要点，对安全质量环保目标责任指标进行层层分解，并逐级签订目标责任书。严格落实安全生产责任制，贯彻"以人为本"的理念，通过"以文明保安全，重策划强流程，严奖惩讲成效"创建安全文明施工现场，实现安全管理制度化、现场管理区域化、安全设施标准化、设备材料定置化、作业行为规范化、环境影响最小化，营造安全文明作业的良好氛围。

落实年度安全质量环保工作目标，重点围绕迎峰度夏、防汛抗旱等进行安全专项检查，定期开展以防止人身伤害事故、防止重大设备损坏事故和防止电气误操作事故为重点安全隐患排查治理工作。

2019年，围绕工程建设及生产运营开展安全生产管理，重点对承包商准入资质审查、高风险作业监控、大型施工机械、人员教育培训等方面实施安全生产监管，按照"选择、准入、使用、评估"四个方面进行一体化管理。生产运营中对各升压站电气设备、风电机组、光伏进行全生命周期过程重点管理。建立安全生产保障体系、支持体系、监督体系，立足岗位履职尽责，形成合力，共同构建党政工团齐抓共管的工作局面。

4. 综合计划

中卫新能源按照"归口管理，专业部门，分级负责"原则，对综合计划的编制、上报、下达、执行、调整、考核实施统一管理，确保经营发展速度、规模、质量、效益目标。计划经营部负责年度综合计划管理，牵头组织开展年度综合计划制订、完善工作，并对铝电公司最终下达的综合计划执行跟踪分析工作。相关部门参与编制，其中，办公室负责提供四项费用、车辆使用费、与后勤保障有关的小型基建投资计划指标的计划；人资部负责提供职工人数、全员劳动生产率指标、培训费用、人工成本等指标计划；财务部负责提供各类年度预算指标，主要为营业收入、利润总额、资产总额、流动资金周转率、净资产收益率、资产负债率、四项费用比重、经济增加值（率）、全员劳动生产率指标计划、能耗指标计划预算等指标计划；生技部负责提供技术改造投资计划、生产计划建议（产量、检修计划）、材料费、维修费、委托运行费、技术服务费、咨询费和相关生产技术指标（发电量、综合厂用电率、弃电率等）、科技及信息化投资计划、与生产有关的小型基建投资计划的工作，并协助确定产品销量、销售价格等指标的建议工作；安环部负责提供安全和环保指标、安全生产费用计划的安排建议，协助确定安全、环保技改投资计划，以及其他与安全、环保相关的指标计划工作；工程部负责提供公司年度大中型基建项目进度计划建议，协助确定大中型基建投资计划建议的编制工作。

计划经营部每年10月中下旬完成年度综合计划初稿编制，经公司审核后上报铝电公司计财部，公司根据铝电公司计财部综合评审意见进行修改完善后重新上报。履行公司决策程序。

计划经营部以铝电公司正式下达的年度综合计划为基础，将主要指标分解细化到月度，各项指标落实至各业务部门，并层层分解至各班组。每月对当月指标完成情况进行分析总结，月度综合计划指标执行情况在公司经济运行分析会或月度例会上进行通报。不定期开展综合计划执行情况检查或召开专题会，分析计划执行中的问题，制定应对策略，保证综合计划目标的实现。2012—2021年中卫等新能源风电、光伏发电量利用总额等指标完成情况见表4-2-8。

表4-2-8　2012—2021年中卫等新能源综合计划完成情况表

年份	公司	项目	发电量（万千瓦时）		利润总额（万元）		资产总额（万元）	
			计划	实际	计划	实际	计划	实际
2012	中卫	风电	54200	33691	6531	4441	—	191961
	吴忠	光伏	4500	4888	353	832	—	38574
2013	中卫	风电	51947	45365	4590	6763	212063	223847
		光伏	4810	—				
	吴忠	光伏	—	4922	686	841	52240	41061
	银川	光伏	—	—	—	—	—	41057
2014	中卫	风电	73036	53055	10005	9776	298326	289655
		光伏		4651				
	吴忠	光伏	4950	4937	928	1170	38378	37870
	银川	光伏	9400	10023	1572	3690	38378	64273
2015	中卫	风电	87900	59405	13125	9124	392590	371875
		光伏		4329				
	吴忠	光伏	4900	4280	890	617	51919	35675
	银川	光伏	9800	10023	2617	1707	56271	67519
2016	中卫	风电	9300	78513	—	7098	—	845980
		光伏	4650	4365	—		—	
	吴忠	光伏	4850	4372	—	663	—	37410
	银川	光伏	9650	8678	—	1946	—	62046
		屋顶光伏	—	—	—	—	—	648
2017	中卫	风电	9600	91593	—	26718	—	872547
		光伏	4400	4013	—		—	
	吴忠	光伏	4530	4504	—	608	—	37434
	银川	光伏	9050	9528	—	2577	—	65017
		屋顶光伏	50	62	—	33	—	2163
2018	中卫	风电	105219	110078	—	36680	—	792073
		光伏	4400	4989	—		—	
	吴忠	光伏	4400	4865	—	1450	—	37506

续表

年份	公司	项目	发电量（万千瓦时）		利润总额（万元）		资产总额（万元）	
			计划	实际	计划	实际	计划	实际
2018	银川	光伏	9800	9670	－	2329	－	62453
		屋顶光伏		59	－	－387	－	21058
2019	中卫	风电	110000	104950	15700	35780	－	851309
		光伏	5100	4856				
	吴忠	光伏	5100	4673	1250	1377	－	35217
	银川	光伏	9955	9327	2900	3035	－	50840
		屋顶光伏		62		7780	－	22010
2020	中卫	风电	114971	102921	－	34582	－	924060
		光伏	19700	5211			－	
	吴忠	光伏		4712		1176	－	34045
	银川	光伏		9305		3145	－	45930
		屋顶光伏		61		324	－	24238
2021	中卫	风电	149156	158340	45758	6685	－	548405
		光伏	29149	13934			－	
	吴忠	光伏		4683		1187	－	33873
	银川	光伏		9780		3041	－	46576
		屋顶光伏		62		215	－	25733

第三节　氧化铝与铝土矿

一、运行机构

2017 年 1 月 23 日，铝电公司成立产业管理中心，下设氧化铝生产管理部，与山西铝业合署办公，主要负责公司氧化铝板块生产技术管理，铝土矿生产运行由山西铝业负责管理。

2019 年 3 月 18 日，铝电公司管控优化调整，撤销产业管理中心，成立氧化铝部、矿业部。氧化铝部和矿业部分别负责氧化铝、矿山产业规划、项目设计、工程建设、生产技术、安全环保、节能减排及检修技改等管理工作，协调三级单位的生产组织。

2021 年底，铝电公司调整机关部门职责，氧化铝部新增基建项目前期工作，监督、指导基建项目的工程设计、安全、质量、进度、造价全过程管理，对基建项目后评价提供专业技术支持；对 1000 万元及以上的技改项目投资决策提供专业技术支持；对氧化铝板块指标执行情况进行过程管控，并提出考核意见；监督、指导氧化铝板块安健环体系建设运行；配合公司进行经济运行分析与评价等 6 项职责。矿业部新增本专业碳减排技术推广应用。

截至 2021 年，铝电公司共有 8 条氧化铝生产线。其中，拜耳法生产线 7 条，烧结法生产线 1 条，年产能 390 万吨。所属单位分布在国内山西原平（山西铝业）、贵州务川（遵义公司）。铝土矿资源分布在国内山西、贵州区域和海外几内亚共和国。其中，露天矿山 3 座（五台、宁武和几内亚矿），井工矿山 4 座（瓦厂坪、大竹园、杨家沟和贺家圪台矿）。

二、生产运行单位

铝电公司氧化铝、铝土矿分别由山西铝业、遵义公司、铝电金海 3 家单位管理运行。

（一）山西铝业

1. 管理机构

2012 年 3 月 31 日，山西铝业开始由国际矿业管理。

2017 年 1 月，隶属铝电公司。

2021 年底，山西铝业设置综合管理部（董事会办公室、法律内控部）、企业管理部、计划与财务部、人力资源部（党委组织部）、党建部（党委办公室、工会办公室）、生产技术部（调度中心）、设备检修部、市场营销部、发展部、科技创新部、纪委办公室、安全环保监察部等 12 个职能部室，下设原料车间、压溶一车间、压溶二车间、分解一车间、分解二车间、焙烧车间、烧结车间、库区车间、发电运行车间、发电辅助车间、新能源车间、机务检修一车间、机务检修二车间、机务检修三车间、电仪检修车间、发电检修车间、仓储物流车间、质检中心、实验研究中心、矿业部及矿山等 20 个生产车间（中心）及保障保卫中心、培训中心、监督中心 3 个支持性机构。在册员工 1361 人。

2. 产能及产量

山西铝业主要生产氧化铝，氧化铝产能 290 万吨／年。在产矿山分别是五台矿和宁武矿，铝土矿产能 220 万吨／年。

2017—2021 年，氧化铝产量累计 1384.35 万吨，铝土矿产量累计 710.03 万吨。

3. 现场管理

（1）劳动组织。2017 年，山西铝业以氧化铝分公司为生产中心，供销物流分公司、热电分公司、检修分公司、实业分公司为保障单位，进行生产经营管理，简称"一个中心，四个保障"，按公司—分公司—车间—班组四级管控模式组织生产。2020 年 6 月，改为公司—车间（矿）—班组三级管控模式。山西铝业工作时间分为两类，一类为 8 小时标准工时制，一类为四班三倒运行综合计算工时制。其中，综合计算工时制为 24 小时连续性作业。

（2）生产技术管理。山西铝业生产技术部（调度中心）负责生产组织、调度指挥、生产系统监督考核、工艺技术管理、质量管理等。

2019 年，国内铝土矿受到环保、市场等因素影响，供应日趋紧张，山西铝业也面临严峻的矿石短缺问题，生产一度出现停产待料局面，开始引用进口铝土矿，由于进口铝土矿的物相结构和成分与国产铝土矿不同，工艺和控制条件也存在较大差距。进口矿石需采用低温、低浓度溶出工艺，公司经过对原料输送、溶出机组、赤泥沉降等系统改造，完成 2 条生产线由高温法向低温法生产系统的转变，使进口矿石生产技术指标逐年提高。

2019 年 8 月，按照铝电公司要求，山西铝业与中南大学签订无钙拜耳法溶出技术合作研发协议；12 月，完成工业试验。2020 年 5 月，完成项目结题验收，项目成果正式推广应用。

2020 年，山西铝业针对进口矿石中锂、钾含量低的特点，开发出低锂钾含量产品。截至 2021 年底，已向铝电公司系统内部发运低锂钾氧化铝产品 125.46 万吨。低锂钾氧化铝的使用，为公司电解铝高效生产创造条件。

先后制定《工艺技术管理办法》《氧化铝原料生产作业规程》《氧化铝工艺技术标准》等，并结合生产实际，进行多次修订。对部门职责、工作流程、操作程序、工艺管理、事故记录、试验报告、指标控制、验收标准等进行细化。围绕进口铝土矿，使用工艺条件变化、无钙拜耳法溶出技术、赤泥脱碱、焦炉煤气使用、余热回收、挖潜改造等工艺流程，开展工艺技术管理办法、工艺技术标准及操作规程修订等工作，有效地保障生产稳定运行。规范铝土矿入厂流程，保证进口矿生产线矿石供应，并降低物流成本。规范排盐过程，促进有机物析出，实现无配套装置去除有机物的情况下，低温法稳定运行。

2017—2021 年，累计投资 4.06 亿元，进行余热回收供热改造、烧结法沉降槽流程改造、氧化铝生产系统挖潜改造、焙烧炉燃气系统改造、新建燃料智能化管控系统等 9 项生产技术改造，提升氧化铝生产工艺技术。改造烧结法沉降槽混合器为水力混合槽，保证指标操作精度。新增铁路线路及附属设施，满足氧化铝增产后矿石接卸、氧化铝铁路运输需求。

（3）安全环保管理。山西铝业安全环保工作由其安全环保监察部负责，主要涉及职业健康管理、环保管理、体系管理、事故管理、应急管理、安全生产标准化、风险预控与隐患排查等内容。

2017 年，山西铝业制订《HSE 管理体系提升实施方案》，以全面落实企业安全生产主体责任为主题，开展安全警示宣传周、知识竞赛、安全文化周、隐患大排查等活动及专项行动，强化安全生产主体责任的落实，提升员工安全意识和应急处置技能。

2018年，以"生命至上，安全发展"为主题，组织开展安全警示教育活动，集中观看《安全生产十大禁令》视频和近年安全生产事故警示视频，鼓励员工举一反三，有效遏制事故发生；举办安全发展主题宣讲教育，以组织讲座、设置宣传专栏、播放宣传片、发放宣传单等方式宣传安全知识。举办"秀出我的安全"作品征集展播、"全国有了安全月的味儿"摄影作品征集活动，并开展"和"安全文化宣贯，"生命至上，安全发展"宣传咨询日活动，以及安全法律法规和集团安全生产规章制度培训学习，组织全体员工开展隐患大排查活动；组织开展专项应急预案及现场处置方案演练20余次，向职工家属宣贯安全文化理念，进一步落实以人为本的安全发展观，促进广大职工安全意识的提升。结合国家电投下发的《班组安全建设指导意见》，完善班组安全建设基础性制度和标准，制定《安全质量环保经验反馈管理制度》《安全质量环保经验反馈管理制度》《消防安全管理办法》《环境保护责任制度》《生态环境治理费用提取和使用管理制度》《排污许可管理制度》，修订《生产安全事故隐患排查治理制度》，建立隐患分类标准、跟踪监控重点隐患目录。通过一系列制度的执行，规范生态环境治理费用提取、使用要求，明确了各单位环保职责。推进春季、秋季安全大检查、有限空间及粉尘涉爆场所专项检查等各项整治工作，共计排查整改隐患1338项，完成26项专项整治工作。

2019年，围绕"防风险，除隐患，遏事故，我为安全生产献一计"为主题，组织开展安全生产合理化建议征集、警示教育观影、安全知识竞赛等活动，提供全体员工的隐患意识。实行分级管控风险模式，按照"谁主管谁负责"的要求，对重点监控风险进行分析、评价。定期对重点督办事项进行跟踪、评估、考核，特别是加强了矿山提升系统、通风系统、排水系统；铝土矿的爆破、开采、交通运输；电力板块的机组保护投退、汽轮机弯轴烧瓦、氢系统爆炸、锅炉灭火放炮；铝业板块的铝水爆炸、粉尘爆炸、赤泥库跨坝等重点领域和关键环节的风险预防和安全管理。加强施工过程的安全监管，规范承包商准入门槛，对施工承包商实行"三措一案"，并建立评价机制和退出机制。做好机械设备验收和定检工作，重点加强大修、技改项目安全管理，细化高风险作业内容及管控要求，提高高风险作业预防监护等级，采用施工区域物理隔离、重点过程全程旁站、增设视频监控等各种手段，加强安全管控能力。

2020年，围绕"消除事故隐患，筑牢安全防线"活动月主题，着眼加强疫情防控常态化条件下安全生产和专项整治三年行动排查整治工作，开展"排查整治进行时"专项行动，针对现场隐患、施工方案、责任落实、安健环对标等进行深入督察整治，及时防范现场风险隐患；组织主题宣讲咨询活动，通过安全生产"公开课""微课堂"等授课活动，有针对性地开展全方位、多角度、立体化解读宣传，辅导传授安全生产知识技能；开展安全警示教育和科普宣传活动，采用宣传日知识宣讲、公众号推送、观影教育、安全生产知识竞赛、安全生产研讨会主题班日活动、亲情嘱托视频展播等活动，切实提升员工岗位安全意识和责任意识；开展专项应急演练和现场处置方案演练20余次，进一步提升员工应急处置技能。完善车辆管理制度，派车单增加了安全交底事项，执行冬季行车安全措施，利用车辆GPS定位装置、行车记录仪定期对车辆进行督查，杜绝了违章用车、超速行驶等行为。

2021年，以"落实安全责任，推动安全发展"为主题，以确保建党100周年安全稳定为主线，实施"六个开展"系列活动，发送发放各类安全宣传资料1000余份，宣传挂图50余张；观看电视专题片，参与学习200人；开展安全文化活动，参与169人。开展节前安全检查4次，春、秋季安全大检查及汛期等安全检查9次，同时对承包商职业健康、安全生产费用开展专项检查，共下发通报52次，排查问题、隐患1105项。

山西铝业主要风险分布在焙烧、锅炉、汽机等区域，主要风险作业为天然气管道动火焊接、焦炉煤气管道动火焊接、锅炉水压试验、锅炉启动、锅炉本体检修、给煤系统检修、脱硫脱硝系统检修、汽轮机检修。针对以上风险，采取通用检查和专业检查相结合的方式进行。通用检查包括安全生产责任制落实、隐患排查治理和重大危险源监控、安全教育培训、安全环保投入和工程项目"三同时"、安全管理执行情况以及对承包队伍安全监督管理、应急管理、事故管理。专业检查由各专业管理部门根据国家安全法规和上级主管部门制度标准确定检查内容。根据产业板块和季节特点，每年组织开展春季、夏季（迎峰度夏）、防汛、秋季、冬季（防寒防冻）安全检查。特别是加大各单位外包施工、高危作业工作环节安全检查力度，以重大危险源、人员密集工作现场等为重点，实施每周一项专项检查，根据实时作业风险状况，突出重点，进行现场旁站监护。每年组织开展"11·9"消防月活动，每年开展冬春季、秋季、夏季防火专项督查检查工作，对各单位防火工作安排部署情况、消防管理体系、消防设施配置、消防设备设施检测等情况进行检查指导，及时排查治理火灾隐患问题，杜绝发生火灾事故事件。

2017—2021年，针对公司职工及承包商员工，围绕安全环保、安全管理知识等内容，累计开展安全教育培训4146场次，培训人员12.49万人次。组织开展应急演练4030次，参与演训人员近7万人次。应急投入497万元。

定期开展环保设施、放射源、固废、危废贮存、处置、无组织扬尘等方面专项检查，及时发现并消除生产过程中存在的环保风险，提升环保管理水平。完成自备电厂锅炉超低排放改造，煤堆场、一期均化库封闭改造，焙烧炉收尘、脱硝改造、烧成窑窑尾窑头收尘改造、烧成窑烟气脱硝改造等重点环保项目改造，各项污染物排放均满足环保法律法规相关要求。

（4）质量管理。山西铝业建立以过程物料分析化验、工艺指标控制、产品质量管控、客户回访为主要内容的质量管控体系，并按制度要求完善岗位设置、配齐岗位人员。

2017年以来，制定《成品质量控制管理办法》《氧化铝生产过程物料分析标准》《原辅材料质量标准》《质量事故调查处理管理办法》《产品质量管控措施》，为生产工艺过程质量控制提供保障。制定《氧化铝生产工艺技术标准》，对氧化铝的生产标准、技术过程和质量管控做了明确规定，确保产品质量过程管控。

对铝土矿、液碱质量等大宗物料严格执行国家和行业标准，氧化铝产品质量符合YS/T 803-2012《冶金级氧化铝》标准。对矿石质量、液碱质量、相对溶出率指标、循环效率指标、商品氧化铝质量指标进行全过程监督。通过完善关键换热设备运行标准，明确设备性能控制标准，强化日常换热设备清理、清洗过程管控，对关键设备开展专项攻关，推进设备日常消缺及大修工作执行等措施，有效保证循环效率指标的有效调控。及时调整和控制各项化学指标，严格检斤、接卸、采样、制样、化验全流程规范作业，使质量管理过程可控在控。吸收基层职工合理化建议，对矿石粒度筛、采制相关工具等进行改造，提高工作效率，提升作业规范性，定检合格率大于99%。对铝硅比、氧化铝过程指标完成情况进行实时通报、分析、调整，通过强化结果导向与运用，加大指标完成情况奖惩力度，加大流程优化与新设备技术应用，采取流程优化、方式优化等措施，确保产品质量。

严格按照GB/T 24487-2009、行业标准YS/T 803-2012组织生产，截至2021年，产品一级品率均保持在100%。

成立质量体系认证工作小组，确定质量管理方向、目标，组织开展体系培训。通过内审，全面审核、验证管理体系运行的有效性，并为体系的持续改进提供依据。2019年1月，荣获忻州市首届市长质量奖。2020年6月，通过ISO 9001：2015和GB/T 19001-2016质量体系认证工作。《溶出系统换热效率提升攻关》QC成果荣获铝电公司2021年度优秀质量控制成果一等奖。

（5）能源管理。随着国内氧化铝生产规模不断扩大，铝土矿资源不足，矿石品位下降，能耗双控政策趋严和环保等问题，山西铝业在不同时期、不同阶段，针对不同种类、不同品位铝土矿，对生产技术指标、能源消耗控制等不断进行优化调整，先后制定《能源管理办法》《能源消耗限额与计量标准》《测量设备检定校准管理办法》《综合统计管理办法》《工艺技术管理办法》等能源管理制度。每月对大宗原燃物料、在制品、半成品、产品等进行盘存，根据盘存结果和专业统计报表确定能源消耗指标，进行分析，制定改进措施，提高管理实效。

　　山西铝业涉及的能源种类主要有电力、煤炭、天然气、煤气、蒸汽、柴油、水等，严格执行国家氧化铝能耗限额标准《GB 25327-2017 氧化铝单位产品能源消耗限额》。2017—2021 年主要能源物料消耗指标完成情况见表 4-3-1。

表 4-3-1　2017—2021 年山西铝业主要能源物料消耗指标完成情况表

年份	能源物料名称	单位	氧化铝单位产品能源物料单耗定额	氧化铝单位产品能源物料单耗完成情况
2017	烧成煤	千克／吨氧化铝	1000.00	1023.08
	无烟煤	千克／吨氧化铝	300.00	295.37
	天然气	标准立方米／吨氧化铝	86.80	84.76
	蒸汽	吨／吨氧化铝	2.45	2.38
	柴油	千克／吨氧化铝	0.30	0.27
	水	吨／吨氧化铝	4.10	4.11
2018	烧成煤	千克／吨氧化铝	1050.00	1034.77
	无烟煤	千克／吨氧化铝	300.00	320.80
2018	天然气	标准立方米／吨氧化铝	85.00	84.72
	蒸汽	吨／吨氧化铝	2.27	2.28
	柴油	千克／吨氧化铝	0.30	0.31
	水	吨／吨氧化铝	3.80	3.69
2019	烧成煤	千克／吨氧化铝	850.00	810.38
	无烟煤	千克／吨氧化铝	350.00	309.99
	天然气	标准立方米／吨氧化铝	84.30	85.12
	蒸汽	吨／吨氧化铝	2.26	2.23
	柴油	千克／吨氧化铝	0.30	0.31
	水	吨／吨氧化铝	3.80	3.63
2020	烧成煤	千克／吨氧化铝	1000.00	810.38
	无烟煤	千克／吨氧化铝	400.00	309.99
	天然气	标准立方米／吨氧化铝	67.86	86.16
	蒸汽	吨／吨氧化铝	2.15	2.07
	柴油	千克／吨氧化铝	0.30	0.37
	水	吨／吨氧化铝	3.80	3.15

续表

年份	能源物料名称	单位	氧化铝单位产品能源物料单耗定额	氧化铝单位产品能源物料单耗完成情况
2021	烧成煤	千克／吨氧化铝	800.00	794.59
	无烟煤	千克／吨氧化铝	450.00	434.37
2021	天然气	标准立方米／吨氧化铝	43.00	54.14
	焦炉煤气	标准立方米／吨氧化铝	86.20	62.07
	蒸汽	吨／吨氧化铝	2.12	1.93
	柴油	千克／吨氧化铝	0.30	0.28
	水	吨／吨氧化铝	3.80	3.14

（6）设备管理。2017 年以前，设备管理工作由设备管理部和检修分公司负责。主要开展设备点检维护标准化、"六源"（生产现场的污染源、清扫困难源、故障源、浪费源、缺陷源、危险源等）问题专项治理，实现设备健康、低耗、高效运转，主要设备运转率为92.79%。

2018 年，逐步推进设备状态检修、点检定修制度，规范现场点、巡检工作。通过开展信息化建设，提高设备管理水平，设备检修逐步由抢修提升至系统性检修，主体设备故障月均影响时间降低至 19.26 小时。

2019 年 8 月，成立设备检修部，履行设备管理、检修维护职能；负责氧化铝生产范围内机务设备的专业点检（不包括槽罐本体、工艺管网）、日常检修消缺等工作；负责电力生产全过程中的生产、技术、设备、检修、技术监督、燃料管理、指标管理、成本控制等工作，承担电力生产区域设备管理的主体责任。负责热电分公司范围之外电气、热控、计量设备的专业点检、日常检修消缺等工作。

2019—2020 年，按照"管理是基础，使用是主体，维修是保障"的管理理念，加强设备点检、巡检，准确掌握设备运行状况。根据设备劣化趋势提前准备、合理安排检修，杜绝"救火"式抢修，逐步达到系统检修、计划检修，使设备缺陷可控、在控，提高设备完好率，降低非停次数。2019 年，溶出机组运转率达到 96.92%，同比提高 0.67%；烧结法回转窑的运转率高达 82.59%，同比提高 14.18%。2020 年，烧结法回转窑运转率累计完成 84.44%，同比提升 2.24%。

2021 年，根据《铝电公司氧化铝板块 2021 年设备管理提升方案》，经过现场治理，压溶一车间隔膜泵及原料磨、压溶二车间隔膜泵及原料磨、焙烧车间等 5 个试点区域达到"设备见本色、无泄漏"要求，实现达标。

2017—2021 年，先后完成 5 项技术改造，累计投资 1031 万元。将烧结法熟料输送系统西线链斗机改为槽式机，一期分解精液降温板式增加换向阀，一期隔膜泵系统增加氮气包壳体总成。技术改造项目完成后，保证生产设备安全可靠运行。

（7）标准化管理。2018 年 9 月，在现场标准化管理的基础上，开展现场环境整治工作，9 月初，编写实施方案和《生产现场整治标准》，制订整治计划，明确整改措施、责任人，细化时间节点。整治重点为作业区域现场、历年来事故防范措施落实、规范大修技改项目现场施工行为等。经过一年时间整改，生产现场环境明显改善。

2019 年 8 月 7 日，成立企业管理部，负责厂区现场管理、车间和班组标准化建设、精益生产等工作，修订《6S 管理办法》《六源管理办法》，明确 HSE 部、设备检修部、生产运营部责任分工。

2020 年 3 月，制订《现场文明生产和环境治理提升实施方案》，明确工作目标，制定工作原则和工作计划，将现场标准化整治工作融入日常工作中。明确各单位现场环境卫生清理周期，细化责任人和环境标准，员工按时对现场进行环境清理和设备维护，作业环境得到改善。企业管理部加强培训指导和协调、推广典型经验，每月组织对各单位进行检查、通报和评比。各单位学习先进经验，查找自身不足，按照项目化方式，逐步销号提升，实现文明生产环境治理和中心工作的"双提升"，当年有 18 个生产车间达标。

2021 年，修订《目视化指南》《6S 达标评价标准》，制订《生产现场标准化管理提升实施方案》，设立车间和区域样板区，明确责任单位，消除管理空白地带。发挥以点带面示范作用，先后 4 次组织现场交流，选取泄漏治理难点开展专项整治，治理效果明显。2021 年底，18 个生产车间全部实现初步达标，3 个车间达到一流达标单位。

4. 综合计划

（1）编制依据。山西铝业以战略规划指导年度计划预算，以年度计划落实战略规划，以经营预算保障年度计划为原则，按照铝电公司《关于编制年度综合计划（JYKJ）方案的通知》和《年度综合计划（JYKJ）方案编制指导意见》，结合氧化铝设计产能、铝土矿矿源及其品位、氧化铝主要设备运转效率、与经济技术指标相关的节能改造计划、氧化铝发展环境分析等内容，编制山西铝业年度综合计划。

（2）编制内容。山西铝业年度综合计划由计划与财务部牵头组织编制，8 个专业部门参与编制。其中，生产技术部负责提供与氧化铝生产相关的产量和经济技术指标计划、大宗原燃物料需求计划等；设备检修部负责提供发电量、与电力相关的经济技术指标计划、设备大修计划、技改项目投资计划等；科技创新部负责提供公司科技和数字化项目投资计划等；安全环保监察部负责提供安健环指标计划；发展部负责提供公司发展项目投资计划；矿业部负责提供自供矿量、矿山基建项目投资计划等；市场营销部负责提供氧化铝销售、大宗原燃物料采购计划等；人力资源部负责提供人力资源计划等。

计划与财务部每年10月中下旬完成下年度综合计划初稿编制，经公司审核后上报铝电公司计财部，铝电公司计财部组织各专业部门进行综合评审，山西铝业根据综合评审意见进行修改完善后重新上报。履行公司党委会、董事会审议流程。

山西铝业在年度综合计划的基础上，根据主体设备检修和技术改造计划安排，编制月度分解计划，每月根据生产实际情况对分解计划进行动态调整，经月度例会审议后形成公司月度综合计划，月末对综合计划执行情况进行总结分析，并对存在的问题提出下一步改进措施，纳入下月综合计划内容。

（3）完成情况。2017—2021年，山西铝业通过内部挖潜、外部对标的方式，着力开展生产运营质量提升、自备矿开发、燃气替代、进口矿石应用、设备非停控制等攻关工作，克服矿石供应品质贫化、供应短缺、价格上升、环保管控、疫情封控等各种困难，氧化铝产能逐步达到设计产能水平，生产经营状况逐步改善（见表4-3-2）。

表4-3-2　2017—2021年山西铝业综合计划完成情况表

指标名称	单位	2017年		2018年		2019年		2020年		2021年	
		计划值	完成值	计划值	完成值	计划值	完成值	计划值	完成值	计划值	完成值
氧化铝产量	万吨	285	273.67	297.5	252.18	300	270.23	276	288.95	280	299.32
自供矿量	万吨	100	149.26	250	44.90	270	81.72	150	218.46	230	238.58
氧化铝不含税完全成本	元/吨	1931	2237	2326	2549	2508	2549	2475	2175	2170	2336
利润总额	亿元	2.21	6.5602	6.56	0.3732	1.80	-6.7064	-1.79	-1.3866	0.057	6.1754
矿耗	吨/吨	2.10	2.27	2.26	2.32	2.33	2.42	2.44	2.33	2.39	2.40
碱耗	千克/吨	150	171.80	170	188.25	161	147.66	122.45	135.35	142.55	135.02
汽耗	吨/吨	2.39	2.38	2.27	2.28	2.26	2.23	2.15	2.07	2.12	1.93
电耗	千瓦时/吨	297	305.72	291	314.45	305	311.40	305	302.67	311	283.70
燃气耗	标准立方米/吨	86.8	84.76	85	84.72	84.3	85.12	85.8	86.16	86.10	85.46
石灰耗	千克/吨	210	239.57	240	238.45	230	173.78	130	110.82	135.8	72.06

续表

指标名称		单位	2017 年		2018 年		2019 年		2020 年		2021 年	
			计划值	完成值	计划值	完成值	计划值	完成值	计划值	完成值	计划值	完成值
年度投资	总额	万元	23592	23241	43172	43270	77029	56573	60615	43339	32974	41420
	大中型基建	万元	5000	5505	10617	10995	33500	19459	28806	19889	15000	20662
	技术改造	万元	17908	17576	32258	32124	42474	35133	30601	22918	15980	20005
	科技项目	万元	558	40	27	19	715	1557	815	155	1221	162
	数字化项目	万元	126	120	270	132	340	424	393	377	773	591

5. 辅助生产管理

（1）热电。山西铝业电力板块主要承担着氧化铝生产供汽、供电以及原平市冬季的部分供热任务，同时，承担上电网电量的总体平衡工作。电力总装机容量为 15.9 万千瓦。

2020 年以前，电力板块以分公司模式运行。2021 年底，设置发电运行车间、发电检修车间、发电辅助车间、新能源车间 4 个车间，3 家外包单位。

发电运行车间负责向氧化铝生产提供高低压蒸汽和电能，负责锅炉、汽轮机、发电机、主变等设备及系统的运行管理，负责厂区暖通、生活区暖通、原平供热采暖站、本车间制冷站运行管理工作。发电检修车间负责电力生产范围内的设备、设施、采暖、制冷的机务、电气、热控等检修、维护，负责所属范围内项目实施过程中的安全、质量、进度控制等施工管理工作；参与项目竣工验收工作；负责项目的工程竣工资料整理、移交工作。发电辅助车间负责化验、输、卸煤，脱硫的运行管理。新能源车间负责厂内、赤泥库、灰渣库、矿山光伏项目的前期筹划、施工监管及后续光伏电站的运营管理工作。

（2）仓储物流。2019 年，仓储、产品包装、铁路管理合并为一个车间，主要负责氧化铝包装、储存、盘点，物资仓储管理、库存定额分析、厂内物资配送、废旧物资回收、危险废物回收，汽车、火车发运氧化铝，其他铁路到厂物资取送车及卸车工作；负责 2 台东风 7C 型自备内燃机车、810 辆 GF70 型自备火车罐车及铁路设备设施的维护管理工作。

（二）遵义公司

1. 管理机构

2007 年 12 月 15 日，中电投成立遵义公司，为二级单位。之后，分别归贵州金元集团、国际矿业管理。

2017 年 1 月，铝电公司成立，遵义公司为其下属子公司。

2017年3月，遵义公司成立氧化铝管理部，与氧化铝分公司合署办公；成立矿山管理部，与铝矿分公司合署办公。7月，遵义公司与氧化铝分公司合署办公，矿山分公司调整为瓦厂坪矿和大竹园矿，2家分公司部门全部撤销，遵义公司、氧化铝分公司和铝矿分公司的所有人员合并。

2018年5月18日，氧化铝厂、瓦厂坪矿和大竹园矿作为遵义公司下设的生产单位运行。

2021年底，遵义公司设置综合管理部（董事会办公室）、规划发展部、党群工作部、人力资源部、计划与财务部、生产技术部、设备管理部、矿山部、安全与环境保护监察部、纪委办公室等10个职能管理部室。下设原料制备车间、矿石脱硫车间、溶出沉降车间、分解蒸发车间、焙烧车间、赤泥压滤车间、热电运行车间、煤气车间、机务检修车间、电仪检修车间、质检化验中心、供销中心、仓储物流中心、瓦厂坪矿、大竹园矿、石灰石矿等16个车间。有员工675人。

2. 产能及产量

遵义公司主要产品为氧化铝，单条100万吨/年生产线，采用拜耳法氧化铝生产工艺和"干法制粉、矿石焙烧脱硫"技术工艺，2020年4月29日，正式生产氧化铝。截至2021年底，累计生产氧化铝98.69万吨。瓦厂坪矿、大竹园矿铝土矿年产能200万吨，截至2021年底，累计供矿量194万吨。

3. 现场管理

（1）劳动组织。遵义公司采用公司—车间（矿）—班组的生产管控模式。

2018年11月，制定《运行三制管理办法》。2021年1月，对该制度进行修订，生产运行班组实行四班三倒连续作业，其他班组实行白班制。

（2）生产技术管理。2018年10月，随着氧化铝项目工程建设接近尾声，逐步向生产准备、试生产及生产运行转变。成立生产运行部，负责生产组织、调度指挥、异常生产情况协调、工艺事故应急处置、节能降耗、生产系统监督考核等。制定《氧化铝生产工艺技术规程》《工艺事故管理办法》《生产组织管理办法》，各单位严格按照规程操作，结合实际，修编运行规程，优化操作步骤和生产控制标准。生产技术部每月定期对各生产车间的交接班记录、点巡检表等进行检查，并提出整改意见，通报、考核。

2018年，由沈阳鑫博以EPC的模式承建矿石焙烧脱硫系统，于2019年6月份建设完成。由于热风炉等部分设计缺陷，经过近4个月的调试和改造，仍达不到高硫铝土矿设定的脱硫反应温度，铝土矿无法达到预期的脱硫效果。委托西安建筑科技大学对焙烧脱硫系统进行技术改造。矿石焙烧脱硫技术属于遵义公司氧化铝项目的核心工艺，主要是将原料终粉磨送来的高硫铝土矿矿粉（生料）在气态悬浮焙烧炉加热焙烧，使矿石中的硫与空气中的氧充分接触反应生成二氧化硫气体，降低铝土矿中的硫含量，改造完成后通过投料试运，产能和指标达到设计值，经专家评审，高硫铝土矿焙烧脱硫技术工艺路线可行，焙烧后得到的低硫铝土矿粉（熟料）满足氧化铝拜尔法生产工艺要求，工业化应用取得突破。

遵义公司先后进行多项技术创新和改造，根据系统负二价硫、铁含量情况，及时微调除铁措施，克服脱硫试车矿石物料复杂的影响；固化添加硝酸钠、溶出后槽通风氧化低价硫、调整叶滤石灰添加量等除铁措施，产品铁含量得到有效预控，并持续保持稳定。先后采取母液化灰、强滤液化灰、水化灰等方式，调整石灰添加方式和搅拌混匀优化等措施，相对溶出率、循环效率、分解率环比提升，溶出效果攻关取得成效。以 -3.55 微米为判断基准，建立数据分析模型，控制产品粒度，产品粒度达到行业标杆水平，细化周期时间由 73 天缩短至 45 天，提升产品竞争力。通过原料制备系统防堵改造、溶出乏汽回收器改造、分解宽板虹吸方式进料、氢氧化铝焙烧炉燃烧器改造等多项技改措施，优化工艺流程，促使系统综合能耗降低。将 1104 综采工作面刮板转载机更换为带式转载机，增大运量，减少磨损，产量稳步提升。

自 2020 年 4 月 29 日运行以来，氧化铝技术指标及消耗指标均有较大幅度的提升。2021 年，循环效率、相对溶出率、分解率环比分别提高 6.58%、1.42%、6.69%，矿耗、碱耗、汽耗、灰耗、汽耗、煤气耗环比分别降低 3.28%、5.06%、12.87%、13.41%、4.33%、0.95%。

（3）质量管理。遵义公司始终坚持"质量第一，顾客至上，持续改进，追求卓越"的工作理念，氧化铝生产严格执行《铝土矿石》（GB/T 24483）技术要求、液碱以 GB 209-2006《工业用氢氧化钠》为标准、氧化铝产品质量符合《冶金级氧化铝》（YS/T 803）（GB/T 24487）技术标准。按照质量标准体系要求，制定质量管理体系文件，包括《原燃物料质量管理办法》《过程物料取样化验管理制度》《氧化铝成品质量控制管理办法》《质量管理规定》《标识和可追溯性控制程序》《不合格品控制制度》等，严格按照质量管理体系相关标准实施管理。每月对原燃物料检斤检质、采制化及现场生产开展质量管理监督检查，对发现的问题按制度进行考核，并要求各相关车间定期完成整改。每月对大宗原燃物料进行抽检，对进厂原燃物料与入炉、入磨指标进行回归比对，对偏差进行分析，形成质量月报。化验室通过不断完善提升，定期进行仪器设备、标准物质的期间核查、检定校验、比对检验，以保持检测方法、仪器设备的有效性、可靠性，2020 年 12 月 5 日通过中国质量认证中心 CQC 管理体系现场评审。2020 年 12 月通过质量管理体系认证，质量管理体系符合 GB/T 19001-2016/ISO 9001：2015 标准。2021 年 2 月 23 日，氧化铝产品达到一级品；12 月，通过第三方第一次质量管理体系监督审查，推荐保持认证。

2020 年 4 月 29 日，氧化铝项目投料试车后，针对溶出效果不达标、溶出机组结疤速度快、机组运转周期短、铁含量超标等问题，组织开展物理除铁措施，邀请研究院、国内高校及科研机构有关专家进行分析研究。

2021 年 1 月，成立溶出赤泥铝硅比攻关小组和氧化铝产品质量攻关小组，对氧化铝生产过程指标及产品质量进行攻关。邀请中南大学教授团队对公司氧化铝生产问题进行分析诊断，制定优化措施，使氧化铝溶出指标逐步好转。2 月 17 日，焙烧氧化铝三氧化二铁降至 0.02% 以内，产品达到一级品，并保持后续产品质量稳定。

铝土矿开采方面，在工作面进行回采前由矿生产技术部技术人员对工作面矿层进行刻槽取样分析，经综合分析确定可采矿层的厚度，编制采矿方案，经审批后下发生产单位贯彻执行，并抄送调度室掌握分采分运等情况。现场则由矿生产技术人员现场画线，划定开采范围。采出的矿石由矿生产技术部技术人员取样送化验室进行化验，根据品位指标及时调整采矿方案。

严格按照氧化铝产品质量控制标准组织生产，严控质量，执行国标 GB/T 24487-2009、行业标准 YS/T 803-2012。截至 2021 年，遵义公司出厂产品一级品率均保持在 100%。

（4）能源管理。遵义公司依据国家能源政策法规和标准，建立满足企业生产要求的能源管理体系，并持续加强能源管理。遵义公司能源种类主要有电力、煤炭、天然气、煤气、蒸汽、柴油、水等，严格执行国家氧化铝能耗限额标准。

（5）设备管理。2018 年 10 月，遵义公司成立设备管理部，履行设备管理和设备检修维护职能。定期对设备操作人员进行培训，使其熟悉设备操作流程及设备性能，降低设备事故。编制、修订、审核各类设备年度检修计划以及大修、中修、小修设备检修保养计划，并按照"六落实"（计划项目落实、设计图纸落实、施工器材落实、劳动力落实、施工机具落实、安全措施落实）组织实施。定期参加各种电气设备、机械设备、工业建筑物检查，对不符合安全技术标准要按照"三定"（定人、定时间、定项目）原则组织解决，一时解决不了的，制定防范措施，列入计划整改。机务检修车间根据《遵义公司设备检修管理办法》《机务检修车间设备检修管理办法》，负责所辖区域内设备设施的所有检修项目的计划、过程监督、质量控制、验收等管理工作；对于重大设备检修，牵头制订检修技术方案、安全方案、应急预案并报批，对检修作业现场的安全防范措施进行检查，较高风险作业时旁站监督。在运行过程中严格执行设备交接、定期轮换和巡回检查制度，设备管理部组织各车间制定设备点检内容和点检标准，每周组织设备综合检查，将现场设备润滑维护、标识标牌、设备卫生、设备缺陷、设备运行情况、点检记录及设备运行相关台账记录纳入检查内容，检查不符合项进行通报考核，并跟进落实整改反馈，形成闭环管理。重点设备运行中出现故障，设备管理部迅速组织机务和电仪专业技术人员进行原因分析，制定整改措施，安排检修力量抢修，确保设备处于备用状态。

2020 年 10 月，对焙烧氧化铝 3 号斗式提升机进行设备换型改造，满足生产要求。11 月，为充分回收利用溶出套管加热乏汽，将原有汽水加热器拆除改造，增加 1 台乏汽回收器，改造完成后达到预期效果。

截至 2021 年底，月均设备完好率为 97.3%，设备利用率 98.2%，设备可开动率 96.5%。

（6）安全环保管理。2017 年 7 月 20 日，遵义公司成立安全环保部，包含矿山安全环保工作。主要职责为监督执行安全生产法律、法规和标准，参与企业安全生产决策；制定安全生产规章制度、从业人员管理制度和车辆安全生产管理办法、操作规程和相关技术规范，明确各部门、各岗位的安全生产职责，督促贯彻执行；制订安全生产年度管理目标和安全生产管理工作计划，组织实施考核工作，参与安全生产事故应急预案的制定和演练；制订安全生产经费投入计划和安全技术措施计划，组织实施或监督相关部门实施；组织开展安全生产检查，对检查出的安全隐患及其他安全问题应当督促相关部门立即处理，情况严重的，责令停止生产活动，并立即上报。组织实施安全宣传、教育和培训，总结和推广安全生产工作的先进经验；组织或者参与生产安全事故的调查处理，承担生产安全事故统计和分析工作。

2020 年 12 月 21 日，安全环保部更名为安全与环境保护监察部，主要负责安全、职业健康、安全监督、环保管理。

建立健全三大责任体系，强化监督、保证和支持体系的日常协调机制，修订《安全生产责任制及到岗到位标准》，细化全员安全职责、到岗到位标准和考核标准，完善安全生产履职、监督和考核评价机制。逐级签订年度安全生产责任书（员工安全生产承诺书），层层分解安全目标，将安全生产目标、责任落实到各单位、各层级、各岗位员工。组织安全教育培训，开展举一反三和经验反馈活动。土建施工、大修技改项目、高风险作业、承包商管理以及生产单位自主安全管理方面逐项排查，实行"清单、矩阵、检查表"综合查验。结合"五定"原则，对违反公司安全生产管理办法的行为予以考核，形成"整改有回复，回复有查验"的隐患闭环查验机制。

严格落实属地安全管理职责，领导干部带班督促检查，安监人员日巡查成为常态，工作细化到人、责任到点，明确安全监督旁站工作职责。对土建施工、高空作业、有限空间作业、（井下）动火作业、特种作业、停气检修、槽罐清理等安全风险较大的施工作业项目，实行全方位、全天候旁站监督和日常巡查。强化承包商等同化管理，牢固树立"没签合同是两家，签完合同是一家"的安全管理理念，各业务、各属地管理单位持续固化承包商现场作业旁站监督管理，坚持同作业人员同时上下班，将监管责任落实到位。落实人车分离管控措施，进厂机动车辆必须安装倒车语音和声光警报装置，有效遏制车辆伤害事故的发生。

2020年，根据铝电公司JYKJ体系和安全生产零死亡专项工作方案，结合年度安健环工作目标和任务，制定遵义公司安全零死亡、环保零事故实施方案，统领全年工作。从三基建设、责任落实、体系建设、承包商管理、风险预控等方面全面部署，按照清单制、台账式的方式，细化93项任务，遵照"五定"原则分解目标和任务，责任到人。修订《安全生产责任制管理规定》，细化全员安全生产责任制到岗到位标准和考核标准，完善安全生产履职、监督和考核评价机制。修订《安全生产检查管理制度》《承包商安全管理制度》等15部安全管理制度，新建《危废管理办法》《环保事故事件管理办法》等3部环保管理制度。根据新冠肺炎疫情防控常态化条件下安全生产和专项整治三年行动排查整治工作，开展"安全生产月"活动。成立安全生产隐患大排查工作领导组和5个专项检查组，开展隐患大排查。编制《氧化铝生产安全事故案例汇编》，购买、发放安全生产月活动书籍、资料200余份，参与全国安全生产知识网络竞赛，开展班组安全建设经验交流会，强化生产运行人员安全操作技能和综合能力。严格落实属地安全管理职责，对溶出套改造、煤气站干煤棚及热电厂干煤棚施工、矿石焙烧脱硫改造项目、尾矿库施工、停气检修、槽罐清理等安全风险较大的施工项目，实行全方位、全天候旁站监督。强化承包商等同化管理，HSE部、各业务管理单位固化承包商现场作业旁站监督管理方式，坚持同作业人员同时上下班，将监管责任落实到位。加大隐患排查与治理力度，及时消除生产现场事故隐患。全年度公司组织领导带队检查30余次，下发安全环保检查通报38期，发现隐患问题1188项，隐患整改率99%。组织开展危险因素辨识活动，落实危险因素控制和事故防范措施，在存在较大危险因素的场所、设备设施上悬挂安全警示标识牌。

多渠道强化安全培训，全年对326名新员工、41名山西铝业试车支援人员开展三级安全教育培训，分4期对各生产单位班组长、专兼职安全管理人员开展专业安全培训。开展工作票"三种人"资质认定，参加辐射源管理、金属非金属矿山安全管理等培训取证工作。梳理完善公司应急管理体系建设，编制综合应急预案、14类专项应急预案、98种现场处置方案，对公司生产区域范围内的消防设施、器材开展消防安全专项检查。开展有限空间、煤气中毒、触电、碱液灼伤等演练30余次，600余人参加演练和观摩演练。开展危险作业旁站监督，对高空作业不系安全带等触碰安全管理底线、红线的个人违章行为严格考核，并执行"四个1+"罚则和"黑名单"制度，重大风险施工作业点实行"人盯人"管控策略，保证施工作业安全可控在控。年度铝电公司安健环体系内部评审得分率55.02%，评价为二钻。

2021年，修订《安全生产检查管理制度》《承包商安全管理制度》《环境保护管理考核制度》等47部安全管理制度，制定《JYKJ绩效考核实施细则》《百日安全环保奖励实施办法》，建立公司、矿车间、班组三级隐患排查反违章机制，持续开展公司领导带队安全周检查，对生活区土建施工、3号员工宿舍建筑施工、大竹园矿土建施工、干矿棚建设项目、停气检修、槽罐清理等安全风险较大的施工作业项目，实行全方位、全天候旁站监督和日常巡查。实行承包商日常安全管理动态量化评价，提高承包商队伍稳定性、可控性和安全性。2021年，全年安全生产工作总体平稳有序，未发生轻伤及以上人身安全事故，未发生一般及以上设备事故、火灾爆炸事故、环境污染事故，无新发职业病。

4. 综合计划

（1）编制依据。按照铝电公司《关于编制年度综合计划（JYKJ）方案的通知》和《年度综合计划（JYKJ）方案编制指导意见》，围绕氧化铝达产达标达效，矿山综采技术攻关、消除生产瓶颈等内容，编制遵义公司年度综合计划。

（2）编制及内容。年度综合计划由计划与财务部牵头，各专业部门参与编制。其中，生产技术部负责提供大宗原燃物料需求计划、技改项目投资计划、科技项目投资计划、与氧化铝生产相关的产量和经济技术指标计划、发电量及与电力相关的经济技术指标计划等，设备管理部负责提供设备大修计划等，安全环保监察部负责提供安健环指标计划，规划发展部负责提供发展项目投资计划，矿业部负责提供自供矿量、矿山基建项目投资计划等，供销中心负责提供氧化铝销售、大宗原燃物料采购计划等，人力资源部负责提供人力资源计划等。

计划与财务部每年10月中旬完成年度综合计划初稿编制，经公司审核后上报铝电公司，铝电公司组织各专业部门进行综合评审，遵义公司根据综合评审意见进行修改完善后重新上报。履行公司党委会、董事会审议流程。

年度综合计划主要内容为上年度公司综合计划和预算执行情况、本年度综合计划预算编制组织情况、综合计划预算编制依据、产量和经济技术指标计划、安全环保指标计划、投资安排、大宗原燃物料价格和氧化铝销售价格、费用计划、成本计划、利润计划、计划预算执行保障措施等。

（3）完成情况。遵义公司主要产品为氧化铝、铝土矿，铝土矿主要为自给。2017—2020年处于基建期。2020年4月29日氧化铝生产系统投产，进入试生产阶段，2021年初转入正式生产。

2021年，铝土矿实际产量13万吨，较预算减少87万吨；氧化铝实际产量75万吨，较预算减少5万吨；资产总额为69亿元，比期初增加2亿元；总营业收入为18亿元，利润总

额负 3.99 亿元

（四）铝电金海

1. 管理机构

铝电金海有限公司（简称铝电金海）2020 年 7 月成立，隶属铝电公司管理。主要从事境内外矿业、铝业、港口、电站项目的投资建设和运营，境外工业园区开发建设与营运，铝业生产物资进出口、铝产品销售等业务。

2021 年，铝电金海下设综合管理部、计划发展部、人力资源部、财务管理中心、公共关系部、市场营销部、生产技术中心、安全与质量环保部等 8 个职能管理部门和矿山生产部、港口生产部 2 个生产管理部门。

2. 产能及产量

铝电金海几内亚项目一期工程 2021 年 6 月 30 日建成投产，具备矿山开采、公路运输、港口发运 750 万吨铝土矿 / 年生产能力。2021 年，矿山累计开采铝土矿 309.62 万吨，其中，低品位矿 87.87 万吨，完成年度 300 万吨计划的 103.2%；发运铝土矿 164.14 万吨（其中，外购矿 26.14 万吨）。

3. 现场管理

（1）劳动组织。铝电金海采用派遣员工、外派员工、市场化协议雇员和属地雇员 4 种用工方式。矿山开采采取外包方式，24 小时作业，二班制；铝土矿运输采取外包方式，运输时间 7:00—22:00，二班制；港口作业采取委托运营方式，24 小时作业，二班制。

（2）质量管理。2021 年 7 月 7 日，召开质量管理体系建设启动会议。按照全面质量管理建设要求，在咨询公司的指导下，经过培训、过程识别、制定措施等环节，12 月 1 日发布包括领导层、管理体系策划、绩效评价与改进、顾客导向、市场营销、生产管理、物资采购、外包管理等过程等程序文件和管理手册。按照 GB/T 19001-2016 标准要求，运用过程方法、风险思维和 PDCA 循环三大理念，明确各过程的"六大要素"（输入输出、过程管理者、过程绩效指标及改进、过程准则方法、过程资源、过程活动）和过程中的风险机遇，明确生产过程中关键环节管理标准，编制管理流程，确定过程控制措施。

铝电金海过程控制主要围绕领导层管理、管理体系策划、绩效评价与改进、市场营销、生产管理、矿山生产、港口生产、人力资源管理、公共关系管理、基础设施管理、物资采购、外包管理等 12 个过程控制文件，并将 12 个过程作为一个体系加以运用，采用 PDCA 循环对整个体系进行管理，提高矿山开采能力和港口矿石装卸能力，增强顾客满意度，实现公司预期的生产经营绩效。

（3）设备管理。矿山设备管理分为对承包商设备监督管理、港口设备监督管理和自有化验室设备管理。对承包商设备监督管理，主要是监督检查承包商安全教育培训、采矿机、装载机、运输车等设备的日常保养维修、安全操作；港口设备管理以监督检查运营单位设备管理为主，定期开展设备专项检查，日常作业期间对运营单位的设备运行维护保养情况进行监督，对检查中发现的问题及时下达整改任务单，并对整改结果进行检查，确保整改项落实到位。结合港口设备安全管理规定，建立健全港口设备的运行及维护协调、管理、指挥功能。组织设备检修和技改工作，监督检查指导运营单位对各设备的日常使用、维保、检修等工作。监督检查指导运营单位自动控制、变电所、柴油发机组操作流程规范，各类台账填写完整。对光伏、柴发机组的相关运行数据及发电量进行统计、分析；建立和完善化验室设备操作规程（中法文对照版），每天对设备进行巡检，并填写巡检记录和故障记录，根据设备故障问题，采取相应的管控措施。对破碎机等主要运行设备进行点检，对荧光仪每天进行标准样品校核，对电子天平定期进行标准砝码的校核，对柴油发电机加强日常使用、维保和检修，确保设备安全可靠运行。

（4）安全环保管理。几内亚项目，在安全生产和环保管理方面，很大程度要依据当地的法律法规来开展工作。主要涉及安全环保管理的有《几内亚共和国劳动法》《几内亚共和国环境法》《几内亚共和国林业法》《几内亚共和国水法》《几内亚共和国野生动植物法》等。涉及的政府部门主要为劳动部、矿业部和环保部，对矿业企业的监管主要为劳动合同签订、工会成立运行、外籍人员从业批准、核发爆破作业许可及扬尘、水污染防治等。

该项目分别于 2012 年 12 月、2013 年 9 月、2018 年 8 月获取整体环境及社会影响评估报告合格证（2018 年、2019 年实施专项更新），当地环境部每年对项目的环保依法合规情况进行检查，现场核验复审 1 次，并出具环保合格证。2021 年底，项目安全环保手续和现场管理均符合当地政府法律法规要求。

按照几内亚劳动法，公司建立由多数属地员工构成的职业健康和安全委员会，并报当地政府主管部门备案。

按照国内法律法规及国家电投相关要求，成立由中方人员组成的安全生产管理委员会，设立安全与质量环保部，负责日常安全生产监督管理工作。年初制定《年度重点工作任务清单》，逐级签订《安全环保健康目标责任书》，完善《安全生产岗位责任制》，建立安全环保管理制度 19 部，综合应急预案和专项现场处置方案 12 项，覆盖 10 个部门 60 个岗位。通过周安全生产例会、月度安全生产形势分析会，通报工作进度以及现场存在的安全环保问题、下发隐患整改通知书，督促部门、员工履职尽责，整改落实。

针对重点设备、重点区域、重点作业，实行安全风险分级管控。按照矿石开采及附属设备设施检修、专用运矿道路养护、港口码头、海上过驳、附属设备设施检修、生活营地设备设施检修等开展风险识别与分级管控，已识别重点安全风险分级监控公司级 16 项、部门级 23 项。中等及以上风险主要集中在港口码头柴油发电机组、变电所检修作业过程中。针对检修作业风险中的防控，建立电气作业"两票"管理制度，完善反事故措施，日常运行、检修维护操作均实行作业票审批制度。同时，开展安全风险告知提示，建立现场应急处置措施，并形成安全风险清单。

矿山开采主要安全风险为坍塌滑坡、机械伤害和车辆伤害。在采装作业主要风险控制方面，制定综采机、装载机、运输车辆作业面划分规范，明确了作业指挥人员、现场安全负责人工作标准，规范边坡、台阶行走及装载安全要求等，采场内所有施工器械及运输车辆均配备声光报警等相关装置。在废石场排土场主要作业区，规范自卸车排土作业指挥、场地区域设置、坡顶和排土工作面角度，确保场地和人员安全。对于安全车挡、区域照明、排水等均做出了规范要求，在危险区域，设置安全警示标志。同时，对现场各类机具、设备的防雨设施、漏电接地保护装置等进行检查消缺。在码头集港装船作业区，主要防止机械伤害、车辆伤害、粉尘污染、淹溺等。按照规范要求使用靠泊旗、靠泊灯，所有人员穿戴救生衣，在油罐区、发电站落实防雷接地措施，在装载区域和堆垛区域设置双人监护。定期测量、绘制航道水深，完善航道港池数据。定期组织安全学习，在主要道路交通路段设置提示区、缓冲区、作业区警示标志。落实新入职（岗前）员工培训，重点场所采取限制性区域管理，结合属地员工实际，采取现场安全警示告知、手指口述作业法等方式，提高员工的操作水平。

严格按照国家电投、铝电公司要求，及时组织开展各类专项检查整治工作，制订专项隐患排查治理方案，实行隐患登记整改销号。制订年度《安全生产监督检查计划》，并开展各类专业性、季节性、危险作业等专项检查。定期开展重点区域隐患排查治理和雨季"三防"专项检查，完成采石场拦阻坝、护坡以及矿山排土场挡渣坝、雨水排放通道和沉淀过滤层的修建和复垦工作，保证当地环境不受污染。落实旱季环保抑尘、防火风险控制措施，聘用环境保护专业属地人员负责环保工作，双方协商编制社会与环境管理方案，遵照属地管理要求对公司后续环保工作进行指导，确保环保工作合法合规。

截至 2021 年底，未发生安全生产事故（事件）和环境保护事故（事件）。

4. 综合计划

（1）编制依据。根据铝电公司《关于编制公司 2021 年 JYKJ 方案的通知》要求，铝电金海结合 2021 年项目试生产和下半年几内亚雨季的实际情况，以铝土矿资源开发、氧化铝产业布局为重点，编制铝电金海年度综合计划。

铝电金海年度综合计划由计划发展部牵头组织编制，各专业部门参与。其中，生产技术部负责提供矿山、港口生产、主要技术经济指标计划，大型、小型基建、设备技术改造、设备大修及零星检修、主要技术经济指标、科技研发计划等；财务管理中心负责提供生产成本、利润总额、资产总额、流动资金周转率、净资产收益率、主营业务收入计划；综合管理部负责提供信息化项目建设、后勤服务；公共关系部负责提供移民动迁实施和补偿计划；市场营销部负责提供铝土矿、氧化铝产品销售计划、大宗原燃料供应计划；安全与质量环保部负责提供安全生产（工程建设）、环境保护、职业健康计划；人力资源部负责提供人力资源计划等。

计划发展部每年 10 月初完成年度综合计划初稿编制，经公司总经理办公会议审定后上报铝电公司计财部，铝电公司计财部组织铝电各专业部门进行综合评审，铝电金海根据综合评审意见进行修改完善后重新上报，履行公司审议流程。

（2）完成情况。2009 年至 2019 年 5 月，项目筹备阶段。综合计划内容主要是国家电投审批的投资计划。累计审批 6.88 亿元，实际完成 6.6 亿元，投资计划完成率 95.88%。

2019 年 6 月—2021 年 9 月，项目建设阶段。综合计划主要是一期工程建设投资计划，国家电投累计审批 18.7 亿元，实际完成 17.5 亿元，固定资产投资计划完成率 93.74%。一期工程重点任务是建设 750 万吨／年铝土矿矿山（首采区位于南矿段），南矿段至维嘉港双向两车道、红土砾石运矿公路 79.172 公里、维嘉港 1 个 1.2 万吨级泊位、港口陆域皮带运输及码头装船系统、海上过驳系统。公路工程 2020 年 12 月 30 日通车验收，矿山勘探及营地工程 2021 年 3 月 31 日完成并验收，港口工程，2021 年 4 月 9 日完成装船机调试并开始正式装船。2021 年 6 月 30 日，随着港口主体工程完工，包括公路、矿山在内的一期工程建设基本结束。2021 年 9 月份正式进入商业化运营。

2021 年 10—12 月，商业化运营阶段。矿山累计开采铝土矿 309.62 万吨（其中，低品位矿 87.87 万吨），完成年度 300 万吨调整计划的 103.2%；发运量 164.14 万吨（其中，外购矿 26.14 万吨）。全年实现营业收入 4.9 亿元，实现净利润 158 万元，完成年度财务预算 124 万元的 127.42%，实现当年投产当年盈利。

第四节　物资采购

一、管理机构

2009 年 3 月，宁夏能源铝业成立市场营销部、工程管理部、安全生产环保部，市场营销部负责公司系统原材料采购的比价管理、基建物资的招投标采购和质量监控工作；工程管理部负责组织工程基建项目的招投标工作；安全生产环保部负责公司所属单位生产技改项目的招投标工作。青铝股份设供应部，负责大宗生产物资采购工作。

2011 年 11 月，宁夏能源铝业成立物资与采购部，管理招标、物资采购等工作，负责物资采购计划、物资采购策略制定实施和废旧物资处置工作。铝业板块成立供销分公司，负责权限范围内和公司委托的青铝股份原料、材料、备品备件等物资的采购。

2015 年 1 月，供销分公司负责的物资采购业务划归青铜峡、宁东分公司管理。

2017 年 3 月，铝电公司成立计划经营部，管理物资与招标采购业务。

2017 年 9 月，宁夏能源铝业撤销物资与采购部，招标管理和物资管理并入计划与发展部。

2019 年 3 月，铝电公司成立市场营销部，负责采购、物资、燃煤、物流、供应商管理等工作。

二、物资计划

2010 年 4 月，宁夏能源铝业制定《招标管理办法（试行）》，规定招标范围包括估算价达到 30 万元及以上的公司及所属单位电力项目、非电力产业项目的基建工程（新建、改建、扩建工程）、生产工程和物资采购以及公司小型基建项目。招标计划分集中招标计划和非集中招标计划，由各所属单位分别向公司基建工程招标办公室、生产工程招标办公室、物资采购招标办公室报送全年及下半年度基建工程、生产工程、物资采购招标计划，经公司审核后，由基建工程、生产工程、物资采购招标办公室组织实施。招标计划范围外的项目及物资采购由青铝股份供应部和所属单位负责制订采购计划并实施采购。

2012 年 11 月，宁夏能源铝业制定《物资管理办法（试行）》，2015 年 9 月修订该项制度，规定各单位（部门）所需物资都要纳入物资计划管理。计划外物资，任何单位（部门）和个人不得擅自采购。物资计划分为年度计划和月度计划。各单位结合本单位年度生产计划、检修计划及消耗定额或参照历史消耗水平，编制年度物资需求计划，报相关专业管理部门审核，物资与采购部负责汇总物资采购计划和招标采购计划，根据公司生产经营和工程建设情况进行调整，报公司招标领导小组审批后组织实施。

2017 年 11 月，铝电公司制定《物资管理办法（试行）》，规定所属单位编制年度和月度物资计划和招标计划，经计划发展部汇总后，报招标领导小组审批，属国家电投集中招标范围的项目，上报国家电投组织实施招标采购，属二级单位范围的项目，委托所属单位组织实施招标采购。所属各单位建立和实施"先利库，后采购"的工作机制，优化招标采购计划，招标采购实施前，各单位必须对照生产物资储备定额和库存情况进行平衡利库，对于有明确定额的生产物资，所属单位按照定额数量编制年度采购计划，并按年度计划数量实施招标采购。

2019 年 10 月、2020 年 10 月，公司先后修订《物资管理办法》《招标采购管理办法》《采购管理规定》，规定属于国家电投和铝电公司管理范围内的项目，所属单位必须上报招标采购需求计划。采购需求计划分为年度计划、月度计划。集中采购计划按年度编制，并根据项目需求变化情况及时调整。集中采购计划按管理权限分为国家电投集中采购计划、大宗通用物资总包配送采购计划和公司集中采购计划。公司集中采购计划需按照批复的计划实施，年度和月度招标计划由市场营销部负责汇总，报公司招标领导小组审批后，属国家电投集中招标范围的项目上报国家电投组织实施招标采购，属公司范围的招标项目由市场营销部组织实施招标采购。

2021 年 5 月，铝电公司制定《火电燃料管理办法》，明确规定，根据燃煤采购渠道不同，采购计划分为厂矿直供采购计划、市场煤采购计划。燃煤电厂按照满足电力生产需要，库存经济合理，燃煤综合成本最低，符合资源和运力平衡的原则，编制燃煤年度采购计划，报市场营销部汇总，公司审核后，上报国家电投。燃煤电厂根据公司下达的年度煤炭采购计划，组织编制本单位月度分解采购计划，作为编制月度实施计划的依据。

三、物资管理

（一）库存管理

1. 管理机制

2009—2011 年，宁夏能源铝业库存分别由各单位管理，负责管辖范围内原辅料、材料、备件、产成品、设备等物资的入库、验收、出库、仓储管理、配送及物流等。

2012 年 11 月，宁夏能源铝业制定《物资管理办法（试行）》，规定物资管理实行计划控制、集中采购与分级采购相结合。公司对库房物资管理机构按公司和分（子）公司两个层面设置，对仓储等业务实行两级管理。公司制定库存储备定额并实行动态管理，建立应急物资储备，保证突发性事件的物资供应。相关专业管理部门负责相应产业物资储备定额的制定。建立联合储备机制，在传统自行储备管理方式的基础上，实行内部联储、供应商代储、供应商寄售（物资超市）和跨公司联储多种储备方式。公司组织所属各单位联合储备，各单位负责联合储备的具体仓储业务，并提出联合储备建议。公司建立物资调剂协调机制，负责协调所属各单位的物资调剂。各单位负责具体调剂工作，并定期对所辖库房进行盘点，每月向物资与采购部汇报大宗物资库存情况。

2015年9月，宁夏能源铝业修订《物资管理办法》，规定公司物资分为大宗原材料类、材料及制品类和机电产品三大类、五十六中类。公司所属单位制定物资储备定额，并实行动态管理，建立应急物资储备，保证突发性事件的物资供应。建立联合储备机制，在传统自行储备管理方式的基础上，实行内部联储、供应商代储、供应商寄售（物资超市）、跨公司联储等多种储备方式。

2017年11月，铝电公司制定《物资管理办法》，明确所属各单位组织开展生产物资定额编制工作，建立事故性生产物资、常耗性生产物资标准化定额清册，并报计划经营部备案。生产物资定额原则上每年修订1次。

2019年9月，铝电公司修订《物资管理办法》，公司重要生产物资采取定额储备管理，所属各单位按照设备情况组织开展生产物资定额的编制工作，建立主要生产物资的标准化定额清册，并报市场营销部备案。

2. 管理方式

2012年开始，公司物资储备按照物资仓储管理相关规定实行统一编码，并按照不同类别分类、分区域存放。物资入库需登记物资名称、型号、规格、数量、厂商、价格、入库时间、经办人等信息，验收合格后方可入库。物资出库遵循"先入先出"的原则，所有出库需办理完备的出库手续，按规定保存好出库记录。对基建工程项目物资，规范业主、供应商、施工及安装承包单位之间的交接手续，完善监造催交、工厂检验、现场接货、验收入库、发放和交接、回收等管理程序。对于基建工程项目实行物资代保管的，明晰业主与代保管单位的职责，业主对代保管物资负监管责任。

2015年9月，宁夏能源铝业修订《物资管理办法》，规定公司对石油焦、沥青库存实行定额管理，设置库存上、下限边界，对库存上、下限边界进行干预，在库存低于下限时及时补库，在库存高于上限时停止采购。对其他材料、备件设置库存上限。

2018年12月，宁夏能源铝业下发《关于铝业板块库存定额和联合储备目录、实施方案的通知》《关于电力板块常耗性、事故性物资库存定额的通知》，对青铜峡分公司、宁东分公司、科技工程公司、青鑫炭素、临河发电和青铝发电按"一企一定额"原则，制定常耗性物资和事故性物资库存定额和联合储备目录。铝板块库存定额 7105.9 万元,电力板块库存定额 3286.63 万元。

3. 物资盘存

公司铝板块对库存物资一直实行永续盘存制,无论存货的地点是否在公司,只要物权归属公司皆在盘存范围之内。盘存对象包括电解系统在产铝、过程物料,阳极系统过程物料、自制半成品、废品,铸造系统在制品等生产系统物料;产成品、原料、材料备件、废旧物资等物料;物权归属公司的所有固定资产。铝板块盘存按时间分为日常盘存(月度)、专项盘存、年终盘存、抽样盘存。盘存方式分为动态盘存(即不停产)与静态盘存(即停产)相结合,定期盘存与不定期盘存相结合,自盘与复盘、抽盘相结合,专项盘存与正常盘存、年终盘存相结合。盘存方法以全面盘存和抽样盘存相结合,点数、测量与称重相结合。异地存放的物资由物资管理部门进行不定期盘存和年终总盘,每次盘点结束后出具盘点报告,对库存情况进行分析处理。参加盘点人员有仓库管理人员、物资采购人员、财务人员及监督人员。

氧化铝板块盘存依据原始数据作为盘存数据来源、坚持"谁盘存谁负责"和"集中统一,分级管理,实事求是"的原则,盘点的主要产品为在产品、大宗原燃料等。产品盘存时间定为自然月往前推 4 天的 8:00;大宗原燃料月度盘存由生产运行部门在产品盘存日前 2 天负责组织实施。年中、年末盘存由计划发展部在产品盘存日前 3 天负责组织实施,并在盘存结束后 3 日内提交盘存报告。

电力板块月度盘点由库房管理员自行盘点。年中、年末盘点由财务部、生技部、维护部负责、采购人员、库管员共同参与物资盘点,并形成盘点报告。

各板块物资盘点主要进行实物和账目核对,确保账物相符、账卡相符、账账相符。对于账龄过长,闲置不用的物资登记造册,为后续处置做好准备。

(二)废旧物资管理

1. 回收范围和办法

2012—2015 年,青铝股份各单位产生的废旧物资,按照分类存放,建立台账,定期移交物流配送中心管理,物流配送中心按废旧物资分类进行拉运、存放,按月做好废旧物资处置报表,报公司计划与发展部,作为冲减成本依据的工作流程管理。电力板块、煤炭板块及青鑫炭素、通润铝材的一般废旧物资自行处置。

2012 年 11 月,宁夏能源铝业制定《废旧、闲置物资管理实施办法》《物资管理办法》,规定废旧、闲置物资指各单位在生产、维修、大修、更新改造过程中,拆除更换的各种报废设备、备品备件、废旧金属、工器具、机电产品、油品、废弃包装物、残次废料、边角余料以及生产中不能继续使用的原材物料、有价值工业垃圾和各单位退库或库存的各种报废、闲置物资。各单位对回收的废旧物资及时归类、整理，并建立台账，妥善保管，划定专门区域存放。

2020年10月，铝电公司制定《废旧闲置物资管理办法》，增加已报废的残值估价在100万元及以上的固定资产属于重大废旧闲置物资。公司所属各单位对回收的废旧物资进行清点验收后登记《废旧物资台账》，固定资产类废旧物资按财务有关规定进行评估，其他废旧物资处置前需做好市场调研。包装物和生产过程中产生的具有使用价值的废料，各板块根据实际情况及时处置并出售。对回收的废旧物资要按品种、数量、等级分类放置，并加强堆放场地的现场管理，防止丢失、损毁。对于报废的固定资产，保证资产实物形态完整。

2.处置

2013年，公司处置废旧物资，主要分为再利用和报废变卖处理两种方式。重大废旧物资的处置由物资与采购部委托有资质的拍卖公司面向社会公开拍卖或组织竞争性谈判确定，由资产管理单位和供销分公司执行。

2015年9月，宁夏能源铝业修订《物资管理办法》，规定废旧、闲置物资处置采用公开招标、拍卖、竞争性谈判、竞价等方式进行，按照最高价成交的原则处置。具体的废旧、闲置物资由各单位自行处置。残值估价在30万元以上的废旧、闲置物资，采用公开招标或拍卖的方式处置；残值估价在30万元以下的废旧、闲置物资，采用拍卖或竞价方式处置；对不适合招标、拍卖的废旧、闲置物资采用竞价方式处置。

2017年11月，铝电公司制定《物资管理办法》，规定符合报废条件的物资由使用部门提出申请，经设备管理、财务和相关专业管理部门、鉴定部门进行技术鉴定，出具鉴定报告，经审批后方可进行报废处置。废旧、闲置物资的处置要充分利用公共平台，采用公开招标、拍卖、竞价等方式进行。

2019年10月，公司修订《物资管理办法》，规定残值估价在50万元以上的废旧、闲置物资，采用公开招标或拍卖的方式处置；残值估价在50万元以下的废旧、闲置物资，采用拍卖或竞价方式处置；对不适合招标、拍卖的废旧、闲置物资可采用竞价方式处置。所属单位对于50万元以上废旧、闲置物资的处置须报市场营销部备案。废旧物资处置过程中，各单位现场作业时必须与买方签订《现场安全环保健康管理协议书》，明确安全管理责任，加强劳动保护和安全措施。废弃危险品和化学品的处置依照国家有关法规执行，属于危废弃物的物资处置，须通过有处置资质的单位进行处置。

2020年10月，公司制定《废旧闲置物资管理办法》，规定废旧物资处置分为再利用和报废变卖两种。废旧闲置物资的处置，需经过具有相关评估资质单位评估后，通过网络公共平台或产权交易机构采用公开挂牌、招标、拍卖、竞价的方式处置；对不适用于以上方式处置的废旧闲置物资，履行决策程序后另行处置。日常废旧物资的处置由所属单位自行处置，单批次残值估价30万元以上的废旧闲置物资，在处置前向市场营销部报备，处置完毕后将相关材料整理提交备案。成系列或系统的重大固定资产的报废处置，履行完财务报废手续，经公司决策会审批后由市场营销部组织各相关部门参与，资产所属单位配合实施处置。公司内部各单位废旧闲置物资调拨使用的，依据市场化原则进行交易。

2009—2021年，铝业板块累计处置废旧物资48.74万吨，价值3.42亿元。2017—2021年，电力板块累计处置废旧物资0.26万吨，价值711万元；氧化铝板块累计处置废旧物资1.04万吨，价值2523万元。

（三）供应商管理

1. 管理制度

2009—2011年，青铝股份供应部归口管理供应商，负责供应商的准入、管理、考核、评价工作。

2012年11月，宁夏能源铝业制定《合格供应商管理办法（试行）》，物资与采购部对供应商实行统一管理，负责对供应商准入、考核、评审；负责合格供应商库的建立和管理以及供应商信息的动态维护。建立统一的合格供应商库，公司及所属单位的物资采购在合格供应商库中选择。

2015年11月，宁夏能源铝业制定《生产物资合格供应商管理办法》，建立《生产物资合格供应商名录》，对供应商实行统一管理，合格供应商由公司和所属单位两级应用。

2017年11月，铝电公司制定《物资合格供应商管理办法》，对物资供应商实行评价和动态管理，凡符合条件的供应商均进入《合格供应商名录》，凡进入国家电投物资合格供应商名录的，则自动进入公司合格供应商名录。下放供应商管理权限，所属各单位可以建立符合本单位使用条件的合格供应商名录，也可使用公司建立的合格供应商名录。

2020年10月，铝电公司修订《供应商管理办法》，根据需要建立供应商库，实施供应商注册、合格供应商评审、履约评价、不良行为记录和处置管理。由国家电投建立的供应商管理信息平台和供应商库，公司及所属单位直接应用，也可以根据生产实际需要，建立《铝电公司合格供应商名录》，公司统一管理、公司和所属单位两级应用。

2. 供应商库

2009—2011年，青铝股份供应部负责供应商入库工作。

2012年11月，宁夏能源铝业制定《合格供应商管理办法（试行）》，规定供应商库实行准入制度，供应商选择原则上以制造商为主，因条件限制无法选择制造商的，可在严格审查的基础上优选适量代理商或贸易商。合格供应商必须办理准入证。准入证由物资与采购部统一制作、发放，在公司范围内均具有效力。准入证有效期为 5 年，发证部门每年对已核发的准入证组织 1 次年审。

2015 年 9 月，根据《宁夏能源铝业生产物资合格供应商管理办法》，公司建立《生产物资合格供应商名录》。供应商优先选择制造商，其次选择代理商，少量选择贸易商。供应商须在公司电子采购平台注册，经审核通过后，可对注册物资类别进行报价。

2017 年 11 月，铝电公司制定《物资合格供应商管理办法》，规定制造商可以直接销售的，原则上不选择其代理商为合格供应商；因条件限制无法选择制造商的，可选择适量代理商或贸易商，其代理商或贸易商应具有相应的资格资质、授权许可和良好的履约能力。为保证竞争性，对同一产品进入物资合格供应商名录的，供应商一般不少于 3 家。提供国家有关部门认可的节能环保型新产品，并具有自主知识产权的物资供应商，可优选推荐为公司合格物资供应商。公司定期汇总所属各单位《物资合格供应商名录》，并在系统内发布。对于同一品类物资的合格供应商，各单位间可互相使用，简化该供应商的评价程序。所属各单位建立的《物资合格供应商名录》，在所在单位系统内使用。

2020 年 10 月，铝电公司修订《供应商管理办法》，增加供应商临时入围条件，对于原制造厂商且产品运行情况良好，所供货品类供应商较少，缺乏竞争力，提供的产品不能从其他供应商获取，经过多年运行考验，且质量良好的供应商，由所属单位推荐，报专业管理部门和市场营销部审批通过后，可临时入围相应品类的合格供应商名录，参与报价供货。

3. 考核评价

2012 年 11 月，宁夏能源铝业根据《合格供应商管理办法（实行）》，对供应商考核评价采取日常管理和年度考核相结合的方式。日常管理由宁夏能源铝业所属单位负责，所属单位在采购和使用过程中对供应商产品质量、合同履约情况等进行跟踪管理。公司每年第一季度组织相关部门、所属单位的专家对上年有交易的合格供应商进行年度考核，形成供应商年度考核报告，提出合格供应商年度考核结果和分级意见，报公司招标领导小组批准。考核结果作为合格供应商分等级和准入证年审的依据。

2015 年 9 月，根据《宁夏能源铝业生产物资合格供应商管理办法》，公司对供应商实施动态管理，优胜劣汰，每 2 年复审 1 次，根据供应商不同产品的应用情况，分批复审或调整复审周期。对复审不合格的供应商，从供应商名录中去除，每次复审时供应商的淘汰率控制在 10% 左右。

2017 年 11 月，铝电公司发布的《物资合格供应商管理办法》规定，供应商评价采用书面审查、专题讨论的方式，必要时进行实地调研。供应商评价每季度组织 1 次。合格供应商的评价工作由所属各单位组织实施，公司对合格供应商实施动态管理，优胜劣汰。

2020 年 10 月，铝电公司修订的《供应商管理办法》规定，供应商履约评价按照年度评价、动态更新的原则开展，评价方式为"一单一评，多单汇总，年度定级，综合排序"。《铝电公司合格供应商名录》中的供应商评价由公司组织集中评价，评价结果作为采购寻源的重要参考依据。

2018—2021 年，公司处置 183 家供应商，涉及招投标过程中投标串标，物资采购过程 IP 地址一致等情况，供货内容涵盖备品备件供应、服务、工程项目等。

四、采购管理

（一）招标

2009 年 5 月 21 日，宁夏能源铝业下发《关于成立公司招标领导小组的通知》，明确招标领导小组全面负责公司工程项目招标工作，小组下设招标中心，挂靠工程管理部，负责招标、评标工作。招标范围包括火电、风电、煤矿、煤化工、铝合金加工标的额在 500 万元以上的建筑及安装工程；重要设备、材料等货物采购，单项合同估算价在 100 万元及以上，煤矿、选煤厂合同估算价在 50 万元以上的主要及配套设备；工程勘察设计、监理（含监造）合同估算价在 50 万元及以上项目。生产工程计划费用在 100 万元及以上单项工程、30 万元及以上单项工程的重要设备、材料等物资的采购招标，10 万元及以上单项工程的勘测、设计、监理等服务项目，单项工程计划费用低于以上 3 项，总投资额在 100 万元及以上的项目，均由公司统一组织招标。

2010 年 4 月，宁夏能源铝业制定《招标管理办法（试行）》，规定对招标工作实行由公司招标为主，部分委托所属单位招标的管理模式。公司招标领导小组主要负责审批公司管理权限范围内的招标评标。招标中心挂靠工程管理部，行使公司招投标工作管理职能，对公司招标领导小组负责，下设基建工程招标办公室（挂靠工程管理部）、生产工程招标办公室（挂靠安全生产环保部）、物资采购招标办公室（挂靠市场营销部）。各招标办公室负责归口管理所属范围招投标工作；公司纪检监察室监督招标活动，受理对招标活动的投诉和举报，查处招标活动中的违规违纪行为；所属单位是招标项目的责任主体，负责编制招标计划、招标文件，参加评标等工作。方式包括公开招标、邀请招标、竞争性谈判、询价采购、直接采购，公开招标作为主要采购方式。对基建工程中施工单项合同估算价在 200 万元人民币及以上的，重要设备、材料单项合同估算价在 100 万元人民币及以上的，勘察、设计、监理等服务单项合同估算价在

50万元人民币及以上的，生产工程30万元及以上的设备、材料和工程施工，必须进行招标。

2011年5月，宁夏能源铝业修订《招标管理办法》，公司对招标工作实行以公司招标为主，所属单位零星、应急采购为辅的招标管理模式。采购方式包括公开招标、邀请招标、询价采购、单一来源采购。除中电投集中招标以外，基建工程施工单项合同估算价100万元，设备、材料等采购合同估算价50万元，勘察、设计、监理等服务类合同估算价在50万元，生产工程合同价在30万元的招标项目由公司负责。上述限额以下及小额零星、应急补缺采购由所属单位负责招标，并向公司报送相关采购信息。基建工程、生产工程、设备、材料、设计、监理、咨询服务等估算价达到30万元及以上的，必须进行招标。公司招标领导小组，主要负责审批公司管理权限范围内的招标评标结果，招投标管理部归口管理公司系统招标工作；计划发展部主要负责提供与招标有关的项目发展计划和项目前期情况，提出新建、改建、扩建工程、生产工程设计、主要设备招标工作启动时间；工程管理部、生产技术部、市场营销部、电力事业部、煤炭事业部根据部门职责分工和业务管理范围，开展相应的管理工作；纪检监察室监督招标活动，受理对招标活动的投诉和举报，查处招标活动中的违规违纪行为；所属单位是招标项目的责任主体，根据公司授权开展招标活动。

2012年11月，宁夏能源铝业制定《招标采购管理办法》，规定物资采购部是公司系统招标采购工作的归口管理部门。铝业生产部、发电部、煤炭与煤化工部、科技与信息部根据部门职责分工和业务管理范围，开展相应的管理工作；政策与法律部负责合同法律审查；监察部负责招标工作的监督检查；所属单位是招标项目的责任主体，编制招标计划、招标文件，参加招标评标工作，实施应急、零星、小额等采购等工作。对基建工程施工单项合同估算价100万元及以上，生产工程、设备、材料、设计、监理、咨询服务等估算价达到30万元及以上的，必须进行招标。采购方式增加竞争性谈判。

2015年9月，宁夏能源铝业《物资采购管理办法》《物资采购管理实施细则》中规定，推行招标采购和集中采购，委托中电投物资装备公司实施打包采购，降低采购成本，减少资金占用。采购方式有公开招标采购、邀请招标采购、打捆（包）采购、物资装备服务平台配送、战略采购、长约采购、竞争性谈判采购、比价采购、单一来源采购、即时结清采购和应急采购等方式。对具备中电投集中招标采购条件的物资，由中电投组织实施集中招标采购。招标采购范围调整为基建工程施工单项合同估算价100万元及以上，设备材料单项合同估算价50万元及以上，设计、监理、咨询服务等单项合同估算价50万元及以上，生产工程单项合同估算价30万元及以上；生产物资单一品类年采购量在30万元以上。

2017年11月，铝电公司制定《招标采购管理办法（试行）》，授权所属单位组织实施国家电投规定的二级单位权限范围内的招标采购工作。对基建工程中施工单项合同估算价在100 万元人民币及以上的，设备、材料等货物的采购，单项合同估算价在 50 万元人民币及以上的，勘察、设计、监理等服务单项合同估算价在 50 万元人民币及以上的，生产工程中单项合同估算价在 50 万元人民币及以上的设备材料、工程施工和服务，单一品类年采购量在 50 万元人民币及以上的备品备件和材料，单项合同估算价在 50 万元及以上的信息化项目，对零星、小额物资，具备打包采购条件的，实施"打包采购"，"打包"额度达到 50 万元及以上的由所属单位组织实施招标采购，上述限额内的招标采购授权由所属单位按照各自的管理权限负责组织实施。对确定采用工程总承包建管模式的项目，除国家电投和铝电公司系统内具备条件的单位可以按照市场化原则直接进行委托外，由系统外部单位实施总承包的，其总承包商通过招标方式选择。公司系统内的招标采购工作优先委托中国电能成套设备有限公司作为招标代理机构。

2019 年 10 月，铝电公司修订《招标采购管理办法》，规定市场营销部归口管理招标采购。收回授予所属单位组织招标采购的权限，统一由市场营销部组织实施。限额以下的零星采购以及大宗生产物资采购由所属单位负责。

2020 年 10 月，铝电公司《招标采购管理办法》修改为《采购管理规定》，规定必须招标的项目包括施工单项合同估算价在 400 万元人民币以上；重要设备、材料等货物的采购，单项合同估算价在 200 万元人民币以上；勘察、设计、监理等服务的采购，单项合同估算价在 100 万元人民币以上。除由国家电投集中采购管理和实施总包配送管理的大宗通用物资外，基建工程施工单项合同估价在 50 万元及以上，设备、材料单项合同估价在 30 万元及以上，服务单项合同估算价在 30 万元及以上，生产工程单项合同估价在 30 万元及以上，生产物资单项合同估价在 30 万元及以上或公司集中采购目录范围内的品类，信息化项目单项合同估价在 30 万元及以上，管理类咨询和服务项目单项合同估价在 30 万元及以上的采购由公司负责组织实施。对于采用非招标方式采购的，原则上必须在国家电投采购管理平台上实施网上公开采购，由公司组织或授权所属单位实施。

（二）大宗原材料物资采购

2009—2012 年，青铝股份供销分公司负责铝业大宗原材料物资采购，采购方式是询价采购，每月由需求单位提交需求计划，供销分公司向合格供应商发出询价，供应商将价格发至指定邮箱，在评审会议上开启价格，选定供应商。

2014 年 8 月，宁夏能源铝业制定《铝业大宗原材料采购评审管理办法》，规定铝业大宗原材料采购评审范围包括采购的货物规格、标准统一、现货货源充足且价格变化幅度小和属铝业日常生产用大宗原材料，包括现货氧化铝、石油焦、改质沥青、阳极炭块、工业硅、生铁、镁锭、钛剂、冰晶石、氟化钠、氟化铝、铝钛硼丝、镀锌钢带等。单次采购金额 30 万元及以上且每月都需要购进的物资。铝业大宗原材料采购评审会由计划与发展部、财务部、物资与采购部、铝业生产部、监察部和供销分公司、物流配送中心、青铜峡分公司、宁东分公司、质量检测中心等部门负责人及相关人员参加。供销分公司根据各生产单位申报的采购计划，向合格供应商名录中的生产厂家、供应商发出询价函，供应商的询价函回复在规定时间、按规定格式发到公司监察部指定电子邮箱。报价邮箱的密码由监察部门和物资与采购部门共同保管，各自设置邮箱部分密码段，只有双方同时输入密码时才能开启。报价邮箱由监察部门、物资与采购部、铝业生产部相关人员在场一同开启。物资与采购部负责报价的汇总，监察部、铝业生产部负责报价的审核和确认，青铜峡铝业分公司、宁东铝业分公司根据报价情况，选择适合生产技术要求和成本要求的报价，由物资与采购部、监察部及供销分公司、青铜峡分公司、宁东分公司人员组成二次询价小组，询价组根据铝业大宗原材料评审会议确定的二次询价原则，与参与报价的生产厂家或供应商进行二次询价。采购坚持生产厂家直供优先的原则，在满足质量要求的前提下，相同价格的产品优先加大直供生产厂家的发货量或优先选择生产厂家直供采购。同一产品、同一质量档次的可以选择最低报价作为采购价格；产品质量不同的可选择质量好且价格合理的供应商订货；在产品质量、供货及时性均能满足要求的情况下，原则上选择报价最低的供应商。

2015 年 11 月，宁夏能源铝业修订《铝业大宗原材料采购评审管理办法》，规定物资与采购部每月组织召开铝业大宗原材料采购评审会，推荐每月大宗原材料的采购价及采购量，评审物资包括现货氧化铝、石油焦、沥青、氟化铝、冰晶石。评审会由铝业生产管理部门、监察部门和青铜峡分公司、宁东分公司等所属单位参加。青铜峡分公司、宁东分公司根据大宗原材料采购计划通过电子采购平台向供应商发出询价，供应商在规定时间内通过电子采购平台进行报价。在评审会议现场打开供应商报价。青铜峡分公司、宁东分公司根据各生产厂家或供应商的报价情况，选择适合生产技术要求和成本要求的报价。

2016 年 8 月，公司修订《大宗原材料采购评审管理办法》，将石墨碎、煤焦油、精洗无烟煤、液氨、石灰石粉、铸轧卷、废阳极生块、废阳极焙烧块等物资纳入评审范围。

2019 年 12 月，铝电公司制定《大宗物资采购管理办法》，将氧化铝板块涉及铝土矿（分国内矿、低温进口矿）、液碱、纯碱、烧成煤、无烟煤、石灰、小石子等物资纳入大宗物资采购范围。生产物资单一品类年采购量在 50 万元及以上，除公司集中打捆采购物资以外，由所属单位自行采购。贸易协同中涉及的大宗物资采购按照《铝电公司贸易协同方案》执行。

（三）燃煤管控

2017—2019 年，青铝发电和临河发电自行组织燃煤采购。

2019 年 5 月，铝电公司实行燃料集中管控。临河发电、青铝发电和中卫热电通过整合需求量拓展厂矿直供合作单位，先后与山东、内蒙古等大型煤矿企业签订长期合作框架协议。公司组织燃煤运输集中统一招标，控降燃料运输费用，当年降低燃料采购成本 1100 万元。

2020 年，燃煤采购采取提高厂矿直供占比，争取厂矿直供单位量价挂钩优惠，拓展煤泥采购渠道。4 月，智能物流市场煤采购投运。6 月，临河发电和青铝发电市场煤采购实现智能物流平台比价采购。

2021 年，临河发电、青铝发电厂矿直供量占比约 63%，同比提高 3%。根据公司电煤贸易协同方案，明确铝业国贸、火电企业相关职责界面及内部贸易结算方案，牵头完成厂矿直供合同签订主体变更。根据国家电投燃管中心通知要求，编制并发布公司《市场煤竞价采购管理办法》等 3 部制度。

2021 年 5 月，铝电公司制定《火电燃料管理办法》，市场营销部归口管理燃料采购。燃煤供应商分为厂矿直供供应商、市场煤供应商两类。电煤来源是国有中大型煤矿、地方中小型煤矿或洗煤厂、市场煤。按照《国家电力投资集团有限公司电煤年度长协统谈分签管理办法》，厂矿直供供应商是拥有煤矿的企业或产能相对稳定的中大型洗煤厂（中间无存储、掺配）。对于铝电公司与国家电投系统外同一煤炭企业洽谈的厂矿直供订货的，由公司自主洽谈，履行集体决策程序。市场煤订货通过国家电投煤炭现货采购平台公开竞价方式确定供应商、采购数量和采购价格。竞价条款、供应商确定规则必须履行集体决策程序。在厂矿直供"统谈分签"（国家电投牵头，统一组织相关二级单位与各大煤企共同洽谈年度煤炭合作事宜，根据谈判结果各二级单位分别签订合同）模式下，公司按照统一谈判结果，组织燃煤电厂与供应商签订和履行合同。合同数量、质量、价格和验收方式等主要条款未经国家电投燃管中心同意不允许变更。市场煤由燃煤电厂严格按照公开竞价前约定条款或竞争性谈判和议价约定条款与供应商签订和履行合同。市场煤合同以到厂验收结果作为结算依据，特殊情况不能做到以到厂验收结果作为结算依据的，应以供需双方均认可的第三方（区域内权威机构）检验数据为结算依据。

五、智能物流

（一）平台建设

2019 年 4—5 月，铝电公司先后 3 次召开物流管理优化专题会议，优化物流业务、压降

物流费用、建设物流平台。11 月, 铝电公司与河南中普国鼎科技有限公司 (以下简称河南中普)
签署"产业互联网 + 智能物流协同平台"应用与开发技术开发 (委托) 合同, 项目一期投资
804 万元。

2020 年 1 月, 智能物流平台主流程功能开发完成, 第一批试点单位开展上线内测。8 月,
二期项目通过专家评审后, 正式启动建设。9 月, 项目一期开发完成, 并通过验收。12 月,
公司与河南中普签署"产业互联网 + 智能物流协同平台"项目一期新增、项目二期第一阶段
应用与开发技术开发 (委托) 合同, 项目二期一阶段投资 360 万元。

2021 年 3 月, 运输保证金管理功能正式上线。5 月, 项目一期新增内容开发完成。12 月,
项目二期一阶段开发完成并进行验收。

(二) 平台应用

2020 年 3 月 19 日, 运输竞价业务正式启动, 运输过程数据导入上线, 宁东分公司氧化铝、
石油焦、阳极炭块运输项目在智能物流平台完成竞价。4 月 20 日, 公司公路运输项目正式在
智能物流平台进行采购, 承运商开始线上配载发运操作。11 月 27 日, 公司制定《物流管理办法》,
对所属单位智能物流平台操作流程进行了细化, 明确运输竞价业务全部统一由市场营销部组
织开展。

截至 2021 年 12 月底, 智能物流平台实现大宗原材料、土建承包项目、公路物流运输项
目、部分铁路运输项目的平台采购。开展大宗原材料采购竞价 156 项, 采购询价 113 项, 采
购数量 326.35 万吨, 中标金额 16.66 亿元; 开展土建承包项目采购询价 44 项, 中标金额 0.14
亿元; 开展公路运输运输竞价 469 项, 竞价运量 1804.26 万吨, 中标金额 12.21 亿元, 实现了
12 家三级单位 24 种物料 227 条线路的平台竞价; 开展铁路运输竞价 2 项, 竞价运量 3 万吨,
中标金额 405.72 万元。

第五节 市场营销

一、管理机构

2009 年 3 月, 宁夏能源铝业成立市场营销部, 负责管理公司产品的营销政策研究、信息
搜集、市场调研分析、量价核算、产品销售费用回收等管理工作; 负责营销模式和销售渠道
的策划, 下达产品购销计划; 负责营销分析及指标统计工作, 负责搜集和整理产品相关市场

信息，为公司经营提供决策依据。青铝股份设置销售部，负责青铝股份和中青迈铝业铝产品销售工作，落实公司产品销售决策；通润铝材负责铝板材销售工作；青鑫炭素负责阴极炭素制品的销售工作；中青迈铝业负责宁东电解铝产品发运工作。

2011 年 9 月，宁夏能源铝业成立物资与采购部，负责指导、协调、监督铝产品销售工作。青铝股份成立供销分公司，负责铝液、重熔铝锭、多品种等铝产品的销售工作。

2015 年 1 月，宁夏能源铝业撤销供销分公司，成立销售分公司，负责青铜峡分公司、宁东分公司铝产品销售工作；成立工程检修公司，负责铝深加工及工业铝合金产品制造销售工作。

2017 年 1 月，铝电公司在上海设立营销中心，与铝业国贸合署办公，下设金属部、原料部、期货部，业务分别归营销中心和铝业国贸双重领导，负责铝电公司铝产品销售、大宗原料采购和期货、贸易融资等管理职能。

2017 年 9 月，宁夏能源铝业成立市场营销部，主要负责铝产品销售管理；撤销销售分公司，将青铜峡分公司和宁东分公司铝产品销售相关业务划归青铜峡分公司。

2019 年 1 月，成立铝合金材料分公司，负责铝业多品种销售，独立经营，独立核算。

2019 年 3 月，铝电公司（宁夏能源铝业）成立市场营销部，负责营销计划、期货管理、销售管理；归口负责贸易规则和交易方案制定，贸易运行跟踪与贸易关系协调等工作。

2020 年之前，山西铝业氧化铝销售分为自主销售和铝业国贸协同销售，遵义公司氧化铝由铝业国贸销售。

2021 年，根据铝电公司贸易协同方案，铝业国贸统一销售山西铝业和遵义公司的氧化铝。青铜峡分公司、宁东分公司根据销售业务主体界面划分，分别独立开展铝产品销售业务。

二、产品销售

（一）营销方式

2009 年，按照中电投销售政策，结合区域市场需求，对铝锭销售市场进行定位和细分，调配产品发货方向和不同区域的销售政策，建立客户档案，进行售后跟踪。对于电工圆铝杆、铝合金圆铸锭、铝合金锭等产品的销售，在铝价高位时加大产品销售力度。

2011—2012 年，加强市场趋势的分析研判工作，适时调整产品销售策略，增强销售的灵活性，加大铝产品直接用户的市场销售，降低销售费用。协调铁路部门，加大专列和集装箱发运量，有效降低销售费用。

2014—2015 年，执行先款后货营销政策，长期合同售价不得低于长江均价，零售价格不能低于长期合同价格，零售不收取银行承兑汇票。工程检修公司生产的铝合金光伏支架、电缆桥架等产品应用于中电投光伏产业。青鑫炭素推广石墨化产品和冷捣糊产品的应用，提高了产品的市场竞争力。

2016—2019 年，开发大规格工业用非普铝产品坯料，开发石墨化及大规格铝用炭素制品，提高产品附加值及市场竞争力。在青铜峡和宁东区域扩大铝液直接销售比例，根据市场对原铝液的需求，调整铝产品生产结构，全面提升高品质原铝生产能力，开发直供客户和西南市场，增加销售收入。

铝电公司成立后，根据产业一体化、管理专业化、机制市场化的总体要求，制订《贸易协同方案》，完善铝业贸易内部交易机制，实现贸易协同效益最大化。铝业国贸统销宁夏能源铝业电解铝产品。按照市场化原则，以"保护市场，不保护价格"为前提，铝电公司内部单位实现价格和付款机制与市场接轨。铝业贸易平台购销产品、物资定价对接行业定价模式，采取长单、现货的购销方式，实行氧化铝、铝锭、铝液等大宗物料先款后货的交易原则，将铝电公司电解铝销售业务、氧化铝采购和销售业务、期货业务全部在铝业贸易平台上操作。其间，2020 年，铝产品销售在保证安全、风险可控的前提下，加大铝液销售量，重点增加低铁及 Al 99.85 铝液的销售。按照"以产定销"的原则，实现尽产尽销。组织开展高端铝产品的开发和生产，提升产品盈利能力，实现多品种高端产品盈利能力大于外销铝液盈利能力。

（二）产品销售

1. 铝液

2009 年之前，公司生产的铝液主要满足内部生产需求。

2010 年，公司与宁东地区铝加工企业达成合作协议，宁东分公司当年销售铝液 1.19 万吨。

2011—2020 年，公司扩大宁东和青铜峡原铝液直销量，拓展铝液外销渠道，先后与宁东和青铜峡的 7 家加工企业签订长期购销合同。

2020 年，公司原铝液外销达到 63.18 万吨。

截至 2021 年底，累计销售铝液 410.47 万吨。

2. 重熔用铝锭

重熔用铝锭主要包括 Al 99.70 铝、Al 99.70 低铁铝、Al 99.85 铝。销售部门编制铝锭销售计划并上报上级主管部门。Al 99.70 铝执行以产定销原则，Al 99.70 低铁铝、Al 99.85 铝在满足全月基本生产总量和单批次产量的基础上，执行以销定产原则。

2009 年，公司按照中电投销售政策，结合区域市场需求，对铝锭销售市场进行定位和细分，及时调配产品发货方向，制定不同区域的销售策略和销售价格，提高 Al 99.85 铝锭的销量和售价。完成国家 2 次铝锭收储 4.5 万吨。

2011 年，公司调整产品销售策略，增强销售的灵活性。当年销售铝锭 51.35 万吨（其中，期货交割 17.98 万吨）。

2013 年，公司开发近距离市场，降低物流成本。以 15137 元 / 吨的竞标基准价中标国家物资储备局 3.83 万吨铝锭收储。

截至 2021 年底，累计销售铝锭 630.54 万吨。

3. 铝合金产品

公司铝合金产品包括铸造铝合金锭、变形铝合金锭、铝合金圆铸锭、电工圆铝杆等四大类 10 多个品种。

2009 年以来，不断发展下游生产厂家，稳定老客户，开拓新市场，逐步形成华东、华南、中南市场以及周边区域厂内自提为主的销售网络。

2014 年，铝合金产品销售量 22.85 万吨，实现销售收入 31.96 亿元。

2015 年，因房地产行业的低迷，周边地区客户电工圆铝杆提货量减少，不适用先款后货销售政策，市场逐渐萎缩。5 月，电工圆铝杆停产。

2016 年，铝锭合金化及同业竞争加剧。3 月，A356.2 停产。11 月，铝棒停产。当年销售多品种 11.7 万吨。

2018 年，销售产品以 413Z.1、360Z.6、A356.2 为主。

2019 年，多品种销售实行市场化，以销定产、产销结合，全年实现尽产尽销。

2020 年，随着市场的逐步开拓，新材料公司增加产品型号，提升品牌影响力。多品种产品销售执行先款后货，零单客户销售单价不低于长单客户的销售单价，产品规格不同加工费也不同。

2021 年，执行基价加加工费结算销售原则，为开拓高端圆铸锭及冷轧卷市场，公司将承兑接收比例调整为 100%。

2009—2021 年公司铸造铝合金锭、变形铝合金圆铸锭、电工圆铝杆销量见表 4-5-1。

表 4-5-1　2009—2021 年多品种销量表

单位：万吨

年份	铸造铝合金锭	变形铝合金圆铸锭	电工圆铝杆	其他	小计
2009	2.84	4.06	3.14	1.76	11.80
2010	3.83	4.96	3.43	2.32	14.54

续表

年份	铸造铝合金锭	变形铝合金圆铸锭	电工圆铝杆	其他	小计
2011	5.85	4.99	3.22	2.04	16.10
2012	5.47	6.29	2.70	1.29	15.75
2013	6.39	6.69	2.69	–	15.77
2014	10.40	9.07	3.39	–	22.86
2015	15.59	9.27	3.69	–	28.55
2016	10.49	–	1.23	–	11.72
2017	5.20	–	–	–	5.20
2018	0.95	–	–	–	0.95
2019	5.77	2.52	–	–	8.29
2020	5.58	3.40	–	0.22	9.20
2021	3.82	1.44	–	0.12	5.38
合计	82.18	52.67	23.49	7.75	166.11

4. 铝型材等产品

公司铝深加工产品主要有铝板材、铝型材等。

2007年8月1日，成立通润铝材，负责铝板材的生产及销售。

2009年4月，通润铝材开始生产装饰带材、空调箔、单零箔坯料等产品。铝板带属于订单式生产，销售部门根据生产能力及客户技术要求通过生产部门评审后，将客户的订单数量和交货期下发给生产部门，生产部门根据销售计划组织生产。根据市场规则，直销给生产厂家的先货后款，销售给贸易商的先款后货，年底货款回收率达100%。

2016年11月，通润铝材停止生产及销售。2009—2016年，通润铝材累计销售铝板带31.42万吨，实现销售收入43.03亿元。

2019年，成立新材料公司，重新生产空调箔、单零箔、双零箔坯料等产品。

2021年，主要产品销售量9.8万吨，销售地区主要以河南、山东、安徽、浙江、福建等地区为主。2019—2021年，新材料公司销售铝板带10.71万吨，实现销售收入16.59亿元。

科技工程公司自2015年起，开始铝合金光伏支架的生产销售，研制开发包括光伏支架、电缆桥架、铝合金爬梯、铝合金电解槽罩、风电塔筒免爬器、铝合金装配式板房、铝合金光伏车棚等产品。2009—2021年，销售民用型材1.8万吨，销售收入3.33亿元。2015—2021年，光伏支架应用于国内 86 个光伏项目（装机容量 180 万千瓦），销量 4.19 万吨，销售收入 6.1 亿元；铝合金电解槽罩销售 62664 片，销售收入 3992 万元。2019—2020 年，风电塔筒免爬器在宁夏、内蒙古的 4 个风电场安装应用 179 台。

5. 阴极炭素制品

青鑫炭素主要生产铝电解用石墨质炭块、热捣糊、冷捣糊，除满足青铜峡、宁东电解系列使用外，其余产品全部外销。

2011 年 11 月，成功开发出大规格高石墨质挤压阴极炭块，并成功应用于国内 600 千安电解系列，实现国内挤压成型炭块技术上的突破，填补国内大规格阴极炭块生产技术空白。依托沈阳铝镁设计院开发的"双阴极钢棒技术"，在国内市场推广使用。

2014 年，青鑫炭素释放石墨化产品产能。通过外购废阳极进行石墨化，实现石墨原料自产，部分石墨原料外销。销售阳极石墨 340 吨，来料加工石墨阴极 939 吨。

2015—2017 年，青鑫炭素相继研发出冷捣糊、石墨化阳极、电极焙烧毛坯等新产品，形成批量生产销售。2016 年，冷捣糊销售量 3208 吨，实现销售利润 294.85 万元。2017 年，销售电极焙烧毛坯 2092 吨，实现经济效益 725 万元。截至 2017 年末，产品销售品种 11 种，实现由单一产品销售向多品种销售转型。

2018 年，承接石墨化电极及小炭棒加工业务 628.93 吨，销售电极生坯 3620.85 吨，电极焙烧坯 3148.51 吨，电极石墨化坯 5977.73 吨，电极产品的市场知名度持续提高。

2019 年，研制出高体密石墨化炭块，与山东电解铝厂家签订近 2 亿元订单。

截至 2021 年底，阴极炭素产品销往内蒙古、四川、山东等 35 家电解铝铝企业。累计销售阴极炭素产品 40.85 万吨，高端产品市场占有率达到 30%，平均市场占有率 8%（见表 4-5-2）。

表 4-5-2　2009—2021 年阴极炭素产品销售量表

单位：万吨

年份	半石墨质炭块	高石墨质炭块	石墨化炭块	石墨电极	热捣糊	冷捣糊	小计
2009	—	1.88	0.25	—	—	0.29	2.42
2010	—	2.00	0.26	—	—	0.30	2.56
2011	—	2.78	0.33	—	—	0.34	3.45
2012	—	1.73	0.34	—	—	0.45	2.52
2013	0.12	2.57	0.22	—	—	0.74	3.65
2014	0.14	2.26	0.13	0.04	—	0.52	3.09

续表

年份	半石墨质炭块	高石墨质炭块	石墨化炭块	石墨电极	热捣糊	冷捣糊	小计
2015	0.22	2.00	0.54	0.22	—	0.55	3.53
2016	0.06	2.19	0.41	—	0.41	0.32	3.39
2017	0.05	2.67	0.07	0.29	0.30	0.34	3.72
2018	0.02	1.51	0.14	1.41	0.22	0.18	3.48
2019	0.02	1.09	0.69	1.06	0.04	0.17	3.07
2020	—	0.88	1.31	0.18	0.06	0.20	2.63
2021	—	1.02	1.81	0.26	0.05	0.21	3.35
合计	0.63	24.58	6.49	3.46	1.08	4.61	40.86

6. 氧化铝

2017 年 1 月，铝电公司氧化铝销售由铝业国贸负责，销售模式分为长单销售和现货销售，销售客户分为系统内部和系统外部。铝业国贸统购山西铝业氧化铝采用长单加现货的方式定价结算。内部销售主要集中在国家电投所属宁夏、内蒙古、青海等地企业，外部销售以甘肃、新疆为主，山西铝业自留部分氧化铝现货销售。

2020 年，铝电公司制订《贸易协同方案》，明确铝业国贸负责山西铝业氧化铝销售，双方共同开发系统外部客户，由铝业国贸对外签订合同销售。遵义公司氧化铝委托铝业国贸以长单形式和零单现货形式，按照完全市场化原则对外销售，以面向西南区域化销售为主。12 月 16 日，山西铝业停止氧化铝现货自销业务。

2017—2021 年，铝业国贸累计购销山西铝业氧化铝 1396.72 万吨，购销遵义公司氧化铝 56.67 万吨。

三、能源销售

（一）售电

2017 年，配售电公司负责售电业务。

2020 年，公司成立电力营销中心，主要负责售电、青铜峡市新材料基地工业蒸汽循环利用项目、智慧能源建设等业务。重点跟进青铜峡市新材料基地新入驻用户，建立用户档案，开展售电业务。截至 2021 年 12 月，累计签约用户 19 家，交易电量 24.84 亿千瓦时。

（二）供汽

2018 年 5 月，配售电公司投资建设青铜峡新材料工业蒸汽循环利用项目。2019 年 12 月正式投入运营，汽源为青铝发电过热蒸汽。截至 2021 年 12 月，公司与 11 家企业签订用汽协议，使用蒸汽用户 10 家，累计售汽量 81.58 万吨。

四、期货管理

（一）管理制度

2015 年 2 月，宁夏能源铝业制定《期货业务管理办法》，成立期货领导小组，行使期货套期保值业务管理职责，小组成员包括董事长、总经理、副总经理、纪委书记、财务总监、财务部主任、物资与采购部主任、销售经理。期货领导小组下设期货业务管理办公室，物资与采购部主任兼任办公室负责人。董事会授权期货领导小组和期货业务管理办公室具体执行期货相关业务。公司期货业务类型是对电解铝进行套期保值。各项期货业务必须严格限定在经批准的期货操作方案内进行，不得超范围操作。

2018 年 10 月，宁夏能源铝业修订《期货业务管理办法》。

2018—2021 年，铝电公司制定《有色金属期货业务管理办法》《期货业务管理办法》《商品类期货业务管理办法》，明确公司及所属单位开展期货业务，应当按照"严格管控，规范操作，风险可控"的要求，坚持套期保值原则，严禁任何形式的投机交易。期货业务实行专业化集中管理，铝板块品种期货业务统一在铝业国贸期货平台进行操作，其他品种期货业务在国家电投指定平台进行操作。每年度末，各单位制订本单位期货业务年度方案，报公司履行相关决策程序。铝业国贸按照权责分明、授权分离和相互制衡的原则，在期货业务各岗位间建立有效的牵制机制和验证关系，完善风险控制流程。在期货交易过程中特别加强资金风险和流动性风险。申请开展期货业务的所属单位，资产负债率高于国资委管控线、连续三年经营亏损且资金紧张的单位不得开展金融衍生业务，业务资质核准和年度业务计划履行铝电公司董事会核准程序，并报国家电投审批。期货业务交易标的仅限于国家电投范围内自产自销的产品、自购自用的原材料或燃料。生产企业期货业务年度保值规模不超过年度实货经营规模的 90%，贸易企业期货业务年度保值规模不超过年度实货经营规模的 80%。铝电公司通过套期保值信息化系统实现业务风险监控，在线监测。

（二）期货业务

2009 年，公司利用铝价上涨，参与套期保值，利用期货市场，锁定目标售价。6 月、8 月，公司向中电投请示开展套期保值业务，经批准后，实施 20 万吨铝锭期货保值业务。

2012年，在抓好现货市场运作的同时，积极加强期货运作，全年铝锭期货成交量10万吨。

2014年5月，上海期货交易所批复同意取消公司旗下合资公司宁夏加宁铝业有限公司ALCAN牌铝锭注册品牌资格。

2015年2月4日，公司期货领导小组专题会确定期货交易指令下达程序，设置套期保值操作人员。

2016—2017年，公司同中电投先融期货有限公司签订合作协议，同中电投先融（天津）风险管理有限公司签订《合作套期保值协议》，同铝业国贸签订《电解铝期货套期保值合作协议》，共同开展套期保值业务，同年增加氧化铝期货套保业务。

2018年，公司推进国家电投内铝业期货统一运作，公司系统铝期货实现收益1.2亿元，协助内蒙古公司实现收益1741万元，对冲价格波动风险。

2019年9月18日，铝业国贸在上海期货交易所主办的上期标准仓单交易平台首届交易商大会上，获"2018—2019年度上期标准仓单交易平台优秀交易商"荣誉称号。

2021年1月10日，公司启动期货业务信息化建设。10月18日，完成套期保值信息化系统验收工作，信息化系统正式投入使用。该系统可通过信息化手段监控业务风险，实现全面覆盖、在线监测，实时计算各期货账户下的各类风控指标，及时预警，精准定位，对交易行为进行风险管控，固化制度要求，规范操作流程，阻断违规交易操作带来的潜在风险。系统由铝业国贸负责使用及维护，同时向国家电投内涉铝单位开放使用，实现了国家电投铝产业金融衍生业务在统一平台上的集中操作。12月16日，铝电公司第十九次总经理办公会议研究，同意宁夏能源铝业委托铝业国贸开展套期保值业务。12月25日，公司同意核准铝业国贸动力煤金融衍生业务资质。

五、对外贸易

（一）铝业国贸

2017年，铝业国贸对外贸易主要是进口氧化铝和铝土矿。进口氧化铝主要为弥补国产氧化铝的阶段性供应不足和生产单位对进口氧化铝的需求，供应商主要为国际上规模较大的生产企业或贸易商。

2018年5月起，按照铝电公司进口矿石应用转型升级的要求，铝业国贸担负起进口矿石采购平台的责任，实现几内亚、澳大利亚、牙买加铝土矿的进口，并在港口顺利交接给山西铝业，山西铝业成为内陆首家应用进口铝土矿的实体氧化铝企业。铝业国贸进口铝土矿的供应商主要为英国、澳大利亚、牙买加相关企业。

2018—2021 年，共进口铝土矿 591.43 万吨，进口额约 21 亿元人民币。2019—2021 年，共进口氧化铝 37.76 万吨，进口额约 1.33 亿美元。

（二）山西铝业

2017 年下半年，国内铝土矿供应紧张形势不断加剧，采购难度加大，采购价格不断升高，铝电公司提出以进口矿填补国内矿缺口的策略。

2018 年下半年，山西铝业依托铝业国贸采购进口铝土矿 158.3 万吨 2019 年，采购进口铝土矿 333.8 万吨，其中几内亚铝土矿占到 79%。

2020 年，进口铝土矿 464.5 万吨，其中，几内亚铝土矿 223 万吨，印尼铝土矿 223.5 万吨。

2021 年，铝电公司几内亚矿山投产，山西铝业通过铝电投资（香港）有限公司采购铝土矿 112.74 万吨。为应对新冠疫情对国际贸易的影响，山西铝业进口铝土矿采购以保生产、控价格为原则，采取合理安排进口矿发运，锁定 3 个月海运费价格，利用 4 月份海运费价格大幅下降的机会，开展印尼矿现货采购。

（三）青鑫炭素

青鑫炭素按照"立足于国内大中型铝企业，逐步拓展国际市场"思路开展国际贸易，出口产品有铝用阴极炭块和冷捣糊黏结剂。

2009—2010 年，出口印度电解铝厂阴极炭块 9796 吨。

2011 年，先后与欧洲厂家签订供货合同，打开欧洲市场。

2012 年，与巴林铝业合作，标志着青鑫炭素进入中东市场。

2015 年，研发的冷捣糊出口至哈萨克斯坦铝业。

2016—2020 年，阴极炭块应用于北欧、东南亚的 4 家电解铝厂。

2021 年，出口西亚地区，标志着公司产品覆盖海合会国家所有电解铝厂。

截至 2021 年底，产品出口 26 个国家和地区、38 家电解铝厂。累计出口阴极炭块 10.5 万吨、冷捣糊 0.25 万吨，市场占有率 2%。

第五章 安全环保质量健康

公司按照"安全第一，预防为主，综合治理"的安全生产方针，建立安全生产保障、监督、支持三大体系，全面落实各级安全生产责任制，实现安全生产标准化。贯彻国家电投"任何风险都可以控制，任何违章都可以预防，任何事故都可以避免"的安全理念，建立"党政同责，一岗双责，齐抓共管"的安全生产责任制，推进安全文明生产有序开展。

贯彻执行《中华人民共和国环境保护法》和地方环境保护法律法规，先后编制《公司"十三五"环境保护规划》《公司"十四五"生态环保专项实施方案》，以工程减排为主，结构减排、管理减排、技术减排为辅，加强环境污染治理和碳排放控制，通过定期检查、在线实时监管、管理考核三大手段，夯实环保监督管理基础，确保减排任务按期完成。

全面推行质量管理，建立质量保证体系，实施全面质量管理。执行国家标准和行业标准，严格按照标准组织生产，促进产品质量不断提高。

贯彻落实《中华人民共和国职业病防治法》，加强劳动组织管理，合理制定和调整作业时间，改善高危作业环境，采用新设备、新技术、新工艺和新材料，从装备和制度上保障职工的生命安全和健康，防止和减少职业病的发生。

第一节 安全管理

一、管理机构

（一）宁夏能源铝业安全生产委员会

公司安全生产委员会（以下简称安委会）是安全生产主要管理机构。2009 年 5 月，宁夏能源铝业成立安全生产委员会，负责贯彻落实国家有关安全生产方针、政策、法律法规，研究部署公司安全生产工作，分析研究公司安全生产动态、存在的问题，研究决定公司安全生产工作的目标、理念、规划和安全生产工作中的重大事项。安委会主任由公司主要领导担任，分管领导任副主任，委员由公司机关各部门负责人、所属各单位行政主要负责人组成。安委会下设办公室，办公室设在安全生产环保部。

2011 年 5 月，宁夏能源铝业调整安全生产委员会成员，增设常务副主任，成员由各部门主要负责人组成。安全生产委员会办公室设在安全监察部，安全监察部主任、副主任分别兼任安委会办公室主任、副主任。

2012 年 2 月，因机构和人事变动，安委会成员增加副总师、纪委副书记和工会副主席。

（二）铝电公司安全生产委员会

2017 年 7 月，铝电公司成立安全生产委员会，主任和副主任分别由主要领导和分管领导担任，成员由机关各部门主要负责人和产业中心主要负责人组成。安全生产委员会办公室设在产业中心安监部，安监部主任兼任办公室主任。

2019 年 5 月、2021 年 8 月，公司 2 次对安全生产委员会进行调整，安委会主任由公司主要领导担任，总经理任常务副主任，分管领导任副主任，成员由公司各部门主要负责人、所属各单位行政主要负责人组成。负责贯彻落实国家有关安全生产方针、政策、法律法规，研究部署公司安全生产工作，负责研究决定公司安全生产工作的目标、理念、规划，负责研究公司安全生产动态，分析存在的问题，研究决定安全生产工作中的重大事项。安全生产管理委员会办公室设在安全与质量环保部，安全与质量环保部主任兼任办公室主任。安委会办公室职责是负责宣传、贯彻、落实国家有关安全生产的方针、政策、法律法规，提出安全生产政策、措施建议，负责监督检查、指导协调公司有关部门和所属各单位的安全生产工作，负责督促落实安全生产委员会决定的事项，负责联系政府和上级安全生产主管部门和有关机构，负责安全生产委员会的日常工作。

（三）工作机构

2009 年，宁夏能源铝业成立安全生产环保部。

2010 年 9 月，成立安全监察部（简称安监部）与煤炭安全监察部（简称煤监部）两个机构，一套班子合署办公。安监部（煤监部）主要职责是负责公司安全生产监督工作，负责安全监督体系建立、安全工作考核、项目安全审查及安全文化建设等工作。

2011 年 10 月，宁夏能源铝业与青铝股份实行一体化运作，安监部更名为安全与环境保护监察部（煤炭安全监察部），主要职责是落实中电投有关安全生产规章制度，组织建立公司安全监督体系，监督所属单位安全生产制度建设、安全生产标准化管理等工作；负责监督所属单位的安全评价、安全隐患排查治理、安全风险管理等工作；编制公司年度安全培训计划和安全生产综合应急预案、应急演练等工作；负责安全事故的内部调查、统计、分析、对外信息发布；审批公司安全技术劳动保护措施计划，监督反事故措施计划和安全技术劳动保护措施计划的执行；负责指导与监督所属单位职业安全健康管理体系建设。

2017年10月27日，铝电公司成立产业中心，明确宁夏能源铝业安全质量与环保监察部承担铝电公司安全生产的相关职责，主要负责铝电公司（宁夏能源铝业）安全生产、职业健康、质量管理、环境保护监督工作；负责部门业绩考核指标，工作规范化、标准化、制度化建设，安全工作的部署、检查、总结与评比安全培训，重大安全隐患的监控与治理，监督检查所属单位的安全教育培训工作，各单位反事故措施计划、劳动保护措施计划的管理工作，监督所属单位的防汛、防洪、消防安全管理工作，组织编制公司综合应急预案，监督所属单位应急预案的编制、应急体系建设、应急队伍建设、应急培训与应急演练等工作。

2019年3月，铝电公司成立安全与质量环保部，职责是组织开展危险源辨识和评估，督促落实本单位重大危险源的安全管理措施，及时排查生产安全事故隐患，制止和纠正违章指挥、强令冒险作业及违反操作规程的行为，负责安全生产事故调查处理与安全和职业健康信息统计分析与上报，负责监督安全生产费用的提取、使用，督促落实本单位安全生产整改措施。

二、安全生产

（一）安全生产责任制

公司安全生产责任制，是根据安全生产法规建立的各级领导、职能部门、工程技术人员、岗位操作人员在劳动生产过程中对安全生产层层负责的制度，是岗位责任制的组成部分，是公司最基本的安全制度，也是公司安全生产、劳动保护管理制度的核心。

为贯彻"安全第一，预防为主，综合治理"的安全生产方针，全面履行国家安全生产法律法规赋予企业的安全生产主体责任，促进全员安全生产责任制的建立和落实，防止和减少各类事故的发生，根据《中华人民共和国安全生产法》《国家电力投资集团有限公司安全生产工作规定》《国家电力投资集团有限公司安全生产三大责任体系建设指导意见》等有关制度要求，公司制定《国家电投集团铝电投资有限公司安全生产责任制管理办法》，规范公司及所属各单位安全生产责任到岗、责任到人的建立和实施，明确安全生产保障、监督和支持三个安全生产责任体系构成和管理职责。公司安全生产责任制覆盖所有岗位，明确各岗位的安全生产责任和工作标准。包含安全生产目标、岗位安全生产职责及到位标准、考核标准、权利与义务四部分。

公司安全生产责任体系由安全生产保障、监督和支持三个责任体系构成。安全生产保障体系是公司安全生产工作的基础与核心，负责建立本单位设备设施管理、作业管理等方面的安全生产规章制度和保障体系安全生产责任制，规范、有效提取和使用安全生产费用，组织开展隐患排查治理工作，按照"等同管理"要求做好承包商安全管理，建立专项应急预案和现场处置方案。公司安全生产保障体系的主体是矿业部、氧化铝部、电力部、电解铝部、智慧能源开发部。

安全生产监督体系针对安全生产进行监督检查和指导协调。职责是监督国家安全生产法律法规、政策规划的执行，组织建立本单位安全生产规章制度、操作规程、生产安全事故应急救援预案、方针目标和规划；组织参与本单位安全生产教育和培训，如实记录教育和培训情况；组织开展危险源辨识和评估，督促落实本单位重大危险源的安全管理措施；组织或参与本单位应急救援演练，检查本单位安全生产状况，及时排查生产安全事故隐患，制止和纠正违章指挥、强令冒险作业、违反操作规程的行为；负责安全生产事故调查处理与安全和职业健康信息统计分析与上报，负责监督安全生产费用的提取、使用，督促落实本单位安全生产整改措施。公司本部安全生产监督体系的主体是安全质量环保部。

安全生产支持体系对安全生产工作起到引领督促和支持保障的作用，在影响安全生产工作的员工队伍建设、政治思想教育、企业人文环境培育、激励约束机制建设、必要的财力供给等方面，提供资源支持。公司安全生产支持体系的主体是综合管理部、规划发展部、党建部（党委办公室、工会办公室）、人力资源部（党委组织部）、计划与财务部、法人治理部（董事会办公室）、科技与创新部、法律与企业管理部、市场营销部、审计部、纪委办公室（党委巡察办）。

按照中电投"以人为本，风险预控，系统管理，绿色发展"的方针，落实安全生产"党政同责，一岗双责，齐抓共管"与"管行业必须管安全，管业务必须管安全，管生产经营必须管安全"的要求，公司成立以安全生产第一责任人为组长的责任制编修小组，负责制定责任制编修工作方案、标准和要求。公司及各单位对本单位的安全管理状况和各岗位风险进行充分识别与评估，制定责任制编修工作实施计划。人力资源部牵头组织、安全监督部门协助，其他部门、车间、分场参与，共同完成责任制的编制和修订。各岗位的责任制经本部门审查后，上报编修小组进行审核、汇总，并报本单位安委会讨论审定，经本单位安全生产第一责任人批准，以正式文件发布。

安全生产责任制主要以签订安全生产目标责任书（简称责任书）方式进行承接。责任书内容包括岗位安全生产职责和到位标准、目标与指标及控制措施、检查与考核等，按照逐级签订原则，由上至下逐级签订全员责任书，安全生产责任落实到每一位员工。其中，各级安全生产第一责任人与公司的其他领导、协管总助、总师、安全总监、分管部门主要负责人、所属各单位安全生产第一责任人签订目标责任书，各所属单位安全生产第一责任人、分管领导分别与协管总助、（副）总师、安全总监、分管部门（车间）主要负责人签订目标责任书，所属各单位部门、车间主要负责人与管理人员、班组长签订目标责任书。签订前，上级签订者与下级签订者对责任书内容进行沟通，以确保各级、各岗位人员熟悉理解本岗位的安全生产责任、目标、权限与义务、到位标准和考核标准等内容；公司及各单位每年第一季度完成责任书的签订，由安全监督部会同人力资源部共同组织，并以单独文本形式签订；当责任制重新修订或人员岗位职责变化时，于1个月内，组织相关人员重新签订责任书。

（二）安全管理

2009—2010年，公司主要依托"三标一体"体系开展安全管理工作，按照安全生产管理职责要求，修订公司《安全生产责任制》，不断完善安全生产各项措施。

2011年，制定《安全工作规定（试行）》等18部安全管理制度，初步搭建起安全生产管理制度体系。

2012年，按照中电投"以人为本，风险预控，系统管理，绿色发展"的方针，全面启动安全健康环境管理体系建设工作，将其列为安全生产领域的核心工作和长期实施战略。10月，按照中电投《安全环境健康管理体系指南》，公司组织开展安健环体系建设工作，青铜峡分公司被列入三级试点单位。12月13日，公司召开安全健康环境管理体系建设启动会，对安健环工作进行全面安排部署。

2013年，铝业各单位按照安健环体系建设总要求和工作规划，完成管理手册、程序文件、作业指导书的编写，开展危险源辨识与风险评估，建立风险数据库，并对员工进行培训。3月，公司聘请国家安监总局、新疆大学、中电投安环部有关领导、专家，对中层以上干部、各级安监和生技部门负责人进行安健环制度体系建设等相关内容的培训。

2014年6月，公司发布安健环管理理念、方针、承诺，下发安健环管理者任命书，明确宁夏能源铝业安健环体系管理者代表，安健环管理体系进一步完善。在此基础上，公司颁布《安全教育培训管理规定》《安全生产事故隐患排查治理实施办法》《安全生产费用管理规定》《安全监察实施办法》《应急管理规定》《安全生产奖惩规定》《安全生产监督规定》《安全生产工作规定》。各三级单位全部完成安健环体系管理手册、程序文件、风险数据库、安健环管理标准、关键任务作业指导书的编制，开展危险辨识与风险评估，建立风险数据库，完善三级作业任务清单和生产现场作业风险数据。根据现场风险，落实高风险作业管理模型，用标识牌、颜色、印记、标签、箭头、设遮栏等，对工作环境、设备设施、工器具与安全用具、人员等设置快速识别标识。按照安健环安全生产保障责任体系、安全生产监督责任体系和安全生产支持责任体系的职责要求，落实全员安全责任，完善公司安全体系建设。公司根据人员变动情况，健全安委会和监督网。同时，明确了各部门、各岗位的安全职责，规范安全管理的方式和方法，强化安全目标管理和动态考核，层层签订安全目标责任书，每季度进行目标考核评估。建立安健环运作系统，全面梳理原有管理制度体系，完善安健环体系文件，按照体系运行要求，明确安健环管理职责、内容和方法，建立检查审核的体系驱动机制。公司组织安健环体系内审员对 8 家铝业单位及临河发电进行内部评估，有 8 家受审单位达到"一钻"水平。各单位结合安健环体系建设，开展"安全生产自主管理型班组"创建活动，安全生产责任制在基层得到有效落实。

2015 年，公司结合安全生产评估和安全生产尽职督查，对铝业板块各单位体系建设情况进行督查，对煤炭、电力各单位体系建设情况进行专项检查。组织开展体系内部审核工作，抽调部分内审员对所属单位的安健环管理体系运行的符合性、适宜性、有效性进行全面检验和评估，对 13 个单元逐项进行检查，对存在的问题分析原因，提出改进建议，督促落实整改，全公司实现了安健环体系与"三标一体"的融合。当年 10 月，宁东分公司和临河发电均获得国家电投"一钻"。

2016 年，安监部按照安健环体系建设推进方案，持续推进安全基础管理工作，完善规章制度，各单位先后修订《安全生产责任制管理办法》《安全生产工作制度》等，修订主要作业分类分级管理制度，明确现场监护岗位职责。重点生产单位修订完成《危险作业审批管理制度》《高空作业管理标准》《受限空间管理标准》《动火作业管理标准》《安健环安全投入管理标准》《安全生产费用管理规定》《安全生产事故隐患排查治理实施办法》《消防安全管理办法》《危险作业审批管理制度》等多项管理制度，建立公司级风险数据库。共修编完成《安全教育培训管理办法》《职业健康风险评估技术标准》《环境危害辨识与风险评估技术标准》《全员岗位安全生产责任制》等管理标准 266 个、检修文件包 151 个。

2017 年，按照国家电投"先僵化学习，后优化创新，再固化提升"的工作要求，铝电公司制定《安全生产工作规定》《安全生产奖惩规定》《安全教育与培训管理实施办法》《重大危险源管理实施办法》《安全生产事故隐患排查治理实施办法》《职业健康管理工作规定》《环境保护管理办法》《环境保护考核实施办法》，制订《HSE 管理体系提升实施方案》，对照国家电投 HSE 管理提升计划所列的 36 项提升项，编制 HSE 管理提升项实施细则，进一步完善安健环管理内容。

2018 年，完善班组安全建设基础性制度和标准，在团队式班前会、"安全时刻"等工具应用基础上，开展安全观察、经验反馈、指标统计分析等工具运用。开展创建安全示范班组活动，执行长周期无事故奖励，激发各单位和车间班组的积极性和主动性。到 2018 年底，各单位安全示范班组达到 20%，部分板块合格班组达到 50%。

2019 年，规范工作流程中各类名称、用语，推广可视化工作服，制定工作票、操作票标准模板。铝电公司颁布《安全监督实施办法》《安全生产尽职督察实施办法》《反违章管理办法》等，安健环体系建设、管理标准、实施细则进一步完善。8 月，优化、整合体系基本要素，借鉴同行业企业最佳实践，编制、发布、实施《质量健康安全环境管理手册（A 版）》（简称 QHSE 管理手册），系统地描述公司的质量、职业健康、安全和环境管理体系的运行模式，阐述公司实施 QHSE 管理体系的目的、范围和具体管理要求，是公司开展 QHSE 管理工作的依据和指导性文件，是公司全体员工实施 QHSE 管理活动的行为准则。11 月，宁东分公司通过国家电投安健环"准三钻"验收。

2020 年，国家电投安全质量环保部先后对公司所有单位开展安健环管理体系第二方审核，以及安全生产自主管理型班组评审，并对安健环体系进行验证。宁东分公司安健环管理体系达到国家电投"准三钻"水平，山西铝业、青铜峡分公司、青铝发电、临河发电、新能源公司、科技工程公司、青鑫炭素、铝合金分公司达到"二钻"水平。

2021 年，公司选派 50 人参加国家电投安健环管理体系审核员培训，培育专业安健环管理体系审核员队伍，安健环体系建设实现全面提升并有效运转。12 月，铝电公司组织开展所属各单位安健环管理体系审核评估，宁东分公司、青铝发电、青铜峡分公司达到国家电投"三钻"水平；山西铝业、临河发电、新能源公司、科技工程公司、青鑫炭素及新材料公司达到公司"三钻"水平，遵义公司达到公司"二钻"水平。

（三）安全标准化

1. 标准制定

2008 年，青铝集团开始推行安全标准化工作。在国家尚未出台炼铝单元一、二级达标验收标准的情况下，受宁夏安监局委托，青铝集团代表电解铝行业起草《冶金企业（铝冶炼）安全标准化考评办法》，并作为宁夏回族自治区标准（高级二级）下发执行。

2011 年，公司根据国务院安委会《关于深入开展企业安全生产标准化建设的指导意见》，国家安全生产监督管理总局《关于进一步加强企业安全生产规范化建设严格落实企业安全生产主体责任的指导意见》《企业安全生产标准化基本规范（AQ/T 9006-2010）》和中电投《关于加强安全生产规范化标准化建设的指导意见》，制订《加强安全生产规范化标准化建设的整体实施方案》，成立加强安全生产规范化标准化建设领导小组，提出公司安全生产规范化标准化工作目标。

2013 年，公司启动"四标一体"综合管理体系建设工作，共修编管理标准 172 项，工作标准 221 项，技术标准 1774 项。完成内审员培训工作，共有 22 名内审员取得培训合格证书。

2014 年，公司以开展安全生产规范化、标准化建设为基本手段，引导相关部门和各单位履行安全生产职责，规范各单位安全生产行为，落实安全生产主体责任，7 月召开"四标"（安全、环保、质量、职业健康）体系文件发布会，"四标"文件正式开始执行，年底完成"四标"体系的外审工作。2015 年 5 月，完成体系建设工作。

2019 年，开展铝土矿山安全生产标准化修编和矿山安全生产标准化评分办法修订工作。

2021 年，公司制定《矿山安全生产标准化建设实施方案》和《铝土矿安全生产标准化基本要求及评分方法》，开展矿山安全生产标准化建设工作。

2. 标准化评审

公司安全生产标准化管理体系认证，采用公司自评和评审单位评审的方式进行评估，评估合格，取得标准化证书。

2009 年，宁夏能源铝业通过国家二级安全标准化达标验收。

2011 年，青铝股份通过国家冶金企业安全生产标准化达标（二级）验收，完成"三标一体"认证管理体系换版。

2013 年 7 月 5 日，青鑫炭素达到宁夏回族自治区安全生产标准化二级，临河发电通过中电投安全生产标准化达标评级验收，达到二级标准。11 月 3 日，吴忠新能源通过国家能源局西北监管局安全生产标准化二级企业达标评审。12 月 19 日，青铜峡分公司获得吴忠市安监局冶金等行业安全生产标准化达标三级企业。当年，山西铝业氧化铝、五台矿安全生产通过标准化二级达标验收。

2014 年，国家能源局西北监管局授予太阳山电站"电力安全生产标准化达标二级企业"荣誉称号。4 月 12 日，青铝发电通过国家能源局安全生产标准化一级达标验收，成为宁夏首家 300 兆瓦等级机组安全生产标准化一级达标企业。

2016 年，山西铝业上木章赤泥库通过安全生产标准化二级企业达标验收。

2017 年，青鑫炭素二级安全标准化复审顺利通过第三方评价机构评审，安全生产"六化"建设通过宁夏安监局验收。

2021 年，山西铝业宁武矿、青铜峡分公司、宁东分公司通过安全生产标准化二级企业达标验收。

三、安全风险防控

（一）风险辨识与隐患治理

公司每年对电解铝、氧化铝、电力、矿山一类高危产业安全风险进行梳理，确定重点安全风险分级和监控清单，以防范化解重大安全风险。

电解铝板块重点风险管控点有：熔融金属爆炸，电解槽短路口爆炸，电解槽漏槽，危险作业管理，粉尘爆炸，供电整流系统着火、爆炸，天然气输送管线、末站泄漏、爆炸，混合炉漏炉，热媒系统爆燃，中频炉漏炉，锅炉爆炸，机车脱轨、溜逸，高楼部火灾等。

氧化铝板块重点风险管控点有：天然气爆炸、赤泥库溃坝、粉尘爆炸、焙烧烟道着火爆炸、煤气管道爆炸、煤磨爆炸、溶出机组开停车爆炸、煤气中毒等。

电力板块重点风险管控点有：锅炉及压力容器爆炸，发电机系统着火、氢气泄漏及爆炸，输煤系统粉尘爆炸及误操作，脱硫系统火灾事故，油库、制氢站、氨站管理火灾爆炸，风机塔筒安全管理，电缆、变压器开关、互感器火灾等。

矿山板块重点风险管控点有：冒顶、水害、中毒窒息、提升运输事故、火灾、爆炸、坍塌、滑坡、道路运输、危废规范处置等。

2010年，共组织综合检查26次，根据时间、气候、生产等特点，开展专项检查16次。其中，电气专项检查3次，消防检查5次，特种设备等专项检查3次，节日期间组织进行矿山安全检查5次，全年共查处隐患395项。

2012年，开展专业监管检查、"安全生产八条禁令"专项检查及安全综合大检查，全年共排查各类隐患692项，监督整改683项。组织各单位开展"两票"（工作票、操作票）、交通、安全防护、安全联锁、DCS控制系统、防汛、压力容器等安全专项治理活动。

2013年，围绕风险预控目标，运用危害辨识与风险评估成果，建立风险数据库，落实工作场所管理、生产用具使用和生产过程控制等程序。开展安健环信息系统的开发应用工作，建立安全环保目标、过程和风险管理工具，初步形成生产过程管理的一系列风险控制手段。

2014年，严格执行重大生产操作领导和管理人员到场制度。要求执行重大操作、重大作业任务时安全管理人员到场全程监护，重大操作时管理人员全程监护，确保重大操作、重大作业安全可靠。

2016年，将控制高风险检修作业作为安全控制的重点，制作并加装专门的防止误碰误操作保护罩，并对作业员工的身体状态与行为、员工穿戴的个人劳动防护用品、员工使用的工器具、员工周边的作业环境及员工对作业文件的依从等做出相关规定和要求。

2018年，严格安全生产管理标准，全面实行"两票三制"（工作票、操作票，交接班制、巡回检查制、设备定期试验与轮换制）管理制度，检修工作做到"四不开工"（工作地点或工作任务不明确不开工，安全措施的要求或布置不完善不开工，审批手续和联系工作不完善不开工，检修人员和运行人员没有共同赴现场检查或检查不合格不开工）、"五不结束"（人员未全部撤离工作现场不结束，设备变更和改进交代不清或记录不明不结束，安全措施未全部拆除不结束，有关测量试验工作未完成或测试不合格不结束，检修、试验人员和运行人员没有共同赴现场检查或检查不合格不结束），运行操作做到"三个对照、六个程序"。重点加强对施工单位资质、特种工资质、吊装机械检验合格证的审查、登记，实行重大项目专人旁站监督等有效安全管理措施，确保风险预控和施工作业安全。

2019年，实行分级管控风险模式，按照"谁主管谁负责"的要求，对重点监控风险进行分析、评价。定期对重点督办事项进行跟踪、评估、考核，特别是加强矿山提升系统、通风系统、排水系统，铝土矿的爆破、开采、交通运输，电力板块的机组保护投退、汽轮机弯轴烧瓦、氢系统爆炸、锅炉灭火放炮，铝业板块的铝水爆炸、粉尘爆炸、赤泥库跨坝等重点领域和关键环节的风险预防和安全管理。加强施工过程的安全监管，规范承包商准入门槛，对施工承包商实行"三措一案"（施工组织措施、技术措施、安全措施，施工作业方案），并建立评价机制和退出机制。做好机械设备验收和定检工作，重点加强大修、技改项目安全管理，细化高风险作业内容及管控要求，提高高风险作业预防监护等级，采用施工区域物理隔离、重点过程全程旁站、增设视频监控等手段，加强安全管控能力。

2020年，完善公司车辆管理制度，派车单增加安全交底事项，下发并执行冬季行车安全措施，利用车辆GPS定位装置、行车记录仪等，定期对车辆使用情况进行督查，杜绝违章用车、超速行驶，确保行车安全。

2021年，根据双重预防机制建设要求，修订《反违章管理制度》，指导各单位完善优化作业指导书，对岗位作业流程进行优化。遵照国家电投《作业过程、设备、职业健康和环境与风险评估技术标准》，持续开展危害辨识及风险评估，对重点业务、重点环节、重点区域，分单位、分阶段进行再辨识再评估，进一步完善公司风险辨识清单，更新公司风险数据库，梳理重点安全风险，实行分级监控，并制定防控措施，实现风险可控再控。

（二）安全检查

公司每年根据产业和季节特点，定期组织开展四季安全检查，检查分一般检查和专业检查。一般检查包括安全生产责任制落实、隐患排查治理和重大危险源监控、安全教育培训、安全投入和工程项目"三同时"（同时设计、同时施工、同时投入生产和使用）、安全管理执行情况以及对承包队伍安全监督管理、应急管理、事故管理等。专业检查由各专业管理部门根据国家安全法规和上级主管部门制度标准确定检查内容。公司根据不同时期的安全重点工作或根据上级公司安排，定期和不定期开展安全专项检查，及时发现问题、消除安全隐患、堵塞漏洞，确保安全生产。

2009—2013年，公司印发《安全知识手册》《现场违章识别手册》《现场违章考核办法》。开展锅炉安全管理专项监察、特种设备安全管理专项监察、防止人身伤害事故、饮食卫生专项监察督查。

2014—2015年，先后组织开展百日安全大检查、安全责任人尽职督查、重大危险源和重大隐患专项检查、"六打六治"（打击矿山企业无证开采、超越批准的矿区范围采矿行为，整治图纸造假、图实不符问题；打击破坏损害油气管道行为，整治管道周边乱建乱挖乱钻问题；打击危化品非法运输行为，整治无证经营、充装、运输，非法改装、认证，违法挂靠、外包，违规装载等问题；打击无资质施工行为，整治层层转包、违法分包问题；打击客车客船非法营运行为，整治无证经营、超范围经营、挂靠经营及超速、超员、疲劳驾驶和长途客车夜间违规行驶等问题；打击"三合一""多合一"场所违法生产经营行为，整治违规住人、消防设施缺失损坏、安全出口疏散通道堵塞封闭等问题）打非治违专项行动，重点对输煤、输灰、煤场、电气设备、燃油系统、高温高压、高空作业等危险区域进行检查，对特种作业人员持证、特种设备的安全管理情况和"三违"行为进行严格查处，对现场查出的违章情况实行定量化管理，减少现场违章现象的发生。

2016—2017年，推行隐患排查治理标准化、常态化，开展安全管理评估，聘请专业人员参加安全检查工作，发现和解决技术隐患和设备隐患问题，通过"集中会诊"促进装备和管理水平提升。以"防人身、防设备事故"为重点，定期开展专项检查，先后组织开展液氨储罐区、防洪物资、起重机械、压力容器、压力管道、厂（场）内机动车、熔融金属防爆、供配电设备及操作等监督检查，推行隐患排查治理标准化、常态化，对检查的不符合项及时组织整改，确保每项隐患治理落地。加强对外包工程、外委业务管理工作的检查，检查落实"两票三制"执行情况。组织开展班组安全、二十五项反措、全员签订安全承诺书等活动。组织实施工控系统信息安全隐患排查，迎接国家能源局并网电厂涉网安全专项检查，党的十九大前保电、保安全、保稳定专项检查及安全生产集中整治工作，重点解决安全生产责任制不落实、安全隐患排查治理不到位等突出问题。

2018—2019年，组织开展危化品安全隐患排查、厂内铁路安全运行管理专项检查和安全生产尽职督察工作，结合各单位工作实际，集中开展春季安全大检查、防洪防汛检查、迎峰度夏检查、装置性违章专项查处治理、秋季安全大检查。邀请中铝中央研究院对临河发电、青铝发电、中卫热电开展两次技术监督专项检查工作，进一步强化企业安全生产责任落实。铝电公司发布《重大危险源管理实施办法》《安全生产事故隐患排查治理实施办法》《应急管理工作规定》，各单位相继建立重大危险源档案，并按照《重大危险源管理制度》的相关规定，对重大危险源进行辨识、备案；对重大危险源地点配备的防毒面具、防烫服、防烫手套、安全带等安全用具定期进行检查；对重大危险源管理人员进行安全培训，公司管理人员全程跟踪，堵塞重大危险源操作管理漏洞。同时，组织开展各类应急演练，不断提高各类人员的应急反应能力。

2020年，公司开展安全生产集中整治和安全生产尽职督察工作，制订《安全生产专项整治工作方案》《安全生产三年行动专项实施方案》《2020年安全生产零死亡专项工作方案》，严格外委工程管理制度，对参与工程建设的各外委单位的资质、特种作业人员资格证、施工方案、安全技术措施等进行全面严格的审核，与外委单位签订安全协议，人员全部进行安全教育，实现外委人员入厂安全教育的全覆盖。

2021年，深入贯彻落实习近平总书记关于"构建双重预防机制，从根本上消除事故隐患"的重要指示精神，制订《安全风险分级管控与隐患排查治理双重预防机制建设工作方案及实施计划》，从完善双重预防机制建设管理基础、提升安全风险辨识管控能力、深化事故隐患排查治理、积极推进工业"互联网＋安全生产"融合应用、培育标杆企业推动示范引领五个方面，对双重预防机制建设的工作重点、工作要求、主要任务和责任主体进行全面的安排部署。同时，成立双重预防机制建设领导小组，明确工作目标、时间节点、计划措施和考核标准。公司落实双重预防机制，将任务分解到基层，安监部门结合年度监督检查计划，对双重预防机制建设情况进行抽查督导，帮助、指导和促进三级单位有序推进双重预防机制建设。

2009—2021年，公司累计开展安全检查1906次，排查各类隐患2.77万起，安全方面投入资金6.68亿元。

（三）安全教育培训

2009年，公司将安全生产第一责任人、主要负责人、安全生产管理人员、特种作业人员及其他从业人员作为安全生产的主要教育培训对象，进行安全培训。先后完成班组长安全管理能力提升培训，安全管理人员安全技术提升培训，安全生产法、环境保护法、职业卫生法、消防知识等培训。组织各单位开展"安全生产年""安康杯""安全生产月"等活动，制订并下发活动方案，各单位按方案要求进行落实。

2010年，公司举办全员安全宣传、培训活动。开展"两票"、危化品、特种设备管理、电梯工取证等培训，新员工进入公司前都必须进行安全教育。

2011 年，公司建立健全从业人员安全教育培训档案，详细、准确地记录安全教育培训和考核情况，开展培训效果评价，并取得上级有关部门颁发的特种作业合格证，使其具备与所从事的生产经营活动相适应的安全生产知识和管理能力。金属冶炼、危化品管理的主要负责人、安全管理人员任职前均参加国家认定的安全培训机构培训，考试合格，取得安全资格证书方可上岗。

2015—2017 年，公司结合 HSE 体系建设，开展核安全文化学习，探索核电工程 HSE 体系及管理工具在公司的应用。把企业文化有机融入安全、生产、经营等各个领域，形成"以理念文化为引领、以安全文化为核心、以制度文化为保障、以班组文化为基础、以和谐文化为方向"的企业安全文化模式，推进企业安全、高效、科学发展。按照安全生产"三级"培训教育规定，编写《同行业事故案例汇编》，组织员工进行专题学习。先后开展新员工、实习工、临时工、外委工入厂安全教育培训，特种作业人员取证培训、安规考试、观看安全警示教育片、班组安全日活动等常规安全教育培训工作。组织开展交通安全培训、电力行业反恐怖防范标准培训、现场急救知识及心肺复苏培训、班组长以上管理人员安全培训、消防培训、液氨安全知识培训、典型工作票学习与考试等安全培训，开展运行人员"操作票"比赛、检修人员"工作票"比赛、安全知识竞赛、安全演讲比赛、职业病防治知识竞赛答题、液氨泄漏演练、人身触电演练、输煤皮带火灾事故演练、防止电气误操作事故演练、高处坠落伤亡事故演练、汽车卸煤沟防洪防汛演练等安全活动。持续开展"本周我是安全员""安全生产大检查回头看""身边隐患随手拍""员工 HSE 观察"等活动，其中"身边隐患随手拍"实现常态化。

2018—2021 年，公司开展班组安全建设工作，完善班组安全责任，建立班组安全建设激励机制。开展"安全文化推进年"活动，重点对值长等运行值班人员，危险化学品、压力容器操作、高处作业、电工作业、起重作业等特种作业人员加强培训，助力实现安全生产零死亡目标。举办注册安全工程师职业资格辅导培训班，进一步提升安全监督管理人员的职业水平，壮大监督队伍。

2009—2021 年，共举办各类安全培训班 8620 场次，累计培训人员 34.9 万人次。

四、安全事故

（一）管理目标

2011 年，公司安全生产目标是"五不发生"，即不发生人身重伤及以上人身伤害事故，不发生一般及以上设备事故，不发生一般及以上道路交通事故，不发生一般及以上火灾事故，不发生环境污染事故和中毒事故。

2012 年，公司安全生产目标增加电力板块内容，做到"六不发生"，即不发生人身重伤及以上人身伤害（死亡）事故，不发生一般及以上设备事故，不发生一般及以上电力生产事故，不发生一般及以上负主要责任的道路交通事故，不发生一般及以上火灾事故，不发生环境污染和中毒事故。

2020 年，公司对安全生产目标进行调整，增加环保、质量工作目标。其中，安全生产目标为：坚持零死亡奋斗目标不动摇，实现"七不发生"，即不发生一般及以上人身事故，不发生一般及以上设备事故，不发生灰库和尾矿库溃坝事故，不发生一般及以上交通事故，不发生一般及以上火灾事故，不发生一般及以上电力安全事故，不发生网络信息安全一般及以上责任事故。

（二）主要事故及处置

截至 2021 年底，公司共计发生人身伤亡事故 16 起，共造成 16 人死亡。其中，高空坠落事故 4 起，机械伤害事故 4 起，触电事故 1 起，交通及车辆伤害事故 7 起，主要涉及有限空间作业、高处作业、交通运输作业、违规操作等。具体为青铜峡分公司配电柜触电、起重伤害、残极导杆砸人 3 起事故，山西铝业车辆伤害、赤泥堆掩埋、承包商人员高处坠落等 7 起事故，宁东分公司 2 起道路交通事故，科技工程公司 2 起供应商非生产安全事故，临河发电承包商人员高处坠落、推煤机司机过失致人死亡 2 起事故。

公司坚持安全生产事故、统计、分析、处理"四不放过"原则，严格执行人身伤亡事故、设备事故统计处理规定。在事故定义、处理中，执行国家、行业及国家电投有关规定和标准，加大对事故内部处理、整改力度，明确内部事故、事件报告、处理标准，并将安全生产事故纳入年度绩效考评，严肃奖罚。2009 年以来，通过启动内部调查程序，开展事故调查和责任追查，先后有 74 人因安全生产责任事故分别受到党纪、政纪处分和效能处罚。

五、应急管理

（一）管理机构及体系建设

应急管理是公司在突发事件的事前预防、事发应对、事中处置和善后恢复过程中，通过建立必要的应对机制，采取一系列必要措施，应用科学、技术、规划与管理等手段，保障公众生命、健康和财产安全，减少突发事件造成的影响与损失，维护正常生产经营秩序的活动。按照国家电投对应急管理工作的要求，公司在不同的发展时期，都建立各级应急组织，健全应急预案，形成"统一指挥，反应灵敏，协调有序，运转高效"的应急保障体系。

2014年，公司成立应急管理委员会，制订综合应急预案和12个专项应急预案，落实应急储备物资，设立应急物资库房。

2018年8月，铝电公司制定《应急管理工作规定》。2019年12月和2021年11月2次修订，从组织机构、基本要求、预案体系、应急培训演练、应急救援等方面做出全面部署，完善公司综合应急预案和专项应急预案，提高突发事件应急处置能力。各单位结合国家电投《基层单位应急能力建设评估标准》，开展内部应急能力评估工作。

2019年，铝电公司（宁夏能源铝业）成立应急管理委员会，主任由公司主要负责人担任，下设办公室（简称应急办），设在安全与质量环保部。应急管理委员会下设专项应急领导小组，各部门分管领导任组长，各部门负责人任副组长，成员由各单位负责人组成。信息安全、公共卫生突发事件专项应急领导小组办公室设在综合部（董事会办公室），社会安全、新闻处置突发事件专项应急领导小组办公室设在党建部（党委办公室、工会办公室），金融突发事件专项应急领导小组办公室设在计划与财务部，电解铝突发事件专项应急领导小组办公室设在电解铝部，氧化铝突发事件专项应急领导小组办公室设在氧化铝部，电力突发事件专项应急领导小组办公室设在电力部，矿山突发事件专项应急领导小组办公室设在矿业部，涉外突发事件专项应急领导小组办公室设在几内亚公司北京代表处。各专项应急联动小组的主要职责是：在公司应急管理委员会的领导下，贯彻国务院、地方政府主管部门、国家电投和公司应急管理有关要求，负责社会安全、公共卫生、新闻、金融、信息安全、涉外突发事件以及各相应板块安全生产应急事故综合协调、信息汇总等日常工作；负责各专业综合应急预案、专项应急预案编制、演练和处置，督导各单位编制综合预案、专项预案、现场处置方案并开展培训和演练；根据有关规定和程序，判断突发事件级别，决定是否启动预案，开展指挥协调工作，收集、整理并及时报告公司突发事件应急处置信息。各单位对现有应急预案进行全面梳理，对接各级应急管理职责，继续推动应急处置卡的完善和应用工作。组织开展应急能力评估，开展应急培训和演练，组织应急预案演练周和专项应急预案演练观摩活动，完善火灾报警系统、自动消防系统等应急装备和设施。2个铝业分公司加强直供电应急联动机制建设，加强与政府部门和电网公司沟通，有效应对铝业停电事故。

2020年6月29日，公司召开本年度第一次安全生产委员会暨第一次应急管理委员会（扩大）会议，传达学习习近平总书记、李克强总理对安全生产做出的重要指示批示精神和全国安全生产电视电话会议精神，《全国安全生产专项整治三年行动计划》和国家电投《安全生产三年行动专项实施方案》文件精神，安排部署公司安全生产三年行动专项实施内容，提出管理体系提升工程、文化体系提升工程、工程建设与承包商安全整治专项工程、火电安全整治专项工程、新能源产业安全整治专项工程、矿山安全整治专项工程、电解铝（氧化铝化工）及其他重点领域安全整治专项工程的工程化管理思路。要求各单位采用数字化、信息化、智能化提升安全水平，并将工程化管理思想引入实施方案的编制和执行全过程。

2021 年，公司不断强化应急管理，建立上下对应、相互衔接、健全完善的应急管理体系，聘请外部专家对《应急预案编制与评估》《应急响应及演练》进行培训，对应急能力进行评估。

公司应急预案体系分机关及各单位两个层面，各层面的应急预案体系由综合应急预案、专项应急预案和现场处置方案组成（见图 5-1-1）。

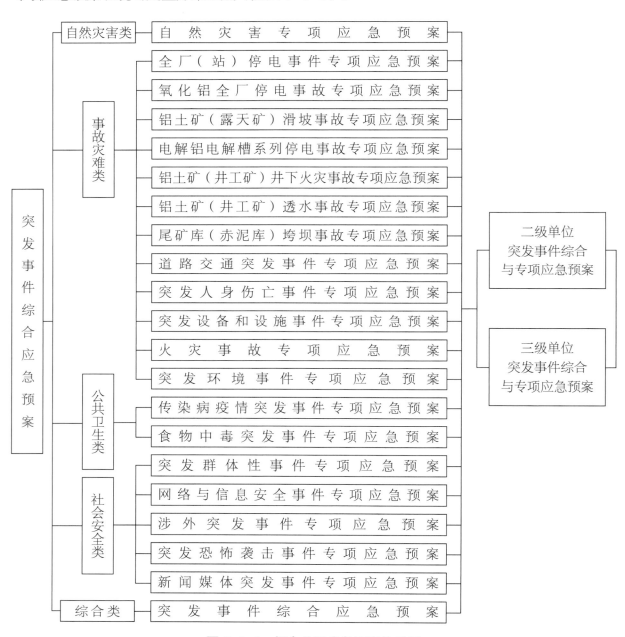

图 5-1-1　铝电公司应急预案体系图

（二）应急演练

2009年起，公司逐步开展应急预案演练，提高应急预案的可操作性和有效性，提升员工应急处置能力和紧急情况发生时的反应能力。

2016年初，公司编制应急预案、处置方案，完成预案初版的内、外部审核及备案工作。建立消防网络信息系统，开展应急培训。

2017年，各单位结合《国家电投基层单位应急能力建设评估标准》，加强预案培训、评审，提高预案可操作性。按照演练计划要求，制订预案演练方案，举办防洪防汛应急演练，检验人员的快速反应能力及各部门相互协调配合的能力，进行"触电急救人身伤害事故应急演练"，掌握心肺复苏法的操作知识和操作要领，提高人员触电急救的能力。为做好重点防火部位的应急工作，公司组织运行人员开展油罐着火的应急演练，提高运行人员防火救援能力。进行机组事故应急演练，提高运行人员对机组异常状态的应急反应能力。

截至2021年，公司及所属各单位主要围绕防洪防汛防雷、极端天气、液氨泄漏、人身触电、输煤皮带火灾事故、防止电气误操作事故、高处坠落伤亡事故、汽车卸煤沟防洪防汛、热媒系统火灾爆炸事故、焙烧系统天然气火灾爆炸事故、电煅炉喷炉事故、整流变压器火灾事故、电煅炉循环水系统突发停电停水事故、起重设备伤害事故、一氧化碳中毒事故、成型静电除尘器着火事故、触电事故、高处坠落事故、交通事故、全厂停电事故、食物中毒事故、有限空间、碱液灼伤、铝液爆炸、电解槽短路口爆炸、整流柜爆炸、天然气输送管线及末站泄漏、电解槽漏炉、中频炉漏炉、混合炉漏炉、热媒油泄漏、焙烧烟道着火、高温中暑、危险化学品泄漏、水体污染等开展应急演练。共开展应急演练4030次，参加演练人数6.98万人次，应急方面投入资金496.5万元。

（三）消防

公司全面贯彻"预防为主，防消结合"的方针，落实消防安全主体责任。公司机关消防组织机构由兼职人员组成，挂靠物业办公室，设消防兼职负责人1名，兼职消防员5人。主要负责办公区域消防日常巡视检查、火灾自动报警系统监控值守、消火栓系统检查试验、微型消防站配置物品检查及干粉灭火器检查保养等工作。制定《消防控制室管理办法》《火警处理程序》《安全疏散设施管理办法》《灭火和应急疏散预案》等制度，定期组织消防隐患排查，下发隐患整改通知书，督办整改。机关每年组织两次消防培训演练，聘请属地消防管理部门专业人员现场讲解消防法规、防火知识、办公区域电器火灾、高层建筑物及公共场所火灾预防及逃生方法，提升员工防火意识与火灾反应自救能力，消除火灾隐患、减少火灾事故伤害。

各单位成立以主要负责人为主任的应急管理委员会，加强应急管理工作，保障应急管理体系有效运转，确保及时有效处置突发事件。每年开展消防月活动，开展冬春季、秋季、夏季防火专项督查检查，对各单位防火工作安排部署情况、消防管理体系、消防设施配置、消防设备设施检测等情况进行检查指导，及时排查治理火灾隐患问题，杜绝火灾事故和应急事件的发生。定期组织消防设施的联动保护、报警试验及日常维护检查工作，每日进行消防设备的定期巡视检查，每年按计划开展消防演练工作。

截至2021年，组织开展消防培训565次，参培人员3.32万人次，排查治理消防隐患4834项。

（四）新冠疫情防控

2020年初，面对突如其来的新冠疫情，公司及时成立新冠疫情防控指挥部。1月28日，制订《做好新型冠状病毒感染肺炎防控工作方案》，成立疫情防控工作领导小组，明确工作职责，并对疫情防控工作进行安排部署，提出具体要求。所属各单位成立以主要领导为组长的疫情防控组织机构，下设安全保障、信息保障、物资保障、宣传保障、后勤保障、执纪监督6个工作组，根据不同时段疫情发展情况，制定符合公司实际的疫情防控政策。编制《传染病疫情事件应急预案》《防控疫情应急预案演练方案》《全封闭管理方案》《新型冠状病毒感染肺炎疫情应急预案及安全生产防控方案》等应急预案，各单位也相应制定厂区封闭管理、全员摸底排查、人员动态管控、防疫物资保障、密集场所消杀等各项防控措施，有效保障疫情突发情况下应急处理工作开展。公司印发《关于印发员工班后返家休息疫情防控实施方案的通知》《关于做好无症状新冠肺炎感染者防控工作的通知》《关于进一步加强新冠肺炎疫情常态化防控工作的意见》，严格落实疫情防控常态化工作。坚持实施外省入厂人员向政府报备以及健康筛选，持续做好人员入厂、离厂、返厂排查工作。针对国外疫情发展的严峻形势和防疫物资紧缺状况，同年4月30日，召开几内亚项目疫情防控专题会，印发《关于进一步加强几内亚项目现场疫情防控工作的通知》，研究部署几内亚项目疫情防控工作。先后2次采购口罩、防护服、护目镜、防护手套、额温枪、防疫用中成药等防疫物资近15万元，运往几内亚项目工地，确保境外员工的生命健康和项目建设。

2021年1月，公司编制《常态化疫情防控手册》《铝电公司新冠肺炎疫情防控总体工作方案》，对所有入厂人员、车辆进行严格审核管理，倡议全员接种新冠疫苗。按照相关预案措施，公司及时购置消毒液、防护口罩、防护服、额温枪等防疫物资，并加强与属地疫情防控部门联系，积极做好核酸检测和疫苗接种，全员新冠疫苗接种率98.2%，全员按规定或工作需要，数次接受核酸检测。

第二节　环境保护

一、环境治理

（一）管理机构

2009 年，宁夏能源铝业环境保护工作由安全生产环保部负责。

2011 年，环境管理工作由安全与环境保护监察部（煤炭安全监察部）负责。

2017 年，环境保护工作由安全质量与环境保护监察部负责。

2018 年，公司建立健全环保管理体系与监督体系，培养环保专业人员，严格监督、检查与考核，落实考核机制，实施全过程管理。建设环保监控平台，实现所有污染源排放口在线全过程、全方位、全时段控制。公司设立监控中心，对三级单位重点作业、重点部位、重点参数实施 24 小时全过程监控，实时掌控各单位安全生产和环保数据。

2019 年 5 月，铝电公司（宁夏能源铝业）成立生态环境保护管理委员会，主要职责是贯彻国家及地方环境保护法律法规、方针政策和上级单位要求，制定本单位环境保护目标任务、规划计划和制度标准，定期组织召开环保工作会议，研究解决重大生态环保问题。组织制定本单位生态环保管理体系，制定并落实生态环保资金计划和投入，组织推进重大污染防治措施，实施环保科研和科技成果的推广应用，处理本单位环境污染事故和纠纷，检查本单位环保目标落实情况，定期开展考评。生态环境保护委员会下设办公室，办公室设在安全与质量环保部，负责生态环境保护委员会的日常工作，安全与质量环保部主任兼任办公室主任。根据铝电公司"三标一体"体系建设要求，印发《安全环境质量健康管理体系手册》，确立安健环管理的方针、理念，任命 QHSE 管理体系管理者代表。

2021 年 8 月，公司调整生态环境保护委员会，增设常务副主任。各单位结合实际，制定环境保护相关制度，成立环保领导协调机构，建立环保监督工作三级管理网络，专人负责环保管理工作。

截至 2021 年底，铝电公司及各单位共设立 11 个环保组织，有 22 名专（兼）职人员。

（二）制度建设

2009 年，公司规范环保管理方法和标准，细化考核细则，对环保两大体系中的管理程序进行优化，修订《安全环保管理工作考评办法》，强调预防措施和追踪落实。所属单位也制定、修订相应的管理制度，落实环保责任。

2010—2014 年，各单位结合行业特点和产业政策，修订《放射源仪表管理办法》《污染排放控制管理办法》《污染减排控制管理办法》《环保设施运行管理办法》《环境监测与测量管理办法》《检修厂热控车间放射源仪表专工工作标准》，明确环保工作及放射源仪表工作标准，对未按照要求开展环保工作的单位及个人进行考核。

2015 年，宁夏能源铝业制定《环境保护考核实施办法》，明确公司环境保护管理职责和管理程序，规范公司环境保护考核工作，对造成污染事故和生态破坏的单位和个人进行责任追究。

2019 年，铝电公司制定《生态环境保护管理工作规定》《生态环境保护专项督查实施办法》《生态环境保护奖惩实施办法》，规范和完善生态环保管理工作。

2020 年，为贯彻落实习近平总书记关于碳达峰碳中和重要指示精神，实现国家电投碳达峰目标，推进公司碳排放管理工作科学化、程序化和规范化，铝电公司按照国家电投《碳排放管理办法》，制定公司《碳排放管理办法》，规定火电企业、电解铝企业及氧化铝企业与国家电投碳资产公司直接对接，进行年度碳排放量核算、核查，并编制企业年度碳排放报告。各单位根据上年度碳排放量，结合实际，有针对性地开展节能降耗工作。为规范公司生态环境保护工作，公司结合国家电投生态环保规范化管理手册，危险废物管理工作指导手册及自行监测管理工作指导手册，制定《火力发电企业生态环保标准化管理手册》，对各火电企业的烟气、固体废物、废水等提出规范管理内容及程序，督促企业落实各项环保管理措施。遵照中共中央、国务院《关于全面加强生态环境保护坚决打好污染防治攻坚战的意见》，铝电公司结合生态环保现状和治理目标，先后制定《生态环境保护提升行动方案》《生态环保整改实施方案》，严格落实生态环保责任，细化分解 42 项提升行动，制定发布各单位突出生态环保问题，明确整改目标、整改原则、整改时间及整改措施，分阶段完成问题整改。同时，进一步规范各单位生态环保管理，印发《生态环保管理知识手册》，持续提升生态环保管理水平，促进公司绿色、清洁、高效发展。

2021 年，铝电公司再次修订《生态环境保护管理工作规定》《碳排放管理办法》《生态环境保护专项督查实施办法》《生态环境保护奖惩实施办法》《节能管理办法》，对国家电投下发的安健环管理体系导则、建设指南、评估标准进行宣传贯彻，对各单位突出生态环保问题，明确整改目标、整改原则、整改时间及整改措施，分阶段完成问题闭环整改。

（三）监督检查

2009—2013 年，宁夏能源铝业环保工作按照国家、自治区政府的各项规定，严格遵守国家污染物排放要求，定期进行污染物在线检测系统校准、维护、保养，严格控制污染物排放指标，加强设备管理，杜绝突发事件造成污染物超标、大气污染，确保环保设施投运率100%，污染物达标排放。电力板块针对无组织排放、固废危废管理，开展扬尘治理，煤场封闭改造，对进煤道路及停车场区域地面进行硬化，制定煤棚防尘设施管理制度，严格控制煤粉外溢及扬尘风险；定期进行灰场填埋、堆放、覆土情况检查，建立固废产生、填埋、利用台账和标准危废贮存间，分区摆放，按时处置。各单位不定期开展环保专项检查，编制大气污染防治实施方案，细化生态环境保护措施。

2014年，公司加大环保监督检查力度，电力板块加大电厂脱硫、脱硝和除尘改造工作力度，以实现全年污染物减排为目标，开展清洁生产和节能、减排检查，督查污染物排放数据的实时监控和上传工作，检查监督光伏和风电项目环保"三同时"工作。铝业板块围绕化解产能过剩，关停120千安、160千安电解系列生产线，减少产能16万吨，二氧化碳每年减少排放约11万吨。同时，按照国家危废管理要求，规范铝业板块危险废物的管理、申报和处置工作，实现危险废物无害化处置。

2016年，公司配合宁夏环保厅大气监测室完成环保比对检测工作，进一步加强火电厂烟尘、氮氧化物和二氧化硫超低排放标准及灰场标准化管理监督工作。督促环保在线监测系统采用矩阵式流量计，煤场实现全封闭管理，渣场实行防渗及覆土绿化，废机油及脱硝废催化剂等危废物品建立贮存库。加强对宁东分公司焙烧烟气净化改造和青铜峡分公司煅烧脱硫系统改造的督促检查，有效解决二氧化硫、烟尘排放等问题。

2017年，梳理督办34项重点环保改造项目，协助国家电投评估组完成公司铝业环保风险排查评估，邀请外部专家对青铜峡分公司煅烧系统脱硫和宁东分公司焙烧净化改造方案的可行性和适用性进行评审和论证。实施环保超低排放改造，完成5台火电机组175万千瓦超低排放改造和1台煅烧窑除尘改造。逐步规范危废全过程管理，新建4座标准危废贮存库，获取大修渣处理危废经营许可证及新版排污许可证，完成国家电投年度二氧化硫和氮氧化物减排指标。

2018年，邀请宁夏环保厅专家开展环保管理专项培训，学习国家和国家电投环保政策和法规。编制《生态环保管理提升行动方案与自查整改方案》，指导各单位针对可能存在的环境风险提出环境应急预案，并完成备案工作。开展污染源排查，建立台账和档案，对公司污染源各项数据进行统计、审核、登记，为公司的环保改造和环保管理提供依据。先后开展危废管理、污染源在线监测、污染物达标排放和环保"三同时"专项检查，共计发现问题128项，整改128项，整改率100%。

2019年，严格落实国家和国家电投环保管理有关规定，履行环保主体责任，加强电力板块烟气超标排放和铝业板块阳极煅烧、焙烧脱硫系统的监督检查。每季度开展 1 次环保例行检查，各单位每月开展 1 次自查整改，重点对污染防治设施运维、自行监测、环境台账、执行报告和信息公开进行督查。严格执行公司《环境保护考核实施办法》，对发生环保违法违规行为以及突发环境事件的单位和相关责任人进行责任追究。按照国家电投碳排放管理"四统一"（统一管理、统一开发、统一核算、统一交易）要求，做好碳资产核算、交易、履约等工作。

2021 年，按照公司安全质量环保监督检查计划，分别开展排污许可证、危险废物规范化管理、在建项目环保合法合规性及"三同时"（同时设计、同时施工、同时投入生产和使用）落实、在线监控设备设施及无组织排放等专项督查检查工作，将检查问题纳入公司"两清单"（风险管控清单和隐患排查治理清单）管理，跟踪落实问题整改闭环。开展生态环保自查自纠工作，全面梳理本单位污染物排放、无组织排放、危废管理及在线监测系统等全过程规范化管理问题清单，按照"五定"原则，闭环落实各项措施，全面接受督察组的巡查检查。

（四）环境治理

2009—2021 年，铝电公司（宁夏能源铝业）累计环保投入 14.64 亿元。其中，电力板块环保投入 2.6 亿元，主要实施有机组脱硫装置增容改造、小流量烟尘测量装置改造、锅炉脱硝系统自动控制改造、脱硫预洗塔增容改造、磨煤机增容、燃料智能化改造、汽轮机通流改造、超低排放改造、烟囱防腐及电除尘器改造、煤场增容及全封闭环保升级改造、供汽项目综合改造等。青铝发电、临河发电采用石灰石—石膏湿法脱硫，低氮燃烧器 +SCR，高压静电除尘工艺，基本满足《固定污染源烟气排放连续监测技术规范 HJ 75-2017》和《固定污染源烟气（二氧化硫、氮氧化物、颗粒物）排放连续监测系统技术要求及检测方法 HJ 76-2017》，机组在燃烧煤质 2.5 硫分的情况下，SCR 出口氮氧化物浓度动态变化范围降低 10% 以上，节约喷氨量 15% 以上；机组环保指标排放小于 35 毫克／米³，氮氧化物小于 50 毫克／米³，烟尘排放浓度小于 10 毫克／米³。

电解铝板块投入 3.52 亿元，主要实施 200 千安煅烧系统和 350 千安煅烧系统脱硫改造、200 千安高楼部除尘和 350 千安高楼部除尘黑法净化改造、160 千安焙烧烟气脱硫净化改造、200 千安电解烟气净化脱硫、350 千安电解烟气净化脱硫、200 千安系列阳极焙烧烟气净化脱硫、350 千安阳极焙烧烟气净化脱硫、200 千安系列和 350 系列煅烧烟气脱硝等环保改造项目，4 号焙烧炉节能环保技术升级改造等。青铜峡分公司、宁东分公司通过增加高效袋式脉冲除尘器，采用石灰石 + 石膏湿法脱硫 + 布袋除尘的工艺、氧化铝吸附干法净化技术 + 悬浮分离法脱硫工艺、电捕焦油 + 悬浮分离法脱硫等工艺，有效提升了阳极煅烧系列和电解系列净化系统的工作效率。

氧化铝板块投入 8.52 亿元，主要实施中水超滤处理系统项目、锅炉干法脱硫工艺改造、SNCR 脱硝和配套在线监测系统改造、堆场挡风抑尘网建设和运矿道路硬化改造、自备电厂锅炉超低排放改造、煤堆场一期均化库封闭改造，焙烧炉收尘、焙烧炉脱硝、烧成窑窑尾收尘、烧成窑窑头收尘改造及烧成窑烟气脱硝改造等项目。

二、污染治理

（一）污染监测

2009 年，宁夏能源铝业各单位安装使用符合国家有关环境监测、计量认证和技术规范的自动监测设备，与政府环保主管部门的监控设备联网，并通过环保部门验收或备案。在线监测点位设置、取样管线敷设符合规范要求，参数设置合理，监测指标稳定、准确，标识清晰，运行正常。

2010 年，各单位相继建立环境监测站，对污染物排放情况进行自行监测并上报地方环保部门，或委托有资质的单位从事自动监控设施操作，保证污染物自动监测及传输设备正常运行，历史数据存储真实、准确、完整，分钟数据存储 12 个月以上，小时数据存储 36 个月以上。按照技术规范要求，建立健全在线监测设施运行、巡检、维护保养、校准校验等规程和管理制度，确定系统运行操作人员和维护管理人员的工作职责。每天登录环保监测信息系统，对污染物排放情况进行监控，生产、运行、维护、信息、监督等相关部门在发现污染物超标和环保监管信息系统出现故障导致数据中断时，根据公司内部制定的相关工作规定及时处理。山西铝业由政府每半年开展 1 次监督性监测，每月对赤泥库地下水进行检测，每年委托第三方进行检测，出具检测报告。

2015 年，科技工程公司取得危废处理资质，成立固废处理项目部（2020 年改为固废处理部），主要处理电解铝生产过程中的大修渣和炭渣。

2016 年，按照国家及地方污染物排放（控制）标准、环境影响评价报告书及其批复、环境监测技术规范要求，公司制订自行监测方案，方案内容包括企业基本情况、监测点位及示意图、监测指标、执行标准及其限值、监测频次、采样和样品保存方法、监测方法和仪器、监测质量控制、监测结果公开时限等内容，使环境风险可控在控。各单位按照国家及公司污染物排放（控制）标准、环境影响评价报告书及其批复、环境监测技术规范等要求，制订全面的自行监测方案，并按方案要求定期开展比对监测及监督性监测工作。各分公司主要废气排放口及废水总排口安装在线监测系统，数据实时监测上传，确保环保设备设施运行正常，污染物达标排放。

2017—2018 年，根据环保相关规定，完成所有煤场和卸煤沟的全封闭改造。制定《生态环境保护管理制度》《生态环境保护奖惩实施办法》《生态环境保护专项督查管理办法》，发布环境突发事件应急预案及现场处置方案。落实运煤道路和煤车接卸料堆洒水、降尘措施，并对重污染天气采取针对性防范措施。强化全员生态环保意识，组织开展生态环境保护教育培训工作，将生态环境保护管理知识培训工作纳入公司年度培训计划，并按期组织培训。

2019 年，根据《国家危险废物名录》，公司制定《危险废物管理办法》和《废料控制方案》，识别本企业存在的危险废物，建立危险废物台账和档案。包括危险废物清单、管理计划、危险废物申报登记、标识管理、危险废物转移相关资料、应急预案及环境应急演练记录、环境监测记录、员工培训记录、危险废物利用处置、设施设备检查维护等档案资料。各单位定期开展危险废物存储管理监督检查，及时更新完善标识牌。

2020 年，铝电公司全面贯彻国家电投生态环境保护"十项禁令""二十条不准"及公司2020 年生态环境保护工作目标，制定《环境保护责任制度》《生态环境治理费用提取与使用管理制度》，明确环境保护的主体责任及工作任务，加大治理费用的投入，确保环境保护各项指标达标排放，管理可控。

2021 年，铝电公司制定《碳排放管理办法》，按照项目分解表安排的计划完成时间，适时进行检测验证，落实整改完成情况，形成闭环管理。

（二）污染物排放与治理

1. 大气污染物排放与治理

公司各产业大气污染物的主要成分有烟尘、二氧化硫、氮氧化物等。主要来自有色金属冶炼过程中排放的二氧化硫、氮氧化物及含重金属元素的烟尘，锅炉煤炭燃烧过程中形成的一氧化碳、二氧化碳、二氧化硫、氮氧化物、有机化合物及烟尘等物质，交通运输过程中运输车辆和内燃机燃烧排放的一氧化碳、氮氧化物、碳氢化合物、含氧有机化合物、硫氧化物、铅的化合物等物质。

铝电公司（宁夏能源铝业）按照《中华人民共和国大气污染防治法》要求，从排放废气的收集、治理全过程入手，落实好大气污染防治工作。火电单位按照《火电厂大气污染物排放标准》，电解铝及氧化铝单位按照《铝工业污染物排放标准》，落实超低排放要求，做好烟气除尘、脱硫、脱硝工作。在各生产线产生废气的环节设置废气收集装置，同类型废气进行集中收集处置，废气收集管网无破损、无堵塞，车间内无强烈刺激性气味。废气污染治理设施维护完好、正常运行，污染治理设施与生产能力相匹配。按照生态环境主管部门有关规定，各单位安装自动监控设备和视频监控设备,并联网。废气排气筒高度、个数满足环境管理要求,废气采样位置、采样孔大小满足采样要求。各类废气污染物稳定达标排放,无偷排、漏排现象。各火电厂在投建初期,同步建设环保设施,投产后经过不断升级改造,污染物排放可控在控,实现达标排放。

2. 废水、废油排放与治理

各单位按照《中华人民共和国水污染防治法》要求,从排放废水的收集、治理及污泥处置全过程入手,安装自动监控设备和视频监控设备,落实好水污染防治工作。设施维护完好、正常运行,废水处置符合国家和地方规定的技术标准。各单位工业废水排放口、生活污水排放口采样点满足采样要求,废水污染物稳定达标排放,无偷排、漏排现象,并如实向社会公开其主要污染物的名称、排放方式、排放浓度和总量、超标排放情况,以及防治污染设施的建设和运行情况,接受社会监督。

公司各火电厂在建设中,严格落实环保设施"三同时",同步建设工业废水、化学污水、生活污水和含煤废水、脱硫废水处理系统,经处理后全部进入复用水池系统回收利用,实现零排放要求。遵义公司、临河发电废水全部回收利用,废水零排放。青铝发电废水均用于煤场、灰场喷洒抑尘,废水零排放。各火电厂运行中产生的废油,严格按照危险废弃物要求进行规范收集、储存和处置,委托具有危险废物经营许可证的单位转移处置,转移执行危废转移联单制度。

3. 固废治理

公司按照《中华人民共和国固体废物污染环境防治法》要求,固体废物产生单位采取防扬散、防流失、防渗漏或者其他防止污染措施,规范管理固体废物。各相关单位建立工业固体废物种类、产生量、贮存、处置等有关资料台账,并按所在地生态环境主管部门要求进行申报登记。对照《一般工业固体废物贮存、处置场污染控制标准》相关要求,根据实际产生的工业固体废物类型,建设符合规范且满足需求的贮存场所,加强对相关设施、设备和场所的管理和维护,保证其正常运行和使用。委托外单位处置的,与具有相应处置能力的单位签订合同,并保存好相关销售、利用凭证。

火力发电生产过程产生的固废主要是粉煤灰、灰渣和脱硫石膏。其中,部分粉煤灰、炉渣、脱硫石膏进行综合利用,未综合利用的灰渣和脱硫石膏送至渣场堆存。临河发电一般固体废物立足综合利用,综合利用不畅时运往宁东2号灰渣场规范处置。青铝发电定期进行灰场填埋、堆放、覆土情况检查,建立台账,每日统计固废产生、填埋、利用情况。

电解铝生产过程产生的固废主要是炭灰、废耐火砖、脱硫石膏等一般工业固废。电解车间集中将铝灰与破碎料混合作为覆盖料，回归电解槽进行循环利用，其余工业固体废弃物90%以上由公司与多家单位开展合作，将其进行有效综合利用。部分危险废物委托具有危险废物处置资质的单位进行处置利用。

氧化铝生产产生的赤泥、赤泥结疤、石灰消化渣等固废均按照无害化堆存原则，运送至赤泥堆场妥善堆存。赤泥堆场底部铺设 HDPE 防渗膜，赤泥运输、装卸、贮存等过程严格按照固废管理相关要求执行。同时，配套建设环库排水系统，确保雨污分流。赤泥运输、堆存严格落实环保措施，相关回水全部返回厂区综合利用。

4. 噪声治理

公司各单位按照《中华人民共和国环境噪声污染防治法》要求，均配套建设防治环境噪声污染的设施，并保持正常使用，拆除或者闲置的环境噪声污染防治设施，均报经所在地的县级以上地方人民政府生态环境主管部门批准。高噪声源设置警示标识牌，定期监测和公示噪声排放情况，厂界噪声均符合《工业企业厂界环境噪声排放标准》。

火电噪声主要由汽轮机和所有转动机械设备在运行中产生，通过选用低噪声设备，建设时同步安装隔音罩、吸音棉，并根据具体情况采取相应的消声、隔音、减振等措施。风机、压缩机和锅炉机进出气口安装消声器。根据火电厂自行监测技术指南要求，每季度对厂界噪声进行监测，作业人员配备充足的防护用品，危害区域停留时间低于标准要求。

电解铝生产主要是选取低噪声设备，风机进口设置阻性消声器，压风机房、通风机房、筛分车间等均采用建筑隔声措施，电机、振动筛等机械设备设置了减震基础。

氧化铝生产主要选用低噪声设备，并根据具体情况采取相应的消声、隔音、减振等措施。对原料磨、破碎机，采用室内安装、基础减震，风机和压缩机进出气口安装消声器，锅炉排气口安装消声器等。对噪声源设减震及消声、隔音措施，汽轮机、发电机、空压机等高噪声设备全部集中于厂房内，确保厂界噪声达标。每年开展外委检测，均在合格范围之内。

三、节能减排

（一）管理机构

铝电公司（宁夏能源铝业）认真贯彻《中华人民共和国节约能源法》《中华人民共和国环境保护法》和地方有关节能减排法规，按照国家、地方政府和国家电投节能减排工作部署，建立健全节能环保管理机构，持续完善规章制度，积极开展节能技术改造和环境治理，不断加大节能改造和环境保护投入，提升公司的节能减排工作水平。

2010 年，公司成立节能减排领导小组，并设立节能办公室，公司主要负责人为节能工作第一责任人，对节能管理工作全面负责，安环部归口管理，主要负责制定公司节能管理制度，监督公司节能工作规划、年度计划及有关重点任务落实，指导、监督各三级单位开展节能管理工作。公司各专业部门均设立节能领导小组，具体负责节能管理和处理日常事务，负责为公司节能管理工作提供专业统计分析、指标对标、技术管理，制定公司节能减排指标，并组织分解落实。根据节能政策要求，负责制定并落实节能改造技术路线，组织应用先进、成熟、适用的节能技术、工艺、设备、材料，负责对各三级单位节能管理工作进行检查、指导。组织开展节能管理人员培训与经验交流。

公司所属各单位均设立节能领导小组，由主要负责人任组长，主要职责是审核节能管理中的相关制度，审核节能规划和年度计划，安排年度节能重点工作，制定节能相关制度，编写节能规划和年度节能计划，定期开展节能诊断与评价，具体实施节能技改及评估。按时上报节能技术指标完成情况、原因分析、改进措施等。

2021 年 12 月，公司制定《节能管理办法》，进一步明确节能组织管理内容和部门职责。各单位结合自身实际，制定《节能管理办法》《能源消耗限额与计量标准》《测量设备检定校准管理办法》《盘存管理办法》《综合统计管理办法》等管理制度，规范节能、碳排放、能源计量、能源统计管理。制定《JYKJ 管理规定》，落实重点能耗指标考核，提高能源管理质量，保障公司能源管理工作规范、高效开展。

（二）节能降耗

1.电力板块

公司各火电单位细化管理制度，提升管理标准，明确管理职责，编制并实施运行精细化管理实施方案和节能经济运行措施。组织相关人员到兄弟单位进行调研，学习精细化管理经验，提升自身精细化管理水平。青铝发电先后完成 2 台机组低温省煤器改造和青铜峡市工业园区工业供汽改造，汽轮机热耗降低 78 千焦/千瓦时，供电煤耗降低约 3 克/千瓦时。临河发电通过喷氨优化调整试验，解决空预器硫酸氢氨堵塞烟气差压大、风机电耗高的问题，风机耗电率同比降低 0.25 个百分点，优化冷态启动方式降低油耗，冷态启动耗油降低 30 吨/次。公司先后邀请专业机构对宁夏区域火电机组进行性能试验和节能诊断工作，针对各企业生产实际，提出节能技改项目意向；邀请专家对 3 家火电企业节能降耗手册进行评审，提出节能降耗工作建议；邀请相关院所对宁夏区域全部机组性能进行试验，完成空预器热管技术、电泵节能和汽轮机通流改造，开展永磁电动机技术交流等活动。完成临河发电和青铝发电汽机通流改造可研审查、能源项目合同签订，完成青铝发电尖峰冷却器改造、电泵节能改造可研审查等工作。2020 年，公司火电发电量完成 129.19 亿千瓦时，发电利用小时完成 6912 小时，供电煤耗完成 328.86 克／千瓦时。

为落实国家节约能源资源基本国策，助力建设一流清洁能源企业，中卫新能源开展风电场机组智能增功控制技术研究，开展设备间的通风设施清洗工作，减少散热风扇启动次数，有效降低厂用电率，发电利用小时由 2016 年的 1324.7 小时提高到 2021 年的 1838.7 小时，厂用电率提高 1.42 个百分点（见表 5-2-1）。

表 5-2-1　2016—2021 年公司各火电厂供电煤耗、厂用电率情况表

单位：克／千瓦时

单位	2016 年		2017 年		2018 年		2019 年		2020 年		2021 年	
	供电煤耗	厂用电率	供电煤耗	厂用电率	供电煤耗	厂用电率	供电煤耗	厂用电率	供电煤耗	厂用电率	供电煤耗	厂用电率
临河发电	327.71	8.17	326.66	8.01	335.93	9.13	329.97	9.33	329.97	8.89	329.74	8.72
青铝发电	339.44	7.42	339.45	7.67	338.16	7.87	336.99	7.95	338.97	7.91	337.87	8.14
山西铝业	488.26	4.93	460.32	4.94	473.55	5.44	486.27	4.99	498.35	4.44	501.79	4.74
铝电公司（宁夏能源铝业）	333.77	7.78	333.94	7.82	336.67	8.71	332.50	8.84	333.08	8.55	－	－

2. 电解铝板块

围绕"稳定是前提，炉膛是根本，电压适中、追求高电流效率"的工作思路，加强现场操作质量管理，探索复杂电解质条件下选择最优工艺技术条件，降低分子比，提高电流效率。重点治理炉膛较差、槽况不稳定和生产效率低的电解槽，不断提升生产技术指标。开展能源管理体系建设及认证工作，从体系的全过程出发，建立和实施过程控制，优化生产过程及要素。通过例行节能监测、能源审计、能效对标、内部审核、能耗计量与测试、管理评审、节能技改、节能考核等措施，提高能源管理体系持续改进的有效性，降低能源消耗水平，提高能源利用效率。制定节能降耗技术路线和改造计划，对投产时间长、能耗高的电解槽加强性能诊断分析，实施电解槽内衬结构改造，有效降低单位电耗。针对高锂钾电解质实际状况，实施槽控机技术改造，优化提升电解槽氧化铝浓度的控制精度和控制能力。

充分利用电解槽、回转窑余热资源，采用合同能源管理模式实施电解槽、回转窑烟气余热的综合回收利用，用于厂区供暖及洗浴用水，降低能源消耗。

"十三五"期间，公司电解铝综耗呈现逐年下降态势。2020 年，电解铝综合交流电耗完成 13403 千瓦时／吨，较 2016 年降低 353 千瓦时／吨。

3. 氧化铝板块

以精细管理促进节能降耗，完善能源计量、统计、分析和调度系统，以 JYKJ 管理为主线，推行能源定额管理，促进节能降耗。以车间为主体，开展工艺指标优化和设备产能攻关，提高生产效率和能源利用效率，降低热力、电力、燃气、燃煤等能源消耗。遵义公司实施氧化铝工艺回水直回热电改造项目、溶出余热加热蒸发原液套管技改项目等，开展焙烧炉余热显热及潜热综合回收利用系统技术方案论证及效益评估，推进节能降耗工作。通过对氧化铝系统生产瓶颈攻关和工艺优化，汽耗达到行业先进水平，溶出进料量 980 米³/时（设计 920 米³/时），氢氧化铝焙烧炉产能最高达 3400 吨/天。2015 年，山西铝业实施电动给水泵改汽动给水泵改造，减少下网电量，每年节约标煤约 7752 吨；实施压缩空气系统节能优化项目，空压站仪表风压力从 0.53 兆帕提高至 0.57 兆帕左右，每年可节约标煤约 1300 吨。2016 年实施焙烧炉烟气余热回收供热改造项目，年回收余热约 87 万吉焦，折标煤约 2.97 万吨。实施 8 台锅炉输渣系统改造项目，年回收炉渣热量折标煤约 7400 吨；实施了氧化铝循环水泵改造项目，年节约标煤约 995 吨。2018 年，建设 1 台 3 兆瓦背压式汽轮发电机组，代替原减温减压器向氧化铝供热，年节约网购电 19.79 兆瓦时，折标煤约 7124.4 吨。实施挖潜改造项目，溶出进料量由 500 米³/时提高到 530 米³/时，分解率达到 50%，汽耗、电耗、矿耗指标大幅度降低。2020 年，实施焙烧炉流化床冷却热回收改造，利用回收余热对氧化铝二期原液加热，年回收热量折合标煤约 9268 吨。2021 年，实施烧成窑余热回收改造，利用回收余热对氧化铝一期母液进行加热，年回收余热折算标准煤约 12801 吨。投资约 6 亿元实施节水、节能、节汽全方面改造，改造后每年节水约 1000 万吨、节煤约 11 万吨、节汽约 1.7 万吨。

截至 2021 年，公司氧化铝产能 390 万吨/年，工艺能耗 372.7 千克标煤/吨，综合能耗 473.3 千克标煤/吨。

四、资源综合利用

（一）水资源利用

青铝发电年工业废水回收量 32 万吨，重复用水量 2500 万吨。中卫新能源各场站无工业用水，生活用水均由外部供应，对产生的生活污水通过污水处理系统处理后用于场站绿化。山西铝业中水处理项目是全国氧化铝行业第一个利用城市中水的项目，中水处理系统采用浸没式超滤处理技术，受到国家环保部和山西省各级政府的高度重视，项目于 2010 年 6 月开工建设，同年 10 月建成投运，共处理水量 2718 万吨。中水车间的投入运行，为氧化铝企业的再生水水循环和节约用水起到了探索示范作用，中水产水作为电厂和氧化铝厂的循环水，废水作为赤泥的洗涤用水，真正做到零污染、零排放。遵义公司取水水源为石垭子水库，取水点位于洪渡河右岸一级支流—洋岗河靠近老公路桥旁，距其与洪渡河汇合口约 2 公里。取水采用合建式固定取水泵房直接取水，经水处理厂处理后利用地形高差自流至氧化铝厂区，供全厂生产生活用水。全厂生产废水和初期雨水经分流井截流后进入废水处理站，与处理后的生活污水一同参与废水处理工艺，处理后作为二次利用给水，全部回用于生产系统，生产、生活废水不外排。公司年度批准取水总量为 255 万吨，2020 年取水量为 110 万吨。截至 2021 年 11 月，新水总量为 230 万吨，水重复利用率 96.8%，蒸汽冷凝水回收率 80%。

（二）热循环利用

宁东分公司在 400 千安电解系列一、二、三区烟道安装烟气换热器，通过电解高温烟气将水加热，通过循环泵送给各采暖用户。该项目投入运行后，每个采暖期节约蒸汽 7.2 万吨左右，节约的蒸汽可发电 1000 万千瓦时。

山西铝业按照能量梯度利用原则，从烟气中回收热量，通过吸热提温效应，减少驱动蒸汽直接取热，达到供热初期少耗蒸汽，多回收余热的目的，供暖季单个最大对外供热能力为 227.3 万吉焦，减少蒸汽用量 16.5 万吉焦。

（三）废物利用

公司固体废物主要来源于各火电厂燃煤后产生的残留物，铝电解槽停槽大修时拆除的废旧内衬和铝电解过程中的炭渣。

灰渣利用。2009—2021 年，青铝发电全力推行固体废物减量化、资源化、无害化处理，与天达环保、富安隆等 40 余家企业进行长期合作，拓展资源化利用途径，减少企业污染物排放。2018 年，公司对灰库分选系统进行改造，提高了粉煤灰品级。2019 年，工业固体废物利用量 81 万吨以上，2021 年，利用率达到 80%，累计利用量 500 余万吨。山西铝业自备电厂产生的灰渣在满足氧化铝赤泥库生产使用的同时，为周边水泥厂、混凝土搅拌站提供添加原料，年综合利用率达到 30%。2021 年，产生灰渣 68.53 万吨，灰渣利用 23.05 万吨，年综合利用率达到 33.63%。临河发电先后与宁夏多家灰渣处理利用企业合作开展固体废弃物的资源化、无害化处理。2017 年，为提高原灰利用率，在原有一套 40 吨／时分选系统的基础上改造新增一套 60 吨／时分选系统。固体废弃物利用量 2020 年 45 万吨，2021 年 57 万吨，利用量逐年上升。

危废利用。对照《国家危险废物名录》，公司涉及产业在生产过程中产生的常见危险废物主要有废矿物油与含矿物油废物，染料、涂料废物，有色金属冶炼废物，废铅蓄电池四大类，共计 34 种危险废物。2012 年以前，电解槽停槽后对废阴极炭块、废旧保温砖、耐火砖、废浇筑料等进行挑拣分类，分别按废旧物资销售处理。2012年，建成投产国内首个4000吨/年湿法处理废阴极炭块无害化处理中心，生产炭精粉和氟化钠，转化为生产原料。2015年，根据国家环保政策要求，建立固废中心，取得电解铝大修渣危废处置资质证。2018年，无害化处理中心废阴极炭块处理能力扩大至8000吨/年，实现对电解铝炭渣资源化和减量化处理的工业化应用，有效地解决了电解铝废阴极炭块无害化处理难题，消除废阴极炭块对环境污染的影响。

2018年，公司争取到宁夏回族自治区重大科技项目及国家电投540万元的重点科研项目支持，在青铜峡铝业公司原电解三车间厂房内建设5000吨/年铝电解废阴极炭块高温处理资源化综合利用项目，2020年12月项目建成投产运行，并于2021年4月22日通过宁夏科技厅验收。该技术及装备具有独立知识产权，填补国内外技术空白，达到世界领先水平，具有较高的环境效益、经济效益、社会效益，有效解决国内铝电解企业迫切的危废处置技术需求，为工业化推广应用奠定了基础。建成1万吨/年阳极炭渣无害化处置及资源化循环利用生产线和1.8万吨/年电解铝大修综合废渣无害化脱毒工艺技术及装备示范线，实现电解铝炭渣资源化和减量化处理的工业化应用。

为提高废阴极炭块处置经济效益，中卫新能源明确危险废物全过程管理要求和相关法律责任，严格按照国家电投危险废物管理工作指导手册规定，将产生的废旧电池、废油进行合规处置。截至2021年底，累计合规处置拍卖危废1061吨，收入110万元。

第三节　质量管理

一、质量管理

（一）管理机构

2012年12月13日，公司召开安全健康环境管理体系建设启动会议，质量管理正式纳入管理体系。

2015年3月，公司成立质量管理领导小组，总经理任组长，各板块业务分管领导任副组长，相关部门负责人和各单位主要负责人任成员。

2016年3月，宁夏能源铝业二届三次职工代表大会提出，将质量管理工作纳入各部门年度目标责任考核范围。6月，制定《质量管理办法》《质量管理考核办法》，实现质量管理流程化、制度化。各单位也成立全面质量管理领导小组,制定《质量管理工作规定》《质量管理小组活动管理办法》,关键的生产工序、岗位建立质量管理点,形成公司质量管理网络,并逐步将质量管理的数理统计方法用于全面质量管理中。

2017 年 10 月 27 日,铝电公司成立产业中心,确定产业中心所属的安全质量与环保监察部、科技管理部、发电部、电解铝部、氧化铝部、矿业部承担公司质量管理工作。制定《质量管理工作规定》,明确质量监督管理归口安全质量与环保监察部,主要负责公司质量管理工作,对外与国家、地方有关部门联系,对内指导和监督各单位的质量管理工作,协调解决质量管理重大问题。各产业质量管理由专业部门负责实施,负责分管范围内的质量管理工作,监督、指导各产业和业务领域质量工作。公司相继制定《电解铝板块质量管理办法》《铝土矿安全生产质量标准化基本要求及评分办法》《氧化铝成品质量控制管理办法》等制度,建立质量管理标准和规范,涵盖过程控制、不合格品管理、质量管理活动、客户满意度管理等内容。

截至 2021 年底,公司 11 个单位成立质量监督管理机构。

(二)教育培训

2009 年,公司组织工艺质量管理人员、煤油站员工开展工艺质量制度培训、煤质全硫分析操作规程培训。各单位结合年度培训计划,组织开展全员质量教育培训,通过专家授课和质量管理知识竞赛等活动,推广应用新技术,提升质量管理成效。

2010 年,组织成品化验员、工艺质量管理人员,进行氧化铝水分、灼减、筛分粒度等新变更国家标准方法及工艺质量制度培训。

2011 年 9 月 15 日,中电投在青铝股份举办第二期铝电解技能培训班,宁夏能源铝业及中电投各企业的 42 名员工,参加为期 10 天的铝电解知识和工艺质量制度培训。

2012—2015 年,组织工艺质量管理人员、班组长、技术员、取样工、制样工通过集中学习,掌握工艺质量,入炉煤、渣样样品的制备方法和铸造工艺质量、原燃物料制样规程及过程物料、铝土矿制样、成品采制样规程等。

2016 年,按照《ISO 9001:2015 质量管理体系要求》《ISO 14001:2015 环境管理体系要求及使用指南》,公司开展电力企业质量管理培训班,并组织各电力企业质量管理部门的负责人到上海电力股份有限公司等质量管理优秀企业进行实地考察学习,引进先进的质量管理方法,提高本企业质量管理水平。

2017 年,围绕影响企业质量技术问题和管理问题,结合公司《管理手册》《程序文件》及适用的法律、法规,连续开展多期专题培训,使各单位内审人员和管理人员了解掌握质量管理的方法和技能。同时,对相关专业的技术监督人员进行培训,取得监督资质证,具备监督能力，持续提升对质量的管理。

2018年，在国家电投组织的质量月活动中，公司及所属单位1876人次参加全国企业员工全面质量管理知识竞赛。

2019年，围绕年度目标和工作主线，组织各场站及各单位质量管理、安全环保管理、设备管理等相关人员，通过内部集中授课、专题讲座、工作小结反思和典型案例研讨等方式，开展质量与技术主题交流活动，普及质量知识，增强质量意识。

2020—2021年，组织公司各部门负责人和所属单位原料、质检相关人员及班组长开展"三标"体系及质量管理知识培训、原燃物料质量管理相关知识培训。各单位通过组织质量管理征文竞赛、学习交流活动等形式，宣传贯彻质量理念，推广先进经验。三级单位以质量标杆和质量信得过班组建设为主要内容，以体系规范、工程优质、产品优良、服务满意作为典范，树立本单位质量标杆，引导企业文化建设，培育全员提升质量、交付精品、打造品牌的意识。

（三）质量监督检查

2009年以来，公司对石油焦、沥青等主要原料和氟化盐、阴极糊、筑炉材料等辅助材料进行日常监督检查，并对原铝、电解质、煤炭等取样过程和分析进行质量检测。先后开展过程物料指标和原燃物料指标监督检查、原燃物料采制化制度检查、化验室设备使用专项检查等。

2015—2016年，公司重点完善"以质量为目的，以标准为依据，以计量为手段"的三位一体监督体系，依靠技术监督手段，围绕原煤和液碱采制化等影响公司质量技术和管理问题开展专项检查。邀请专家参与公司质量技术监督专项检查，对检查中提出的所有问题进行对照自查，闭环整改。公司每季度撰写一期技术质量监督报告，监督、指导各三级单位开展技术监督工作。

2017年，根据国务院国资委《关于全面排查治理重大质量安全隐患有关事项的通知》精神，各单位均制定质量监督检查制度和实施计划，以"遵守程序，有效工作"为重点，查找原燃物料入厂验收、氧化铝产品质量等管理短板，抓住具体问题，采用"定人、定期、定措施"三项原则，及时进行整改，推进管理体系持续、有效运转。公司安全质量环保部选择部分三级单位实施监督检查，验证管理体系运转的有效性。

（四）质量管理活动

2009年，按照中电投《关于开展集团公司2009年"质量月"活动的通知》，宁夏能源铝业制定《质量年活动实施方案》，开展"全员全过程全方位参加，全面提高质量安全水平"为主题的质量月活动。

2010年9月1日，电解铝板块召开质量月活动暨QC成果发布会，发布"160千安料质均匀性改造""真空台包正压出铝改造""净化一车间一、二区中控室合并技术改造"等QC成果。2013年安健环体系运行以后，各单位对各班组采取自检、专检、抽检（互检）办法，加强对检查、分析、记录、报告等环节的严格管理。公司每年组织开展QC小组、合理化建议和小改小革活动，进行重点、难点课题攻关，有多个单位QC小组先后多次获得中国有色金属工业协会奖项。宁东分公司350千安电解、通润铝材铸轧车间、青鑫炭素成型一车间3个QC小组获得2013年有色金属工业优秀质量管理小组。

2015年9月，通润铝材铸轧车间、青铜峡分公司铸造二车间、宁东分公司组装车间、检修分公司辅修车间4个QC小组获得2014—2015年度有色金属工业优秀质量管理小组。

2017年8月15日，电能（北京）认证对工程检修公司生产的固定式铝合金光伏发电支架、跟踪式铝合金光伏发电支架、铝合金电缆桥架、风电铝合金爬梯四种产品进行了认证审核，产品顺利通过PCCC认证。2018年8月30日，宁东分公司焙烧车间、青铜峡分公司铁路工厂站和科技工程公司辅修车间QC小组获得2018年有色金属工业优秀质量管理小组。

2019年6月30日，青铜峡分公司"200千安电解槽自动控制通信系统的完善与改进"项目小组获得有色金属协会"优秀QC管理小组"称号。

2020年9月3日，青鑫炭素"降低石墨化阴极炭块电阻率""提高石墨化阴极炭块体积密度"2项成果获得中国质量协会2020年全国QC小组成果"改进级"奖项。10月20日，铝合金分公司生产技术（研发）部QC小组荣获"2019—2020年度有色金属行业优秀质量管理小组"称号，研发的"254高品质圆铸锭"成功出井，经检验试用，性能符合客户要求。

（五）质量管理成果

公司坚持每年举办各种类型的质量活动，激发员工参与质量管理的热情，为公司质量提升奠定坚实基础。

2009年5月15日，宁夏工商局举行新闻发布会，正式宣布公司QTX商标等名列国家工商总局公布的2008年度认定的中国驰名商标。

2010年5月11日，公司召开青铜峡350千安电解系列"三度寻优"技术攻关总结会，通过总结经验，固化成果，持续稳定电解指标。

2011年5月，由公司参与起草的《铝电解安全操作规程》国家标准获得全国有色金属标准化技术委员会技术标准优秀奖三等奖。

2012年10月26日，中国驰名商标颁奖大会暨宁夏第二届实施商标战略论坛在银川举行，公司"QTX"喜获中国驰名商标殊荣，受到大会表彰。

2013年，青鑫炭素"青鑫"品牌获得宁夏回族自治区第八届"著名商标"企业认定；宁东分公司电解二车间三工区、检修分公司维修一车间维修三班获得中国有色金属工业协会"2013年有色金属工业质量信得过班组"称号；公司负责起草的《电解铝企业单位产品能源消耗限额》《取水定额 第16部分：电解铝生产》两项国家标准，通过全国有色金属标准化技术委员会和全国节水标准化技术委员会组织的专家审定。青鑫炭素成功研发铝用冷捣糊，与西安建筑科技大学联合研发的"高灰分粉状碳质材料的除灰及成型工艺研究"科技创新项目取得良好成果。

公司重视实施产品质量商标战略，以高质量的品牌文化，促进质量意识和水平的提升。2016年，公司荣获"2016中国铝业行业十佳厂商"称号。12月30日，青鑫炭素获"宁夏首届质量百强企业"称号。

2017年，根据《国家电投"十三五"质量发展规划》要求，结合产业特点和公司实际，围绕年度工作目标和重点，公司及各级单位制定、实施年度质量提升行动计划，明确提升目标、具体举措、责任人员和时间要求，带动所属单位策划、实施各级组织质量提升行动。宁东分公司电解一车间运行一班、焙烧车间生产一班和青铜峡分公司电解一车间运行一班获得有色金属工业协会"2018年度有色金属工业质量信得过班组"。

2019年，电解铝综合交流电单耗、电流效率和阳极一级品率等指标获得国家电投优秀指标，青铝股份电解铝成本水平由2018年的行业80分位进入40分位，打造了该领域质量标杆，提升了电解铝产品"QTX"、铝用阴极炭素产品"QX"、氧化铝产品"银沙""九天"、铝型材产品"鲲鹏"、免爬器产品"安凯胜迪"等品牌质量的信誉度和知名度。山西铝业荣获忻州市首届市长质量奖。

截至2021年，公司累计获得各种质量成果26项。其中，获国家级奖励10项，行业奖励1项，省部级奖励7项，协会奖励8项。

（六）质量体系认证

2009年9月4日，青铝股份召开新版"三标一体"管理体系运行动员会，标志着该管理体系正式运行。在推行"三标一体"管理体系中，共完成《管理手册》等29个程序文件、283个三级文件的修订，内容涉及管理职责、权限、工艺、设备、安全等方面。在此基础上，公司按时开展"三标一体"认证审核，2011年9月24日，公司顺利通过2011年度"三标一体"管理体系外部审核。

2012年3月，青铝股份启动"三标一体"管理体系换证工作，9月，顺利通过北京新世纪认证公司"三标一体"管理体系外部审核，同意推荐认证注册。

2013年6月，工程公司获得北京新世纪认证有限公司颁布的"质量、环境、职业健康安全"标准体系认证证书。

2014年9月，北京新世纪检验认证公司对青铝股份"三标一体"管理体系进行了外部（抽检）审核，同意保持认证注册资格。2015年9月12—15日，青铝股份通过"三标一体"管理体系再认证审核。

2016年5月，工程检修通过"四标一体"（安全、环境、质量、职业健康）管理体系认证。6月，青铝发电通过"四标一体"认证和标准化良好实践企业认证。临河发电、中卫热电、中卫新能源、吴忠（银川）新能源启动标准化建设工作和质量管理体系认证工作，公司质量管理工作逐步走上正轨。

2017年，各单位在广泛征求广大职工意见的基础上，相继修编《科技创新工作管理标准》《合理化建议管理办法》《QC质量管理小组活动管理办法》等制度与标准，使质量提升管理工作做到了有章可循、有法可依、有据可查。依据公司《管理手册》《程序文件》和"三标一体"管理体系要求，各单位对三级文件重新审核、修订，公司组织内审验证，对质量、环境、职业健康安全管理体系的符合性、有效性进行评审。青铝发电通过"四标一体"管理体系外部审核，青鑫炭素连续12年通过"三标一体"管理体系外部监督审核认证。

2019年，公司按照国家电投"质量第一，顾客至上，持续改进，追求卓越"的要求，完善质量管理体系，强化过程管理监督，提高产品质量和过程管理水平，继续推进质量管理体系建设，铝业、火电各单位全部通过质量体系认证。公司机关通过了质量、环境、职业健康安全管理体系"三标一体"贯标认证，电力板块各单位完成"三标一体"的认证审核。青铜峡分公司、宁东分公司、铝合金分公司、青鑫炭素通过"三标一体"转版升级认证，科技工程公司、青铝发电通过"四标一体"认证。公司发布"三标一体"管理手册，每年组织开展体系的监督审核，持续提升公司质量管理水平。

2020年6月，山西铝业完成ISO 9001：2015和GB/T 19001-2016质量体系认证工作。12月5日，遵义公司通过中国质量认证中心质量管理体系认证并获得质量管理体系认证证书。

二、质量检验

（一）检测机构

2009年，宁夏能源铝业成立质量、计量检测机构，主要满足生产需求。青铝股份成立质检中心，主要承担电解铝系列的质量检测。青鑫炭素依托青铝股份质检中心开展质量检测工作。

2012年，青铝股份检验实验室通过中国合格评定国家认可委员会复审，获得"实验室认可证书"，并通过北京中实国金国际实验室能力验证研究有限公司能力验证。4月18日，青铝股份质检中心通过宁夏质量技术监督局强制检定授权考核，具备法定计量检定机构资质。11月28日，在中国计量测试学会2012年度会员大会暨计量技术推广交流会上，青铝股份质检中心荣获2012年度全国"计量诚信优秀单位"荣誉称号。

2013年8月20日，青铝股份质检中心检验室通过中国合格评定国家认可委员会"国家级实验室认可"监督评审。

2014年3月，青铝股份质检中心检验室取得北京中实国金国际实验室能力验证研究有限公司能力验证证书，其测试的铝合金元素硅、铁、铜、镁、锰，评价结果为"满意"。

2015年1月16日，青铝股份质检中心检验室通过国家实验室能力验证。5月30日，中国合格评定国家认可委员会组织专家对青铝股份检验室进行"国家级实验室认可"监督复评审，同意通过监督复评。

2021年7月7日，青铜峡铝业分公司检验室通过由北京中实国金国际实验室能力验证研究有限公司组织的铝及铝合金元素硅、铁、铜、镁、锰能力验证，其评价结果为满意。

（二）检测程序

1. 检测内容

公司日常检验的主要原料有铝土矿、氧化铝、原煤、焦炭、沥青。主要辅助原料有氟化盐类（冰晶石、氟化铝、氟化钠、氟化镁、氟化锂、碳酸钠）、阴极糊类（热捣糊、冷捣糊、周围糊、钢棒糊）、阴极炭块类（底部炭块、侧部炭块）、筑炉材料类（耐火砖、保温砖、无石棉硅酸钙板）、生铁类（普通生铁、磷铁、硅铁）、工业硅等。

2. 生产过程质量检测

原铝取样及分析。原铝取样种类为120千安系列、160千安系列、200千安系列、2个350千安系列及400千安系列所有生产槽在产原铝。在全系列生产处于长期平稳正常的情况下，原铝品位保持在Al 99.90、Al 99.85、Al 99.80、Al 99.70A等牌号的电解槽，原铝取样每2天1次；在全系列生产处于非正常生产或生产不平稳的情况下，电解槽原铝取样每天1次。原铝分析方法采用《铝及铝合金光电发射光谱分析方法》（GB/T 7999），化学成分指标按照公司内控《原料成品质量标准》中的相关规定执行。

电解质取样及分析。电解质分析在自焙槽时期用偏光显微镜法和化学分析方法；预焙槽采用X射线荧光光谱仪和化学分析方法，将制好的试样使用X光谱仪，选用相应的标准曲线进行分析。

炭素制品取样及分析。石油焦、沥青、精洗煤、石墨、煤焦油、煅后料、电煅煤等按照《原料成品质量标准》中规定的项目进行检测分析。

铝土矿取样过程及分析。铝土矿常规分析项目包括铝、硅、铁、钛、碳和硫，均使用精密仪器进行分析，通过 X 射线荧光光谱仪和高频红外碳硫仪进行分析。铝土矿取样采用卸车后推平取样的方式，推平料堆高度 20 厘米左右，四轴车采用 5 点取样法，每车样量 2 千克，六轴车采用 9 点取样法，每车样量 3 千克，自备矿采取大堆米字形采样方式，每日通过抓阄方式确定采组制人员，当日采样，次日组样，铝土矿按每 250 吨一批次进行组样，自备矿 300 吨一批次组样。

氧化铝取样过程及分析。氧化铝产品的袋装取样分别在 1 ～ 200 包、201 ～ 400 包、401 ～ 600 包时于每台包装机下料口取份样，单个份样量不超过 400 毫升，所有份样组成一个批次（900 吨）的样品。氧化铝产品罐装取样一期产品八个罐组合 1 个批次（约 560 吨）的样品，二期产品 10 个罐组合 1 个批次（约 700 吨）的样品。取样时，每个罐车随机选择采 4 个取样部位形成 1 个份样，每个份样及最终批次代表样的样品量不超过 400 毫升。氧化铝常规分析包括化学分析和物理分析，均使用精密仪器进行分析。

3. 成品检测

铝业铸造单位依据原铝分析报告单进行合理的调整配料，将铝水转运入混合炉铸造。配料工取炉前样送分析组，分析结果符合要求，转入下道工序进行成品铸造；不符合要求，则重新计算配料。符合要求的铝水，在铸造过程中由专职检查员按照《检验与试验作业规程》抽取样品送检，分析报告单出来后，依据《原料成品质量标准》判定等级，符合出厂要求的等级，交下道工序入库，不符合的则转回铸造车间做回炉重新配料处理。阳极、阴极炭块熟块按照《成品抽取样规程》分批定期抽取样品，按照《原料成品质量标准》中规定的项目进行检测分析。青铝股份通过产品质量在线检验率 100% 的水平，确保出厂产品质量合格，进厂原辅料与生产工艺过程质量受控。

第四节　职业健康

一、职业健康管理

（一）管理机构及制度

2009 年，公司在原有管理制度的基础上，完善矿山、电力板块职业健康管理机构。2013 年，制定《职业健康管理办法》，各单位根据公司要求，制定职业健康管理、职业病防治、劳动防护用品管理等相关制度，完善"三标一体"《管理手册》和程序文件，持续规范公司职业健康管理体系。

2014年，公司先后制定《职业健康和安全管理运行控制程序》《危险源辨识和风险评价控制程序》《污染源管理控制程序》《劳动保护控制程序》《应急准备响应控制程序》《化学危险品管理控制程序》《易燃、易爆、防火控制程序》《设备管理控制程序》《事故调查处理控制程序》等规定，对工业生产和管理中的重要职业健康安全及其影响进行控制，确保职业健康安全目标的实现。各单位根据《危险源辨识和风险评价控制程序》，成立评估小组，开展危害辨识与风险评估工作。

2015年3月，公司制定《职业健康管理工作规定》，成立职业健康管理领导小组，建立职业健康管理责任制，明确相关管理部门职责。公司职业健康管理领导小组下设办公室，办公室设在安全与环境保护监察部，负责监督、检查各单位职业健康管理，制定公司职业健康管理工作规定，负责监督各单位开展职业危害因素识别、监测与检测工作，负责公司内职业健康事故调查分析，提出考核及责任处理意见。

2018年，铝电公司修订《职业健康管理工作规定》。

2019年，铝电公司制定《职业健康管理办法》，各单位有效承接公司职业病管理相关制度，结合本单位实际，制定职业健康管理办法或细则，预防、控制和消除职业病危害，保障员工生命健康安全。

2021年8月30日，铝电公司成立职业健康管理委员会，主要领导任主任，分管领导任副主任，公司机关各部门主要负责人、所属各单位行政主要负责人为成员。主要职责是负责贯彻落实国家有关职业健康管理方针、政策、法律法规，研究部署公司职业健康管理工作；负责研究决定公司职业健康管理工作的目标、理念、规划；负责研究公司职业健康管理工作动态，分析存在的问题，研究决定职业健康管理工作中的重大事项；负责监督、检查与考核各单位的职业健康管理工作。职业健康管理委员会办公室设在安全与质量环保部，安全与质量环保部主任兼任办公室主任。

各单位也相应成立职业卫生管理委员会，并指定专（兼）职人员从事职业健康管理工作，落实职业卫生责任。公司领导、各部门主要负责人、安全管理人员都参加安全生产和职业健康培训，取得相关证书，实现全员参与职业卫生管理工作。

截至2021年底，全公司共建立职业卫生组织机构11个。

（二）劳动保护

2009年，各单位根据不同生产工作场所存在的不同职业危害，实施相应的劳动保护措施。基层一线员工配备安全帽、安全鞋、护目镜和面罩等。

2011年，对特殊行业配备防高温、防穿刺、防电击伤害的各类手套、防护鞋等，对有放射性和热辐射的配备防护镜、防护面具、防护服等，对作业中有粉尘、有有毒有害气体及有噪声环境的，配备防尘口罩、面具、耳塞等。

2014年，公司对劳动防护用品使用情况、适用性及需求情况开展调研，听取作业现场员工意见，按照劳动防护用品使用情况，选择合适的劳动防护用品厂家、型号，提高劳动防护用品技术、质量标准。

2017年，公司结合工种和接触危害因素不同，规范劳动保护用品配备，确定个人防护用品合理的发放周期和发放标准，以满足现场作业人员劳动防护用品需求。

2019年，铝电公司制定《职业健康工作规定》，对职业危害检测与评价、职业危害防治等内容进行规范补充。

2020年，新的《中华人民共和国安全生产法》颁布以后，公司对《职业健康工作规定》进行重新修订，根据不同工种、岗位的防护要求，制定新的劳动防护用品发放标准，要求每年高温季节实施各类防暑降温措施，对高温作业人员提供符合卫生保健要求的防暑饮料、防暑食物、防暑降温药品。定期发放工作服、防尘口罩、手套、耳塞、防尘帽等一般劳保用品，及时更换集控室、化验楼、检修楼、生产楼等区域急救药箱的急救药品和器具，更换现场职业健康安全警示噪声超标告知牌。加强高温作业的劳动组织管理工作，合理制定和调整作业时间，对辐射强度较大的高温作业职工，提供适合有效的劳动防护用品。对高温作业环境加强通风措施，在自然通风满足不了的情况下，采取机械通风。采用新设备、新技术、新工艺和新材料，改善职工的职业健康环境，从制度上保障作业人员的安全和健康。

2021年，公司根据职业健康风险数据库，要求各单位匹配对应的防护用品，完善公用设施设备，定期对职业健康与劳动保护管理工作进行监督。

2009—2021年，公司各单位用于职工劳动保护费用共计1.82亿元。其中，电力板块1669万元，电解铝板块1.3亿元，氧化铝板块3528万元。

（三）健康体检

公司根据职工的职业病危害接触史，对其进行有针对性的定期或不定期健康检查和连续的、动态的医学观察，记录职业接触史及健康变化情况，评价劳动者健康变化与职业病危害因素的关系，及时发现、诊断职业病，以便及时治疗或安置职业病人。

2009年，公司制定机关及所属各单位职业健康管理工作推进计划，各单位按照改进实施方案，完善职业卫生健康监护档案，每年定期组织职业健康体检。按照《中华人民共和国劳动法》《使用有毒物品作业场所劳动保护条例》《女职工劳动保护特别规定》等国家法律法规及技术规范和标准，结合公司职业健康管理实际，委托具有资质的职业健康技术服务机构，每年至少进行1次职业病危害因素检测，并在作业场所显著位置公示检测结果。各作业场所按要求设置职业危害因素公示栏，对现场存在职业病危害因素、职业病危害因素检测结果以及采取的防护措施告知作业人员。

为规范公司职业健康管理，预防、控制和消除职业病危害，根据《中华人民共和国安全生产法》《中华人民共和国职业病防治法》等法规和国家有关的职业健康管理规定，2017年6月，铝电公司制定《职业健康工作管理办法》，按照岗前、岗中和离岗必须进行体检的规定，每年对所有在岗员工进行健康体检，对接触职业病危害因素的员工进行在岗期间的职业健康体检，新入职员工及离职员工均按照规定进行职业健康体检。

2020年，公司制订风险控制措施计划，组织接触有毒有害物质的员工参加职业健康体检，对员工增加电测听力、肺功能检查等。同时，公司对存在职业禁忌岗位人员进行调岗，避免其接触职业病危害因素而引发其他疾病。

二、职业病防治

（一）职业危害因素监测

公司职业危害主要包括高处坠落、物体打击、机械伤害、起重伤害、触电、灼烫、中毒和窒息、中暑、火灾、爆炸、摔伤、扭伤、挫伤、擦伤、刺伤、割伤及女工保护等。由于行业特点不同，公司各板块职业病危害因素也有所区别。电解铝板块主要存在的职业病危害因素为粉尘、氟化物、二氧化硫、苯、二甲苯、噪声等；电力板块主要存在硅尘、氮氧化物、二氧化硫、一氧化碳、噪声、高温、氢氧化钠、硫化氢、盐酸、锰及其他化合物、一氧化碳、二氧化碳、噪声、高温、紫外辐射（电焊弧光）等职业病危害因素；氧化铝板块主要存在煤尘、硅尘、电焊烟尘、一氧化碳、二氧化硫、氮氧化物、盐酸、硫酸、氢氧化钠、锰及其化合物、氨、硫化氢、噪声、电焊弧光、高温、工频电场、γ射线等职业危害因素。

2009年，公司开始每年制定年度职业病防治计划和实施方案，每年组织员工进行职业健康体检。临河动力站首次委托宁夏疾病预防控制中心进行职业危害预评价，年底通过了宁夏卫生厅审核。各单位在各职业危害场所均设立职业危害因素浓（强）度公示栏和警示标志，确保员工生命健康。

按照国家职业健康管理标准和规定，从 2014 年开始，公司所属单位每年开展 1 次职业病危害因素检测工作，每 3 年组织开展 1 次职业病危害现状评价。公司还组织相关部门和外委单位管理人员定期对各单位作业场所进行职业危害因素日常监测工作，各产业板块适时开展职业健康目标及本岗位职业危害、风险后果及防护措施测试，根据测试结果，进行统计分析。对检测结果中职业病危害因素浓（强）度超过职业接触限值的，制定针对性预防措施，定期监督检查，落实闭环整改，并做好记录，存入职业卫生档案。

2016 年，对员工个人健康档案进行整理，对全体员工身体状况进行梳理排查，对职业禁忌证人员进行岗位调整。开展急救药箱专项检查，完成现场急救药品集中更换和员工年度例行体检工作。运用 HSE 管理提升可视化工具，全员配置高可视性警示服，增加警示牌，重点岗位配置反光马甲，确保现场作业安全。

2017 年，宁夏能源铝业制定《职业健康风险评估管理办法》，明确职业健康危害因素识别、职业健康风险评估的实施、职业健康风险评估结果的应用与改进等管理要求。根据《职业健康管理工作规定》，实行《危险源辨识与风险评价结果一览表》和《重大风险及其控制计划清单》，对危险源及时进行更新和评价。各单位针对不同职业危害因素，采取通风、密闭、密封、湿式作业、改进工艺、改变原材料、加装职业卫生防护装置等多种措施，不断降低职工接触危害物浓度。

2018 年开始，公司每年开展职业病危害因素识别与评价，并对重要职业病危害因素进行筛选、评估，满足"一事一标准"的管理要求。根据《职业卫生档案管理规范》要求，公司对职业健康档案进行分类管理，各单位也开展作业场所危害因素检测及接触职业危害人员职业病体检工作。

2020 年 3 月，公司制定《职业健康管理标准》，明确主要负责人每季度组织召开 1 次职业健康会议，严格要求公司与劳动者签订劳动合同时须附职业危害告知书，使劳动者知晓工作场所存在职业病危害因素、防护措施及对健康的影响等内容。强化各岗位、各工艺过程的职业危害因素识别与评估工作，借鉴应用风险"五步法"（写工作任务、写伤害、写危害因素、写控制措施、写规程），将风险控制措施具体落实到岗位职责、操作规程、应急处置及培训工作中，增强员工职业危害防控意识。

（二）职业病防控

为保障职工身体健康，免受职业病危害因素的影响，从 2011 年开始，根据岗位不同，给运行人员、氨站、化验室、灰硫、输煤等特殊岗位人员配发防烫服、防酸碱手套及鞋、防毒及防尘面具、防冻手套、防护眼镜、化学防护服、绝缘靴、正压呼吸器等特殊防护用品和用具。

职业病防治办公室经常到生产现场监督、检查劳动防护用品的佩戴和使用情况，重点对职业危害因素检测、职业病体检工作进行监督检查。指导和督促各单位根据所存在的职业危害，采取相应的防控措施，防止和减少职业病的发生。各单位通过职业病公示栏，明示所存在的职业危害，使职工知道工作场所存在的职业危害并做好相应的防护工作。

2014年，进一步完善职业病应急救援措施，各生产区域出入口均设事故应急照明灯，在重要场所安装应急设备。生产岗位配备急救箱，提供止血带、绷带、医用酒精等多种急救用品，在夏季高温时期为员工免费提供绿豆汤等防暑降温饮品、药品等，并按国家规定给高温岗位作业人员发放防暑降温补贴。

2016年，在新建项目建设过程中，设置危害因素告知卡，并在职业危害区域设置粉尘、噪声、盐酸、氢氧化钠及其他化学药品危害因素告知卡，增加警示牌。运用HSE管理提升可视化工具，全员配置高可视性警示服，重点岗位配置反光马甲，确保现场作业安全。为有效提高职工对自身所在岗位职业病危害及防护措施的认识，在重点化学车间、酸碱储存间、氨站等区域设置洗眼器、淋浴器等职业卫生设施，对职业禁忌证人员进行岗位调整。为落实职业病防治责任，保障员工身体健康，组织对员工个人健康监护档案进行整理归档；对安监局职业健康专项检查发现问题落实整改，增加警示牌829块，并进行规范悬挂。组织对全体员工身体状况进行梳理排查，开展急救药箱专项检查，完成现场急救药品集中更换，完成员工年度体检工作。

2020—2021年，在安健环管理体系的统筹下，公司制订全面的职业病防治实施方案、职业健康工作建设方案，完善职业健康体检、职业卫生档案、劳动者个人健康监护档案，消除职业危害。各单位也更新完善了《职业卫生事故应急救援预案》，进一步细化各项工作内容、责任部门、完成时间、工作措施，确保年度职业病防治工作的有效落实。组织公司接触有毒有害物质的员工参加职业健康体检。同时，为保障职工身体健康，免受职业病危害因素的影响，预防职业病发生，在集控室、化验楼、检修楼、生产楼、运行检修班组等区域配置急救药箱并安排专人管理，及时更换过期、失效的急救药品和器具。

（三）培训

公司将职业病防治纳入员工三级安全培训教育内容，采取现场教学和外聘授课形式，开展劳动者上岗前职业卫生培训和年度职业卫生培训。

2009—2011年，主要针对公司全体员工开展职业健康管理知识、职业卫生相关法律法规、职业卫生危害辨识与风险评估、职业卫生预防知识培训。

2012—2016年围绕职业卫生预防知识、劳动保护用品使用、职业健康管理与急救知识、职业卫生管理制度进行专题培训。

2017—2021 年，先后组织公司员工参加由中国健康网开展的"爱国卫生、健康宁夏行"职业病危害普及讲座，"全民预防·守卫健康"、公司职业健康工作规定、公共卫生宣教培训暨职业健康教育讲座。按照职业健康安全管理体系要求及使用指南，开展职业病危害知识普及、职业卫生管理制度、职业健康教育讲座等。根据《作业过程、设备、职业健康和环境危害辨识与风险评估技术标准》，开展"健康生活·爱卫同行"、国家电投集团职业健康危害辨识及风险评估标准、职业病危害因素与职业病防治专项培训。同时，每年针对接触职业危害的岗位员工进行职业健康防护知识培训，邀请宁夏回族自治区安全健康教育网讲师对员工开展职业健康及防护专题讲座，普及健康教育知识。

第六章　科技与信息化

公司坚持科技是第一生产力、人才是第一资源、创新是第一动力，落实创新驱动发展战略要求，不断推进科技创新工作。完善管理机构，优化工作机制，推进科技与信息化体系建设，改革创新激励制度。制定"十二五""十三五"科技发展规划，为公司科技与信息化工作奠定坚实的基础。加强科研项目分类分级管理、预算管理，保障公司重点科技项目建设。

结合产业布局、技术发展、科技支撑能力和创新能力，围绕生产、经营和发展中心任务，公司加强科技研发与技术成果推广，强化新产品开发运用，推进知识产权保护管理和标准化建设，积极开展QC、劳模创新工作室等职工创新创效工作，为生产管理和经营目标的实现提供有力保障。

第一节　科技管理

一、管理机构

2011年9月，宁夏能源铝业成立科技与信息化部，负责科技与信息化管理工作。

2017年8月，科技管理工作划归计划与发展部，信息化工作划归发电部。

2019年3月，铝电公司成立科技与创新部。主要职责是负责归口管理公司科技进步、技术标准、知识产权保护、信息化建设和信息系统数据标准管理工作，并建立和完善管理体系；负责组织制定调整公司科技、信息化发展规划；负责审核所属各单位年度科技、信息化项目计划与预算，统筹、指导、协调公司科技与信息化项目实施工作；负责组织公司科技信息项目成果的评审、验收、奖励工作，及向国家、行业、国家电投推荐科技奖励工作；负责指导、协调科技成果的推广应用；负责公司群众性科技创新（合理化建议、小改小革、QC成果等）活动的组织、评审及奖励工作；负责公司网络与信息安全体系建设与管理工作；负责管理公司科技、信息化方面的对外技术交流、合作与技术咨询工作。技术中心挂靠科技与创新部。

二、科技工作

2009年，科技管理部门获得登录中电投科技信息管理网络的用户名和密码，宁夏能源铝业科技工作管理与中电投科技管理步调一致。

2013年4月，成立科技工作领导小组，实行科技工作统一领导、行业板块为实施主体、管理部门指导督查的工作机制。

2015年6月，制定《科技创新实施工作指导意见》，通过表彰、奖励、晋级、评先评优等方式，建立具有可持续发展的创新氛围。

2016年，成立技术委员会，成员由分管煤、电、铝板块的副总经理，相关部门负责人、所属单位主要负责人等组成，主要负责公司科技创新战略及科技发展有关事项的研究、决策管理。成立科技创新机制优化工作领导小组，修订《员工职业发展"双通道"建设实施细则》，将科技创新奖励积分作为"双通道"聘任的条件，使创新成果与创新者收入密切挂钩，形成"全员创新"管理模式。

2018年，铝电公司制订《科技创新工作实施方案》，设立科技创新专项奖金，主要对行业新产品、新技术、新设备研究创新取得成果的团队或个人给予专项奖励。按照制度建设体系目录和国家电投科技管理要求，先后制定《科技创新及信息化投资管理办法》《科技与创新管理规定》《科技奖励评审办法》《促进科技创新工作激励办法》等管理办法，逐步形成科研项目计划下达、组织实施、过程管理、进展反馈、管理考核等完整的科技工作管理制度，用制度支撑和规范公司科技工作，实现过程管理的一致性和可持续性。

公司科技管理包括科研项目、科技与创新、科技奖励与评审、科技创新奖励、科技创新及信息化投资管理。科技与创新部负责公司科研项目的管理，各专业部门负责本专业科研项目的立项及实施；计划及财务部负责科研项目经费的预算审批，监督、指导所属单位创新经费使用、会计核算与纳税等，审计部对科研项目进行审计和监督，科研项目承担单位负责科研项目的具体实施。

第二节　科技项目

一、科技规划与实施

2009 年，根据中电投科技发展规划编制要求，宁夏能源铝业编制《"十二五"科技发展规划（2010—2015）》，从指导思想、基本原则、总体目标、科技创新体系建设、人才规划、科技发展的重点和主要任务，分行业类型进行全面详细规划。"十二五"期间，公司共实施科研项目 51 项，累计投资 1.13 亿元。其中，电解铝板块 30 项，科研费用 5329 万元；电力板块 7 项，科研费用 3900 万元；煤炭板块 6 项，科研费用 1800 万元；煤化工板块 8 项，科研费用 300 万元。

2014 年，为落实中电投"十三五"科技发展规划要求，依据《宁夏能源铝业"十三五"及中长期发展规划（2015—2020）》的相关内容，编制宁夏能源铝业《"十三五"科技发展规划》，分析公司的产业布局、技术发展需求、科技支撑能力和创新能力，结合公司实际和中长期发展愿景，对各个板块提出翔实的科技发展重点和任务。"十三五"期间，共完成科技项目 56 项，累计投资 6.05 亿元。其中，电力产业 12 项，投资 5159 万元；煤炭产业 5 项，投资 480 万元；电解铝产业 39 项，投资 54848 万元。

2009—2021 年公司科技项目实施情况见表 6-2-1。

表 6-2-1　2009—2021 年公司科技项目实施情况表

年份	科技项目（个）	项目费用（万元）	年份	科技项目（个）	科技费用（万元）
2009	7	2115	2016	7	817
2010	9	1166	2017	9	2081
2011	12	13071	2018	11	2767
2012	19	14392	2019	21	9633
2013	18	14060	2020	34	14330
2014	14	17740	2021	36	21998
2015	17	13356	合计	214	127526

二、重点科技项目管理

公司对科研项目实行分类、分级管理，按经费来源和管理主体不同分为 A、B、C 三大类。

A 类项目是指在国家和地方政府有关部门立项并获得财政资金支持的项目，包括国家科技重大专项、国家重点研发计划、省（市）级科技计划项目等；B 类项目是指由国家电投组织实施的战略性、共性关键技术研究和重大公共项目；C 类项目是由公司及所属单位自主投资的科研项目。A、B 类科研项目执行国家电投管理流程，C 类科研项目执行铝电公司管理流程。A 类项目沿用国家或地方政府有关部门批复的项目编码，B、C 类科研项目采用"KY—项目分类代码—年份—产业代码和流水号"的编码方式。

科研项目立项包括申报、评审、审批基本程序，立项申报按照管理权限，遵循逐级申报的原则。科研项目实行项目负责人制，科研项目申报单位按要求编制项目申请书及预算报告，组织预审查，提出预审查意见。公司科技创新管理部门对所属单位提交的项目申报书进行评审，经公司总经理办公会议审议，报送国家电投科技创新管理部门。通过国家电投专家评审的项目，由公司科技管理部门组织，按照专家评审意见修改完善项目申报书，经国家电投产业创新中心确认后，提交公司总经理办公会议审议后，报送国家电投进入立项流程。

按照国家电投综合计划和预算编制有关要求，公司将立项审批通过项目纳入项目单位综合计划和预算上报公司计财部，由计财部组织履行内部决策程序后，上报国家电投审定后下达。

公司科技项目采取项目合同管理方式，在国家、宁夏回族自治区立项的，与相关部门签订项目合同；在国家电投立项的，与国家电投签订项目合同，项目执行采取每月项目信息简报和督查相结合的过程管理方式。

2009—2021 年，公司共申报科研项目 223 项，费用 18.77 亿元。公司科技创新管理部门对项目立项程序完备性、项目执行情况、经费使用情况等进行检查和验收。

三、科技成果

公司科技奖励工作由科技奖评审委员会负责，评审委员会由公司领导、人力资源、计划与财务、科技创新管理部门及相关专业部门的负责人组成，分管科技工作的领导兼任委员会主任。科技奖每 2 年评审 1 次，优秀项目由公司推荐参加国家电投及行业科学技术奖的评选。

2009—2021 年，公司共获得行业、宁夏回族自治区、国家电投科技项目奖励 28 项。其中，行业奖项 15 项，宁夏回族自治区奖项 1 项，国家电投奖项 12 项（见表 6-2-2）。

表 6-2-2 2009—2021 年公司科技成果获奖情况表

序号	奖项名称	奖励类型	获奖级别	奖励时间
1	350 千安铝电解预焙阳极增产节能关键技术的研究与应用	宁夏回族自治区科技进步奖	二等奖	2009 年
2	350 千安铝电解预焙阳极增产节能关键技术的研究与应用	中国电力投资集团科技进步奖	一等奖	2010 年
3	铝电解生产智能系统及其推广运用	中国有色金属工业协会科技进步奖	一等奖	2012 年
4	铝电解槽在线焊接关键技术研究及应用	中国有色金属工业协会科技进步奖	二等奖	2012 年
5	新型阴极结构高效节能铝电解槽研制与应用	中国电力投资集团科技进步奖	一等奖	2012 年
6	350 千安新型异型阴极结构铝电解槽技术研究与应用	中国电力投资集团公司科技进步奖	二等奖	2012 年
7	大规格石墨化阴极炭块研发与应用	中国电力投资集团公司科技进步奖	二等奖	2012 年
8	大截面优质阴极炭块的研发与应用	中国电力投资集团公司科技进步奖	三等奖	2012 年
9	节能型 SY400 预焙阳极铝电解槽研发及应用	中国有色金属工业协会科技进步奖	二等奖	2013 年
10	电解铝厂生产全过程控制技术研究及系统开发	中国电力投资集团公司科技进步奖	一等奖	2014 年
11	节能型 SY400 预焙阳极铝电解槽研发及应用	中国电力投资集团公司科技进步奖	二等奖	2014 年
12	电解铝固体废弃物无害化处理技术开发	中国电力投资集团公司科技进步奖	三等奖	2014 年
13	电解铝节能减排系列标准	全国有色金属标准化技术委员会技术标准优秀奖	二等奖	2014 年
14	铝用炭素能耗与安全系列标准	全国有色金属标准化技术委员会技术标准优秀奖	二等奖	2014 年
15	有色金属工业安装工程质量验收及评定系列标准	中国有色金属工业科技进步奖	一等奖	2016 年
16	铝电解用阴极冷捣糊技术研发	中国有色金属工业科技进步奖	二等奖	2016 年
17	基于作业成本法的电解铝生产企业战略成本管理体系构建与实践	中国有色金属工业企业管理现代化成果奖	三等奖	2016 年
18	《原铝液贮运安全技术规范》行业标准	全国有色金属标准化技术委员会技术标准优秀奖	三等奖	2016 年
19	有色金属工业安装工程质量验收及评定系列标准	中国有色金属工业科技进步奖	三等奖	2017 年
20	发电机定子冷却水系统物理化学联合冲洗工艺	电力建设科学技术进步奖	三等奖	2017 年
21	YS 铝电解用阴极糊	全国有色金属标准化委员会技术标准优秀奖	三等奖	2018 年
22	35 万超临界双抽机组给水泵汽轮机排汽进直接空冷系统关键技术研究及应用	国家电力投资集团科技进步奖	三等奖	2019 年
23	35 万超临界直接空冷机组"点对点"直供电解铝关键技术的研究与实践。	国家电力投资集团科技进步奖	一等奖	2019 年

续表

序号	奖项名称	奖励类型	获奖级别	奖励时间
24	YS 铝电解用石墨质阴极炭块	全国有色金属标准化委员会技术标准优秀奖	三等奖	2020 年
25	超高功率石墨电极关键设备改进及生产技术	国家电力投资集团科技进步奖	三等奖	2021 年
26	铝电解系列两段式烟气净化超低排放技术研究	国家电力投资集团科技进步奖	三等奖	2021 年
27	大型地下铝土矿床综合机械化连续开采技术及装备研发与应用	中国有色金属工业科技进步奖	一等奖	2021 年
28	基于分布式感知与数字孪生的铝电解优化制造关键技术开发与应用	中国有色金属工业科技进步奖	一等奖	2021 年

第三节　新产品

一、新产品开发

公司新产品包括全新产品、仿制新产品、升级换代新产品三种类型。新产品开发遵循申请、受理、认定、结论认定程序。

2009 年以来，公司根据市场变化及客户需求，通过集中人力、财力、物力自主研发以及引进国内外先进工艺设备，与国内科研院所、高等学校、企业联合开发等形式，先后开发 26 项新产品。其中，铝产品 18 项，阴极产品 8 项。

公司自主研发的铝电解用阴极冷捣糊，打破挪威埃肯（Elkem）等公司对国内冷捣糊产品的垄断，与热捣糊相比，降低环境污染，减轻工人的劳动强度，具有较好的经济和社会效益，该成果荣获 2016 年度中国有色金属工业科技进步奖二等奖；开发的大规格石墨化阴极炭块、大截面优质阴极炭块分别获国家电投科技进步奖二等奖、三等奖；820×4200 毫米大规格阴极炭块，填补了 600 千安铝用阴极炭块空白。利用 3500 吨挤压成型机，生产直径 350 ～ 700 毫米等多种规格超高功率石墨电极及电极接头获得成功，成为宁夏唯一一家具备超高功率石墨电极生产企业，填补了宁夏超高功率石墨电极生产空白，该成果 2020 年通过宁夏科技厅验收及科技成果登记，同时，获 2020 年度国家电投科技进步奖三等奖。直径 151 毫米变形铝合金圆锭、AA-8030 铝合金电工圆铝杆、铝合金光伏支架、A356.2-12b 合金锭、6063- 直径 178 毫米圆铸锭、直径 254 毫米高品质圆铸锭、风电塔筒免爬器等新产品，为公司经济效益的提升发挥了重要作用。

2011—2021 年公司主要新产品开发时间及用途见表6-3-1。

表6-3-1　公司主要新产品开发时间及用途表

类别	产品名称	开发年份	用途
铝合金产品	铝合金门窗	2011	房屋窗户
	铝合金爬梯	2013	风电塔筒内登高
	铝合金电解槽罩	2014	电解槽罩板
	铝合金电缆桥架	2015	用于电厂电缆架设、保护
	铝合金光伏支架	2015	用于光伏板铺设
	炭精粉	2016	可作为燃煤、炭素产品原料等
	氟化钠	2016	作为工业原料或萤石，也可用于提取粗碳酸锂
	电解质	2019	可用于铝电解生产，也可用于提取粗碳酸锂
	绿色植物工厂铝合金种植架	2019	用于绿色植物工厂，实现立体化种草
	铝合金装配式建筑	2020	用于低层建筑，如偏远营地哨卡、文旅民俗、低层宿舍楼及临时施工建筑等
	风电塔筒免爬器	2021	风电场风机检修的新型升降设备，主要用于风电塔筒维护，风机检修人员、物资的运送
	石墨块	2021	高品质炭材料，用于生产炭素材料，铸造、炼钢用高级增炭剂以及生产多种人造石墨化制品等
	石墨碎	2021	高品质炭材料，用于生产炭素材料，铸造、炼钢用高级增炭剂以及生产多种人造石墨化制品等
	氟化盐	2021	作为工业原料或萤石，也可用于提取粗碳酸锂
	铝合金智慧路灯	2021	交通照明，道路交通视频监控，环境监测
	铝合金护栏	2021	用于道路、住宅、庭院等场合中对人身安全及设备设施的保护与防护
	煤运集装箱	2021	用于煤炭转运的集装箱式货箱
	货运集装箱	2021	用于氧化铝转运的集装箱式货箱
	光伏车棚（汽车、自行车）	2021	一种将太阳能电池板集成到建筑上的技术，在车棚顶部铺装太阳能电池板，将太阳能电池板与建筑屋顶相结合，起到发电、隔热、防雨和遮阳的功能
	光伏围挡	2021	光伏＋产品，在提供能源输出的同时兼具道路人车隔离的作用，具有发电、绿色、环保价值
	直径151毫米变形铝合金圆锭	2012	主要用于建筑、电力、包装、交通运输、化学工业、仪器仪表壳体、日用消费品等
	AA-8030铝合金电工圆铝杆	2016	主要用于电线电缆、铝扁线、电子电器等领域
	A356.2-12b合金锭	2019	主要用于建筑、电力、包装、交通运输、化学工业、仪器仪表壳体、日用消费品等

续表

类别	产品名称	开发年份	用途
铝合金产品	A356.2-2A 合金锭	2019	主要用于建筑、电力、包装、交通运输、化学工业、仪器仪表壳体、日用消费品等
	变形铝及铝合金圆铸锭（6063-24、6063-25）	2019	主要用于建筑、电力、包装、交通运输、化学工业、仪器仪表壳体、日用消费品等
	变形铝及铝合金圆铸锭（6060、6060-1、6060-2）	2019	主要用于建筑、电力、包装、交通运输、化学工业、仪器仪表壳体、日用消费品等
	变形铝及铝合金圆铸锭（6061-21a）	2019	主要用于建筑、电力、包装、交通运输、化学工业、仪器仪表壳体、日用消费品等
	变形铝及铝合金圆铸锭（6005）	2020	主要用于建筑、电力、包装、交通运输、化学工业、仪器仪表壳体、日用消费品等
	变形铝及铝合金圆铸锭（6061）	2020	主要用于建筑、电力、包装、交通运输、化学工业、仪器仪表壳体、日用消费品等
	变形铝及铝合金圆铸锭（6005-1）	2020	主要用于建筑、电力、包装、交通运输、化学工业、仪器仪表壳体、日用消费品等
	变形铝及铝合金圆铸锭（6005-2）	2020	主要用于建筑、电力、包装、交通运输、化学工业、仪器仪表壳体、日用消费品等
	3102D 空调箔坯料	2020	生产空调换热片
	铝合金种植架、种植盘	2020	应用于种植领域
	直径 254 毫米高品质圆铸锭	2020	主要用于建筑、电力、包装、交通运输、化学工业、仪器仪表壳体、日用消费品等
	铝合金装配式宿舍	2020	主要用于人员居住
	6063- 直径 178 圆铸锭	2020	主要用于建筑、电力、包装、交通运输、化学工业、仪器仪表壳体、日用消费品等
阴极产品	大截面优质阴极炭块（700×530 毫米）	2010	电解槽底部导电材料
	大规格石墨化阴极炭块（450×660 毫米）	2010	电解槽底部导电材料
	大规格半石墨质阴极炭块（730×560×4500 毫米）	2010	电解槽底部导电材料
	铝电解用阴极冷捣糊	2014	铝电解槽阴极炭块间缝、边缝扎固材料
	大规格阴极炭块（820×4200 毫米）	2016	600 千安特大型预焙电解槽底部导电材料
	超高功率石墨电极	2018	应用于冶金、化工、电化学等领域
	高体密石墨化阴极炭块	2020	电解槽底部导电材料
	铝电解用冷捣钢棒糊	2021	铝电解槽阴极炭块与阴极钢棒间缝扎固材料
氧化铝及矿山	氧化铝（低锂钾）	2019	用于电解铝生产
	矿粉	2021	高硫铝土矿经高温焙烧脱硫的产品，主要用于氧化铝生产
	带式转载机	2021	用于铝土矿工作面矿石的转运工作

二、新产品运用

公司新产品在满足生产和产品更新换代的同时，在很大程度上为同行业和其他领域的生产建设发挥主导作用。

第四节　知识产权与标准化

一、知识产权

公司知识产权包括专利权、技术秘密（专有技术）、著作权（含计算机软件著作权）、商标权、法律法规规定的其他知识产权。知识产权工作按照公司总体指导、各单位负责的原则开展工作，科技与创新部归口管理，相关部门负责履行职责。

专利包括发明专利、实用新型专利和外观设计专利。知识产权管理部门负责本单位专利保护管理，组织对专利检索分析，在发明人撰写的技术交底书的基础上，组织发明人与代理机构进行评审。职务发明创造专利申请获得授权后，所在单位为专利权人。非职务发明创造申请专利被批准后，发明人或设计人为专利权人。

公司通过实施专利战略，提升企业知识产权创造、管理、保护、运用能力。2018 年 12 月，铝电公司制定《知识产权管理规定》，内容涉及工作职责、知识产权权属、项目知识产权管理、知识产权重大事项管理、合同中的知识产权管理、专利管理、技术秘密管理、商标管理、著作权管理、知识产权奖励等内容。

2009—2021 年，公司拥有授权专利 201 件。其中，发明专利 26 件，实用新型专利 175 件（见表 6-4-1、6-4-2）。共拥有软件著作权 14 件（见表 6-4-3）。

表 6-4-1　2009—2021 年公司发明专利情况表

序号	专利名称	专利号	专利申请日	授权公告日
1	混捏机动搅刀的焊接工艺	ZL 200710103103.0	2007 年 4 月 20 日	2009 年 7 月 22 日
2	用电煅炉生产石墨碎和石墨化焦的方法	ZL 200510136353.5	2005 年 12 月 23 日	2010 年 6 月 30 日
3	大规格铝用高石墨质阴极炭块及其生产方法	ZL 200510136354.X	2005 年 12 月 23 日	2010 年 6 月 30 日
4	一种从电解铝废阴极炭块中回收含氟化钠的方法	ZL 201010140916.9	2010 年 4 月 2 日	2011 年 12 月 21 日
5	一种从电解铝废阴极炭块中回收石墨的方法	ZL 201010140919.2	2010 年 4 月 2 日	2012 年 7 月 11 日

续表

序号	专利名称	专利号	专利申请日	授权公告日
6	一种从电解铝废阴极炭块中回收炭的方法	ZL 201010140908.4	2010 年 4 月 2 日	2012 年 7 月 11 日
7	一种阻尼测量式粉末状原料高度测量传感器	ZL 201210313707.9	2012 年 8 月 30 日	2015 年 6 月 3 日
8	表面为平面或 V 形面且有交错炭碗的阴极炭块及制备方法	ZL 201210512472.6	2012 年 12 月 5 日	2015 年 9 月 2 日
9	一种铝电解槽用打壳锤头的制造方法	ZL 201210534026.5	2012 年 12 月 12 日	2015 年 12 月 2 日
10	一种铝电解槽阴极钢棒和压接器之间的焊接方法	ZL 201310209252.0	2013 年 5 月 30 日	2016 年 3 月 2 日
11	一种铝电解阴极钢棒和压接器之间的连接方法	ZL 2013102082624.1	2013 年 5 月 30 日	2016 年 5 月 25 日
12	一种铝电解槽用阴极软带和大母线的二次自蔓延焊接方法	ZL 201310208334.3	2013 年 5 月 30 日	2016 年 6 月 29 日
13	用于铝土矿山分区机械化连续开采的上 11+U 型采矿系统	ZL 201510496227.4	2015 年 8 月 13 日	2017 年 3 月 8 日
14	胶带输送机铝矿与矸石混合运输分料方法	ZL 201510274708.0	2015 年 5 月 25 日	2017 年 5 月 17 日
15	350 兆瓦超临界双抽机组给水泵汽轮机直接空冷器的系统的压力干扰抑制方法	ZL 201610763603.6	2016 年 8 月 31 日	2017 年 12 月 5 日
16	350 兆瓦超临界双抽机组给水泵汽轮机直接空冷的系统及其工作方法	ZL 201610768561.5	2016 年 8 月 31 日	2018 年 2 月 16 日
17	一种吸铝管的制备方法	ZL 201510377935.6	2015 年 7 月 2 日	2018 年 6 月 12 日
18	一种防止吸铝管电击损耗的方法	ZL 201510381086.1	2015 年 7 月 2 日	2018 年 6 月 29 日
19	铝锭连续铸造生产线打渣机器人的打渣装置	ZL 201710338080.5	2017 年 5 月 15 日	2019 年 2 月 1 日
20	一种新型防脱装置	ZL 201910328845.6	2019 年 4 月 23 日	2020 年 7 月 31 日
21	一种基于遗传算法的公网 / 孤网联合运行移相角优化分配方法	ZL 201810435644.1	2018 年 5 月 2 日	2021 年 5 月 18 日
22	一种大规模风电汇集系统动态无功补偿装置	ZL 202010738396.5	2020 年 7 月 28 日	2021 年 5 月 28 日
23	一种氧化铝熟料烧结工艺及氧化铝熟料	ZL 201910190315.X	2019 年 3 月 13 日	2021 年 6 月 8 日
24	一种用于串联法生产氧化铝的熟料及其工艺	CN 201910190980.9	2019 年 3 月 13 日	2021 年 6 月 8 日
25	一种可以提高风力发电机发电效率并减少噪声的方法	ZL 20180845290.8	2018 年 7 月 27 日	2021 年 7 月 2 日
26	一种风电塔筒免爬器行进安全检测装置	ZL 2020 1 0338207.5	2020 年 4 月 26 日	2021 年 8 月 20 日

表 6-4-2　2009—2021 年实用新型专利情况表

序号	专利名称	专利号	专利申请日	授权公告日
1	载货汽车厢体篷布遮盖装置	ZL 200720194533.3	2007 年 11 月 14 日	2009 年 1 月 28 日
2	炉墙校直机	ZL 200820139078.1	2008 年 10 月 14 日	2009 年 7 月 29 日

续表

序号	专利名称	专利号	专利申请日	授权公告日
3	多功能电解天车换极卡具扳手定位装置	ZL 200820139077.7	2008 年 10 月 14 日	2009 年 7 月 29 日
4	成型机自动布料装置	ZL 200820139075.8	2008 年 10 月 14 日	2009 年 7 月 29 日
6	电解溜槽下料法兰盘锁片	ZL 200820210029.2	2008 年 10 月 20 日	2009 年 7 月 29 日
7	铝板锭铸造细化丝加丝机	ZL 200820139076.2	2008 年 10 月 14 日	2009 年 7 月 29 日
8	阴极炭块的专用吊具	ZL 200820210178.9	2008 年 11 月 20 日	2009 年 9 月 2 日
9	用于加工炭块侧表面划痕槽的可调试划痕刀架	ZL 200820210176.X	2008 年 11 月 20 日	2009 年 9 月 2 日
10	挤压机专用的电加热管	ZL 200820210177.4	2008 年 11 月 20 日	2009 年 9 月 2 日
11	阴极炭块的专用包装装置	ZL 200820210175.5	2008 年 11 月 20 日	2009 年 9 月 2 日
12	阴极炭块专用的取样装置	ZL 200820230001.5	2008 年 12 月 10 日	2009 年 9 月 30 日
13	新型的沥青熔化排渣装置	ZL 200820230038.8	2008 年 12 月 15 日	2009 年 10 月 14 日
14	石油焦煅烧烟气净化专用的冷风调节阀	ZL 200820230045.8	2008 年 12 月 15 日	2009 年 10 月 14 日
15	阳极大窑顶窑装置	ZL 200820230036.9	2008 年 12 月 15 日	2009 年 10 月 21 日
16	防止沥青熔化排渣罐螺栓滑扣的装置	ZL 200820230004.9	2008 年 12 月 10 日	2009 年 10 月 21 日
17	一种铝母材的原位自蔓延焊接修复方法中用的焊接模具	ZL 200820230016.1	2008 年 12 月 10 日	2010 年 3 月 17 日
21	预焙电解系列母线提升框架自动打卡机构	ZL 201120188293.2	2011 年 6 月 7 日	2011 年 12 月 28 日
22	回转窑不停炉维修装置	ZL 201120190326.7	2011 年 6 月 8 日	2012 年 1 月 18 日
25	在线自动加入盘丝状物料的装置	ZL 201220324458.9	2012 年 7 月 6 日	2013 年 1 月 23 日
26	氧化铝翻袋装置	ZL 201220324423.5	2012 年 7 月 6 日	2013 年 1 月 23 日
27	结晶器导热装置	ZL 201220324477.1	2012 年 7 月 6 日	2013 年 1 月 23 日
28	铝导杆铸造装置	ZL 201220324502.6	2012 年 7 月 6 日	2013 年 1 月 23 日
29	结晶轮钢带压紧装置	ZL 201220324476.7	2012 年 7 月 6 日	2013 年 1 月 23 日
30	一种铝产品连续铸造坯料的装置	ZL 201220385824.1	2012 年 8 月 6 日	2013 年 2 月 20 日
31	大功率风机冷却散热装置	ZL 201220385734.2	2012 年 8 月 6 日	2013 年 2 月 20 日
32	普通铝锭铸机脱模剂自动喷涂装置	ZL 201220523198.8	2012 年 10 月 12 日	2013 年 4 月 3 日
33	普铝铸机铸模剂自动烘烤装置	ZL 201220523224.7	2012 年 10 月 12 日	2013 年 4 月 3 日
34	双阳极浇铸炭块输送系统的在线转向装置	ZL 201220523197.3	2012 年 10 月 12 日	2013 年 4 月 3 日
35	炉室安全防护装置	ZL 201220523205.4	2012 年 10 月 12 日	2013 年 4 月 3 日
36	电解槽炉门口集气罩关闭后的固定装置	ZL 201220523252.9	2012 年 10 月 12 日	2013 年 4 月 3 日
37	轻型电解质倒灌车	ZL 201220523203.5	2012 年 10 月 12 日	2013 年 4 月 3 日

续表

序号	专利名称	专利号	专利申请日	授权公告日
38	筒式过滤装置	ZL 201220523193.5	2012 年 10 月 12 日	2013 年 4 月 3 日
39	原铝液抽出装置	ZL 201220523202.0	2012 年 10 月 12 日	2013 年 4 月 3 日
40	电解槽结壳块破碎料溜槽供风装置	ZL 201220523204.x	2012 年 10 月 12 日	2013 年 4 月 3 日
41	大型预焙电解槽换极过程中的测量兜尺	ZL 201220523272.6	2012 年 10 月 12 日	2013 年 4 月 3 日
42	多功能天车出铝小车压缩空气管道装置	ZL 201220530839.2	2012 年 10 月 17 日	2013 年 4 月 3 日
43	振动成型机重锤提升机构钢丝绳防脱装置	ZL 201220530838.8	2012 年 10 月 17 日	2013 年 4 月 3 日
44	自动残极压脱机活动剪刀接近开关防护装置	ZL 201220682282.4	2012 年 12 月 12 日	2013 年 5 月 22 日
45	铝电解槽阴极炭块	ZL 201320130224.5	2013 年 3 月 21 日	2013 年 8 月 28 日
46	一种开槽通孔炭阳极上表面的集气管和排气管结构	ZL 201320219972.0	2013 年 4 月 27 日	2013 年 12 月 18 日
47	一种电解铝阴极软带和母线自蔓延修复方法的焊接模具	ZL 201320305096.3	2013 年 5 月 30 日	2013 年 12 月 25 日
48	电解铝废阴极料浆粗滤装置	ZL 201420066678.5	2014 年 2 月 14 日	2014 年 9 月 10 日
49	一种真空泵排气管道气液分离装置	ZL 201420067377.4	2014 年 2 月 14 日	2014 年 9 月 10 日
50	一种刮料装置	ZL 201420067283.7	2014 年 2 月 14 日	2014 年 9 月 10 日
51	一种气水分离器的排水系统	ZL 201420066670.9	2014 年 2 月 14 日	2014 年 9 月 10 日
52	一种电动给料分料装置	ZL 201420066618.3	2014 年 2 月 14 日	2014 年 9 月 10 日
54	液压支架顶梁随行护帮机构	ZL 201420808540.8	2014 年 12 月 19 日	2015 年 6 月 3 日
55	煤矿用液压支架底座后连杆铰接轴限位装置	ZL 201420808503.7	2014 年 12 月 19 日	2015 年 7 月 8 日
58	铝合金挤压料生产线在线水冷装置	ZL 201520402794.4	2015 年 6 月 12 日	2015 年 12 月 5 日
60	一种在强磁场环境下修焊电解槽水平母线的防磁屏蔽装置	ZL 201520615347.7	2015 年 8 月 17 日	2016 年 5 月 25 日
63	移除电解铝系统短路口绝缘套管专用工具	ZL 201620167039.7	2016 年 3 月 7 日	2016 年 7 月 27 日
64	采铝机截割部的外防护装置	ZL 201620009452.0	2016 年 1 月 6 日	2016 年 8 月 17 日
65	采铝机开式齿轮的润滑系统	ZL 201620009596.6	2016 年 1 月 6 日	2016 年 12 月 14 日
66	350 兆瓦超临界双抽机组给水泵汽轮机直接空冷岛的系统	ZL 201620987308.4	2016 年 8 月 31 日	2017 年 2 月 1 日
67	一种阳极钢爪涂覆装置	ZL 201620484593.8	2016 年 5 月 25 日	2017 年 3 月 1 日
69	闸板式铸轧机前箱控流装置	ZL 201620860740.7	2016 年 8 月 10 日	2017 年 4 月 19 日
72	一种铁路货车装载状态高清图像抓拍装置	ZL 201720501158.6	2017 年 5 月 8 日	2017 年 12 月 26 日
73	防电解槽立柱母线软带下沉散束装置	ZL 201720687204.6	2017 年 6 月 14 日	2018 年 1 月 16 日
75	焙烧多功能天车夹具中间方杆导向装置	ZL 201721251079.0	2017 年 9 月 27 日	2018 年 4 月 27 日

续表

序号	专利名称	专利号	专利申请日	授权公告日
76	铝锭夹钳	ZL 201721252660.4	2017 年 9 月 27 日	2018 年 4 月 27 日
77	焙烧炉烟气流量控制装置	ZL 201721251916.X	2017 年 9 月 27 日	2018 年 5 月 22 日
80	铝电解用捞渣铲	ZL 201721355653.7	2017 年 10 月 20 日	2018 年 7 月 6 日
81	一种铝电解槽控机显示屏供电装置	ZL 201820618395.5	2018 年 4 月 27 日	2018 年 12 月 11 日
82	一种铝电解槽控机专用散热装置	ZL 201820617662.7	2018 年 4 月 27 日	2018 年 12 月 18 日
83	铝电解专用手推式打壳机	ZL 201820470497.7	2018 年 3 月 30 日	2018 年 12 月 18 日
84	手推式收尘装置	ZL 201820460839.7	2018 年 3 月 30 日	2019 年 1 月 22 日
86	一种烟气净化装置	ZL 201821463131.3	2018 年 9 月 7 日	2019 年 8 月 16 日
87	一种阳极炭渣中氟化盐的高温提纯系统	ZL 201821922520.8	2018 年 11 月 21 日	2019 年 10 月 15 日
88	一种铝电解残阳极底掌的清理系统	ZL 201821998205.3	2018 年 11 月 30 日	2019 年 10 月 15 日
89	用于天车的激光防撞装置	ZL 201821940282.3	2018 年 11 月 23 日	2019 年 10 月 15 日
90	一种铝合金活动板房	ZL 201821941407.4	2018 年 11 月 23 日	2019 年 10 月 15 日
91	冻干装置铝合金导热管	ZL 201821940283.8	2018 年 11 月 23 日	2019 年 10 月 15 日
92	可拆装铝合金物流托盘	ZL 201821855966.3	2018 年 11 月 12 日	2019 年 10 月 15 日
93	一种用于风机塔筒的免爬提升装置	ZL 201821932360.5	2018 年 11 月 22 日	2019 年 10 月 15 日
94	用于天车绝缘及漏电的在线监测装置	ZL 201822051242.X	2018 年 12 月 7 日	2019 年 12 月 13 日
95	一种炭块模具测量装置	ZL 201920680729.6	2019 年 5 月 14 日	2020 年 1 月 3 日
96	一种用于铝用阴极炭块的新型取样机	ZL 201920464769.7	2019 年 4 月 9 日	2020 年 1 月 7 日
97	一种可旋转炭块吊具	ZL 201920464932.X	2019 年 4 月 19 日	2020 年 1 月 7 日
98	一种挤压成型模具顶推装置	ZL 201920464933.4	2019 年 4 月 19 日	2020 年 1 月 7 日
99	一种石墨电极成型输送冷却装置	ZL 201920477004.7	2019 年 4 月 10 日	2020 年 1 月 7 日
100	一种新型双面板锤	ZL 201920472693.2	2019 年 4 月 9 日	2020 年 1 月 7 日
101	一种铁路货车敞车小门搭扣开关及关闭的工具	ZL 201920372916.8	2019 年 3 月 22 日	2020 年 4 月 7 日
102	一种用于吊装圆电极的可调式天平吊具	ZL 201920464774.8	2019 年 4 月 9 日	2020 年 4 月 24 日
103	一种用于铝材加工的铝管输送装置	ZL 201921511537.9	2019 年 9 月 11 日	2020 年 5 月 1 日
104	一种铝合金板材攻丝装置	ZL 201921338618.3	2019 年 8 月 19 日	2020 年 5 月 5 日
105	一种铝管挤出机冷却装置	ZL 201921188145.3	2019 年 7 月 26 日	2020 年 5 月 5 日
106	一种铝材加工用铝管口平滑打磨结构	ZL 201921347908.4	2019 年 8 月 19 日	2020 年 5 月 5 日
107	一种便于调节的光伏支架	ZL 201921573787.5	2019 年 9 月 20 日	2020 年 5 月 5 日
108	一种可调节的房屋建造用脚手架	ZL 201921275457.8	2019 年 8 月 8 日	2020 年 5 月 5 日

续表

序号	专利名称	专利号	专利申请日	授权公告日
109	一种基于特种氧化铝制备用加热搅拌装置	ZL 201921324051.4	2019 年 8 月 15 日	2020 年 5 月 22 日
110	一种可减少流体阻力的隔膜阀	ZL 201921387948.1	2019 年 8 月 26 日	2020 年 6 月 2 日
111	一种压力容器的固定装置	ZL 201921410586.3	2019 年 8 月 28 日	2020 年 6 月 2 日
112	一种太阳能光伏支架系统	ZL 201921449426.X	2019 年 9 月 3 日	2020 年 6 月 19 日
113	非煤矿山综采自推移皮带转载机	ZL 201921431954.2	2019 年 8 月 30 日	2020 年 7 月 7 日
114	一种可调太阳能光伏支架系统	ZL 201921449410.9	2019 年 9 月 3 日	2020 年 7 月 10 日
115	一种用于回转窑复合内衬的预制砖	ZL 201921723395.2	2019 年 10 月 15 日	2020 年 7 月 28 日
117	一种高压开关柜隔离刀闸锁具	ZL 201922108249.5	2019 年 11 月 29 日	2020 年 8 月 11 日
118	电解铝系统	ZL 201921987168.0	2019 年 11 月 18 日	2020 年 10 月 30 日
119	普通铝锭铸造的导流系统	ZL 201921986518.1	2019 年 11 月 18 日	2020 年 11 月 22 日
120	普通铝锭铸造的流量控制系统	ZL 201921985834.7	2019 年 11 月 18 日	2020 年 12 月 22 日
121	一种电解铝大修废渣的处理系统	ZL 202020333187.8	2020 年 3 月 17 日	2020 年 12 月 29 日
122	一种高温处理电解铝废阴极炭块的电阻炉	ZL 202020651690.8	2020 年 4 月 26 日	2020 年 12 月 29 日
123	一种电解铝碳渣的处理系统	ZL 202020333183.X	2020 年 3 月 17 日	2020 年 12 月 29 日
124	用于井下皮带中段的矿石选择破碎装置	CN 212396972U		2021 年 1 月 26 日
125	一种风电塔筒免爬器行进安全检测装置	ZL 2020 2 0649810.0	2020 年 4 月 26 日	2021 年 2 月 2 日
126	一种电解铝废阴极炭块的处理系统	ZL 2020 2 0651721.X	2020 年 4 月 26 日	2021 年 3 月 5 日
127	一种种植盘	ZL 202020650390.8	2020 年 4 月 26 日	2021 年 3 月 5 日
128	一种高温处理电解铝废阴极炭块的电阻炉墙体结构	ZL 2020 2 06508583	2020 年 4 月 26 日	2021 年 3 月 5 日
129	一种用于铝锭铸造机的链条、链轮润滑装置	ZL 202020945890.4	2020 年 5 月 29 日	2021 年 3 月 5 日
130	铝锭铸造铸模分配装置	CN 213002604U		2021 年 4 月 20 日
131	一种箱式变压器检修接地装置	ZL 202022293350.5	2020 年 10 月 15 日	2021 年 4 月 27 日
133	一种应用于炭块端头运送的装置	ZL 202020844274.X	2020 年 5 月 19 日	2021 年 5 月 18 日
134	一种用于炭块锯床窜动的定位装置	ZL 202021140239.6	2020 年 6 月 18 日	2021 年 5 月 18 日
135	一种具有间隙调整功能的挤压机	ZL 202021141246.8	2021 年 5 月 18 日	2021 年 5 月 18 日
136	一种应用于阴极炭块的划痕动力头	ZL 202021142683.1	2020 年 6 月 18 日	2021 年 5 月 18 日
137	一种具有除尘功能的破碎机	ZL 202021448301.8	2020 年 7 月 21 日	2021 年 5 月 18 日
139	一种变配电箱门禁装置	ZL 202022817757.3	2020 年 11 月 30 日	2021 年 6 月 4 日
143	一种基于供电整流的箱体	ZL 202022842597.8	2020 年 12 月 1 日	2021 年 7 月 2 日

续表

序号	专利名称	专利号	专利申请日	授权公告日
144	一种炭块推送装置	ZL 20202214535.5	2020 年 9 月 25 日	2021 年 7 月 20 日
145	一种 ECL 多功能天车轨道的除尘装置	CN 213728272U		2021 年 7 月 20 日
146	一种用于斗式提升机的安全检修辅助装置	ZL 202020843287.5	2020 年 5 月 19 日	2021 年 7 月 23 日
147	一种新型铝合金建筑模板	ZL 202022136021.X	2020 年 9 月 25 日	2021 年 8 月 13 日
148	一种铝合金集装箱连接构件	ZL 202022132688.2	2020 年 9 月 25 日	2021 年 8 月 13 日
149	一种应用于电气煅烧炉的石墨电极防倾倒装置	CN 213956013U		2021 年 8 月 13 日
151	一种多层植物架	ZL 202020649990.2	2020 年 4 月 26 日	2021 年 8 月 24 日
152	一种铝合金折叠式箱房构件	ZL 202022132671.7	2020 年 9 月 25 日	2021 年 9 月 3 日
153	一种石油焦均匀掺配装置	ZL 202022392175.5	2020 年 10 月 23 日	2021 年 9 月 10 日
154	一种应用于阳极炭块生产的模具	CN 214193473U		2021 年 9 月 14 日
155	一种铝电解槽阳极导杆钢爪组修理专用装置	ZL 202021867008.5	2020 年 8 月 31 日	2021 年 9 月 17 日
156	一种电气工程自动化除尘装置	ZL 202022733808.4	2020 年 11 月 24 日	2021 年 9 月 28 日
157	一种高压供电用电缆紧固装置	ZL 202020555168.8	2020 年 4 月 16 日	2021 年 9 月 29 日
158	薄煤层采矿机紧凑型行走轮组件	CN 214331199U		2021 年 10 月 1 日
159	薄矿层采矿机行走轮组件	CN 214367262U		2021 年 10 月 8 日
160	一种自卸车加装货箱起升语音提示装置	CN 214355694U		2021 年 10 月 8 日
161	一种铝用电解槽短路口绝缘套管专用取出工具	ZL 202023098650.4	2020 年 12 月 21 日	2021 年 10 月 15 日
162	变电站 SVG 室通风防尘装置	ZL 202120717679.1	2021 年 4 月 8 日	2021 年 11 月 12 日
163	MC4 插头断开钳	ZL 202120716942.5	2021 年 4 月 8 日	2021 年 11 月 12 日
164	可调节偏航刹车卡钳更换装置	ZL 202120716941.0	2021 年 4 月 8 日	2021 年 11 月 12 日
165	可对电缆线芯做绝缘处理的汇流箱	ZL 202120716798.5	2021 年 4 月 8 日	2021 年 11 月 12 日
166	高压架空线路直线塔防风偏装置	ZL 202120717888.6	2021 年 4 月 8 日	2021 年 11 月 12 日
167	发电机轴承接地碳刷及双馈异步发电机系统	ZL 202120903936.0	2021 年 4 月 28 日	2021 年 11 月 12 日
168	风电场物联网关传输系统	ZL 202120918258.5	2021 年 4 月 28 日	2021 年 11 月 12 日
169	风力发电机变桨电池组充电装置	ZL 202120903653.6	2021 年 4 月 28 日	2021 年 11 月 12 日
170	能够自动充气的风力发电机组水冷系统	ZL 202120903655.5	2021 年 4 月 28 日	2021 年 11 月 12 日
171	变电站防小动物自动报警装置	ZL 202120888241.X	2021 年 4 月 27 日	2021 年 11 月 16 日
172	齿轮箱油泵电机简易工装	ZL 202120717889.0	2021 年 4 月 8 日	2021 年 11 月 30 日
173	自动跟踪型独立光伏发电装置	ZL 202120902032.6	2021 年 4 月 28 日	2021 年 11 月 30 日

续表

序号	专利名称	专利号	专利申请日	授权公告日
174	风力发电场线路终端防爬装置	ZL 202120717678.7	2021 年 4 月 8 日	2021 年 12 月 14 日
175	变电站刀闸触头远程测温系统	ZL 202120963362.6	2021 年 5 月 7 日	2021 年 12 月 21 日

表 6-4-3　2009—2021 年软件著作权情况表

序号	著作权名称	首次发表日期	登记号	证书号	登记日期
1	中电投宁夏能源铝业物流生产报表平台 1.0	2013 年 1 月 1 日	2015SR095928	软著登字第 0983014 号	2015 年 6 月 2 日
2	中电投宁夏能源铝业对标管理平台 1.0	2014 年 1 月 1 日	2015SR097770	软著登字第 0984856 号	2015 年 6 月 3 日
3	青铜峡铝业铁路站车辆调度管理系统软件（简称：铁路站车辆调度管理系统）V1.0	2014 年 3 月 20 日	2014SR155215	软著登字第 0924453 号	2014 年 10 月 17 日
4	物流铝锭出入库扫描系统 V1.0	2018 年 5 月 10 日	2020SR0932974	软著登字第 5811670 号	2020 年 8 月 14 日
5	供电四车间考试 APP 软件（简称：考试 APP）V1.0	2018 年 12 月 16 日	2019SR1333476	软著登字第 4754233 号	2019 年 12 月 10 日
6	浸渍自动远程操作监控系统	2019 年 1 月 5 日	2020SR0394701		2019 年 1 月 5 日
7	炭素原料中碎自动配料虚拟化监管系统	2019 年 1 月 8 日	2020SR0394707		2019 年 1 月 8 日
8	基于 PLC 控制的煅烧运料管理系统	2019 年 1 月 10 日	2020SR0393356		2019 年 1 月 10 日
9	车间综合管理系统	2019 年 7 月 19 日	2020SR0932974		2020 年 8 月 14 日
10	焙烧系统装炉数据管理软件 V1.0	2019 年 12 月 10 日	2019SR1333456	软著登字第 4754213 号	2019 年 12 月 10 日
11	免爬器防剐蹭控制软件（简称：FCA）V2.0	（未发表）	2020SR1092194	软著登字第 5970890 号	2020 年 9 月 14 日
12	分析数据处理系统 V1.0	2021 年 3 月 12 日	2021SR0811974		2021 年 3 月 12 日
13	自适应功率控制系统 V1.0	2021 年 10 月 29 日	2021SR2141244	软著登字第 8863870 号	2021 年 12 月 26 日
14	基于 SCADA 的风场故障检测系统 V1.0	2021 年 10 月 13 日	2021SR2141355	软著登字第 8863981 号	2021 年 12 月 26 日

宁夏能源铝业成立前，青铝集团已有"QTX""鲲鹏""青鑫"等铝锭、铝型材、阴极炭素商标。其中，"QTX"商标在伦敦金属交易所注册。2009 年，"QTX"商标荣获中国驰名商标。2010 年 5 月，公司被国家工商行政管理总局列入国家商标战略实施宁夏示范企业名单。2012 年，公司"QTX"商标连续 8 年荣获宁夏著名商标。同年，公司顺利通过国家工商总局商标局组织的"国家商标战略实施示范企业"督察评估验收。"青鑫"商标多次被评

为著名商标。2016 年"QTX""鲲鹏""青鑫"商标列入第十届宁夏著名商标名单。

铝电公司成立以来，公司共注册商标 9 件（含续注），主要是氧化铝产品及新开发产品（见表 6-4-4）。

表 6-4-4　铝电公司成立以来新注册商标情况表

序号	商标名称	商品名称	注册日期	登记号	国际分类	申请人名称
1	银沙；YINSHA	氢氧化铝	2009 年 7 月 28 日，2019 年 7 月 28 日（续注）	第 5317290 号	1	山西铝业
2	银沙	氧化铝；矾土；氢氧化铝	2014 年 12 月 28 日	第 13133700 号	1	山西铝业
3	安凯胜迪	风电塔筒免爬器	2020 年 5 月 7 日	第 40135422 号	7	科技工程公司
4	安凯胜迪	风电塔筒免爬器	2020 年 5 月 7 日	第 402338192 号	35	科技工程公司
5	九天牌	氧化铝	2021 年 4 月 21 日	第 47933276 号	1	遵义公司
6	九天牌	氧化铝	2021 年 4 月 28 日	第 47941035 号	1	遵义公司
7	金砂	氧化铝	2021 年 11 月 7 日	第 55299978 号	1	山西铝业
8	金砂	氧化铝	2021 年 11 月 14 日	第 55284285 号	1	山西铝业
9	银砂	氧化铝	2021 年 11 月 14 日	第 55284308 号	1	山西铝业

公司技术秘密是指不为公众所知悉，能为公司带来经济利益，具有实用性并采取保密措施的技术信息。根据管理要求，技术交流、技术宣传、科技论文发表或披露前应进行技术秘密前置审查，技术秘密前置审查由项目或事项发起部门会同知识产权管理部门组织实施。

技术秘密文档管理、载体管理、标识管理及保密措施等执行公司商业秘密管理相关规定。接触技术秘密的员工在退职、退休或者工作调动等原因离开所在单位前，外来人员在结束学习、工作、合作研究和临时聘用前，须将全部技术资料、实验记录、材料、样品、产品、装备和图纸等交还给单位，并按有关规定与该单位签订保密协议。

技术秘密的密级包括普通商密、核心商密、内部知悉。2009—2021 年，公司共有技术秘密 136 项，全部为内部知悉。

二、标准化

（一）管理规程

为规范公司技术标准管理工作，建立和完善技术标准，根据国家有关标准化法律法规，参照国家电投有关规定，2014 年，宁夏能源铝业制订《标准化规划（2014—2018 年）》，分析标准化建设面临的环境，明确未来 5 年标准化建设的指导思想、基本原则、规划目标、主要任务、重点工作、建设路径和实施策略，提出具体保障措施。按照规划，各产业板块也加快标准的建立，积极参与国标、行标团体标准的制定（修订）工作，提升公司在行业中的影响力和话语权。

2019 年 11 月，铝电公司制定《技术标准管理办法》，内容包括职责、技术标准、技术标准征集和制修订、技术标准的实施与监督等，形成由公司技术标准和公司采用的国际、国家、地方、行业、团体、国家电投等标准组成的技术标准体系。技术标准是公司组织生产和经营活动的技术依据。公司技术标准管理委员会是技术标准化工作的领导机构，科技与创新部是公司技术标准归口管理部门。

（二）标准制定

2009—2021 年，公司参与或承担制定、修订国家标准、行业标准、团体标准 34 件。其中，国家标准 11 件、行业标准 20 件、团体标准 3 件（见表 6-4-5）。

表 6-4-5　2009—2021 年公司制定或修订的各种标准表

序号	标准号	标准名称	颁布／修订时间	类型
1	YS/T 784-2012	铝电解槽技术参数测量方法	2012 年 5 月 24 日	行标
2	YS/T 801-2012	电解铝生产全氟化碳排放测量方法	2012 年 11 月 7 日	行标
3	YS/T 800-2012	电解铝生产二氧化碳排放测量方法	2012 年 11 月 7 日	行标
4	YS/T 623-2012	铝电解用石墨质阴极炭块	2012 年 12 月 28 日	行标
5	YS/T 842-2012	石墨化阴极炭块用石油焦原料技术要求	2012 年 12 月 28 日	行标
6	YS/T 285-2012	铝电解用预焙阳极	2012 年 12 月 28 日	行标
7	YS/T 625-2012	预焙阳极用煅后石油焦	2012 年 12 月 28 日	行标
8	YS/T 843-2012	预焙阳极用石油焦原料技术要求	2012 年 12 月 28 日	行标
9	GB 29741-2013	铝电解安全生产规范	2013 年 9 月 18 日	国标
10	GB 29920-2013	电工用稀土高铁铝合金杆	2013 年 11 月 27 日	国标
11	GB 21346-2013	电解铝企业单位产品能源消耗限额	2013 年 12 月 18 日	国标
12	GB/T 18916.16-2014	取水定额　第 16 部分：电解铝生产	2014 年 6 月 9 日	国标
13	GB/T 3954-2014	电工圆铝杆	2014 年 7 月 24 日	国标
14	YS/T 966-2014	阴极炭块用电煅无烟煤	2014 年 10 月 14 日	行标
15	GB 25325-2014	铝电解用预焙阳极单位产品能源消耗限额	2014 年 12 月 5 日	国标
16	GB/T 25324-2014	铝电解用石墨质阴极炭块单位产品能源消耗限额	2014 年 12 月 5 日	国标

续表

序号	标准号	标准名称	颁布／修订时间	类型
17	YS/T 1094—2015	铝用预焙阳极安全生产规范	2015 年 7 月 14 日	行标
18	YS/T 1095—2015	铝用阴极炭块安全生产规范	2015 年 7 月 14 日	行标
19	GB/T 32931—2016	铝电解烟气氨法脱硫脱氟除尘技术规范	2016 年 8 月 29 日	国标
20	GB/T 33233—2016	节水型企业　电解铝行业	2016 年 12 月 13 日	国标
21	GB/T 1196—2017	重熔用铝锭	2017 年 7 月 12 日	国标
22	YS/T 1184—2017	原铝液贮运安全技术规范	2017 年 11 月 7 日	行标
23	YS/T 1209—2018	有色金属冶炼产品编码规则与条码标识	2018 年 4 月 30 日	行标
24	YS/T 699—2018	铝电解用石墨化阴极炭块	2018 年 10 月 22 日	行标
25	Q-CPI-148	铝业电解槽短路口系统安全管理技术规范	2018 年	团体
26	Q-CPI-149	铝业供电整流系统安全管理技术规范	2018 年	团体
27	Q-CPI-150	电解铝熔融金属防爆技术规范	2018 年	团体
28	YS/T 65—2019	铝电解用阴极糊	2019 年 8 月 2 日	行标
29	YS/T 763—2019	石墨化阴极炭块用煅后石油焦	2019 年 8 月 2 日	行标
30	YS/T 63.1—2019	铝用炭素材料检测方法第 1 部分：阴极糊试样焙烧方法、焙烧失重的测定及生坯试样表观密度的测定	2019 月 8 月 2 日	行标
31	GB/T 37482—2019	电解铝行业能源管理体系实施指南	2019 年 8 月 30 日	国标
32	YS/T 1400—2020	铝电解阳极炭渣资源化利用规范	2020 月 12 月 9 日	行标
33	YS/T 623—2021	铝电解用石墨质阴极炭块	2021 月 3 月 5 日	行标
34	YS/T 63.19—2021	铝用炭素材料检测方法第 19 部分：灰分含量的测定	2021 月 3 月 5 日	行标

第五节　科技活动与信息化建设

一、科技活动

公司 QC 成果涵盖技术改造、安全管理、降本增效、工艺优化、提质降耗等方面的课题，围绕公司生产经营目标，有效解决发展中存在的问题，为企业带来良好的经济效益。公司 QC 成果发布会每年举办 1 次，2017 年及以前由电解铝部负责，从 2018 年开始由科技与创新部负责。2011—2021 年，公司共发表 QC 课题 319 个。其中，获得全国优秀 QC 成果 4 项，宁夏优秀 QC 成果 12 项，中国有色金属工业优秀 QC 成果 27 项（见表 6-5-1）。

表 6-5-1　2009—2021 年 QC 课题发表情况表

年份	课题数量	全国		宁夏		行业		公司			
		优秀QC	信得过班组	优秀QC	信得过班组	优秀QC	信得过班组	一等奖	二等奖	三等奖	鼓励奖
2011	24	－	1	3	－	－	－	－	－	－	－
2012	22	－	－	－	－	2	2	1	2	3	16
2013	17	－	－	－	－	3	2	－	－	－	－
2014	29	－	－	－	－	4	－	1	4	6	18
2015	27	－	－	5	1	4	2	2	5	9	11
2016	32	1	－	－	－	3	2	5	5	10	12
2017	32	－	1	－	－	3	1	5	6	9	12
2018	17	－	－	－	－	3	3	3	3	5	6
2019	51	－	1	－	－	1	－	3	6	14	28
2020	41	3	－	4	－	3	－	3	6	11	21
2021	27	－	－	－	－	1	－	3	6	9	9

注：2020 年 3 个 QC 小组获全国优秀 QC 小组三等奖，2021 年 1 人获中国有色金属工业协会优秀 QC 推进者。

2009—2021 年，公司开展合理化建议、科技创新奖励、科技论文发表、专著出版、创新创效等活动。其中，共征集合理化建议 2887 条；科技创新奖励 104 项，立项 47 项，创造价值 1.27 亿元；发表科技论文 869 篇，出版专著 5 部。

二、职工创新创效

2009 年，组织开展"节支增效，扭亏增盈"专项活动，年节支 7000 多万元。"350 千安电解预焙阳极增产节能关键技术的研究与应用"获宁夏回族自治区科技进步二等奖。

2010 年，开展争创"青年文明号""青年岗位能手"及"QC 成果发布"等群众性技术创新活动，青铝股份、青鑫炭素分别举办年度 QC 成果发布会，发表各类 QC 成果 35 项。

2011 年，开展"小改小革"活动，青铜峡分公司转变氧化铝出料方式，减少原材物料流失，提高利用率。质量检测中心完成所承担的铝及铝合金产品分析工作，累计处理和分析试样 4 万多个，数据准确率 100%。

2012 年，各单位积极开展"五小"创新活动，临河发电通过技术改造，2 号机组安全运行 270 天。青铜峡分公司开展 200 千安残极厂房技术改造，提高残极破碎率。检修分公司自主研发氧化铝翻袋机，青鑫炭素研发超高功率电极。

2013 年，质检中心开展"电解质分析数据荧光、衍射仪检测校对结果"技术攻关。宁东分公司净化系统实现电子信息化，监控设备运行状态和生产任务量。青鑫炭素预振钢棒槽生产新工艺试验成功推广。

2014 年，青铜峡分公司完成铸造连铸连轧机组无油杆机自动成卷装置改造，电工圆铝杆生产产品率由原来的 95% 提高到 96%。青铝发电对厂区供水系统优化改造，降低工业用水制水电耗，年节约 55.5 万元。

2015 年，群众性"小改小革"等技术创新项目 480 项，创造经济效益 5000 余万元。青铜峡分公司 200 千安电解车间开展"电解槽阳极导杆 U 型口密封"项目，节约费用 95 万元。宁东分公司"优化生阳极生产工艺，提高生块质量"项目年节约维修费用 3 万元。

2016 年，开展以"提质降耗，降本增效"为主题的"金点子"征集评选活动，征集"金点子"169 条，创造经济效益 2800 余万元。青铝发电"创新燃料管理，降低燃料成本"课题获第五届全国电力行业设备管理创新成果二等奖。

2017 年，宁东分公司"基于燃控系统优化及新型节能型排烟架研制的焙烧工艺改进"获国家电投优秀职工技术创新成果铝业专业一等奖；中卫热电"AGC 控制优化改造"获热工专业三等奖；工程检修公司"铝电解多功能开车绝缘和漏电在线监测装置开发"获铝业专业三等奖。科技工程公司风电塔筒免爬器研制项目获吴忠市青年创新创业大赛二等奖。青铜峡分公司"减少铝锭底部表面孔洞"项目获宁夏第三届创新方法大赛企业专项赛三等奖。

2019 年，共计完成技术创新项目 462 项，征集合理化建议 305 项。临河发电"350 兆瓦超临界直接空冷机组'点对点'直供电解铝关键技术研究与实践"项目荣获中国设备管理与技术创新成果一等奖，青铜峡分公司"减少铝锭表面孔洞"等 7 个创新项目分别获得中电联电力职工技术创新、宁夏企业创新方法大赛三等奖。宁东分公司"用于回转窑复合内衬的预制砖"等 7 个创新项目获国家电投创新项目一、二、三等奖。

2020 年，临河发电"'点对点'特殊供电运行方式下有效抑制电气系统谐波的研究与对策"项目获全国能源化学地质系统优秀职工技术创新成果一等奖。46 项创新成果参加国家电投第二届职工创新大赛，6 个项目入围决赛并荣获中国创新方法大赛（宁夏赛区）暨宁夏第四届创新方法大赛三等奖，青鑫炭素一种"新型防脱装置"获得国家发明专利。

2021 年，完成创新成果 203 项，"揭榜攻关"33 项，创造直接经济效益 6080 万元。其中，青铝发电"零能耗降低汽气混合物温度"项目获中国创新方法大赛三等奖；"一种氧化铝熟料烧结工艺及氧化铝熟料""一种用于串联法生产氧化铝熟料及其工艺""一种基于遗传算法的公网""一种联合运行移相角优化分配方法""一种可以提高风力发电机发电效率并减少噪声的方法""一种风电塔筒免爬器行进安全检测装置""大规模风电汇集系统动态无功补偿装置"等发明专利和分析数据处理系统软件著作获国家版权局登记。

三、劳模创新工作室

柳军创新工作室。以宁夏回族自治区首席技师柳军名字命名，2012 年 10 月成立。2013 年 3 月成为宁夏回族自治区首批授牌的 8 个创新工作室之一。2016 年，国家电投为该工作室授牌。柳军是青铝发电职工，工作室现有成员 11 名，平均年龄 34 岁，为运行、热控、锅炉、汽机、电气检修等主要生产岗位的技术骨干，有高级技师 2 名、技师 3 名。先后完成"降低锅炉受热面管排磨损""机组加药加氨水系统改造""引风机油站管路改造"等 69 项创新课题，创造经济效益 1000 余万元。

杨占军劳模创新工作室。以全国五一劳动奖章获得者杨占军名字命名，2013 年 7 月成立，杨占军为技术带头人。2015 年 11 月被宁夏总工会命名为"劳模创新工作室"、2021 年 4 月国家电投评为"青年示范创新工作室"。杨占军是宁东分公司职工，工作室现有成员 16 名，其中，铝冶炼高级技师 4 名、工程师 2 名、技师 2 名、高级工 8 名，平均年龄 38 岁。工作室自主研发的"新型阴极钢棒结构电解槽新工艺控制技术"被中国有色金属工业协会评为 2013 年度科技进步奖二等奖，完成"双钢棒技术指标的提升""铝电解槽阴极钢棒磷生铁浇铸""优化中缝覆盖料结构""降低 350kA 电解系列电耗"等科技创新成果，完成技术创新、小改小革等 70 余项、QC 成果 12 项，累计创造经济效益 600 余万元。

王彪技能大师工作室。以宁夏回族自治区"塞上技能大师"王彪名字命名，2015 年 12 月成立。有成员 13 名，其中，铝冶炼高级技师 3 名，工程师 8 名，技师 2 名，高级工 2 名，平均年龄 39 岁。王彪是宁东分公司职工，曾获得宁夏回族自治区五一劳动奖章和"劳动模范"称号。2017 年 12 月，王彪技能大师工作室被宁夏人社厅授牌"自治区级技能大师工作室"，2021 年 4 月被国家电投评为"青年创新工作室"。研制的"电解槽防漏料装置""节能气缸""石墨化阴极""阳极钢爪无磷浇筑""地沟槽体温度巡检机器人"试验项目应用于生产，并取得阶段性成果，创造经济效益 5000 余万元。

邓宏兴劳模创新工作室。以宁夏回族自治区五一劳动奖章获得者、"塞上技能大师"邓宏兴名字命名，2016 年 4 月成立。主要围绕涉及企业安全、成本、质量、工艺等方面重点难点问题开展攻关、改造、创新工作，由阳极系统 28 名技术能手和设备管理人员组成。2018 年 1 月 13 日，"邓宏兴劳模创新工作室"由"自治区级技能大师工作室"升级为"国家级技能大师工作室"。邓宏兴是青铜峡分公司职工，主要成果有提升生阳极质量、进口设备国产化改造及自主维修、回转窑调整、解决公司液压系统故障等技术攻关和设备改造，创造价值约 1600 万元。

青鑫炭素职工创新工作室。2018 年 6 月成立，有成员 35 人，其中，副高级工程师 2 人，工程师 12 人，助理工程师 3 人。工作室成员路海主导研发的"一种用于炭块锯床窜动的定位装置"获实用新型专利；陈升入选自治区青年拔尖人才培养工程人才库，"铝电解用阴极冷捣糊制备技术"获中国有色金属行业科技进步奖二等奖；尹训铜主导研发的"一种应用于炭块端头运送的装置"获实用新型专利，王维祥研发的"大截面优质阴极炭块的研发与应用"荣获中电投科技进步奖三等奖。创新工作室完成自治区重点研发项目"铝电解用高体密石墨化阴极炭块技术研发"。

蒋同芳创新工作室。以山西铝业项目带头人蒋同芳的名字命名，2019 年 9 月成立。蒋同芳 2019 年获得山西省"五小六化"竞赛优秀成果二等奖，2021 年获得山西省"五小"创新大赛优秀成果三等奖、铝电公司"建功创一流优秀奋斗者"称号。工作室现有成员 25 人，由电力板块各专业技术领域的技术骨干组成，其中，工程师 12 人，高级技师 2 人，助理工程师 8 人，平均年龄 38 岁。工作室下设汽机、锅炉、电气、热控和化学 5 个专业小组，主要围绕电力板块开展创新工作。"一种新型电厂控制服务器的安装结构""一种火力发电汽轮机排气热量回收装置"获实用新型专利，"供热首站非供暖季运行系统"获 2018 年国家电投优秀职工技术创新成果二等奖，2 个创新项目分别获铝电公司二等奖和优秀奖，2 个创新项目分别获山西省优秀创新成果二等奖和三等奖，共计完成创新项目 47 项，产生经济效益 1975 万元。

四、信息化建设及应用

（一）信息化建设

公司信息化项目分为集团级项目、公司级项目、三级单位自主项目，其投资均由公司统筹安排，三级单位自主项目由本单位自行确定投资方式。

公司信息化投资项目分为业务应用类项目和信息技术类项目，业务应用类项目是指满足各类业务管理需要的应用系统建设项目。信息技术类项目是指网络和平台、网络安全防护以及信息化评估、管理体系等项目。公司对信息化项目投资管理节点采取备案、审批、审核转报 3 种管理方式。

（二）信息化应用

2009 年，公司科技信息中心根据信息化基础状况，确定以加强网络安全管理为基础，全面推进基础网络平台与统一办公平台为重点的工作思路，完成各项信息化基础工作。

2010 年，公司建成并投运广域网链路工程项目，实现银川（公司）机关、青铜峡、宁东区域计算机网络的互联互通。同时，完成域控管理策略与网络安全系统的联动部署、工业控制系统集中管理和集成应用、工业视频监控系统和安防监控系统信号的集中管理和分级应用、智能电子传真系统的集成应用、视频电话会议系统的集成应用和电子期刊的集成应用。

2011 年，根据青铝股份机构整合后确定的业务处理流程及处理模式，完成青铝股份 ERP 系统调整工作，实现各生产系列生产控制系统监控信息数据实时采集、集中显示。适时优化调整综合管理信息系统的技术架构、业务流程和系统功能，适应管控一体化需求。综合自动化技术、信息化技术、集成电解、供电、阳极、烟气净化等实时数据、历史数据和工艺信息，实现企业管理信息、现场控制和数字监控的有机结合，提高"两化融合"水平。实施铝电解精益六西格玛自动化管理、铝电解槽多维分析、风机智能化节电控制研发、电解寻优控制等节能减排项目，实现电解、阳极、动力等生产主要耗能状况的实时监控，提高资源利用效率。在完成"电解铝关键指标数据的分析、监控与决策系统研究与应用"项目的同时，研究开发集铝电解生产数据的采集与集成、数据挖掘、多维分析、多维决策于一体的铝电解生产智能决策系统，解决困扰铝电解生产的关键技术难题。

2012—2013 年，通过梳理信息化工作事权界面、修订信息化管理制度、修编信息化实施规划和制定统一信息系统建设方案，进一步推进信息化工作制度化、规范化和标准化；通过商密网、机房集中监控系统、IT 运维管理部署、虚拟专用网络建设和上网行为管理系统部署等工作，强化网络安全保障，确保信息安全；通过多业务广域网建设、高清视频会议系统建设等工作，完善 IT 基础平台；通过协同办公一体化、合同管理、电子签章、档案管理、企业信息门户建设等工作，推进业务处理标准化、规范化。中卫新能源、吴忠新能源多业务广域网建设项目正式投入运行，与公司机关网络互联互通。完成铝板块能源管理中心项目建设，实现铝电解生产过程中能源信息的及时采集、集中存储、实时监控、动态分析，为优化生产工序用能分配、能源平衡调度，降低能耗，提供实时、准确的数据支撑，实现能源成本、计划、质量、实绩、计量、统计以及能源设备的信息化管理。

2014 年，按照"管控 +ERP"的信息系统框架，稳步推进中电投经营管理类、综合办公类管控支持系统部署工作，先后完成 A6 协同办公平台、对标管理平台、广域网升级改造、数据传输平台搭建等工作，公司被中电投授予"科技与信息化工作先进单位"称号。

2015年，按照公司"十二五"信息化实施规划目标，开展青铝股份"两化"融合管理体系贯标工作，起草完成《计算机网络管理办法》《信息系统管理办法》《科研项目经费管理办法》，建立完善各单位科技与信息化工作管理网络，会同物资部、技术中心完成公司物资采购平台系统设计及上线运行，对采购业务环节进行全过程、多维度监管，最大限度规避分散采购管理中存在的风险，初步实现"阳光采购"。

2016年，将科技与信息化工作纳入各单位综合绩效考核范畴，促进各单位信息化工作的积极性、主动性，提高执行力。升级改造公司门户网站和内部党务网站，建立统一的信息内容管理与发布平台，网站实现内容审核功能和新闻自动采集功能，提高新闻资料发布的安全性、灵活性和针对性。

2017年，铝电公司成立网络安全与信息化领导小组和工作小组，组织实施公司网络安全隔离项目、广域网链路升级扩容项目。

2018年8月，国家电投分配管理平台账号，公司开始使用国家电投标准化管理平台。

2019年，按照国家电投、西北能监局关于加强网络安全监测能力的具体要求，以实现物流供应链管理的精细化、精益化、自动化、智能化为目标，启动智能物流平台建设项目，分别在7个场站安装工业信息安全动态感知平台和电力监控系统网络安全监测装置。

2020年，根据国家电投《财务共享平台建设顶层设计方案的通知》《关于2019年度财务决算的批复》，公司被确定为2020年财务共享平台建设试点单位，当年，公司在用的国家电投信息系统有"三重一大"决策和运行监管系统、股权管理系统、投资管理系统、人力资源管理系统、资金管理系统、采购管理系统、电力营销平台、财务共享平台、合并报表系统、审计管理系统、监督执纪问责管理系统、风险管理系统、纪检监察管理系统、运营监管平台、发电可靠性管理系统、综合办公系统、知识管理系统、科技管理系统、IT项目管理系统、法务管理系统、标准管理系统、党群管理系统、主数据管理系统等。以上系统应用范围涉及资金管理、资产管理、综合业务、经营管理及决策支持等管控领域，均为集中部署、二级应用。

2021年，ERP试点建设项目上线，完成互联网出口归集及数字化项目管理系统。除国家电投统建统推系统外，公司在用的信息系统有A8协同办公系统、能源管理信息系统、生产经营监管信息系统、"安规两票"培训考核系统、智能物流平台、期货贸易套期保值信息化管理系统。

五、创新平台

公司创新平台包括国家级企业技术中心，宁夏回族自治区级企业技术中心，宁夏回族自治区专家服务基地、博士后科研工作站，国家电投电解铝技术研究中心。

2010年6月，宁夏经信委、科技厅、财政厅、国税局、地税局、银川海关等部门，对宁夏能源铝业提交的国家认定企业技术中心申请报告进行审查，同意推荐宁夏能源铝业申请国家认定企业技术中心。10月，宁夏人力资源和社会保障厅批准在宁夏能源铝业技术中心设立专家服务基地，并先后引进东北大学、北方工业大学、哈尔滨工业大学、北京科技大学、武汉大学、中南大学的6名宁夏特聘专家到公司工作。11月，公司技术中心被国家发改委等五部委联合认定为第十七批国家级企业技术中心，青鑫炭素被宁夏回族自治区确定为创新型企业试点单位。

2017年，公司铝电解生产技术研发团队被评定为国家电投优秀科技创新团队，并通过宁夏经信委验收。遵义公司在贵州省科技厅备案成为科技型企业，青鑫炭素荣获2017年"宁夏自主创新标杆企业"称号。

2018年，公司技术中心被国家电投认定为电解铝技术研究中心。8月，科技工程公司、青鑫炭素通过国家高新技术企业认定，正式迈入国家高新技术企业行列。

六、产学研联合

公司以"产学研用，协同创新"为抓手，不断加强与高校、科研院所、行业标杆企业的战略合作，构建开放合作协同的创新格局。先后与40余家高等院校、科研院所、企业开展合作，与北方工业大学、东北大学、北京科技大学、武汉大学、中南大学、西安建筑科技大学、北京矿冶研究总院、沈阳铝镁设计研究院、贵阳铝镁设计研究院等科研院所专家开展科技研发和技术交流活动，选派技术人员到科研院所参加培训和技术交流。

2012—2019年，公司与黄河鑫业、东北大学设计研究院、湖南中大冶金设计有限公司共同承担的"低温低电压铝电解技术在中电投350～400千安铝电解系列推广应用及示范"国家重大科技项目，2016年5月通过科技部和中国有色金属工业协会验收。与宁夏科学技术发展战略和信息研究所、东方钽业等5家单位共同承担的"宁夏创新方法应用推广与示范"国家科技基础性工作（专项）项目，通过科技部组织的验收。与沈阳铝镁设计研究院在电解铝工程设计、建设与管理，生产运行管理及技术、材料研发与应用等领域结成战略合作伙伴关系。与北京矿冶研究总院在铝电解危险废物无害化处置及资源化利用、铝电解装备及自动化等方面结成战略合作伙伴关系。与沈阳新松机器人自动化股份有限公司就铝业机器人应用开发进行合作。与银川能源学院签署校企合作协议，作为教学实践基地和人才培养基地展开合作，促进共同发展，实现互惠共赢。

第七章　改革发展

国有企业是我国国民经济的支柱。国有企业改革方向是建立"产权清晰，权责明确，政企分开，管理科学"的现代企业制度，使企业真正成为市场主体。2008 年 12 月，宁夏能源公司与青铝集团重组整合，成立宁夏能源铝业。借助宁夏回族自治区资源优势和政策支持，宁夏能源铝业大力发展新能源和煤电产业，逐步形成铝电产业一体化。同时，优化机构设置，实施运行机制改革，激发公司内生动力，按照中央化解过剩产能、供给侧结构性改革精神，调整产业结构，实现资产优化，形成适应市场经济要求的管理体制和经营机制。2017 年，国家电投将国际矿业、铝业国贸和宁夏能源铝业业务进行整合，成立铝电公司，形成铝土矿—氧化铝—电解铝—铝业贸易—电力供应完整的产业链，业务遍及宁夏、山西、贵州、北京、上海等省区市及海外几内亚共和国。同时，清洁能源也得以迅速发展，公司的市场竞争力、创新力、控制力、影响力和抗风险能力显著增强。

第一节　机构改革

一、宁夏能源铝业

（一）企业整合

中电投宁夏青铜峡能源铝业有限公司（简称宁夏能源铝业）由中国电力投资集团（简称中电投）下属的中电投宁夏能源公司（简称宁夏能源公司）与宁夏回族自治区国有资产监督管理委员会（简称宁夏国资委）管理的青铜峡铝业集团（简称青铝集团）重组而成。

1. 宁夏能源公司

2007 年 11 月 28 日，中电投与宁夏回族自治区人民政府签署《能源项目开发战略合作框架协议》等 4 个协议，利用宁夏的煤炭、太阳能、风能等资源，进行能源项目的综合开发利用。

2008 年，国务院下发《关于进一步促进宁夏经济社会发展的若干意见》，提出 31 条促进宁夏农业、工业、服务业以及其他经济社会事业发展的重要意见，强调高水平建设好宁东能源化工基地，将宁东基地列为国家重点开发区，抓紧实施《宁东能源化工基地开发总体规划》和相关项目。在资源和政策利好形势下，6 月 18 日，中电投宁夏能源公司在银川挂牌成立，为中电投在宁夏的全资子公司，注册资本金 10 亿元人民币，负责中电投在宁夏区域的电力、煤炭、煤化工、有色冶金等产业项目的开发、建设和运营管理。宁夏能源公司机关设 8 个部室和煤炭、电源、煤化工 3 个项目筹建处。

2008 年 9 月 11 日，宁夏能源公司收购黄河上游水电开发有限公司持有的中青迈铝业 56.55% 股份，成为中青迈铝业控股股东。

2. 青铝集团

青铝集团是宁夏国资委的下属企业，2001 年 12 月 11 日由原青铜峡铝厂改制成立，注册地宁夏青铜峡市。2008 年 12 月，青铝集团下设党委工作部、党委组织部、纪委审计监察处、工会、团委、总经理办公室、财务处、劳动人事处、企业管理规划处、生产机动处、安全环保处、工程管理设计处、技术中心、信息中心、保卫处 15 个部（处）及人民武装部、职工医院。其全资子公司有青铝集团进出口有限公司（简称青铝进出口）、青铝东方国际有限公司（简称青铝东方）、青铜峡铝业集团经济技术开发公司（简称青铝开发公司），控股公司有青铜峡铝业股份有限公司（简称青铝股份）、深圳青铝东方实业有限公司（简称深圳东方）（见图 7-1-1）。

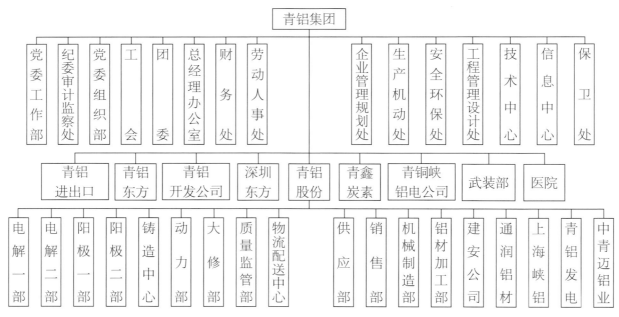

图 7-1-1　2008 年末青铝集团组织机构图

在青铝集团所属单位中，青铝股份是电解铝生产中心，下设电解一部、阳极一部、电解二部、阳极二部、铸造中心、动力部、大修部、质量监督部、物流配送中心、供应部、销售部、机械制造部、铝材加工部 13 个生产组织。全资子公司有青铝股份建安公司，控股公司分别为通润铝材、上海峡铝，参股公司有青铝发电、中青迈铝业。

2008 年 8 月 27 日，宁夏国资委、青铝集团、中电投三方在青铝集团签订战略合作备忘录，一致同意，将中电投在宁夏区域的所有企业（含股权）与青铝集团及其全部所属企业（含股权）进行战略重组，将上述全部的企业、资产（含权益）及负债、机构与人员、生产经营业务、规划发展及前期项目进行整合，成立宁夏区域的特大型企业，发挥三方在区域、资源、人才、产业、资金等方面的优势，大力发展电力、煤炭、铝业、煤化工等相关产业的循环经济产业链。8 月 28 日，三方组建联合工作组，下设综合法律组、财务资产组、规划发展组、机构人事组 4 个专业小组。按照中电投发展规划，首先理顺管理体制，调整产品结构，完善产业链，青铝集团尽快整合区域内电解铝资源，收购青铜峡市青鑫炭素有限责任公司（简称青鑫炭素），回购宁夏加宁铝业有限公司（简称加宁铝业）股权。

青鑫炭素是由青铝集团员工及部分退休人员集资发起，于 1999 年组建的民营企业，厂址位于青铝集团厂区内，2000 年投产。主营业务为电解铝用高石墨质炭块和各种糊类的生产和销售，年生产能力 2 万吨，后经扩建改造后增加石墨化炭块，年产铝用阴极炭素制品 4 万吨。管理层由青铝集团选派干部担任，员工全部为青铝集团在册职工，日常生产经营由青铝集团统一管理。2008 年 12 月 23 日，宁夏国资委下发《关于青铝集团收购青鑫炭素的批复》，同意青铝集团收购青鑫炭素 100% 股权，并购后，青鑫炭素性质由民营企业变更为国营独资企业，成为青铝集团的全资子公司。

加宁铝业是 2004 年经商务部批准，由青铝集团、加铝宁夏控股有限公司（简称加铝公司）和宁夏电力开发投资有限责任公司（简称宁夏电投）共同出资成立的一家中外合资企业。其前身是青铝集团第三电解分厂，厂址位于青铝集团厂区内，原铝产能 15 万吨，预焙阳极产能 8 万吨。2008 年 12 月 24 日，宁夏国资委下发《关于青铝集团回购加宁铝业股权的批复》，同意青铝集团收购加铝公司所持有加宁铝业 50% 股权。收购后，加宁铝业由中外合资企业变为内资企业，名称变更为青铜峡铝电公司，成为青铝集团控股的子公司。完成股权收购后，青铝集团电解铝产能 58 万吨 / 年，炭素制品产能 36 万吨 / 年，铝型材产能 3000 吨 / 年，员工 7417 人。

3. 宁夏能源铝业

2008 年 12 月 19 日，中电投下发《关于成立中电投宁夏青铜峡能源铝业集团有限公司的通知》，12月25日，宁夏国资委与中电投在银川悦海宾馆举行合作重组协议签字仪式。26日，宁夏能源铝业挂牌成立，宁夏回族自治区党委书记、人大常委会主任陈建国，宁夏回族自治区人民政府主席王正伟，中电投总经理陆启洲，中国有色金属工业协会会长康义为公司成立揭牌。公司注册地（办公地址）在宁夏银川市金凤区新昌西路168号。

2009年1月13日，宁夏能源铝业取得宁夏工商行政管理局核发的企业法人营业执照。宁夏能源铝业作为中电投的二级控股子公司，全面负责中电投在宁夏区域电力、煤炭、煤化工、有色冶金等产业的项目开发、建设和运营管理。按照中电投发展战略，借助宁夏地区优势和煤炭资源，提出"煤为基础，电为支撑，铝为核心，产业一体化协同发展"的思路，打造以煤电、煤化工、煤电铝及其深加工产业链为特色的产业集群。其发展目标是煤炭产能3300万吨／年，电力装机1053万千瓦，电解铝产能166万吨／年，铝深加工产能135万吨／年，煤化工产业建成480万吨／年甲醇及下游联产产品，12亿米³／年煤制天然气，600万吨／年焦炭等，总产值超千亿元。为实现上述目标，宁夏能源铝业制定"三步走"发展战略。第一步：到2010年，产业集群初具雏形，形成产业链开发梯次和持续开发格局，成为西北区域具有一定市场竞争力的能源铝业集团；第二步：到2015年，产业集群发展格局基本形成，各产业链协同效应显现，成为国内有较强市场竞争力的能源铝业集团；第三步：到2020年，产业集群协同效应显著，成为国内技术装备最先进、最具影响力的电解铝生产企业，是国内外整体实力突出、可持续发展能力强、文化一流、技术一流、管理一流的大型能源铝业集团。

（二）机构设置

2009年2月，《中电投宁夏青铜峡能源铝业有限公司组织机构设置方案》经宁夏能源铝业一届二次董事会审议通过并报请中电投。3月7日，中电投下发《关于中电投宁夏青铜峡能源铝业集团有限公司组织机构设置方案批复》。根据批复精神，宁夏能源铝业实行两级管理模式。机关设置总经理工作部、财务与产权股权管理部、计划与发展部、人力资源部、市场营销部、工程管理部（招标中心）、审计部、纪检监察室、党群工作部、安全生产环保部等10个职能部门，与中电投管理职能实现对接。撤销原青铝集团设置的17个部（处）、中心等机构，部分机构和管理职能转入青铝股份。撤销中电投宁夏公司设置的8个部室和3个筹建处。公司根据宁夏的产业特点和发展规划，对内部各产业实行板块式管理。下属单位的组织机构按照产业板块，实行分公司、控股公司和职能中心的管理方式，分别设煤炭与煤化工分公司、电力分公司、青铝股份、科技信息中心、青鑫炭素、进出口公司（青铝东方国际有限公司）、建安公司等（见图7-1-2）。

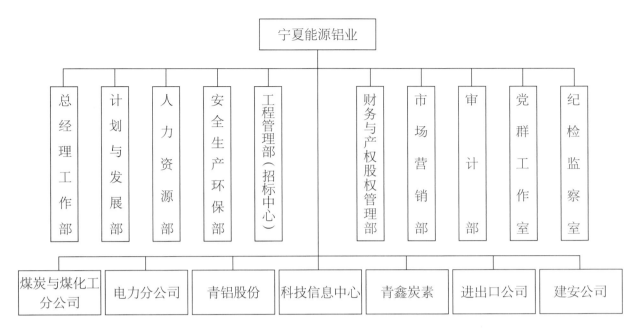

图 7-1-2　2009 年 3 月宁夏能源铝业组织机构图

1. 煤炭板块

成立煤炭与煤化工分公司，下设综合管理部、计划经营部、安全生产部、工程管理部 4 个职能管理部门。成立煤炭项目筹建处和煤化工项目筹建处。

2. 电力板块

成立电力分公司，下设综合管理部、计划经营部、安全生产部、工程管理部 4 个职能管理部门。成立工程前期项目部、枣泉项目筹建处、宁东动力站。

3. 铝业板块

包括青铝股份、青鑫炭素、建安公司。其中青铝股份，下设 13 个职能部门、9 个生产单位、3 个公司及职工医院。同时，青铝股份代管青铜峡铝电公司、中青迈铝业。深圳东方、上海峡铝为青铝股份营销公司（营销点）（见图 7-1-3）。

2009 年 2 月，宁夏国资委下发《关于解散青铜峡铝业集团有限公司的批复》，同意解散青铝集团，人员由宁夏能源铝业安置，债权、债务由宁夏能源铝业承继。当月完成宁夏能源公司工商注销登记手续。11 月 9 日，完成青铝集团注销登记手续。

（三）铝业板块机构改革

1. 铝业板块整合

宁夏能源铝业成立后，控股的涉铝企业有 3 家，分别为青铝股份、青铜峡铝电公司、中青迈铝业。青铝股份是青铝集团主要的生产经营单位，有 120 千安、160 千安、350 千安 3 个

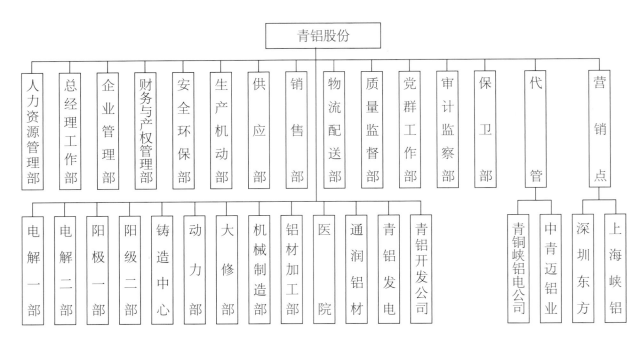

图 7-1-3　2009 年 3 月青铝股份组织机构图

预焙电解系列,配套阳极生产线及动力、大修、质检等附属生产设施。电解铝产能 43 万吨 / 年、
阳极产能 24 万吨 / 年。

青铜峡铝电公司,前身为青铝集团第三电解分厂,是青铝集团扩建的三期工程,2001 年
建成投产。采用 200 千安预焙阳极电解铝技术,电解铝产能 15 万吨 / 年,阳极配套产能 6.8
万吨 / 年(后改造为 8 万吨 / 年)。2004 年与加拿大铝业合资,2008 年 12 月被青铝集团回购。

中青迈铝业由宁夏能源铝业、青铝股份、西安迈科金属国际集团公司出资建设,是青铝
股份异地改造项目,厂址位于宁夏银川市宁东能源化工基地临河综合工业园区。2009 年 5 月
一期工程 350 千安电解系列建成投产,电解铝产能 27 万吨 / 年,阳极产能 16 万吨 / 年。

青铝股份、青铜峡铝电公司、中青迈铝业 3 家的主营业务、管理模式、营销方式及渠道类同。
宁夏能源铝业成立后,青铝股份全面负责 3 个铝业公司的生产经营管理,在一定范围内起到
精简管理机构、降低运营费用的作用。但 3 个铝业公司的股东结构、对外投资、项目建设、
融资功能存在极大差异,无法从根本上解决资金短缺、资产负债率高、规模效益不能充分显
现等问题,制约宁夏能源铝业煤电铝产业链发展。为此,宁夏能源铝业决定对上述 3 家公司
进行改革整合。

2009 年 3 月 18 日,宁夏能源铝业下发《关于青铜峡铝业股份有限公司机构调整事宜的
批复》,同意将青铝股份阳极一部与青铜峡铝电公司阳极三部合并,成立青铝股份阳极一部,
将中青迈铝业综合部安全环保室管理职能划归青铝股份安全环保部。

2010 年 11 月 1 日，宁夏能源铝业成立铝板块重组整合工作领导小组，全面负责重组整合相关事宜。12 月 15 日，中电投下发《关于同意宁夏能源铝业实施铝板块重组整合工作的批复》，同意由青铝股份吸收合并青铜峡铝电公司、中青迈铝业的重组整合方案。

2011 年 6 月 9 日，宁夏能源铝业印发《公司辅业改革及青铝股份重组整合机构设置方案、干部编制及聘任方案的通知》。6 月 30 日，宁夏能源铝业撤销青铝股份原设置的 13 个职能部门和 9 个生产部门、中青迈铝业及其下设机构、青铜峡铝电公司及其下设机构、中青迈铝业建设指挥部（简称建设指挥部）及其下设机构、建安公司及其下设机构。青铝股份重新设置 9 个职能部门，即总经理工作部、计划经营部、人力资源部、财务与产权管理部、证券部、生产机动部（调度中心）、安全环保监察部、党群工作部、审计与内控部。下设 6 个分（子）公司和 2 个中心，分别为青铜峡铝业股份有限公司青铜峡铝业分公司（简称青铜峡分公司）、青铜峡铝业股份有限公司宁东铝业分公司（简称宁东分公司）、青铜峡铝业股份有限公司动力分公司（简称动力分公司）、青铜峡铝业股份有限公司供销分公司（简称供销分公司）、青铜峡铝业股份有限公司检修分公司（简称检修分公司）、青铜峡通润铝材有限公司（简称通润铝材）、青铜峡铝业股份有限公司质量检测中心（简称质量检测中心）、青铜峡铝业股份有限公司物流配送中心（简称物流中心），一个参股公司即青铝发电。成立中电投宁夏青铜峡实业有限公司（简称实业公司），将青铝股份的青铝开发公司、保卫部、职工医院整合，文体设施、厂内职工食堂等业务一并归入，为宁夏能源铝业所属子公司。成立中电投宁夏能源铝业建设工程公司（简称工程公司），将建设指挥部与建安公司合并，青铝股份工程设计处部分业务整合并入。通过重组整合，3 个铝业公司资产负债率降低，节约了青铜峡铝电公司、中青迈公司与青铝股份关联交易成本。原 3 个铝业公司的职能部室合并运行，实现机构、业务的优化整合（见图 7-1-4）。

2011 年，青铝股份的电解铝产能达到 85 万吨 / 年，占中电投总产能的一半，在电解铝技术、管理、人才、品牌等方面具有较强优势，成为中电投新的利润增长点和主要的电解铝生产基地，最主要的铝业发展平台。

2. 管控一体化

2011 年 9 月，中电投下发《关于宁夏能源铝业管控一体化实施方案的批复》，将宁夏能源铝业与青铝股份管理机构进行整合，实行两块牌子、一套管理机构、一体化运作模式。11 月，撤销青铝股份 9 个职能部门，青铜峡分公司、宁东分公司、动力分公司、供销分公司、检修分公司、质量检测中心、物流中心、通润铝材成为宁夏能源铝业所属单位。

2012 年 8 月 27 日，宁夏能源铝业根据辅业改革实施方案，下发《青铝股份收购实业公

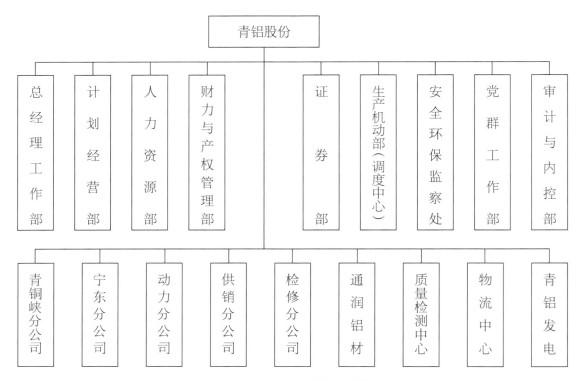

图 7-1-4　2011 年 7 月青铝股份组织机构图

司后新公司组建方案》，将实业公司划归青铝股份，成立青铝股份实业分公司（简称实业分公司），非法人单位，注销实业公司。

3. 铝业区域一体化

管控一体化改革后，解决了管理链条长、层级多、职能部门重复臃肿等问题。但由于铝业板块实行跨区域管理，资源配置效率不充分，协调难度大，管理效率低、管理成本高；分配机制不灵活，约束和激励作用不明显；加之铝电产业链尚未形成，电解铝用电价格缺乏竞争优势，不能完全适应市场变化，企业面临严峻挑战。2014 年，中电投在铝业板块进行市场化改革试点，12 月 16 日，宁夏能源铝业向中电投上报《宁夏能源铝业深化铝业体制机制改革总体方案》。2015 年 1 月 22 日，中电投批复同意《宁夏能源铝业铝业改革总体方案》，宁夏能源铝业即行推开铝业体制改革工作。

宁东区域一体化。2015 年 1 月 22 日，宁夏能源铝业下发《宁东区域化管理实施方案》的通知，按照区域化管理模式，扩大宁东分公司的管控范围。将动力分公司供电五车间、动力二车间所承担的全部业务及人员划归宁东分公司，更名为宁东分公司供电车间；将物流中心宁东铁路站所承担的全部业务划转宁东分公司，更名为宁东分公司铁路工厂站；将质量检测中心宁东质检站及计量班所承担的全部业务、宁东区域环境监测业务划转到宁东分公司管理，更名为宁东分公司质检站；将实业分公司宁东物业管理中心承担的全部业务和人员划转宁东分公司管理，更名为宁东分公司后勤服务部；将供销分公司承担宁东分公司的物资供应业务划归宁东分公司管理，宁东分公司增设供应部。业务整合后，宁东分公司全面负责宁东区域电解、阳极、铸造、供电、动力、质量检验、物流配送、物资采购管理及后勤保障工作，形成宁东区域产供一体化管理主体。

青铜峡区域一体化。2015年1月26日，宁夏能源铝业下发《关于印发青铜峡区域一体化改革实施方案的通知》，撤销动力分公司、物流中心、质量检测中心、实业分公司，成立动力部、物流部、质检部、后勤服务部，所有业务划归青铜峡分公司管理。将供销分公司的采购业务划转到青铜峡分公司，成立青铜峡分公司供应部，物资采购业务分别划转到两个铝业分公司后，撤销供销分公司及相关机构，成立销售分公司。业务整合后，青铜峡分公司全面负责青铜峡区域电解、阳极、铸造、供电、动力、质量检验、物流配送、物资采购、后勤服务管理工作，成为青铜峡区域产供一体化管理主体。

工程公司与检修分公司重组。2015年1月26日，宁夏能源铝业下发《工程公司和检修分公司重组实施方案》的通知，按照"国有企业体制，民营企业机制"思路，通过业务整合，发挥专业化优势，推动经营机制转换，提升企业核心业务的市场竞争力。将检修分公司和工程公司业务及机构进行重组，撤销检修分公司，保留工程公司法人资格，更名为中电投宁夏能源铝业工程检修有限公司（简称工程检修公司）。原工程公司流动资产及非流动资产不变，原检修分公司固定资产继续保留在青铝股份，工程检修通过租赁方式取得使用权。12月，工程检修公司变更为青铝股份子公司。

2015年7月，国务院国资委印发《关于中央企业开展亏损企业专项治理工作的通知》，按照通知精神，通润铝材因长期亏损，被认定为"僵尸企业"。2016年11月25日关停。2017年11月2日完成工商注销登记。

2018年9月7日，工程检修公司名称变更为宁夏能源铝业科技工程有限公司（简称科技工程公司）。

2019年1月29日，青铝股份成立铝合金材料分公司。2021年12月22日，铝合金材料分公司更名为国电投宁夏青铜峡新材料有限公司（简称新材料公司）。

（四）电力板块机构改革

为推进中电投"三步走"发展战略，全面落实打造"煤电铝、煤电、煤化工"产业链和"优先打通煤电铝产业链"的发展思路，根据宁夏回族自治区人民政府与中电投签署的协议，促进宁夏能源铝业电力项目的快速发展，2009年11月27日，宁夏能源铝业与宁夏发电集团有限公司共同出资组建宁夏枣泉发电有限责任公司（简称枣泉发电），由宁夏能源铝业管理，主要从事火电厂的开发建设、电力生产和销售。同年，宁夏回族自治区人民政府出台了关于加快新能源产业发展的若干意见，鼓励多个企业在同一风场内建设风电项目，积极推动单个风电场开发规模化，发挥规模效益，提高资源利用率；鼓励企业利用荒漠、戈壁、荒滩等空闲土地投资建设大型并网太阳能光电、光热发电项目。宁夏回族自治区人民政府在建设用地、电价、税收等方面给予政策优惠。在此背景下，2010年8月，宁夏能源铝业成立中电投宁夏能源铝业吴忠新能源有限公司（简称吴忠新能源）、中电投宁夏能源铝业中卫新能源有限公司（简称中卫新能源）、中电投宁夏能源铝业临河发电有限公司（简称临河分公司）、中卫热电项目筹建处。9月，撤销电力分公司，将电力分公司更名为电力事业部，归口管理电力板块所属单位。2011年8月，宁夏能源铝业成立中电投宁夏能源铝业中卫热电有限公司（简称中卫热电）。2013年4月18日，宁夏能源铝业成立中电投宁夏能源科业银川新能源有限公司（简称银川新能源），按照中电投《关于进一步深化管控一体化工作的意见》要求，进一步理顺管理关系，提高管控效率。2013年，枣泉发电股东和股权发生变化，其控股股东变为浙江能源集团，9月宁夏能源铝业放弃经营权。2014年4月23日，根据青铝股份和宁夏英力特集团股份公司签订的《关于移交青铜峡铝业发电有限责任公司管理权的协议》约定，青铝发电经营管理权由宁夏英力特集团股份公司移交至青铝股份。

2014年4月29日，宁夏能源铝业召开股东会，审议通过《关于吸收合并临河发电变更为分公司的议案》，8月2日，注销中电投宁夏能源铝业临河发电有限公司，成立中电投宁夏能源铝业临河发电分公司（简称临河发电）。

2015年5月29日，宁夏能源铝业成立二连浩特能源有限公司。7月28日，宁夏能源铝业成立国家电投宁夏电能配售电有限公司（简称售配电公司）。

2018年9月22日，根据《新能源板块所属单位机构优化整合实施方案》要求，银川新能源、吴忠新能源、售配电公司与中卫新能源按照"四块牌子、一套班子、一套管理机构"合署办公，以中卫新能源为主体，一体化管理。2019年1月10日，宁夏能源铝业注销二连浩特能源有限公司。

（五）煤炭板块机构改革

宁夏煤炭资源主要集中于贺兰山、宁东、宁南、香山4个含煤区，储量位列全国第六位，是我国重要的煤炭基地之一。宁东作为国家级能源化工基地，其规划的实施及辐射作用为公司产业链规划发展提供了强有力支撑。2010年7月29日，经中电投同意，宁夏能源铝业成立宁夏红墩子第一煤矿有限公司（简称红一煤矿），为宁夏能源铝业的全资子公司。12月27日，宁夏能源铝业撤销煤炭与煤化工分公司，成立煤炭事业部，属专业管理部门，在宁夏能源铝业的授权下，协调煤炭、煤化工产业的项目前期、人员培训、计划管理等工作。同时，成立煤化工项目筹建处，在公司授权下，协调煤化工项目前期工作。12月31日，宁夏能源铝业成立红二煤矿项目筹建处，在公司的授权下，协调红二煤矿、红三煤矿项目前期工作。2013年4月，成立积家井项目筹建处、甘塘项目筹建处。

2015年，宁夏能源铝业设立煤炭部，承担专业管理部门职责。同时，注册成立宁夏能源铝业煤业有限公司（简称煤业公司），为法人单位，系宁夏能源铝业全资子公司。煤炭部与煤业公司合署办公，"一套班子、两块牌子"。下设综合管理部（政治工作部）、计划经营部、人力资源部、财务部、生产技术（工程）部、安全与环境保护监察部6个职能部门。下属红一煤矿、红二煤矿项目筹建处、选煤厂项目筹建处、项目前期工作组。由于项目批复手续不全，煤矿井下工作时断时续，未能按期投产。2015年7月，国务院国资委印发《关于中央企业开展亏损企业专项治理工作的通知》，红一煤矿被认定为"僵尸企业"，停产处置。2017年12月26日，煤业公司撤销（完成煤炭煤化工分公司工商注销登记）。

根据国家发改委、能源局、煤监局《关于实施减量置换严控煤炭新增产能有关事项的通知》《关于做好建设煤矿产能减量置换有关工作的补充通知》和国家电投关于《低效无效资产清理处置总体方案》的要求，宁夏能源铝业拟定了煤矿项目产能置换方案，2018年8月，成立宁夏红墩子煤业有限公司（简称红墩子煤业）。2019年9月27日，北京昊华能源有限公司以网络竞价方式获得红墩子煤业60%股权，自此北京昊华能源有限公司控制管理红墩子煤业。

（六）职能部门机构改革

2010年4月23日，宁夏能源铝业成立档案中心。9月19日，宁夏能源铝业下发《关于调整公司相关机构及职责的通知》，根据工作需要，增设安全监察部（简称安监部）、煤炭安全监察部（简称煤监部），两个机构，一套人员。将安全生产环保部更名为生产技术部，招标中心更名为招投标管理部。2011年1月，宁夏能源铝业境外业务融资终止，期货业务归属机关市场营销部，撤销进出口有限公司（青铝东方）。2011年6月22日，成立法律事务部，与总经理办公室合署办公。

2011年6月，中电投下发《关于印发〈集团公司管控一体化总体方案〉的通知》，要求按生产要素实现集约化管理，即七统一：统一战略规划管理，统一人力资源开发与配置，统一财务管理，统一生产要素配置，统一信息系统建设，统一基础标准建设，统一企业文化建设。6月10日，召开会议全面部署管控一体化工作，按照中电投部署，开始实施管控一体化改革。7月，宁夏能源铝业成立管控一体化工作小组，下设办公室，设在人力资源部。按照"二级单位利润中心、三级单位成本中心"的职能定位和"有利于安全生产，有利于提高工作效率，有利于降低运营成本，有利于职工队伍稳定"的要求，8月上旬制订《宁夏能源铝业管控一体化实施方案》，经公司党政联席会议和职代会团组长联席会议审议通过，上报中电投《关于宁夏能源铝业管控一体化实施方案的请示》。9月13日，中电投同意并印发《关于宁夏能源铝业管控一体化实施方案的批复》，将宁夏能源铝业与青铝股份管理机构进行整合，实行两块牌子、一套管理机构、一体化运作模式，压缩管理层级，降低管理成本，提高管理效率。按照"综合管理＋专业管理＋监督保障"的管控模式，调整公司机关组织机构。对铝业板块实行直线职能制管控。对煤炭煤化工、发电实行产业专业化管控。机关管理部门划分为综合管理、专业管理、监督保障部门。综合管理部门设置8个，即办公室（证券部）、计划与发展部、人力资源部、财务部、政策与法律部（体制改革办公室）、铝业生产部（调度中心）、物资与采购部、科技与信息部；专业管理部门设置2个，即煤炭与煤化工部、发电部；监督保障部门设置5个，即安全与环境保护监察部（煤炭安全监察部）、审计与内控部、政治工作部、监察部、工会办公室。机关部门定员157人。设置培训中心、新闻中心、技术中心3个支持性机构。

2011年10月，宁夏能源铝业核算中心成立。11月，宁夏能源铝业印发《关于机构设置的通知》，调整后的机关机构为8个综合管理部门、5个监督保障部门、2个专业管理部门、3个支持性机构的组织结构，原青铝股份证券部与办公室合署办公。撤销宁夏能源铝业原总经理工作部等14个部门，撤销青铝股份原总经理工作部等9个部门。撤销宁夏能源铝业科技信息中心、档案中心（见图7-1-5）。12月13日，经中电投批复，撤销技术中心，由宁夏能源铝业出资组建中电投宁夏能源铝业技术工程有限公司，名称为中国电力投资集团公司铝业技术中心。

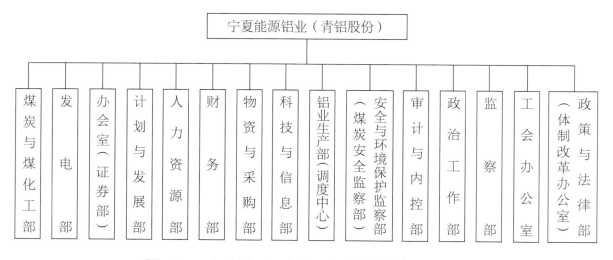

图 7-1-5　2011 年 12 月宁夏能源铝业职能部门设置图

　　2015 年 5 月，中电投与国家核电技术有限公司整合，名称变更为国家电力投资集团有限公司。2016 年 3 月，宁夏能源铝业召开临时股东会，同意公司名称由中电投宁夏青铜峡能源铝业有限公司变更为国家电投宁夏能源铝业有限公司，随后，下属单位也将公司全称中"中电投"变更为"国家电投"，简称不变。

　　2017 年 9 月，宁夏能源铝业以国有资产保值增值为目的，精简组织机构，印发《宁夏能源铝业机构改革及管理人员编制实施方案》，优化宁夏能源铝业机关机构和所属单位配置，撤销并调整支持性机构。将财务部更名为财务与产权部。政策与法律部、办公室合署办公，保留法律事务、规章制度建设、合同管理等职能，其标准化建设、对标管理职能划归计划与发展部。将办公室体制改革职责划归人力资源部。将安全与环境保护监察部更名为安全质量与环保监察部，增加铝产品质量监督职责。将科技与信息部更名为科技管理部，与计划与发展部合署办公，物资与采购部、计划与发展部合署办公，保留招标、物资采购与管理、废旧物资处置职能。将煤炭与煤化工部更名为矿业部，铝业生产部更名为电解铝部。成立市场营销部，与电解铝部合署办公，将物资与采购部的管理职能全部划归市场营销部。撤销政治工作部，成立党群工作部，与工会办公室合署办公。将监察部更名为纪检监察部。撤销新闻中心、会计核算中心、培训中心。将技术中心挂靠电解铝部。成立生产监控中心，挂靠发电部。撤销销售分公司，将铝产品销售相关业务划归青铜峡分公司。成立项目前期办公室（与积家井项目筹建处、甘塘项目筹建处合署办公）。撤销技术工程有限公司（见图 7-1-6）。

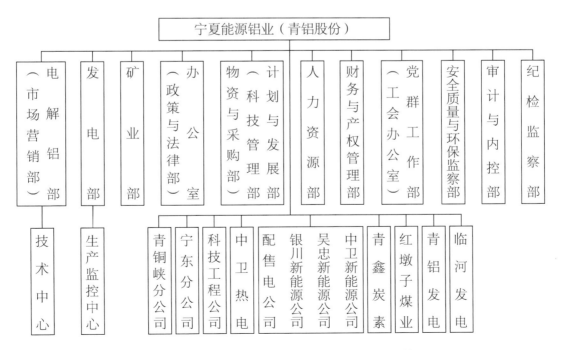

图 7-1-6　2017 年 12 月宁夏能源铝业组织机构图

二、铝电公司

（一）机构设置

2016 年，国家电投召开工作会议，部署《集团公司深化改革总体实施方案》，推进铝业相关资产优化整合，提出组建专业化铝电公司。9 月底，国家电投涉铝二级单位有国际矿业、蒙东能源、黄河公司、重庆公司等 6 家公司，铝业资产包括氧化铝、电解铝和铝土矿及其配套的电力等，拥有电解铝产能 248.5 万吨／年，氧化铝产能 260 万吨／年，铝土矿产能 100 万吨／年，配套电力装机 396.6 万千瓦。蒙东能源已形成煤、电、铝、路、港的循环经济效应，黄河公司形成水、电、铝的关联产业链，重庆公司代管铝业资产（渝能矿业）正在清算处置。10 月 21 日，国家电投下发《关于优化整合相关铝业资产及组建铝电公司的改革方案的通知》，指导思想是：优化整合铝土矿、氧化铝、电解铝及配套电力等上下游资源，建设专业化铝电公司，发挥产业链协同优势，建立市场化体制机制，对标行业先进企业，提升价值创造能力和市场竞争力，促进国家电投铝产业持续健康发展。国家电投将铝业作为主业的一部分，按照"专业化板块发展要突出核心主业和核心能力"的要求，决定优化整合铝电相关资产，建设专业化铝电公司，提升铝业板块价值创造能力，实现弯道超车。

国际矿业注册地址在北京市，主要经营范围包括铝土矿开采和氧化铝生产销售等，业务覆盖山西、贵州等省，下属国家电投集团山西铝业有限公司（简称山西铝业）、国家电投集团贵州遵义产业发展有限公司（简称遵义公司）、国家电投投资开发（几内亚）有限责任公司（简称几内亚公司）、山西可再生能源公司等，拥有氧化铝产能 260 万吨／年，铝土矿产能 100 万吨／年，氧化铝配套电力装机 15.6 万千瓦，光伏发电 10 万千瓦，在建铝土矿产能 200 万吨／年，规划建设铝土矿产能 2510 万吨／年，氧化铝产能 480 万吨／年，员工总数 2169 人（含劳务工 688 人），其中机关 70 人。

宁夏能源铝业注册地宁夏银川市金凤区新昌西路 168 号，主要经营范围包括电解铝（辅助生产系统）及电力的生产销售。拥有电解铝产能 99 万吨／年，配套电力装机 171 万千瓦，风电、光伏装机 76.75 万千瓦，规划电解铝产能 480 万吨／年。员工总数 9107 人（含劳务工 1576 人）。

铝业国贸注册地址为上海市虹口区吴淞路 218 号 32 层，注册资本金 1 亿元人民币。2010 年 1 月 18 日注册成立，主要经营氧化铝、铝锭的期货贸易。员工 99 人，其中机关 58 人。

2017 年 1 月 23 日，国家电投铝电组建领导小组印发《铝电公司组建实施方案》，决定合并重组国际矿业、宁夏能源铝业、铝业国贸，将国际矿业更名为国家电投集团铝电投资有限公司（简称铝电公司），定位为"专业化产业子集团、铝业贸易服务平台、铝业科技创新平台"，总部设在北京，注册地（办公地点）位于北京市西城区西直门外大街 18 号。按照"综合管理＋专业中心管理＋监督保障"的组织管控模式，设立产业管理和营销管理两个专业管理中心和 7 个综合性及监督保障部门。其中，产业管理中心下设安全质量环保部、发电生产管理部、电解铝生产管理部、氧化铝生产管理部、科技管理部，业务分别归产业中心和宁夏能源铝业双重领导。氧化铝生产管理部设在山西，与山西铝业合署办公。营销管理中心设在上海，与铝业国贸合署办公，下设金属部、原料部、期货部，业务分别归营销中心和铝业国贸双重领导。7 个综合及监督保障部门分别为综合事务部（董事会办公室、政策法律部）、计划经营部、人力资源部（党委组织部）、财务与产权管理部、党群工作部（工会办公室）、纪检监察部、审计与内控部。所属子公司包括宁夏能源铝业、铝业国贸、山西铝业、遵义公司、几内亚公司、山西可再生能源公司。铝电公司机关人员主要从国际矿业、宁夏能源铝业和铝业国贸机关人员中选聘。

按照国家电投三级管理架构，对铝电公司实行战略管控。铝电公司是利润中心、经营主体，在授权范围内拥有完全的经营自主权，以效益最大化为重点，以运营管控为方向，对所属企业实行运营管控。铝电公司所属子公司是成本中心，以精细化管理、降本增效为重点，加强成本控制。铝电公司主要经营范围包括电解铝、氧化铝、铝土矿及配套电力的开发、建设、经营、管理，铝产品深加工业务，铝业和其他金属进出口及套期保值业务，电力（火、风、太阳能发电）及热力和综合智慧能源的开发、建设、经营、管理，煤炭开发、建设、经营、管理，业务范围内的国内外贸易融资业务。

2017 年末，铝电公司将山西可再生能源有限公司转让给国家电投集团石家庄东方能源股份有限公司。铝电公司组织机构见图 7-1-7。

（二）运营管控优化

2019 年 3 月 27 日，国家电投下发《关于印发铝电公司运营管控优化调整方案》的通知，将铝电公司与宁夏能源铝业管理机构进行整合，按照"两块牌子、一套班子、一个本部"运作。铝电公司职能部门与宁夏能源铝业职能部门合并，设置 15 个工作部门。其中，8 个综合管理部门，分别为办公室（董事会办公室）、规划发展部、党建部（党委办公室、工会办公室）、人力资源部（党委组织部）、计划与财务部、科技与创新部、法律与企业管理部、市场营销部；3 个保障部门，分别为安全与质量环保部、审计部、纪检监察部（党委巡察办）。4 个专业部门，分别为电解铝部、氧化铝部、电力部、矿业部。2 个服务支持中心，分别为技术中心、审计中心。所属单位包括铝业国贸、山西铝业、遵义公司、几内亚公司及宁夏能源铝业所属单位（见图7-1-8）。4月1日，铝电公司办公地址搬迁到宁夏银川市金凤区新昌西路168号。

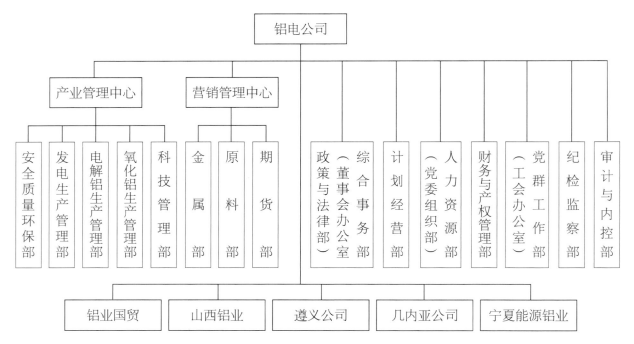

图 7-1-7　2017 年末铝电公司组织机构图

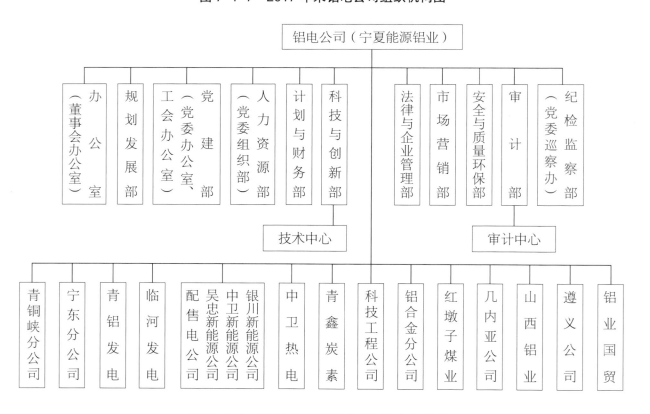

图 7-1-8　2019 年 4 月铝电公司组织机构图

2020 年 7 月 17 日，铝电公司与广西投资集团有限公司共同出资，组建铝电金海有限公司（简称铝电金海），注册地为北京市西城区西直门外大街 18 号楼，注册资本金 1 亿元人民币，主要从事境内外矿业、铝业、港口、电站项目的投资、建设和运营，境外工业园区、开发区建设管理与运营，铝业生产物资进出口，铝产品销售等业务。8 月，铝电公司与广西投资集团有限公司共同发起成立广投临港公司。

2020 年，国务院国资委为化解过剩产能、加快供给侧结构性改革，提出煤电资源区域整合的重要举措。为促进宁夏区域中央企业煤电资产的可持续发展，决定将宁夏能源铝业下属的中卫热电国有产权无偿划转给国家能源集团宁夏电力有限公司和宁夏国有投资运营集团有限公司，国家电投印发《关于加快推进煤电整合企业产权划转有关工作的通知》。9 月 24 日，铝电公司、国家能源集团宁夏电力有限公司、宁夏能源铝业、中卫热电签订管理权移交协议。

2021 年 3 月 25 日，铝电公司成立国电投铝电（宁夏）氢能应用有限公司（简称氢能公司），注册资本金 2000 万元，与中卫新能源一体化管理。4 月，铝电公司注册成立绿动未来能源有限公司（简称绿能公司），注册资本金 2 亿元人民币，注册地在重庆市渝北区。5 月 31 日，宁夏能源铝业成立国电投宁夏盐池县能源科技有限公司（简称盐池能源科技），为宁夏能源铝业全资子公司，注册地为盐池县高沙窝工业园区，注册资本金 5 亿元人民币，7 月 6 日，铝电公司成立国电投宁夏绿电能源有限公司（简称绿电能源），注册资本金 1 亿元人民币，负责铝电公司在宁夏区域外的新能源、智慧能源项目前期开发、建设和运营，履行区域开发的统筹职能。9 月，铝电公司成立国电投（宁夏）清洁能源有限公司（简称清洁能源），注册资本金 2 亿元人民币，主要承担铝电公司在宁夏区域内风电、太阳能发电、氢能、供冷（热）、分布式综合智慧能源等项目投资、建设。11 月，铝电公司根据国家电投《关于成立宁夏青铜峡新材料有限公司的批复》，对铝合金分公司进行市场化改革，成立国电投宁夏青铜峡新材料有限公司（简称新材料公司），负责铝合金及其他有色金属新材料的研究、生产经营及销售。新材料公司实行独立经营，独立核算。

自 2008 年底宁夏能源铝业成立至 2021 年底，经过重组、一体化管理、运营管控优化等一系列改革，公司业务不断拓展，从最初的电解铝到铝土矿、氧化铝，从火电到清洁能源，形成较为完整的铝电全产业链。公司规模不断扩大，业务覆盖宁夏、山西、贵州、上海、广西等多个省、自治区、市，并延伸到海外。

2021 年 12 月，铝电公司组织机构见图 7-1-9。

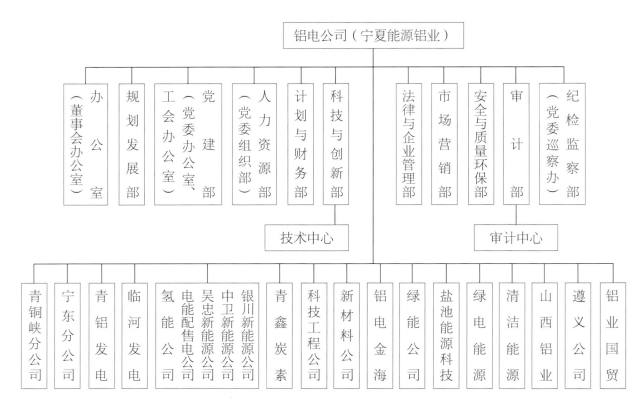

图7-1-9 2021年12月铝电公司组织机构

第二节 股权变化

一、宁夏能源公司

2008年1月7日，青铝股份和西安迈科金属国际集团公司（简称西安迈科）共同发起成立青铜峡迈科铝业有限公司，注册资本10亿元，青铝股份出资5亿元持股50%，西安迈科出资5亿元持股50%。3月2日，青铝股份、西安迈科、黄河公司共同签署《青铜峡迈科铝业公司增资扩股协议书》，青铝股份、西安迈科接受黄河公司作为新股东对青铜峡迈科铝业有限公司进行增资扩股，增资扩股后，青铜峡迈科铝业有限公司注册资本20亿元，实收资本18亿元，其中，黄河公司出资10亿元、持股55.56%，青铝股份出资5亿元、持股27.78%，西安迈科出资3亿元、持股16.66%。青铜峡迈科铝业有限公司更名为中电投青铜峡迈科铝业有限公司（简称中青迈铝业）。

2008年6月，宁夏能源公司成立。9月，黄河公司与宁夏能源公司签订股权转让协议，黄河公司将持有的中青迈铝业 55.56% 的股权转让给宁夏能源公司，宁夏能源公司成为中青迈铝业新股东，同时参股宁夏宁东铁路股份有限公司 10% 的股份。

二、青铝集团

2008 年末，按照中电投、青铝集团、宁夏国资委签订的《战略合作备忘录》约定，青铝集团须整合其全部所属企业资产及股权进行战略重组。

青铝集团的全资子公司为青铝进出口、青铝东方和青铝开发公司，控股青铝股份，控股比例为 56.57%；控股深圳东方、控股比例为 75%；控股上海峡铝、通润铝材，控股比例分别为 90%、70%。其中，青铝股份全资子公司为建安公司，青铝集团参股公司共 10 家（见表7-2-1）。

表 7-2-1 2008 年 12 月青铝集团参股公司情况表

参股企业名称	持股比例（%）
宁夏东方钽业股份有限公司	1
银川高新技术投资控股公司	9.5
北京宁夏大厦有限公司	4.31
哈尔滨东轻特种材料有限公司	2.5
深圳有色金属联营投资公司	5.15
中色恒达发展有限公司	3
天津旭光国际贸易有限公司	30
北京福田发动机有限公司	0.66
青铜峡铝业发电有限公司	50
中电投青铜峡迈科铝业有限公司	27.78

根据合作备忘录约定，青铝集团须整合宁夏区域内所属电解铝资源，收购青鑫炭素、加宁公司股权。

2008 年 8 月，中宇资产评估有限公司以 2008 年 8 月 31 日为基准日，对青鑫炭素及其控股、参股子公司资产进行审计评估，确认净资产为 3.233 亿元。12 月 23 日，宁夏国资委下发《关于青铜峡铝业集团有限公司收购青鑫炭素有限责任公司的批复》，同意青铝集团收购青鑫炭素股权，收购价格为 3.096 亿元，并购后，青鑫炭素由民营企业变更为国营独资企业，成为青铝集团全资子公司。

　　加宁公司是由青铝集团、加铝公司和宁夏电投共同出资成立的一家中外合资企业，持股比例分别为30%、50%和20%。2008年11月，中宇资产评估有限公司对加宁公司资产进行评估，以2008年9月30日为评估基准日，确认净资产为12.6918亿元。12月24日，宁夏国资委下发《关于青铜峡铝业集团有限公司回购加宁铝业有限公司股权的批复》，同意青铝集团以6.3亿元收购加铝公司50%股权。收购后，公司名称变更为青铜峡铝电有限责任公司（简称青铜峡铝电公司），成为青铝集团控股子公司，注册资本9.19亿元，青铝集团持股80%，宁夏电投持股20%（见图7-2-1）。

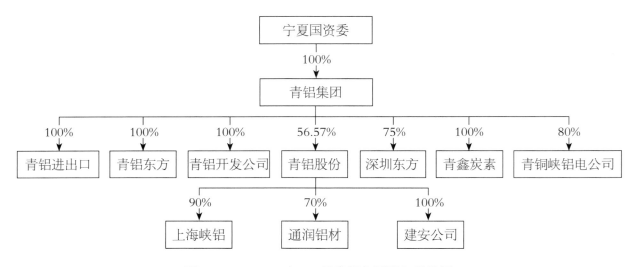

图 7-2-1　2008 年 12 月青铝集团股权结构图

三、宁夏能源铝业

（一）股权整合

　　2008年12月26日，宁夏国资委以其持有的青铝集团全部资产（含股权）经评估作价15亿元持股30%，中电投以其持有的中电投宁夏公司全部资产（含股权）经评估作价10亿元，以及货币资金25亿元持股70%，成立宁夏能源铝业，注册资本金为人民币50亿元。

　　2009年3月9日，宁夏能源铝业临时股东会通过决议，按会计准则相关规定，对青铝集团2008年12月31日净资产进行追溯调整，确认归属于宁夏国资委的净资产为11.02亿元，出资比例由30%调减为23.95%，中电投出资比例由70%调增为76.05%。宁夏能源铝业实收资本确认为46.02亿元。2009年8月，完成青铝集团所属各子公司产权变更至宁夏能源铝业名下。宁夏能源铝业的全资子公司有5家，分别为青鑫炭素、青铝进出口公司、青铝开发公司、青铝东方、建安公司。控股公司为青铝股份、青铜峡铝电公司、中青迈铝业、深圳东方，持股比例分别为56.57%、80%、83.33%、75%（见图7-2-2）。青铝股份控股上海峡铝和通润铝材，

持股比例为 90% 和 70%。宁夏能源铝业参股的公司有 12 家，持股比例最高的 50%，最低的
为 0.47%（见表 7-2-2）。

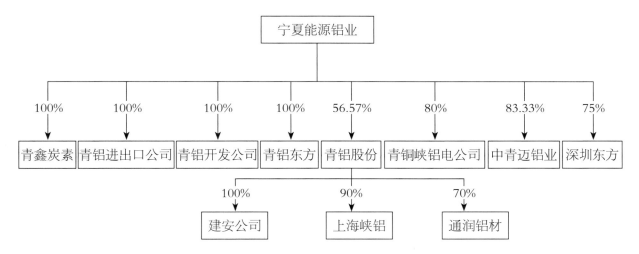

图 7-2-2　2009 年 8 月宁夏能源铝业股权结构图

表 7-2-2　2009 年 8 月宁夏能源铝业参股公司情况表

参股企业名称	持股比例（%）
宁夏大坝发电有限公司	43.5
青铜峡铝业发电有限公司	50
银川技术投资开发区投资控股公司	3.28
北京福田发动机有限公司	0.66
北京宁夏大厦有限公司	4.31
中色恒达发展有限公司	3
哈尔滨东轻特种材料有限公司	2.5
深圳有色金属联营投资公司	5.15
天津旭光国际贸易有限公司	30
北京智科产业投资控股集团有限公司（北京福田环保动力股份有限公司）	0.49
宁夏宁东铁路公司	10
宁夏东方钽业股份有限公司	0.47

（二）股权投资

2009 年 9 月，宁夏能源铝业与宁夏发电集团有限公司签订合作协议，共同出资成立枣泉
发电，注册地为宁夏回族自治区灵武市，注册资本金 6000 万元，双方各占股 50%。12 月，

根据中电投批复，宁夏能源铝业相继成立电力分公司和煤炭与煤化工分公司。向铝业国贸出资 2800 万元，成为铝业国贸参股股东，参股比例 25%。

2010 年 8 月，宁夏能源铝业相继成立红一煤矿，注册资金 2000 万元；成立中卫新能源，注册资金 1000 万元；成立临河分公司，注册资金 1 亿元；成立吴忠新能源，注册资金 500 万元，4 家公司均为宁夏能源铝业全资子公司。11 月 29 日，撤销煤炭与煤化工分公司。

2011 年 1 月 13 日，撤销电力分公司。9 月 7 日，宁夏能源铝业成立中卫热电（全资子公司），注册资本 3000 万元。

2015 年 7 月 30 日，宁夏能源铝业成立配售电公司，注册资金 1 亿元（全资子公司）。

2016 年 6 月 27 日，宝胜（宁夏）线缆科技有限公司成立（简称宝胜线缆），注册地址宁夏临河综合项目区 A 区，注册资本 5 亿元，实收资本 4.85 亿元，其中，宝胜科技创新股份有限公司出资 3.5 亿元，持股 70%；宁夏宁东开发投资有限公司出资 1 亿元，持股 20%；宁夏能源铝业出资 3500 万元，持股 10%，还有 1500 万元未到位。

2021 年 3 月，国电投铝电（宁夏）氢能应用有限公司成立，注册地址在宁夏宁东能源化工基地双创基地 14 楼，注册资本 2000 万元。其中，宁夏能源铝业认缴 1100 万元，持股 55%；国电投绿能科技发展有限公司认缴 700 万元，持股 35%，宁夏宁东科技创业投资有限公司认缴 200 万元，持股 10%。

2021 年 5 月 31 日，宁夏能源铝业成立国电投宁夏盐池县能源科技有限公司（简称盐池能源科技），为宁夏能源铝业全资子公司。

（三）实业公司股权整合

2001 年 12 月 26 日，由青铝集团和青铜峡铝城经济技术开发总公司（简称青铜峡铝城开发）共同出资成立青铝开发公司，注册资本金 7500 万元。青铝集团持股 80.44%。

2008 年 9 月 16 日，宁夏国资委出具关于青铜峡铝城开发和青铜峡铝厂劳动服务公司的产权界定批复，认定两公司资本为国有法人资本，形成的所有资产为国有资产。9 月 27 日，青铝集团将两公司纳入青铝开发公司。

2009 年 1 月 12 日，撤销两公司法人资格，将两公司资产并入青铝开发公司，实收资本 7672.4 万元。

2011 年 6 月，宁夏能源铝业整合青铝开发公司、医院、武装部，成立实业公司（全资子公司）。

2012 年 8 月，青铝股份收购实业公司，组建成立实业分公司，属青铝股份分公司。同时，宁夏能源铝业注销实业公司。

（四）通润铝材股权抵顶

2007 年 8 月 1 日，青铝股份成立通润铝材有限公司，注册资本 3.9 亿元。其中，青铝股份出资 2.73 亿元，股权比例 70%；德正公司应出资 1.17 亿元，股权比例 30%，德正公司实际到位资金 2340 万元，其余 9360 万元系借青铝股份款项。根据 2008 年 2 月德正公司与青铝股份签订的 9360 万元借款协议约定，借款到期后，德正公司将其持有的通润铝材 9360 万元的股权抵顶青铝股份 9360 万元的借款。

2010 年 10 月，通润铝材资产经评估机构评估，股东双方沟通，均同意以 2010 年 9 月 30 日为基准日的评估价值作为股权转让价格。最终，德正公司确认实际股权投资收益为 240 万元，股权价值为 2580 万元，青铝股份确认实际股权投资收益为 3752 万元，股权价值为 4.04 亿元。评估后，青铝股份持有通润铝材 94% 股份，德正公司持有通润铝材 6% 股份。股权收购后，解决了通润铝材重组前遗留的出资问题，完成中电投关于清理四五级公司的要求。

（五）铝业板块股权整合

宁夏能源铝业成立后，控股的涉铝企业有 3 家，青铝股份、青铜峡铝电公司和中青迈铝业。

青铝股份注册资本 3.61 亿元，共有 8 家股东，其中，宁夏能源铝业持股 62.17%、天津投资集团公司持股 11.83%、宁夏经济技术协作开发公司持股 11.49%，其他 5 家公司持股合计 14.51%（见表 7-2-3）。青铝股份有 120 千安、150 千安、350 千安 3 个预焙电解系列、配套阳极生产线及大修、动力、质检等附属生产和服务设施，持有中青迈铝业 27.78% 股权、青铝发电 50% 股权。

表 7-2-3　2009 年青铝股份股本结构情况表

股东名称	合并前			合并后		
	股本（亿元）	净资产（亿元）	出资比例（%）	出资额（亿元）	股本（亿元）	出资比例（%）
宁夏能源铝业	2.242066	6.402074	62.17	25.0538	8.775449	69.26
天津投资集团公司	0.4265	1.217653	11.83	1.21765	0.426500	3.37
宁夏经济协作开发公司	0.414518	1.183444	11.49	1.18344	0.414518	3.27
江苏省国信资产管理集团有限公司	0.171485	0.489588	4.76	0.489588	0.171485	1.35
上海浦鸿达金属贸易有限公司	0.128068	0.365633	3.55	0.365633	0.128068	1.01
上海原材料开发有限公司	0.9812	0.280131	2.72	0.280131	0.09812	0.77
福建省经协集团公司	0.72961	0.208303	2.02	0.208303	0.072961	0.58
青铜峡市中天实业公司	0.052666	0.150361	1.46	0.150361	0.052666	0.42

续表

股东名称	合并前			合并后		
	股本（亿元）	净资产（亿元）	出资比例（%）	出资额（亿元）	股本（亿元）	出资比例（%）
宁夏电力投资集团有限公司	－	－	－	2.09979	0.735481	5.8
西安迈克金属国际集团有限公司	－	－	－	5.12679	17957.31	14.17
小计	3.606384	10.2962	100	36.1755	12.67098	100

青铜峡铝电公司由宁夏能源铝业和宁夏电投出资，注册资本 9.19 亿元，宁夏能源铝业持股 80%，宁夏电投持股 20%。持有宁夏大坝发电有限责任公司 43.5% 的股权。

中青迈铝业由宁夏能源铝业、青铝股份、西安迈科出资设立，注册资本 20 亿元，实收资本 18 亿元。其中，宁夏能源铝业出资 10 亿元、持股 55.56%，青铝股份出资 5 亿元、持股 27.78%，西安迈科出资 3 亿元、持股 16.67%。

由于 3 个铝业公司的股东结构、对外投资、项目建设、融资功能存在极大差异，无法从根本上解决资金短缺、资产负债率高、规模效益不能充分显现等问题，影响了宁夏能源铝业煤电铝产业链建设。2010 年 5 月，青铝股份董事会及股东会授权青铝股份经营班子进行公司重组整合前的调研工作，青铝股份完成调研并上报《青铝股份公司股权重组整合方案》的请示。10 月 21 日，宁夏能源铝业向中电投上报《关于铝业板块重组整合的请示》，11 月 1 日，成立铝业板块重组整合工作领导小组，下设机关及青铝股份 2 个工作办公室。12 月 15 日，中电投印发《关于宁夏能源铝业铝业板块重组整合的批复》，同意宁夏能源铝业以青铝股份为主体，分别对青铜峡铝电公司、中青迈铝业进行吸收合并。以 2010 年 9 月 30 日为重组基准日，以 3 个公司账面净资产为基础，按照评估后的各股东拥有净资产份额确定股份公司股本结构。12 月 18 日，天职国际会计师事务所出具关于吸收合并的专项审计报告。12 月 25 日，中同华资产评估有限公司出具《资产评估报告书》。2011 年 3 月 6 日，青铝股份、青铜峡铝电公司、中青迈铝业法定代表人在银川市签订《吸收合并协议书》，中青迈铝业、青铜峡铝电公司股东将所持股份按评估后净资产价值转换为青铝股份的股份（见表 7-2-4），并注销中青迈铝业、青铜峡铝电公司法人资格。7 月 1 日，完成工商变更。重组整合后，宁夏能源铝业、西安迈科、宁夏电投分别持股 69.26%、14.17%、5.8%，其他 7 家股东合计持股 10.77%。

表 7-2-4　2011 年 3 月青铝股份吸收合并各方出资情况表

公司名称	评估后净资产（亿元）	共计投资额（亿元）	折合青铝股份的股份（万股）
青铝股份	10.90	10.30	36063.84
中青迈铝业	17.90	20.51	71829.23
青铜峡铝电公司	10.80	10.50	36774.03

通过重组整合，青铝股份电解铝产能 85 万吨／年，资产负债率从 86% 降低至 79%，节约关联交易成本，规范法人治理结构，快速打造完整的产业链，消除青铝股份上市的同业竞争障碍，完成煤电铝项目的合规性审核。

（六）股权回收

2009 年，根据中电投三级管理要求，宁夏能源铝业注销控股子公司深圳东方，青铝股份注销全资子公司无锡青鹏贸易公司。

宁夏能源铝业持有宁夏东方钽业股份有限公司（简称东方钽业）发起人普通股 168.264 万股，占总股本的 0.47%，账面投资成本为 145.34 万元，2008 年 3 月解除禁售，成为无限售条件流通股。按照中电投关于"退出无发展潜力的行业和长期无回报参股企业"的要求，2010 年 8 月 13 日，中电投同意宁夏能源铝业出售所持东方钽业股票。10 月，宁夏能源铝业出售持有的东方钽业的全部股票，均价 23.46 元／股，取得销售净收入 3936 万元，实现投资收益 3790 万元。

2011 年 11 月，宁夏能源铝业注销青铝东方，该公司的实收资本及历年经营积累全部汇入宁夏能源铝业账户，宁夏能源铝业收回对其投资资本金 30 万美元（折合人民币 237 万元）及 2005—2011 年的经营积累 1903 万元。2012 年 5 月 4 日，青铝东方取得香港公司注册处注销公告，公司解散。

2012 年，为优化公司股权管理结构，减少管理级次，清理四五级公司，按照中电投关于处置参股公司股权的批复，宁夏能源铝业将参股的北京宁夏大厦有限公司 4.31% 股权，按照账面价值出售给宁夏农业综合投资有限公司，5 月 30 日收到股权出让款 556 万元。6 月 15 日，宁夏能源铝业总经理办公会议同意注销四级公司上海峡铝（青铝股份全资子公司）；11 月 28 日，该公司收到上海市工商行政管理局出具的"准予注销登记通知书"，公司注销完毕。

2013 年 12 月 31 日，宁夏能源铝业注销进出口公司。

2015 年 7 月，宁夏能源铝业以书面方式召开股东会，审议通过关于宁夏能源铝业向青铝股份转让工程检修股权的议案。同年 12 月，工程检修公司变更为青铝股份子公司。2018 年 9 月 7 日，工程检修公司名称变更为宁夏能源铝业科技工程有限公司（简称科技工程公司）。

2016 年 2 月，根据与西部创业即原广夏（银川）实业股份有限公司签订的《发行股份及支付现金购买资产协议》，宁夏能源铝业将持有的宁夏宁东铁路股份有限公司 10% 的股权通过股权置换为宁夏西部创业实业股份有限公司股东，持有西部创业股份 7108.45 万股，持股比例 4.87%，不再持有宁东铁路股权。

（七）枣泉发电增资扩股

2009 年 12 月 18 日，宁夏能源铝业与宁夏发电集团有限公司共同投资注册枣泉发电，注册资本 6000 万元，股权占比各 50%。

2012 年 9 月 20 日，宁夏能源铝业与浙江能源集团有限公司签订《能源项目合作协议》，共同出资在宁夏银川市灵武市境内宁东能源化工基地投资开发、建设、运营 2×660 兆瓦燃煤发电机组项目。根据协议约定，宁夏能源铝业需首先完成对宁夏发电集团有限责任公司所持枣泉发电 50% 股权的收购，收购完成后，宁夏能源铝业、浙江能源集团再对枣泉发电进行增资重组。为加快项目推进，宁夏能源铝业、浙江能源集团双方协商，决定由浙江能源集团直接受让宁夏发电集团有限公司所持枣泉发电 50% 股权，收购完成后再进行增资。2013 年 1 月 4 日，浙江能源集团、宁夏能源铝业、宁夏发电集团三方在宁夏银川签署《宁夏枣泉发电有限责任公司股权转让协议》，2 月 4 日完成相关工商登记变更手续，并取得换发的营业执照。9 月，宁夏能源铝业、浙江能源集团签订《关于宁夏枣泉发电有限责任公司增资扩股协议》，双方共同向枣泉发电增加注册资本 4000 万元人民币，增资后，枣泉发电注册资本为 1 亿元人民币。宁夏能源铝业以 1900 万元认缴枣泉发电增资注册资本，浙江能源集团以 2100 万元认缴枣泉发电增资注册资本。浙江能源集团获得枣泉发电 51% 股权，宁夏能源铝业获得枣泉发电 49% 股权。

（八）中卫热电股权划转

2011 年 8 月，宁夏能源铝业出资成立中卫热电，注册地址为宁夏回族自治区中卫市工业园区，注册资本 5.86 亿元，宁夏能源铝业持股 100%。

2020 年，国务院国资委调整产业政策，整合区域煤电资源。为减少同质化竞争，国家能源集团宁夏电力有限公司与铝电公司、宁夏能源铝业经过友好协商，决定对宁夏能源铝业下属的中卫热电国有产权实施无偿划转。按照铝电公司和宁夏国有投资运营集团有限公司（简称宁国运）持股宁夏能源铝业股权比例，将中卫热电 76.05% 的股权无偿划转给铝电公司，23.95% 的股权划转给宁国运。铝电公司将持有中卫热电 76.05% 的股权划转给国家能源集团宁夏电力有限公司。划转后，国家能源集团宁夏电力有限公司持有中卫热电76.05%股权，宁国运持有中卫热电23.95%股权。9月24日，铝电公司、国家能源集团宁夏电力有限公司、宁夏能源铝业、中卫热电签订管理权移交协议，移交后，中卫热电由国家能源集团宁夏电力有限公司管理。

（九）红墩子煤业股权转让

2018年8月，宁夏能源铝业成立全资公司红墩子煤业。到2019年3月，累计投资36.35亿元。

2019年8月初，国家电投批复同意宁夏能源铝业通过公开挂牌方式出让所持红墩子煤业60%的股权。经聘请中和资产评估有限公司进行资产评估后，红墩子煤业总资产账面价值51.16亿元，评估价值55.19亿元。8月，红墩子煤业股权转让项目在上海产权交易所公开挂牌。9月27日，北京昊华能源有限公司以网络竞价方式实施竞价，成为产权交易标的受让方，交易价款为31.58亿元。10月，宁夏能源铝业与北京昊华能源有限公司签订《股权交割确认书》，顺利完成红墩子煤业60%的股权转让。转让后宁夏能源铝业持有煤业公司40%股份。

2021年12月宁夏能源铝业股权结构见图7-2-3。

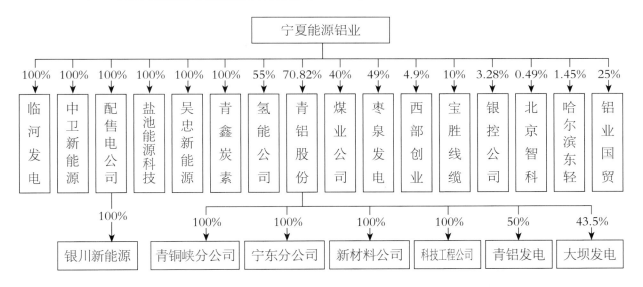

图7-2-3　2021年12月宁夏能源铝业股权结构图

四、铝电公司

（一）股权整合

铝电公司成立前，国家电投持有国际矿业100%股权。2016年9月，国际矿业资产总额157.6亿元，负债率81.79%。国际矿业控股山西铝业和遵义公司，持有山西铝业股权96.54%，持有遵义公司股权62.26%，全资公司分别为几内亚公司和山西可再生能源公司（见图7-2-4）。

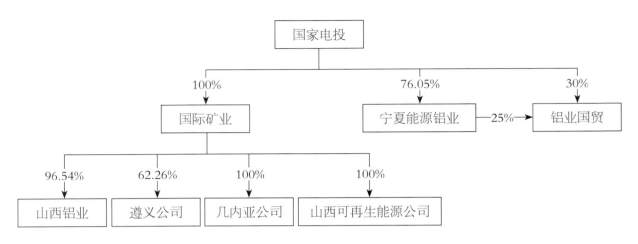

图 7-2-4　2016 年 9 月铝电公司成立前股权结构图

宁夏能源铝业注册资本 46.03 亿元,国家电投持有宁夏能源铝业股权 76.05%。2016 年 9 月,宁夏能源铝业资产总额 238.6 亿元,资产负债率 104.71%。

铝业国贸注册资本 15 亿元,国家电投、宁夏能源铝业、蒙东能源和黄河公司分别持有铝业国贸 30%、25%、25%、20% 股权。2016 年 9 月,铝业国贸资产总额 30.4 亿元,资产负债率 71.02%。

2017 年 1 月 23 日,国家电投铝电公司组建领导小组印发《国家电投集团铝电有限公司组建实施方案》的通知,重组合并国际矿业、宁夏能源铝业、铝业国贸 3 家公司,国家电投将持有的宁夏能源铝业 76.05% 的股权和铝业国贸 30% 的股权无偿划拨给国际矿业,国际矿业更名为国家电投集团铝电投资有限公司(简称铝电公司),公司注册地北京市。重组后,铝电公司持有宁夏能源铝业股权 76.05%、铝业国贸股权 30%、山西铝业股权 96.54%、遵义公司股权 62.26%、几内亚公司股权 100%、山西可再生能源有限公司股权 100%。其中,宁夏能源铝业持有铝业国贸 25% 股权(见图 7-2-5)。

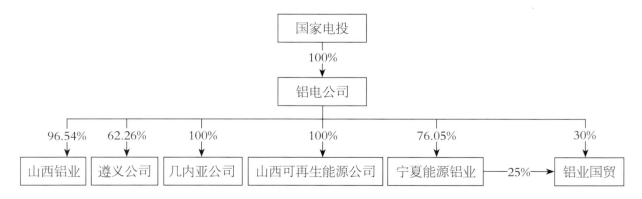

图 7-2-5　2017 年 2 月铝电公司股权结构图

（二）投资股权变化

2017 年 10 月，国家电投石家庄东方能源股份有限公司与铝电公司签署《关于收购国家电投集团山西可再生能源有限公司 100% 股权框架协议》。2018 年 7 月 9 日，铝电公司将持有的山西可再生能源有限公司股权以非公开协议方式转让给国家电投石家庄东方能源股份有限公司。

2020 年 7 月 17 日，铝电公司与广西投资集团有限公司共同出资组建铝电金海，双方股权比例分别为 51%、49%。注册资本金 1 亿元人民币，注册地为北京市。

2020 年 8 月，铝电公司与广西投资集团有限公司发起成立广投临港，股权比例分别为 49%、51%，注册资本 5000 万元，注册地为广西壮族自治区北海市。

2021 年 4 月，铝电公司成立绿能公司，为铝电公司的全资子公司，注册资本金 2 亿元，注册地为重庆市。

2021 年 7 月 6 日，铝电公司成立国电投宁夏绿电能源有限公司（简称绿电能源），注册资本金 1 亿元人民币，负责铝电公司在宁夏区域外的新能源、智慧能源项目前期开发、建设和运营，履行区域开发统筹职能。9 月，铝电公司成立国电投（宁夏）清洁能源有限公司（简称清洁能源），注册资本金为 2 亿元人民币。10 月 12 日，铝电公司成立国电投（同心县）新能源有限公司（简称同心能源公司），注册资本金 2 亿元人民币，注册地为同心县工业园区扶贫产业园 7 号。10 月 15 日，铝电公司注册成立国电投（宁夏宁东）新能源有限公司（简称宁东能源）注册资本金为 2 亿元人民币，注册地为宁夏宁东能源化工基地总部大楼 14 楼。11 月 13 日，铝电公司成立平凉公司。11 月 23 日平凉公司注册，注册资本金 2 亿元人民币，注册地为甘肃省平凉市崆峒区泾河南路明发欧洲城陇翠巷一号，负责甘肃平凉区域的新能源、综合智慧能源项目开发和建设、运营工作。11 月 13 日，铝电公司和定西新能源发展公司共同出资成立国电投绿电能源（定西）有限公司（简称定西公司），铝电公司股权占比 80%，定西新能源发展公司股权占比 20%。

2021 年 12 月，铝电公司全资子公司共 6 家，分别为绿能公司、绿电能源、清洁能源、同心能源、宁东能源、平凉公司。控股企业共 6 家，分别为宁夏能源铝业、山西铝业、遵义公司、铝业国贸、铝电金海、定西公司。参股公司为广投临港（见图 7-2-6）。

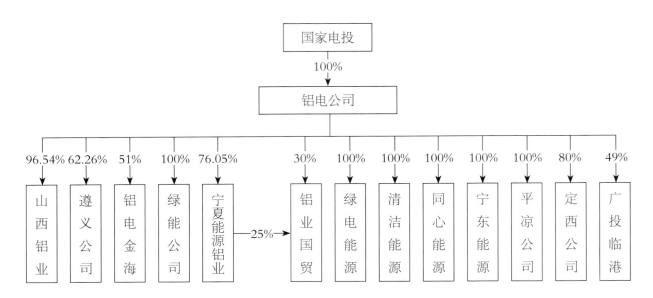

图 7-2-6　2021 年末铝电公司股权结构图

第三节　运行机制改革

一、干部人事制度改革

（一）政策要求

2013 年 11 月 12 日，党的十八届三中全会通过的《中共中央关于全面深化改革若干重大问题的决定》指出，坚持党管干部原则，构建有效管用、简便易行的选人用人机制，真正把"信念坚定，为民服务，勤政务实，敢于担当，清正廉洁"的好干部选拔出来。

2016 年 12 月，国务院国资委下发《关于进一步深化中央企业劳动用工和收入分配制度改革的指导意见》，对国有企业干部的选拔、任用、考核做了明确要求。一是强化任职条件和考核评价，实现管理人员能上能下，完善以岗位职责和任职条件为核心的管理人员职级体系。二是健全以综合考核评价为基础的管理人员选拔任用机制。三是探索推行职业经理人制度，实现选聘市场化、管理契约化、退出制度化。

2018 年中办、国办印发《中央企业领导人员管理规定》，从职位设置、任职条件、选拔任用、考核评价、薪酬与激励、管理监督、培养锻炼、退出等各方面明确中央企业领导人员管理的基本原则、基本要求和主要内容，对于坚持和加强党对中央企业的全面领导，完善适应中国特色现代国有企业制度要求和市场竞争需要的选人用人机制，打造"对党忠诚，勇于创新，治企有方，兴企有为，清正廉洁"的高素质专业化中央企业领导人员队伍，激发和保护企业家精神，更好发挥企业家作用，进一步激励中央企业领导人员新时代新担当新作为，培育和建设具有全球竞争力的世界一流企业具有重要意义。

（二）干部选拔任用

铝电公司（宁夏能源铝业）干部管理工作坚持以习近平新时代中国特色社会主义思想为指导，按照《中央企业领导人员管理规定》等要求，坚持党管干部，"德才兼备，以德为先"的用人标准，紧扣公司"资源＋能源＋载能"绿电铝生态集成发展战略目标，以建设一流队伍为抓手，持续加强和改进选人用人工作，着力打造"信念坚定，为民服务，勤政务实，敢于担当，清正廉洁"的干部队伍。本志所指的干部为铝电公司（宁夏能源铝业）管理的中层干部（处级）。

2009年3月，宁夏能源铝业设立人力资源部，负责干部管理。下属处级部门及单位55个，通过竞聘、选聘、市场化方式选拔等方式配备中层干部。年末，中层干部共68人。随着铝板块重组，煤电板块迅速发展，公司产业结构和职能部门职责发生较大变化，先后成立枣泉发电、吴忠新能源、中卫新能源等5家发电公司、红一煤矿等2家煤业公司，职能部门增加安全监察部、法律事务部等5个职能部室。

2011年，实施管控一体化改革，共设置39个处级机构。在此过程中，完成职能部门和11个铝业单位干部的调整聘任，19人走上中层领导岗位，从地方政府部门选调6名干部。年末，中层干部共有91人。

2012年2月，宁夏能源铝业制定《领导干部管理办法》，规定公司管理的干部指公司总经理助理、副总师、纪委副书记、工会副主席、机关部门主任及副主任、团委书记、所属单位领导班子成员。其任免由宁夏能源铝业人力资源部提出具体方案，公司党委会研究决定。总经理助理、副总师、机关部门主任及副主任、所属单位班子成员实行聘任制。公司党委、纪委、工会系统的领导干部按有关规定实行选举制或任命制。提任公司机关各部门及公司属各单位正职的，必须有副职岗位2年以上的任职经历，一般具有大学专科以上文化程度，中级及以上专业技术职称，并且提任时年龄不超过50周岁。提任公司机关各部门及公司属各单位副职的，需在下一级岗位上工作3年以上，一般具有大学专科以上文化程度，中级以上专业技术职称，并且提任时年龄不超过45周岁。选拔任用领导干部可采用考核和民主推荐等方式。公司党委会讨论领导干部任免事项，对公开选拔、竞争上岗的领导干部，实行6—12个月的试用期。

2014年，公司在青鑫炭素、通润铝材推行运行机制改革试点，赋予一把手组阁权、组织架构调整权、用工权和奖惩权。当年，机关与基层单位干部交流10人，向所属单位委派财务总监5人。

2015年，在总结青鑫炭素、通润铝材市场化改革试点经验基础上，公司加大铝业板块改革力度，赋予青铜峡分公司、宁东分公司、工程检修3家单位领导班子组阁权、组织架构调整权、自主用工权、自主分配权。同时，在青鑫炭素、通润铝材、工程检修推行任期内目标管理，授予总经理组阁权，公司与3家单位的总经理签订责任书，任期内因自身因素未完成责任书目标，将予以解聘。2015年实行铝业区域一体化改革，共设置32个处级机构。年末，公司中层干部共有108人。

2017年，宁夏能源铝业对职能部门进行优化调整，共设置21个处级机构。年末，中层干部共有92人。

2009—2017年，9名中层干部被免职，14人退休、内部退养。

2017年1月，铝电公司共设置13个处级机构，管理2个二级机构（宁夏能源铝业、铝业国贸），共有干部156人。在职能部门率先推行组阁制的干部选用方式，全年提拔任用二级机构领导班子副职3人，内部交流干部7人。宁夏能源铝业通过考评、民主评议推荐，优化调整干部98名。

2018年，铝电公司修订《领导人员管理规定》《领导人员选拔任用管理办法》《选人用人责任追究管理办法》《职务职级分离并行管理办法（试行）》《职级管理办法（试行）》《职务聘任管理规定（试行）》等制度，明确规定，领导人员实行任期制，每个任期3年，管理序列领导人员在同一单位同一职务连续任职达到2个任期，原则上不再任命担任同一个职务。实行职务聘任与职级晋升两条线管理，打破职务与职级捆绑，拓宽人才发展通道，实现职务能上能下。职务聘任受职务职数限制，职务聘期结束，职务自然解除。职务待遇对应职务工资（绩效部分）。职级实行晋升制，不受职务职数限制。待遇对应职级工资和津补贴（固定部分）。职务聘任可高职低聘、同级聘任和低职高聘。按照工作性质，公司管理的干部职务按管理类、专业技术类2个序列设置。其中，管理类职务序列，在公司机关设置总助、部门主任（巡察组长）、部门副主任（巡察组副组长）3个级别，在三级单位设置党委书记/董事长（执行董事）/总经理，党委副书记/副总经理/财务总监/纪委书记/工会主席/总工程师2个级别；专业技术类职务序列，在公司机关设置副总师（包括但不限于副总经济师、副总工程师、副总会计师）、部门总监、部门副总监3个级别，在三级单位设置专业总工程师、副总师（包括但不限于专业副总工程师、副总会计师）2个级别。在满足相应任职条件下可以跨通道选聘。同年，职能部门与基层单位干部交流任职22人，5名机关管理人员到所属单位任职或挂职。

2019 年，铝电公司共设置 29 个处级机构，管理 1 个二级机构（宁夏能源铝业与铝电公司整合），按照一级管理一级、一级选拔一级、一级考核一级的组阁制干部选用方式，任用调整相关领导干部 35 人。在公司实施职务、职级分离并行管理机制，设置专家、总监等岗位，改变单一的职务本位制度，实现职务与职级的适度分离。当年，铝电公司内部交流干部 32 人，6 名干部转任专家岗位，19 名干部职级晋升，10 名干部被聘任到机关部门副职级岗位。

2020 年，公司发布《领导人员职务任期管理暂行规定》，推进干部任期考核落地。将 JYKJ（计划—预算—考核—激励）管理工具与公司市场化单位考核激励及干部选用相结合，作为干部能上能下的重要依据，公司党委讨论选拔调整干部 79 人次，其中，任命 80 后干部 15 人，有 4 名年轻干部担任或代行经营班子主要负责人职责。

2021 年，公司全面推行经理层成员任期制和契约化管理，印发《公司所属单位经理层成员任期制和契约化管理工作方案》，对经理层成员实行固定任期和契约关系，建立以契约为核心的权责体系、与业绩考核紧密挂钩的激励约束和聘任退出机制，构建突出经营业绩、突出刚性奖惩的新型经营责任制。所属青铝发电、宁东分公司、青鑫炭素、山西铝业、遵义公司、铝业国贸等 12 家三级子企业经理层成员全部实行任期制和契约化管理。签订岗位聘任协议 67 人，签订任期、年度业绩责任书 81 人。党委选拔调整干部 101 人次，其中，提拔 21 人，重用及职级晋升、职务高聘 16 人，重用 80 后干部 16 人，占比达 43%。27 名干部交流任职，其他调整 37 人次。年末，铝电公司共设 35 个处级机构（铝业国贸管控优化改革后为国家电投三级单位），共有处级干部 137 人。

（三）干部教育培训

随着公司发展，业务不断拓展，涉及的业务领域不断深入，所需干部职数增加，对干部专业素质提出新的要求。为促使中层干部尽快适应综合产业管理需要，2010—2012 年，公司组织编写《我们的公司》《我们的铝业》《我们的炭素》《我们的煤炭及煤化工》《我们的电力》等内部教材，购买煤、电、铝及煤化工专业书籍供干部学习，丰富知识面，开阔视野，并定期进行考试。与中电投重庆九龙公司、新疆公司联合举办 3 期中层干部和后备干部培训班，系统学习企业管理、领导艺术、人力资源管理、财务等知识。

2013 年，中电投、宁夏能源铝业分别举办管理、业务培训班，40 余名中层干部参加学习。

2014 年，中电投举办党校研修班、中青年干部培训班、企业管理培训班及优秀 80 后干部培训班，学习党的十八大精神和方针政策，公司 11 人参加培训。开展财务知识培训，运用财务工具以沙盘推演的形式展现经营决策过程及成果，推进企业降本增效、提升企业价值，公司 96 名中层干部参加学习。

2015 年，中电投举办党校研修班、中青年干部培训班，通过高层次的管理知识培训，全力提升干部队伍经营管理能力，公司 10 人参加培训。宁夏能源铝业首次举办 80 后干部培训班及中层干部孝道文化专题讲座，举办科级干部培训班 3 期、安全管理人员培训班 4 期，共计 800 余名管理人员参加系统培训。

2016 年，组织领导干部参加中电投、宁夏回族自治区组织的培训班，共计培训 21 人次；举办公司人力资源专业管理培训班，共计培训 43 人次；举办中层干部基于战略的创新管理塑造培训班，共计培训 76 人次。

2017 年，按照国家电投"分类、梯次、按需"的培训原则，选派各级领导人员 197 人次，分别参加国家电投领导人员主体培训班及党支部书记轮训班，学习党的十九大精神。

2018 年，公司党委通过党委（扩大）会议、党委理论学习中心组（扩大）会议等形式，组织干部学习中央及国家电投重要会议、重要文件精神以及战略规划，统一思想，提高认识，增强干部把握政策和驾驭全局的能力。公司领导带头学习研讨，带头落实"六个一"（一次党课、一次调研、一次谈心交流、一次廉政谈话、一次形势教育、一次会议），带头到党建联系点调研指导工作。党员干部、青年人才等参加国家电投党的十九大精神轮训、中青年干部培训、未来领导力训练营等培训活动 200 余人次。

2019 年，选派干部参加宁夏回族自治区及国家电投党校等培训，累计培训 102 人次。自行举办领导人员培训班 8 期，累计培训 297 人次。

2021 年，选调 18 名年轻干部参加国家电投党校"161 计划"（用 5 年时间，重点选拔培养 100 名国家电投党组管理的优秀年轻干部、600 名二级单位党委管理的优秀年轻干部、1000 名三级单位党委管理的优秀年轻干部）及青干、高潜等选调培训班；依托青铜峡分公司、山西铝业等内部培训力量开展干部人才教育培训，发挥内训作用，培训干部 144 人次；联合国家电投网络学院平台，创新培训方式，线上开展梯次人才队伍、新能源项目开发及各类业务培训 743 人次。

（四）后备干部培养

在干部相互交流任职、培训学习、竞聘的同时，加强后备干部内部培养。

2013 年 1 月，宁夏能源铝业制定《后备干部管理办法》，对后备干部的队伍建设，后备干部具备的资格、人选推荐、选拔程序、培养锻炼、考察任用等提出明确规定。

2017 年，建立后备干部人才库，按照正职 1：2，副职 1：1 的比例建立后备干部人才库 98 人。其中，正职后备 22 人，副职后备 34 人，优秀 80 后年轻干部 42 人。

2018年，在总结首批"未来之星"（35周岁及以下的优秀青年员工）人才库建立和培养经验的基础上，制订《铝电公司"希望之星"人才库实施方案》，选拔42名优秀青年进入"希望之星"人才库（优秀年轻干部及专业技术、高技能人才），并组织实施"两星"训练营。制订《生产一线选拔培养财务人员实施方案》，将人才培养与解决企业发展实际问题相结合，让"未来之星"和"希望之星"参与26个科技创新课题的攻关工作。

2019年3月17日，中共中央印发修订后的《党政领导干部选拔任用工作条例》，根据条例精神和国家电投要求，公司修订《领导人员管理办法》《领导人员选拔任用管理办法》《职务职级分离并行管理办法》等配套制度。

2020年，围绕国家电投一流队伍建设要求，公司制订《一流队伍建设实施方案》，明确公司一流队伍建设三年目标和32个具体行动项，进行责任分解，划定时间节点，明确将人才盘点工作纳入公司常态化工作。在"未来之星"人才库的基础上，按照"优化结构，重点培养"的要求，完成"百人计划"人才库建设实施方案。

2021年，铝电公司党委全面实施"515梯次人才培养计划"（即培养500名"未来之星"、150名"希望之星"、50名"职业经理人"），当年动态优化选拔35周岁以下高潜人才267人组建"未来之星"人才库，40周岁以下优秀年轻干部124人组建"希望之星"人才库，45周岁以下党委管理干部39人组建"职业经理人"人才库。全年有9名"希望之星"晋升到公司职业经理人人才库，有2名职业经理人被国家电投选拔到公司领导岗位。

（五）考核考评

2010年，宁夏能源铝业制定"四考核、两考试、一考评"的干部考评办法，即对公司中层干部进行每季度1次考核（季度业绩）、每半年1次考试（理论及实务）、年终1次考评（年度业绩），考核内容为年初确定的资产经营、企业发展、项目建设、安全与环保、生产经营指标、党风廉政建设、稳定工作等。2012年，调整为"两考核、两考试、一考评"。按照公司《中层干部考评办法》，考核结果分为优秀、称职、基本称职、不称职4个等次，对考核不称职干部实行诫勉谈话、降级使用、末位淘汰处理。

2014年，修订《综合业绩考核管理办法》《中层干部考评办法》，实施民主测评与业务考试相结合的考评模式，形成科学规范、配套衔接、监督有力的干部考评体系。

2015年，加大业绩考核权重，直接将干部考评与本单位（部门）的综合业绩（绩效考核）相挂钩，以生产过程控制和管理为导向，突出贡献、正向激励，提高干部队伍的积极性。2009—2015年，5名考核末位的中层干部被免职。

2017年，增加"登高"考核指标，鼓励所属单位超计划、超预期完成目标任务，包括产业发展、科技进步、管理创新等突出贡献的重要事项。

2018年，实行中层干部与部门考核联动，加大部门负责人对本部门员工的考核权重，强化重点工作、主要业绩、改进创新、政治素质等考核指标和内容。

2019—2020年，公司把JYKJ（计划—预算—考核—激励）与岗位职责和工作业绩挂钩，运用SDSJ（双对标、双激励），依据《领导班子成员综合业绩考核管理办法》《机关综合考核管理办法》《所属单位综合考核管理办法》等配套管理制度，优化调整考核方式方法。市场化单位2名干部因JYKJ考核不达标被解聘。

2021年，实施"季度评估、年度考评"的绩效管理方式，结合党建工作责任制，开展集体述职评价，对于年度考评为"优秀"的干部，进行通报表扬并给予薪酬激励，连续三年评为优秀等级的干部，授予"优秀管理标兵"称号，考评为基本称职、不称职及排名末位的干部，给予调岗、降薪提醒、降级、撤职等差异化处理。当年，调整岗位2人，降薪提醒6人。

（六）监督

2013年，开展选人用人工作监督检查，采取问卷调查、个别谈话、职工座谈、查阅资料的方式，分别对18家所属单位选人用人工作进行监督检查。

2014年4月，组织中层干部填报《领导干部个人有关事项报告》，主动报告本人及配偶、子女婚姻变化、因私出国（境）、收入、房产、投资、金融理财、经商办企等相关情况。8月，对干部因私出国个人证照实行公司集中统一管理。

2016年，在公司领导、各部门和所属单位领导干部中开展民主测评，建立定期及不定期下基层走访工作机制，及时发现干部管理中存在的问题。重点针对干部人事档案中"三龄两历"（年龄、工龄、党龄和学历、工作经历）进行审查核实。规范完善领导人员因私出国（境）证照管理，定期向出入境管理部门登记备案干部新增、变动情况，核实干部因私出国（境）证照持有情况，对证照申办、领用进行严格审批。

2017年，严格落实国家电投"5条禁令、30个不准"和"5项措施"，规范领导人员操办婚、丧、喜庆规模，在操办婚丧喜庆事宜时，严格执行宁夏回族自治区及国家电投有关要求，坚持文明、节俭、廉洁原则，自觉抵制大操大办、讲排场、比阔气、奢侈浪费等不正之风。

2018年9月，制定《选人用人责任追究办法（试行）》，健全干部领导人员监督体系，运用巡察监督的办法对项目建设、安全管理等方面履职不力的8名干部进行诫勉谈话。对年度考评结果排名靠后的2名干部进行诫勉谈话，对1名外派干部进行约谈。

2019—2020年，按照离任审计相关要求，对4名工作变动的所属单位主要负责人进行离任审计。组织所属24家单位开展领导班子及其成员综合考核评价以及领导人员选人用人"一报告两评议"（选人用人工作报告，选人用人工作评议、新提拔任用领导人员评议）工作，并按规定及时反馈民主评议结果，督促相关单位对认同率不高的问题进行专项整改。对青铝发电、遵义公司、山西铝业 3 家单位开展巡察。严格落实干部任前谈话程序，全年组织干部任前集体谈话 8 次。

2021 年，采取现场和线上相结合的方式，完成选人用人"一报告两评议"工作。配合完成国家电投巡视"回头看"选人用人专项检查。开展领导人员和关键岗位化公为私及"影子公司""影子股东"等专项整治，完成 458 人次自查工作，实现公司党委管理领导人员、关键岗位人员自查自纠全覆盖。同年，完成人事档案基础工作审查，审核领导人员、管理人员、专业技术人员人事档案 2496 卷。

（七）干部退出

1. 内部退养

按照国务院国资委《关于中央企业开展亏损企业专项治理工作的通知》要求及国家电投《关于开展亏损专项治理工作的通知》安排，2015 年 8 月，宁夏能源铝业制定《关于印发公司员工内部退养管理办法的通知》，规定凡公司年满 55 周岁的男性中层干部及年满 50 周岁的女性中层干部实行内退，内退后由单位按月发放内部退养生活费，生活费由岗位工资、工龄津贴和生活补贴 3 部分组成。当年内部退养 6 人。2017 年内部退养 5 人。

2. 退二线、转任非领导职务

2017 年 1 月 31 日，铝电公司制定《领导人员退居二线管理规定》，规定领导人员距国家法定退休年龄 2 年的退居二线，由本人提出申请，经公司党委研究同意，也可在上述规定年龄基础上提前 1 年退居二线。退居二线干部，2017 年 2 人，2018 年 1 人，2019 年 10 人。2020 年 9 月 1 日，铝电公司制定《领导人员转任非领导职务管理办法》，2021 年 1 月 1 日实施，规定领导人员年龄距法定退休年龄 3 年及以内的，由公司人力资源部提出建议，报公司党委会研究同意后转任非领导职务。年龄距法定退休年龄 5 年以内的，如本人提出申请，经公司党委研究同意，可提前转任非领导职务。根据转任的不同职务实行弹性工作制，薪酬标准按照工作时间分档核定。2020 年，15 人转任非领导职务。2021 年，6 人转任非领导职务。

二、用工制度改革

（一）劳动定员

宁夏能源铝业严格执行《中华人民共和国劳动合同法》《劳务派遣暂行规定》及国家电投的有关规定，对所属公司实行定员和工资总额管理，严格控制用工量，降低人工成本。

2009 年初，用工总量 8492 人。中青迈铝业投产，公司通过社会招聘、职业院校招聘、安置复转军人等方式补充人员。年末，宁夏能源铝业用工总量 10175 人，其中，长期合同工在岗 6731 人，内退、病休等不在岗人员 308 人，九年制合同工 1997 人，劳务用工 1139 人。

2011 年，受中电投委托，宁夏能源铝业主持修订《中国电力投资集团公司企业劳动定员标准——电解铝企业劳动定员标准》，2012 年 3 月 29 日正式发布。根据《中国电力投资集团公司电解铝企业劳动定员标准（试行）》《中国电力投资集团公司风力发电场劳动定员标准（试行）》《中国电力投资集团公司火力发电企业劳动定员标准（试行）》，结合公司管控一体化改革，2012 年 5 月 7 日，宁夏能源铝业制定《所属单位定员方案》，所属 19 个分（子）公司和 3 个支持性中心完善职能职责、编制岗位说明书，按岗位归级指导意见进行归级，完成人员竞（选）聘上岗工作，严格按照定员组织生产（见表 7-3-1）。同年，制定《铝业板块主要生产岗位同工同酬实施方案》《劳务工转签九年制劳动合同管理办法（暂行）》等多项配套制度，增加劳务外包业务。

表 7-3-1　2012 年宁夏能源铝业所属单位定员情况表

序号	公司名称	岗位定员			合计
		管理	生产	通用	
1	宁夏红墩子红一煤矿有限公司	100	75	—	175
2	红二煤矿项目筹建处	22	4	—	26
3	煤化工项目筹建处	28	—	10	38
4	临河发电有限公司	50	403	10	463
5	中卫新能源有限公司	22	24	6	52
6	吴忠新能源有限公司	11	10	1	22
7	中卫热电有限公司	15	68	5	88
8	枣泉发电有限责任公司	34	—	—	34
9	青铜峡铝业分公司	163	2969	38	3170
10	宁东铝业分公司	107	1539	1	1647
11	动力分公司	77	602	16	695
12	供销分公司	59	—	—	59
13	检修分公司	90	1075	16	1181
14	质检中心	38	285	2	325
15	物流配送中心	78	907	25	1010
16	青铜峡通润铝材有限责任公司	63	497	—	560

续表

序号	公司名称	岗位定员			合计
		管理	生产	通用	
17	青鑫炭素有限责任公司	69	531	6	606
18	青铜峡实业有限公司	114	1153	—	1267
19	建设工程公司	79	—	8	87
20	技术中心	15	—	—	15
21	新闻中心	13	—	—	13
22	培训中心	11	—	—	11
合　计		1258	10142	144	11544

2015 年，宁夏能源铝业按照《中国电力投资集团公司电解铝企业劳动定员标准（试行）》，结合青铜峡分公司、宁东分公司生产工艺、技术装备、劳动组织等情况，对定员编制及用工情况进行梳理优化（见表 7-3-2）。

表 7-3-2　2015 年青铜峡分公司、宁东分公司定员情况表

序号	岗位	定员	
		青铜峡分公司	宁东分公司
1	管理人员	212	159
2	电解系统	867	943
3	阳极系统	550	343
4	铸造系统	480	97
5	生产运输系统	135	99
6	检修系统	259	181
7	供电系统	67	68
8	动力系统	152	70
9	质检计量系统	145	80
10	铁路运输系统	70	49
11	仓储物流系统	74	38
12	后勤服务系统	按实际人数只减不增	43
13	其他	22	22
合　计		3033	2192

2017 年，宁夏能源铝业制订《机构改革和管理人员编制实施方案》，对所属各分（子）公司管理机构及管理岗位定员进行优化，机关职能部门定员精简为 100 人。

铝电公司成立后，根据国家电投《关于进一步深化三项制度改革的实施方案》中"建立健全氧化铝劳动定员标准"的要求，从生产实际出发，对标行业先进水平，按照精简高效的原则编制氧化铝板块定员标准，人资部门先后收集并参照《中华人民共和国安全生产法》《工业企业煤气安全规程》《电业安全工作规程》《有色行业提前退休工种名录》《火力发电厂劳动定员标准》《中国电力投资集团公司火力发电企业劳动定员标准（2011 版）》《氧化铝厂安全规程》《氧化铝厂操作规程》《氧化铝厂检修规程》等相关法律法规、标准及各类规程等文件资料，2017 年，完成山西铝业劳动组织优化，确定山西铝业定员 1805 人，其中，氧化铝运营定员 1718 人，矿业运营定员 87 人。

2017 年末，铝电公司用工总量 11196 人。其中，长期合同工在岗 6487 人，不在岗 1183 人，九年制合同工 1302 人，劳务用工 2224 人。

2018 年，对遵义公司进行定岗定编，确定遵义公司定员 563 人。

2019 年 3 月，按照国家电投印发《铝电公司运营管控优化调整方案》要求，铝电公司机关设置 15 个部门，定员 130 人（不含班子成员）。2019 年第十次党委会研究，机关控制定员为 115 人。其中，部门主任 15 人，部门其他领导 25 人，一般管理岗位 75 人。

2020 年，对机关法律部、市场部、电力部、纪委办、前期办等部门定员进行调整，成立法人治理部。调整后，机关定员 132 人，比 2019 年增加 17 人。各部门定员标准沿用至 2021 年。

2021 年末，铝电公司用工总量 9175 人。其中，长期合同工在岗 7377 人，不在岗 283 人，九年制合同工 1102 人，劳务用工 413 人。

2019—2021 年铝电公司职能部门定员情况见表 7-3-3。

表 7-3-3　2019—2021 年铝电公司职能部门定员情况表

| 序号 | 部门 | 2019 年控制定员 | | | | 2020 年增加定员 | 2021 年定员 | 备注 |
		部门主任	部门其他领导	一般管理	小计			
1	办公室（董事会办公室）	1	2	6	9	—	9	
2	规划发展部（前期办）	1	2	6	9	1	10	前期办副主任
3	党建部（党委办公室、工委办公室）	1	2	8	11	—	11	
4	人力资源部（党委组织部）	1	2	6	9	—	9	

续表

序号	部门	2019 年控制定员				2020 年增加定员	2021 年定员	备注
		部门主任	部门其他领导	一般管理	小计			
5	计划与财务部	1	2	13	16	－	16	
6	科技与创新部	1	1	3	5	－	5	
7	法人治理部	－	－	－	－	4	4	新增
8	法律与企业管理部	1	1	3	5	2	7	
9	市场营销部	1	1	5	7	4	11	
10	电解铝部	1	2	5	8	－	8	
11	氧化铝部	1	2	3	6	－	6	
12	电力部	1	2	3	6	1	7	
13	矿业部	1	2	3	6	－	6	
14	安全与质量环保部	1	2	4	7	－	7	
15	审计部	1	1	3	5	－	5	
16	纪委办（党委巡察办）	1	1	4	6	5	8	其中巡察组成员 3 人
	机关合计	15	25	75	115	17	129	

（二）调整用工结构

宁夏能源铝业属劳动密集型企业，生产岗位用工多，用工结构复杂，主要用工形式为无固定期合同工、九年制合同工和劳务用工等。为控制无固定期合同工、固定期合同工和劳务用工比例，公司实行劳务用工转签固定期合同员工、固定期合同员工转签无固定期合同员工，对稳定员工队伍起到一定作用。公司鼓励员工板块间合理流动，形成灵活的用工机制。

1.劳务用工转签固定期

宁夏能源铝业成立初期，电力、煤炭板块处于起步阶段，用工形式单一。铝业板块技术工种、主要生产岗位全部使用固定期和无固定期员工，辅助岗位使用少量劳务工。2009 年，公司劳务用工均由用工单位在周边地区自主招聘，经职工医院体检合格后，双方签订劳动合同，进行缺员补充。

2012 年 6 月，宁夏能源铝业制定《所属铝业单位劳务派遣工转签劳动合同管理办法（暂行）》，规定劳务公司派遣到铝板块的劳务工，符合以下条件方可转签九年制劳动合同，即重要生产岗位电解工、铸造工、成型工、焙烧工、组装工、铸轧工、压延工、综合维修工等

20 个工种，定岗连续工作满 1 年（大专以上学历工作满 6 个月）、出勤达到额定天数 96% 的男性人员，体检合格。年龄 35 周岁以下（工作业绩特别优秀的年龄可放宽至 38 周岁），高中及以上学历，上年度考核良好及以上的，经所属单位会同劳务公司推荐，并对推荐人员从基础条件和技能水平两个方面进行综合测评，测评得分达到 80 分以上的，可转签九年制合同。当年，有 194 名劳务派遣人员转签为九年制劳动合同工。

2014 年 3 月 1 日，人力资源和社会保障部发布《劳务派遣暂行规定》，规范劳务派遣人员的管理和使用。公司的劳务用工由用人单位向劳务公司提出申请，根据用人数量进行岗位派遣，并在指定的医院体检合格后，到相关单位上岗。用人单位和劳务公司签订劳务派遣合同，劳务工和劳务公司签订劳动合同。

2. 固定期转签无固定期

依据《中华人民共和国劳动法》《中华人民共和国劳动合同法》等有关规定，2013 年 3 月，宁夏能源铝业制定《铝业单位九年合同制员工劳动合同变更管理办法（暂行）》，对青铜峡分公司、宁东分公司、检修分公司、物流中心、青鑫炭素、通润铝材 6 个单位的电解工、铸造工、成型工、焙烧工、组装工、铸轧工、压延工、汽车修理工等 21 个工种的九年制合同工，符合条件的可以转签无固定期劳动合同。转签条件为获得宁夏能源铝业年度先进生产工作者及以上荣誉称号的，取得与现从事工种相同的技师职业资格及以上的，获得宁夏能源铝业合理化建议、技术改造等奖励并取得一定经济效益的，年龄在 40 周岁及以下，体检合格，能够继续从事原岗位工作，在合同期限内，各年度考核均合格，经协商，本人自愿变更并签订劳动合同的。当年，有 21 名九年制合同工转签为无固定期合同制员工。

2017 年，针对铝业用工流动率过高，影响生产安全平稳运行等情况，公司制定《九年及以下固定期劳动合同转签无固定期劳动合同方案》，涉及青铜峡分公司、宁东分公司、青鑫炭素、科技工程公司 4 家铝业单位 12 个主要生产岗位，将长期合同制员工、固定期合同制员工、劳务工 3 种用工比例分别由 32%、25%、43% 调整为 45%、28%、27%。之后，劳动用工权下放各三级单位，执行公司相关规定，一直延续至 2021 年。

3. 无固定期合同的签订

宁夏能源铝业成立之初，煤炭、电力板块基层管理人员和技术人员严重不足，公司积极引进外部人才，解决管理和技术人员紧缺的问题。2009—2012 年，累计从社会招聘、引进管理技术人员 198 名，全部签订无固定期合同。同时，公司根据各业务发展需求，在内部人员不足时，不定期向社会公开招聘，进行人员补充。按民政部门安排，每年接收安置退伍军人，并签订无固定期劳动合同。2017 年 10 月，公司下放劳动用工权，各三级单位可根据工作和岗位需求，面向社会招聘，符合条件的员工签订无固定期合同。

为充实管理技术岗位和部分特殊岗位，不断补充年轻力量，每年由各三级单位提出用人专业需求，公司派出招聘小组到专业对口的大学（学院）开展校园招聘，面对面宣传公司的发展规划、招收专业、薪酬、福利待遇等，8月下旬至9月上旬对新入职大中专院校毕业生进行集中培训，再分配到用人单位，由用人单位与其签订无固定期劳动合同。2009—2021年公司招聘大学生数量及主要专业见表7-3-4。

表7-3-4　2009—2021年公司招聘大学生数量及专业情况表

年份	数量（人）	主要专业分布
2009	23	冶金、自动化
2010	17	冶金、电气、机械
2011	166	冶金工程、能源动力、电气工程
2012	80	能源动力、冶金工程、机械工程
2013	169	能源动力、冶金工程、机械工程
2014	49	能源动力、冶金工程、电气工程
2015	132	能源动力、冶金工程、机械工程
2016	58	能源动力、冶金工程、机械工程
2017	63	能源动力、冶金工程、机械工程
2018	117	能源动力、冶金工程、电气工程
2019	175	能源动力、冶金工程、电气工程
2020	137	能源动力、化学工程、机械
2021	91	能源动力、化学工程、机械
合计	1277	

公司对员工队伍结构不断进行优化调整，在业务增加的同时严格控制用工总量，使用工总量与业务总量相互匹配。长期合同工用工，2009年占比69.1%，2021年占比83.5%，增加14.4%。九年制合同工用工，2009年占比19.6%，2021年占比12%，降低7.6%。员工年龄结构、学历结构均有所优化，有效保证队伍稳定，为公司发展提供人力资源保障。

（三）简政放权

2014年3月，宁夏能源铝业党政联席会议通过关于通润铝材、青鑫炭素改革方案，下发《关于深化通润铝材、青鑫炭素经营机制改革的通知》，明确以市场化改革为方向，深化经营机制改革，以建立权责明确、管理科学、提高全员劳动生产率和市场竞争力为目标，积极利用内部资源优势，解放思想，大胆探索，全面推动经营机制的转换，改变企业连续经营亏损的局面。除正常的安全生产、经营权责外，按照市场化原则，赋予两个公司自主用工权、自主分配权等。在人工成本控制范围内，有自主招聘员工的权限，新招聘人员签订五年以内的短期合同（全日制大学生可签订无固定期合同）。2个公司管理的干部任免报公司人力资源部备案。遵循增员不增资，减员不减资原则，鼓励通过减员降本实现控亏减亏目标。对达不到岗位要求的人员原则上先进行转岗培训，培训后仍不能上岗的由本单位按劳动合同法有关规定执行。该方案的实施，缩短了决策流程和时间，分配方式更加合理，改善了经营环境。

2015年，公司优化青铜峡分公司、宁东分公司管理业务，整合成立工程检修分公司，总结青鑫炭素、通润铝材市场化改革试点经验，加大铝业板块深化改革力度，赋予青铜峡分公司、宁东分公司、工程检修分公司3家单位领导班子组阁权、组织架构调整权、自主用工权、薪酬分配自主权，下放科级干部任免权。

2019年，制定铝业国贸、科技工程公司、青鑫炭素及铝合金分公司市场化改革方案，明晰事权界面，简政放权，灵活决策，自主经营，利益共享，风险共担。授予招标采购自主权，对外承揽的常规业务超过招标权限的外包（代工）项目和物资采购报上级公司采取入围企业框架招标，由市场化单位在入围企业内自行组织询价比价或谈判方式确定；授予限额内投资自主权，在年度计划外需要临时增加投资的项目，年度总额300万元以内投资项目自行组织决策，履行报备程序；授予内部关联交易优先承揽权，依据《国家电力投资集团公司招标采购管理办法》规定，授权铝电公司系统各单位优先委托3家市场化改革单位承揽相应资质和能力范围内的关联交易项目和业务，并上报铝电公司备案。

（四）业务外包

2012年，宁夏能源铝业开始引进劳务公司，建立合格承包商名录，实行劳务用工市场化。对部分技术含量低、劳动强度大且能成为独立工作单元的辅助业务实行外包，利用劳务公司的资源，提高劳动效率。劳务公司采取竞争方式取得标段（业务），与公司签订承包合同。公司每年对劳务公司进行资质审查，不符合要求的退出合格承包商名录。

2015年开始，各单位外包业务由本单位组织竞标，费用由本单位自行管理，宁夏能源铝业只控制总费用。

2017年3月，铝电公司成立，山西铝业、遵义公司除生产运营管理及核心设备的运行操作外，其余业务实行外包。山西铝业先后与20家企业签订承包合同，承担建设工程，承包任务完成后即行撤出。遵义公司与17家劳务承包单位签订业务外包合同，承包业务完成后即行撤出。

（五）长期休假及内部退养

1. 女工长假

2012年4月，根据国务院《国有企业富余职工安置规定》及相关部委《关于国有大中型企业主辅分离辅业改制分流安置富余人员的实施办法》和《关于中央企业报送主辅分离改制分流总体方案基本内容和有关要求的通知》的有关精神，宁夏能源铝业制定《女职工长期休假管理办法》，规定2011年12月31日前，公司在册的劳动合同制女员工，本企业工龄满10年，本人自愿提出休长假申请，经审核合格可休长假，休假期限每次1—3年，可连续休假2次。休假期间，单位继续为休假员工缴纳各项社会保险及住房公积金，缴纳标准按国家及宁夏回族自治区相关政策执行，生活费由基本生活费和工龄津贴构成，基本生活费按所在单位岗位绩效工资的1岗一档，薪点值按1确定，工龄津贴执行中电投统一规定。该办法执行到2018年9月30日终止。2012—2018年，共有195名女职工办理休假手续。

2. 离岗休假和内部退养

2012—2013年，青铝股份实业分公司部分物资采购、自产品销售业务停止，富余人员被分流到主要生产单位。

2014年，青铝股份120千安、160千安电解系列政策性关停，涉及员工1269人（管理岗位59人，生产岗位1210人），生产岗位员工在青铜峡区域安置867人，宁东分公司及煤炭、电力两个板块分流343人。

2015年，按照国务院国资委《关于中央企业开展亏损企业专项治理工作的通知》和中电投《关于开展亏损专项治理工作的通知》精神，结合铝业深化改革方案要求，宁夏能源铝业制定《公司铝业板块优化劳动用工配置工作实施方案》，在人工成本可控的前提下，妥善解决淘汰落后产能关停生产系列和实施区域化管理后人员安置问题，建立合理的退出通道。6月，制定《员工离岗休假管理规定》，明确距法定退休年龄不足5年的和患病或非因工负伤，经劳动鉴定委员会或本单位工作能力评价委员会确认不能从事原岗位工作，也不能从事单位另行安排工作的，可以申请离岗休假，直至到法定退休年龄，中途不得返岗。休假期间按月发放离岗休假生活费，生活费由基本生活费和工龄津贴两部分构成，其他工资性待遇不再享受。规定只适用于公司铝业板块合同制员工（不含九年制合同工）及2014年铝业板块转岗分流安置到煤炭、电力板块的员工，规定执行至2017年12月31日。办理离岗休假人员共2批143人，其中，截至2015年8月31日，第一批共138人；截至2017年12月31日，第二批共5人。

2015年8月，公司制定《员工内部退养管理办法》，规定距退休年龄不足五年的，即男职工年满 55 周岁，管理、技术类女职工年满 50 周岁，生产操作、服务类女职工年满 45 周岁，因病或非因工负伤经地方劳动能力鉴定委员会鉴定为完全丧失劳动能力，且男年满 45 周岁、女年满 40 周岁；管理、技术类岗位（在岗时间达到工作时间 1/3）年满 45 周岁不足 50 周岁的女职工，从事过特殊工种（特殊工种时间同上），男年满 50 周岁不足 55 周岁、女年满 40 周岁不足 45 周岁的职工，本人可自愿办理内部退养手续。员工办理内退手续后，由单位按月发放内部退养生活费，生活费由岗位工资、工龄津贴和生活补贴三部分组成。内部退养期间，岗位工资不再调整。规定适用于宁夏能源铝业管理的所有无固定期限合同制员工（不含职工医院员工），执行至 2017 年 12 月 31 日。办理内部退养人员共 2 批 1120 人，其中，第一批 733 人（时至 2015 年 8 月 31 日）；第二批 387 人（时至 2017 年 12 月 31 日）。

2018 年 11 月，铝电公司下发《关于铝业所属单位改革方案实施指导意见》，集中开展离岗人员返岗清理工作，通过岗位双选，对愿意返岗人员通过置换劳务工和收回外包的后勤服务类业务的方式进行，未录用人员由单位安排转岗培训，培训期 1—3 个月，转岗培训期间发放生活费，转岗培训后仍不能上岗或上岗后试用期内考核不合格的，按照《中华人民共和国劳动合同法》第四十条规定依法解除劳动合同。对休假到期未能返岗人员，按照《中华人民共和国劳动合同法》相关规定依法解除劳动合同并给予经济补偿。2018 年，返岗 56 人，协商解除合同 117 人。2021 年，返岗 54 人，协商解除合同 42 人。

（六）人力资源优化配置

2020 年 12 月，铝电公司下发《人力资源优化配置"再出发"专项行动方案》，以优化配置人员兼顾项目发展为主线，在全方位、全要素对标的基础上，对人力资源进行优化。分类、分板块、分业务领域逐步优化实施。坚持市场化导向，深化体制机制改革，畅通人力资源合理有序的流动渠道，健全激励引导机制和措施，推动人力资源余缺互济、优化配置，全面提升公司整体用工效率和效益，持续推进产业转型升级，增强企业核心竞争力。

方案分"三步"实施，第一步，强化内部优化调整，做优存量用工；第二步，聚焦价值创造，提升增量资产；第三步，实施劳务用工"清零"计划，逐步优化到位，确保在拓宽业务、增大产值的同时，进一步提高用工效率。目标是，到 2022 年底，公司在册员工 8658 人，压降 844 人（含转移至增量业务 200 人）；劳务用工 1689 人实现完全"清零"，用工总量减少 2533 人。

截至 2021 年末，通过执行人力资源"再出发"方案，公司劳务派遣用工降幅 95%。有计划、分专业、分类别选拔员工，向新产业、新业态、新商业模式"三新"产业转移，累计转移 125 人，有序实现"再出发"行动计划阶段性目标。

三、薪酬分配制度改革

（一）薪酬分配制度

宁夏能源铝业成立时，人员主要来自宁夏能源公司和青铝集团，两家企业的薪酬体系和分配方式差异较大。铝板块按原青铝集团薪酬模式运行，机关、煤炭、电力板块按宁夏能源公司薪酬模式运行。铝板块执行岗位绩效工资制，工资结构由岗位工资、绩效工资、津补贴和保留工资构成，其中，岗位工资依据工作分析与岗位评价结果确定，体现岗位相对价值。绩效工资依据岗位绩效考核结果确定，体现员工个体贡献差异。机关、煤炭、电力板块执行岗位技能工资制，工资结构由基本工资、辅助工资、绩效工资和奖励工资构成，其中，基本工资包括技能工资和岗位工资，岗位工资根据员工所聘岗位对应岗级确定；辅助工资包括加班工资和各种津补贴（综合津贴、知识分子津贴、岗位津贴）；绩效工资根据岗位价值及个人工作绩效考核兑现；奖励工资包括先进、专项奖励等。

根据中电投发展战略目标，公司着力改革现行工资制度，优化和完善薪酬激励机制，建立符合行业特点，在同行业、同区域内具有市场竞争优势，对内具有公平性的工资分配制度，逐步形成短期和中长期激励相结合的薪酬制度体系，吸引人才、稳定队伍，调动员工在生产、经营、管理工作中的积极性。

（二）岗位绩效工资制

2009 年 8 月，按照《中电投工资制度改革指导意见》的有关规定，宁夏能源铝业启动工资制度改革。11 月，工资改革试点在青铝股份 22 个部门进行，在岗员工共 4857 人，其中，长期合同工 3294 人，九年制合同工 1563 人。12 月完成工资套改。2010 年 3 月正式试行。

本次工资制度改革，遵循岗位价值、行业对标、效益绩效、统一结构、成本适度、平稳过渡 6 项基本原则。改革后，新的工资由岗位工资、业绩奖金、综合绩效奖金、津补贴四部分构成，统称为岗位绩效工资制。

1. 岗位工资

岗位工资为岗位绩效工资中的基本工资，根据岗位价值、岗位条件确定，其额度以岗位薪点与薪点值为依据计算，按月发放。岗位薪级主要根据岗位责任与条件和对员工的能力素质要求等因素确定，根据产能或装机容量划分，设定为一至二十二级。同一典型岗位跨多薪级的情况下，根据实际岗位工作内涵进行区分。同一岗位薪级等距划分为 9 档，称为薪档，用以反映同岗人员不同的业务能力、技能水平和工作业绩的差别。岗位工资占比为 55%。

电解铝板块。领导及职能管理—典型岗位按照电解铝产能执行 30 万吨（含）以上序列。

煤炭板块。领导、职能管理、生产典型岗位按照煤炭产能执行90万（含）～300万吨井工矿序列。煤化工比照煤炭90万吨以下井工矿序列执行。

电力板块。领导及职能管理—典型岗位按照装机容量执行60万～120（不含）万千瓦火电序列，运行典型岗位按照单机容量执行30万千瓦火电序列，维护、点检典型岗位按照单机容量执行60万千瓦以下火电序列。

阴极炭素。领导及职能管理典型岗位参照执行10万（含）～30万吨电解铝序列，生产典型岗位比照电解铝阳极序列执行。

其他综合板块。领导比照执行10万吨以下电解铝序列，职能管理及生产典型岗位比照电解铝10万（含）～30万吨序列执行。

辅业单位。暂按公司核心产业电解铝板块执行，企业领导及职能管理典型岗位比照执行10万吨以下序列，生产典型岗位以职能管理序列为基准比照执行，且岗位薪级与青铝股份有关岗位有对应关系。

职能中心。职能中心领导比照执行10万吨以下电解铝序列，职能管理典型岗位比照电解铝10万（含）～30万吨序列执行。

公司机关。公司领导按照中电投确定的标准执行，机关管理人员参照公司领导标准以相应的对应序列执行，且机关部门负责人与三级单位领导班子有对应搭接关系。

项目前期。各序列典型岗位按相应板块分别以生产期相应岗位薪级标准降低一级执行。

2. 绩效奖金

绩效奖金分为月度业绩奖金和年终综合绩效奖金，奖金分配与企业经济效益及员工工作绩效紧密挂钩，能增能减，动态管理。其中，月度业绩奖金根据员工月度工作业绩情况确定，按月度考核发放；综合绩效奖金根据员工年度工作业绩、部门（班组）年度工作目标完成情况和企业年度效益情况确定，按年度考核发放。绩效奖金占比为45%。

3. 津贴、补贴

根据国家、宁夏回族自治区的规定及中电投的相关要求，公司统一设立如下津补贴项目。

工龄津贴，按工龄15元/年执行（中电投统一标准）。

特殊工种津贴，对从事高空、高温、特重体力劳动或有毒、有害工作发放的津贴。具体标准根据工种性质在60～90元不等。

夜班津贴，前夜6元/班，后夜8元/班。

通信及交通补贴，执行范围和标准由各单位结合工资总额情况自行制定。

4. 岗位优化与岗位归级

以中电投确定的典型岗位为基准，各单位根据岗位职责和上岗条件对全部岗位进行优化。在岗位优化的基础上，将全部岗位穿插归级到典型岗位薪级表中，形成本单位的岗位设置表，并按照公司批复后的岗位设置表组织符合上岗条件的员工竞（选）聘上岗。所有人员按新聘任岗位重新确定岗位薪级。企业领导班子成员（十八级以上）套档根据提职时间、学历、技术职称等因素进行综合评分，综合评分值为套档的依据。职能管理及生产人员（十八级及以下）套档根据工龄、学历、技术职称、技能等级等因素进行综合评分，综合评分值为套档的依据。

套档按薪级分区间，采取"限高稳中托低"的方式合理控制不同岗位薪级之间的薪档差距。十九至二十二薪级最高套档不超过 6 档，十三至十八薪级最高不超过 8 档，十二薪级及以下不设最高套档限制。

5. 工资水平调控

为保证新工资制度的平稳过渡，对套改后员工工资水平进行"限高保底"调控。按照新工资制度套改后，岗位工资和津补贴一次调整到位。员工年工资总额标准比套改前年收入水平增加的，当年增加额超过套改前年收入水平 20% 的，按 20% 控制。员工年工资总额标准比套改前年收入水平减少的，当年减少额超过套改前年收入水平 8% 的，按 8% 控制。增加额超过 20% 和减少额超过 8% 的部分，由各单位根据情况逐步落实到位。

2010 年，完成铝业、电力板块及机关工资套改。2011 年底，完成煤炭板块工资套改。新工资制度实施后，办理内部退养、享受劳保待遇的人员，仍按公司内部退养及劳保待遇管理的有关规定执行。

2019 年，完成运营管控优化调整。铝业国贸、山西铝业、遵义公司均在岗位绩效工资制的体系框架下，分别实行由岗位（职级）工资、绩效（职务）奖金、津补贴等部分组成的差异化工资制度，并将薪酬资源重点向前台业务部门、生产经营一线的主要人员倾斜，增强企业内部分配的灵活性和自主权，拉开收入分配差距，提高核心骨干人才薪酬的市场竞争力。

（三）积分晋（降）档

2012 年 6 月，制定《岗位工资薪档管理指导意见》，规定薪档工资与学历、职称、技能等级、年度考核、员工奖惩情况挂钩，采取"积分晋（降）档"的方式调整，积分每满 7 分晋升 1 个薪档，每满负 7 分降低 1 个薪档。统一以 2010 年 12 月 31 日的工龄、学历、职称、技能等级以及任职年度等因素，计算工改套档综合分值，并套入相应薪档，以计算的综合分值减去套档分值区间的下限值再乘以 3.75 后的分数作为起始积分。积分所依据的学历、职称、技能等级以当年 6 月 30 日情况为准。员工薪档达到本岗位薪级最高或最低薪档后，薪档不再调增或调减，但继续累计和保留积分，当符合"积分晋（降）档"条件时薪档仍按积分进行调整。

2015年，公司将科技创新纳入积分晋档管理，制定《公司科技创新实施工作指导意见》，修订《岗位工资薪档管理的指导意见》，规定企业年功、科技创新奖励纳入积分管理，公司工龄满1年计1.5分，科技创新根据项目产生效益的大小和在其中担任的工作给予一定的计分。

（四）工资总额预算管理

2010年，国务院国资委发布《中央企业工资总额预算管理暂行办法》。2012年，发布《中央企业工资总额预算管理暂行办法实施细则》。根据国务院国资委关于中央企业工资总额管理精神和中电投工资总额管理规定，2013年，宁夏能源铝业制定《工资总额预算管理办法》，开始实行工资总额预算管理。工资总额由基数工资、效益工资和单列工资三部分组成，其中，基数工资是履行基本职责和完成正常生产经营活动的基本保障工资；效益工资以各单位年度综合业绩考核相关联动指标目标值为基数，根据联动指标完成情况确定的增（减）量工资；单列工资是当年核定基数工资后，相关单位由于人员增减等原因在基数工资外据实单列的工资。效益工资和部分单列工资不滚入次年基数工资。

2018年，公司制定《工资总额管理办法》，明确宁夏能源铝业工资总额实行分级管理。公司负责所属各单位工资总额管理，所属单位负责本单位工资总额管理。鼓励所属单位不断深化内部分配制度改革，积极探索建立更为灵活有效、符合本单位自身特点的差异化内部薪酬分配方式，并注重向生产经营一线和关键岗位倾斜。

2019年，公司推进工资总额分配制度改革，优化完善公司工资总额管理办法，建立导向明确的工资决定和分配机制。根据所属单位主要目标和市场化程度划分为生产经营、建设发展类和市场化改革3类，分别实施差异化和导向明确的工资总额决定机制。对生产经营和市场化单位基数工资实施"增人不增资，减人不减资"，牵引所属单位优化用工总量和人员结构，增强所属单位薪酬自主分配权，减少博弈；在效益工资管理方面，根据实现利润总额按比例提取效益工资，突出效益工资导向作用，鼓励所属单位提升经营业绩，体现业绩升、薪酬升、业绩降、薪酬降原则。公司机关完善以岗位价值为基础、以业绩贡献为导向的工资制度，开展岗位价值评估，根据岗位价值贡献确定岗位等级，打破原有的岗位与职级固定对应的规则，实现绩效与职级分离，与岗位价值和业绩贡献挂钩，拉开同职级人员的收入差距，调动员工价值创造、岗位成才的积极性。公司对业绩考核实行分级管理，负责对机关职能部室及所属各单位综合业绩的考核和管理。机关各职能部室及各单位负责其所属或所管单位（部门）业绩考核和管理。

2021年，进一步规范工资总额管理，要求所属单位依据本单位下年度生产经营业绩情况编制年度工资总额及人工成本预算，每年10月上报公司人力资源部审核，次年第二季度，公司核定并下达所属单位基数工资标准，所属单位严格执行工资总额预算。根据本单位年度经营业绩和预算工资总额情况，分月合理提取工资，并在提取额度内自主使用、自主分配。每年11月，公司JYKJ（计划—预算—考核—激励）工作小组根据各单位工资总额联动指标预计完成情况提出预考核意见，所属单位根据指标预计完成情况和当年单列工资情况，与公司人力资源部沟通年度工资总额预清算情况。12月，根据国家电投核定工资总额及各单位JYKJ考核结果，统筹确定各单位工资总额年度发放计划，工资总额年度发放计划有效期至当年12月31日。每年国家电投工资总额决算后，公司人力资源部根据决算结果，对工资总额清算出现偏差较大的单位，在次年工资总额中予以调整。同时，严肃收入分配纪律，规范收入分配行为，将所属单位工资总额管理情况纳入纪检、巡察等监督检查工作范围。

（五）干部薪酬

1. 年薪制

2012年12月，公司制定《年薪管理办法》，规定公司管理的干部实行年薪制。年薪由基薪、效薪和特别奖励构成。其中，基薪为领导班子成员年度固定收入，比重约为55%；效薪为领导班子成员业绩考核挂钩收入，依据年度综合业绩考核和干部综合考评结果确定，工资比重约为45%；特别奖励是对当年工作中做出特殊贡献的各单位领导班子成员，在其年薪之外给予的一次性奖励。

2014年，根据中央下发的《关于深化中央管理企业负责人薪酬制度改革的意见》《关于合理确定并严格规范中央企业负责人履职待遇、业务支出的意见》精神，公司对干部的履职待遇又做了严格规定，对公务用车、办公用房、培训、业务招待、国内差旅、因公临时出国（境）、通信等费用设置上限标准。

2. 经理层任期制和契约化

2021年，按照国企改革三年行动总体要求及国家电投相关部署，铝电公司贯彻落实经理层成员任期制和契约化管理精神，通过对所属单位经理层成员实行固定任期和契约关系，建立以契约为核心的权责体系、与业绩考核紧密挂钩的激励约束和聘任退出机制。当年，铝电公司完成公司管理层及所属12家子企业、67名经理层成员"两书一协议"（任期目标责任书、年度综合业绩责任书，岗位聘任协议）签订，实现单位、个人100%覆盖。围绕新时代、新任务、新要求，优化干部考评制度体系，基于人才盘点"一信四力"（信仰坚定，研判力、领导力、执行力、协同力）模型，分解20项二级指标，综合运用JYKJ业绩考核、多维度测评、定量考核与定性评价相结合方式，对领导班子和领导人员的政治素质、科学治企能力等情况进行综合考核评价，作为任期内年度考评的可靠依据，同时，增加党建考核和业绩考核之间的关联性和相互验证，引导党员干部履行好政治责任和业务职责。

经理层薪酬结构调整为年度薪酬和任期激励两部分。年度薪酬中绩效年薪占比不低于60%，并将绩效年薪的30%递延至任期结束后，根据任期综合业绩考核结果一次性支付。对未履行或未正确履行职责，在经营投资中给企业造成重大经济损失、造成潜亏等问题的，建立薪酬追索扣回制度，将相应期限内兑现的绩效年薪、任期激励部分或全部追回，并止付所有未支付部分。坚持业绩导向，严格履行契约，通过薪酬刚性考核、刚性兑付，"业绩升、薪酬升，业绩降、薪酬降"，体现薪酬兑现的强激励、硬约束，真正实现收入"能增能减"，激发经理层成员的活力和创造力，企业经营管理水平和市场竞争力进一步提升。

（六）市场化改革

2014 年，宁夏能源铝业在青鑫炭素和通润铝材实施市场化改革，将效薪与本单位当年业绩和任期目标计划相结合，对班子成员年薪试行递延支付方式，即根据利润及综合业绩考核结果，当年兑现效薪的 1/3，其余 2/3 采用递延支付，与任期内累计指标或考核期内特定考核指标完成情况挂钩。

2016 年，在市场化改革单位通润铝材、青鑫炭素、科技工程公司实施工效挂钩，工资总额与本单位当年的利润挂钩考核。效益工资分别按利润超额量的 20%、20%、15% 给予奖励，按利润差额量的 15%、15%、10% 进行扣罚，鼓励改革单位提升主动优化用工的积极性，增人不增资、减人不减资。

2019 年，在科技工程公司、青鑫炭素及铝合金分公司进一步实施市场化改革，从管理机制上赋予 3 家单位班子组阁权、机构调整权、薪酬分配权、用人用工权，发挥经理层经营管理作用。在薪酬激励上实行超额利润分享和风险抵押机制，按超额利润的 20% 进行效益分享，内部建立风险抵押机制，骨干成员分享 70% 收益，员工分享 30% 收益，强化风险共担、利益共享。市场化改革激发了企业活力和员工动力，推动了企业技术和产品创新。

四、社会保险及保障制度改革

（一）公司成立初期状况

社会保险及福利主要是指企业为在职职工缴纳的社会保险和住房公积金。社会保险是国家通过立法建立的一种社会保障制度，其目的在于，当劳动者因为年老、患病、生育、伤残、失业、死亡等原因而暂时中断劳动，或者永久丧失劳动能力，不能获得劳动报酬，本人和供养的家属失去生活来源时，能够从社会（国家）获得物质帮助。社会保险包括养老保险、医疗保险、失业保险、工伤保险和生育保险 5 项。用人单位和劳动者必须依法参加社会保险、缴纳社会保险费。住房公积金是指国家机关、企事业单位及其在职职工缴存的长期住房储金。住房公积金由企业和个人共同缴存，专款专用，为职工较快、较好地解决住房问题提供保障。通常企业为职工缴纳"五险一金"，宁夏能源铝业为职工缴纳"六险两金"，增加补充医疗保险和企业年金。补充医疗保险是基本医疗保险的补充形式，对基本医疗保险统筹支付以外由个人负担的医疗费用进行适当补助，以减轻职工的医疗费用负担。企业年金是企业及其职工在依法参加基本养老保险的基础上，自愿建立的补充养老保险，是对国家基本养老保险的重要补充。

（二）社会保险

公司成立后，根据国家及地方政府的规定，按照属地化管理原则，全员参加基本养老保险、失业保险、工伤保险、医疗保险、生育保险。其中，养老保险、失业保险、医疗保险由企业和个人共同缴纳；生育保险、工伤保险由单位缴纳。各单位执行国家及地方政府规定或核定的缴纳比例。2012 年 11 月底，共有 6546 名员工基本养老保险关系由宁夏能源铝业统一管理，统一参加宁夏回族自治区行业养老保险统筹，其他险种仍按规定实行属地化管理。2013 年 1 月，青铝股份 7000 多名员工工伤保险参保地统一变更至青铜峡市。

2016 年，青铜峡市医保中心将青铜峡地区工伤费率由原来的 2% 下调至 1.2%。3 月 1 日，宁夏能源铝业向宁夏人社厅提交《关于调整社会保险缴费相关事宜的请示》，恳请帮助协调解决社会保险费相关事宜，下浮失业、工伤、生育保险缴费费率，各项社会保险缴费基数按社平工资的 60% 执行，企业亏损期间缓缴各项社会保险费用。3 月 24 日，收到宁夏人社厅《关于宁夏能源铝业申请调整有关社会保险缴费的函》，社保缓缴政策得到落实。4 月 12 日，与宁夏税务局签订延期缴纳养老保险费协议，宁夏能源铝业 2016 年 2 月 1 日至 7 月 31 日延期缴纳养老保险费共计 6 个月。后经多次与地税部门沟通后，将缓缴期限顺延至 2016 年 11 月。2015 年末，红一煤矿停工。2016 年 4 月，宁夏能源铝业向银川市医保局申请下调工伤保险缴费费率，银川市医保局同意，煤炭煤化工分公司工伤保险费率由 1.9% 下调至 0.4%。

2017 年，铝电公司成立。铝电公司机关、山西铝业、遵义公司、铝业国贸继续执行国家及地方政府的规定，按照属地化管理的原则全员参加基本养老保险、失业保险、工伤保险、医疗保险、生育保险。其中，养老保险、失业保险、医疗保险由企业和个人共同缴纳；生育保险、工伤保险由单位缴纳。各单位执行国家及地方政府规定或核定的缴纳比例。

2019 年 3 月，铝电公司和宁夏能源铝业机关合署办公，社会保险缴费比例继续执行国家及地方政府规定。社保缴费地保持不变，原铝电公司机关员工的社保缴费地为北京，原宁夏能源铝业机关员工的社保缴费地为宁夏。5月，依据国务院办公厅关于印发《降低社会保险费率综合方案的通知》文件精神和地方政府具体规定，铝电公司及属地各公司员工养老保险单位缴费比例执行16%，失业保险总费率执行1%，工伤保险基础费率下浮20%，至2021年末仍执行该政策。

（三）住房公积金

宁夏能源铝业成立后，住房公积金分别由个人和单位按12%的比例缴纳。2010年1月，宁夏能源铝业决定青铝股份（含青铜峡铝电公司、中青迈公司）、青鑫炭素、进出口公司、建安公司、科技信息中心在册员工（原青铝集团）的住房公积金单位缴费比例由岗位工资的10%调整为缴费基数的12%。

2017年，铝电公司成立后，公司机关、山西铝业、遵义公司、铝业国贸继续参加住房公积金，分别由单位和个人按地方政府的规定缴纳公积金。

员工个人拥有的住房公积金，主要用于支付员工家庭购买、自建自住住房、私房翻修和大修等费用，如果资金不足，可向公积金管理部门申请贷款，由员工个人定期偿还。宁夏地区员工租赁住房、住宅加装电梯、离退休、解除劳动关系、出境定居、完全丧失劳动能力并终止劳动关系、死亡、因意外灾难或突发事件造成家庭生活严重困难等，也可申请提取使用公积金。其他地区公积金使用执行地方政府相关政策。

（四）企业补充医疗保险

国家鼓励企业建立补充医疗保险制度，以保证企业职工医疗保险待遇水平不降低。根据国家和自治区相关法律、法规的规定，2010年1月，公司为铝板块员工建立企业补充医疗保险。单位缴费按工资总额的4%控制，员工个人不缴费。其中3%由所属单位自行管理，用于报销员工发生的门诊费用，1%交由公司统一管理，由公司统一报销员工发生的门诊费用。

2017年，铝电公司成立后，宁夏能源铝业补充医疗保险按原缴费政策执行，铝电公司机关、山西铝业、遵义公司执行5%的提取比例。

2019年11月29日，铝电公司制定《企业补充医疗保险管理规定》。明确企业补充医疗保险要按照"以收定支，收支平衡，略有节余"的原则确定合理缴费水平。铝电公司下属各单位缴费水平要按规定控制在员工上年度工资总额的5%以内。各单位补充医疗基金计提统一执行5%比例，并自行管理。要求补充医疗基金使用不得提取现金，或变相用于其他方面的开支。

公司补充医疗保险资金支出主要用于以下四部分：一是公共基金，用于报销员工因门诊、住院等基本医疗保险统筹基金和大额医疗补助资金支付后，由个人负担的基本医疗保险项目内的自付费用。二是年度报销限额，用于报销员工基本医疗保险与补充医疗公共基金都不予支付的个人自负医疗费用。三是购买团体重大疾病保险费用。四是发生团体重大疾病保险目录内疾病的，在通过团体重大疾病保险报销后超过保额的部分，造成员工医疗费用负担较重，并严重影响生活的给予一定的医疗补助费用。

员工由于离职、退休、身故等原因与公司终止或解除劳动关系，自次月起发生的医疗费用，公共医疗基金停止报销，当月及以前应享受的报销限额可继续按规定使用。

（五）企业年金

根据劳动和社会保障部 2004 年 5 月 1 日起施行的《企业年金试行办法》规定，依法参加基本养老保险并履行缴费义务、具有相应的经济负担能力、已建立集体协商机制的企业，可以建立企业年金。2008 年 10 月，中电投宁夏公司制定《企业年金实施办法（试行）》，自 2008 年 10 月起为原宁夏能源公司机关、电力分公司、煤炭煤化工分公司符合条件的 80 名员工建立企业年金。每月缴费标准为：企业按照员工工龄乘以 30、职工个人按照员工工龄乘以 2 按月进行缴费。重组前，青铝集团尚未建立企业年金制。

2009 年 11 月 5 日，公司职代会主席团（组）长联席会议审议通过，机关、电力分公司、煤炭煤化工分公司继续实施企业年金，为尚未实施企业年金的青铝股份、青鑫炭素、进出口公司、建安公司、科技信息中心等单位符合条件的 5102 名员工补建增加 2009 年度企业年金的 4.33% 部分。公司共为 5216 名员工建立企业年金。结合中电投《关于进一步规范企业年金企业缴费的通知》精神，对原宁夏能源公司企业年金制度进行修订，12 月 3 日下发《企业年金实施办法（试行）》。

2011 年 11 月 7 日，按照中电投实施企业年金安排，经公司职代会主席团（组）长联席会议审议通过《企业年金方案实施细则》，报经中电投审批、人力资源和社会保障部批准备案，2012 年 1 月 1 日正式执行。之后，员工个人账户企业年金基金统一交由专业年金机构进行投资管理及运营。细则实施后，企业缴费按照企业缴费基数的 5% 计提缴费，个人缴费按照职工个人缴费基数的 2% 缴纳。企业缴费首先按照个人上年工资的 3.5% 分配计入个人账户，剩余部分按照连续工龄 × 缴存系数 × 缴存基数分配至个人账户。

2012 年 1 月，启动企业年金法人受托管理模式。4 月，一次性移交 4428.73 万元企业年金存量资金和 5104 名员工个人账户。

2017 年，铝电公司成立后，铝电公司机关、山西铝业、遵义公司企业年金缴纳执行国家电投规定，单位缴费按缴费基数的 5% 执行，个人缴费按缴费基数的 2% 执行。

2019 年 4 月，铝电公司和宁夏能源铝业机关合署办公，企业年金缴纳单位缴费按缴费基数的 5% 执行，个人缴费按缴费基数的 2% 执行。10 月 17 日，《国家电投集团铝电公司企业年金方案实施细则》通过制度审查和民主程序报国家电投。经国家电投内部初审、复审，国家人社部、国务院国资委预审等环节，2019 年 12 月通过终审后实施。单位缴费标准比例上限由 5% 调整为 8%，该政策一直实施至 2021 年末。

2021 年，因上年度亏损，铝电公司机关、青铝发电、山西铝业、遵义公司、铝业国贸停缴企业年金。12 月，铝电公司机关、山西铝业、铝业国贸恢复并补缴停缴期间年金。

公司参保员工符合下列条件之一时，可使用企业年金：一是达到国家规定的退休年龄；二是经劳动能力鉴定委员会鉴定，因病（残）完全丧失劳动能力；三是出国（境）定居；四是退休前身故。

第四节　资产优化

一、"僵尸企业"、特困企业认定

2015 年 7 月，国务院国资委《关于中央企业开展亏损企业专项治理工作的通知》，要求做实资产价值，解决企业历史遗留问题，尽快扭转连续多年亏损局面，力争用 3 年时间，使亏损企业亏损额减少 50%，实现企业持续健康发展。12 月 9 日，国务院常务会议明确对不符合国家能耗、环保、质量、安全等标准和长期亏损的产能过剩企业实行关停并转或剥离重组。12 月 21 日，中央经济工作会议确定将抓好"三去一降一补"（去产能、去库存、去杠杆，降成本，补短板）作为 2016 年供给侧结构性改革 5 大任务。对持续亏损 3 年以上且不符合结构调整方向的企业，采取资产重组、产权转让、关闭破产等方式予以"出清"、清理处置。

2016 年 8 月，国家电投下发《"僵尸企业"处置和特困企业专项治理工作方案》（"僵尸企业"主要指停产或半停产、资不抵债的企业，特困企业主要指连续三年亏损、资产负债率高的企业，或亏损不足 3 年但未来仍将持续亏损的企业），认定贵州金合冶炼有限公司、贵州纳雍金能煤炭开发有限公司、抚顺发电有限责任公司等 23 家企业为"僵尸企业"，黄河鑫业有限公司、中电投伊犁能源化工有限责任公司等 32 家企业为特困企业。其中，宁夏能源铝业下属的青铝股份、通润铝材、煤炭煤化工分公司为"僵尸企业"，青鑫炭素为特困企业。被列入"僵尸企业"的还有国际矿业下属的眉山启明星铝业有限公司（简称眉山铝业）。为按时完成专项治理工作,宁夏能源铝业制定《"僵尸企业"处置和特困企业专项治理总体方案》,明确处置和治理目标,成立"僵尸企业"及特困企业工作领导小组,专设办公室,具体负责"僵尸企业"处置和特困企业专项治理工作的组织、协调、实施,督促各专业小组按时完成工作任务。办公室下设资产处置组、财务核算组、人员安置组、宣传维稳组、法律服务组5个专业小组,加快推进该项工作。相关公司也制定专项治理工作措施,积极配合,按时完成任务。

二、"僵尸企业"处置

(一)青铝股份

2012年,受国内宏观经济下行、电解铝产能过剩、铝市场持续低迷、电价政策落实滞后等因素影响,青铝股份连续亏损。同时,还承担家属区"三供一业"、医院及公用设施等一系列辅业费用补贴,背负着沉重的负担,导致资产负债率不断攀升,2012—2015年,累计亏损33.84亿元,资产负债率97.32%。2015年,青铝股份开展清产核资工作,经国务院国资委批复,计提减值准备25.51亿元并核减股东权益,2015年末,净资产为-22.69亿元,资产负债率高达128.4%,被列为"僵尸企业"。

2017年,国家持续深入推进供给侧结构性改革,坚持"三去一降一补"工作要求,加快出清过剩产能,处置"僵尸企业",推进资产重组,培育战略性新兴产业和服务业,建立有利于供给侧结构性改革的体制机制,增强经济持续健康发展内生动力。青铝股份作为国务院国资委挂牌督导的"僵尸企业",根据实际情况,处置方式确定为改造提升。公司积极与宁夏回族自治区人民政府和国网宁夏电力公司沟通协调,取得宁夏回族自治区人民政府关于调整公司电解铝供电模式与用电价格政策,与国家电网宁夏电力公司协商签订《关于电解铝供电模式及解决相关问题的框架协议》。6月19日,成功实现临河发电3号机组点对点直连直供宁东分公司350千安电解系列,并保持安全稳定运行。

2019年3月,临河发电3台机组与宁东分公司实现直连直供,11月,青铝发电与青铜峡分公司实现直连直供,铝电产业链日趋完善。通过加大铝电两侧设备治理力度,自备供电线路稳定运行,自备电厂实现满供超发,供电能力稳步提升,铝业用电成本降低。自备用电比例由2015年的64.69%提高至91.97%,电解铝用电价格由2015年的0.3267元/千瓦时降低至0.3113元/千瓦时,用电成本降低1.34亿元。

青铝股份加强内部管理,继续推行精细化操作,与同行业先进企业对标,生产平稳运行,指标不断提升。电流效率由2015年的91.03%提升至93.1%,吨铝电耗由2015年的13928千瓦时/吨降低至13729千瓦时/吨,阳极组单耗由2015年的498千克降低至494千克,阳极一级品率由 2015 年的 22.56% 提升至 65.9%，吨铝成本降低 78 元，电解铝综合交流电单耗 13389 千瓦时／吨，较 2015 年降低 285 千瓦时／吨，含税完全成本 12630 元／吨，较 2015 年降低 1037 元／吨，成本水平进入行业前 40 分位，主要指标达到历史最高水平。

自 2015 年被列为"僵尸企业"至 2019 年 4 年间，青铝股份全力释放产能，保证开槽数，强化电流强度，2019 年电解铝产量 100.57 万吨，较 2015 年增加 12.17 万吨，增加收益 9017 万元。

2016—2019 年，共计获取政府各类税收优惠及补贴 6013 万元。置换高利率贷款、开展供应链融资，2019 年降低财务费用 2600 万元。

2015—2020 年，铝业板块不断深化改革，减少 3 个内设机构，管理人员及科级干部减少 34 人，依法合规协议解除劳动合同 125 人。调整用工结构，置换劳务用工 773 人，到 2020 年 6 月末，青铝股份累计分流安置人员 2033 人，完成安置计划的 113.7%。修订绩效考核制度，薪酬分配向生产一线倾斜，电解岗位平均工资同比增长 4.9%，提升铝业用工稳定性。

企业办社会职能剥离工作取得重大进展。2018 年 6 月，青铝医院完成移交。同年，"三供一业"按照"先移交后改造"原则完成资产及管理职能移交，减轻负担，轻装上阵。

2020 年，青铝股份实现利润 5.94 亿元，较 2015 年亏损 10.42 亿元，减亏 16.36 亿元，资产负债率 79.15%，较 2015 年末 128.4% 下降 49.25 个百分点。电解铝生产运行平稳，青铝股份渡过最为困难的时期，走上提质增效、良性发展的道路。处僵治困主体目标完成。

（二）通润铝材

通润铝材原规划建设年产 15 万吨铝板带项目，投资 16.9 亿元，2007 年开始建设，实际完成投资 7.26 亿元。2008 年建成一期年产 5 万吨铸轧生产线及 2 条压延冷轧生产线。受金融危机和铝加工市场影响，二期项目未能按期开工。

通润铝材是青铝股份的全资子公司，受固定资产投资较大、产品远离市场、技术投入和内部管理不足等因素影响，2009 年通润铝材投产即亏损，且处于连续亏损状态。究其原因，一是固定资产投资较大，项目按年产 15 万吨铝板带项目设计，实际只建成年产 5 万吨生产线，导致吨产品分摊折旧达 744 元，远高于同行业平均水平。二是技术投入不足，产品缺乏核心竞争力。三是管理存在一定差距，运行机制不灵活，关键岗位核心骨干流失严重。

2015 年末，通润铝材净资产为 −1.79 亿元，资产负债率高达 132.44%，属于严重资不抵债，且扭亏无望。国务院国资委将通润铝材列为挂牌督导的"僵尸企业"。

2016 年 11 月 16 日，宁夏能源铝业成立以公司董事长为组长，党委书记、总经理和财务总监为副组长，分管领导、主要职能部门负责人及"僵尸企业"主要负责人为小组成员的处置专项治理领导小组，负责"僵尸企业"处置专项治理工作的组织、协调和实施，督促各专业小组按期完成相关工作。11月25日，通润铝材停产。

2017年1月17日，召开通润铝材职工代表大会，审议通过《关停人员安置方案》，5月19日，宁夏能源铝业2016年度股东会暨三届三次董事会和青铝股份2016年度股东大会暨五届四次董事会均审议通过了通润铝材清算处置事宜。6月8日，宁夏能源铝业第六次党政联席会议审议通过通润铝材清算方案，由青铝股份吸收合并通润铝材。7月25日，宁夏能源铝业第8次党政联席会议审议通过通润铝材外部债务及存货处置方案。8月，完成外部债务豁免谈判及债务清偿。8月31日，确定为合并基准日，通润铝材停止一切经营业务。9月4日，刊登公司注销公告。9月30日，完成吸收合并资产移交及并账工作，同时完成国税清算注销。10月31日，完成地税清算注销。11月2日，通润铝材完成工商注销登记。

通润铝材关停后，分流安置385人。其中，协商解除劳动合同61人，内部转岗184人，其他方式安置140人（合同制员工辞职21人，退回劳务工119人）。加大货款催收和存货处置变现力度。2017年，收回货款1731万元，处置存货1331吨，金额1575万元，至此，完成通润铝材处置。

（三）煤炭煤化工分公司

宁夏能源铝业煤炭项目主要包括红墩子矿区红一、红二、红三煤矿和配套选煤厂等，由宁夏能源铝业全资子公司煤业分公司负责开发建设，资源总量约12.06亿吨，总产能660万吨／年。

红一煤矿于2010年5月开工建设，2013年11月取得国家能源局审批手续。红二煤矿于2013年9月开工建设，2014年4月取得国家能源局审批手续。红三煤矿和选煤厂项目未开工，只开展部分前期工作。国家化解煤炭产能过剩政策出台后，因项目未核准，2015年1月红一煤矿、红二煤矿停工。

2016年2月，国务院下发《关于煤炭行业化解过剩产能实现脱困发展的意见》，明确提出"从2016年起，3年内原则上停止审批新建煤矿项目"，因此红一煤矿、红二煤矿核准相关工作均停止办理。项目停工期间借款利息及管理费用停止资本化，计入当期损益，2015—2016年亏损3.03亿元，被国务院国资委列为挂牌督导"僵尸企业"，处置方式为关闭撤销。

2016年3月23日，宁夏能源铝业下发《煤炭煤化工分公司停产期间人员安置实施方案的通知》，确定99人轮岗值班，其他以2016年度电力板块大学生招聘专业空缺名额补充、转岗安置、置换劳务用工与外围业务用工、解除劳动合同、停工放假、承揽业务、内退等方式解决。

2017年12月26日，煤业公司完成工商注销登记。煤业公司撤销后，宁夏能源铝业成立煤炭项目筹建处，资产、负债、人员全部划归筹建处管理并独立核算。

2018年8月，宁夏能源铝业成立红墩子煤业。2019年3月3日，宁夏能源铝业将煤炭项目筹建处账面已形成的资产、负债及劳动力一并转让给红墩子煤业。2019年3月，煤炭项目已累计投资36.35亿元。2015年1月—2019年3月，发生停工损失5.6亿元。

2018年4月，自然资源部调整《关于支持钢铁煤炭行业化解过剩产能实现脱困发展的意见》有关规定，项目前期工作可以重新办理。宁夏能源铝业积极与国家相关部门沟通，2019年7月23日，红一煤矿、红二煤矿获得国家能源局核准批复。8月4日，铝电公司向国家电投上报《关于宁夏能源铝业拟转让煤业公司股权的请示》，申请通过公开挂牌方式出让所持煤业公司60%股权。

2019年8月20日，铝电公司召开第一次临时股东会，审议《关于转让宁夏红墩子煤业有限公司股权的议案》，同意采用偿债式股权公开挂牌交易方式转让红墩子煤业60%股权及对应比例的股东债务。宁夏能源铝业聘请中和资产评估有限公司以《红墩子项目可行性研究报告》及《矿产资源开发利用方案》为基础，对矿业权进行估值，确定评估基准日为2019年3月31日，经资产基础法评估，煤业公司总资产账面价值51.16亿元，评估价值55.19亿元，增值额为4.03亿元，增值率为7.87%。总负债账面价值49.56亿元，评估价值为49.56亿元，增减值为0万元。股东全部权益账面价值1.61亿元，评估价值5.63亿元，增值额为4.02亿元，增值率为249.69%。

2019年7月31日—8月26日，红墩子煤业股权转让项目在上海联合产权交易所进行产权信息预披露，以公开挂牌方式进行国有资产转让。8月26日，宁夏能源铝业与上海联合产权交易所有限公司签订《上海市产权交易委托合同》，委托上海联交所代理煤业公司股权转让项目进场交易业务，上海联交所不向公司收取任何费用。2019年8月28日—9月25日，上海联合产权交易所公开挂牌，挂牌期间产生多个意向受让方。9月27日，以网络竞价方式竞价，北京昊华能源有限公司成为产权交易标的受让方，交易价款为31.58亿元，按照合同约定，于9月30日一次性完成交易价款结算。随后，宁夏能源铝业与北京昊华能源有限公司签订《股权交割确认书》，顺利完成红墩子煤业60%的股权转让。10月1日起，由北京昊华能源有限公司控制管理红墩子煤业。

2019年8月23日，红墩子煤业召开职工代表大会，审议通过《宁夏红墩子煤业有限公司人员安置方案》，经宁夏能源铝业、北京昊华能源有限公司双方同意，在册122名员工自愿进入红墩子煤业。

（四）眉山铝业

眉山铝业成立于 2006 年 8 月 16 日，由铝电公司所属山西铝业（持股 65%）、四川启明星投资发展有限责任公司（持股 30%）、四川启明星铝业有限责任公司（持股 5%）投资组建，企业注册资本 2.34 亿元，2007 年 8 月投产。公司主要从事电解铝锭、合金铝锭及阳极产品的生产及销售等业务，电解铝产能 12.5 万吨 / 年。受国内宏观经济下行、电解铝市场持续低迷、产业链不完善、用电成本较高等因素影响，2008—2015 年，连续亏损共计 17.96 亿元，2015 年末，净资产为 -15.59 亿元，资产负债率 670.88%，严重资不抵债，扭亏无望，被列为"僵尸企业"。处置方式为自行组织处置，破产清算。2016 年 11 月 25 日停产。

2015 年 11 月 23 日，山西铝业向眉山市中级人民法院提出眉山铝业的破产清算申请。法院受理该案后，于 2016 年 6 月 21 日进行裁定，依法宣告眉山铝业破产。2017 年 5 月 31 日，法院出具破产程序终结裁定书。2018 年 1 月 16 日，完成工商企业注销登记，企业债务清算终结。职工通过协商解除劳动合同、给予一定经济补偿和系统内再就业的方式解决。最终博赛矿业以 2.79 亿元挂牌价收购眉山铝业资产。

三、特困企业治理

青鑫炭素为宁夏能源铝业的全资子公司，始建于 1999 年 8 月。主要从事炭素制品生产销售、出口等业务。受外部铝用阴极产能过剩、行业竞争激烈、炭素制品价格持续走低和内部历史遗留问题、产能利用率低等因素影响，2013 年亏损 7279 万元，2013—2015 年亏损 1.22 亿元，到 2015 年末净资产为 2990 万元，资产负债率 93.56%。2016 年国家电投印发《关于"僵尸企业"处置和特困企业专项治理工作方案的通知》，青鑫炭素被国务院国资委列为挂牌督导特困企业，具体处置方式为改造提升。

青鑫炭素深化三项制度改革，班子成员实行组阁制，绩效工资递延支付，精简机构，优化用工结构，拉开分配差距，工资分配向核心岗位、关键岗位及一线主要生产岗位倾斜，全员劳动生产率从 2015 年 12.14 万元 / 人到 2018 年提高至 24.61 万元 / 人。以科技创新促企业发展，产品实现了多品种、多规格。2016 年研发国际领先水平的冷捣糊、超大规格炭块（600 千安以上铝电解槽用），当年实现利润 492 万元。2017 年改造设备、石墨电极生产技术研发取得成功，多年闲置的石墨化资产得以发挥作用，完成销量 2000 吨，新产品销售额占公司全年销售额的 50%，成为公司新的利润增长点，当年实现利润 506 万元。2018 年成功实现产品的转型升级，石墨电极大批量生产并打开销路，产品知名度提高，成为青鑫炭素主要的利润来源。3 年间，青鑫炭素加强内部管理，充分释放产能、提高产品质量，降低生产成本；货

续表

款回收与营销人员工资挂钩，提高货款回收率；减少贷款，降低财务费用，各项指标明显改善，2016—2018 年实现利润 4005 万元；2018 年资产负债率 78.3%，较 2015 年末 93.56% 降低 15.26 个百分点。至此，青鑫炭素走出经营困境，实现本质脱困，步入健康发展轨道。

2013—2018 年青鑫炭素经营指标情况见表 7-4-1。

表 7-4-1　2013—2018 年青鑫炭素经营指标情况表

项目	单位	2013 年	2014 年	2015 年	2016 年	2017 年	2018 年
产量	吨	35551	32546	35007	35015	36481	38330
销量	吨	36531	32336	35037	35082	38036	34677
营业收入	亿元	26327	21472	24181	22108	24795	29009
利润总额	万元	−7279	−2727	−2247	492	506	3007
资产总额	万元	64486	45560	46395	42782	39400	48174
负债总额	万元	46707	40141	43405	39179	35575	37722
所有者权益	万元	17779	5419	2990	3603	3825	10452
净资产收益率	%	−40.94%	−50.32%	−75.15%	13.66%	13.23%	61.45%
资产负债率	%	72.43%	88.11%	93.56%	92%	90%	78.3%
职工人数	人	408	389	384	359	303	443

四、铝电解产能指标转让

120 千安、160 千安电解隶属于青铝股份，共有 444 台电解槽，产能 16.5 万吨。2009—2014 年 120 千安、160 千安电解生产主要技术指标见表 7-4-2。两个系列由于槽型小、耗电量大等先天性缺陷，与大型预焙槽相比，各项经济指标还有较大差距。2012 年开始连续亏损。

表 7-4-2　2009—2014 年 120 千安、160 千安电解生产主要技术指标情况表

电解系列	年份	铝产品产量（吨）	电流效率（%）	原铝直流电耗（千瓦时/吨）	原铝可比交流电耗（千瓦时/吨）	铝锭综合交流电耗（千瓦时/吨）	工人实物劳动生产率[吨/（人·年）]	电解铝综合能耗（标煤）（千克/吨）
120千安	2009	77725.57	91.61	14174	14382	14493	195.29	1781
	2010	77894.26	92.63	14059	14174	14234	209.39	1749
	2011	79528.61	92.95	13873	13986	14175	199.82	1742

续表

电解系列	年份	铝产品产量（吨）	电流效率（%）	原铝直流电耗（千瓦时/吨）	原铝可比交流电耗（千瓦时/吨）	铝锭综合交流电耗（千瓦时/吨）	工人实物劳动生产率［吨/（人·年）］	电解铝综合能耗（标煤）（千克/吨）
120千安	2012	80725.91	90.67	13900	14136	14395	202.83	1769
	2013	78303.92	92.43	13474	13756	13956	196.74	1715
	2014	27944.26	90.83	13760	14008	14185	—	—
160千安	2009	79070.65	93.69	13774	14165	14267	219.64	1753
	2010	80196.51	93.36	13835	14129	14180	237.27	1742
	2011	80407.71	92.94	13843	14097	14285	222.74	1755
	2012	84637.63	92.00	13790	14031	14306	234.45	1758
	2013	82850.41	91.86	13591	13945	14174	229.50	1741
	2014	36767.5	91.52	13861	14103	14291	—	—

2012年后，国内铝产能严重过剩，电解铝行业出现大面积亏损，120千安和160千安系列也不例外。2013年10月，国务院出台《关于化解产能严重过剩矛盾的指导意见》，要求2015年底前淘汰160千安以下预焙电解槽，对吨铝液电解交流电耗大于13700千瓦时，以及2015年底后达不到规范条件的产能，用电价格在标准价格基础上上浮10%。青铝股份120千安、160千安电解系列符合关停条件，如不关停，电价上浮，生产成本进一步上升，将会造成更大的亏损。青铝股份120千安、160千安两个电解系列共计16.5万吨产能列入工业和信息化部《2014年工业行业淘汰落后和过剩产能企业名单》。

2014年3月6日，公司召开系列关停专题会议。4月9日，第五次党政联席会议研究，同意关停120千安、160千安电解系列。5月15日，公司举行120千安电解系列关停仪式，原青铝老领导代表、劳模代表、原电解一分厂历任领导及车间主任、退休职工代表、大学生代表及职工代表500余人参加。5月20日，宁夏能源铝业发布《关于印发关停120千安、160千安电解系列工作方案的通知》。5月27日，宁夏能源铝业向中电投上报《宁夏能源铝业关于青铝股份120千安、160千安电解系列关停实施方案的请示》。6月17日，关停实施方案获中电投批复。6月23日，160千安系列关停。

2014年12月，完成444台电解槽上部结构和下部结构钢材、炭块等物资的拍卖工作，拍卖收入2163万元。2016年11月完成了电解槽铝母线拆卸、回炉工作。拆卸铝母线入库

10988 吨，回炉加工成铝产品 10430 吨，销售收入 11251 万元。铝导杆回炉 905 吨，销售收入 954 万元。对库存积压的通用物资，如钢材、管材、各类阀门等，公司内部单位调剂使用。对于拆除后回收价值不大、拆除花费较多的建筑物、构筑物，暂时封闭存放。青铝股份将关停涉及的 1269 名员工进行安置，其中，297 名长期合同工分流到宁夏能源铝业煤炭、电力板块，882 名通过转岗分流逐步安置到铝业其他岗位，90 人依法依规解除劳动合同。

2017 年 12 月 22 日，宁夏经信委对设备拆除情况进行验收，并出具《企业淘汰落后产能验收意见表》。

2015 年 4 月，工信部发布《部分产能严重过剩行业产能置换实施办法》。2017 年 9 月，发布《关于企业集团内部电解铝产能跨省置换的通知》，明确产能置换指标的合规来源和置换程序。按照文件精神，国家电投制定白音华高精铝板带项目产能置换方案，将青铝股份 16.5 万吨已淘汰电解铝产能指标置换给内蒙古锡林郭勒白音华煤电有限责任公司。11 月 23 日，国家电投向宁夏经信委报告置换方案。11 月 28 日，内蒙古锡林郭勒白音华煤电有限责任公司和青铝股份签订《电解铝产能指标转让交易合同》，指标转让价格 1800 元／吨，16.5 万吨电解铝产能合计 2.97 亿元。该合同以 2 次支付的方式付清所有款项。

2018 年，公司引入合作伙伴，封存厂房租借给宁夏鑫电有限公司等 3 家客户使用，1 栋厂房用于存放电解槽大修渣。

第五节　辅业改革

一、范围及管理

青铝股份前身是冶金部 304 厂（青铜峡铝厂），成立于 1964 年。为满足企业生产、职工生活需求，50 多年来陆续配套建设包括家属区、医院、幼儿园、房屋、道路、市场、绿化林带、场馆等辅助设施。1986 年，青铜峡市政府在铝厂区域成立居委会。员工住户 5000 余户，常住人口 14000 多人。青铝家属区已形成比较完备的小城镇。除铝厂员工家属外，大量外来人员在此居住经商。为方便职工生活，铝厂还建设公园、市场、体育场馆等基础设施，地方政府工商、税务等机构以及银行、邮局、保险等企事业单位在此设立工作机构。2009 年，居委会改为铝厂社区。

2008 年底，青铝集团与中电投重组时，将部分资产带入宁夏能源铝业，由青铝股份开发公司、保卫部、职工医院负责管理。2010 年底，资产总额为 1.1441 亿元，负债总额为 2584 万元，归属母公司所有者权益 8857 万元。负责该部分资产经营的员工 947 人，其中，全民身份员工 549 人，劳务用工 398 人。

2011 年 6 月，根据中电投全面推进辅业改革的指导意见，按照"先分离后改制"的思路，对辅业实施社会化经营改革。6 月 9 日，宁夏能源铝业制定辅业改革方案。6 月 30 日，下发《关于撤销和成立机构的通知》，将青铝股份后勤服务、内部保卫、医院及文体设施等非核心业务进行整合，成立实业公司，撤销青铝股份保卫处、青铝开发公司。7 月，宁夏能源铝业向中电投上报《关于宁夏能源铝业辅业改革实施方案的请示》。10 月 26 日，中电投批复，同意对职工医院、幼儿园进行资产处置后实施社会化发展，将家属区物业、保安、环卫、绿化等逐步外委，实现社会化发展。11 月 30 日，宁夏能源铝业下发《关于做好辅业改革方案实施工作的通知》，成立资产管理、对外联络、人员安排、宣传维稳和综合协调 5 个专项工作组，负责辅业改革的具体工作，并与政府商谈职工医院、幼儿园移交工作。

2012 年 8 月 2 日，宁夏能源铝业致青铜峡市政府《关于将所属青铝幼儿园资产无偿移交青铜峡市人民政府管理的函》，申请向青铜峡市政府移交青铝幼儿园资产，人员由企业内部安排。9 月 5 日，宁夏能源铝业与青铜峡市政府签订《幼儿园资产移交协议书》，并进行资产无偿移交和划转工作，共移交资产 39 项，资产账面原值 336.9 万元，账面净值 256.72 万元，青铝幼儿园正式移交青铜峡市管理。公司停办幼儿园，34 名员工由青铝股份内部安置。根据移交协议，幼儿园移交设 3 年过渡期，青铝股份支付幼儿园每年 50 万元 3 年共计 150 万元的办学经费补助，同时承担每年 15 万元 3 年 45 万元的水、电、气、暖费用。

青铝股份收购实业公司，成立实业分公司，非法人单位。负责铝业生产区安保、家属区供水、电、暖公用设施维修及安保等物业管理。

2015 年，宁夏能源铝业实施区域一体化改革，撤销实业分公司，成立青铜峡分公司后勤服务部，将原实业分公司相关人员、业务划归后勤服务部；成立宁东分公司后勤服务部，将相关业务及人员划归宁东分公司。

二、"三供一业"移交

2014 年，宁夏能源铝业按照国家政策，开始与地方政府协商青铝股份职工家属区"三供一业"〔供水、供电、供热（气）和物业管理〕分离移交事宜。8 月 20 日，宁夏能源铝业召开企业分离办社会职能专题会议，成立领导小组，制订《宁夏能源铝业分离办社会职能实施方案》《关于青铜峡铝业股份有限公司职工医院整体移交地方管理的实施方案》《青铜峡铝业股份有限公司"三供一业"移交地方管理的实施方案》《青铜峡铝业股份有限公司青铜峡家属区市政建设及其他配套设施移交地方管理的实施方案》4个配套方案。经与青铜峡市人民政府协商，青铜峡市人民政府组织相关部门和驻地相关单位组成青铜峡铝业社会管理移交工作组，对青铝股份职工家属区"三供一业"等社会职能进行调研。

2015年7月30日，宁夏国资委召开宁夏能源铝业"三供一业"及相关辅业移交地方管理启动会议，明确移交范围和资产，即青铝股份承担的青铜峡区域职工家属区的"三供一业"职能、市政及其他公用设施等辅业业务及业务所涉及的资产，包括房屋、设备、设施、土地使用权等"。根据会议要求，9月15日，青铜峡市政府成立青铜峡市宁夏能源铝业"三供一业"及相关辅业移交工作领导小组。

2016年3月，国务院印发《加快剥离国有企业办社会职能和解决历史遗留问题工作方案》，明确国有企业不再承担与主业发展方向不符的公共服务职能，企业职工家属区"三供一业"分离移交时，需对"三供一业"的设备设施进行必要的维修改造，达到城市基础设施的平均水平，分户设表、按户收费，由专业化企业或机构实行社会化管理，分离移交费用由企业和政府共同分担，中央企业分离移交费用由中央财政补助50%。6月11日，国务院办公厅转发国务院国资委、财政部《关于国有企业职工家属区"三供一业"分离移交工作指导意见的通知》，明确国有企业不得在工资福利外对职工家属区"三供一业"进行补贴，切实减轻企业负担，保障国有企业轻装上阵、公平参与市场竞争，原则上先完成移交，再维修改造。中央企业分离移交费用由中央财政补助50%，中央企业集团公司及移交企业的主管企业承担比例不低于30%，其余部分由移交企业自身承担。宁夏回族自治区人民政府办公厅制定《自治区国有企业职工家属区"三供一业"分离移交工作方案》，宁夏能源铝业"三供一业"分离移交进入实质性推进阶段。

2017年3月8日，宁夏能源铝业制定《"三供一业"分离移交工作方案》，成立"三供一业"移交工作领导小组，设置综合协调组、财务资产组、维修改造组、人员安置组、宣传维稳组5个工作小组，明确分离移交"三供一业"的费用包括相关设施维修维护费用，基建和改造工程项目的可研费用、设计费用、旧设备设施拆除费用、施工费用、监理费用等。分离移交费用由中央财政（国有资本经营预算）补助50%，国家电投承担30%，青铝股份承担20%。9月20日，宁夏能源铝业成立"三供一业"移交改造办公室，负责维修改造各项工作。

2018年10月，青铝股份委托信永中和会计师事务所银川分所对青铝股份职工家属区"三供一业"移交资产移交基准日账面价值进行专项审计，10月12日出具审计报告。截至移交基准日，移交资产65项，资产原值8300.8万元，净值2367.97万元。10月18日，宁夏能源铝业向铝电公司上报《关于青铝股份职工家属区"三供一业"资产移交的请示》。10月29日，铝电公司向国家电投上报请示，11月13日，取得国家电投批复。11月中旬，"三供一业"资产和管理职能逐步分项目完成移交。

（一）供水

青铝股份职工家属区供水用户5036户，包括十二栋小区、东一小区、西一小区、西三小区、东三北小区、东三南小区、嘉庆小区7个小区，住宅楼室内室外给水管道管材腐蚀锈化严重，水表为机械水表，设置于户内。

2018年7月12日，青铝股份与青铜峡市城市公用事业服务（中心）有限公司、吴忠国运盛物业服务有限公司（承接平台、维修改造单位）签订移交协议，以8月31日为移交基准日，9月3日完成资产移交，10月1日完成管理职能移交。2019年4月11日，参照《吴忠市关于国有企业职工家属区"三供一业"分离移交维修改造标准及费用测算指导意见》相关规范和标准，开始实施家属区供水及配套设施维修改造，由企业自供改为市政供给，对室内生活给水管道进行维修改造，满足分户计量改造要求。原室内设置的水表移至室外，采用智能远传水表，设置于室外水表井内。对室外给水管道进行维修改造，满足供水要求。2019年11月22日完成竣工验收，7个小区各住户（用户）供水均达到分户控制、分户计量社会化管理和服务的标准。

职工家属区供水项目移交5036户，实际发生分离移交费用2862.97万元，2019年10月获得中央财政补助资金1431.49万元。至2021年底实际支付分离移交费用2191.99万元。家属区供水移交后，由吴忠国运盛物业服务有限公司负责家属区供水设施的维护、保养及稳定运行。

（二）供电

青铝股份职工家属区供电用户5036户，包括十二栋小区、东一小区、西一小区、西三小区、东三北小区、东三南小区、嘉庆小区7个小区。家属区供电来源于生活区与生产共用的动力变压器，供配电系统以家属区中兴路分界，中兴路以西区域由供电三车间10千伏架空绝缘线路316欧姆供电，中兴路以东区域由供电四车间10千伏架空绝缘线路914欧姆供电。分别通过2条10千伏专线输送至家属区低压配电室，再输送至家属区各单位及每栋楼配电箱，分配至用户。青铝股份电能计量设施为室内安装机械式电度表、人工抄表方式，或室内安装电子预付费表、用户自行购电。职工家属区除十二栋小区楼道无照明外，其余各小区住宅楼道照明正常使用，楼道照明无计量设施，十二栋小区、东一小区、西一小区无道路照明供电线路，西三小区、东三南小区道路照明线路为架空线路，东三北小区道路照明线路大部分为架空线路且不能满足实际需求，局部为地埋电缆，但大部分已损坏。青铝股份物业管理中心负责供电设施的运行维护与管理，供电车间负责供电线路高压侧及变压器运行维护。

2017 年 12 月 29 日，青铝股份与国网宁夏电力有限公司吴忠供电公司签署《供电业务运行管理及资产划转移交协议》，以 12 月 31 日为移交基准日，2018 年 1 月 15 日供电固定资产完成移交，6 月 15 日供电管理职能完成移交。2018 年 6 月 1 日，家属区 5036 户供配电设备设施按照《供配电系统设计规范》《低压配电设计规范》《住宅建筑电能计量技术规范》等标准开始维修改造，新建 10 千伏箱式变电站 30 座，欧式箱变 13 台，美式箱变 17 台，电压等级为 10/0.4 千伏；新建 140 台落地式低压分支箱，布置于职工家属区域内，满足现有住宅用户负荷。各单元用户电能表全部换为带有用电信息自动采集功能的智能电能表，集中安装于一楼楼梯。拆除原 10 千伏、0.4 千伏变压器、架空线路、电杆等。2019 年 8 月 15 日，维修改造竣工，7 个小区 5036 户供电均达到分户控制、分户计量社会化管理和服务的标准。

2019 年 9 月，进行改造工程结算审核，审定金额为 3253.6 万元。根据宁夏回族自治区人民政府《专题会议纪要》，明确"三供一业"供电设施移交改造 7000 元 / 户的政策标准，青铝股份职工家属区供电项目移交 5036 户，分离移交费用 3525.2 万元。供电项目 2017 年 12 月获得中央财政补助资金 1615 万元，2019 年 7 月，获得国家电投拨付配套资金 969 万元，截至 2021 年底，实际支付分离移交费用 3172.68 万元。

青铝股份家属区供电项目移交后，由国家电网宁夏电力有限公司吴忠供电公司负责供电设施的维护及供电安全运行。

（三）供热

1. 采暖

青铝股份职工家属区采暖用户 5036 户，包括十二栋小区、东一小区、西一小区、西三小区、东三北小区、东三南小区、嘉庆小区 7 个小区，总供热面积约 36.76 万平方米，由青铝发电专线提供高温热水，热量计量表设置于供热一次网（青铜峡铝业发电有限责任公司围墙内），经供热主管线（2010 年建设，长度 7011 米，供、回水并列 2 条）在通润铝材北侧分成 2 支，一支经建安路从 1 号换热站南侧进入站内，另一支经西兴路从 2 号换热站南侧进入站内。在 2 个换热站进行水换热后，由二次管线供给青铝股份，全长 24000 米。青铝股份职工家属区采用集中供暖方式，所有热用户未进行计量分户，未单独安装热量表，分别由家属区 1 号、2 号换热站提供二次热源，2 个换热站二次网未配置热量计量表，部分片区供热管网老化严重，供热质量不达标。

2018 年 9 月 12 日，青铝股份与吴忠国运盛物业服务有限公司签订移交协议，以 8 月 31

日为移交基准日，9月15日完成资产移交，9月20日完成供热管理职能移交。2019年4月11日，参照《吴忠市国有企业职工家属区"三供一业"分离移交维修改造标准及费用测算指导意见》《宁夏地区既有居住建筑节能改造技术规程》《宁夏居住建筑节能设计标准》，开始对供热项目进行维修改造，户内供热管网采用双管同程式敷设方式，每户入口设置供暖入户装置，安装水力平衡及锁闭等装置，栋楼采暖采用共用立管的分户独立循环双管系统，设于楼梯间角落。对户外二次网锈蚀严重的供热管道进行更换。换热站按照区域划分，进行维修改造、一次网生产区与家属区加装计量装置。11月22日，完成竣工验收，7个小区各住户（用户）供热均达到分户控制、分户计量社会化管理和服务标准。

家属区供热项目移交5036户，实际发生分离移交费用4784.2万元。2018年8月，获得中央财政补助资金2398万元。2019年7月，获得国家电投配套资金1438.8万元。至2021年底，实际支付分离移交费用4302.93万元。

家属区供热移交后，由吴忠国运盛物业服务有限公司负责家属区供热系统运行的安全、环保、消防以及供热管网的维护。

2.供气

职工家属区供气用户4784户，包括东一小区、西一小区、西三小区、东三北小区、东三南小区、嘉庆小区6个小区。青铝股份天然气气源引自长宁天然气有限公司长输管线9号阀室，全长42公里，首站位于永宁县雷台村，末站位于生产区东门内200米处，有2个400立方米的球形储气罐，储气量为13600标准立方米，主要为工业用气。居民用天然气气源接自天然气末站，2003年建设输气管线，2004年6月，通气投入使用。通往家属区的供气管道没有安装分支总计量装置，用户气表为预付费磁卡表，设置于户内，使用多年后，架空管线防腐层寿命已达规定年限。

2018年8月31日，青铝股份与吴忠国运盛物业服务有限公司签订移交协议，以8月31日为移交基准日，9月3日完成资产移交，10月1日完成供气管理职能移交。2018年10月11日，参照《吴忠市国有企业职工家属区"三供一业"分离移交维修改造标准及费用测算指导意见》《城镇燃气设计规范》开始实施家属区供气及配套设施维修改造。在天然气末站至家属区管道上安装计量站，站内安装可燃气体报警器、红外火焰检测器、发电机组。通往家属区的分支总管道上安装超声波流量计及截断装置，居民楼架空管道采用专用防腐材料进行刷漆防腐。2019年9月16日完成竣工验收，6个小区各住户供气均达到分户控制、分户计量和社会化管理服务标准。

青铝股份职工家属区供气项目移交4784户，实际发生分离移交费用168.95万元。2019

年 10 月，获得中央财政补助资金 84.5 万元。至 2021 年底，实际支付分离移交费用 152.1 万元。

家属区供气移交后，由吴忠国运盛物业服务有限公司负责供气设施的运行、维护、保养以及供气安全检测。

（四）物业管理

青铝股份职工家属区 1981—2008 年先后建设，由企业自建、职工购买、个人产权、独立管理，分别为十二栋小区、东一小区、西一小区、西三小区、东三北小区、东三南小区、嘉庆小区，住户 5036 户，由于建设年代久远，屋顶防水大面积破损，无外墙保温，室外排水管网破损严重，局部有倒坡，路灯配备不全、无小区监控等。

2018 年 9 月 18 日，青铝股份与吴忠国运盛物业服务有限公司签订移交协议，8 月 31 日为移交基准日，9 月 20 日完成物业管理职能移交，9 月 25 日完成资产移交。2019 年 4 月 11 日，参照《吴忠市国有企业职工家属区"三供一业"分离移交维修改造标准及费用测算指导意见》，《建筑装饰装修工程质量验收规范》等标准，对家属区 5036 户物业及配套设施开始维修改造，实施了屋面防水、外墙保温，道路维护、室外排水系统维修改造，配置安装庭院灯、视频安防监控系统、单元门禁系统。2019 年 11 月 22 日，完成竣工验收，7 个小区各住户（用户）物业均达到社会化管理服务标准。

职工家属区物业项目移交 5036 户，实际发生分离移交费用 9900 万元（维修改造费用 8122 万元，外墙保温改造 1778 万元）。2018 年 8 月，获得中央财政补助资金 1730 万元。2019 年 7 月，获得国家电投配套资金 1038 万元。至 2021 年底，实际支付分离移交费用 8654.5 万元。根据宁夏国资委《关于明确国有企业职工家属区"三供一业"分离移交资产处置相关政策规定的通知》，青铝股份按照 170 万元／年的标准向吴忠国运盛物业服务有限公司支付 4 年的物业管理过渡期补贴费用，合计 680 元。青铝股份已于 2019 年分 5 次支付 630 万元，2021 年 4 月支付 50 万元，全部支付完毕。

家属区物业移交后，由吴忠国运盛物业服务有限公司负责家属区内的治安保卫、环保、交通、消防、综合治理及房屋公共部分的维护保养。

三、市政职能分离移交

为加快剥离国有企业办社会职能和解决历史遗留问题。2017 年 5 月 15 日，国务院国资委、民政部、财政部、住房和城乡建设部印发《关于国有企业办市政、社区管理等职能分离移交的指导意见》，要求在 2017 年底前将国有企业与主业发展方向不符的国有企业管理的市政设施、职工家属区的社区管理等职能移交地方政府负责，资产无偿划转。10 月 10 日，宁夏能源铝业印发《青铜峡铝业股份有限公司市政职能分离移交工作方案》，成立分离移交工作领导小组及工作机构，明确移交范围包括道路桥梁及相应设施、环境卫生设施及生活垃圾处理设施、生活污水处理设施、绿化设施、公园、广场、殡仪馆、墓地、市政管网及附属设施、城市供水设施、市场等。青铝股份向青铜峡市政府报送了办市政职能分离移交的请示，并积极与市政府对接，推进移交工作。

2017年12月29日，青铝股份分别与青铜峡市市政管理服务中心、青铜峡市市场服务中心、青铜峡市污水处理中心、青铜峡市民政局、青铜峡市人民防空办公室、青铜峡市教育局等单位签订《环境卫生、生活垃圾收集设施、排水设施、技校楼、广场、公厕及其配套设施移交协议》《道路、路灯、信号灯、高杆灯及其配套设施移交协议》《市场资产及其管理职能移交协议》《排水提升泵站移交协议》《殡仪馆、墓地及其管理职能移交协议》《教培楼及其管理职能移交协议》《人防工程（防空洞）及其管理职能移交协议》《教学楼及其管理职能移交协议》，以2017年12月31日为移交基准日，2018年1月15日，完成实物、资产移交。

2018年7月3日，青铝股份与青铜峡市公安局签订《信号灯及其配套设施管理职能移交协议》，以2018年7月5日为移交基准日，当日完成实物、资产移交。

2018年7月12日，青铝股份与青铜峡市城市公用事业服务（中心）有限公司签订了《市政供水设施移交协议》，以2018年6月14日为移交基准日，2018年6月15日完成实物、资产移交。

2019年2月21日，青铝股份与青铜峡市自然资源局签订《林地、湿地、行道树、湖面、灌溉渠道、东坑及农业泵房、公园等公共绿化配套设施及管理职能移交协议》，以2019年3月1日为移交基准日，当日完成实物、资产移交。

2019年3月，9个市政设施完成分离移交，23名在职职工完成内部转岗分流安置。9个市政设施分离移交协议签订过程中，青铜峡市政府要求对供水、排水、绿化灌溉及路灯进行改造，供水、排水、绿化灌溉项目由国家电投成套公司组织招标，吴忠市古城建筑工程有限公司、宁夏吴忠市第三建筑工程有限公司施工。路灯由青铜峡分公司组织招标，宁夏和硕建设工程有限公司施工，上述4项费用共计854.51万元，由青铝股份支付。

四、职工医院移交

青铝职工医院（以下简称职工医院）是原宁夏卫生厅直属二级综合性医院，创办于1970年，现有设施建于1987年，建筑面积4500平方米，设置床位120张，实际开设100张。主要承担青铝地区职工和家属的医疗、急救、保健、预防接种、计划免疫、计划生育、健康体检等职能和周边地区群众医疗服务，并参与宁夏能源铝业各类应急预案演练及职业病健康检查工作。职工医院具有宁夏卫生厅颁发的职业病体检资质，是青铜峡市城镇居民、职工医疗保险和新型农村合作医疗的定点医院。

2011年10月27日，中电投批复宁夏能源铝业辅业改革实施方案，要求职工医院资产处置后实施社会化经营。

2012年6月1日，宁夏能源铝业第五次党委会通过医院降级分流改革方案，按照业务基本满足青铝股份家属区职工家属基本医疗条件和工伤急救的原则，对医院现有业务进行压缩整合、合并机构、进行人员分流调整。6月19日，职工医院将原有内科、外科、功能科和护理部4个科室合并为内科、外科、护理部3个科室，无固定期合同员工由83人降为74人。

2012年4月5日，宁夏能源铝业向宁夏国资委报送《青铜峡铝业股份公司职工医院整体移交青铜峡市人民政府管理的请示》。5月22日，宁夏国资委向宁夏回族自治区人民政府报送了《关于将中电投宁夏能源铝业所属青铜峡铝业股份有限公司职工医院整体移交青铜峡市管理的请示》，宁夏回族自治区人民政府明确由宁夏卫计委牵头协调移交工作。2012年5月—2016年9月，由宁夏卫生厅牵头，先后3次制订移交方案，因受人员编制影响，没有取得实质性进展。

2015年11月17日，宁夏卫计委向宁夏机构编制委员会上报了《关于青铜峡铝厂医院移交地方管理后机构编制事项的请示》，宁夏卫计委组织对青铝医院成建制移交后的定位和发展进行了重新规划。11月18日，宁夏卫计委向青铜峡市下发《关于青铝股份医院变更为青铜峡市职业病防治医院》的批复，批准医院移交后功能定位为青铜峡市职业病防治医院。

2016年8月，医院重新办理了医疗机构执业许可证，同时挂名"青铜峡市职业病防治医院"。9月，宁夏政府办公厅反馈意见给宁夏卫计委，暂停移交工作，成建制移交就此搁置。

2017年8月3日，国务院国资委、中央编办、教育部、财政部、人力资源和社会保障部、卫生计生委印发《关于国有企业办教育医疗机构深化改革的指导意见》，要求对国有企业办医疗机构分类处理、分类施策，深化改革，2018年底前基本完成企业办医疗机构集中管理、改制或移交工作。8月15日，青铜峡市人民政府办公室印发《青铜峡市国有企业办市政、社区管理等职能分离移交工作方案》，明确青铜峡市卫生和计划生育局负责按期完成国有企业在分离移交办市政、社区管理等职能中，所涉及的医疗卫生设施设备资产划转接收工作，确保国有企业的社区医疗卫生和计划生育管理工作在分离移交后不受影响。10月10日，青铝股份向青铜峡市政府报送《关于移交青铜峡铝业股份有限公司职工医院资产的请示》，提出移交医院资产和职能，人员由企业安置，申请青铜峡市人民政府将青铝地区纳入区域医疗卫生服务体系规划，医院资产移交后青铝股份不再参与任何管理。

2018年2月28日，经宁夏能源铝业2018年第四次党委会研究，同意医院移交及人员借用事宜。2018年5月16日，青铝股份与青铜峡市卫生和计划生育局签订《青铜峡铝业股份有限公司职工医院移交协议》，以2018年5月31日为移交基准日，5月29日完成医院资产移交，共移交资产95项，资产原值1039.64万元，资产净值177.27万元。6月1日，医院管理职能移交青铜峡市卫生和计划生育局，同时签订《人员借用协议》，有14名无固定期合同员工由青铜峡市卫计局借用3年，工资及其他费用（含岗位工资和各类津补贴）由青铝股份承担，月度绩效由青铜峡市卫生和计划生育局承担。至2021年底，借用人员全部在岗。

分离移交后，青铝股份每年减轻负担3367.56万元，其中，"三供一业"减负2940.56万元，市政设施减负约237万元，医院减负约190万元。

第六节　法治央企建设

一、组织机构

（一）管理机构

1.宁夏能源铝业

2016年12月28日，宁夏能源铝业成立依法治企领导小组，负责贯彻落实国家电投建设法治央企的有关要求和上级关于法制宣传教育工作政策，审议公司全面推进法治企业建设工作中的重大事项。领导小组下设推进法治企业建设专项工作组，负责有关任务目标及重点工作的组织、落实。依法治企领导小组办公室设在政策与法律部，负责依法治企日常工作的组织、协调。

2018年3月6日，宁夏能源铝业调整依法治企领导小组成员及职责，将法治企业建设专项工作组与依法治企领导小组合并，负责公司法治企业建设工作，统筹解决实施过程中的重大问题。

宁夏能源铝业第一、二届依法治企领导小组组成情况见表7-6-1。

表 7-6-1　宁夏能源铝业第一、二届依法治企领导小组组成情况表

依法治企领导小组	组成人员	履职时间
第一届	组　长：刘　丰 副组长：黄永峰、吴连成、牛庆仁 成　员：其他领导班子成员，各部门、各单位负责人 办公室：政策与法律部	2016 年 12 月—2018 年 3 月
第二届	组　长：马国林 副组长：冯建清、颜传宝 成　员：其他领导班子成员、总法律顾问、各部门负责人、办公室（政策与法律部）相关人员	2018 年 3 月—2019 年 3 月

2. 铝电公司

2017 年 12 月 14 日，铝电公司成立法治央企建设领导小组，负责法治建设工作的决策部署，统筹解决重大问题。领导小组下设办公室，负责法治央企建设日常工作的沟通协调，督促和落实法治央企建设领导小组的决策部署。

2019 年 4 月 23 日，增设法治央企建设领导小组、法治宣传教育领导小组。

2021 年 9 月 6 日，为强化合规管理，公司法治央企建设领导小组、法治宣传教育领导小组调整为法治央企建设领导小组（合规领导小组、法治宣传教育领导小组），并调整小组人员（见表 7-6-2）。

表 7-6-2　铝电公司第一、二、三届法治央企建设领导小组组成情况表

法治央企建设领导小组	组成人员	履职时间
第一届	组　长：刘　丰 副组长：王同明 成　员：各部门负责人、所属单位法律事务部门负责人	2017 年 12 月—2019 年 4 月
第二届	组　长：刘　丰 副组长：冯建清　赵明杰 成　员：各部门负责人 办公室：法律与企业管理部	2019 年 4 月—2021 年 9 月
第三届	组　长：吴克明 副组长：赵明杰　程　溪 成　员：各部门负责人 办公室：法律与企业管理部	2021 年 9 月—2021 年 12 月

（二）工作机构

2009年3月，宁夏能源铝业总经理工作部负责法律事务工作，承担章程的起草、修改，合作协议和重大经济合同审核等业务。

2011年6月22日，宁夏能源铝业成立法律事务部，与总经理工作部合署办公，设置专职法律事务岗位。11月，成立政策与法律部。

2017年1月，铝电公司成立政策与法律部，与综合事务部、董事会办公室合署办公，负责法律事务工作。9月5日，宁夏能源铝业政策与法律部、办公室合署办公。

2019年3月，铝电公司成立法律与企业管理部，统筹负责铝电公司、宁夏能源铝业法律事务工作。负责法律事务、内控合规管理、风险管理、法定代表人授权管理、制度建设、流程管理，归口管理企业体制改革等工作。

二、体系建设

（一）依法治理

宁夏能源铝业是以法人治理结构为特征的公司制企业，由股东会、董事会、经理层、监事会构成。2008年12月25日，宁夏能源铝业首次股东会审议通过《中电投宁夏青铜峡能源铝业集团有限责任公司章程》，明确股东会、董事会、经理层、监事会的工作规则。

2016年6月，宁夏能源铝业制定《权力清单（A版）》，明晰机关与所属各单位间15类199项管理权限。9月，编制《管理权限手册》，明确本部内部13类166项管理事项的审批权限及流程，形成界面清晰、权责对等、运转高效的权力运行体系，提升公司治理能力和管理水平。

2017年1月，铝电公司制定《董事会议事规则》《党委会议事规则》《总经理办公会议事规则》。2018年4月，制定《"三会一层"权责指引》，规范董事会、党委会、经理层权责界面和衔接程序，并将党委研究"三重一大"事项作为董事会前置程序。

2017年5月，《宁夏能源铝业章程》增加一章"党委"，内容包括"党组织机构设置、党委职责、纪委职责"。第三十四条董事会职权内容中增加"董事会决定公司重大问题应事先听取公司党委的意见"。

2019年，铝电公司开展深化董事会职权试点工作，梳理优化党委会、经理层权责界面，加强对"三会"决策程序、决议内容合法性审查和监督，构建权责更加清晰、决策更加高效的议事体系，提高公司决策效率及治理水平。成立第一届董事会战略与投资委员会、提名委员会、薪酬与考核委员会、审计与风险管理委员会4个专门委员会，制定相关议事规则。

2020年，铝电公司修订《董事会议事规则》《审计与风险管理委员会议事规则》等7部制度，制定《决策事项清单》《机关与所属单位的事权界面》，深化董事会职权试点，初步厘清出资人、决策层和经营层决策事项，明晰公司机关和所属单位权责界面。落实国企改革三年行动要求，推进子公司董事会应建尽建。

2021 年底，符合条件的 13 家单位均成立董事会，并安排专职董监事。

（二）管理制度

2009 年 5 月，宁夏能源铝业制定《规章制度管理制度（试行）》，明确制度建设的原则和管理职责，规范规章制度的起草、审核、发布、修改、执行和监督，并初步搭建基础管理制度、业务管理制度两大类，决策管理、组织管理、规章制度管理、计划与规划发展管理、人力资源及考核评价管理、财务与产权管理、安全与环保管理、科技与信息管理制度、市场营销管理、工程建设管理、采购与物资管理、监察审计管理、法律事务管理、行政综合事务管理、党群管理、宣传管理、国际合作管理 17 个小类的制度框架体系。之后，4 次调整制度框架。2018 年 8 月，调整为基本管理制度、职能管理制度、业务管理制度三大类，决策管理、组织与干部管理、监督管理、规章制度管理、发展规划管理、投资管理、计划统计管理、人力资源管理、财务管理、安全质量监督管理、环境保护管理、科技与知识产权管理、信息管理、物资与采购管理、综合管理、评价考核管理、火电业务管理、新能源发电业务管理、煤炭业务管理、综合能源与售电业务管理、铝业业务管理 21 个小类。

2017 年 3 月，铝电公司制定《规章制度管理规定》《规章制度制定程序规定》，明确规章制度管理原则和职责，规范规章制度管理程序，并初步建立基本管理制度、职能管理制度、业务管理制度三大类，决策管理、组织与干部管理、监督管理、规章制度管理、战略规划管理、投资管理、资本运营管理、计划统计管理、财务管理、营销管理、人力资源管理、安全质量监督管理、科技与知识产权管理、重大专项管理、环境保护管理、信息化管理、物资与采购管理、国际合作管理、综合事务管理、评价考核管理、火电业务管理、新能源发电业务管理、煤炭业务管理、金融与贸易业务管理、综合能源与售电业务管理、铝业业务管理、其他产业业务管理 27 个小类的制度框架体系。

2020 年 6 月，基于宁夏能源铝业与铝电公司"两块牌子、一套班子、一个本部"运作的管理实际，除股东会议事规则、董事会议事规则、监事会议事规则、党委会议事规则、总经理办公会议事规则、规章制度管理规定、法人授权委托管理办法、专项补助资金管理办法、职工遗属生活困难补助管理办法 9 部制度保留外，宁夏能源铝业其他制度全部废止，执行铝电公司相关制度。

2021 年 9 月，改为统一执行国家电投制度框架体系，包括党的领导和党的建设、战略管理、业务管理、职能管理、监督五大类。

（三）总法律顾问

1. 宁夏能源铝业

2011 年 6 月 5 日，宁夏能源铝业设置总法律顾问，由一名副总经理兼任，主管公司的法律事务。之后，因领导班子成员和分工变化，先后 2 次调整总法律顾问人选。

2017 年 5 月 19 日，宁夏能源铝业首次将总法律顾问制度写入公司章程，明确总法律顾问全面参与重大经营决策，统一协调处理经营管理中的法律事务。

2018 年 1 月 8 日，宁夏能源铝业设置专职总法律顾问。

2019 年 4 月 17 日，宁夏能源铝业总法律顾问与铝电公司总法律顾问由同一人兼任。

2021 年 2 月 18 日，调整为专职总法律顾问（见表 7-6-3）。

表 7-6-3 铝电公司（宁夏能源铝业）总法律顾问表

姓名	任职形式	任职时间
赵明杰	兼职	2011 年 6 月—2013 年 9 月
牛庆仁	兼职	2013 年 9 月—2017 年 4 月
颜传宝	兼职	2017 年 4 月—2018 年 1 月
田 泽	专职	2018 年 1 月—2019 年 4 月
赵明杰	兼职	2019 年 4 月—2021 年 2 月
程 溪	专职	2021 年 2 月—2021 年 12 月

2. 铝电公司

2017 年 3 月 14 日，铝电公司将总法律顾问制度写入《铝电公司章程》，明确总法律顾问全面参与重大经营决策，统一协调处理经营管理中的法律事务，充分发挥法律审核把关作用。

2019 年 4 月 17 日，铝电公司设立总法律顾问，由副总经理兼任。

2021 年 2 月 18 日，铝电公司将总法律顾问调整为专职。

（四）法律风险防范

1. 宁夏能源铝业

合法性审查。宁夏能源铝业成立后，将合法性审查要求写入《法律事务工作管理办法》《合同管理办法》《规章制度制定程序规定》等制度中，确保公司规章制度、经济合同和重要决策事项的法律审核把关率达到 100%。2016 年 12 月，制定《合法性审查管理办法》，将合法性审查上升为专项制度，明确合法性审查的范围和要求。2018 年 9 月，将合法性审查管理制度并入《法律事务工作管理办法》。

法律风险排查。2010 年 10 月，下发《关于加强合同管理做好法律风险防控工作的意见》。11 月，制定《法律事务管理办法（试行）》，提出建立法律风险排查机制，要求法律部门对所属单位法律风险进行评估、提出防范意见，并做好法律风险事前防范与事中控制管理。2011 年 3 月，印发《关于加强印章管理防范法律风险的通知》，理顺公司印章管理使用程序，防范与此相关的经营和法律风险。6 月，中电投委托北京大成律师事务所对宁夏能源铝业开展法律风险调研，形成调研报告，针对风险事件提出建议和措施，宁夏能源铝业组织相关部门和单位对风险问题进行整改。2018 年 9 月，修订《法律事务工作管理办法》，首次明确要求所属单位定期开展法律风险排查工作，对在项目核准、并购重组、工程建设、招投标、劳动用工、境外项目等重点业务领域潜在的法律风险进行摸底调查，提出法律风险处置建议，形成法律风险报告，呈报本单位依法治企领导小组研究，组织完善相关管理制度。11 月，下发《关于定期开展法律风险排查的通知》，要求各单位将法律风险的识别分析与公司全面风险管理结合起来，每季度将本单位识别的全部法律风险列入风险管理台账并上报。截至 2021 年底，公司没有发生法律风险事件。

法律纠纷案件处理。2010 年 11 月，制定《法律事务工作管理办法》，明确公司法律部门负责协调所属单位重大案件的处理及其他重大法律事务的办理工作，并初步建立诉讼与非诉讼案件报告制度、纠纷案件分级授权管理制度。2015 年 8 月至 2018 年 9 月，3 次修订《法律事务工作管理办法》，明确所属单位为本单位诉讼案件处理责任主体，负责依法自主处理诉讼案件，公司法律部门履行指导、监督职能；所属单位每季度末向公司法律部门通报案件进展情况，案件重大进展情况及时通报；对法律纠纷案件进行系统性规定，进一步明确纠纷案件处理责任及机制。

法律中介机构管理机制。2010 年 11 月，建立法律中介机构管理机制，由机关法律部门负责选聘法律中介公司及所属单位外部法律服务机构，并明确选聘程序及条件。2015 年 8 月，下放部分选聘权限，所属单位重大经营事项以外的其他专项法律事务，需要聘请外部法律服务机构的，由各单位自行选聘。2016 年 8 月，进一步细化中介机构管理要求，将法律服务作为合同备案内容。2018 年 9 月，调整中介机构聘用权限及方式，公司机关业务部门涉及专项法律事务需要聘请外部法律服务机构的，由机关法律部门组织选聘；所属单位需要聘请外部法律服务机构的，由各单位自行选聘。2019 年 3 月，执行铝电公司关于合法性审查、法律风险排查、法律纠纷案件、法律中介机构管理的相关要求。

2. 铝电公司

合法性审查。2017 年 11 月，制定《法律事务工作管理办法》，建立合法性审查机制，对《公司章程》、规章制度、协议或合同、重要决策事项履行合法性审查程序。明确对所属单位重大项目立项、投资等重要决策法律审查进行集中统一管理，监督检查所属单位限额以上合同、项目立项备案、法律纠纷案件等情况。2018 年 3 月，将重大决策合法性审查写入决策会议议事规则，8 月将重大决策合法性审查机制写入《铝电公司章程》。2019 年 4 月，建立党内规范性文件合法性审查机制，明确党内规范性文件合法性审查的内容及形式。11 月，修订《法律事务工作管理办法》，明确合法性审查管理权限。要求所属单位报请公司决策的重大项目立项和决策，须附法律意见书。

法律风险排查。2017 年 11 月，建立防范风险法律监督、法律风险排查机制，对重大法律风险进行提示。2018 年，要求所属单位自主管理本单位法律事务工作，明确本单位是法律事务的责任主体，负责本单位法律风险隐患排查等法律事务工作，并向公司报告重大法律事项工作进展。2021 年 6 月，修订《法律事务工作管理办法》，完善了法律风险排查机制。2019—2021 年，为贯彻落实国务院和国家电投持续推进重大风险防范化解工作的要求，对所属单位进行 3 次法律风险系统梳理排查，形成法律风险分析报告并上报国家电投。2021 年，向铝业国贸下发《关于做好法律风险防控有关工作的通知》，要求铝业国贸加强重点法律纠纷案件管理、做好期货业务合同法律风险防控，并委托北京金诚同达律师事务所对遵义公司进行法律风险评价，出具法律风险评价报告。

纠纷案件处理。2017 年 11 月，制定《法律事务工作管理办法》，建立法律纠纷案件管理机制，明确纠纷案件的定义及分类、案件处理各环节要求、纠纷案件报告备案制度等。2018 年 7 月，制定《法律纠纷案件处理三年行动计划（2018—2020 年）》，推进历史积案化解。2021 年 6 月，修订《法律事务工作管理办法》，将重大法律纠纷案件的涉案金额要求由 5000 万元人民币下调为 1000 万元，加强对所属单位案件的指导管理。2021 年 9 月，发布《法律纠纷案件处理三年行动计划（2021—2023 年）》，继续推进案件化解工作。

法律中介机构管理。2017 年 11 月，制定《法律事务工作管理办法》，明确法律中介机构选聘应从国家电投法律中介机构库中选择，具体按照国家电投法律中介机构聘用管理规定执行。2018 年 7 月，修订《法律事务工作管理办法》，明确机关法律服务机构聘用职责，法律部负责聘用常年法律服务机构，其他专项法律事务服务机构由各需求部门负责聘用。2019 年 11 月，规范法律中介机构管理，完善法律中介机构分类、选聘程序、服务总结评价等要求，并明确由法律部统一负责机关所需法律服务机构选聘，所属单位自行负责本单位法律服务机构选聘。2021 年 6 月，根据国家电投管理要求完善法律服务的分类及定义、中介机构选聘及评价要求。

（五）第一责任人职责

2017 年 7 月 6 日，国家电投发布《企业主要负责人履行推进法治建设第一责任人职责规定》，以制度的形式明确公司主要负责人为推进法治建设的第一责任人，公司党委（党组）书记、董事长、总经理等在法治建设中的主要职责。铝电公司主要负责人按照国家电投规定履行法治建设第一责任人职责，负责公司依法治企工作。

2020 年 7 月 29 日，铝电公司制定《企业主要负责人履行推进法治建设第一责任人职责规定》，进一步明确所属单位党委（党总支）书记、董事长、总经理等主要负责人的法治建设职责。同时明确未设立董事会的所属单位，党委书记为推进法治建设第一责任人，履行法定代表人或企业负责人的职责。12 月 22 日，铝电公司将法治建设纳入所属单位负责人任期经营业绩考核。

（六）信息化平台建设

2012 年，宁夏能源铝业调整优化铝业、煤炭板块合同管理和相关事权界面，细化机关合同审查职责，开发合同管理信息平台，实现各板块合同网络申报、审查。

2018 年，借助国家电投综合办公系统的推广运行，全面推进合规信息化植入工作。将实质性的合规审查程序植入现有业务管理流程。除遵义公司外，职能部门及所属单位合规表单实现线上运行。

2019 年 9 月，铝电公司建立法治专业管理信息化平台，完成国家电投法律事务管理系统推广建设，平台涵盖法治央企建设、规章制度管理、章程管理、合同管理、项目法律服务、授权委托管理、纠纷案件管理、法律队伍管理、中介机构管理、资质证照管理、知识库管理、查询统计综合分析等内容。

（七）内控合规风险管理

1. 宁夏能源铝业

2009 年 9 月，制定《风险管理及内部控制制度（试行）》，明确风险管理及内部控制的组织机构、工作要求和程序等，建立年度风险管理及内部控制情况报告机制、风险管理及内部控制评价机制。

2012 年 7 月，成立审计与内控委员会，全面负责风险管理及内部控制体系建设工作，并在审计与内控部设置了审计与内控办公室，承办公司风险管理及内部控制体系建设的具体工作。初步建立起内部控制与风险管理办法、风险管理与内部控制标准及自我评价办法等内部控制制度体系。

2013年5月，所属各单位完成风险管理及内部控制标准、管理办法的编制工作，8月完成各单位标准测试验收工作。

2017年1月，制定《风险预警指标体系管理办法》，初步建立风险内控预警指标体系。7月，成立内控合规体系建设工作领导小组和内控合规体系建设工作小组，制定2017年内控合规体系建设方案，启动内控合规体系建设。10月，宁夏能源铝业同步开展并完成工作，所属11家单位完成内控合规"决策管理、资金管理、合同管理"体系建设，发布内控合规手册内控合规卡片、内控合规表单等工作成果。

2018年5月15日，召开2018年度内控合规体系深化建设推进会，组织开展内控合规体系整改消缺和信息化建设工作。8月，印发《内控合规管理手册》和《内控合规卡片》，实现决策领域、资金领域、合同领域、工程领域、招投标领域合规体系全覆盖。11月，制定《风险管理办法》，明确风险管理的职责权限及工作内容，同时，制定《内部控制审计办法》。12月，内控合规体系通过A8协同办公平台和远光财务管控信息系统实现线上运行。坚持开展风险评估及内控评价工作，编制风险管理及内部控制评价报告。

2019年3月，铝电公司法律与企业管理部负责宁夏能源铝业内控合规风险管理工作。

2. 铝电公司

2017年6月30日，召开内控合规体系建设启动会。7月，成立内控合规体系建设工作领导小组和内控合规体系建设工作小组，制订内控合规体系建设实施方案。形成内控合规管理办法，编制覆盖决策、合同、资金领域的《内控合规手册》，制定决策、合同、资金的内控合规相关表单。

2018年3月，制定《风险管理办法》，明确风险管理的职责权限及工作内容，初步建立涵盖董事会、董事会审计与风险委员会、职能部门、所属单位的风险管理体系。4月，按照国家电投内控合规体系三年整体建设要求，制订发布内控体系深化建设实施方案，继续对内控合规体系进行巩固、深化、完善和提升。9月，对所属单位开展内控合规体系验收，所属各单位均建立较为完善的内控合规体系。12月，发布《内控合规管理手册》《内控合规卡片》，修订《内控合规管理办法》，进一步明确董事会、董事会审计与风险委员会、党委会、总经理办公会在内控合规管理中的职责，建立内控合规审查机制及内控合规评价指标体系。

2019年3月，成立法律与企业管理部，负责风险内控合规管理工作。11月，对风险内控合规制度体系进行了完善，修订《风险管理规定》，明确董事会、审计与风险管理委员会、法治央企建设领导小组、经理层、风险管理归口部门、业务部门以及监督部门在风险管理体系中的职责，实现"统一领导，分层管理，权责清晰"的风险管理组织体系。制定《合规管理规定（试行）》《内部控制管理规定（试行）》，首次将合规管理体系与内部控制体系区分提出，制定《境外风险管理办法（试行）》《境外经营合规管理办法（试行）》，加强境外风险管理。12 月，完成制度领域内控合规体系建设，在国家电投法务系统实现上线运行。

2020 年 3 月，将法律、合规、内控、风险四项职能有机融合，形成管理合力，提高了工作效率。9 月，制定《内部控制评价办法》《内部控制标准及评价标准手册（试行）》《合规体系建设及运行评价标准（试行》，内控合规体系评价工作开始步入常态化和规范化。

2021 年 3 月，制定《风险评估标准（试行）》《风险数据库及预警指标（试行）》，规范和统一公司风险评估工作程序。8 月，修订发布《境外风险管理办法》《境外经营合规管理办法》，完善境外风险管理的定义、职责、管理要求，调整董事会合规职责，增加重大合规风险处置和责任追究内容。9 月，修订发布《合规管理规定》《内部控制管理规定》，增加工程建设、公司治理、投资融资、对外担保、重大内控缺陷报告追责合规要求，完善合规风险应对及合规评价内容，细化内部控制管理内容。12 月，修订《风险管理规定》，在董事会职责中，增加重大风险预警及应急处置等内容。

三、法治宣传教育

（一）普法教育

铝电公司（宁夏能源铝业）认真贯彻习近平法治思想，按照法治教育总体规划，开展"六五"（2011—2015 年）、"七五"（2016—2020 年）、"八五"（2021—2025 年）法制宣传教育活动。主要学习内容包括宪法、经济法、社会法、刑法、民法、商法、行政法、诉讼与非诉讼程序法等法律，学习习近平总书记关于全面依法治国的重要论述，学习党内法规，宣传中国特色社会主义法律体系、推进社会主义法治建设。

2012 年，宁夏能源铝业开展法制教育培训班 6 次。5 月 11 日，举办管理人员知识产权培训班，铝业生产部、发电部、煤炭煤化工部、科技与信息部及所属单位 61 人参加培训，学习知识产权概念及重要性、专利申请实务、专利保护和专利转移、涉外专利申请、专利文献检索、专利信息利用等。5 月 24 日，举办保密知识专题讲座，邀请宁夏保密局工作人员讲授保密法的立法宗旨、保密工作的重要性、保密工作面临的形势、违反保密工作制度可能产生的危害、做好保密工作的具体措施等方面知识，公司机关及各单位涉密岗位 35 人参加培训。8 月 10 日，举办安全管理培训班，学习《中华人民共和国安全生产法》及安全责任、生产事故报告和调查处理条例、电力安全事故应急处置和调查条例等内容，参加安全事故现场模拟演练。9月11日，为各部门负责人和所属单位领导班子成员及相关经营管理人员配发了《企业经营管理人员法律读本》《"六五"普法企业法律知识学习问答》《图解日常法律知识（法律漫画）》等普法书籍。组织各级领导干部和经营管理人员结合自身工作岗位进行相关法律知识的自学。11月15日，举办普法骨干培训班，培训各单位普法工作人员，讲解宁夏能源铝业"六五"法制宣传教育规划，开展普法工作讲座、座谈。

2013年3月28日，宁夏能源铝业创办"六五"法制宣传教育专刊《企业与法》，设新法解读、法治要闻、普法动态、法治时评、举案说法、法律常识、法律生活等专栏。6月5日，举办2013年度"六五"普法骨干培训班，向所属各单位普法办公室主任、普法工作人员传达中电投关于三级单位法制工作要求，解读学习《中华人民共和国招标投标法实施条例》。

2014年9月29日，宁夏能源铝业举办保密工作培训班，讲解保密管理工作面临的形势、保密工作的重要意义、保密案例讲解及分析、保密工作基本常识等内容。公司各部门负责人、各单位保密工作主管领导及涉密人员等45人参加培训。

2015年4月17日，宁夏能源铝业组织开展《中华人民共和国安全生产法》培训，宣贯新的安全生产法，并进行安全生产事故案例分析。7月29日，组织开展《中华人民共和国环境保护法》培训，宣贯新的环境保护法。公司领导、机关部门负责人、所属各单位主要负责人、各单位安全监督部门等61人参加了2次培训。

2019年12月19日，宁夏能源铝业举办2019年安全环保管理培训，讲解企业环保管理要点、安全生产法，各单位主要领导及生产、工程建设、安全环保分管领导，各单位安全环保监督、生产技术、工程建设等相关部门人员参加培训，共计103人参加培训。

2021年7月30日，铝电公司举办第8期"铝电讲坛"，从依法治企和提升管理成效两方面讲解如何提升企业的依法治企能力。公司领导班子成员、职能部门及所属单位负责人共计58人参加。9月16日，铝电公司举办交通安全专项法治宣传教育培训。宣讲《中华人民共和国道路交通安全法》《中华人民共和国刑法》，结合银川交通安全案件开展专题普法教育，共计75人参加。

（二）法治宣传活动

2009年12月4日，宁夏能源铝业以"加强法治宣传教育，服务经济社会发展"为主题，举办2009年"12·4"全国法制宣传日系列宣传活动，采用知识问答、法律咨询、法制讲座、发放法制宣传资料、制作板报、在报纸开辟专栏等方式，宣传宪法、行政法、经济法、社会法、刑法、诉讼法与非诉讼程序法等方面的法律知识，公司机关及所属单位302人参加。

2010年7月12—16日，宁夏能源铝业举办"五五"普法验收法律知识竞赛，内容涉及《公司法》《证券法》《破产法》《物权法》《企业所得税法》《劳动合同法》等32部法律法规，公司及所属单位共计56人参加竞赛。

2012年12月1—15日，宁夏能源铝业以"弘扬宪法精神，服务科学发展"为主题，开展2012年"12·4"全国法制宣传日系列宣传活动，各单位对2011—2012年普法工作进行总结，制作宣传展板，集中展示公司和各单位依法治理工作成果；各单位结合活动主题在办公区、生产车间门口等场所悬挂各类普法宣传标语，营造法制宣传日氛围；组织开展年度普法学法考试，对重点法律法规学习效果进行检验。

2014年5月13日，宁夏能源铝业开展"法治宁夏大讲堂"宣讲活动。12月1—13日，以"弘扬宪法精神，建设法治中国"为主题，以制作法治宣传海报、开展普法宣传、组织普法考试等形式开展国家宪法日暨全国法制宣传日宣传活动，公司机关及所属单位共325人参加。

2015年6月26日，宁夏能源铝业组织各单位参加司法部、国家互联网信息办、全国普法办开展的"尊法学法守法用法"法律知识竞赛活动，38名员工参加。

2016年5月20日—6月20日，为增强守保密纪律、讲保密规矩，宁夏能源铝业以"领导责任与保密担当"为主题，组织开展2016年年度保密法制宣传月活动，各部门、单位开展保密常识教育培训并签订保密协议书和承诺书。12月，以"大力弘扬法治精神，协调推进'四个全面'战略布局"为主题，开展2016年"12·4"国家宪法日宣传活动，学习习近平总书记关于全面依法治国的重要论述以及党内法规、党章，以宪法为核心的中国特色社会主义法律体系等内容。

2017年8月，宁夏能源铝业工会组织开展"争做安全基石秀出我的安全"情景剧巡回展演，巡演期间组织开展"保安全、反违章"安全知识竞赛。

2018年11—12月，宁夏能源铝业开展以"弘扬宪法精神，增强宪法意识，维护宪法权威，全面推进法治企业建设"为主题的宪法学习宣传教育活动，利用网站、微信公众号、报纸、杂志等各类媒体平台开展系列宣传活动，并组织集中学习、专家讲座、理论研讨、知识竞赛等活动。12月2日，开展国家宪法日暨"宪法宣传周"活动，组织参加国家电投宪法和法律知识答题活动。

2019年5月8日—6月8日，铝电公司组织开展2019年度"保密法制宣传月"活动，活动主题为"堵漏洞、补短板、强弱项，着力防范化解保密风险"。12月1—7日，围绕"弘扬宪法精神，推进国家治理体系和治理能力现代化"，组织开展2019年"宪法宣传周"活动，组织公司副主任级以上干部收看全区领导干部现场旁听庭审活动，公司机关第一、第三党支部党员及非党员员工在公司办公楼一楼大厅开展宪法宣誓活动。

2020 年 6 月 1—30 日，铝电公司以"消除事故隐患，筑牢安全防线"为主题，开展"安全生产月"和"安全生产万里行"活动，围绕强化安全红线意识、落实安全责任、推进依法治理、深化专项整治、深化改革创新等重点进行宣讲，开展安全生产经验交流、安全警示教育和科普宣传活动。

2021 年 11 月 29 日—12 月 12 日，铝电公司以"以习近平法治思想为指引，坚定不移走中国特色社会主义法治道路"为主题，组织开展宪法宣传周活动，重点学习习近平新时代中国特色社会主义思想、党的十九届六中全会精神、《中华人民共和国宪法》、《中华人民共和国民法典》等国家基本法。

第七节　法人治理

一、管理机构

（一）宁夏能源铝业

宁夏能源铝业法人治理结构由股东会、董事会、监事会、经理层构成。

2008 年 12 月 25 日，宁夏能源铝业召开首次股东会，选举产生董事会董事、监事会监事，同日召开一届一次董事会，选举董事长，聘任经理层。

2009 年 3 月，成立总经理工作部，负责股东会、董事会和监事会相关事务。

2011 年 11 月，撤销总经理工作部，成立办公室（证券部），负责股东会、董事会、监事会建设等相关事务。

2017 年 9 月，成立政策与法律部，负责法人治理工作。

2019 年 3 月，宁夏能源铝业与铝电公司管理机构合并，成立办公室（董事会办公室），负责法人治理工作。

（二）铝电公司

铝电公司法人治理结构由董事会、监事会、经理层构成。

2017 年 1 月 23 日，成立综合事务部（董事会办公室、政策与法律部），负责董事会、监事会事务。

2019年3月，成立董事会办公室，与办公室合署办公，负责铝电公司、宁夏能源铝业股东会、董事会、监事会事务。

2020年11月，铝电公司成立法人治理部（董事会办公室），主要负责法人治理体系建设与完善，公司董事会事务，所属单位董事会、监事会建设，专职董、监事管理等。

二、公司章程

（一）宁夏能源铝业

2008年12月25日，宁夏能源铝业召开首次股东会暨一届一次董事会，审议通过《宁夏能源铝业公司章程》（以下简称《章程》）。《章程》共15章88条，约定股东、出资方式及出资期限、股权转让、董事会、管理架构、监事会、高级管理人员的资格与义务、劳动人事制度、工会组织、增资与减资等重大事项。

2010年1月30日，宁夏能源铝业2010年股东会审议通过关于修改宁夏能源铝业章程的议案，将第十六条重组企业的出资方式由原来的"股权出资"改为"股权折合净资产出资"。

2011年4月27日，宁夏能源铝业第一次临时股东会审议通过关于修改《宁夏能源铝业章程》的决议，将章程中公司股东宁夏国资委变更为宁夏国有投资运营有限公司。12月2日，第二次临时股东会审议通过关于变更公司经营范围、修改公司章程决议，将原公司章程中第四条的经营范围由"投资经营与管理发电、煤炭开采、煤化工、铁路运输、电解铝、阴极炭素、建材、金属材料、机电等系列产品及期货、进出口贸易、机械维修仓储、房屋租赁、机电设备租赁、信息咨询等服务"变更为"向发电、煤化工、煤炭行业投资，投资与管理，铁路运输、电解铝、阴极炭素、建材、金属材料，机电等系列产品，进出口贸易（不含许可经营项目）、机械维修、仓储、房屋租赁、机电设备租赁、信息咨询"。

2015年7月，宁夏能源铝业召开2014年股东大会，审议通过关于修改《宁夏能源铝业章程》的议案，在章程的经营范围中增加"煤炭销售"。

2015年8月，宁夏能源铝业股东中电投更名为国家电力投资集团有限公司。同期，宁夏能源铝业股东宁夏国有投资运营有限公司产权及债权债务由宁夏国有资本运营集团有限公司继承。

2016年1月13日，国务院国资委印发《关于全面推进法治央企建设的意见》的通知，要求把加强党的领导和完善公司治理统一起来，明确党组织在公司治理结构中的法定地位，将党建工作总体要求纳入公司章程。3月24日，宁夏能源铝业以书面方式召开股东会，审议通过关于变更公司名称及修订公司章程的议案，将公司名称由中电投宁夏青铜峡能源铝业集团有限公司变更为国家电力投资集团宁夏能源铝业有限公司，并对公司章程中涉及股东"中国电力投资集团公司""中国电力投资集团"等均按"国家电力投资集团公司""国家电力投资集团"进行表述，对公司章程中涉及股东"宁夏国有投资运营有限公司""宁国投"等均按"宁夏国有资本运营集团有限责任公司"进行表述。10月，习近平总书记在全国国有企业党的建设工作会议上指出，中国特色现代国有企业制度，"特"就特在把党的领导融入公司治理各环节，把企业党组织内嵌到公司治理结构之中，明确和落实党组织在公司法人治理结构中的法定地位，做到组织落实、干部到位、职责明确、监督严格。

2017年5月19日，宁夏能源铝业召开2017年第二次临时股东大会，审议通过关于修改宁夏能源铝业章程的议案，对章程总则中关于党建工作总体要求进行修订，将原章程总则第十条修订为"公司根据《中国共产党章程》的规定，设立中国共产党的组织，党委发挥领导核心和政治核心作用，把方向、管大局、促落实。公司建立党的工作机构，配备足够数量的党务工作人员，保障党组织工作经费"；在"股东会"和"董事会"之间增加"党委"一章作为第六章，内容包括"党组织机构设置、党委职责、纪委职责"，并对《章程》中条款序号进行调整。在原《章程》第三十四条董事会职权内容中增加"董事会决定公司重大问题应事先听取公司党委的意见"，并对《章程》条款序号进行调整；在原《章程》第十二章"公司工会组织"中增加工会职责，对有关条款进行合并。同时在公司《章程》总则第八条中增加第三款"保护国有权益"内容，在原《章程》第七章公司管理架构中增加总法律顾问制度有关内容。

2018年5月25日，宁夏能源铝业为办理青铜峡厂区公益林免缴城镇土地税事宜，以书面方式召开2018年第二次临时股东会，审议通过关于修改宁夏能源铝业章程的议案，在公司经营范围内增加"公益林养护"。

2019年第十五次党委会会议审议通过宁夏能源铝业章程修订议案。因铝电公司机关搬至银川市金凤区办公，相关通信信息发生变更，对章程中公司股东及通信进行变更；将《章程》中党组织机构设置"党群工作部"名称变更为"党建工作部"；将原章程第四十六条副总经理中增加"总工程师"；将章程中"财务总监岗位"表述为"财务总监／总会计师"。

2021年12月，宁夏能源铝业《章程》共十六章、九十条，约定公司名称、住所、经营范围、经营管理制度、股东权利与义务、出资方式、股权转让、董事会、监事会、管理架构、财务、会计、审计等重大事项。

（二）铝电公司

2017年1月，根据《中华人民共和国公司法》《中华人民共和国企业国有资产法》等法律、法规和规范性文件，制定《铝电公司章程》。《铝电公司章程》共分十章一百一十一条，约定注册资本和经营范围、股东、党委、董事会会议、董事会运作的支持与服务、总经理及其他高级管理人员、财务会计、审计和法律事务等重大事项。

2018 年 3 月 6 日，根据《关于铝电公司落实董事会职权试点实施方案的批复》及有关法律法规的规定，铝电公司对章程中第十一条、第十六条、第二十四条、第五十九条进行修订。8 月 15 日，将重大决策合法性审查机制写入章程。

2020 年，国家电投发布《企业改革三年行动实施方案（2020—2022 年）》，要求把党的领导融入公司治理制度化、规范化、程序化。9 月 7 日，铝电公司召开二届一次董事会，对铝电公司章程中股东职权、董事会组成、董事会职权和专业委员会职权、总经理职权、监事会议事规则等内容进行修订完善。在《章程》第一章总论增加第十条：不得为本公司管理范围之外的其他企业或他人提供担保。将第三章股东职权进行替换。12 月 30 日，中央全面深化改革委员会通过的《关于中央企业党的领导融入公司治理的若干意见（试行）》中，进一步明确"中央企业党委（党组）是党的组织体系的重要组成部分，发挥把方向、管大局、促落实的领导作用"。

2021 年 7 月 28 日，铝电公司对《章程》中党委、董事会组成、经理层任期制和契约化管理进行修订完善。11 月，国家电投印发《关于出资企业章程修订的 4 个内容》，统一将党委"把方向、管大局、保落实"改为"把方向、管大局、促落实"。2021 年 12 月，铝电公司《铝电公司章程》共十一章一百一十条，约定公司名称、住所、经营范围、注册资本、经营管理制度、党委、股东会、董事会、监事会、合并、分立、解散和清算等重大事项。

三、股东会

（一）宁夏能源铝业

1. 股东构成

2008 年 12 月 25 日，宁夏国资委和中电投共同出资 50 亿元发起成立宁夏能源铝业，其股东方为宁夏国资委和中电投。

2011 年 4 月 27 日，股东方宁夏国资委变更为宁夏国有投资运营有限公司，另一股东仍为中电投。

2015 年 8 月，中电投更名为国家电力投资集团有限公司，宁夏国有投资运营有限公司产权及债权债务由宁夏国有资本运营集团有限公司继承。宁夏能源铝业的股东变更为国家电投和宁夏国有资本运营集团有限公司。

2017年1月23日，国家电投将持有的宁夏能源铝业和铝业国贸股权无偿划拨给国际矿业，国际矿业更名铝电公司，宁夏能源铝业的股东方变更为铝电公司和宁夏国有资本运营集团有限公司。

2. 股东会职责

宁夏能源铝业股东会是公司的最高权力机构，依据法律法规和公司章程，委派或更换董事、监事，审核批准董事会、监事会年度工作报告，批准公司财务预决算、利润分配方案等，对董事会、监事会以及董事、监事的履职情况进行评价和监督。监督公司经营管理并决定重大事项。

3. 股东会会议

2009年3月9日，宁夏能源铝业召开2009年临时股东会，审议通过关于公司董事会、监事会个别成员调整，关于公司股权比例确认，关于公司章程修改等7个议案。

2010年1月30日，宁夏能源铝业召开2010年股东会，审议通过宁夏能源铝业2010年股东会会议投票表决办法、关于受让青铝股份所持建安公司100%股权、关于出售宁夏能源铝业鹿鸣苑住宅等5个议案。

2011年1月26日，宁夏能源铝业召开2011年股东会，审议通过关于变更宁夏能源铝业股权持有人、关于规范总经理提名聘任方式、关于调整宁夏能源铝业董事会董事和监事会监事、监事会主席3个议案。4月27日，宁夏能源铝业召开2011年第一次临时股东会，审议通过关于减少宁夏能源铝业注册资本、关于增加宁夏能源铝业对青铝股份投资以及关于调整宁夏能源铝业董事会董事、董事长等5个议案。12月2日，宁夏能源铝业以书面方式召开2011年第二次临时股东会，审议通过关于变更经营范围、修改公司章程等的议案。

2012年1月14日，宁夏能源铝业召开2011年年度股东会，审议通过关于对宁夏能源铝业控股和参股公司增加注册资本及划转相关资产、关于推荐选举宁夏能源铝业第二届董事会董事和董事长人选等3个议案。6月26日，宁夏能源铝业召开2012年第一次临时股东会，审议通过关于出售北京宁夏大厦有限责任公司股权、关于出售青铜峡经济技术开发有限公司股权及资产等3个议案。8月15日，宁夏能源铝业以书面方式召开2012年第二次临时股东会，审议通过关于2011年利润分配的议案。12月20日，宁夏能源铝业以书面方式召开2012年第三次临时股东会，审议通过发行短期融资券及私募债券的议案。

2013年3月7日，宁夏能源铝业召开2012年年度股东会，审议通过关于放弃枣泉发电股权转让优先收购权、关于增加青铝股份异地改造项目二期一系列投资资本金等3个议案。7月24日，宁夏能源铝业召开2013年第一次临时股东会，审议通过关于向枣泉发电增加投资、关于向银川新能源有限公司注入资本金、关于向技术工程公司注入资本金等 7 个议案。

2014 年 4 月 29 日，宁夏能源铝业召开 2013 年年度股东会，审议通过关于向中卫新能源增加投资、关于向银川新能源增加投资、关于吸收合并临河发电并变更为分公司等 4 个议案。

2015 年 7 月，宁夏能源铝业以书面方式召开 2014 年年度股东会，审议通过关于向青铝股份转让工程检修股权、关于向枣泉发电增加注册资本、关于成立中电投宁夏能源铝业二连浩特能源有限公司、关于同意宁东铁路重组上市等 8 个议案。11 月 6 日，宁夏能源铝业以书面方式召开 2015 年第一次临时股东会，审议通过关于开展清产核资的议案。12 月 22 日，宁夏能源铝业以书面方式召开 2015 年第二次临时股东会，审议通过关于确认清产核资结果的议案。

2016 年 3 月 24 日，宁夏能源铝业以书面方式召开 2016 年第一次临时股东会，会议审议通过了关于变更公司名称及修订公司章程的议案。8 月 11 日，宁夏能源铝业召开 2015 年年度股东会、2016 年第二次临时股东会。其中，2015 年年度股东会，审议通过关于注销技术工程公司、关于成立国家电力投资集团宁夏电能配售电公司、关于成立国家电力投资集团宁夏能源铝业中卫热力有限公司等 5 个议案。2016 年第二次临时股东会会议审议通过关于推荐选举宁夏能源铝业第三届董事会董事和董事长人选的议案、关于推荐选举宁夏能源铝业第三届监事会监事和监事会主席人选等 4 个议案。

2017 年 5 月 19 日，宁夏能源铝业召开 2016 年年度股东会、2017 年第一次临时股东会、2017 年第二次临时股东会。其中，2016 年年度股东会，审议通过关于注销国家电力投资集团宁夏能源铝业中卫热力有限公司、关于注销中电投宁夏青铜峡能源铝业集团有限公司电力分公司、关于对通润铝材进行清算处置等 6 个议案。2017 年第一次临时股东会，审议通过关于国家电投转让其持有的宁夏能源铝业股权的议案。2017 年第二次临时股东会，审议通过关于总经理任公司法定代表人、关于调整推荐宁夏能源铝业第三届董事会董事、关于调整推荐宁夏能源铝业第三届监事会监事及监事会主席等 4 个议案。

2018 年 4 月 24 日，宁夏能源铝业召开 2018 年第一次临时股东会，审议通过关于调整推荐宁夏能源铝业第三届董事会董事长人选和部分董事、关于调整宁夏能源铝业第三届监事会职工监事的 2 个议案。5 月 25 日，宁夏能源铝业以书面方式召开 2018 年第二次临时股东会，审议通过关于修改宁夏能源铝业章程的议案。8 月 8 日，宁夏能源铝业以书面方式召开 2018 年第三次临时股东会，审议通过关于成立宁夏红墩子煤业有限公司、关于注销中电投宁夏能源铝业二连浩特能源有限公司、关于向中卫新能源提供融资担保的 3 个议案。

2019 年 8 月 20 日，宁夏能源铝业以书面方式召开 2019 年第一次临时股东会，审议通过关于转让宁夏红墩子煤业有限公司股权的议案。8月26日，宁夏能源铝业召开2018年度股东会、2019年第二次临时股东会。其中，2018年度股东会，审议通过关于推荐宁夏能源铝业第四届董事会董事长人选和部分董事、关于宁夏能源铝业煤炭项目资产转让给煤业公司等3个议案；2019年第二次临时股东会，审议通过关于修改宁夏能源铝业章程、关于推荐宁夏能源铝业第四届董事会董事长人选和部分董事、关于推荐选举宁夏能源铝业第四届监事会监事的3个议案。

2020年6月9日，宁夏能源铝业召开2020年第一次临时股东会、2019年年度股东会。2020年第一次临时股东会审议通过关于推荐调整宁夏能源铝业第四届监事会监事的议案，2019年年度股东会审议通过宁夏红墩子煤业有限公司增资方案的议案。9月7日，宁夏能源铝业以书面方式召开2020年第二次临时股东会，审议通过关于青铝股份进行永续债权融资及宁夏能源铝业开展信托投资、关于向铝业国贸增资的2个议案。11月23日，宁夏能源铝业以书面方式召开2020年第三次临时股东会，审议通过关于调整宁夏能源铝业第四届董事会部分董事、煤电资源整合试点企业中卫热电移交方案的2个议案。

2021年6月18日，宁夏能源铝业以通信表决方式召开2021年第一次临时股东会，审议通过关于宁夏能源铝业进行永续债券融资的议案。7月28日，宁夏能源铝业召开2020年年度股东会、2021年第二次临时股东会。2020年年度股东会审议通过中卫新能源中卫香山50兆瓦复合光伏发电项目资本金、中卫新能源中卫香山200兆瓦风电项目资本金、中卫新能源利用碳中和基金融资的3个议案；2021年第二次临时股东会审议通过关于修订宁夏能源铝业公司章程、关于调整推荐宁夏能源铝业第四届董事会董事长人选和部分董事等3个议案。

（二）铝电公司

铝电公司由国家电投独资设立，不设立股东会。国家电投依照《中华人民共和国公司法》等法律、行政法规的规定，对铝电公司行使股东职权。

四、董事会

（一）宁夏能源铝业

1.董事会构成及职责

宁夏能源铝业董事会董事由股东会选举产生并向股东会负责。董事会是公司的经营决策主体，负责定战略、做决策、防风险、促改革、谋发展，执行股东会决定，依照法定程序和公司章程决策公司重大经营管理事项。

2008年12月25日，宁夏国资委和中电投签订《合作及重组协议》，双方约定，宁夏能源铝业按照《中华人民共和国公司法》，设立董事会，董事会成员共9人，其中，中电投推荐5人，宁夏国资委推荐2人。职工董事一名由职工选举产生，外部专家董事1名，由股东双方协商后共同推荐，董事长由中电投推荐的董事担任。

宁夏能源铝业董事会共召开四届，成员一直为9人，先后有6位董事担任董事长。

2021年7月28日，宁夏能源铝业召开2021年第二次临时股东会，对董事会成员进行调整，取消外部专家董事，董事会人数仍为9人，铝电公司推荐6人，宁夏国有资本运营集团有限责任公司推荐2人，职工董事1人。

2009—2021年宁夏能源铝业历届董事会任职情况见表7-7-1。

表7-7-1 2009—2021年宁夏能源铝业历届董事会任职情况表

职务	姓名	任职时间	职务	姓名	任职时间
董事长	王利民	2009年3月—2011年4月	董事	黄河	2009年3月—2011年4月
			董事	王振京	2009年3月—2011年4月
			董事	魏永春	2009年3月—2011年4月
			董事	邵义平	2009年3月—2011年1月
			独立董事	钮因健	2009年3月—2011年4月
			职工董事	袁向东	2010年1月—2011年1月
			董事	陈育州	2011年1月—2011年4月
董事长	黄河	2011年4月—2013年7月	董事	陈育州	2011年4月—2013年7月
			董事	钮因健	2011年4月—2012年1月
			董事	王振京	2011年4月—2013年7月
			董事	魏永春	2011年4月—2013年7月
			董事	王同明	2011年4月—2013年7月
			董事	王静波	2012年1月—2013年7月
			外部专家董事	文献军	2012年4月—2013年7月
董事长	刘丰	2013年7月—2018年4月	董事	吴连成	2013年7月—2017年5月
			董事	王振京	2013年7月—2016年8月
			董事	魏永春	2013年7月—2018年4月
			董事	王静波	2013年7月—2016年8月
			董事	陈育州	2013年7月—2016年8月
			外部专家董事	文献军	2013年7月—2016年8月

续表

职务	姓名	任职时间	职务	姓名	任职时间
董事长	刘　丰	2013 年 7 月—2018 年 4 月	董事	张鸿德	2016 年 8 月—2017 年 5 月
			董事	周博潇	2016 年 8 月—2017 年 5 月
			董事	陈志磊	2016 年 8 月—2018 年 4 月
			董事	柳向阳	2016 年 8 月—2018 年 4 月
			独立董事	谷大可	2016 年 8 月—2018 年 4 月
			职工董事	黄永峰	2016 年 8 月—2018 年 4 月
			董事	马国林	2017 年 5 月—2018 年 4 月
			董事	冯建清	2017 年 5 月—2018 年 4 月
			董事	王振林	2017 年 5 月—2018 年 4 月
董事长	马国林	2018 年 4 月—2019 年 8 月	董事	丁江涛	2018 年 4 月—2019 年 8 月
			董事	冯建清	2018 年 4 月—2019 年 8 月
			董事	魏永春	2018 年 4 月—2019 年 8 月
			董事	王振林	2018 年 4 月—2019 年 8 月
			职工董事	张廷锋	2018 年 4 月—2019 年 8 月
			董事	陈志磊	2018 年 4 月—2019 年 8 月
			董事	柳向阳	2018 年 4 月—2019 年 8 月
			董事	谷大可	2018 年 4 月—2019 年 8 月
董事长	刘　丰	2019 年 8 月—2021 年 7 月	董事	冯建清	2019 年 8 月—2021 年 7 月
			董事	丁江涛	2019 年 8 月—2021 年 7 月
			董事	魏永春	2019 年 8 月—2021 年 7 月
			董事	赵明杰	2019 年 8 月—2021 年 7 月
			董事	陈志磊	2019 年 8 月—2021 年 7 月
			董事	柳向阳	2019 年 8 月—2021 年 7 月
			董事	李　超	2020 年 11 月—2021 年 7 月
			独立董事	谷大可	2019 年 8 月—2021 年 7 月
			职工董事	刘　卫	2019 年 8 月—2021 年 7 月
董事长	冯建清	2021 年 7 月—2021 年 12 月	董事	吴克明	2021 年 7 月—2021 年 12 月
			董事	张廷锋	2021 年 7 月—2021 年 12 月
			董事	张　永	2021 年 7 月—2021 年 12 月
			董事	魏永春	2021 年 7 月—2021 年 12 月

续表

职务	姓名	任职时间	职务	姓名	任职时间
董事长	冯建清	2021年7月—2021年12月	董事	赵明杰	2021年7月—2021年12月
			董事	陈志磊	2021年7月—2021年12月
			董事	李超	2021年7月—2021年12月
			职工董事	刘卫	2021年7月—2021年12月

2. 董事会议事规则

宁夏能源铝业董事会采取定期和临时会议形式召开，由董事长召集和主持。董事因故不能出席时，书面委托其他董事代为出席。董事会会议由包括董事委托的代理人在内的半数以上董事出席时方可举行。会议决定公司发展战略、改革重组、"三重一大"等重要事项前，须经党委会研究讨论。

审议通过聘任公司总经理、确定公司经营目标与考核标准、制订公司利润分配方案及弥补亏损方案、公司对外担保4类事项时，必须经出席董事会会议的所有董事一致同意。

审议通过公司年度经营计划，年度财务预算方案、决算方案，流动资金贷款上限及固定资产贷款，聘任或解聘副总经理、财务总监等高管人员，总经理及其他高管人员的薪酬及福利津贴，基本管理制度7类事项时，应经出席董事会会议董事过半数同意。审议通过公司业务变化、内部管理机构设置、宁夏区内投资及设立或关闭分支机构3类事项时，必须经出席董事会会议三分之二（或以上）董事同意。

3. 董事会会议

宁夏能源铝业第一届董事会，自2008年12月—2012年1月，履职时间为2年10个月，召开董事会会议5次，审议42个议案。

2008年12月25日，召开第一届一次董事会会议，审议通过董事会表决办法、董事会议事规则、成立公司筹备工作小组等5个议案。

2009年3月9日，召开第一届二次董事会会议，审议通过宁夏能源铝业机构设置方案、管控一体化方案、公司股权比例确认等13个议案。

2010年1月30日，召开第一届三次董事会会议，审议通过关于受让青铝股份所持建安公司100%股权、关于授权期货保值、关于变更固定资产折旧年限等12个议案。

2011年1月26日，召开第一届四次董事会会议，审议通过关于授权经营班子进行经营建设资金银行融资、关于铝业板块重组整合等9个议案。4月27日，召开第一届第五次董事会会议，审议通过关于选举董事会董事长的议案、关于聘任宁夏能源铝业总经理的议案等3个议案。

第二届董事会，自2012年1月—2016年8月，履职时间为4年7个月，召开董事会会议10次，审议59个议案。

2012年1月14日，召开第二届一次董事会会议，审议通过关于选举第二届董事会董事长、第二届董事会投票表决办法2个议案。6月26日，召开第二届二次董事会会议，审议通过关于出售北京宁夏大厦有限责任公司股权、关于出售青铜峡铝业经济技术开发有限公司股权及资产、关于法人授权委托管理办法等5个议案。8月15日，第二届三次董事会以书面形式召开，会议审议通过关于2011年利润分配的议案。12月20日，第二届四次董事会以书面形式召开，审议通过关于发行短期融资券及私募债券、信息披露管理办法2个议案。

2013年3月7日，召开第二届五次董事会会议，审议通过关于放弃枣泉发电股权转让有限购买权、关于增加青铝股份异地改造项目二期一系列投资资本金、关于授权经营班子开展铝业套期保值等10个议案。7月24日，召开第二届六次董事会会议，审议通过关于向枣泉发电增加投资、关于向银川新能源注入资本金、关于向技术工程公司注入资本金等5个议案。7月24日，召开第二届七次董事会会议，审议通过关于选举董事会董事长、关于聘任总经理等3个议案。12月1日，第二届第八次董事会以书面形式召开，审议通过关于增加认缴铝业国贸注册资本金的议案。

2014年4月29日，召开第二届九次董事会会议，审议通过关于向中卫热电增加投资、关于向中卫新能源增加投资、关于向银川新能源增加投资、关于吸收合并临河发电变更为分公司等11个议案。

2015年7月1日，第二届十次董事会以书面形式召开，审议通过关于向青铝股份转让工程检修公司股权、关于成立中电投宁夏能源铝业二连浩特能源有限公司、关于青铝股份120千安及160千安系列关停工作汇报、关于成立审计与风险管理委员会等19个议案。

第三届董事会自2016年8月至2019年8月，履职时间为3年，召开董事会会议6次，审议46个议案。

2016年8月11日，召开第三届一次董事会会议，审议通过关于注销技术工程公司、关于成立电能配售电有限公司、关于成立中卫热力等13个议案。11月24日，第三届二次董事会以书面形式召开，审议通过关于中卫热电进行永续债权融资的议案。

2017年5月19日，召开第三届三次董事会会议，审议通过关于注销中卫热力、电力分公司，关于对通润铝材进行清算处置等16个议案。

2018 年 4 月 24 日，召开第三届四次董事会会议、第三届五次董事会会议。其中，第三届四次董事会会议审议通过关于选举第三届董事会董事长、关于聘任总经理、关于聘任董事会秘书的 3 个议案；第三届五次董事会会议审议通过关于青铝股份 120 千安及 160 千安电解铝关停产能指标转让、关于向售电公司无偿划转银川新能源股权、关于授权宁夏能源铝业经营班子开展经营建设资金融资等 10 个议案。8 月 8 日，第三届六次董事会以书面形式召开，审议通过关于成立宁夏红墩子煤业有限公司、关于注销二连浩特能源有限公司等 3 个议案。

第四届董事会履职时间自 2019 年 8 月起，截至 2021 年 12 月 31 日，召开董事会 8 次，审议 47 个议案。

2019 年 8 月 26 日，召开第四届一次、二次董事会会议。其中，第四届一次董事会会议审议通过关于选举第四届董事会董事长、关于聘任副总经理、关于聘任总会计师等 5 个议案；第四届二次董事会会议审议通过关于授权经营班子开展经营建设资金融资及担保、关于授权经营班子开展铝业期货套保业务、关于煤炭项目资产转让给煤业公司等 9 个议案。

2020 年 6 月 9 日，召开第四届三次董事会会议，审议通过宁夏红墩子煤业有限公司增资方案、关于授权经营班子开展经营建设资金融资及担保、关于授权经营班子开展铝业期货套保业务等 9 个议案。

9 月 7 日，第四届四次董事会以书面形式召开，审议通过关于青铝股份进行永续债权融资及宁夏能源铝业开展信托投资、关于向铝业国贸增资 2 个议案。11 月 23 日，第四届五次董事会以书面形式召开，审议通过煤电资源整合试点企业中卫热电移交方案。

2021 年 6 月 18 日，第四届六次董事会以书面形式召开，审议通过关于进行永续债权融资的议案。7 月 28 日，召开第四届七次董事会会议，审议通过中卫新能源中卫香山 50 兆瓦复合光伏发电项目资本金、中卫新能源中卫香山 200 兆瓦风电项目资本金、成立国电投铝电（宁夏）氢能应用有限公司、成立国家电力投资集团宁夏能源铝业盐池能源科技有限公司等 16 个议案。11 月 24 日，第四届八次董事会以书面形式召开，审议通过临河发电存量资产"销售＋租赁"管理实施方案、关于聘任董事会秘书等 4 个议案。

（二）铝电公司

1. 董事会构成及职责

铝电公司董事会是常设决策机构，对股东负责，依法行使公司法和股东授予的职权。董事会下设专门委员会，在公司章程规定和董事会授权范围内开展工作，为董事会重大决策提供咨询、建议，除董事会授权，专门委员会不享有决策权。董事长享有董事的各项权利，承担董事的各项义务和责任，履行公司法定代表人职责，并承担相应的义务和责任。

2017年1月，组建董事会，董事由股东方国家电投委派，由7名董事组成。其中，外部董事4名，内部董事3名（含职工董事）。

2020年9月11日，召开第二届一次董事会，对董事会成员进行调整，董事会由5名董事组成。其中，外部董事2名，内部董事3名。

2021年5月23日，召开第二届八次董事会，对董事会成员进行调整，调整后的董事会由7名董事组成。其中，外部董事4名，内部董事3名。董事会设董事长，为公司法定代表人。董事会下设战略与投资委员会、薪酬与考核委员会、审计与风险管理委员会。

第一任董事长刘丰由国家电投任命，任职时间2017年1月—2021年3月。第二任董事长冯建清由国家电投任命，任职时间为2021年6月—2021年12月31日。

2017—2021年铝电公司历届董事会任职情况见表7-2-2。

表7-2-2　2017—2021年铝电公司历届董事会任职情况表

职务	姓名	任职时间	职务	姓名	任职时间
董事长	刘丰	2017年1月—2021年3月	董事	王同明	2017年1月—2019年3月
			董事	王同明	2020年7月—2021年6月
			董事	汪先纯	2017年1月—2020年7月
			董事	吴连成	2017年1月—2020年7月
			董事	孔令兵	2017年1月—2020年7月
			董事	周博潇	2017年1月—2020年7月
			董事	郑家江	2017年4月—2019年12月
			董事	冯建清	2019年3月—2021年6月
			职工董事	刘卫	2020年9月—2021年6月
			董事	何宏伟	2020年7月—2021年6月
			董事	刘向杰	2021年3月—2021年6月
			董事	关越	2021年3月—2021年6月
董事长	冯建清	2021年6月—2021年12月	董事	吴克明	2021年6月—2021年12月
			董事	王同明	2021年6月—2021年12月
			董事	刘向杰	2021年6月—2021年12月
			董事	何宏伟	2021年6月—2021年12月
			董事	关越	2021年6月—2021年12月
			职工董事	刘卫	2021年6月—2021年12月

2. 董事会议事规则

铝电公司董事会会议分为定期会议和临时会议。定期会议以现场会议或视频会议形式召开，临时会议采用现场会议形式召开。由董事长召集和主持，或董事长授权委托其他董事召集和主持。董事本人出席，董事因故不能出席，应当事先审阅会议材料，形成明确的意见，书面委托其他董事代为出席。董事会会议应当有过半数董事出席方可举行。监事、董事会秘书、董事会办公室主任列席董事会会议。审议事项属于专门委员会职责范畴内的，由相应的专门委员会研究审议，提交董事会会议审议。董事会审议"三重一大"及涉及国家宏观调控、国家发展战略、国家安全等重大经营管理事项之前，应当先听取公司党委的意见，充分发挥党组织领导作用。同时，建立重大合法性审查机制，重大决策经总法律顾问或法律部门负责人签字确认后提交董事会会议，作为董事会会议决策时的参考和依据。

会议的表决方式采用举手表决或记名式投票表决，每名董事对每项议案有一票表决权。董事会决议分为普通决议和特别决议。董事会通过普通决议时，须全体董事过半数同意；通过特别决议时，须全体董事 2/3 以上同意。

特别决议审议的重大事项，包括公司章程的修改方案，增加或者减少注册资本，公司合并、分立、解散或者变更公司形式的方案，制订非主业重大投资方案等。董事会秘书负责起草董事会决议，由全体出席会议董事签字。

3. 董事会会议

第一届董事会自 2017 年 4 月起至 2020 年 9 月，履职时间为 3 年 5 个月，召开董事会会议 13 次。

2017 年 4 月 20 日，召开第一届一次董事会会议，审议通过关于选举第一届董事会董事长、关于聘任总经理等 9 个议案。8 月 17 日，第一届二次董事会以通信表决方式召开，审议通过关于为几内亚铝业项目增加外汇额度的议案。11 月 22 日，第一届三次董事会以通信表决方式召开，审议通过关于发行短期融资券议案。

2018 年 1 月 29 日，召开第一届四次董事会会议，审议通过关于遵义公司重组、关于向遵义公司增加注册资本金、关于转让山西能源股权 8 个议案。3 月 16 日，召开第一届五次董事会议，审议通过关于成立第一届董事会专门委员会、董事会相关制度文件等 8 个议案。5 月 25 日，召开第一届六次董事会会议，审议通过 2017 年度财务决算报告、几内亚项目有序退出工作方案等 6 个议案。12 月 3 日，召开第一届七次董事会会议，审议通过关于售电公司青铜峡新材料基地工业蒸汽循环利用项目投资、关于青铜峡 350 千安系列煅烧烟气净化改造等 4 个铝业环保技改项目投资、关于山西铝业铁路矿石接卸系统改造项目投资等 5 个议案。

2019 年 2 月 15 日，召开第一届八次董事会会议，审议通过关于 2019 年度全面风险管理报告、关于山西铝业向兴县政府支付 1.5 亿元经济补偿款以加快矿山建设等 3 个议案。3 月 22 日，召开第一届九次董事会会议，审议通过关于聘任副总经理、总工程师，关于几内亚项目实施"边干边退"方案等 3 个议案。5 月 6 日，召开第一届十次董事会会议，审议通过关于中卫香山风电场 200 兆瓦风电新建项目投资决策、关于 JYKJ（计划—预算—核—激励）一体化管理试行办法等 6 部制度等 3 个议案。8 月 2 日，第一届十一次董事会以通信表决方式召开，审议通过关于转让宁夏红墩子煤业股权的议案。12 月 17 日，第一届十二次董事会以通信表决方式召开，审议通过关于修订总经理办公会议事规则议题。

2020 年 4 月 29 日，召开第一届十三次董事会会议，审议通过为几内亚项目搭桥借款提供反担保、山西铝业兴县杨家沟铝土矿项目投资、山西铝业宁武宽草坪铝土矿项目投资等 7 个议案。

第二届董事会自 2020 年 9 月起，截至 2021 年 12 月 31 日，召开董事会 17 次。

2020 年 9 月 11 日，召开第二届第一次董事会会议，审议通过关于修订董事会议事规则、关于修订总经理办公会议事规则、关于修订决策事项清单等 4 个议案。9 月 27 日，召开第二届二次董事会会议，审议通过关于宁东可再生能源制氢（含配套光伏）示范项目投资事宜、关于沙坡头区香山 50 兆瓦复合光伏发电项目投资事宜、关于山西铝业原平厂区 20 兆瓦分布式光伏发电项目投资事宜等 4 个议案。11 月 12 日，召开第二届三次董事会会议，审议通过关于拨付广西广投临港工业有限公司资本金、关于煤电资源整合试点企业中卫热电移交方案、关于铝电公司为遵义公司融资提供担保等 5 个议案。12 月 10 日，第二届四次董事会以书面方式召开，审议通过关于铝电公司和宁夏能源铝业向铝业国贸增资、遵义正南实业发展有限公司清算方案 2 个议案。12 月 22 日，召开第二届第五次、六次董事会会议，其中，第二届第五次董事会会议审议通过铝电公司（宁夏能源铝业、铝业国贸）发展战略、铝电公司（宁夏能源铝业、铝业国贸）"十四五"及中长期发展规划等 4 个议案，第二届第六次董事会会议审议通过 2021 年投融资计划、2020 年度内控体系工作报告、2020 年度审计工作报告等 6 个议案。

2021 年 3 月 25 日，召开第二届第七次董事会会议，审议通过 2020 年度财务决算报告。5 月 23 日，召开第二届第八次董事会会议，审议通过关于并购汉能吴忠市太阳山光伏发电有限公司股权立项、关于并购宁夏天净神州风力发电有限公司股权立项、关于并购海原县振发光伏电力有限公司股权立项等 6 个议案。6 月 19 日，召开第二届第九次董事会会议，审议通过关于铝电公司期货年度操作方案、关于宁夏能源铝业进行永续债权融资、关于并购石河子市国龙能源科技有限公司 100% 股权实施方案等 4 个议案。7 月 10 日，召开第二届第十次董事会会议，审议通过关于铝电公司并购宁夏振武光伏 100% 股权项目实施方案。7 月 28 日，召开第二届第十一次董事会会议，审议通过并购中卫市振发沙漠光伏发电有限公司股权立项、关于修订内部控制管理规定、合规管理规定、聘任总经理等 8 个议案。8 月 17 日，召开第二届第十二次董事会会议，审议通过经理层成员综合业绩责任书、中卫新能源利用碳中和基金融资、"十四五"法治建设实施方案、经理层成员岗位聘任协议等 4 个议案。9 月 1 日，第二届第十三次董事会以传签方式召开，审议通过关于并购河南森源集团 500 兆瓦光伏 51% 股权项目立项议案。9 月 15 日，召开第二届第十四次董事会会议，审议通过关于公司董事会将并购立项决策权授予总经理的议案。10 月 18 日，召开第二届第十五次董事会会议，会议审议通过关于并购中卫振发 100% 股权项目实施方案、青铜峡美丽乡村大坝镇韦桥村分布式光伏发电项目投资决策等 5 个议案。10 月 18 日，召开第二届第十六次董事会会议，会议审议通过董事长专题会议议事规则（试行）、关于调整审计与风险管理委员会成员、关于成立薪酬与考核委员会的议案、关于铝业国贸向吉林能投协议转让国贸北京公司股权等 12 个议案。12 月 20 日，召开第二届第十七次董事会会议，会议审议通过铝电公司就持有铝电金海 51% 股权与国投资产签署产权委托管理协议、注销东北铝业国际贸易有限公司等 5 个议案。

4. 董事会专门委员会

2017 年，《铝电公司章程》明确，董事会设立审计与风险管理委员会、战略与投资管理委员会、薪酬与考核委员会、提名委员会等专门委员会和其他委员会。专门委员会是董事会下设的专门工作机构，在章程规定和董事会授权范围内开展工作，为董事会重大决策提供咨询建议。

2018 年 3 月 16 日，为完善公司治理，提高战略规划和投资决策的科学性，强化董事会决策职能，按照《铝电公司章程》，铝电公司召开一届五次董事会，决定成立审计与风险管理委员会、战略与投资委员会、薪酬与考核委员会、提名委员会 4 个专门委员会。其中，审计与风险管理委员会由 3 名公司外部董事组成，战略与投资委员会由董事长和 4 名董事组成，薪酬与考核委员会 3 名成员全部由外部董事组成，提名委员会由董事长和 2 名外部董事组成。审议通过了董事会审计与风险管理委员会议事规则、战略与投资管理委员会议事规则、薪酬与考核委员会议事规则、提名委员会议事规则。

审计与风险管理委员会主要负责指导公司内部控制机制和制度建设、督导公司加强法治建设和防范法律风险。

战略与投资管理委员会主要负责研究公司发展战略和中长期发展规划，研究公司年度财务预算、投资计划、经营计划，研究公司战略性重组、企业改革等影响公司发展的重大事项。

薪酬与考核委员会主要负责公司高级管理人员薪酬与考核的日常管理工作。

提名委员会主要研究拟订公司高级管理人员的选择标准、程序和方法，向董事会提出意见，并按照有关规定，向董事会提名总经理人选，对总经理提名的经理层其他成员人选和董事长提出的董事会秘书人选，履行考察程序，向董事会提出意见。

2020年11月12日，第二届三次董事会会议决定成立第二届董事会战略与投资委员会、审计与风险管理委员会2个专门委员会。对原版《董事会战略与投资委员会议事规则》《董事会审计与风险管理委员会议事规则》中专委员组成及会议召开方式进行调整。

2021年10月18日，铝电公司召开第二届十六次董事会会议，决定成立第二届董事会薪酬与考核委员会，调整审计与风险管理委员会成员，制定《薪酬与考核委员会议事规则》，修订《审计与风险管理委员会议事规则》。

五、监事会

（一）宁夏能源铝业

1. 监事会构成及职责

根据《中华人民共和国公司法》，宁夏能源铝业监事会是由股东（会）选举的监事及由公司职工民主选举的职工监事组成，是对公司高管履职活动进行监督和检查的必设和常设机构。

2009年3月—2021年12月，监事会一直由5人组成，其中，股东代表监事3人，职工代表监事2人。股东代表监事由公司推荐2人，宁夏国资委推荐1人并担任监事会主席。职工代表监事由职工代表大会差额选举产生。

宁夏能源铝业监事会行使职权包括：检查公司财务；对董事、高级管理人员执行公司职务的行为进行监督，对违反法律、行政法规、章程或者股东会决议的董事及高级管理人员提出罢免建议；当董事、高级管理人员的行为损害公司利益时，要求董事、高级管理人员予以纠正；提议召开临时股东会会议，在董事会不履行章程规定的召集和主持股东会会议职责时，召集和主持股东会会议；向股东会会议提出提案；依照《中华人民共和国公司法》第一百五十一条的规定，对董事、高级管理人员提起诉讼等。

2. 监事会成员

2009年3月9日，宁夏能源铝业2009年临时股东会对监事会进行调整，调整后的监事会由王强、冯俊杰、怀文明组成，王强为监事会主席。

2010 年 1 月 30 日，宁夏能源铝业 2010 年股东会议对监事会进行调整，调整后的监事会由金虎、冯俊杰、怀文明、尤军（职工监事）组成，金虎为监事会主席。

2011 年 1 月 26 日，宁夏能源铝业 2011 年股东会对监事会进行调整，调整后的监事会由李雪芳、冯俊杰、怀文明、吕宏军（职工监事）组成，李雪芳为监事会主席。

2012 年 1 月 14 日，宁夏能源铝业 2011 年度股东会对监事会进行调整，调整后的监事会由罗安国、冯俊杰、阮克明、吕宏军（职工监事）组成，罗安国为监事会主席。

2013 年 7 月 24 日，宁夏能源铝业 2013 年第一次临时股东会对监事会进行调整，调整后的监事会由曹学云、冯俊杰、阮克明、吕宏军（职工监事）组成，曹学云为监事会主席。

2016 年 8 月 11 日，宁夏能源铝业召开 2016 年第二次临时股东会对监事会进行调整，调整后的监事会由曹学云、唐勤华、王磊、李克忠（职工监事）、吕宏军（职工监事）组成，曹学云为监事会主席。

2017 年 5 月 19 日，宁夏能源铝业 2017 年第二次临时股东会对监事会进行调整，调整后的监事会由郝亮、郑家江、李克忠、吕宏军（职工监事）、智世奇（职工监事）组成，郝亮为监事会主席。

2019 年 8 月 26 日，宁夏能源铝业 2019 年第二次临时股东会对监事会进行调整，调整后的监事会由张廷锋、徐占亮、王斌（职工监事）、吕宏军（职工监事）组成。监事会主席未委派。

2020 年 6 月 9 日，宁夏能源铝业 2020 年第一次临时股东会对监事会进行调整，调整后的监事会由张廷锋、徐占亮、智世奇（职工监事）、何兵（职工监事）组成。

2021 年 7 月 28 日，宁夏能源铝业 2021 年第二次临时股东会对监事会进行调整，调整后的监事会由徐占亮、智世奇（职工监事）、何兵（职工监事）组成。

2009—2021 年宁夏能源铝业历届监事会任职情况见表 7-2-3。

表 7-2-3　2009—2021 年宁夏能源铝业历届监事会任职情况表

职务	姓名	任职时间	职务	姓名	任职时间
监事会主席	王　强	2009 年 3 月—2010 年 1 月	监事	冯俊杰	2009 年 3 月—2010 年 1 月
			监事	怀文明	2009 年 3 月—2010 年 1 月
监事会主席	金　虎	2010 年 1 月—2011 年 1 月	监事	冯俊杰	2010 年 1 月—2011 年 1 月
			监事	怀文明	2010 年 1 月—2011 年 1 月
			职工监事	尤　军	2010 年 1 月—2011 年 1 月

续表

职务	姓名	任职时间	职务	姓名	任职时间
监事会主席	李雪芳	2011 年 1 月—2012 年 1 月	监事	冯俊杰	2011 年 1 月—2012 年 1 月
			监事	怀文明	2011 年 1 月—2012 年 1 月
			职工监事	吕宏军	2011 年 1 月—2012 年 1 月
监事会主席	罗国安	2012 年 1 月—2013 年 7 月	监事	冯俊杰	2012 年 1 月—2013 年 7 月
			监事	阮克明	2012 年 1 月—2013 年 7 月
			职工监事	吕宏军	2012 年 1 月—2013 年 7 月
监事会主席	曹学云	2013 年 7 月—2017 年 5 月	监事	冯俊杰	2013 年 7 月—2016 年 8 月
			监事	阮克明	2013 年 7 月—2016 年 8 月
			职工监事	吕宏军	2013 年 7 月—2017 年 5 月
			监事	唐勤华	2016 年 8 月—2017 年 5 月
			监事	王　磊	2016 年 8 月—2017 年 5 月
			职工监事	李克忠	2016 年 8 月—2017 年 5 月
监事会主席	郝　亮	2017 年 5 月—2019 年 8 月	监事	郑家江	2017 年 5 月—2019 年 8 月
			职工监事	李克忠	2017 年 5 月—2019 年 8 月
			职工监事	吕宏军	2017 年 5 月—2019 年 8 月
			职工监事	智世奇	2017 年 5 月—2019 年 8 月
监事会主席	（股东方未委派）		监事	张廷锋	2019 年 8 月—2021 年 7 月
			监事	徐占亮	2019 年 8 月—2021 年 12 月
			职工监事	王　斌	2019 年 8 月—2020 年 6 月
			职工监事	吕宏军	2019 年 8 月—2020 年 6 月
			职工监事	智世奇	2020 年 6 月—2021 年 12 月
			职工监事	何　兵	2020 年 6 月—2021 年 12 月

（二）铝电公司

1. 监事会构成及职责

2017 年，铝电公司设立监事会，依照《中华人民共和国公司法》《中华人民共和国企业国有资产法》等有关法律、行政法规履行监督职责。监事会设监事 3 名，其中，专职监事 2 人由股东推荐，职工监事 1 人，通过职工代表大会或其他形式民主选举产生。监事会设主席 1 人，由股东推荐的专职监事担任。

2020 年 7 月 2 日，铝电公司向国家电投上报《关于对铝电公司董事会和监事会进行换届改组的请示》，建议优化监事会设置，取消监事会，设置职工监事 1 名，履行监督职责。7 月 13 日，国家电投法人治理部下发《关于铝电公司董事会和监事会换届改组方案的批复》，同意铝电公司监事会换届改组方案。按照国家电投意见，铝电公司不设立监事会，设职工监事 1 名。

铝电公司监事会职权包括：检查公司财务；对董事、高级管理人员执行公司职务的行为进行监督，对违反法律、行政法规、公司章程或者股东会决议的董事及高级管理人员提出罢免的建议；当董事、高级管理人员的行为损害公司的利益时，要求董事、高级管理人员予以纠正；发现公司经营情况异常，可以进行调查；必要时可以聘请会计师事务所、律师事务所等专业机构协助其工作，费用由公司承担；依照《中华人民共和国公司法》第一百五十一条规定，对董事、高级管理人员提起诉讼；法律、法规及公司章程规定或股东授予的其他职权。

2. 监事会成员调整

2017 年 4 月 20 日，铝电公司召开第一届一次监事会，根据国家电投对铝电公司的委派，监事会由周天伦、武丽艳、李光组成，周天伦为监事会主席。

2018 年 1 月 29 日，铝电公司召开第一届二次监事会，根据国家电投对铝电公司的委派，对监事会进行调整，监事由严嘉鹏、武丽艳、李光组成，严嘉鹏为监事会主席。

2019 年 2 月 15 日，铝电公司召开第一届四次监事会，根据国家电投对铝电公司的委派，对监事会进行调整，监事由王琪、武丽艳、李光组成，选举王琪为监事会主席。

2020 年 7 月，铝电公司向国家电投上报董事会和监事会换届改组请示，根据国家电投"全资子公司不设置监事会"的意见，建议取消监事会，设置职工监事 1 名，履行监督职责，获国家电投批复同意，徐占亮为职工监事（见表 7-2-4）。

表 7-2-4　2017 年—2021 年铝电公司历届监事会任职情况表

职务	姓名	任职时间	职务	姓名	任职时间
监事会主席	周天伦	2017 年 1 月—2017 年 7 月	监事	武丽艳	2017 年 1 月—2017 年 7 月
			职工监事	李 光	2017 年 4 月—2017 年 7 月
监事会主席	严嘉鹏	2017 年 10 月—2018 年 12 月	监事	武丽艳	2017 年 7 月—2018 年 12 月
			职工监事	李 光	2017 年 7 月—2018 年 12 月
监事会主席	王 琪	2018 年 12 月—2020 年 6 月	监事	武丽艳	2018 年 12 月—2020 年 11 月
			职工监事	李 光	2018 年 12 月—2020 年 7 月
不设监事会			职工监事	徐占亮	2020 年 7 月—2021 年 12 月

六、经理层

（一）宁夏能源铝业

1.经理层构成及职责

宁夏能源铝业总经理是董事会授权管理公司的总负责人，全面贯彻董事会决策，根据董事会授权处理日常生产经营管理和行政事务。设总经理1名，由董事长提名，董事会聘任；设副总经理、总工程师，由总经理提名，董事会聘任；设财务总监、总会计师1名，由总经理提名，董事会聘任。

2.经理层人员任职

2008—2021年宁夏能源铝业历届经理层任职情况见表7-2-5。

表7-2-5　2008—2021年宁夏能源铝业历届经理层任职情况表

职务	姓名	任职时间	职务	姓名	任职时间
总经理	黄　河	2008年12月—2011年4月	副总经理	石四存	2009年3月—2011年4月
			副总经理	牛庆仁	2009年3月—2011年4月
			副总经理	冯建清	2009年3月—2011年4月
			副总经理	李庭利	2009年3月—2010年11月
			副总经理	吴金华	2009年9月—2011年8月
			副总经理	吴连成	2009年3月—2009年9月
			副总经理	马国林	2010年11月—2011年4月
			副总经理	赵明杰	2010年11月—2011年4月
			财务总监	魏永春	2009年3月—2011年4月
			总工程师	胥克俊	2009年3月—2011年04月
总经理	王同明	2011年4月—2013年6月	副总经理	石四存	2011年4月—2012年3月
			副总经理	牛庆仁	2011年4月—2013年6月
			副总经理	冯建清	2011年4月—2013年6月
			副总经理	李庭利	2011年11月—2013年6月
			副总经理	赵明杰	2011年4月—2013年6月
			副总经理	马国林	2011年4月—2013年6月
			财务总监	魏永春	2011年4月—2013年6月
			总工程师	胥克俊	2011年4月—2013年6月

续表

职务	姓名	任职时间	职务	姓名	任职时间
总经理	吴连成	2013 年 6 月—2017 年 1 月	副总经理	牛庆仁	2013 年 6 月—2017 年 4 月
			副总经理	冯建清	2013 年 6 月—2017 年 4 月
			副总经理	李庭利	2013 年 6 月—2016 年 11 月
			副总经理	赵明杰	2013 年 6 月—2017 年 4 月
			副总经理	马国林	2013 年 6 月—2017 年 1 月
			财务总监	魏永春	2009 年 3 月—2017 年 4 月
			副总经理	颜传宝	2014 年 7 月—2017 年 4 月
			总工程师	胥克俊	2013 年 6 月—2017 年 4 月
总经理	马国林	2017 年 1 月—2017 年 11 月	副总经理	冯建清	2017 年 4 月—2017 年 11 月
			副总经理	赵明杰	2017 年 4 月—2017 年 11 月
			副总经理	颜传宝	2017 年 4 月—2017 年 11 月
			副总经理	郑小虎	2017 年 4 月—2017 年 11 月
			财务总监	王振林	2017 年 4 月—2017 年 11 月
总经理	冯建清	2017 年 11 月—2021 年 6 月	副总经理	赵明杰	2017 年 11 月—2021 年 6 月
			副总经理	颜传宝	2017 年 11 月—2018 年 4 月
			副总经理	郑小虎	2017 年 11 月—2020 年 12 月
			财务总监	王振林	2017 年 11 月—2019 年 3 月
			副总经理	丁江涛	2019 年 3 月—2021 年 6 月
			副总经理 总会计师	魏永春	2019 年 3 月—2020 年 12 月
			副总经理	魏永春	2020 年 12 月月—2021 年 6 月
			副总经理	周庆华	2019 年 11 月—2021 年 6 月
			总工程师	吴克明	2018 年 10 月—2021 年 1 月
			副总经理	吴克明	2021 年 1 月—2021 年 6 月
			副总经理	张　永	2021 年 3 月—2021 年 6 月
			副总经理	刘元兵	2018 年 4 月—2019 年 3 月
			首席专家	牛庆仁	2019 年 3 月—2021 年 6 月
			首席专家	胥克俊	2019 年 3 月—2021 年 6 月
			首席专家	高士友	2019 年 3 月—2021 年 6 月
			副总监	郑小虎	2020 年 12 月—2021 年 6 月

续表

职务	姓名	任职时间	职务	姓名	任职时间
总经理	吴克明	2021年6月—2021年12月	副总经理	魏永春	2021年6月—2021年12月
			副总经理	赵明杰	2021年6月—2021年12月
			副总经理	张廷锋	2021年6月—2021年12月
			副总经理	周庆华	2021年6月—2021年12月
			副总经理	张　永	2021年6月—2021年12月
			总会计师	张丽宁	2021年7月—2021年12月
			首席专家	牛庆仁	2021年6月—2021年8月
			首席专家	胥克俊	2021年6月—2021年12月
			首席专家	高士友	2021年6月—2021年12月
			总　监	颜传宝	2021年6月—2021年12月
			副总监	郑小虎	2021年6月—2021年12月

（二）铝电公司

1. 经理层构成及职责

铝电公司经理层是公司的执行机构，发挥经营管理作用，谋经营、抓落实、强管理。铝电公司实施经理层成员任期制和契约化管理，设总经理1人，副总经理若干名，财务总监1人，总工程师若干名。总经理、副总经理、财务总监、总工程师属于公司高级管理人员，对公司董事会负责，向董事会报告工作，接受董事会和监事的监督。总经理按照董事会和监事的要求，及时报告公司重大合同的签订执行情况、资金运用情况和盈亏情况等。

2. 经理层人员任职

2017—2021年铝电公司历届经理层任职情况见表7-2-6。

表7-2-6　2017—2021年铝电公司历届经理层任职情况表

职务	姓名	任职时间	职务	姓名	任职时间
总经理	王同明	2017年1月—2019年3月	副总经理	丁江涛	2017年1月—2019年3月
			副总经理	马国林	2017年1月—2018年12月
			副总经理财务总监	魏永春	2017年1月—2019年3月
			首席专家	牛庆仁	2017年4月—2019年3月
			首席专家	胥克俊	2017年4月—2019年3月

续表

职务	姓名	任职时间	职务	姓名	任职时间
总经理	冯建清	2019 年 3 月—2021 年 6 月	副总经理	丁江涛	2019 年 3 月—2021 年 6 月
			副总经理 财务总监	魏永春	2019 年 3 月—2020 年 12 月
			副总经理	魏永春	2020 年 12 月—2021 年 6 月
			副总经理	赵明杰	2019 年 3 月—2021 年 6 月
			副总经理	郑小虎	2019 年 3 月—2020 年 12 月
			副总监	郑小虎	2020 年 12 月—2021 年 6 月
			副总经理	周庆华	2019 年 11 月—2021 年 6 月
			总工程师	吴克明	2019 年 3 月—2021 年 1 月
			副总经理	吴克明	2021 年 1 月—2021 年 6 月
			副总经理	张　永	2021 年 3 月—2021 年 6 月
			首席专家	牛庆仁	2019 年 3 月—2021 年 6 月
			首席专家	高世友	2019 年 1 月—2021 年 6 月
			首席专家	胥克俊	2019 年 3 月—2021 年 6 月
总经理	吴克明	2021 年 6 月—2021 年 12 月	副总经理	魏永春	2021 年 6 月—2021 年 12 月
			副总经理	赵明杰	2021 年 6 月—2021 年 12 月
			副总经理	张廷锋	2021 年 6 月—2021 年 12 月
			副总经理	周庆华	2021 年 6 月—2021 年 12 月
			副总经理	张　永	2021 年 6 月—2021 年 12 月
			总会计师	张丽宁	2021 年 7 月—2021 年 12 月
			首席专家	牛庆仁	2021 年 6 月—2021 年 8 月
			首席专家	高世友	2021 年 6 月—2021 年 12 月
			首席专家	胥克俊	2021 年 6 月—2021 年 12 月
			总　监	颜传宝	2021 年 6 月—2021 年 12 月
			副总监	郑小虎	2021 年 6 月—2021 年 12 月

七、子公司董事会

（一）董事会设立

为落实国企改革三年行动部署要求和国务院国资委《关于中央企业加强子企业董事会建设有关事项的通知》精神，国家电投印发《加强子企业董事会建设工作方案》，要求到 2021

年底，实现子企业董事会应建尽建，外部董事人数超过董事会全体成员半数。铝电公司有全资、控股子公司34家，其中，纳入董事会应建尽建目录的有12家，即铝业国贸、山西铝业、遵义公司、青铝发电、科技工程公司、青鑫炭素、铝电金海、氢能公司、绿能公司、青铝股份、深圳霍煤鸿骏、铝业国贸（北京）公司。

2021年，铝电公司发布《子公司董事会管理办法》《子公司"三会"议案管理办法》，规范所属单位法人治理工作。制订《落实董事会职权试点改革实施方案》及配套审批审查事项清单，推进落实董事会职权改革工作。发布《关于进一步完善子公司法人治理加强董事会建设的指导意见》《子公司董事会管理办法》等制度文件，从董事会会议组织、明晰董事会职权、加强董事会运行支持和保障、优化完善所属单位"三会"议案管理、加强控股子公司股东会议案审查、对所属单位董监事会议案实施备案制等方面进行规范。

2021年8月，山西铝业等6家公司率先进行董事会建设，公司委派董事，并确定科技工程公司、青鑫炭素2家为改革试点单位，设立战略与投资委员会、薪酬与考核委员会、审计与风险委员会和提名委员会，修订公司章程、制定落实董事会职权实施方案及配套制度，编制《落实董事会职权审批审查事项清单》，明确38个管理事项行权方式。当年底，铝电公司及12家子公司完成董事会建设，实现应建尽建。子公司董事会由5~7名董事组成，其中，职工董事1名，外部董事人数都超过董事会成员的半数，完成改革目标。控股子公司监事会由3~5名监事组成，全资子公司设监事1名。2021年，共有7家子公司召开董事会会议。

（二）专职董（监）事管理

2021年，铝电公司发布《转任非领导职务干部履职管理办法（试行）》《专职董事监事管理办法（试行）》，共向12家所属单位委派16名专职董事、监事。专职董（监）事人选主要为转任非领导职务干部，曾担任过职能部门负责人和所属单位主要负责人，熟悉法律、财务知识和公司治理业务（见表7-2-7）。

表7-2-7　铝电公司2021年委派专职董（监）事情况表

序号	委派人员姓名	监督单位
1	许春珠	氢能公司（控股）董事、枣泉发电（参股）董事
2	刘启扬	遵义公司（控股）监事会主席、红墩子煤业（参股）董事
3	吴卫国	宝胜线缆（参股）董事、科技工程公司（控股）董事
4	贺玉艳	山西铝业（控股）监事会主席、青鑫炭素（控股）董事
5	王爱东	青铝发电（控股）董事、银控公司（参股）监事、哈尔滨东轻（参股）董事

续表

序号	委派人员姓名	监督单位
6	李卫萍	遵义公司（控股）董事、绿动未来公司（全资）董事、铝业国贸（控股）监事会主席
7	尤军	西部创业（参股）董事、枣泉发电（参股）监事会主席、科技工程公司（控股）董事、青鑫炭素（控股）董事、铝业国贸（控股）监事
8	何学宁	氢能公司（控股）监事、红墩子煤业（参股）董事、山西铝业（控股）董事
9	王克文	铝电金海（控股）监事
10	卫璜	遵义公司（控股）董事、绿动未来公司（全资）监事
11	李少康	山西铝业（控股）董事、广投临港（参股）监事会主席
12	霍万龙	青铝发电（控股）董事、绿动未来公司（全资）董事、大坝发电（参股）副董事长
13	王永兴	青铝发电（控股）监事会主席、大坝发电（参股）监事会主席、红墩子煤业（参股）监事会主席
14	王小宁	科技工程公司（控股）董事
15	张韶华	青鑫炭素（控股）董事、山西铝业（控股）董事
16	李德顺	大坝发电（参股）董事

2021 年 3 月 26 日，铝电公司发布《专职董事、监事管理办法（试行）》，明确专职董（监）事的任职条件、履职管理、履职保障和考核评价等内容。5 月 17 日，铝电公司举办董（监）事培训班，邀请大学教授、中央党校讲师、咨询公司研究员、国家电投法人治理部专家，从公司法、加强党的领导和完善公司治理、企业合规管理与风险防范、董（监）事履职及履职风险管理、公司治理理论与实务等方面进行系统培训。12 月，铝电公司开展专职董（监）事年度考核评价，对专职董（监）事的履职能力、履职行为和履职业绩进行评价。

第八章　行政管理

公司本着"有利于安全生产，有利于提高工作效率，有利于降低运营成本，有利于职工队伍稳定"原则，完善管理机构，优化劳动组织结构，规范劳动关系，改革用工和薪酬制度。制定"十二五""十三五""十四五"及中长期战略发展规划，为公司科学发展奠定坚实的基础。加强综合计划、全面预算及考核管理，实行资金支付集中管理，有效降低融资成本，保障公司重点工程项目建设。

公司优化整合后，按照"精简、高效"原则，建立分板块、分层次的行政管理体制和生产运行保障机制，围绕生产、经营和发展中心任务，开展"双对标、双激励"和"计划—预算—考核—激励"管理工作，为生产管理和经营目标的实现提供有力保障。

第一节　综合事务

一、管理机构

2009 年 3 月，宁夏能源铝业成立总经理工作部，负责公司股东会、董事会、总经理办公会、年度工作会等重要会议的组织和公司领导议定、批办事项的催办和督办工作，负责政策研究、法律事务、公共关系、综合信息、内外部协调和文秘、机要、档案、保密、信访、史志管理，负责重要综合性报告、文件、领导讲话的起草及外事管理服务、学会、协会管理协调，负责重要接待、车辆管理、后勤服务等。归口管理制度建设、机关房产及公司外埠房产、突发事件管理与处置等。

2011 年 9 月，总经理工作部更名为办公室，增加协调青铝股份上市前期工作，机关计划生育、集体户口管理、对外捐赠费用管理和外来人员参观审批等职责。

2017 年 9 月，宁夏能源铝业办公室主要职责调整为负责重大政策研究、重大经营决策和规性审核和软科学课题，承担行政事务、会议决议督办、"四项费用"管理、外事服务、对外捐赠工作，归口管理公司会议、公共关系、公务活动、信访维稳、法律事务、规章制度建设、合同管理、工商登记、知识产权、公务用车、综合档案等工作。

2017年1月，铝电公司成立综合事务部，主要负责公司股东会、董事会、监事会事务管理，以及行政管理、办公事务、公共关系、后勤保障和信息化工作，开展政策研究、法律事务、制度建设、合同管理、外事管理、国际合作等工作。

2019年3月，铝电公司（宁夏能源铝业）综合事务部更名为办公室，主要负责董事会事务，处理办公事务、保密与信息、行政管理、外事与境外事务管理、信访稳定及后勤保障等工作，归口管理督办工作。

2020年11月，办公室更名为综合管理部，职责未变，董事会事务及公司治理职责划归法人治理部。

二、行政事务

（一）管理范围及内容

1. 公文处理

公司公文处理包括收文管理和发文管理。

收文管理主要包括签收、登记、初核、分发、拟办、批办、承办、催办、立卷、归档、销毁等程序。收文分为"办件办理"和"阅件办理"。

2009—2013年，采用方正公文传输系统，与中电投公文传输工作对接。公司内部使用A6协同办公系统。2013—2015年，使用中电投综合办公系统，公司内部继续使用A6协同办公系统。2015—2021年，使用国家电投综合办公系统。

公文（密件）办理过程中，纸质传签和信息化系统传签审批流程一致。

公司发文管理包括公文的拟制、会签、审核、签发、印制、用印、分发等程序。

公司发文全部实行信息化管理。2009年1月—2013年11月，青铝股份发文采用A6协同办公系统和ERP办公模块并行，之后与宁夏能源铝业统一使用A8协同办公系统。同期，宁夏能源铝业发文采用A6协同办公系统，之后升级为A8协同办公系统。2019年3月，铝电公司发文使用A8协同办公系统。

2. 印章管理

公司印章及印信由综合管理部集中统一管理，包括行政章、党委章、法定代表人印章、签名章和营业执照（正、副本）。因机构调整、更名或业务变动等原因，印章、资质证件不能继续使用的,按照公司《印章及资质证件管理办法》规定的程序,由综合管理部登记销毁。特殊需要留存的,经综合管理部登记后由所在部门保管。需要制发新印章的,按公司规定办理。资质证件由法律与企业管理部依法办理变更登记等相关手续。

公司印章实行专人管理,公司《印章及资质证件管理办法》明确规定,使用公司公章,应经董事长或总经理批准,在授权范围内,可由综合管理部负责人代为批准用章;使用法定代表人印章,应经法定代表人批准,在授权范围内,可由综合管理部负责人或计划与财务部负责人代为批准用章;使用公司营业执照复印件,应经综合管理部负责人批准。

3. 会议管理

公司对会议实行分类管理,根据会议重要程度,分为三类。

一类会议,主要指对公司"三重一大"事项进行决策及公司主要领导协调推进公司整体工作和组织落实"三重一大"事项决议的会议。具体包括公司股东会、董事会、董事长专题会、党委会、总经理办公会、年度工作会、年中工作会、民主生活会、党委(扩大)会、党委理论学习中心组学习会、领导班子碰头会、月度生产经营例会、安委会(扩大)会、招标领导小组会、项目发展双周例会等;公司主要领导参加的承办上级单位重要会议或通过视频参加上级单位的重要综合性会议;公司主要领导参加的向上级单位汇报会、重要会见会及座谈会等。

二类会议,主要指公司领导班子成员根据职责分工,安排布置、协调推进相关重要工作的会议。包括板块经济活动分析会、攻关会、制度审查专题会、工作分析(协调)会等;公司领导班子副职参加的承办上级单位专业性会议或通过视频参加的上级单位的专业性会议;公司领导班子副职参加的向上级单位汇报会、重要会见会及座谈会等。

三类会议,指机关各部门主持召开的各类会议。

综合管理部负责总经理办公会、年度工作会、年中工作会及其他相关专题会议。

总经理办公会。实行总经理负责制,是公司经理层对董事会授权下的公司经营管理中重要事项进行决策和处理的重要会议。研究执行公司党委有关决定、董事会决议,研究决定运营管理、重要人事管理、基建投资、资产并购、融资项目、大宗物资采购、综合业绩考核等总经理职权范围内的事项。

年度工作会。主要任务是传达国家电投职代会暨年度工作会议精神,总结公司上一年度工作,分析面临形势,安排部署当年工作任务。参会人员有公司领导班子成员、外部董事、技术序列领导、副总师级领导、各部门负责人,所属单位领导班子成员、部门有关人员。截至2021年末,共召开13次。

年中工作会。主要任务是传达国家电投年中工作会议精神，总结上半年工作，安排部署下半年重点工作任务。参会人员有公司领导班子成员、外部董事、技术序列领导、副总师级领导、各部门负责人，所属单位领导班子成员、部门有关人员。截至 2021 年末，共召开 13 次。

4. 督查督办

公司督查督办包括书面督办、现场督查、调研回访等。由综合管理部牵头，形成督办任务表，按照时间节点反馈工作进度，直至督办工作完成闭环。督办结果在协同办公系统发布公告，予以通报。

督办内容包括国家电投交办的重要事项、公司重要决策会议议定事项、公司重点工作任务、领导批示和交办事项等。

截至 2021 年末，共形成年度工作会重点任务督办表 13 份、半年工作会重点任务督办表 13 份、月度例会督办表 190 份，总经理办公会以年度为单位、分次督办，形成重点事项督办表 13 份。

5. 信息工作

2017 年 10—11 月，铝电公司分别制定《信息工作管理办法》和《信息公开管理办法》。2017—2021 年，先后四次对《信息工作管理办法》进行修订，先后两次对《信息公开管理办法》进行修订。信息工作对外是向国家电投和宁夏回族自治区相关部门报送重要情况，反映公司实际困难或问题，提出有关政策建议等，助力公司生产经营、改革发展。对内发布《信息要情》，反映重要政策信息，机关及所属单位生产经营发展的有关进展或重大活动、重要事件动态情况。

截至 2021 年末，发布《信息要情》108 期。

6. 档案管理

2008 年 12 月—2010 年 4 月，公司档案管理归口总经理工作部。

2010 年 4 月 23 日成立档案中心，挂靠总经理工作部，为公司职能中心，按所属单位管理，只设置岗位未设部门。主要职责是负责文书、会计、科技、声像、实物、印章等档案的收集、整理、归档、提供利用及鉴定销毁等工作。同时，开展大事记、组织机构沿革等通用性编研；监督、检查、指导所属各单位档案管理工作；开展档案知识及制度宣传、制度修订、项目档案验收等工作。

2011 年 10 月 26 日，撤销档案中心，职能并入办公室。10 月，投资 21 万元完成机关档案管理系统建设，运用"北京东方飞扬综合档案管理系统"，实现档案信息录入、保管、统计、检索、开发利用。

截至 2021 年末，公司机关及下属单位有档案室 16 个，专职人员 15 人，兼职人员 55 人，其中，馆员 4 人，助理馆员 4 人。档案室存纸质档案 14.95 万卷 16.06 万件，总排架长度 6160 米，底图室存永久、30 年（长期）档案 12.75 万卷 8.66 万件。电子档案有数码照片 74.84 吉字节，数字录音、数字录像 440.67GB，其他载体档案有照片档案 7667 张，录音磁带、录像磁带、影片档案 594 盘，缩微胶片 590 件。数字化档案有 2.35 万卷 4.02 万件、270.69GB 31.1 吉字节，其他载体档案有照片档案 11.7GB，录音磁带、录像磁带、影片档案 5.47GB。档案室建筑面积 2748.45 平方米，档案库房建筑面积 1826.57 平方米；档案室有 6 台服务器，7 套火灾自动报警系统，8 套温湿度控制系统。

7. 外事管理

2009 年至 2019 年 4 月，宁夏能源铝业综合管理部门归口管理外事工作，主要负责公司范围内出国任务的报批及相关手续办理。

2017 年 1 月，铝电公司综合事务部负责归口管理公司外事管理与服务工作、指导促进境外项目公共关系以及统筹协调境外突发事件，负责公司及所属单位邀请外宾来华事项的管理工作，建立健全公司境外公共安全管理制度和相关应急预案，组织所属境外机构和外派人员落实境外公共安全管理要求，配合国家有关部门、国家电投对所属境外机构开展境外公共安全风险防控和应急管理工作的指导、监督和考核。负责境内所属各单位因公出国（境）任务的计划、申请、证件办理信息收集、派出人员的境外安全与保密教育等工作。

2009—2019 年，宁夏能源铝业因公出国（境）执行任务团组 12 批 47 人次，参团 6 批 9 人次。团组出境主要是以青鑫炭素出国执行市场开拓及技术交流任务为主，参加政府及上级单位组织的出国团组以参加境外交流及培训为主。

2017—2021 年，铝电公司因公出国（境）执行任务团组 33 批 248 人次，参团 4 批 4 人次。团组出国以几内亚境外项目推进任务为主，参团出境以参加境外调研及培训为主。

8. 信访管理

2009 年 3 月，公司信访工作归口总经理工作部管理。随着部门名称的变化，先后由办公室及综合管理部管理。

2012 年 10 月，宁夏能源铝业制定《信访管理办法》，明确归口部门和主办部门信访工作职责，保护信访人的合法权益，维护机关正常工作秩序。

2015 年，与有关方面协调配合，完成宁夏信访局转办的《关于周某某反映红一煤矿不重信誉致投资人损失千万元》信访事件的调查与处置。

2016 年，修订《信访管理办法》，对一般群体性上访事件、重大群体性上访事件、特大群体性上访事件进行定义，明确公司信访事项实行处理、复查、复核三级终结制度和应当受理信访事件的范围。

2019年8月，铝电公司对《信访工作管理办法》进行再次修订，明确机关各部门信访职责分工。公司将信访工作纳入党委总体工作，与其他中心工作同部署、同落实，公司党委定期听取信访工作汇报，对信访工作给予指导。各单位党委书记是信访工作的第一责任人，对本单位信访工作负总责，分管信访工作的领导担负信访工作直接责任，落实"一岗双责"制度，信访专（兼职）人员具体负责日常信访事务，形成一级抓一级、一级对一级负责的信访工作领导责任制。

截至2021年末，公司所属三级单位全部设置信访事务岗位，从事信访工作的专（兼）职人员30余人，主要任务是负责不稳定因素排查、矛盾纠纷排查化解、信访事件办理及信息报送等工作。公司机关及所属三级单位累计排查出涉及劳动和社会保障、军转安置及待遇、农民工权益保护及经济合同纠纷事项等不稳定因素14项，制定稳控措施25项。针对排查发现的问题，相关单位及时制定各项稳控措施，严格落实领导责任制，层层分解，责任到人，限时解决。

（二）后勤保障

1. 机关房产

公司机关房产包括银川市区房产和北京市区房产。

银川市区房产，主要是铝电公司（宁夏能源铝业）机关位于宁夏银川市金凤区新昌西路168号的机关房产，占地面积5.1万平方米，其中，办公楼建筑面积4698.54平方米，办公平房（原厂房改造）建筑面积7193.61平方米。该地块系原宁夏博尔泰利制药厂。2007年11月，黄河公司宁夏能源公司通过竞拍获取该地块及地面附着物所有权，并对原生产指挥楼进行了改造，未改造的厂房（含设备设施）保持原样，进行半封闭。办公楼为五层结构楼房。2021年9月，对原半封闭厂房实施改造，作为办公用房。

北京市区房产，主要是铝电公司2017年1月在北京成立时的办公用房。与国家电投财务公司签订《房屋租赁协议》，财务公司将位于北京市西城区西直门外大街18号楼金茂大厦3单元第8层、第9层出租给铝电公司，每层建筑面积1402.4平方米。租赁期间，铝电公司按照建筑面积分摊物业管理费。2019年，铝电公司机关搬迁至宁夏银川市，为降低办公用房租赁费用，2019—2020年，铝电公司将所租赁的金茂大厦3单元第9层退还给财务公司，保留第8层作为过渡期办公用房。2020年合同到期后办理租赁房屋退还手续。

2. 机关公务车辆

2009—2016 年，公务用车按用途分为相对固定公务用车、公务接待用车、机动公务用车三类。公司领导人员按照一人一车提供公务用车，相对固定使用，不作为专车，办公室根据实际情况统一调用。公务接待用车主要用于机关公务接待（含外事）活动接送来宾。机动公务用车，主要用于保障工作人员参加会议、检查调研、走访慰问、机要通信、财务业务等需求，由办公室根据工作需要统一调配，也可以和公务接待用车交叉使用。2016 年，机关共有公务用车 26 辆（含北京办事处），除 2015 年经中电投批复购买一辆公务用车外，其余均为 2012 年以前采购，符合规定标准。

2016 年，公司实行公务用车改革，按照国家电投关于所属二、三级单位推进公务用车制度改革的相关要求，制订《宁夏能源铝业及其所属单位公务用车制度改革具体实施方案》，取消公司负责人相对固定公务用车，保留机要通信、应急公务、商务接待、工作检查、执纪等经营和业务保障用车 18 辆（含北京办事处），其余 8 辆公务用车，部分调配至所属单位，其他进行拍卖或报废处置。当年第四季度，开展公务用车清理调配工作，对部分公务车辆办理变更登记手续，解决因历史遗留的部分公务用车使用单位和登记单位不统一问题。同时，督导所属单位完成公务用车制度改革，对所属各单位公务用车数量进行核查登记，进一步规范公司公务用车管理。

2018 年，宁夏能源铝业处置闲置封存老旧脱审车辆 34 辆，其中，公务用车 15 辆、生产用车 19 辆。内部调配使用公务用车 5 辆，注销车辆登记证后内部使用 4 辆生产用车，顶账、拍卖或报废处置公务用车 10 辆、生产用车 15 辆。

机关公务用车实行派车单制度。各用车部门提前一天填写派车单，经部门负责人签字后，由办公室在符合用车规定前提下，合理安排车辆。建立派车台账，做到每辆公务用车每次公务出行的信息有据可查。

公务用车实行单车核算，合理控制单车运行成本。公务用车的保险、维修和加油实行统一集中采购、定点保险、维修、加油。

2019 年，铝电公司搬迁至宁夏银川市办公，青铝股份北京办事处撤销，铝电公司在京车辆及青铝股份驻京办事处在京车辆部分在京出租使用，部分调回机关使用。

2021 年底，公司机关有轿车 13 辆，商务车 5 辆，越野车 3 辆，中巴 2 辆。其中，在用 13 辆，封存或公司内部调配使用 10 辆。

3. 机关后勤餐饮物业管理

公司机关后勤管理服务内容主要包括餐厅管理、餐食供应、卫生保洁、空调及水电暖维修、冬季供热站运维、院内绿化管理、消防设施维护、安保值守等，承担公有周转房（银川正源南街鹿鸣苑公寓和艾伊水郡住宅）设施的维护工作，综合部承担后勤管理服务费用。

2008—2009 年，后勤餐饮物业由青海创盈投资集团有限公司承担。

2010 年，后勤餐饮物业由青铜峡铝业开发公司接管。

2012 年 8 月，成立实业分公司，负责该项工作。

2015 年 1 月，实业分公司撤销，该业务划归青铜峡分公司后勤服务部管理。

2019 年 3 月，青铜峡分公司成立综合服务中心银川服务班，负责机关院内后勤服务、物业维修、绿化养护、换热站运行、会务服务等工作。通过外委形式，社会招聘有资质的单位或管理机构承担餐饮、保洁工作。

餐饮服务。公司在办公区大院设立清真食堂，面积约 590 平方米，餐厅可容纳 80 人正常用餐，2021 年，日常就餐人数达 160 人，年就餐人数约 4.9 万人次。

绿化管理。2009—2015 年，公司办公区大院绿化由宁夏天地缘锦绣园林花卉有限公司负责，主要是办公区域室内盆景、绿植保养维护、定期轮换，办公区院内园林树木（草坪）喷灌、修剪、病虫害防治等工作。2015 年 9 月，青铜峡分公司后勤服务部接管绿化工作，绿化面积 3.2 万平方米。

安全保卫。2009—2016 年，安保服务采用外委管理，由银川安保服务有限公司承担。2016 年 4 月，外委合同到期后，青铜峡分公司后勤服务部接管安保工作。

供暖。2009 年，换热站设备维护及冬季运行值班采用外委管理，公司与青海创盈签订外委服务协议。2010 年，开发公司承担换热站设备维护及冬季运行管理。2012 年 8 月，实业分公司负责该项工作。2015 年 1 月，实业分公司撤销，该业务划归青铜峡分公司后勤服务部管理。2019 年 3 月，青铜峡分公司成立综合服务中心银川服务班，继续承担该项工作。公司多次对换热站及供暖管路进行技术改造，提高供暖效果。2009—2019 年，办公区采暖由银川市热力公司提供高温高压热源，通过换热站输送到各办公区，供暖面积 1.26 万平方米。2020—2021 年，由国能宁夏供热有限公司提供热源。

三、驻外机构

（一）青铝股份驻京办事处

办事处位于北京市广安门外达官营恒昌花园 1 号住宅楼 20 层，建筑面积 787 平方米，由青铝股份 1997 年购买。2019 年 8 月 16 日，根据国家电投《关于撤销二级单位驻京办事机构的通知》，8 月 31 日，办事处业务停止。10 月，驻京办事处撤销。撤销后，房屋及其设施设备出租给几内亚公司，接受国家电投统一管理，作为公司在北京挂职、借调人员及几内亚公司员工宿舍。原有 3 辆公务车内部调配使用。

（二）遵义公司驻京办事处

2008 年 12 月，遵义公司在北京市工商局登记注册，成立驻京办事处，无场地、无工作人员。2019 年 9 月 9 日注销工商登记，2 辆公务车调配到其他三级单位使用。

第二节　规划与发展

一、管理机构

2009 年 3 月，宁夏能源铝业成立计划与发展部，负责公司发展规划、综合计划编制、项目申报、投资管理、综合统计、经济运营分析等管理。

2018 年 1 月，宁夏能源铝业计划与发展部负责的综合计划、经济运行分析、绩效考核体系建设和考核职能及人员划归计划与财务部。11 月，计划与发展部更名为发展与经营部，主要职责调整为负责战略、发展规划、项目前期规划、投资、招投标、物资采购、废旧物资处置、标准化体系建设、综合统计、对标、内部关联交易、联系协调宁夏政府相关部门。

2017 年 1 月，铝电公司成立计划经营部。主要负责公司战略管理，项目与投资管理，综合计划，高端产品研发与科技创新，重组并购招投标，经济运行协调等职能。

2019 年 3 月，铝电公司（宁夏能源铝业）成立规划发展部，负责战略管理，规划编制与管理，政策研究，市场分析与开发，境内外项目发展与前期，重大项目推进，投资管理等工作。

二、战略规划

（一）战略管理

2009 年 8 月，宁夏能源铝业制定《发展战略和规划管理办法》，规定发展战略由总体发展战略、战略举措和指标组成，包括产业战略、财务战略、人力资源战略、市场营销战略、监督战略、技术创新与环保战略、信息化战略、企业文化战略等。发展规划包括五年发展规划和十年远景规划、三年滚动发展计划、公司所属各单位五年发展规划和十年远景规划，公司所属各单位三年滚动发展计划。

2012 年 11 月，宁夏能源铝业制定《发展规划管理办法》，规划编制内容主要包括发展现状，发展环境及市场竞争力分析，指导思想和发展目标，发展重点与实施计划，规划实施的保障措施。按照中电投要求制定五年规划，并进行十年长期展望。规划由公司统一组织实施，所属单位是实施发展规划的责任主体。公司根据外部环境、业务范围、重点项目前期变化及规划执行情况，对规划进行年度滚动调整。

2018年8月，宁夏能源铝业制定《规划管理办法》，明确公司规划是国家电投、铝电公司总体规划在公司的分解、细化和落实，是公司中长期发展的纲领性文件。公司规划包括发展运营、资源配置、资本运营、组织结构、人才发展、安全环保、科技信息化、体制机制创新、监督保障、企业文化等。公司根据需要编制专题规划，专题规划是以公司特定领域发展为对象编制的规划，是公司总体规划在特定领域的分解、细化、落实，包括主要职能规划、产业规划、重点区域和重点项目规划。

2017年12月，铝电公司制定《规划管理办法》。2019年12月，根据国家电投"战略—规划—计划"管理体系的制度要求，修订为《战略—规划—计划体系管理规定》。2021年12月，再次修订，名称为《战略规划计划体系管理规定》，对战略管理、规划管理、计划管理、衔接管理进行全面调整。"战略—规划—计划"体系（SPI）管理遵循价值核心原则、战略引领原则、强化执行原则。

"战略—规划—计划"体系（SPI）是国家电投有效实现战略引领规划、规划指导计划，保障战略、规划目标有效分解落地的重要管理工具。"战略—规划—计划"体系与"计划—预算—考核—激励"（JYKJ）体系构成国家电投战略落地体系。

"战略—规划—计划"体系中的战略体现为使命愿景、指导思想、企业定位等，通常是长期稳定的；规划是承接战略的分解、细化和落实，体现为企业发展目标、实施方案等，通常存在动态调整优化；计划是以年度为单位对规划的分解、细化和落实，是对年度目标、重点任务的指导和约束性文件。

公司战略是在研究分析国内外宏观环境、国家电投、公司内外部条件及其变化趋势的基础上，以贯彻落实国家战略、国家电投战略、实现企业价值最大化为目标，对企业生存发展所作出的方向性、整体性、全局性的谋划。公司战略包括总体战略和区域、产业发展子战略。公司战略管理包括战略研究、制定、实施、评估与调整的全过程闭环管理活动。

"战略—规划—计划"体系建设、完善及运行相关决策事项按照董事会议事规则、董事会授权管理规定、党委会议事规则、总经理办公会议事规则等制度要求执行。董事会、党委会审议公司上报国家电投的总体战略、总体规划；总经理办公会审批"战略—规划—计划"体系管理制度。"战略—规划—计划"体系须履行党委前置决策程序的重大事项，提交董事会决策前,先经党委会研究讨论。

(二)宁夏能源铝业战略规划

1."十二五"规划

2013 年 11 月 1 日,按照产业发展现状、产业发展环境、发展战略及目标、发展重点与实施计划、投资及经济效益分析、资源需求、保障措施七个方面,宁夏能源铝业编制《"十二五"及中长期发展规划》。

指导思想。坚持以科学发展观为指导,抓住新一轮西部大开发政策机遇,背靠资源、面向市场,按照"电为核心、煤为基础、重要的铝业生产基地"和"优先打通煤电铝产业链"发展思路,着力推进产业链向价值链转变,做优做强铝业,以落实产业链建设带动煤、电、化相关联产业一体化协同发展,积极构建清洁、高效、安全、协同的宁东产业集群格局,壮大综合实力,提高市场竞争力。

总体思路。依托宁东能源化工基地建设,立足已获取优势资源的开发转化,以着重提升存量资产质量与效益,带动宁东煤电基地和煤电铝、煤电化产业链建设;把握新能源发展时机,加快推进风电、太阳能发电新能源发展,构建合理的电源结构;提升科技创新能力,推进先进技术示范和应用;高度重视资源储备和生态环境治理,实现资源、经济和环境可持续发展。

总体目标。以科学发展观统领全局,坚持发展为第一要务,着眼当前,立足长远,把握资源与项目规模、节奏、进度相匹配,科学有序的原则,有重点地建设和发展宁东产业集群。努力使宁东产业集群成为中电投重要的产业集群之一、"西电东送"煤电基地重要组成、主要的电解铝生产基地、最重要的铝业发展平台、最具实力的铝业核心企业和新的利润增长点。把公司打造成为产业集群协同效应显著、整体实力突出、可持续发展能力强,文化一流、技术一流、管理一流的大型综合能源铝业集团。铝电联营发展格局基本形成,成为国内有较强市场竞争力的能源铝业集团。电力总装机容量力争突破 380 万千瓦,实现煤炭产能 240 万吨/年,电解铝产能 99 万吨/年,非普铝产品加工能力 25 万吨/年,阴极炭素制品产能 4 万吨/年,开工建设二期二系列 30 万吨/年电解铝项目。在产业发展布局方面,电力产业、煤电铝产业链、煤电化产业链三条发展主线所构成的煤、电、铝、化四个产业板块分别布局在宁东、青铜峡、宁南三个区域。电力产业重点布局在宁东、宁南区域。煤电铝产业链由宁东、青铜峡两个区域组成。煤电化产业链重点布局在宁东区域。在三个发展区域中,宁东区域是发展煤电铝、煤电化产业链循环经济的核心区域。该区域围绕公司煤电铝产业链建设,协同发展煤电化产业链,涉及煤炭开采、洗(选)煤、电力、电解铝、煤化工等五个部分。通过各产业链间、产业链项目间的协同发展，实现资源的充分利用和循环使用。

发展重点。电力产业，在宁东区域完善煤电铝产业链配套电源项目，提高铝业竞争力；配合"西电东送"获取外送容量；加大风电、太阳能发电资源获取，加快吴忠新能源以及资源富集区新能源项目开发。宁南区域大力推进中卫热电、中卫新能源基地建设。2014年，开工建设临河电厂一期3号机组、中卫热电厂；投产中卫香山风电八、九期，太阳山光伏电站一期项目；力争获取中卫香山风电十期、灵武马家滩光伏电站项目审批手续和太阳山二期审批手续及10万千瓦光伏资源的获取；力争中卫香山风电十期项目开工建设。完成临河电厂一期项目除尘、脱硫技术改造，实施脱硝技术改造。2015年，开工建设临河电厂一期3号机组，中卫热电厂，中卫香山风电十期、十一期，太阳山光伏一期以及吴忠太阳山光伏电站二期项目。

煤炭产业，着力推进红墩子煤矿项目前期工作，优化开发建设方案。2014年，获取红墩子矿区矿权、红一煤矿核准和红二煤矿审批手续，积极推进红三煤矿前期工作。完成红墩子选煤一厂技术方案论证、核准，选煤一厂一期开工建设。2015年，持续推进红二煤矿核准、红三煤矿前期工作。续建红一、红二煤矿，完成红三煤矿开工准备。

电解铝产业，大力实施应用型技术创新，以科技为支撑，全面提升核心竞争力，加强与宁东地区铝下游加工企业密切合作，确保原铝液供给安全。继续积极寻求与铝下游加工企业的战略合作，加大铝板（扁）锭、铝合金圆铸锭、铝盘圆、铝合金锭等下游产品开发，减少二次能源消耗和烧损。2014年，重点对青铜峡160千安、200千安、350千安电解槽、焙烧二车间二厂房焙烧炉、350千安净化系统节电进行改造，对宁东350千安电解槽改造、残极清理收尘进行改造。2015年，重点对青铜峡200千安电解净化主排高压变频节电、350千安净化仓顶除尘系统、350千安电解多功能天车玛泰空压机升级改型等项目进行改造，宁东350千安电解槽氟化盐单耗进行改造。

煤化工产业，在2014年确定煤焦化多联产项目工艺技术路线，完成项目核准。

完成情况。"十二五"期间，宁夏能源铝业按照"符合国家西部发展战略、符合宁夏回族自治区经济社会发展战略、符合中电投发展战略"原则，以"三步走"发展战略为指引，着力打造铝电产业链、加快电力产业发展，积极推进煤炭项目开发。按照循环、低碳经济发展模式和将产业链转换为价值链为目标，较好地完成了宁夏区域煤电铝产业发展建设和生产经营工作，截至"十二五"末，宁夏能源铝业完成投资总额125.97亿元，实现营业收入746亿元，利润-33.78亿元，资产总额236.01亿元；电力装机规模212.75万千瓦，年发电量91.43亿千瓦时。核准规模146.75万千瓦，开工规模181.75万千瓦，投产规模146.75万千瓦，清洁能源占比36.07%。临河电厂1号机组、2号机组、3号机组开工建设；中卫热电2×35

万千瓦机组核准并开工建设；取得青铝发电 2×33 万千瓦机组经营管理权；参股枣泉电厂；积家井火电厂、中卫甘塘火电厂通过自治区发改委的初可研评审。风电核准、开工、投产规模 64.75 万千瓦。光伏核准、开工、投产规模 12 万千瓦。供热规模不断扩大，售电、综合智慧能源业务开始起步；电解铝板块持续优化，根据国家淘汰落后产能政策，关停青铜峡 120 千安、160 千安 2 个电解系列，减少落后产能 16 万吨。运行的四个电解系列全部纳入国家符合行业规范名单，完成宁东 350 千安、400 千安 2 条电解系列 57 万吨 / 年项目备案和建设。宁东铝电直连供电线路完成核准、建设并投运。青铜峡铝电直连供电线路完成核准。电解铝侧用电价格降至 0.32 元 / 千瓦时左右，处于同行业中位水平。煤炭完成红墩子红一、红二、红三矿井的煤炭资源普查、精查及储量评审备案，获取红墩子矿区总体规划批复和矿区环评审查和矿区水资源论证审查。红墩子矿区矿业权设置方案完成备案。红一煤矿项目纳入国家煤炭工业发展"十二五"规划的新开工项目并取得国家能源局审批手续。红二煤矿项目纳入国家煤矿工业发展"十二五"规划备选项目并取得国家能源局审批手续。红三煤矿完成可研报告的编制。红墩子选煤一厂项目获取核准。煤化工项目获取宁夏发改委审批手续及核准所需的支持性文件。

2."十三五"发展规划

2016 年 7 月 22 日，宁夏能源铝业编制《"十三五"及中长期发展规划（2016—2020 年）》。

指导思想。全面贯彻党的十八大和十八届三中、四中、五中全会精神和国家电投发展战略，坚持创新、协调、绿色、开放、共享的新发展理念，主动适应经济发展新常态，坚持在发展中调整，在调整中发展的发展理念，以科技创新和体制机制创新为内生动力，实现高质、高效发展；以提高资产质量和效益为中心，实现铝电产业链向价值链转化；以清洁能源发展为主线，实现产业结构持续优化；以配售电、综合智慧能源为抓手，实现发展的新突破。成为协调发展、协同效益显著的现代国有企业。

总体目标。实现铝电产业链向价值链的转换，新能源装机规模翻番，利润总额达到 8.5 亿元；电解铝产能 99 万吨 / 年，铝液直接销售、加工比例达到 70%；提升优质原铝生产能力，以高品质原铝液为基础，加大高品质铝锭和高端铝加工坯料的生产；铝电产业协同优势突出，创新能力大幅提升，价值创造能力持续改善；电力装机规模 431.75 万千瓦，其中，煤电 241 万千瓦，占总装机的 55.82%；新能源 190.75 万千瓦，占总装机的 44.18%，综合竞争能力处于区域领先水平。开展核电选址，积极参与黄河黑山峡大柳树水电项目开发工作。煤炭力争获得矿权、项目核准。寻找转让、合作机会，择机退出。电解铝协同产业实现转型升级。成为区域领先的配售电和综合智慧能源供应商。到 2020 年，火电对外市场化售电达到 8 亿千瓦时；供热量达到 800 万吉焦。建成 1 ~ 2 个区域型、10 ~ 20 个楼宇型综合能源供应项目。

重点项目。核电项目，完成 2×105 万千瓦核电项目厂址论证，积极推进项目进入宁夏回族自治区"十四五"能源规划。水电项目，完成黄河上游黑山峡大柳树水电项目（200 万千瓦）厂址论证，积极推进项目进入宁夏回族自治区"十四五"能源规划。火电项目，2016 年，临河电厂 3 号机组、中卫热电联产项目投产；宁东积家井火电项目纳入宁夏回族自治区"十四五"能源规划。新能源项目，"十三五"末，风电装机规模 134.75 万千瓦，光伏发电装机规模 56 万千瓦。风电项目重点推进中卫香山风电项目、固原风电项目、内蒙古阿盟、上海庙西电东送风电项目、内蒙古锡盟西电东送风电项目。光伏重点推进中卫山地光伏项目、吴忠光伏项目、内蒙古阿盟、上海庙西电东送光伏项目、内蒙古锡盟西电东送光伏项目、银川分布式光伏（楼宇型）项目、宁夏光热发电项目、宁夏核电光伏光热产业园项目。配售电及综合智慧能源供应项目有银川市综合智慧能源项目、银川机关分布式光伏及智慧能源示范项目。

完成情况。截至"十三五"末，宁夏能源铝业完成投资总额 58.12 亿元，实现营业收入 661.23 亿元，利润 19.33 亿元，资产总额 219.49 亿元。红墩子煤矿 60% 股权挂牌转让。新增电力装机 125.04 万千瓦，其中，临河发电 3 号机组投运，新增火电装机 105 万千瓦；中卫风电十至十三期投运，新增风电装机 20 万千瓦，新能源总装机规模达到 101.79 万千瓦；公司机关综合能源示范项目新增装机 0.04 万千瓦，中卫热电机组实现"双投"。宁东 350 千安电解槽系列二区电解槽启动，铝合金分公司 9 条多品种生产线复产。宁东和青铜峡两个区域均实现铝电直连直供，自备供电能力大幅提升。青铝发电完成二期供汽改造，供汽能力提升至 100 吨／时。青铜峡新材料基地蒸汽循环利用项目建成，年供汽量 32 万吨，并获得独家经营权。售电公司在宁夏电力交易中心完成注册，售电业务作为新兴业态快速成长，年代理交易电量突破 10 亿千瓦时，取得七省市跨省跨区售电业务资质。氢能产用一体化列入国家电投首批 6 项新型商业模式，宁东可再生能源制氢示范项目开工建设，配套 1 万千瓦光伏项目申报备案。

（三）铝电公司战略规划

1. "十三五"规划

2017 年 9 月，铝电公司编制《"十三五"及中长期发展规划（2019—2025 年）》。

总体目标。到"十三五"末，铝电公司成为产业结构合理，创新能力、价值创造能力显著提升的国内领先现代综合能源铝业企业。氧化铝和电解铝成本控制水平稳定在行业前 40 分位，新产品竞争力达到行业先进水平；实现年销售收入 620 亿元，资产总额 512 亿元，利润总额达到 17 亿元。铝土矿产能 2040 万吨，氧化铝产能 640 万吨。电解铝产量 99.5 万吨，其中，多品种 30 万吨，高品质原铝 10 万吨，阳极焙烧块产量 47.3 万吨，外销铝液 50 万吨，铝液直销、深加工和高品质铝产业比例超过 90%，吨铝完全成本进入行业 40 分位以内。电力装机容量 358.69 万千瓦，清洁能源比重达到 30%，新增风电规模 5 万千瓦。铝业贸易营业收入达到 750 亿元，实现利润 3.5 亿元。到 2020 年，外部售电业务超过 10 亿千瓦时；供热量超过 500 万吉焦；建成 1 ~ 2 个综合能源示范项目。

完成情况。2020 年底（"十三五"末），铝电公司累计完成投资总额 103.84 亿元，其中，大中型基建 75.35 亿元，实现营业收入 1419.92 亿元，利润总额负 1.37 亿元。资产总额 433.37 亿元。铝土矿产能 300 万吨 / 年，其中，山西铝业 100 万吨 / 年，遵义公司 200 万吨 / 年，几内亚项目历经 10 年开工建设；氧化铝产能 390 万吨 / 年，其中，山西铝业 290 万吨 / 年，遵义公司 100 万吨 / 年。电力装机容量 333.69 万千瓦，其中，火电 256.9 万千瓦，风电 64.75 万千瓦，光伏 12.04 万千瓦，清洁能源比重 23.01%。电解铝产能 99 万吨 / 年，吨铝完全成本进入行业 40 分位以内。新增氢能产业。

2. "十四五" 及中长期发展规划

2020 年 12 月，铝电公司编制《"十四五"及中长期发展规划》。

指导思想。以习近平新时代中国特色社会主义思想为指导，深入贯彻党的十九大和十九届历次全会精神和国家"碳达峰、碳中和"决策部署，立足新发展阶段，完整、准确、全面地贯彻新发展理念，加快构建新发展格局，坚持绿色低碳、节能降耗发展主基调，以"资源 + 能源 + 载能"绿电铝生态集成发展战略为方向，以产业协同化、发展绿色化、管理专业化为路径，积极承接国家电投"2035 一流战略"，加快发展绿色能源、绿氢、绿色交通、绿色产品，建设具有产业协同优势的一流创新型企业。

主要目标。到 2025 年，国家电投铝业协同产业平台作用有效发挥，电解铝吨铝完全成本进入行业前 50 分位；宁夏"绿色能源 + 铝"产业基地初具形态，电解铝绿电比例达到 25%；"贸易 +"创新型综合性国际贸易平台基本建立；成为国内领先的具有产业协同优势的创新型企业。

完成情况。2021 年，是"十四五"开局之年，公司备案 28.28 万千瓦光伏项目、7 座换电站、16 座充电桩。开工光伏 5.22 万千瓦。新增几内亚一期铝土矿产能 750 万吨。宁东制氢示范项目投产，具备 1000 标准立方米 / 时制氢产能。新增光伏产能 2.04 万千瓦。全年完成投资 15.59 亿元。到 2021 年末，铝电公司拥有铝土矿产能 1120 万吨 / 年，氧化铝产能 390 万吨 / 年，电解铝产能 99 万吨 / 年，铝深加工产能 30 吨 / 年，炭素产能 52 万吨 / 年；电力装机 293.83 万千瓦，其中，火电 190.1 万千瓦，风电 84.65 万千瓦，光伏 19.08 万千瓦。氢能 1000 标立 / 时。

三、投资与管理

（一）项目管理

规划发展部是公司项目投资与管理归口管理部门，主要负责大中型基建项目管理。专业管理部门分别管理所辖生产领域技改项目管理，其中，科技信息化管理部门负责公司科技信息化项目管理，综合管理部门负责公司小型基建项目管理，财务管理部门负责股权类项目投资管理，计划统计管理部门负责项目投资计划和投资统计，审计部负责项目投资后评价管理，项目单位是项目投资的实施主体。

公司大中型基建、技改、科技信息化、小型基建项目管理内容为立项、投资决策、开工、竣工验收、项目后评价。规划发展部负责大中型基建项目立项、投资决策、开工管理。开工至竣工验收阶段由专业管理部门负责管理，项目后评价由审计部负责管理。技改项目从立项至竣工验收由专业管理部门负责管理，项目后评价由审计部负责管理。科技信息化项目从立项至竣工验收由科技信息化管理部门负责管理，项目后评价由审计部负责管理。小型基建项目从立项至竣工验收由综合管理部负责管理，项目后评价由审计部负责管理。股权并购类投资管理主要节点是立项、并购方案实施，立项阶段由规划管理部负责，并购方案实施由财务部门负责。

公司项目纳入国家电投综合计划管理，根据年初国家电投下达的综合计划组织实施，年中根据实施情况申请调整，全年项目投资计划以国家电投批复的调整计划为准。项目立项、投资决策、开工须履行相应决策程序，决策前，项目单位按管理规定落实项目决策所需文件，确保合法合规。公司项目决策程序主要有投资专题会、总经理办公会、党委会、董事会。属国家电投决策事项的在履行公司决策流程后，报国家电投履行相应决策程序。国家电投转为国有投资公司后，项目管理权限下放，通过权力清单对不同项目采取分类管理；随着国家电投转型，加大放权力度，项目投资决策权逐步向二级单位转移。

（二）项目投资

1. 宁夏能源铝业基建项目投资

2009年，基建项目完成投资35.32亿元。电力板块续建项目为中青迈铝业（含动力车间），开工项目为青铝自备电厂，前期项目为积家井（西电东送）电站、中卫热电。煤炭板块续建项目为红墩子煤矿。煤化工处于项目前期阶段，为宁东煤制甲醇项目。电解铝是中青迈铝业项目和15万吨铝板带项目，均为续建。青鑫炭素项目为续建。

2010年，基建项目完成投资32.19亿元。电力板块，续建项目为临河发电一期项目、青铝自备电厂项目，开工项目为中卫香山风电一期项目，前期项目为枣泉电厂一期项目、中卫热电一期项目、积家井电厂一期项目、内蒙古孪井滩风电项目、吴忠太阳山光伏并网电站一期项目。煤炭板块，红墩子煤矿项目续建。铝业板块，青铝异地改造项目二期一系列续建。煤化工板块，煤焦化联产项目处于前期阶段。

2011年，基建项目完成投资52.44亿元。电力板块，临河发电一期项目，青铝自备电厂项目，中卫香山风电一期、二期、三期、四期、五期项目投运；吴忠太阳山光伏并网电站一期项目试运行；中卫香山风电六期在建；枣泉电厂一期项目，中卫热电一期项目，积家井电厂一期项目，中卫香山风电七期、八期、九期项目，内蒙古孪井滩风电项目处于前期阶段。铝业板块，青铝异地改造项目二期一系列续建。煤炭板块，红一煤矿项目续建，红墩子选煤一厂项目处于前期阶段。煤化工板块，煤焦化联产项目一期处于前期阶段。

2012年，基建项目完成投资10.81亿元。电力板块，中卫香山风电六期项目、吴忠太阳山光伏并网电站一期项目投运；宁东临河火电项目第三台机组开展前期工作，枣泉电厂一期项目，中卫热电一期项目，积家井电厂一期项目，中卫香山风电七期、八期、九期项目，吴忠太阳山光伏二期项目，中卫香山光伏一期，红墩子光伏发电一期，红墩子光伏发电二期、内蒙古孪井滩风电一期项目处于前期阶段。铝业板块，青铝异地改造项目二期一系列部分投运。煤炭板块，红一煤矿项目续建，红二煤矿、红三煤矿和红墩子选煤一厂、二厂项目处于前期阶段。煤化工板块，煤焦化联产项目一期处于前期阶段。

2013年，基建项目完成投资16.39亿元。电力板块，临河电厂项目3号机、红墩子光伏发电一期、红墩子光伏发电二期、香山风电七期开工建设；中卫热电一期项目，积家井电厂一期项目，香山风电八期、九期项目，吴忠太阳山光伏二期项目，香山光伏一期项目，内蒙古孪井滩风电一期项目，红墩子光伏发电三期项目，临河电厂至宁东铝业二期330千伏输变电工程处于前期阶段。枣泉电厂一期项目归浙能集团控股。铝业板块，青铝异地改造项目二期一系列处于工程收尾阶段。煤炭板块，红一煤矿项目续建，红二煤矿矿建工程开工，红三煤矿和红墩子选煤一厂、二厂项目处于前期阶段。煤化工板块，宁夏300万吨/年煤焦化多联产项目处于前期阶段。

2014年，基建项目完成投资25.04亿元。电力板块，宁夏临河电厂项目3号机续建；中卫热电厂项目开工；红墩子光伏发电一期、红墩子光伏发电二期、中卫香山风电七期、中卫香山光伏一期投运；中卫香山风电八期、九期开工，积家井电厂一期项目、吴忠太阳山光伏二期项目、内蒙古孪井滩风电一期项目、红墩子光伏发电三期项目、临河电厂至宁东铝业二期330千伏输变电工程处于前期阶段；枣泉电厂一期项目参股投资。铝业板块，青铝异地改造项目二期一系列处于工程收尾阶段，青铝异地改造二期二系列项目开展前期工作。煤炭板块，红一煤矿项目续建，红二煤矿矿建工程开工，红三煤矿和红墩子选煤一厂、二厂项目处于前期阶段。煤化工板块，宁夏 300 万吨／年煤焦化多联产项目处于前期阶段。

2015 年，基建项目完成投资 29.62 亿元。电力板块，临河电厂项目 3 号机、中卫热电项目续建；中卫香山风电十期、十一期、十二期、十三期开工；中卫香山风电八期、九期、十期、十一期、十二期、十三期和中卫香山光伏一期投运；积家井电厂一期项目、中卫甘塘火电项目、吴忠太阳山光伏二期项目、内蒙古孪井滩风电一期项目、红墩子光伏发电三期项目、临河电厂至宁东铝业二期 330 千伏输变电工程处于前期阶段；枣泉电厂一期项目参股投资。铝业板块，青铝异地改造项目二期一系列投产，青铝异地改造二期二系列项目终止。煤炭板块，红一煤矿、红二煤矿项目续建，红三煤矿和红墩子选煤一厂、二厂项目处于前期阶段。煤化工板块，300 万吨／年煤焦化多联产项目处于前期阶段。

2016 年，基建项目完成投资 10.86 亿元。电力板块，临河发电项目 3 号机、中卫热电项目续建；临河发电至宁东铝业二期 330 千伏输变电工程全线贯通等待投运；积家井电厂一期项目、中卫甘塘火电项目、大柳树水电站项目、中卫香山风电十四期、十五期项目、固原彭阳风电项目、吴忠地区光伏项目、内蒙古二连浩特新能源项目、吴忠太阳山光伏二期项目、内蒙古孪井滩风电一期项目，红墩子光伏发电三期项目，青铜峡电解铝自备供电线路项目，售电公司供热供电项目，中卫热力公司热力管网项目处于前期阶段；开展宁夏核电厂址普选；枣泉电厂一期项目参股投资。煤炭板块，红一煤矿、红二煤矿项目续建，红三煤矿和红墩子选煤一厂、二厂项目处于前期阶段。煤化工板块，300 万吨／年煤焦化多联产项目处于前期阶段。

截至 2016 年，宁夏能源铝业基建项目完成投资 207.19 亿元。

2. 铝电公司（宁夏能源铝业）基建项目投资

2017—2021 年，铝电公司（含宁夏能源铝业）基建项目完成投资 93.92 亿元。

2017 年，基建项目完成投资 6.46 亿元。电力板块，临河电厂项目 3 号机、中卫热电项目进入工程收尾阶段；宁夏能源铝业机关分布式综合智慧能源项目开工并投运；临河电厂至宁东铝业二期 330 千伏输变电工程等待投运；青铜峡电解铝自备供电线路项目，售电公司供热供电项目，中卫热力公司热力管网项目，积家井电厂一期项目，中卫甘塘火电项目，大柳树水电站项目，中卫香山风电十四期、十五期项目，固原彭阳风电项目，吴忠地区光伏项目，内蒙古二连浩特新能源项目，吴忠太阳山光伏二期项目，内蒙古孪井滩风电一期项目，红墩子光伏发电三期处于前期阶段；开展宁夏核电厂址普选；枣泉电厂一期项目参股投资。铝业板块，参股宝胜电缆项目 10% 股权。煤炭板块，红一煤矿、红二煤矿项目续建，红三煤矿和红墩子选煤一厂、二厂项目处于前期阶段。煤化工板块，宁夏 300 万吨／年煤焦化多联产项目处于前期阶段。

2018 年，基建项目完成投资 4.48 亿元。电力板块，临河电厂项目 3 号机、中卫热电项目、青铜峡新材料基地工业蒸汽循环利用项目、青铜峡电解铝自备供电线路项目工程收尾。

2019 年，基建项目完成投资 26.72 亿元。电力板块，中卫香山风电场 200 兆瓦新建工程项目开工；青铜峡电解铝自备供电线路项目投运。煤炭板块，红一、红二煤矿项目复工，红三煤矿项目、红墩子选煤一厂项目开展前期工作。矿业板块，山西铝业宁武宽草坪铝土矿项目、遵义公司务川大竹园铝矿山项目、瓦厂坪铝矿山项目开工，山西铝业贺家圪台铝土矿项目、杨家沟铝土矿项目开展前期工作。氧化铝板块，遵义公司务川氧化铝项目开工。海外业务，几内亚铝业项目一期开工。

2020 年，基建项目完成投资 27.76 亿元。电力板块，中卫香山风电场 200 兆瓦新建工程项目、中卫香山 50 兆瓦复合光伏发电项目建成投运；山西铝业原平厂区 20 兆瓦分布式光伏发电项目开工。矿业板块，山西铝业宁武宽草坪铝土矿项目、遵义公司务川大竹园铝矿山项目、瓦厂坪铝矿山项目续建，山西铝业贺家圪台铝土矿项目、杨家沟铝土矿项目开展前期工作。氧化铝板块，遵义公司务川氧化铝项目续建。海外业务，几内亚铝业项目一期续建。新兴产业板块，宁东可再生能源制氢示范项目开工。

2021 年，基建项目完成投资 9.1 亿元。电力板块，青铜峡分公司 20 兆瓦分布式光伏发电项目、西鸽酒庄综合智慧能源项目、青铜峡美丽乡村大坝镇韦桥村综合智慧能源项目开工，西鸽酒庄综合智慧能源项目、山西铝业原平厂区 20 兆瓦分布式光伏发电项目建成投运。矿业板块，山西铝业宁武宽草坪铝土矿项目进入工程收尾、遵义公司务川大竹园铝矿山项目、瓦厂坪铝矿山项目续建，山西铝业贺家圪台铝土矿项目、杨家沟铝土矿项目开展前期工作。氧化铝板块，遵义公司务川氧化铝项目续建。新兴产业板块，宁东可再生能源制氢示范项目制氢站建成试运，黄骅港综合智慧能源项目开工。海外业务，几内亚铝业项目一期续建，二期开展前期工作。

第三节　人力资源管理

一、管理机构

2009 年 3 月，宁夏能源铝业成立人力资源部，主要负责编制、组织实施人力资源规划，机构、定岗定编定员管理，基层领导班子建设、领导干部及后备干部管理，管理招录、调配、解聘员工，负责劳动用工、劳动合同、薪酬分配、绩效考核，负责专业技术人才队伍、技能人才队伍建设和专业技术职务的评审和技能鉴定，教育培训，负责公司劳动保护、职业安全健康管理、员工离退休管理等工作。

2017年1月，铝电公司成立人力资源部（党委组织部）。主要负责干部人事管理，体制改革，组织机构管理，综合业绩考核，培训管理和社会保险管理等。

2017年9月，宁夏能源铝业成立人力资源部（党委组织部、体制改革办公室），负责体制机制改革、组织机构设置、人力资源规划、"三支队伍"建设、用工、招聘、薪酬管理等；管理综合业绩体系建设及兑现、教育培训、社会保险、职称和技能鉴定、离退休、人事档案等。

2019年4月，铝电公司（宁夏能源铝业）成立人力资源部（党委组织部），主要职能为领导班子、人才队伍建设及教育培训，人事和组织机构管理，劳动用工及劳动关系管理，薪酬福利社保、员工绩效、人工成本管理，激励体系建设和离退休管理。

二、职工

（一）职工来源

2009年，根据中电投用工多样化管理要求，宁夏能源铝业一方面通过内部协调不同产业板块、单位之间的人力资源，组织实施跨地域、产业板块人员余缺调剂，有效控制用工总量和人工成本；另一方面，通过社会招聘、校园招聘、中电投系统内交流、储备人员，加强人才梯队建设。

铝业板块。主要是将业务整合和组织架构调整过程中产生的需要转岗的管理、专业技术人员充实到管理、技术岗位。退休、人员流动及九年制劳动合同到期所形成的人员缺口，分类进行补充，其中，管理、技术人员主要通过院校招聘补充，生产岗位操作人员通过将劳务派遣人员转换为九年制劳动合同工补充，长期合同工主要是在工作表现优秀并获得宁夏能源铝业先进个人荣誉的九年制合同工中转签无固定期限劳动合同补充。

电力板块。依托中电投系统资源，有组织地开展人才引进工作，吸引各类技术人才补充缺口。采用委托管理或联合管理的方式解决公司电厂投产后，主要岗位人才不足的问题，并通过业务外包单位培养公司的专业技术和管理人才。

煤炭板块。采用代培代招的方式开展煤炭专业骨干人员的培养。学习完成后，对有意愿在公司内就业的人员，采用劳务派遣的用工方式，将工作优秀者在劳动合同期满后转换为合同制职工。同时，通过校园招聘和社会招聘，满足红一煤矿所需要的管理、技术和生产操作人员。将红一煤矿作为培训基地，对新招聘的高校毕业生和缺乏生产操作经验的工人进行培训，为后续矿井生产提供技术熟练的操作人员。

新能源板块。2010 年，中卫新能源员工主要由宁夏能源铝业电力分公司划转调配。2014年 8 月，青铝股份 120 千安、160 千安电解系列关停，转移安置部分人员。2016 年以后，主要通过校园招聘等方式进行人员补充。2021 年，根据公司转型发展需要，先后成立绿能公司、绿电能源、清洁能源、盐池能源科技等新能源公司，人员主要通过系统内调动及社会招聘进行补充。

氧化铝、铝土矿及贸易板块。2017 年，公司新增氧化铝、铝土矿及铝业贸易板块。铝业国贸员工主要为原铝业国贸人员划转。山西铝业员工主要为原山西鲁能晋北铝业人员划转，遵义公司员工主要来源为重庆电力、国际矿业、煤炭煤化工分公司、山西铝业人员划转及社会、学校招聘。铝电金海人员主要由铝电公司调配。之后，氧化铝、铝土矿及贸易板块员工主要通过系统内调动、校园招聘和社会招聘进行补充。

（二）用工结构

2009 年初，宁夏能源铝业成立时，用工总量 7442 人。年末，用工总量增至 10175 人，其中，长期合同工 6731 人，九年制员工 1997 人，劳务用工 1139 人，不在岗人员 308 人（内退、病休等）。

2017 年末，宁夏能源铝业用工总量 8953 人。其中，长期员工 6079 人，九年制员工 1302 人，劳务用工 1572 人，管理岗位 932 人，生产岗位 8021。在岗 7662 人，不在岗人员 1291 人（内退、病休等）。铝电公司用工总量 11196 人，其中，长期合同工 6487 人，九年制员工 1302 人，劳务用工 2224 人。不在岗人员 1183 人（内退、病休等）。

2021 年末，铝电公司用工总量降至 9175 人，其中，长期合同工 7375 人，九年制员工 1104 人，劳务用工 413 人，不在岗人员 283 人。按年龄结构分，29 岁及以下 1774 人（19.34%）、30—39 岁 3427 人（37.35%）、40—49 岁 2456 人（26.77%）、50—54 岁 1204 人（13.12%）、55 岁及以上 314 人（3.42%）。按文化程度分，研究生 98 人（1.06%）、大学本科 2327 人（25.36%）、大学专科 2628 人（28.64%）、中专 795 人（8.66%）、技校 671 人（7.31%）、高中及以下 2656 人（占比 28.97%）。

2009—2021 年铝电公司（宁夏能源铝业）用工人数见表 8-3-1。

表 8-3-1　2009—2021 年铝电公司（宁夏能源铝业）用工人数统计表

单位：人

年份	机关	电解铝	火电新能源	煤炭煤化工	氧化铝铝土矿	贸易	总计
2009	101	9886	99	89	–	–	10175
2010	122	10881	247	420	–	–	11670
2011	113	10943	302	445	–	–	11803
2012	142	10472	325	247	–	–	11186
2013	145	10164	400	284	–	–	10993
2014	132	8475	957	365	–	–	9929
2015	126	8030	1004	351	–	–	9511
2016	120	7566	1091	256	–	–	9033
2017	133	7581	1090	198	2089	105	11196
2018	83	7600	1130	133	2209	113	11268
2019	131	7125	1179	123	2479	133	11170
2020	133	6958	932	–	2582	138	10743
2021	176	5484	891	–	2511	113	9175

三、劳动组织与定员

（一）劳动组织

2009 年至 2011 年 9 月，宁夏能源铝业成立总经理工作部、计划与发展部、人力资源部、财务与产权股权管理部、安全监察部、工程管理部、市场营销部、审计部、纪检监察部、党群工作部，其间，增设生产技术部、招投标管理部、电力事业部、煤炭事业部。下辖青铜峡迈科、青铜峡铝电、青鑫炭素、建安公司、科技信息中心、进出口公司、电力分公司、煤炭及煤化工、枣泉发电 9 家所属分（子）公司。

2011 年 9 月，宁夏能源铝业和青铝股份实行管控一体化改革，管理机构进行整合。公司成立办公室（证券部）、计划与发展部、人力资源部、财务部、政策与法律部（体制改革办公室）、铝业生产部（铝业调度中心）、物资与采购部、科技与信息部、煤炭与煤化工部、发电部、安全与环境保护监察部（煤炭安全监察部）、审计与内控部、政治工作部、纪检监察部、工会办公室等 15 个部门。设置培训中心、新闻中心、技术中心、会计核算中心 4 个支持性机构。铝业板块设置青铜峡分公司、宁东分公司、动力分公司、供销分公司、检修分公司、质量检测中心、物流配送中心、通润铝材、青鑫炭素、建筑工程公司、实业公司 10 家分（子）

公司。电力板块设置临河发电、吴忠新能源、中卫新能源。

2012年起，宁夏能源铝业先后成立银川新能源、配售电公司、中卫热电，接收青铝发电管理权。2014年4月，成立煤炭部、煤业公司，撤销红一煤矿、红二煤矿筹建处、洗煤厂筹建处3个三级单位编制。

2015年1月，对青铜峡、宁东两地实行区域一体化改革，对工程建设公司和检修分公司进行重组，成立工程检修公司。年末，电力板块共有7家分（子）公司，煤炭板块有红一煤矿、红二煤矿项目筹建处、煤化工项目筹建处，铝业板块所属单位减少5家，所属单位劳动组织减少16个。

2017年1月，铝电公司成立综合事务部（董事会办公室、政策与法律部）、计划经营部、人力资源部（党委组织部）、财务与产权管理部、党群工作部（工会办公室）、纪检监察部、审计与内控部7个综合管理部门，成立产业管理中心和营销管理中心2个专业管理中心，管理重心全部前移并与相关单位合署办公。产业管理中心下设安全质量环保部、发电生产管理部、电解铝生产管理部、氧化铝生产管理部、科技管理部，受产业中心和宁夏能源铝业双重领导，各部门与宁夏能源铝业相关部门完全重合。氧化铝生产管理部与山西铝业合署办公。营销管理中心铝业国贸合署办公，下设金属部、原料部、期货部，受营销中心和铝业国贸双重领导。铝电公司劳动组织包括宁夏能源铝业、铝业国贸以及山西铝业、遵义公司、几内亚项目公司、山西可再生能源公司。

2019年3月，铝电公司（宁夏能源铝业）成立办公室（董事会办公室）、规划发展部、党建部（党委办公室、工会办公室）、人力资源部（党委组织部）、计划与财务部、科技与创新部、法律与企业管理部、市场营销部、安全与质量环保部、审计部、纪检监察部（党委巡察办）、电解铝部、氧化铝部、电力部、矿业部15个部门。设置技术中心、审计中心。所属单位包括铝业国贸、山西铝业、遵义公司、几内亚公司、宁夏能源铝业所属单位。

2020年11月，铝电公司成立法人治理部（董事会办公室）。

2021年7月，铝电公司成立智慧能源开发部。同年，公司先后成立技术中心（挂靠科创部）、新闻中心（挂靠党建部）、审计中心（挂靠审计部）、财务共享中心（挂靠计财部）、招标中心（受市场部指导）、人力资源服务中心（挂靠人资部）。至此，铝电公司共有劳动组织57个。

（二）劳动定员

2011年，宁夏能源铝业受中电投委托开展电解铝企业劳动定员编制工作。

2012年，中电投下达宁夏能源铝业劳动定员12290人，其中，有定员标准核定数8982人，无定员标准核定数 3308 人。5 月，宁夏能源铝业制订《所属单位定员方案》，对管理的 22 家单位核定定员（见表 8-3-2）。

表 8-3-2　2012 年宁夏能源铝业所属单位定员情况表

序号	公司名称	岗位定员			合计
		管理	生产	通用	
1	红一煤矿有限公司	100	75	–	175
2	红二煤矿项目筹建处	22	4	–	26
3	煤化工项目筹建处	28	–	10	38
4	临河发电有限公司	50	403	10	463
5	中卫新能源有限公司	22	24	6	52
6	吴忠新能源有限公司	11	10	1	22
7	中卫热电有限公司	15	68	5	88
8	枣泉发电有限责任公司	34	–	–	34
9	青铜峡铝业分公司	163	2969	38	3170
10	宁东铝业分公司	107	1539	1	1647
11	动力分公司	77	602	16	695
12	供销分公司	59	–	–	59
13	检修分公司	90	1075	16	1181
14	质检中心	38	285	2	325
15	物流配送中心	78	907	25	1010
16	青铜峡通润铝材有限责任公司	63	497	–	560
17	青鑫炭素有限责任公司	69	531	6	606
18	青铜峡实业有限公司	114	1153	–	1267
19	建设工程公司	79	–	8	87
20	技术中心	15	–	–	15
21	新闻中心	13	–	–	13
22	培训中心	11	–	–	11
	合计	1258	10142	144	11544

　　考虑到人才培养，在核定定员的基础上增加管理岗位、技术岗位储备人员 59 人。针对铝业板块技术员、多功能天车工、综合维修工、供电运行工等岗位培养周期较长，设储备岗位

65 人，其中，技术岗位 38 人、生产岗位 27 人。

2013 年以后，宁夏能源铝业新成立的单位，依据《中国电力投资集团公司风力发电场劳动定员标准》和《中国电力投资集团公司光伏电站劳动定员标准》定员。

2017 年，铝电公司根据国家电投《关于进一步深化三项制度改革的实施方案》中关于建立健全氧化铝劳动定员标准的相关要求，本着从生产实际出发，对标行业先进水平，精简高效的原则，编制氧化铝板块定员标准。由于氧化铝企业的设计基本是一厂一方案，各家企业的设计方案所包含的工序不尽相同，在核定企业总定员时，根据实际，参照"标准"，按照"搭积木"的方式进行核定。完成山西铝业劳动组织优化，确定山西铝业定员 1805 人。2018 年，对遵义公司进行定岗定编，确定遵义公司定员 563 人。

2019 年 3 月，《铝电公司运营管控优化调整方案》明确，设置 15 个部门，暂定定员 130 人（不含班子成员）。2019 年第十次党委会同意，机关控制定员为 115 人。

2020 年，根据公司业务发展和决策程序需要，铝电公司对法律与企业管理部、市场营销部、电力部、纪委办公室、项目前期办进行定员调整，成立法人治理部，增加定员 4 人。调整后，定员 132 人，较 2019 年控制定员 115 人增加 17 人。各部门定员标准沿用至 2021 年。同年 7 月，成立铝电金海，定员 85 人，均为管理岗位。

2021 年，铝电公司先后成立绿能公司、盐池能源科技、绿电能源、清洁能源，根据公司定位和职能核定岗位定员 308 人。截至 12 月 31 日，铝电公司定员 9185 人，实际在岗人员 8892 人。

四、劳动纪律

（一）劳动纪律管理

公司按照三级管控原则，机关各部门负责员工劳动纪律管理，所属单位负责本单位员工劳动纪律管理。公司制定《机关劳动纪律管理办法（试行）》《机关考勤休假管理办法（试行）》《员工奖惩管理办法》等制度。机关各部门负责人负责本部门的劳动纪律，人力资源部负责劳动纪律的检查和考核。检查采用查阅考勤和现场核实相结合的方式。公司将劳动纪律纳入部门绩效考核内容，并与绩效工资挂钩。所属各单位按公司要求分别制定相关制度，自行管理。

（二）工作时间与休假

公司严格执行国家《中华人民共和国劳动法》等规定的工作时间和法定节假日休假制度。公司机关实行每天不超过 8 小时标准工作日制度，作息时间 7 个小时。所属单位根据国家相关法律法规，结合本单位实际自行制定作息时间，每周工作 5 天或 40 小时。所属单位根据生产工作需要，经属地人社部门审批后实行"四班三倒""五班四倒""三班三倒"等形式的综合计算工时制和不定时工作制等特殊工时制度。

公司规定，员工全年的法定节假日11天，分别是元旦1天（1月1日）、春节3天（农历正月初一、初二、初三）、清明节1天、劳动节1天（5月1日）、端午节1天、中秋节1天、国庆节3天（10月1日、2日、3日）。三八妇女节给女员工放假半天，五四青年节给35周岁及以下青年员工放假半天。

开斋节和古尔邦节，宁夏区域各单位执行地方政府放假规定。

根据国务院颁布的《职工带薪年休假条例》，公司制定《员工考勤及休假管理办法》，规定在职员工连续工作1年以上的，可享受带薪年休假。累计工作满1年不满10年的，年休假5天；满10年不满20年的，年休假10天；满20年的，年休假15天。国家法定节假日及公休日不计入年休假假期。

公司按照国家相关政策规定，员工享受的假期有婚假10天、丧假3天、探亲假20—45天、产假158天。其中，难产增加产假15天，生育多胞胎的，每多生育1个婴儿增加产假15天；怀孕不满4个月流产的，产假15—30天，满4个月流产的，产假42天；陪产假25天；节育假2—21天。

五、薪酬

（一）工资

1. 工资结构

2009年，宁夏能源铝业工资结构由岗位工资、绩效工资、年度绩效奖金及津补贴组成。2010年，宁夏能源铝业实行工资制度改革，制订《推进工资制度改革实施方案》，方案明确，工资结构由岗位工资、业绩奖金、综合绩效奖金、津补贴四部分组成，统称为岗位绩效工资制，该工资体系一直沿用至2021年底。

2. 工资总额管理

2013年，宁夏能源铝业制定《工资总额预算管理办法》，开始实行工资总额预算管理。

工资总额由基数工资、效益工资和单列工资三部分组成，其中，基数工资是企业履行基本职责和完成正常生产经营活动的基本保障工资；效益工资以各单位年度综合业绩考核相关联动指标目标值为基数，根据联动指标完成情况确定的增（减）量工资；单列工资是当年核定基数工资后，相关单位由于人员增减等原因在基数工资外据实单列的工资。效益工资和部分单列工资不滚入次年基数工资。

公司对所属单位实行工资总额管理，与国家电投工资总额管理相衔接，坚持效益优先、兼顾公平的原则，工资总额与所属单位经济效益指标完成情况核定并根据人均工资水平进行调控；工资总额由基数工资、效益工资和单列工资三部分构成，其中，基数工资占当年工资总额的80%左右，其余20%左右为效益工资和单列工资。从严控制所属单位机关职工平均工资增幅，所属单位机关职工收入增幅不得高于本单位职工平均收入增幅。严肃收入分配纪律，所属单位按公司核定的工资总额控制发放，不得超提、超发工资总额。

所属单位领导人员实行年薪管理，与国家电投领导人员年薪管理相衔接，坚持"业绩升薪酬升，业绩降薪酬降"的原则，根据公司发展战略及所属单位发展定位、企业规模、管理难度、发展状况与经营业绩确定所属单位领导人员薪酬水平。年度薪酬由基本年薪、绩效年薪和专项奖励三部分构成。基本年薪体现所属单位领导人员承担的经营管理责任和难度，原则上占年度薪酬的40%左右，不受业绩考核影响，平均按月发放。绩效工资为浮动部分，与考核结果挂钩，原则上不低于年度薪酬的60%。

3. 岗位工资

岗位工资为岗位绩效工资中的基本工资，根据岗位价值、岗位条件确定，其额度以岗位薪点与薪点值为依据计算，按月发放。

岗位薪级主要根据岗位责任与条件和对员工的能力素质要求等因素确定。岗位薪级根据产能或装机容量划分，设定为1～22级。同一典型岗位跨多薪级的情况下，根据实际岗位工作内涵进行区分。同一岗位薪级等距划分为9档，称为薪档，用以反映同岗人员不同的业务能力、技能水平和工作业绩的差别。

4. 绩效奖金

绩效奖金分为月度业绩奖金和年终综合绩效奖金，奖金分配与企业经济效益及员工工作绩效紧密挂钩，能增能减，动态管理。其中，月度业绩奖金根据员工月度工作业绩情况确定，按月度考核发放；综合绩效奖金根据员工年度工作业绩、部门（班组）年度工作目标完成情况和企业年度效益情况确定，按年度考核发放。

（二）奖励

2010年，宁夏能源铝业制定《先进奖励办法》，对获得国家、部委、宁夏回族自治区、国家电投、公司级先进集体和先进个人的给予荣誉奖励和物质奖励。

2013年，修订该项制度，名称变更为《表彰工作管理办法》。

2015年，本着多劳多得，正向激励的原则，制定《专项奖励管理办法》，专项奖励包括发展专项奖、生产指标专项奖，主要侧重过程管控，体现专项奖励的时效性。

2019 年，铝电公司制定《荣誉表彰奖励管理办法》。

2021 年 12 月，铝电公司制定《发展工作即时奖励管理办法（试行）》，对在项目资源获取、项目前期关键节点完成、项目合作和项目并购等相关工作过程中做出重大贡献、取得重要突破、成绩卓越的个人或团队进行即时奖励，提高奖励时效性，调动干部员工参与发展的积极性，加快推进公司战略决策落地。

2013—2018 年，宁夏能源铝业发放先进奖励 374.2 万元，专项奖励 2211 万元。

2019—2021 年，铝电公司发放先进奖励 293 万元，专项奖励 1404 万元。

（三）津补贴

2010—2021 年，公司根据国家及宁夏回族自治区人民政府的相关规定，按照国家电投的相关要求，统一津补贴标准：

工龄津贴。按工龄 15 元 / 年执行（国家电投统一标准）。

特殊工种津贴。对从事高空、高温、特重体力劳动或有毒、有害工作的员工发放津贴，根据工种性质，具体标准 60 ～ 90 元不等。

夜班津贴。前夜班 6 元 / 班，后夜班 8 元 / 班。

通信及交通补贴。执行范围和标准由各单位结合工资总额情况自行制定。

（四）社会保险

1. 社保项目

公司根据国家及地方政府规定，按照属地化管理原则，全员参加基本养老保险、失业保险、工伤保险、医疗保险、生育保险。其中，养老保险、失业保险、医疗保险由公司和个人共同缴纳；生育保险、工伤保险由单位缴纳。各单位执行国家及地方政府规定或核定的缴纳比例。2019 年 11 月，生育保险并入基本医疗保险。

2. 企业补充保险

企业年金。2009 年 12 月，宁夏能源铝业为 5216 名员工建立企业年金，费用总额不突破上年度员工工资总额的 4.33%，单位缴费标准为员工公司工龄 ×10 元 / 月，工资总额列支，员工个人缴费标准为员工公司工龄 ×10 元 / 月，由公司从个人工资中代扣。

2011 年 12 月，宁夏能源铝业制定《企业年金方案实施细则》，企业缴费基数为公司上年度职工工资总额，按照公司缴费基数的 5% 计提缴费，税前列支。职工个人缴费基数为职工个人上年度工资，按照职工个人缴费基数的 2% 缴纳，由公司从个人工资中代扣代缴。企业缴费首先按照个人上年工资的 3.5% 分配计入个人账户，剩余部分按照连续工龄 × 缴存系数 × 缴存基数分配至个人账户。缴存系数按职级确定，具体为：一般员工 1.0、副科级 1.05、科级 1.1、副处级 1.15、正处级 1.2、副厅级 1.25、厅级 1.3。

2012 年 4 月，根据中电投《关于开展企业年金存量资产移交工作的通知》，对原有宁夏能源铝业企业年金存量资产进行清理，一次性移交 5104 名员工的企业年金存量资金 4428.73 万元，确保资金早移交、员工早受益。移交后，员工个人账户企业年金基金统一交由专业年金机构进行投资管理及运营，员工退休后的待遇水平得到一定提高。

2019 年 12 月，铝电公司制定《企业年金方案实施细则》，明确职工参加年金程序由"申请加入"调整为"自动加入"，放弃加入的，需提交书面申请；单位缴费比例上限由 5% 调整为 8%。企业缴费分配至职工个人账户的最高额不得超过平均额的 5 倍；按规定将个人账户中企业缴费权益归属年限由 10 年调整为 8 年，放宽待遇领取条件。政策延续至 2021 年末。

补充医疗保险。根据国家和宁夏回族自治区相关法律、法规的规定，2010 年 1 月，宁夏能源铝业为青铝股份员工建立企业补充医疗保险。缴费基数按员工养老保险缴费基数的 4% 缴纳，费用列支单位成本，员工个人不缴费。其中 3% 由所属单位自行管理，用于报销员工发生的门诊费用，1% 交由公司统一管理，由公司统一报销员工发生的门诊费用。进一步提高员工医疗保障水平。

2017 年，宁夏能源铝业补充医疗保险按原缴费政策执行，铝电公司机关、山西铝业、遵义公司执行 5% 的提取比例。

2018 年 9 月，为缓解资金压力，有效控制成本，依据财政部、人力资源和社会保障部联合下发的《关于企业补充医疗保险有关问题的通知》相关规定，暂时停止缴纳企业补充医疗保险。

2019 年 1 月，恢复宁夏能源铝业所属单位补充医疗保险缴费。11 月，铝电公司发布《企业补充医疗保险管理规定》，明确企业补充医疗保险按照"以收定支，收支平衡，略有节余"的原则确定合理缴费水平。公司所属各单位补充医疗基金计提统一执行 5% 比例，并自行管理。要求补充医疗基金使用不得提取现金，变相用于其他方面的开支。

六、教育培训与人才队伍

（一）管理机构

人力资源部负责职工培训和人才培养，负责编制年度职工培训计划和经费预算，统筹安排公司内部培训，负责完成国家电投委托举办的各类专业培训班，组织参加国家电投、宁夏回族自治区各类培训，考核监督所属单位培训计划执行情况。所属单位负责制定本单位培训计划及经费预算，报公司备案，负责实施本单位内部培训。

2011年9月，宁夏能源铝业成立培训中心，挂靠人力资源部，地点设在青铝股份图书馆，主要职责是干部培训、新入职高校毕业生培训、职业技能鉴定、安全生产主要负责人和安全生产管理人员培训、特种作业培训取证和特种设备培训取证等。

2017年6月，宁夏能源铝业撤销培训中心三级单位编制，降为三级单位职能部门，归青铜峡分公司管理，承担宁夏能源铝业职工培训职责。

2021年12月，铝电公司成立人力资源服务中心，主要负责实施公司培训计划、师资队伍建设、课程开发、职称评定、技能鉴定等工作。

（二）教育培训与人才培养

2009—2012年，宁夏能源铝业坚持干部培养与使用并重原则，与中电投重庆九龙、新疆公司联合举办3期中层干部和后备干部培训班。选派10名基层干部到中电投霍煤鸿骏、黄河鑫业等企业挂职学习。组织编写电解工、天车工、变电检修工等铝业11个工种的技能培训大纲。举办基层干部管理素质提升培训班7期，培训基层干部390余人次。

2013年，通过"送出去"和"请进来"的方式，全年有40余名中层以上干部参加中电投、宁夏回族自治区举办的各类管理、业务培训，分2次举办中层以上干部企业文化、国学等专题讲座。完善人才队伍建设，加强专业技术人员培养，举办新工艺、信息化技术、机电自动控制保护等培训班16期，210人次参加培训，50人次参与研修交流。承办两期中电投技能培训班。组织员工参加第六届"中铝杯"有色金属职业技能竞赛并获得优秀组织奖。

2014年，组织11人参加中电投党校研修班、中青年干部培训班、企业管理培训班及优秀80后干部培训班。组织96名中层干部开展财务知识培训，运用财务工具以沙盘推演的形式展现经营决策，推进降本增效、提升价值。选拔6名中青年干部到中电投相关部门挂职锻炼。挑选12名优秀青年干部到中电投相关单位挂职锻炼。引进3名相关兄弟单位专业技术人员到公司相关岗位挂职交流。开展青年成长沙龙活动，由各专业青年干部牵头开展项目设计及方案制订，公司领导、技术专家参加点评，引导和组织青年钻研技术、学习业务，投身企业生产建设，锻炼和培养青年干部。

2015年，组织10人参加中电投党校研修班、中青年干部培训班，通过高层次的管理知识培训，提升干部队伍经营管理能力。首次举办80后干部培训班及中层干部孝道文化专题讲座，举办科级干部培训班3期、安全管理人员培训班4期，共计800余名管理人员得到了系统培训。推进多岗位交流锻炼，选派11名青年干部到系统内相关单位挂职学习，引进1名专业技术人员到公司挂职交流。首次选派2名年轻专业管理人员到行业内先进民营企业挂职学习，跳出国有企业管理模式，强化干部培训，进一步拓宽干部培养渠道。组织编写《铝电解生产》《铝电解供电》职业教育培训教材。

2016年，组织21人次参加国家电投、宁夏回族自治区组织的培训班。举办公司人力资源管理培训班，培训43人次。举办中层干部基于战略的创新管理塑造培训班，培训76人次。

2017年，选派各级领导人员197人次分别参加国家电投领导人员主体培训班及党支部书记轮训班。推进梯队化人才战略培养计划。以首届"未来之星"选拔培养为基础，确定"未来之星"、"希望之星"、职业经理人三个梯次的人才队伍培养规划。由基层团员青年民主推荐产生"未来之星"60名，结合国家电投"领道"学习平台，明确每名"未来之星"的挑战提升项目，以个人挑战项目为主线，建立双导师跟踪培养机制，抓实青年人才队伍的成长成才。将"未来之星"中的31名党员按程序推选到支部书记或副书记岗位上，有针对性地提升党性修养，为公司发展打下人才基础。选拔3名70后正处级干部到国家电投相关部门挂职锻炼。建立后备干部人才库，按照正职1:2，副职1:1的比例建立后备干部人才库98人，其中正职后备22人，副职后备34人，优秀年轻干部42人。

2018年，组织党员干部、青年人才等200余人次参加国家电投党的十九大轮训、中青年干部培训、未来领导力训练营等培训活动。组织开展18期青年员工学习大讲堂。铝电公司制定《"希望之星"人才库实施方案》，选拔42名优秀青年进入"希望之星"人才库，组织实施"两星"训练营。探索建立财务人才库，培养一批既懂生产又懂经营的高素质管理人才，制定《生产一线选拔培养财务人员实施方案》。建立干部多岗位锻炼机制。把定期交流和多岗位锻炼作为培养干部和优秀人才的重要手段，将48名青年人才放在基层党务岗位上实践锻炼，实行机关与基层单位干部交流任职22人，提升解决生产经营实际问题的能力。

2019年，选拔7名"双星"到机关、市场化改革单位等岗位任职，为青年干部人才"知行合一"提供实践平台。选派5名机关管理人员到所属单位任职或挂职，选派干部参加宁夏回族自治区及国家电投党校等高层培训，累计培训102人次。自行举办领导人员培训班8期，累计培训297人次，提高把握政策的能力和驾驭全局的能力。

2020年，制订《一流队伍建设实施方案》，明确一流队伍建设三年目标和32个具体行动项，将人才盘点工作纳入常态化工作，每年结合人才盘点，全面研究干部人才队伍建设现状，综合分析、研判干部人才工作面临的新情况、新问题，及时做出决策部署。制定《人才队伍建设管理办法》，明确梯次人才（职业经理人、"希望之星"、"未来之星"3个人才库）、综合管理人才（党建、纪检、巡察、财务、审计、法律、国际化7个人才库）和专业技术、技能人才选拔、培养方式。

2021年，实施"515梯次人才培养计划"，即培养500名"未来之星"、150名"希望之星"、

50 名职业经理人，动态选拔 35 岁以下高潜人才 267 人组建"未来之星"人才库，40 岁以下优秀年轻干部 124 人组建"希望之星"人才库，45 岁以下公司党委管理干部 39 人组建"职业经理人"人才库，构建骨干人才队伍管理体系，完成党建、巡察、财务、审计等综合管理、专业技术及技能人才库建设，有 417 名优秀骨干人才选拔入库。选调干部人才参加各类线下培训 245 人次。18 名优秀年轻干部参加国家电投党校"161 计划"及青干、高潜等选调培训班。自主开展干部人才教育培训，培训干部 144 人次。联合国家电投网络学院创新培训方式，在线上开展梯次人才队伍、新能源项目开发及各类业务培训 743 人次。

（三）专业技术职称的评定与管理

2009 年，宁夏能源铝业职称评审权限为，各系列初级职称认定以及经济、会计、统计、审计等实行资格考试的初、中级资格确认。非电力板块工程系列中、高级职称由宁夏人社厅组织评审，其他系列中、高级职称由中电投组织评审。

2010 年，宁夏能源铝业成立职称推荐（确认）委员会，负责各系列中级职称资格的确认、各系列高级职称资格的推荐。成立工程、政工、会计、经济、其他系列 5 个职称推荐（确认）小组，负责本专业助理级资格的确认、中级及以上资格的评审和推荐工作。

2017 年 6 月，宁夏能源铝业职称推荐（确认）委员会更名为中级专业技术资格评审委员会，负责高级职称推荐、中级职称评审及确认、初级职称认定。

2019 年 5 月，铝电公司成立中级专业技术资格评审委员会，负责高级职称推荐，中级、初级职称评审和认定（确认）。

2020 年 6 月，铝电公司中级专业技术资格评审委员会职责调整为负责高级职称推荐，中级职称评审，高级职称确认以及中级职称认定（确认）。

截至 2021 年末，铝电公司在册职工中，276 人具有副高级及以上职称资格，1146 人具有中级职称资格，1712 人具有初级职称资格。

（四）职业技能等级认定与管理

2004 年，青铝股份获准成立中国有色金属行业特有工种职业技能鉴定 44 站。2006 年，获准成立国家职业技能鉴定所。2019 年，经宁夏回族自治区职业技能鉴定指导中心批准，青铝股份完成宁夏回族自治区职业技能等级认定备案（有效期 2019 年 12 月—2022 年 11 月），面向企业内员工开展炭素煅烧工、炭素成型工、炭素焙烧工、电工、装配钳工、铝电解槽操作工、铝及铝合金熔铸工、阳极组装工、桥式吊车司机、叉车司机、金属挤压工等 11 个工种的职业技能等级认定。

电力板块职业技能等级认定依托国家电投鉴定机构进行。

截至 2021 年末，公司在册职工中，中高级技师 162 人，技师 564 人，高级工 1378 人，中级工 1770 人。

（五）员工职业发展通道建设

2013 年 2 月，宁夏能源铝业制定《员工职业发展"双通道"建设实施细则》，专业技术通道分 2 个层级 3 个基本阶梯，公司级（首席专家、专家）、所属单位级（技术带头人）；专业技能通道分 2 个层级 2 个基本阶梯，公司级（高级技能师）、所属单位级（技能带头人）。行政通道与技术技能通道不交叉任职。公司有 4 人被评定为三级单位技术带头人，6 人被评定为三级单位技能带头人。

2016 年 4 月，宁夏能源铝业修订《职业发展"双通道"建设实施细则》，将公司首席专家任职基本条件由从事本专业技术工作满 15 年调整为满 12 年；将公司专家任职基本条件由从事本专业技术工作满 15 年，具有高级专业技术资格调整为满 10 年、中级专业技术资格；将所属单位技术带头人从事本专业技术工作满 10 年，具有高级专业技术资格调整为满 7 年、中级及以上专业技术资格；将公司高级技能师从事本专业技能工作满 10 年，具有高级技师职业资格调整为满 5 年、高级技师职业资格或中级及以上专业技术资格；取消对所属单位技能带头人从事本专业技能工作年限的要求。2016—2017 年，公司聘任 2 名首席专家、6 名三级单位专家、1 名三级单位技能带头人。

2018 年 6 月，铝电公司制定《职务职级分离并行管理办法（试行）》，调整职业发展通道的岗位设置，管理类职务序列在机关设置总助（副总师）、部门主任、部门副主任等 3 个级别；在三级单位设置董事长（总经理、党委书记）、副总经理（财务总监、纪委书记、工会主席）、部门主任（车间主任、部门副主任、车间副主任）、班组长等 5 个级别。专业技术类职务序列在铝电公司机关设置部门总监、部门副总监、岗位高级经理、岗位经理、岗位专责、岗位业务员等 6 个级别；在三级单位设置专家、部门主任师、部门副主任师、岗位主管、岗位专责、岗位业务员等 6 个级别。操作技能类职务序列在三级单位设置技能大师、高级技能师、技能师、高级工、中级工、初级工 6 个级别。管理通道、专业技术通道、操作技能通道职务聘任不受职务序列限制，在满足相应任职条件下可以跨通道选聘。职务聘任与职级晋升分两条线管理，打破职务与职级捆绑，拓宽人才发展通道，实现人员能上能下。公司聘任 6 名三级单位专家。

2019 年 8 月，修订《职务职级分离并行管理办法》，新增激励晋升通道，对于机关高级主管级激励通道的最低任职年限及工作经历条件设定为近 3 年绩效考核均为优秀，任副科级满 1 年的。对于机关主管级激励通道最低任职年限及工作经历条件设定为本科学历人员，特别优秀或近 2 年绩效考核均为优秀，工作年限满 3 年的。研究生及以上学历人员，特别优秀的，仅需工作年限满 1 年。公司聘任 6 名机关部门总监或副总监、2 名三级单位专家。

2020 年 9 月，修订《职务职级分离并行管理办法》，规定在专业技术类职务序列中，公司机关增加副总师（包括但不限于副总经济师、副总工程师、副总会计师）；三级单位取消专家岗位，增加专业总工程师、副总师（包括但不限于专业副总工程师、副总会计师）。操作技能类职务序列中增加首席技能师。聘任 3 名机关部门副总监或专家、8 名三级单位专业总工程师、1 名三级单位技能带头人。

2021 年 10 月，《职务职级分离并行管理办法》将激励晋升条件中本科学历人员晋升，增加近两年考核均为优秀的条件。聘任 5 名机关部门总监或副总监、6 名三级单位总工程师或专家、4 名三级单位主任师或副主任师、7 名三级单位高级技能师或技能师。

七、退休人员管理

（一）管理机构

2009 年，青铝股份人资部下设离退休办公室，负责退休职工的管理，之后，划归实业公司管理。

2015 年 2 月，离退休办公室由青铜峡分公司后勤服务部管理。

2016 年 1 月，青铜峡分公司成立离退休人员管理办公室，挂靠分公司人力资源部。

2018 年 11 月，离退休人员管理办公室更名为青铜峡分公司离退休服务中心。

2020 年 11 月，青铜峡分公司完成退休人员社会化管理移交工作。

2021 年 7 月 21 日，青铜峡分公司撤销离退休服务中心。

（二）退休工作

按照国家政策，公司及时办理员工退休相关事宜。达到法定退休年龄，男年满 60 周岁、女干部年满 55 周岁、女工人年满 50 周岁，正常退休；从事井下、高空、高温、繁重体力劳动和其他有害健康的特殊工种，男年满 55 周岁、女性年满 45 周岁，基本养老保险累计缴费满 15 年的，可办理退休手续，正式退休后按月领取基本养老金。

2009 年 5 月，宁夏能源铝业制定《关于青铜峡铝业退休人员企业支付补贴问题处理意见的通知》，对青铝集团退休人员支付的补贴费用进行规范，落实退休人员各种生活待遇。规定凡 2009 年 6 月 30 日前原青铝集团办理正式退休手续的职工，可继续享受公司支付的补贴；2009 年 7 月 1 日以后办理退休手续的不再享受公司补贴，对退休人员统筹外项目养老金进一步规范。按月发放职工遗属困难生活补助，报销离退休人员特重病救助医疗费用，办理退休人员去世丧抚费等。

做好退休人员关心关爱工作。按照上级组织要求对公司离退休干部、劳动模范、军转干部开展节日期间走访慰问，发放退休军转干部等人员慰问金。组织公司相关部门对重病、困难退休人员进行走访慰问，对居住在外省区的老职工、老干部、省部级以上的退休劳动模范、老厂级领导等进行慰问。

做好退休人员管理社会化移交、人事档案移交及退休干部统计报送等工作。

（三）退休人员移交社会

2020年3月，根据党中央、国务院决策部署和国家电投退休人员社会化管理工作总体要求，铝电公司制订《退休人员社会化管理工作实施方案》，剥离企业办社会职能和解决历史遗留问题，将公司管理的已退休人员移交街道和社区，实行社会化管理，实现公司新办理退休的人员管理服务工作与原单位分离。

截至2020年11月，青铜峡分公司、青铝发电、中卫新能源、山西铝业、遵义公司分别与地方政府签订移交协议共计19份，将2635名退休人员的管理服务移交至相关社区，整编移交退休人员人事档案3341份，转接685名退休职工中的党员的党组织关系，向青铜峡市人民政府无偿移交用于退休人员服务的老年活动中心、离退休服务中心办公楼综合楼和原工商银行办公楼资产，面积合计2052.8平方米，资产账面价值115万元。

第四节　计划与财务管理

一、管理机构

2009年3月，宁夏能源铝业成立财务与产权股权管理部，负责财务预算、成本控制、会计核算、财务监督、产权、股权、资产、资金管理等工作。

2011年11月，财务与产权股权管理部更名为财务部。

2012年10月，宁夏能源铝业成立会计核算中心，属于支持性机构，挂靠财务部，履行青铝股份法人主体财务核算、资产管理、预算编制等基础核算及管理职能。

2017年3月，铝电公司成立财务与产权管理部。9月，宁夏能源铝业将财务部更名为财务与产权部，撤销会计核算中心，将会计核算中心负责的青铝股份财务管理职能上移到宁夏能源铝业财务与产权部，青铝股份财务与产权部、宁夏能源铝业财务与产权部合署办公。

2018年11月，宁夏能源铝业财务与产权部更名为计划与财务部，原计划发展部负责的综合计划、经济运行分析、绩效考核体系建设和考核职能划归计财部。

2019 年 3 月，铝电公司与宁夏能源铝业整合，计划与财务部增加综合统计职能。

2020 年 9 月，铝电公司成立财务共享服务中心，挂靠计划与财务部，主要负责财务共享平台运营管理，机关及所属单位总账报表、应付核算、资金结算、应收、税务核算、资产、费用核算等业务。

2021 年 7 月，财务共享中心人员集中办公，办公地点在青铜峡分公司办公区。

二、计划预算与考核

（一）计划与预算

1. 计划预算制定

2009—2015 年，宁夏能源铝业综合计划、全面预算制定工作分别由计划发展部和财务部组织开展。年度综合计划建议由计划发展部牵头组织编制，经公司董事会审议后，报中电投审批。批复后，由计划发展部组织分解到月度计划，下达至各单位执行。其中，技改及大修项目计划由电解铝、电力专业部门分解落实，科技开发及信息化投资计划项目、投资额、节点目标等明细由科技信息管理部门单独下达。年度全面预算指标建议由财务部牵头组织编制，经公司董事会审议后，报中电投审批。批复后，由财务部组织分解到月度预算，下达至各单位执行。年度综合计划指标包括企业发展指标、生产经营指标和节能环保指标三类。其中企业发展指标包括核准规模、开工规模、新增产能、期末产能和固定资产投资等；生产经营指标包括产品产销量、销售价格及期末职工数等；节能环保指标包括综合厂用电率、供电煤耗、原铝液氧化铝单耗、铝产品综合交流电耗、二氧化碳及安排等。年度预算指标包括年度经营业绩考核指标、业务预算、损益预算和专项预算，其中，年度经营业绩考核指标包括利润总额、净利润、资产负债率等；业务预算包括产品销量、销售价格及主要原燃物料采购价格等；损益预算包括营业收入、营业成本、期间费用、营业利润等；专项预算包括两金净额、营收利润率、三项可控成本费用（材料费、修理费、其他费用）、"四项费用"（业务招待费、差旅费、办公费、会议费）等。

2016—2018 年，宁夏能源铝业年度综合计划、全面预算指标内容与前一时期基本一致。综合计划、全面预算制定工作分别由计划发展部和财务部负责。2016 年，根据国家电投要求，计划预算建议合并为一个文件上报，批复计划预算亦合并为同一文件。但分解下达工作仍由计划发展部、财务部分别组织开展。2017 年，计划预算建议由宁夏能源铝业、铝业国贸各自独立向国家电投报送。铝电公司成立后，由铝电公司向宁夏能源铝业、铝业国贸、山西铝业、遵义公司及山西能源 5 家单位分解下达计划预算批复（合并发文）。宁夏能源铝业综合计划分解下达由计划发展部负责，向所属各单位分解下达综合计划；全面预算分解下达由财务部负责，向所属各单位分解下达全面预算。2018 年 11 月，综合计划管理职责由计划发展部划归计划与财务部，计划预算业务完成人员整合和业务融合。

2019 年 3 月，公司在全系统构建计划—预算—考核—激励（简称 JYKJ）管理体系，实行 JYKJ 四位一体运行，即以年度计划落实战略规划、以经营预算保障年度计划实施、通过业绩考核引导科学发展和高质量发展、以激励政策促进释放组织活力和员工动力。发布实施 JYKJ 管理"1+8"管理制度体系，以《计划—预算—考核—激励（JYKJ）一体化管理办法》母制度为纲领，以《综合计划管理办法》《全面预算管理办法》《工资总额管理办法》等八部制度为依托，以《重点任务考核细则》《机关部门业绩考核细则》《所属单位综合考核细则》为保障，实现计划、预算、考核、激励制度四位一体横向衔接，公司和所属单位制度纵向匹配。JYKJ 体系建立后，计划预算按照"两下一上"的流程制定下达，年度计划预算文件变革为年度 JYKJ 方案。JYKJ 方案主要包括综合计划与经营预算两大部分，综合计划除原有各类计划指标外，增设重点任务安排。这一时期，JYKJ 方案编制上报及分解下达工作，由计划与财务部统一组织，投资业务管理部门、科技开发及数字化管理部门、矿业部、氧化铝部、电力部、电解铝部及贸易相关业务管理部门协同配合。年度内各类业务目标（实物量及投融资计划）、财务目标、风险控制目标均纳入 JYKJ 方案一并编制审批和分解下达。自 2020 年起，上报综合计划、经营预算主要指标建议时，须拟定月度目标，强化对年度目标的支撑力度。

2. 执行与监督

公司相关部门、所属各单位建立计划预算执行动态监控分析报告制度，各单位每月根据统一模板开展执行跟踪分析，并按时报送至计划与财务部及相关业务部门，形成预警高效、反馈迅速、纠偏及时、控制有力的综合计划执行动态监控机制，对监控中发现的问题综合分析，提出经营管理对策，为本单位和公司提供决策参考。

（二）综合统计

1. 管理部门

公司综合统计管理坚持"归口统一，分工负责"原则，归口部门与综合计划管理归口部门一致，归口部门分管领导为公司统计负责人，归口部门设置专职统计人员，其他管理部门和所属单位根据业务需要设置专兼职统计人员。2009 年 1 月—2019 年 3 月，综合统计由计划发展部负责。2019 年 4 月—2021 年 12 月，综合统计归口计划与财务部。计财部依据国家电投有关管理制度、属地政府统计报表制度和公司管理实际变化等情况，及时修订《综合统计管理规定》等制度，保障公司综合统计管理体系规范、高效运行。

公司历年来综合统计指标计算口径依据3个主要文件，即2012年9月青铝股份制定的《铝冶炼、炭素制品及铝加工生产技术经济指标体系》，2013年2月编制的《中国电力投资集团公司综合统计指标手册》和2019年5月编制的《国家电力投资集团有限公司综合统计指标标准》，具体分为总册、核电分册、火电分册、水电新能源分册和协同产业分册。

2. 综合统计数据及信息管理

综合统计数据及信息按照报送渠道分为综合统计信息、专业统计信息。综合统计信息由公司统计归口管理部门编制、报送，专业统计信息由相关管理部门编制、报送，综合统计报表中涉及专业统计信息的，由归口部门与相关部门沟通一致后报送，确保数出一门。所属单位对向属地政府部门报送的各类统计数据独立负责，并按管理需要同步向公司相关部门抄送有关数据及信息。

统计报表分为系统内统计报表和系统外统计报表。系统内统计报表指国家电投总部各部门布置的、公司机关各部门设置的各类统计报表。系统外统计报表主要指各级政府统计部门、其他管理部门及有关行业协会布置的统计报表。

国家电投系统内综合统计报表按管理层级分为集团级综合总计报表和公司级综合统计报表。集团级综合统计报表由集团总部综合统计归口部门布置，包括反映存量资产经营成果的生产统计和反映增量资产状况的投资统计两大类报表；按报送期别划分为月报和年报。通过国家电投综合统计信息系统报送，一般由三级单位填报、二级单位审核。公司级综合统计报表由公司综合统计归口部门设置统计报表格式，各单位填报。电力产业综合统计报表直接使用国家电投报表格式，氧化铝、电解铝等综合统计报表由公司统计归口部门设置统计报表格式。系统内专业统计报表由国家电投其他管理部门或公司其他管理部门布置，各单位对口部门填报，公司相应部门审核汇总。

系统外统计报表按公司相关部门职责专业对口原则填报。综合统计归口部门主要负责产值产量、财务状况、成本费用、固定资产投资、价格调查、经济调查等综合性统计报表填报。安全环保、能源消耗、科技开发及数字化投资、人力资源等专业统计报表由相应部门对口填报，各分管领导为专业统计负责人。系统外统计报表一般按法人单位为主体填报，2009—2021年期间，计划与财务部直接负责的系统外统计报表主要是青铝股份各类统计报表。

（三）综合考核与评价

2009—2016年，宁夏能源铝业所属各单位管理水平参差不齐，同时处于工程建设高峰期，公司对各单位年度综合业绩评价以分类考核和基础管理为主。将所属单位分为生产经营类、经营服务类和建设发展类。生产经营类单位核心考核指标包括 EVA 率、利润总额、净资产收益率、产品产量、生产技术指标等。经营服务类单位核心考核指标与供电（能）、销售、物流、培训等服务性质指标相关。建设发展类单位核心考核指标主要是项目前期、工程进度及质量、投资控制、人才培养及制度建设等。

2017 年 4 月，宁夏能源铝业制定《机关绩效考核管理办法（试行）》，对机关部门及员工绩效考核实行规范化管理。考核指标包括定量考核指标及定性考核指标，月度考核为定量考核，年度考核为定量与定性相结合。定量指标包括公司级指标和部门级指标，公司级指标为公司整体业绩情况，部门级指标由关键业绩指标、部门考核权限指标和激励指标三部分组成。定性指标是对部门的定性评价，包括公司领导综合评价、部门年度互评及基层单位评价三部分。《国家电投宁夏能源铝业有限公司所属单位领导人员综合业绩考核管理办法》明确规定，综合考核结果与所属单位班子成员薪酬挂钩，并作为领导人员任用的重要参考依据。分类考核方面，将所属单位分为生产经营类单位和其他管理类单位。生产经营类单位，主要以资产管理、生产经营指标为主，体现单位的盈利能力及管理效率。其他管理类单位，主要以服务项目、重点任务的完成和费用控制考核为主，注重提高单位服务保障能力。

2017 年 3 月，铝电公司制定《年度综合业绩考核管理办法》，成立以总经理为组长，分管综合业绩考核的副总经理为副组长，综合事务部、计划经营部、人力资源部、财务与产权部、党群工作部、审计与内控部、纪检监察部负责人为成员的综合业绩考核领导小组，领导小组办公室设在计划与经营部。公司对所属单位实行年度综合业绩考核，考核对象分为生产经营类企业、建设发展类企业两类。生产经营类企业考核指标包括资产经营指标、企业发展指标、产业协同指标和保障指标四类，建设发展类企业考核指标包括基本指标、分类指标和保障指标三类。年度考核目标及考核计分规则经领导小组审议后提交公司决策会审批。当年，共有 5 家被考核单位，即宁夏能源铝业、铝业国贸、山西铝业、山西能源和遵义公司。2018 年，共有 4 家被考核单位，即宁夏能源铝业、铝业国贸、山西铝业和遵义公司。

2019 年，铝电公司全面完成计划—预算—考核—激励（JYKJ）管理体系穿透落地，将国家电投下达的综合业绩考核指标落实到公司领导班子、机关部门和所属各单位。在《计划—预算—考核—激励一体化（JYKJ）管理办法》母制度下，制定《领导班子成员综合业绩考核办法（试行）》《机关综合考核管理办法（试行）》《所属单位综合考核管理办法（试行）》《工资总额管理办法（试行）》及《所属单位领导人员薪酬管理办法》等配套考核激励制度。JYKJ 管理体系主要由 JYKJ 工作领导小组及其办公室组织推进。JYKJ 领导小组组长为公司董事长，常务副组长为总经理，副组长为分管人资工作的副书记和分管计财工作的副总经理，成员为各部门负责人。JYKJ 领导小组办公室设在计划与财务部，成员由综合部门、发展部门、人资部门和计财部门组成。《机关综合考核管理办法（试行）》规定，部门年度考核包括业绩考核和素质评价两部分，分别占权重 70% 和 30%。部门业绩考核不再与公司整体业绩挂钩，直接与分管业务挂钩。素质评价包括政治素质、团结协作、作风形象和工作业绩 4 项一级指标，由公司主要领导（权重 30%）、副职领导（权重 20%）、机关部门（权重 20%）和所属单位（权重 30%）分别对评价指标逐项进行评价打分。对安环保、审计部、纪检监察部，不组织所属单位及机关进行评价，由公司主要领导（党委书记、副书记）权重 40%、分管领导权重 40%，其他副职领导权重 20% 进行打分评价。

2019 年，铝电公司启动所属单位市场化改革试点，制定《所属单位综合考核管理办法（试行）》，根据企业战略目标、功能定位和发展阶段，将所属单位划分为生产经营、建设发展、市场化改革三类。实施科技工程公司、青鑫炭素和铝合金分公司 3 家市场化改革方案及铝业国贸薪酬改革方案。

2020—2021 年，对公司领导班子成员、机关部门及所属各单位的综合考核与评价分为两部分，分别为经营业绩考核和党建责任制考核。经营业绩考核由 JYKJ 领导小组办公室组织开展，党建责任制考核由党建部牵头组织。所属单位经营业绩考核结果与各单位绩效工资总额、领导班子绩效挂钩，党建责任制考核与领导班子绩效挂钩。经营业绩考核制度方面，为满足制度相对稳定性，考核细则从考核制度中独立出来。业绩考核制度继续由人资部门修订完善，考核细则由计财部门组织编制并发布执行。同时，将重点任务指标作为重要组成部分纳入业绩考核评价指标体系。

（四）成本管理

1. 预算

成本预算是全面预算的重要组成部分，根据公司战略规划和国家电投资产经营业绩考核要求，结合公司年度生产任务和计划产品产量、原燃物料消耗指标及价格制定成本预算。变动成本与产量指标挂钩，消耗水平根据各类型机组或设备的设计指标和历史实际消耗水平值，参考行业先进水平，确定年度目标值；固定费用根据各企业的历史成本估计确定。成本预算采取"上下结合，分月预测，分级编制，逐级汇总"的方式进行，公司以年度预算批复形式，将年度成本预算下达至各预算责任单位。

2. 核算

成本核算执行公司《会计核算管理办法》，依据真实发生的生产管理业务按月进行成本核算、费用分配和归集，以计算总成本和单位成本，为经营决策提供真实的成本数据。

3. 控制

公司年度成本预算，一经批准并下达，一般不调整。确需发生的预算外支出，经审批同意后列为预算支出，从严控制开支范围和开支标准。公司将成本控制纳入年度考核，按照月度、年度定期监控各类费用，对超预算费用实施考核。

4. 分析

成本分析主要以经济运行分析的形式开展，分析内容以定量分析为主，定性分析与定量分析相结合。分析数据注重横向、纵向对比，强化与计划预算目标、历史状况、国内外及区域先进水平对比，查找经济运行及成本管理中存在的问题。

2009 年至 2020 年 3 月，公司坚持召开月度经济运行分析会，开展成本分析。2020 年 4 月起，成本分析实行月度生产经营分析例会加五大板块（电解铝、矿业、电力、氧化铝、贸易）月度经济活动分析会的工作机制，固化分析流程和模板，提高分析工作效率。分析主要针对公司整体经营情况、经营特点、各单位盈利状况、各发展指标完成情况、市场行情研判、各专业部门重点工作及专项工作执行情况、对标管理等方面当前及未来期间面临的困难和问题，安排后续工作，提高问题整改效率。

三、资金管理

（一）资金收支

2009—2016 年，宁夏能源铝业资金管理采用集中管控模式，宁夏能源铝业及所属各单位每月的支付预算上报公司资金计划委员会，经资金计划委员会审核批复后各单位按计划支付。为便于资金管理，在中电投财务公司的配合下，二级、三级公司的资金结算均实现统一上线结算，并在财务公司分别开立收入和支出账户，资金归集至财务公司，二级公司每月初按照资金计划批复金额拨付资金到支出户。

2017 年，铝电公司修订《资金管理办法》，规定财务部负责资金预算、资金计划管理。制定大额资金《财务总监（总会计师）与单位负责人联签制度实施办法》，细化大额资金支付联签要求，资金支付超过 50 万元（除税费外）履行联签程序，所属单位根据实际情况制定本单位联签金额。

2020 年 10 月，财务共享系统上线。12 月，司库管理中心系统上线，银行账户、资金结算、融资台账实现线上统一管理。

2021 年，财务共享中心成立运营，资金支付移交共享中心集中管理，资金计划实现线上编制及管控。

（二）融资

2009—2016 年，宁夏能源铝业随着产业不断发展，融资规模不断上升，从 2009 年的 85.47 亿元增加至 2016 年的 202.78 亿元。通过银行贷款、信托贷款、承兑汇票、信用证押汇、法人透支账户等多种融资方式保障公司资金安全，通过发行债务融资工具和短期融资券等方式优化债务结构，降低融资成本。

2017—2020 年，铝电公司融资规模从 285 亿元增加至 345 亿元。2021 年，随着经营业绩提升，公司开始偿还债务，融资规模下降至 293.3 亿元。其间通过发行永续债、引进基金投资、股权转让等方式获取权益资金，不断优化资本结构，降低公司及所属单位资产负债率。

2009 年，宁夏能源铝业建立从电费、大宗原材料到铝锭购销流程的票据融资平台，当年开展团开团贴票据融资业务共计 32 亿元。8 月，公司引进中海信托公司的信托贷款 16 亿元，期限 6 年，利率在同期央行公布的贷款基准利率基础上下浮 15% ~ 20%。

2013 年，公司在 3 月和 5 月发行较低成本的 5 亿元非公开定向债务融资工具和 10 亿元短期融资券置换高利率贷款，直接降低融资成本。通过与各金融机构积极沟通，分别从农行、建行、交行取得总额 8 亿元的法人账户透支额度，降低日均货币资金余额。

2015 年，公司筹集资金提前归还借款 1.2 亿元；利用金融市场有利政策，用低利率置换高利率借款 1.74 亿元；改变资金支付模式，通过签发应付承兑汇票最大限度延长资金支付期限节约资金成本。

2016 年，公司虽然扭亏为盈，但青铝股份资产负债率达到 126.83%，国家对铝行业融资限制并未解除，新增融资需求不满足金融机构贷款准入条件，金融机构依然持观望态度，公司外部融资困难。12 月 13 日，公司通过所属子公司发行永续债权 50 亿元，融资主体为中卫新能源 40 亿元、中卫热电 10 亿元。

2018 年，克服金融环境收紧及涉铝行业限制等不利因素，各单位全年筹融资 190 亿元。重点推进遵义"壹号工程"项目融资落地，取得低成本资金 32 亿元。公司机关发挥资金保障职能，为成员单位提供近 30 亿元资金支持。

2019 年，公司开展几内亚项目融资，采用项目搭桥贷款形式与香港财资公司签署 3 亿元人民币贷款协议，筹措项目应急资金。与农发行中卫市支行签订 10.5 亿元 15 年期项目贷款，保证中卫香山 20 兆瓦风电项目融资，促进公司重点工程建设。9 月 30 日，收到了 30.58 亿元煤业公司股权转让款。

2020 年 9 月 15 日，青铝股份发行 33 亿元永续债，青铝股份母公司资产负债率由 133% 降低至 82%，有效调整债务结构，同时完成处僵治困目标。

2021 年 4 月 1 日，宁夏能源铝业自筹资金提前归还中卫热电 10 亿元委托贷款，用于偿还存量永续债。8 月 16 日和 12 月 10 日，公司分别取得 10 亿元和 40 亿元永续债，中卫新能源在存量永续债利率大幅跳升前归还 40 亿元永续债，公司资金链安全得到保障。12 月 9 日，中卫新能源 20 亿元"碳中和"基金权益资金到位，铝电公司资产负债率降低 4.5 个百分点，为后续发展创造条件。

四、资产产权与股权管理

（一）资产管理

1. 120 千安、160 千安电解系列关停

根据国家《工业和信息化部关于 2014 年工业行业淘汰落后和过剩产能目标任务的通知》及中电投《关于宁夏能源铝业青铝股份 120 千安、160 千安电解系列关停方案的批复》，青铝股份于 2014 年 5 月、6 月相继关停 120 千安、160 千安电解系列，关停资产账面净值 4.63 亿元。2014 年青铝股份计提固定资产减值准备 3.55 亿元。

2. 青铝发电

青铝股份和国电英力特各持有青铝发电 50% 的股权。2014 年 4 月前，青铝发电由国电英力特合并报表。2014 年 3 月，中电投与国电英力特的母公司中国国电集团公司签订协议，英力特将青铝发电的管理权移交给青铝股份，由青铝股份合并其报表，负责会计、统计等报表的汇总、合并及上报。

3. "三供一业"移交

青铝股份始建于 1964 年，地处宁夏吴忠市青铜峡市大坝镇，承担着区域内公共设施建设与管理、职工家属区"三供一业"职能。青铝股份职工家属区建于 1981—2008 年，有 7 个家属区（片区），包括十二栋片区、西一片区、西三片区、东一片区、东三北片区、东三南片区、嘉庆片区。

根据党中央、国务院总体安排部署，宁夏回族自治区党委、人民政府决定从 2016 年开始，在全区展开中央驻宁企业和宁夏回族自治区国有企业职工家属区"三供一业"分离移交工作，对相关设备、设施进行必要的维修改造，达到城市基础设施的平均水平，分户设表，使改造后的小区达到"三供一业"分离移交标准。

根据《国务院办公厅转发国务院国资委、财政部关于国有企业职工家属区"三供一业"分离移交工作指导意见的通知》要求及宁夏回族自治区有关"三供一业"分离移交政策要求，"三供一业"资产移交方式为无偿移交，接收单位性质均为国有企业。2018 年，完成

"三供一业"及市政实物资产的移交，移交资产的账面净值2958.38万元，企业承担的改造费2744.53万元。依据《财政部关于企业分离办社会职能有关财务管理问题的通知》的规定，移交资产的净值及改造支出冲减青铝股份盈余公积，2019年移交资产冲减盈余公积83.2万元。

4. 房产处置

2018年，宁夏能源铝业第14次党委会研究，同意按相关程序处置天津和平公寓、广东南海中南花园、深圳百花路长城大厦房产。11月19日，在北京产权交易所挂牌。因长期无意向受让方，2019年4月，铝电公司第四次总经理办公会议同意以上房产在评估值基础上降价10%范围内挂牌出售。

深圳市百花路长城大厦4栋A1402项目，权属人为宁夏能源铝业，1993年购置，建筑面积105.1平方米，账面原值50.49万元。2019年7月25日，经过网络竞价，该房产以798.06万元成交，缴纳税费301.74万元，转让收益471.4万元。

2020年，铝电公司第六次总经理办公会议审议，通过处置天津和平公寓、上海建华公寓、广东南海中南花园、银川鼓楼南街等地5套闲置房产方案。

上海建华公寓1套，位于上海市浦东新区花木北路718弄4号601室，权属人为宁夏能源铝业，1998年购置，建筑面积144.58平方米，账面原值41.8万元。2021年经过网络竞价以947万元成交，缴纳税金471.34万元，收益447.69万元。

广东南海市黄岐区中南花园华桃居C座2套，产权属于青铝股份，于2002年购入，建筑面积160.87平方米，房屋原值45.63万元。2021年经过网络竞价以293.48万元成交，缴纳税金100.6万元，实现收益165.8万元。

截至2021年12月31日，天津和平公寓和银川鼓楼南街房产未处置。

（二）产权与股权

1. 产权与股权变动

2009年3月，宁夏能源铝业临时股东会形成决议，按照《企业会计准则》相关规定，对青铝集团2008年12月31日净资产进行追溯调整，最终宁夏能源铝业实收资本确认为46.02亿元，宁夏国资委持股比例由30%调减为23.95%，中电投持股比例由70%调增为76.05%。12月，宁夏能源铝业与宁夏发电集团有限公司共同出资成立宁夏枣泉发电有限责任公司，宁夏能源铝业持股50%。青铝股份全资子公司无锡青鹏贸易有限公司清算注销。

2010年1月，中电投、蒙东能源、宁夏能源铝业、黄河公司共同发起成立中电投铝业国际贸易有限公司，宁夏能源铝业参股28%。8月，宁夏能源铝业控股子公司深圳市青铝东方实业有限公司清算注销。10月，为加快宁夏能源铝业煤电铝产业链建设，注册成立全资子公司中电投宁夏能源铝业中卫新能源有限公司和中电投宁夏能源铝业临河发电有限公司。同月，经中电投批复同意，宁夏能源铝业出售所持宁夏东方钽业股份有限公司普通股1682640股，均价23.46元/股，取得出售净收入3936万元，实现投资收益3790万元。

2021年3月，铝业国贸召开2010年度股东会，通过《关于增加注册资本金及调整股东股权比例的议案》，各方股东同意追加注册资本金4亿元，同意调整股权比例。4月，宁夏国资委将所持宁夏能源铝业23.95%的股权全部作为对其全资子公司宁夏国有投资运营有限公司的出资，宁夏能源铝业股东由中电投和宁夏国资委变更为中电投和宁夏国有投资运营有限公司，持股比例不变。

2012年5月，根据中电投《关于撤销宁夏能源铝业进出口公司（青铝东方国际有限公司）的批复》，宁夏能源铝业全资子公司青铝东方国际有限公司取得香港公司注册处的注销公告，宣布公司解散。同月，根据中电投《关于宁夏能源铝业参股股权处置的批复》的要求，宁夏能源铝业将持有北京宁夏大厦有限责任公司4.31%股权，按照账面价值556万元出售给宁夏农业综合投资有限责任公司。6月，宁夏能源铝业将持有青铜峡铝业经济技术开发有限公司100%股权转让给青铝股份。

2013年2月，根据中电投《关于同意签订〈宁夏枣泉发电有限责任公司股权转让协议〉的批复》、宁夏国资委《关于同意宁夏能源铝业集团公司放弃宁夏枣泉发电公司股权转让优先收购权的批复》及《关于同意宁夏发电集团公司转让所持宁夏枣泉发电公司股权的批复》，宁夏发电集团将其所持的枣泉发电50%股权协议转让给浙江省能源集团有限公司（简称浙能集团）。11月，枣泉发电增资4000万元，浙能集团以现金认缴出资2100万元，宁夏能源铝业以现金认缴出资1900万元。增资后，浙能集团对枣泉发电持股51%，宁夏能源铝业持股49%。增资后宁夏能源铝业不再对枣泉发电实施运营管控，不再将枣泉发电纳入合并范围。

2014年3月，国电英力特能源化工集团股份有限公司与青铝股份签署《关于移交青铜峡铝业发电有限责任公司管理权的协议》。4月1日起，由青铝股份对青铝发电行使管理权，青铝发电纳入合并范围。

2016年2月，根据与西部创业［原广夏（银川）实业股份有限公司］签订的《发行股份及支付现金购买资产协议》，宁夏能源铝业将持有宁夏宁东铁路股份有限公司8.49%通过股权置换为宁夏西部创业实业股份有限公司股东，持有西部创业股份7108.45万股，持股比例4.87%，不再持有宁东铁路股权。6月，宁夏能源铝业、宝胜科技创新股份有限公司、宁夏宁东开发投资有限公司共同发起成立宝胜（宁夏）线缆科技有限公司，宁夏能源铝业参股10%。11月，遵义公司引入战略投资者，对遵义公司实施增资扩股10.88亿元，其中铝电公司增资 5.1 亿元，务川新型工业投资开发有限公司增资 2.83 亿元，贵州省地质矿产勘查开发局一〇六地质大队以矿权增资 2.95 亿元，增资扩股后，铝电公司、务川工投、一〇六地质大队分别持有遵义公司 69.4%、15% 和 15.6% 的股权。

2018 年 1 月，根据国家电投《关于同意转让国家电投山西可再生能源有限公司 100% 股权的批复》，铝电公司与国家电投石家庄东方能源股份有限公司签署了《关于国家电投山西可再生能源有限公司 100% 股权的转让协议》，铝电公司将所持有的山西能源 100% 股权转让给东方能源，转让价为 2.897 亿元。5 月，宁夏能源铝业将所持银川新能源 100% 股权无偿划转给配售电公司。

2019 年 7 月，铝电公司注册成立全资子公司铝电投资（香港）有限公司，同时，由铝电香港与中交产投投资控股（香港）有限公司共同发起成立铝电国际投资（香港）有限公司，铝电香港持股 51%。9 月，宁夏能源铝业以公开挂牌方式转让持有红墩子煤业 60% 及对应的债权，成交价 31.58 亿元，买受人为北京昊华能源股份有限公司。11 月，铝业国贸与国家电投基金管理有限公司共同发起成立国电投国际贸易（北京）有限公司，铝业国贸控股 51%。

2020 年 3 月，铝电公司将所持国家电投国际投资开发（几内亚）有限责任公司 100% 股权无偿划转给铝电香港。6 月，铝电公司与广西投资集团有限公司签署《几内亚铝业综合开发项目合作协议》《北海临港循环经济产业园合作协议》。7 月，双方共同发起成立铝电金海有限公司，铝电公司持股 51%。8 月，双方共同发起成立广西广投临港工业有限公司，铝电公司参股 49%。同月，宁夏能源铝业参股投资企业哈尔滨东轻特种材料有限责任公司股东东北轻合金有限责任公司以实物资产增资 3802.21 万元，股东金川集团股份有限公司以持有的公司债权增资 2036.86 万元，增资扩股后宁夏能源铝业对哈尔滨东轻的持股比例由 2.5% 减少为 1.4452%。12 月，铝电公司向国家电投重庆电力有限公司协议转让所持的遵义公司 7.14% 股权。根据国务院国资委关于中央企业煤电资源区域整合试点工作总体部署及有关要求，经宁夏能源铝业股东会审议同意，宁夏能源铝业持有中卫热电 100% 股权无偿划转至铝电公司（持股 76.05%）和宁夏国有资本运营集团有限责任公司（持股 23.95%）。

2021 年 2 月，铝电公司将持有的中卫热电 76.05% 股权无偿划转至国家能源集团宁夏电力有限公司。4 月，宁夏能源铝业、国家电投综合智慧能源科技有限公司、宁夏宁东科技创业投资有限公司共同发起成立国电投铝电（宁夏）氢能应用有限公司，宁夏能源铝业持股 55%。6 月，山西铝业、山西忻州神达能源集团有限公司、上海启源芯动力科技有限公司、国家电投综合智慧能源科技有限公司共同发起成立山西绿电交通发展有限公司，山西铝业持股 46%。9 月，山西铝业与山西中科晶电信息材料有限公司共同发起成立山西嘉侣国晶半导体材料有限公司，山西铝业持股60%。11月，铝电公司注册成立宁夏铝电新能源技术开发有限公司（融资平台），注册资本900万元，铝电公司持股100%。12月，青铝股份以铝合金材料分公司资产、负债出资成立全资子公司国家电投宁夏青铜峡新材料有限公司。铝电公司以持有铝电香港100%股权评估后作为对铝电金海的股权出资。铝电公司与上海电投穗禾股权投资基金合伙企业（有限合伙）、铝电新能源签订《宁夏铝电新能源技术开发有限公司之增资协议》，上海电投穗禾以货币出资方式认购铝电新能源新增注册资本3600万元，增资完成后，铝电新能源注册资本金4500万元，铝电公司持股20%。

2. 并购重组

2008年12月26日，青铝集团与加铝公司签订关于加宁公司股权转让的协议。2009年1月19日，中华人民共和国商务部批复同意、宁夏国资委批准，按照中电投与宁夏国资委签署的《合作及重组协议书》有关约定，青铝集团以6.3亿元收购加铝宁夏控股有限公司持有宁夏加宁铝业有限公司50%股权，收购后青铝集团持有加宁铝业80%股权，加宁铝业更名为"青铜峡铝电有限责任公司"。

2010年12月，经中电投批复同意，德正资源控股有限公司以其持有通润铝材24%的股权抵偿其欠青铝股份9360万元债务，抵偿后青铝股份对通润铝材持股94%，德正资源持股6%。青铝股份以2579.55万元收购德正资源持有通润铝材6%的股权，通润铝材成为青铝股份全资子公司。

2011年4月，根据中电投《关于同意宁夏能源铝业实施铝业板块重组整合工作的批复》，并经青铝股份2011年临时股东会决议通过，青铝股份对青铜峡铝电和中青迈铝业进行吸收合并。11月17日，宁夏能源铝业控股子公司青铜峡铝电、中青迈铝业清算注销。

2014年4月，宁夏能源铝业吸收合并全资子公司临河发电。6月，以原临河发电全部资产、负债和权益新设成立中电投宁夏能源铝业临河发电分公司。2018年5月16日，中电投宁夏能源铝业临河发电有限公司注销。

2015年1月，中电投对遵义公司实施整合重组，将所持遵义公司100%股权以增资方式整体注入国际矿业，纳入国际矿业合并范围，遵义公司成为国际矿业全资子公司。3月，宁夏能源铝业全资子公司中电投宁夏能源铝业建设工程有限公司与青铝股份检修分公司实施业务及机构重组，更名为中电投宁夏能源铝业工程检修有限公司。12月，宁夏能源铝业将持有工程检修100%股权转让给青铝股份。

2017年，根据国家电投《关于印发〈优化整合铝业相关资产及组建铝电公司的改革方案〉的通知》，国际矿业、宁夏能源铝业、铝业国贸3家二级单位重组组建铝电公司。7月，国家电投将持有的宁夏能源铝业 76.05% 的股权和铝业国贸 30% 的股权无偿划转给铝电公司。10 月，青铝股份吸收合并全资子公司通润铝材，11 月，通润铝材清算注销。

2021 年 7 月，铝电公司与振发新能集团有限公司、江苏振发新能源科技发展有限公司签署《关于宁夏振武光伏发电有限公司之股权转让协议》，铝电公司收购振发新能持有振武发电 96.3768% 的股权，收购江苏振发新能源持有振武发电 3.6232% 的股权，并购后通过轻资产运营模式，振武发电成为铝电新能源全资子公司。

五、会计核算及税费

（一）会计核算

2009 年 4 月 1 日，公司正式启用新的会计核算账套，承接原宁夏能源和青铝集团的债权债务，完成公司财务与中电投财务的对接，公司核算业务正常有序进行。

2012 年，公司推进财务管控一体化，梳理会计科目，一、二级科目与中电投保持一致。根据公司各板块业务性质及职责权限，组织各单位完成 2012 年会计科目设置、统一往来科目编码与名称等工作。

2015 年，按照公司铝业板块区域一体化改革方案，财务部完成青铜峡分公司和宁东分公司财务独立核算相关工作。依据中电投《关于中电投宁夏青铜峡能源铝业集团有限公司清产核资结果的批复》要求，11 月 6 日，经公司第一次临时股东会决议通过，决定宁夏能源铝业开展清产核资工作，分析总结资产贬值原因，完善内部控制体系。12 月 12 日，公司第二次临时股东会通过决议，同意将经中介机构鉴证后的资产损失上报中电投，并根据国务院国资委的批复意见进行账务处理。宁夏能源铝业清产核资基准日为 2014 年 12 月 31 日，清产核资范围包括公司机关、青铝股份、通润铝材、青鑫炭素。截至 2014 年 12 月 31 日，公司资产总额 254.11 亿元，清产核资共清查出资产贬值 32.65 亿元。本次清产核资形成的减值损失全部转入 2015 年度期初未分配利润，并对各项资产减值准备的期初数进行调整。

2015 年起，中电投统一将折旧年限由 10 年延长至 15 年。随着新能源技术不断进步，设备质量及运行维护水平稳步提高，寿命较以往有一定程度的提升，合理调整折旧年限更能公允地反映国家电投财务状况和经营成果。2019 年 4 月，国家电投计财部《关于统一集团公司发电及供热设备折旧年限及投资性房地产由"成本法"调整为"公允价值计量"的通知》，将发电及供热设备折旧年限由 12—20 年调整为火电、风电及太阳能的发电及供热设备折旧年限 20 年，水电 18 年，自 2019 年 1 月 1 日起执行。

2018 年，宁夏能源铝业计提递延所得税资产。根据企业所得税法相关规定，企业纳税年度的亏损额，准予向以后年度结转，用以后年度的所得弥补，期限最长为 5 年。青铝股份和青鑫炭素在 2014—2018 年未弥补的亏损分别为 23.35 亿元和 0.44 亿元。依据《企业会计准则》相关规定，以可能取得的应纳税所得额为限，可确认相应的递延所得税资产。2018 年 1 月，宁夏能源铝业与国网宁夏电力公司签订关于自备供电的框架协议，铝电产业链正式打通。

2018 年，根据《企业会计准则》的规定，以公司预测的可能取得的应纳税所得额为限，计提递延所得税资产 4.06 亿元。计提递延所得税资产后，2018 年度净利润相应增加，资产负债率降至 135.7%，下降 9 个百分点。青鑫炭素计提递延所得税资产 3415 万元，2018 年资产负债率为 78.3%，下降 6 个百分点。

（二）税费管理

1. 依法纳税

依法纳税是企业的社会责任与义务，公司始终把守法经营、依法纳税作为生产经营活动的"生命线"，认真履行纳税义务。2009—2021 年，宁夏能源铝业累计缴纳税费 68.69 亿元（见表 8-4-2）。2017—2021 年，铝电公司累计缴纳税费 50.55 亿元（见表 8-4-1）。

表 8-4-1 2017—2021 年铝电公司各项税费缴纳情况表

单位：万元

年份	增值税	企业所得税	个人所得税	房产税	土地使用税	附加税	营业税	其他税费	合计
2017	100671	1906	3360	4179	5447	11549	58	10140	137310
2018	38630	2334	3586	3506	5997	2814	–	13965	70832
2019	20307	3537	1452	3284	5396	1847	–	10420	46243
2020	48797	4021	1720	4079	4982	4864	–	13075	81538
2021	100951	29046	1711	3001	4069	11503	–	19296	169577
合计	309356	40844	11829	18049	25891	32557	58	66896	505500

注：其他税费包含印花税、环保税、资源税、耕地占用税、土地增值税、水利建设基金等。

表 8-4-2 2009—2021 年宁夏能源铝业各项税费缴纳情况表

单位：万元

年份	增值税	企业所得税	个人所得税	房产税	土地使用税	附加税	营业税	其他税费	合计
2009	12100	30239	303	606	1334	1864	881	1468	48795
2010	35693	1147	1534	1489	1760	2705	1394	1646	47368
2011	8409	3976	1161	3172	2742	966	1263	2275	23964

续表

年份	增值税	企业所得税	个人所得税	房产税	土地使用税	附加税	营业税	其他税费	合计
2012	35108	632	1235	2761	2116	4089	712	2396	49049
2013	49096	489	1174	2125	2664	5086	456	2126	63216
2014	45979	3393	1346	2343	3756	4217	707	2491	64232
2015	20342	3248	1407	2448	4155	2042	409	2230	36281
2016	41132	997	963	2612	2870	4007	102	2410	55093
2017	52775	1641	1676	3402	2772	5130	58	2517	69971
2018	8945	2121	1788	2814	3399	892	－	4411	24370
2019	12245	2137	747	2791	3391	1222	－	5510	28043
2020	42923	3398	883	3038	2816	4286	－	5160	62504
2021	67387	28643	901	2613	3212	6729	－	4542	114027
合计	432134	82061	15118	32214	36987	43235	5982	39182	686913

注：其他税费包含印花税、环保税、资源税、耕地占用税、土地增值税、水利建设基金等。

2. 税务风险识别与控制

2010 年，公司制定《税务管理制度》，使税务管理工作有依有据、合理规范。公司设置纳税管理岗位，专人负责发票领购登记簿管理及发票认证等工作，确保发票购买与保管开具分离。

根据财政部、国家税务总局《关于全面推开营业税改征增值税试点的通知》，自 2016 年 5 月 1 日起，在全国范围内全面推开营业税改征增值税试点，建筑业、房地产业、金融业、生活服务业等全部营业税纳税人，纳入试点范围，由缴纳营业税改为缴纳增值税。

2018 年 1 月 1 日，对开展研发活动中实际发生的研发费用，未形成无形资产计入当期损益的，在按规定据实扣除的基础上，再按照实际发生额的 75% 在税前加计扣除；形成无形资产的，在上述期间按照无形资产成本的 175% 在税前摊销。制定《税务管理实施细则》，明确相关事项。

2019 年，公司进一步完善具体税种的管理要求，执行财政部、税务总局、海关总署 2019 年第 39 号公告，将增值税一般纳税人发生增值税应税销售行为或者进口货物，原适用 16% 税率的，税率调整为 13%；原适用 10% 税率的，税率调整为 9%。

2021 年，公司执行财政部、税务总局《关于进一步完善研发费用税前加计扣除政策的公告》，制造业企业开展研发活动中实际发生的研发费用，未形成无形资产计入当期损益的，在按规定据实扣除的基础上，自1月1日起，再按照实际发生额的100%在税前加计扣除；形成无形资产的，自1月1日起，按照无形资产成本的200%在税前摊销。

3. 土地使用税减免

宁夏能源铝业青铜峡区域全部应税土地面积556.68万平方米，其中工业用地276.54万平方米、林地面积280.14万平方米。2009—2013年度累计申报缴纳土地使用税6913.55万元。

2014—2016年，公司因生产经营困难，逐年向税务部门申请减免2013—2015年度城镇土地使用税合计4148.13万元，其中，抵顶2015—2017年工业用地土地使用税3227.82万元，退税920.31万元。

2018年，公司申请青铜峡区域林地城镇土地使用税减免1400.7万元。

2019年3月，青铜峡区域林权同市政资产一并移交青铜峡市人民政府。

2020年，公司申请青铜峡区域城镇土地使用税减免1267.48万元。

4. 企业所得税

2020年，科技工程公司和青鑫炭素成功申报高新技术企业，按照《高新技术企业认定管理办法》和《高新技术企业认定管理工作指引》的规定，企业所得税减免10%，按照15%征收。截至2021年，减免所得税338万元。

2021年底，公司所属新能源企业通过企业所得税"三免三减半"和西部大开发税收优惠政策减免所得税2.63亿元。

（三）会计信息披露

公司严格遵守企业会计准则，贯彻国家电投月报、财务决算管理有关要求，以价值管理为核心，以支持决策为导向，持续提升月报质量。加大管理和审核力度，突出审核重点、细化工作要求，确保月报、决算质量稳中有升。会计师事务所对公司各年度财务决算报表进行审计，所属单位审计意见均为标准无保留意见的审计报告。

（四）会计信息化

2008—2010年，公司使用单机版鑫汇财务系统，初步实现财务账务线上处理。

2011年，公司对财务系统软件进行更换，使用远光3.0单机版财务系统，进一步提升财务管理水平。

2013年4月，对单机版财务系统进行升级，初步使用网页版远光财务管控系统进行账务处理，实现附件上传以及在线审批，规范内控流程，提升信息化水平。

2018年，再次对远光财务管控系统升级，升级后使用更加流畅，账务处理、审批更加规范，查询功能实现多元化。

2020 年，结合国家电投"2035 一流战略"及国有资本投资运营试点改革方向，国家电投提出通过先进数字化手段打造国家电投一流的价值型共享平台。铝电公司被国家电投确定为 2020 年财务共享平台建设试点单位，于 10 月 31 日正式上线使用金蝶云苍穹财务共享系统，启用总账模块、应收模块、应付模块、固定资产模块、费用核算模块、出纳模块、财务报表模块、资金计划模块，符合现代化、信息化的社会发展趋势，提高企业财务工作效率，同时进一步完善并规范财务管理体系，提高风险管控水平。

2021 年，按照国家电投统一 ERP 系统建设需求，实现各产业公司财务、物资、设备、项目、销售、生产等核心业务融会贯通，提升管理水平，铝电公司作为第一批试点单位，11 月完成 SAP 系统上线，实现与财务共享系统融合，完成"纵向贯通"和"横向集成"，进一步提升管理水平和信息化建设。

第五节　审　计

一、管理机构

2009 年 3 月，宁夏能源铝业成立审计部，负责内控体系建设、内部经营活动的审计与监督管理。

2011 年 6 月，审计部更名为审计与内控部。

2009 年 3 月—2011 年 11 月，青铝股份设置审计与内控部。

2017 年 1 月，铝电公司成立审计与内控部。宁夏能源铝业和铝业国贸成立审计与内控部，山西铝业成立内控审计部，遵义公司成立监察审计部。

2019 年 3 月，铝电公司（宁夏能源铝业）成立审计部和审计中心，审计中心挂靠审计部管理，各单位审计职能上移至铝电公司。

2021 年 6 月，审计中心正式运行。

二、审计工作

（一）内部审计

1. 审计形式和制度

审计部按照年度审计工作计划，依据各项政策规定，开展内部审计工作。内部审计主要有外委和自行组织两种模式。截至 2021 年 12 月，先后制定和运行《内部审计规定》《经济责任审计办法》《资产负债损益审计办法》等 18 部制度，明确审计计划、方案、流程及操作，指导审计和审计人员执行审计业务的行为，保证审计质量，防范审计风险。

2. 审计内容

2009—2014 年，开展 15 次所属单位资产负债损益审计，对制度建设、会计基础工作、燃料管理、工程建设管理等方面提出审计意见。开展宁东 400 千安电解槽大修、200 千安电解槽改造等重点大修、技改项目工程审计。对中卫新能源等 11 家所属单位"三公"费用进行审计。跟踪被审计单位进行整改落实，督促被审计单位加强生产经营管理、财务管理，完善各项制度，促使各项工作制度化和规范化运行。

2019 年，开展山西铝业等 6 家所属单位 2018 年经营绩效专项审计，使"业绩升工资升，业绩降工资降"的考核导向更为真实、公平。

2020 年，开展青铜峡分公司等 10 家所属单位 2019 年度计划—预算—考核—激励（简称 JYKJ）经营绩效专项审计，对经营绩效管理、JYKJ 经营绩效体系建设和执行情况进行评价，总结提炼 JYKJ 经营绩效审计工作标准化的工作方法和流程，形成工作指引手册和研究成果论文。对中卫新能源十至十三期风电项目、山西铝业挖潜改造、烟气余热回收改造、一期背压机节能增效进行项目投资后评价，改造监督投资效果，总结经验，提高新投资项目管理水平。

2021 年，开展建设工程结算、竣工财务决算审计 8 项。对铝合金分公司等 11 家生产经营类、市场化改革类单位 2020 年经营绩效专项审计。开展环保风险专项审计和期货业务专项审计。开展并购山西鲁能晋北等投资项目后评价 9 项。

2009—2021 年，公司内部审计项目 136 项，发现问题 1732 个，整改问题 1732 个。对 35 家单位主要负责人进行离任经济责任审计，选取部分重点单位开展主要负责人任中经济责任审计，从制度建设、内部管控、工程项目管理、财务管理、税费管理、存货管理、购销管理、薪酬管理、创新管理等方面提出审计意见及建议（见表 8-5-1）。

（二）外部审计

2009—2021 年，公司配合审计署对国家电投主要负责人离任经济责任审计延伸审计和任中经济责任审计延伸审计 2 项。配合国家电投对宁夏能源铝业、铝电公司原主要负责人离任经济责任审计 4 项，配合国家电投对宁夏能源铝业、铝电公司进行资产负债损益审计、资金管理与财务控制专项审计、工程项目跟踪审计等 20 项（见表 8-5-2）。

表 8-5-1　2009—2021 年公司内部审计项目表

年份	被审计单位	审计项目
2009	青铝东方实业有限公司	资产负债损益审计
	中电投宁夏能源有限公司	电源项目筹建处项目费用支出情况专项审计、煤炭项目筹建处项目费用支出情况专项审计
2010	建安公司、进出口公司	离任经济责任的审计
	青鑫炭素	工程结算和竣工财务决算的审计
2011	经济技术开发公司、建设指挥部、建安公司	离任经济责任的审计
	临河发电	资产负债损益审计
	经济技术开发公司	资产审计
	公司机关、青铝股份、临河发电、红一煤矿	资金管理与财务控制专项审计
	红一煤矿	前期费用及概算执行专项审计
2012	吴忠新能源、中卫热电、中卫新能源	资产负债损益审计
	青鑫炭素	绩效审计
	通润铝材	任中经济责任审计
	公司机关、通润铝材、临河发电	管理费用及劳务费专项审计
	红二煤矿项目筹建处	工程甲供材管理及建设管理费专项审计
	青铝股份质量检测中心	审计调查
	青鑫炭素、实业公司	离任经济责任审计
	通润铝材	生产经营专项审计调查
2013	红墩子 2×60 万千瓦综合利用电厂	终止基建前期项目专项审计
	临河发电、红一煤矿、红二煤矿项目筹建处	资产负债损益审计
	红一煤矿、红二煤矿、电力分公司、临河发电、中卫新能源、中卫热电、吴忠新能源、银川新能源、青鑫炭素、通润铝材、工程公司	"三公"费用审计
	宁东分公司、青铜峡分公司、动力分公司、实业分公司、物流配送中心	劳务用工情况风险内控审计
2014	红一煤矿、红二煤矿、临河发电、青铝股份、工程公司、青鑫炭素、通润铝材、技术工程公司	资产负债损益审计
	临河发电、吴忠（银川）新能源、中卫新能源和中卫热电、红一煤矿、红二煤矿筹建处、青铝发电	离任经济责任审计
2015	公司机关	事权界面和审批流程的专项评价审计
	中卫热电	离任经济责任审计、工程管理风险内控评价审计
	临河发电	燃料管理风险内控评价审计
	通润铝材和青鑫炭素	2014 年绩效完成情况专项审计

续表

年份	被审计单位	审计项目
2015	宁东分公司	2013 年宁东 400 千安电解槽大修项目、2014 年宁东 350 千安电解槽技术改造项目工程审计
	青铜峡分公司	2013 年青铜峡电解槽应用新型钢棒技术改造项目、2014 年 200 千安电解槽改造项目、2014 年青铜峡焙烧二车间二厂房焙烧炉改造项目、2014 年青铜峡 350 千安电解槽改造项目工程审计
2016	中卫新能源	风电十至十三期及配套三项输变电项目结算、竣工决算审计
2017	青铜峡分公司、技术工程公司、检修分公司	离任经济责任审计
	通润铝材	任中经济责任审计
2018	配售电公司、银川新能源、吴忠新能源、煤炭煤化工、工程检修、临河发电、中卫新能源、青铝发电、销售分公司、青鑫炭素	离任经济责任审计
	临河发电、中卫热电、青铝发电	燃料管理专项审计
	中卫热电、中卫新能源	工程项目跟踪结算、竣工财务决算审计
2019	山西铝业、铝业国贸、铝业国贸重庆公司、铝业国贸沈阳公司、青铜峡分公司、科技工程公司	2018 年经营绩效专项审计
	公司机关及所属单位	降杠杆专项审计
	山西铝业、宁东分公司、青铜峡分公司	离任经济责任审计
2020	铝合金分公司、临河发电、银川（售电）新能源、中卫新能源	离任经济责任审计
	青铜峡分公司、科技工程公司等 10 家所属单位	2019 年度 JYKJ 经营绩效专项审计
	中卫新能源	风电新建项目工程结算、竣工财务决算审计
	中卫新能源、山西铝业	项目投资后评价
2021	山西铝业、遵义公司	离任经济责任审计
	科技工程公司	任中经济责任审计
	铝合金分公司、临河发电、青鑫炭素、新能源公司、山西铝业、遵义公司、科技工程公司、铝业国贸、青铝发电、宁东分公司、青铜峡分公司等 11 家所属生产经营类、市场化改革类单位	2020 年经营绩效专项审计
	遵义公司	赤泥库环保风险专项审计
	铝业国贸、宁夏能源铝业	期货业务专项审计
	遵义公司、山西铝业、几内亚公司、中卫新能源	工程结算、竣工财务决算审计
	青铜峡分公司、山西铝业、青鑫炭素、铝合金分公司、太阳山光伏电站一期 1 兆瓦技改、银川新能源红墩子光伏电站一期 1 兆瓦技改项目	项目投资后评价

表 8-5-2 2009—2021 年外部审计开展项目表

年份	审计单位	审计项目
2009	中电投	宁夏能源铝业 2008 年资产负债损益审计
2011	中电投	宁夏能源铝业资金管理与财务控制专项审计
	中电投	中卫香山风电一至六期工程项目和工程项目跟踪审计
2012	中电投	临河发电燃料成本控制风险评估及内控评价
2013	中电投	宁东电解铝一期、二期，临河火电工程项目跟踪审计
	中电投	临河发电一期、临河发电至宁东铝工程项目风险评估及内控评价
	中电投	青鑫炭素、青铜峡分公司、用工风险评估及用工成本控制评价
	中电投	青铝股份铝业成本控制审计
	中电投	宁夏能源铝业、青铝股份、临河发电"三公费用"审计
2014	审计署	中电投原董事长陆启洲离任经济责任审计延伸审计
	中电投	宁夏能源铝业原董事长、总经理黄河，总经理王同明离任经济责任审计
	中电投	中卫新能源七至九期风电项目专项审计
	中电投	宁夏能源铝业、青铝股份、临河发电保险和担保业务风险评估和内控评价
	中电投	红一煤矿、临河发电工程项目跟踪审计
2015	中电投	中卫香山一期、六期，中卫香山光伏项目风险内控评价
	中电投	红一煤矿及红二煤矿、中卫工程项目跟踪审计
2016	国家电投	宁夏能源铝业及其所属单位资金集中与银行账户管理审计调查
	国家电投	宁夏能源铝业及其所属单位应收款专项风险评估及内控评价
2017	国家电投	宁夏能源铝业原法定代表人刘丰、原总经理吴连成离任经济责任审计
2018	国家电投	中卫新能源、中卫热电项目投资效益情况专项审计
2019	国家电投	宁夏能源铝业原董事长马国林离任经济责任审计
2020	国家电投	铝电公司原总经理王同明离任经济责任审计
	国家电投	铝业国贸违规经营投资损失责任追究审计
	国家电投	铝电公司国资委核查收购山西铝业及加宁铝业
2021	审计署	国家电投党组书记、董事长钱智民任中经济责任审计延伸审计
	国家电投	铝电公司金融及金融衍生品等高风险业务专项审计

第九章 后勤服务

　　青铜峡铝业集团有限公司（青铜峡铝业股份有限公司）（简称青铝集团、青铝股份）前身是冶金部三〇四厂（后改名青铜峡铝厂），成立于 1964 年。

　　近 60 年来，企业根据生产经营、职工生活、后勤保障等需要，先后建设后勤服务设施，配套成立管理机构及辅业公司，保障主业各项工作的有序开展。改革开放以后，企业发展步伐加快，公司由小变大，职工队伍不断壮大，由 20 世纪 60 年代 1600 余人增加到 8000 余人，包括职工及家属、政府组织、金融、通信等服务业在内，几万人在此工作和生活。2008 年末，中电投宁夏青铜峡能源铝业有限公司（简称宁夏能源铝业）成立，原青铝集团遗留的后勤服务产业，包括餐饮住宿、公益事业、社区服务、绿化美化及林木培育、厂区及生活区安保、员工家属及周边群众的医疗卫生及突发应急事件医疗救护，以及满足生产需要的劳动防护用品加工、镀锌钢带、铝冶炼炭素保护环、收尘袋、精炼剂等产品的生产和销售。2009 年起，部分对外服务项目移驻宁东厂区、银川区域。2009—2021 年 13 年间，伴随着企业减负、辅业改革等措施的落实，青铝地区的后勤服务业务范围逐渐缩小，部分转入社会化服务，少部分后勤保障设施继续为企业生产发展服务，方便职工生活。

第一节　生活服务

一、管理机构

　　2008 年 12 月 26 日，宁夏能源铝业成立后，后勤服务业务主要由青铝股份经济技术开发有限公司（简称开发公司）、保卫部、职工医院负责。其中，开发公司承担青铝股份公益事业和社会服务职能，下设招待所、环卫科、总务科、物业维修科、生产科，负责青铝区域餐饮、住宿、会议接待、绿化美化、生活区供暖、社区服务等；保卫部负责生活区和厂区安保；

医院主要为铝厂职工及周边区域群众提供医疗卫生服务。

2011年6月，根据中电投全面推进辅业改革的指导意见，为减轻企业负担、精干主业、增强企业核心竞争力，宁夏能源铝业对辅业实施社会化经营改革，将原青铝股份下属的开发公司、保卫部、职工医院整合，成立中电投宁夏青铜峡实业有限公司（简称实业公司），为宁夏能源铝业子公司，后勤服务工作由实业公司统一负责管理，下设计划经营部、综合部、财务部、安保部、市场部等5个管理部门，青铜峡物业项目部、宁东物业项目部、银川项目部、青铜峡餐饮项目部、红墩子项目部、青铜峡实业项目部等6个项目部，各项目部独立运行。

2012年8月27日，青铝股份收购实业公司，更名为青铝股份实业分公司（简称实业分公司），为青铝股份下属的非法人单位，下设办公室、计划部、人力资源部（离退休人员管理办公室）、安全与环境保护监察部（生产技术部）、政治工作部（监察部、工会办）等5个管理部门。成立材料加工车间、生产保卫队、医疗服务中心（青铝职工医院）、青铜峡餐饮管理中心、宁东物业管理中心、青铜峡物业管理中心等6个生产（服务）单位。

2015年1月，宁夏能源铝业实行区域一体化改革，撤销实业分公司，其宁东物业管理中心承担的全部业务与人员，统一划转宁东分公司，宁东分公司成立后勤服务部，负责宁东区域后勤服务工作。青铜峡物业管理中心承担的全部业务与人员划归青铜峡分公司，成立青铜峡分公司后勤服务部，负责青铜峡区域后勤工作。

2019年3月，青铜峡分公司撤销后勤服务部，成立综合服务中心，负责青铜峡铝业区域后勤服务工作。

二、青铜峡区域

（一）员工食堂

2009年以前，青铝集团在生产区先后改建和新建4个职工食堂，分别为电解一部食堂、电解二部食堂、电解三部食堂、通润铝材食堂，各食堂设施齐全，设备配套。2009年开始，4个食堂先后归属青铝股份、青铜峡分公司，先后由招待所、青铜峡餐饮项目部、青铜峡餐饮管理中心、后勤服务部、综合服务中心管理。2015—2021年末，青鑫炭素、科技工程公司、新材料公司与青铜峡分公司签订协议并支付相关费用，3个公司职工在电解二部、电解三部食堂就餐。

电解一部食堂2002年建成使用，位于电解一部二车间厂房北侧，面积为800平方米，设回、汉餐厅。就餐人数为800人/天，主要为青铜峡分公司铸造车间，电解一、二、五车间、青鑫炭素生产岗位职工提供就餐服务。120千安、160千安系列关停，2014年电解一部食堂汉餐关闭，2 年后回餐关闭。

电解二部食堂 2005 年建成使用，位于运输二车间东侧，面积 660 平方米，设回餐。就餐人数为 750 人／天，就餐人群主要为青铜峡分公司电解八车间、电解九车间、运输二车间、组装二车间、焙烧二车间、动力二车间、质检、青鑫炭素等单位生产岗位职工。2018 年，对电解二部食堂进行改造，重新布局厨房并更新设备，增加就餐人员容量，每天可解决近千人用餐。

电解三部食堂 2002 年建成使用，位于焙烧一车间北侧，建筑面积 400 平方米，分回、汉餐两部分，可同时容纳 600 人就餐，由电解三部自主管理。主要就餐人群为青铜峡分公司电解六车间、电解七车间、运输车间、组装车间、焙烧一车间、动力车间、质检以及青鑫炭素等单位职工。2016 年 5 月，对汉民餐厅扩建，增加面积 380 平方米。2018 年 7 月，对回民餐厅进行扩建，增加面积 300 平方米。扩建后，回汉餐厅就餐人数可达 1200 人／天。2015—2021 年底，主要就餐人员为 200 千安电解、阳极系列、青鑫炭素、新材料分公司、科技工程公司职工。

2016 年，通润铝材关停，其职工食堂随之关闭。

2021 年底，青铜峡区域职工就餐的食堂主要为电解二部食堂、电解三部食堂，总面积 1800 平方米，每天就餐人数达 2200 人。

（二）职工宿舍

2009 年以前，青铝集团共建设职工宿舍 13 栋，共有房间 954 间，可容纳 3000 多名职工住宿。2009 年，新建 3 栋职工公寓。职工宿舍、职工公寓先后由青铜峡分公司物业维修科、青铜峡物业项目部、青铜峡物业中心、后勤服务部、综合服务中心负责管理。

1. 单身宿舍

单身宿舍共计 13 栋楼，为三、四层建筑，分别以 1—13 编号，2007 年拆除 3 号楼。2012 年对 11 号楼、12 号楼、13 号楼进行改造，实行宾馆化服务。2016 年 1 号楼、4 号楼、5 号楼、9 号楼停止使用。

2009—2017 年，住宿人员承担水电费、房费，缴纳 100 元住房押金。

2018 年，为便于管理，减轻职工生活负担，青铜峡分公司改变宿舍管理方式，由交费改为免费住宿，住宿员工须缴纳 200 元押金。

2019 年，随着职工人数和私人交通工具的增加，青铜峡分公司分别在 6 号楼、13 号楼周边平整场地，设立停车场，供职工使用。采取集中住宿和统一管理，由物业管理中心与员工签订住宿协议。

2021年，青铜峡分公司对8号楼、9号楼、10号楼进行维修改造，粉刷室内墙面、更换门窗、布设电线网线、更换暖气及管道，职工宿舍增加到9栋。主要由青鑫炭素、新材料分公司、科技工程公司、青铜峡分公司的单身职工居住，住宿人数850人。其中，正式职工两人一间，劳务员工四人一间，实行统一管理，每栋楼配备1名服务人员，负责管理及保洁。楼内配置公用厨房、公用卫生间，各房间配置床、衣柜、桌椅、电视机和水壶等设施。

2.员工公寓

2009年，为解决青铜峡区域新婚职工及已婚无房户员工住房困难，公司新建3栋职工公寓楼，每栋楼69间房，房间配有卫生间和厨房，实行宾馆化服务管理。

2015年，青铜峡分公司将3号职工公寓楼无偿提供给青铝发电职工使用，日常管理、维护维修及保洁卫生由该公司管理，其管理费用、物业服务费由青铝发电负责。

2016年，1号、2号职工公寓楼以出租的形式，由青铜峡分公司员工租赁居住，每户缴押金2000元，水电费由住户承担。

2018年，青铜峡分公司改变公寓楼管理方式，不再对外出租，分配给青铜峡区域各单位副科级以上干部（家属区无住房户）及入职大学生居住，干部一人一间，大学生两人一间。对公寓楼排水、卫生间等进行改造，安装热水器、配备电视机等家用电器。2021年，公寓楼居住人员主要为主任助理及以上管理人员。

（三）植树绿化

青铝建厂以来，为有效抵御风沙侵袭，响应国家植树造林号召，改善生态环境，全体员工持续开展植树造林。为解决造林绿化用水问题，先后建设北大渠、引黄泵站、东坑泵房、南大渠、分水池、山顶公园蓄水池、山顶公园提水泵房等水利配套设施。经过几代人艰苦奋斗，树木成活率逐年提高，厂区植被覆盖率逐年提升，到2007年，区域绿化总面积超过5300亩（3.52平方公里），占厂区总面积的49.17%，成片林地4400亩，分别为北林带（北大渠灌溉的所有林地）、南林带（南大渠灌溉的所有林地）、四村林带（从厂区东大门外污水处理厂南侧林带至通润铝材西侧所有林地）、西山林带（通润铝材北侧所有林地）、清真寺林带（东三北区北围墙外林地）。拥有湿地350亩、生产区绿化面积460亩、草坪面积75亩、苗圃180亩，人均公共绿地面积183平方米。2007年8月，成立通润铝材，厂区建设占用西山林带部分林地，青铜峡区域绿化总面积减少。

2008—2010年，开发公司环卫科负责铝厂生活区绿化及林地、草坪日常维护管理。2010—2018年，青铝区域绿化业务实行外包管理，通过公开招标，先后由6家社会公司承办管理，主要负责浇水、除草、修枝、打药、树木养护等。

2018年底，树木保存量约101万株，其中，新疆杨约40万株、刺槐约12万株、臭椿约4万株、落叶乔木（小叶杨、白蜡、速生杨和丝棉木等）约36万株、常青树约5万株、灌木类约4万株。

2019年2月21日，根据国务院国资委、民政部、财政部、住房和城乡建设部《关于国有企业市政、社区管理等职能分离移交的指导意见》，企业管理的社会事务与农林业移交地方政府管理，青铝股份与青铜峡市自然资源局签订《青铜峡铝业股份有限公司林地、湿地、行道树、湖面、灌溉渠道、东坑及农业泵房、公园等公共绿化配套设施及管理职能移交协议》，将青铝股份厂区以外的公共绿化配套设施及管理职能一次性无偿移交地方政府，由青铜峡市自然资源局管理。

厂外公共绿化及树木移交后，青铜峡分公司综合服务中心只负责厂区内部绿化工作。2019年，青铜峡分公司在厂区内回填土方2175立方米，安装节水灌溉设施3.49万米。种植苗木11.75万株，种植苜蓿3350平方米。2020年，种植各种苗木16.25万株。2021年种植苗木5130株，草坪2万平方米，草花1750平方米。

（四）物业管理

1. 生活区物业

2008年，青铝股份青铜峡区域有8个住宅小区，居住职工5036户。其中，驻厂单位及商户共90户。

2009年，除青铝员工及家属外，尚有外来人员在此生活居住，常住居民约1.4万人，基本具备完备的小城镇规模。

2009—2018年，生活区物业管理先后由物业维修科、物业项目部、青铜峡物业管理中心、后勤服务部负责，服务内容为生活区供水、供电、供气、供暖维护及收费服务。2018年，依据国家"三供一业"及市政移交政策，生活区物业管理相关事务移交地方政府部门管理。

2019—2021年，家属区物业管理由吴忠国运盛物业公司承接。

生活区供暖有3个供热站。2010年，1号、2号供热站并网，并改造为换热站，由青铝发电专线提供高温热水，经供热主管线分成2路，一路经建安路由1号换热站南侧进入站内，另外一路经西兴路从2号换热站南侧进入站内。经2个换热站热交换后，由二次管线供给家属区。

生活区供水由生活供水泵房供给，分3条线供给职工家属区十二栋小区、东一小区、西一小区、西三小区、东三南小区、东三北小区、嘉庆小区共7个小区。

生活区天然气气源引自青铝天然气末站，末站位于生产区东门200米处，由末站输送至生活区各住宅楼，经单元立管球阀直接入户。

生活区供电来源于生产区动力变压器，通过 2 条 10 千伏专线输送至生活区低压配电室，经配电室内二次空气开关输送至每栋楼的配电箱，配送入户，各用户交费用电。

生活区房屋所有权人承担自用部位和自用设施的维修养护，家用水、电、气、暖等，由住户自行购买，维修由住户购买配件，公司相关业务部门免费安装。

2009—2018 年期间，物业收费一直沿用 2005 年 6 月 1 日实施的《青铜峡铝业集团公司楼房出售分配办法》中规定的生活区物业收费项目和标准，即住宅用水 1.2 元 / 吨，商业用水 2 元 / 吨；住宅用电 0.45 元 / 千瓦时，办公用电 0.5 元 / 千瓦时，营业用电 0.7 元 / 千瓦时；职工住宅取暖费每月 2.2 元 / 米³，外单位居民住宅 2.5 元 / 米³，办公建筑 3 元 / 米³；职工天然气住宅用 1.25 元 / 米³；小区管理费，职工住宅 0.2 元 / 米³，办公建筑 0.3 元 / 米³，商业建筑 0.4 元 / 米³。商铺定期缴费，职工承担的费用从工资中代扣。

2015 年，根据市场价格变化，对外用营业供电调整为 0.85 元 / 千瓦时，天然气调整为 2.2 元 / 米³，住宅取暖费调整为 3.2 元 / 米³。职工用电、用气、取暖费未调整。

2018 年，物业管理移交地方政府后，执行国家收费标准。

2. 厂区内外安保工作

2009 年，青铝股份下设保卫部，负责生产、生活区域安保工作。

2011 年 6 月，保卫部有安保人员 197 人，其中正式工 156 人、家属工 41 人，主要负责生产区、铝锭库区、生活区、办公楼安保，消防灭火救援，厂区交通，区域社会治安综合治理，厂区及外围重点部位监控和报警处置。有"长安之星"巡逻车 4 辆、嘉陵 125 巡逻摩托车 6 辆及监控报警系统等。

2011 年 6 月，根据中电投全面推进辅业改革的指导意见，青铝股份实行辅业改革，成立实业公司，撤销保卫部，设立安保部，负责厂区治安防范。

2012 年 8 月，成立实业分公司，下设护卫队，负责青铜峡区域生产区安保、消防等工作。撤销安保部。

2015 年 3 月，撤销实业分公司，成立青铜峡分公司后勤服务部，生产护卫由后勤服务部管理，有护卫和消防人员 89 人。7 月 31 日，因内退、休长假、退休和调离等原因，员工人数减至 55 人，其中，护卫人员 34 人。8 月，生产区门卫、巡逻安保工作有偿聘用青铜峡市保安公司承担，原 34 名护卫人员只负责生活区门卫及巡逻安保工作。

2016 年 11 月，青铜峡分公司生产车间分流出 20 名职工补充到护卫队伍。2017 年 10 月，保安人员只负责生产区门卫、车棚、办公楼安保工作。

2019 年 3 月，青铜峡分公司成立综合服务中心，下设生产保卫班，负责生产区大门、办公楼、出铝通道的安保工作。

2020年10月，青铜峡分公司对生产区围墙、大门监控摄像头改造更新，监控摄像头增加到99个。

2009—2021年，生活区安保工作由保卫部下属联防队、青铜峡物业管理中心、后勤服务部负责管理。2018年后，生活区物业移交地方政府，生活区安保工作移交至吴忠国运盛物业公司管理。

三、外部管理项目

（一）宁东区域

2008年12月，随着宁东项目建设投产，职工人数不断增加，为保障职工日常生活，开发公司在宁东项目区设立服务站，负责宁东区域物业、厂区卫生、宿舍、浴室及职工食堂管理。

2011年6月，实业公司设立宁东项目部，全面负责宁东区域的后勤服务工作。2012年8月，成立实业分公司，设立宁东物业管理中心，负责宁东区域安保、食堂、公寓楼、浴室、卫生保洁、绿化等物业管理工作。其间，青铝职工医院在宁东设立医疗服务站，为宁东区域职工提供医疗服务。12月，临河动力站投产后，青铜峡餐饮项目部委派2人，参与临河动力站食堂管理。参与宁东区域后勤服务管理期间，青铜峡分公司与宁东分公司、临河发电签订协议，有偿服务。

2015年3月，宁夏能源铝业实行铝业区域一体化改革，宁东物业管理中心负责的业务及人员统一划转至宁东分公司管理。宁东分公司设立后勤服务部，负责食堂、公寓、浴池、安保服务、绿化等工作。

2017年5月，青铝职工医院撤回医疗服务站，职工医疗依托地方医疗机构。

（二）银川区域

2010年3月—2015年1月，宁夏能源铝业食堂先后由开发公司、实业公司、实业分公司在银川设立的项目部负责管理。

2015年1月，青铜峡分公司后勤服务部餐饮管理中心设立银川服务班，负责宁夏能源铝业食堂管理。9月，银川服务班增加宁夏能源铝业大院绿化养护工作，承担树木管护和草坪修剪、病虫害防治、喷淋管线及设施维护、浇水等业务。

2009—2016年，宁夏能源铝业通过招标，由银川市保安公司金凤分公司承包负责安保工作。2016年4月，宁夏能源铝业安保工作由青铜峡分公司后勤服务部生产保卫队承担。配置人员12人，设安保主任1名，前厅值班1人，其余10人承担门卫值守、访客登记、夜间巡逻、消防应急处置、规范车辆停放等安保工作。

2019 年 3 月，青铜峡分公司成立综合服务中心，下设银川项目部，负责管理宁夏能源铝业院内的食堂、绿化、安保、水、电、暖维修等事务。

（三）红墩子项目部

2012 年，红墩子矿区开始建设，实业公司成立红墩子项目部，负责管理红墩子煤矿食堂、医疗、供暖业务。8 月，实业分公司成立，由其下属的宁东项目部代管该部分业务。2014 年，红墩子项目部撤销。

四、公共房产管理

（一）银川地区生活房产

1. 员工公寓

2008 年，为解决员工住宿问题，宁夏能源公司在银川市金凤区正源南街鹿鸣苑小区购置公寓房及住宅房，公寓房为鹿鸣苑小区公寓楼 3 号楼 4 层 401-410 室、5 层 501-510 室，每层 10 套，总计 20 套，资产原值总计 416.77 万元，用于公司员工周转居住。住宅房为 5 号楼、8 号楼，共计 15 套（见表 9-1-1）。2009 年 3 月，宁夏能源铝业将 15 套住宅房出售给在册职工。

表 9-1-1　银川市正源南街鹿鸣苑小区公寓情况表

序号	住宅房号	建筑面积（平方米）	购买时间（年）	不动产登记证编号	数量（套）	产权单位
1	鹿鸣苑小区 3 号楼 401 室	71.08	2008	宁（2019）金凤区不动产权第 0066435 号	1	宁夏能源铝业
2	鹿鸣苑小区 3 号楼 402 室	55.93	2008	宁（2019）金凤区不动产权第 0066437 号	1	宁夏能源铝业
3	鹿鸣苑小区 3 号楼 403 室	55.93	2008	宁（2019）金凤区不动产权第 0066440 号	1	宁夏能源铝业
4	鹿鸣苑小区 3 号楼 404 室	60.06	2008	宁（2019）金凤区不动产权第 0066443 号	1	宁夏能源铝业
5	鹿鸣苑小区 3 号楼 405 室	47	2008	宁（2019）金凤区不动产权第 0066391 号	1	宁夏能源铝业
6	鹿鸣苑小区 3 号楼 406 室	55.9	2008	宁（2019）金凤区不动产权第 0066393 号	1	宁夏能源铝业
7	鹿鸣苑小区 3 号楼 407 室	55.23	2008	宁（2019）金凤区不动产权第 0066394 号	1	宁夏能源铝业
8	鹿鸣苑小区 3 号楼 408 室	55.23	2008	宁（2019）金凤区不动产权第 0066396 号	1	宁夏能源铝业
9	鹿鸣苑小区 3 号楼 409 室	55.23	2008	宁（2019）金凤区不动产权第 0066599 号	1	宁夏能源铝业

续表

序号	住宅房号	建筑面积（平方米）	购买时间（年）	不动产登记证编号	数量（套）	产权单位
10	鹿鸣苑小区 3 号楼 410 室	67.86	2008	宁（2019）金凤区不动产权第 0066381 号	1	宁夏能源铝业
11	鹿鸣苑小区 3 号楼 501 室	71.08	2008	宁（2019）金凤区不动产权第 0066597 号	1	宁夏能源铝业
12	鹿鸣苑小区 3 号楼 502 室	55.93	2008	宁（2019）金凤区不动产权第 0066384 号	1	宁夏能源铝业
13	鹿鸣苑小区 3 号楼 503 室	55.93	2008	宁（2019）金凤区不动产权第 0066386 号	1	宁夏能源铝业
14	鹿鸣苑小区 3 号楼 504 室	60.06	2008	宁（2019）金凤区不动产权第 0066389 号	1	宁夏能源铝业
15	鹿鸣苑小区 3 号楼 505 室	47	2008	宁（2019）金凤区不动产权第 0066448 号	1	宁夏能源铝业
16	鹿鸣苑小区 3 号楼 506 室	55.9	2008	宁（2019）金凤区不动产权第 0066451 号	1	宁夏能源铝业
17	鹿鸣苑小区 3 号楼 507 室	55.23	2008	宁（2019）金凤区不动产权第 0066453 号	1	宁夏能源铝业
18	鹿鸣苑小区 3 号楼 508 室	55.23	2008	宁（2019）金凤区不动产权第 0066456 号	1	宁夏能源铝业
19	鹿鸣苑小区 3 号楼 509 室	55.23	2008	宁（2019）金凤区不动产权第 0066457 号	1	宁夏能源铝业
20	鹿鸣苑小区 3 号楼 510 室	67.86	2008	宁（2019）金凤区不动产权第 0066602	1	宁夏能源铝业

2. 生活周转房

2005 年 4 月，青铝集团与宁夏民生房地产开发有限公司签署《定向开发协议》，由该房地产公司代为开发建设青铝职工生活基地。经多次考察选址，决定在银川市金凤区正源南街与宝湖路交界的西南角建设职工住房生活基地，小区名称为艾依水郡小区。

2006 年 9 月 20 日，双方签订协议，艾依水郡基地开工建设，2007 年底基本竣工，建成住宅楼 16 栋 734 套（单套建筑面积 90 ～ 209 平方米）。其中，17 套住房由公司购买，分别为 6 号楼 1 单元 101 室、102 室、201 室、202 室、301 室、302 室、401 室、402 室、501 室、502 室、601 室、602 室，每套房屋面积 120.77 平方米；12 号楼 1 单元 102 室、302 室、402 室、1102 室，19 号楼 1 单元 1102 室，每套房屋面积 220.19 平方米。6 号楼 1 单元 12 套住房由开发公司出资购置，2011 年 1 月 7 日办理购置登记手续，产权登记单位为开发公司。8 月，宁夏能源铝业制定《艾依水郡住房出售实施办法》，将 6 号楼一单元 101 室、102 室、202 室、301 室、302 室、401 室、402 室、501 室、502 室、602 室 10 套房产，按照员工自愿、无房优先原则出售给公司员工。开发公司注销后，6号楼1单元201室、601室，12号楼1单元102室、302室、402室、1102室、9号楼1单元1102室由公司统一管理，作为生活周转用房，提供给借调、挂职员工居住，尚未办理房屋产权手续（见表9-1-2）。

表9-1-2　银川市正源南街艾依水郡小区生活周转房统计表

序号	住宅房号	建筑面积（平方米）	购买时间（年）	不动产登记证编号	数量（套）	备注
1	艾依水郡12-1-1102	220.19	2009	（未办理）	1	员工住宿
2	艾依水郡12-1-402	220.19	2009	（未办理）	1	员工住宿
3	艾依水郡12-1-302	220.19	2009	（未办理）	1	员工住宿
4	艾依水郡12-1-102	220.19	2009	（未办理）	1	员工住宿
5	艾依水郡19-1-1102	161.17	2009	（未办理）	1	员工住宿
6	艾依水郡6-1-201	120.77	2009	金凤区字第2011001586号（青铜峡铝业经济技术开发有限公司）	1	员工住宿
7	艾依水郡6-1-601	120.77	2009	金凤区字第2011001610号（青铜峡铝业经济技术开发有限公司）	1	员工住宿

员工公寓及生活周转房由宁夏能源铝业办公室（总经理工作部／综合管理部）管理，主要用于公司异地交流人员、挂职、借调人员住宿。为加强周转房管理，2013年，宁夏能源铝业制定《机关职工公寓管理办法》。2019年，铝电公司修订《机关员工周转房管理办法》。2021年，再次对周转房管理办法进行修订，明确综合部管理周转房，负责住房审批、租赁合同备案等事项。综合部负责公寓及生活周转房入住人员审核备案、室内物品配置、设施安全检查及公共费用交纳等日常事务管理。现在房屋居住正常，管理手续完备，房屋完好。

（二）银川地区其他房产

1998年，原青铜峡铝厂在银川市城区鼓楼南街意志巷购置商业房1套。2008年，该房屋产权变更至宁夏能源铝业名下。该房产为房改房，土地证长期未能办理。2016年，宁夏能源铝业启动闲置房产处置，多次与银川市房产管理部门及税务部门协调沟通，补缴房地产税费。2019年，获取该套房产不动产登记证书，并由宁夏能源铝业综合部对外出租，按年收租赁费，定期对房产设施进行检查。该房产地址为银川市兴庆区鼓楼南街意志巷26号，建筑面积为162.24平方米，不动产登记证编号为宁（2019）兴庆区不动产权第0068694号，产权单位为宁夏能源铝业。

2009年2月，宁夏能源铝业将青铝集团银川办事处10套房产（兴庆区利群巷4号楼1单元）

出售给建设指挥部在艾依水郡无住房员工。

（三）宁夏区外房产

1996 年，原青铜峡铝厂为开拓外埠市场，先后在北京、上海、广州、深圳、天津等地购置 11 套房产，供原青铜峡铝厂供销处、进出口公司、销售分公司等单位（部门）作为对外联络办公地点使用。由于公司机构合并、对外业务萎缩，加之业务人员交流调整等多种因素，外购房产逐渐闲置。2016 年，公司对外购房使用进行清查，公司所属深圳房产、上海浦东房产、广州白云房产、广东南海房产及天津房产均处于闲置状态。11 月，宁夏能源铝业印发《外部房产管理专题会议纪要》。

2017 年 5 月，印发《关于成立宁夏能源铝业外部房产处置工作小组的通知》，随后对深圳房产、上海浦东房产、广州白云房产、广东南海房产及天津房产进行处置。

2021 年底，完成上海市浦东新区建华公寓、深圳百花路长城花园房产、广东南海市中南花园等 4 套房屋资产交易。北京、上海等地留存 7 套房产采用租赁方式，租赁使用。4 月，宁夏能源铝业办公室与铝电金海签订《房屋租赁协议》，将北京西城区恒昌花园 1 号楼 20 层 4 套房产出租给该公司作为员工宿舍使用。7 月，将上海市普陀区常德路 1298 弄 2 号楼 2105 房屋出借给铝业国贸使用。到 2021 年底，区外房产全部得到有效利用（见表 9-1-3）。

表 9-1-3　宁夏能源铝业外埠房产统计表

序号	住宅房号	建筑面积（平方米）	购买时间（年）	不动产登记证编号	数量（套）	产权单位
1	天津市河西区绍兴道 243 号和平公寓 1605 号	205.66	1996	津（2018）河西区不动产权第 1023712 号	1	宁夏能源铝业
2	北京西城区恒昌花园 1 号楼 2001 室	198.35	1997	京（2018）西不动产权第 0025036 号	1	青铝股份
3	北京西城区恒昌花园 1 号楼 2002 室	198.35	1997	京（2018）西不动产权第 0024890 号	1	青铝股份
4	北京西城区恒昌花园 1 号楼 2003 室	195.18	1997	京（2018）西不动产权第 0024954 号	1	青铝股份
5	北京西城区恒昌花园 1 号楼 2004 室	195.18	1997	京（2018）西不动产权第 0025037 号	1	青铝股份
6	上海浦东新区花木北路 118 弄 4 号 601 室	144.58	1998	沪房地浦第 029805 号	1	宁夏能源铝业（已处置）
7	上海普陀区常德路 1298 弄 2 号楼 2105-2107 室	100.72	1996	沪房普字第 38186 号	1	青铝股份
	上海普陀区常德路 1298 弄 2 号楼 2108 室	47.1				

续表

序号	住宅房号	建筑面积（平方米）	购买时间（年）	不动产登记证编号	数量（套）	产权单位
8	广州市白云区得宝花园广州白云区西槎路同德围得雅街48号404房	88.71	2001	穗房地证字第0813494号	1	青铜峡铝厂
9	广东南海市中南花园华桃居C座903室	79.64	2002	粤房地证字第C1174313号	1	青铝股份（已处置）
10	广东南海市中南花园华桃居C座904室	81.23	2002	粤房地证字第C1174314号	1	青铝股份（已处置）
11	深圳市百花路长城大厦4栋A1402	105.1	1998	粤（2018）深圳市不动产权第0031732号	1	宁夏能源铝业（已处置）

第二节　实业单位

一、清平苑宾馆

清平苑宾馆前身是1986年11月建成的青铜峡铝厂招待所，位于青铝山顶公园北侧、中兴路以东。后经改造、装修，成为集餐饮、住宿为一体的对外接待和对内服务招待所，2000年，招待所更名为清平苑宾馆，开发公司管理，为青铝区域各单位提供会议、培训及客户食宿等服务。

清平苑宾馆建筑面积5400平方米，下设餐饮部和客房部。餐饮部设有宴会厅、6个标准包间，可同时容纳260人就餐。有可容纳40人的会议室1个。客房部有套房11间、单人间3间、标准间41间，可接待100人住宿。2009年，宾馆开始对外服务，接待公司以外人员餐饮、住宿。

2011年至2021年底，先后由开发公司、青铜峡餐饮服务公司、青铜峡分公司后勤服务部、综合服务中心管理。

二、职工医院

职工医院始建于1970年，取名三〇四厂医院。1987年，医院重建，建筑面积4500平方米，地址位于清平苑宾馆北侧。设置内科、外科、妇产科、中医科、口腔科、眼耳鼻喉科、护理部、检验科、彩超、放射科、防疫科、心电图室、药剂科、总务科、体检中心共计15个科室。有医护人员98人，其中，专业医护人员57人，主治医师28人，护士29人。主要医疗设备6台，中小型仪器51台（件），救护车1辆，床位120张。

职工医院主要服务对象是青铝员工、家属以及周边群众，属于企业办医疗机构，承担青铝股份职业病防治日常工作及体检、公司员工家属及周边群众计划免疫和预防接种、计划生育、各种突发应急事件医疗救护等工作，年门诊量约6万人次，住院约1000人次。职工医院具有宁夏卫生厅颁发的职业病体检资质，是青铜峡市城镇居民、职工医疗保险和新型农村合作医疗的定点医院。

2016年8月，按照辅业市场化改革要求，经吴忠市卫计局批准，职工医院更名为青铜峡市职业病防治院（第一名称）和青铝股份医院（第二名称）。两个名称同时使用，医院性质未变，经营范围有所扩大。

2018年6月，根据中央政策，企业服务社会职能移交地方政府，职工医院移交青铜峡市政府，业务归属青铜峡市卫健局管理，更名社区卫生服务中心。

三、其他实体

（一）生产辅助单位

原青铝集团为满足生产需求，成立钢带厂、精炼剂厂、被服厂等单位，主要生产镀锌钢带、精炼剂、铝冶炼碳素保护环及职工劳保用品，回收铝业生产过程中产生的废旧物资，经过筛选、整理、分类等环节后进行出售。

2009年，开发公司负责管理该部分业务。其中，镀锌钢带年产能2000吨，精炼剂每年生产200余吨，炭素保护环每年生产1000余吨，年加工各类劳保工作服1万套、棉服500件、手套10万副，废旧物资年回收约2万吨。2011年开展除尘布袋生产业务，年产量约1万条。

2011年6月，实业公司负责原开发公司镀锌钢带加工、炭素保护环加工、精炼剂生产、废旧物资的回收以及劳保用品生产。

2012年底，镀锌钢带厂、精炼剂厂停产，废旧物资回收停止。

2013年，炭素保护环生产业务移交青铜峡分公司。随着劳保品产品种类逐渐减少，业务不断外委，到2020年彻底关停。13年间，随着辅业改革，原有的辅助生产业务逐步社会化，职工内退或分流至青铜峡分公司。

（二）纯净水站

2007年初，青铝集团投资24万元，建立纯净水站，年产纯净水10万桶。

2008年，纯净水站由开发公司总务科管理，为青铜峡区域及宁东分公司提供纯净水及夏季清凉饮料服务。

2011年6月，实业公司负责纯净水生产、管理，有职工15人，固定资产60万元。

2013—2015 年，纯净水业务外包给利源达劳务公司。

2015 年 11 月—2017 年 3 月，纯净水生产线停产。

2017 年 4 月，青铜峡分公司重新启用纯净水生产线。

2021 年 5 月，更新 4 台包装机，增加伸缩辊筒线，运输纯净水水桶和袋装饮料筐，固定资产 100 万元，主要生产纯净水和香橙、冰糖雪梨、菠萝汁、橘汁等饮料，为青铜峡区域职工提供服务。

（三）铝城美食楼

铝城美食楼(原铝城酒楼)位于青铝中兴路 9 号。1994 年 5 月 28 日建成使用，投资 120 万元，建筑面积 1800 平方米，为两层建筑，内设 8 个雅间、2 个宴会大厅，可接待 400 人同时就餐。

2007 年，铝城美食楼隶属于开发公司管理时转为承包经营。

2010 年起，铝城美食楼先后由实业公司、实业分公司、青铜峡分公司管理，并一直沿用承包经营方式。

2018 年 9 月 18 日，青铝股份与吴忠国运盛物业服务有限公司签订物业移交协议，将铝城美食楼房产移交吴忠国运盛物业服务有限公司。

2020 年 1 月，为方便青铜峡区域生产区外职工和倒班职工就餐，青铜峡分公司向吴忠国运盛物业服务有限公司租用铝城美食楼，租期 5 年。5 月 19 日，通过招标，青铜峡分公司与宁夏淼淼餐饮管理有限公司签订餐饮服务合同，由宁夏淼淼餐饮管理有限公司提供餐饮服务，青铜峡分公司提供经营场地，青铜峡分公司依据职工就餐卡发生的费用向宁夏淼淼餐饮管理有限公司支付费用。

（四）市场

2000 年，青铜峡铝厂拆除 2 个旧市场，投资建设 2 个新市场，分别为南苑市场和北苑市场，先后由实业公司、实业分公司、青铜峡分公司管理。

北苑市场位于青铝东四路南侧，建成于 2001 年 2 月，投资 183 万元，面积 6700 平方米，设摊位 130 个。南苑市场位于青铝东一路西段南侧，2000 年 3 月建成，投资 75 万元，面积 1500 平方米，设摊位 100 个。

2017 年 12 月 29 日，青铝股份与青铜峡市市场服务中心签订《市场资产及其管理职能移交协议》，将南苑市场、北苑市场含土地使用权、房屋产权、供水供电线路在内的全部固定资产移交至青铜峡市市场服务中心。

2018 年 1 月，青铜峡市市场服务中心负责市场的日常管理及维护。

（五）体育场馆

1999 年，青铜峡铝厂投资 1500 多万元，在青铝中兴路与东一路交界的东北角兴建集篮球场、保龄球室、乒乓球室、健身房、台球室、展览厅等于一体的多功能大型体育馆，可容纳观众 2000 多人。

2007 年，投资 800 万元，建成铁网围墙式网球场、篮球场和多功能大型标准体育场各 1 个，体育场有塑胶跑道、塑料草坪足球场、健身器材、看台等。公司每年在体育场、体育馆举办篮球赛、足球赛、排球赛和运动会等体育赛事，丰富职工业余生活。

2015—2019 年，青铝股份多次与地方政府沟通，拟将该场馆移交地方政府，由于种种原因，未能移交。

2020 年，青铜峡市体育局拨付 200 万元对体育场、体育馆部分设施进行改造，更换塑胶跑道、草坪，满足职工文体生活需要。

第十章　党建群团

习近平总书记指出："坚持党的领导、加强党的建设，是我国国有企业的光荣传统，是国有企业的'根'和'魂'，是我国国有企业的独特优势。"铝电公司（宁夏能源铝业）各级党组织和广大党员干部，以习近平新时代中国特色社会主义思想培根铸魂，以加强党的建设强基固本、锻造队伍。坚持党的全面领导，坚持高质量党建引领高质量发展，落实党中央和上级党组织决策部署，着力加强思想政治建设、组织建设、党风廉政建设，推动各项工作健康发展。

公司全面加强党委工作、党风廉政建设、巡视巡察、组织工作、思想政治建设、精神文明建设等方面工作，全面加强党的建设落实全面从严治党责任。公司党委在改革发展中发挥"把方向，管大局，保落实"的领导作用，切实把党建优势转化成为国有企业的创新优势、发展优势、竞争优势取得的成效。

公司工会始终围绕党委的中心工作，依照《中华人民共和国工会法》，发挥建设、维护、参与、教育职能，开展民主管理、推进厂务公开、加强民主监督，促进公司与职工和谐发展。根据《中华人民共和国劳动法》《中华人民共和国妇女权益保障法》等法律法规，依法维护职工合法权益。落实代表提案、议案，加强班组建设，引导职工积极参与生产经营管理，开展劳动竞赛和文体活动，为推动企业健康发展发挥积极作用。

公司团委始终把工作重心放在基层团组织建设当中，探索联合建团、兴趣建团、网络建团等新的团建方式，不断增强团组织吸引力和凝聚力。

第一节　党委工作

一、组织机构
（一）中共宁夏能源铝业委员会
2008 年 12 月 26 日，中电投宁夏青铜峡能源铝业集团有限公司挂牌成立。当天，宁夏回族自治区党委组织部任命文件显示，中共中电投宁夏青铜峡能源铝业集团有限公司委员会正式成立。

2015 年 8 月，中共中电投宁夏青铜峡能源铝业集团有限公司委员会更名为中共国家电投集团宁夏能源铝业有限公司委员会。

2018 年 10 月 14 日，中共国家电投集团宁夏能源铝业有限公司委员会第一次党员代表大会在青铜峡铝业图书馆召开，选举产生新一届党委班子成员。

2021 年 9 月 13 日，中共国家电投集团宁夏能源铝业有限公司委员会召开一届二次党员代表大会，增补 3 名党委委员。

2021 年末，宁夏能源铝业党委委员 10 人。

2008—2021 年宁夏能源铝业历届党委班子任职情况见表 10-1-1。

表 10-1-1　2008—2021 年宁夏能源铝业历届党委班子任职表

职务	姓名	任职时间	职务	姓名	任职时间
党委书记	黄河	2008 年 12 月—2013 年 7 月	党委副书记	袁向东	2009 年 3 月—2010 年 6 月
			党委副书记	李庭利	2010 年 11 月—2011 年 11 月
			党委委员	石四存	2009 年 3 月—2012 年 3 月
			党委委员	牛庆仁	2009 年 3 月—2013 年 7 月
			党委委员	冯建清	2009 年 3 月—2013 年 7 月
			党委委员	李庭利	2009 年 3 月—2010 年 11 月
			党委委员	李庭利	2011 年 11 月—2013 年 7 月
			党委委员	吴金华	2009 年 9 月—2011 年 8 月
			党委委员	胥克俊	2009 年 3 月—2013 年 7 月
			党委委员	赵明杰	2009 年 3 月—2013 年 7 月
			党委委员	吴连成	2009 年 3 月—2009 年 9 月
			党委委员	马国林	2010 年 11 月—2013 年 7 月
			党委委员	魏永春	2009 年 03 月—2013 年 7 月
			党委委员	王同明	2011 年 4 月—2013 年 6 月
－	－	－	党委委员	牛庆仁	2013 年 7 月—2014 年 4 月
			党委委员	冯建清	2013 年 7 月—2014 年 4 月
			党委委员	李庭利	2013 年 7 月—2014 年 4 月
			党委委员	赵明杰	2013 年 7 月—2014 年 4 月

续表

职务	姓名	任职时间	职务	姓名	任职时间
–	–	–	党委委员	马国林	2013 年 7 月—2014 年 4 月
			党委委员	魏永春	2013 年 7 月—2014 年 4 月
			党委委员	胥克俊	2013 年 7 月—2014 年 4 月
党委书记	黄永峰	2014 年 4 月—2017 年 10 月	党委副书记	刘 丰	2014 年 4 月—2017 年 4 月
			党委副书记	冯建清	2017 年 4 月—2017 年 10 月
			党委副书记	马国林	2017 年 4 月—2017 年 10 月
			党委委员	吴连成	2014 年 4 月—2017 年 1 月
			党委委员	牛庆仁	2014 年 4 月—2017 年 4 月
			党委委员	冯建清	2014 年 4 月—2017 年 4 月
			党委委员	李庭利	2014 年 4 月—2016 年 11 月
			党委委员	赵明杰	2014 年 4 月—2017 年 11 月
			党委委员	马国林	2014 年 4 月—2017 年 4 月
			党委委员	魏永春	2014 年 4 月—2017 年 4 月
			党委委员	胥克俊	2014 年 4 月—2017 年 4 月
			党委委员	颜传宝	2014 年 7 月—2017 年 11 月
			党委委员	李克忠	2014 年 10 月—2017 年 11 月
			党委委员	王振林	2017 年 4 月—2017 年 11 月
			党委委员	郑小虎	2017 年 4 月—2017 年 11 月
党委书记	马国林	2017 年 11 月—2018 年 12 月	党委副书记	冯建清	2017 年 10 月—2019 年 3 月
			党委副书记	刘 卫	2018 年 1 月—2019 年 3 月
			党委委员	赵明杰	2017 年 11 月—2019 年 3 月
			党委委员	颜传宝	2017 年 11 月—2018 年 4 月
			党委委员	郑小虎	2017 年 11 月—2019 年 3 月
			党委委员	王振林	2017 年 11 月—2019 年 3 月
			党委委员	张廷锋	2017 年 11 月—2019 年 3 月
			党委委员	吴克明	2018 年 10 月—2019 年 3 月
			党委委员	刘元兵	2018 年 4 月—2019 年 3 月
党委书记	刘 丰	2019 年 3 月—2021 年 3 月	党委副书记	冯建清	2019 年 3 月—2021 年 3 月
			党委副书记	刘 卫	2019 年 3 月—2021 年 3 月
			党委委员	赵明杰	2019 年 3 月—2021 年 3 月

续表

职务	姓名	任职时间	职务	姓名	任职时间
党委书记	刘　丰	2019 年 3 月—2021 年 3 月	党委委员	郑小虎	2019 年 3 月—2021 年 3 月
			党委委员	张廷锋	2019 年 3 月—2021 年 3 月
			党委委员	吴克明	2019 年 3 月—2021 年 3 月
			党委委员	周庆华	2019 年 11 月—2021 年 3 月
党委副书记（主持工作）	冯建清	2021 年 3 月—2021 年 6 月	党委副书记	刘　卫	2021 年 3 月—2021 年 6 月
			党委委员	赵明杰	2021 年 3 月—2021 年 6 月
			党委委员	郑小虎	2021 年 3 月—2021 年 6 月
			党委委员	张廷锋	2021 年 3 月—2021 年 6 月
			党委委员	吴克明	2021 年 3 月—2021 年 6 月
			党委委员	周庆华	2021 年 11 月—2021 年 6 月
党委书记	冯建清	2021 年 6 月—2021 年 12 月	党委副书记	吴克明	2021 年 6 月—2021 年 12 月
			党委副书记	刘　卫	2021 年 6 月—2021 年 12 月
			党委委员	魏永春	2021 年 6 月—2021 年 12 月
			党委委员	赵明杰	2021 年 6 月—2021 年 12 月
			党委委员	郑小虎	2021 年 6 月—2021 年 9 月
			党委委员	张廷锋	2021 年 6 月—2021 年 12 月
			党委委员	周庆华	2021 年 6 月—2021 年 12 月
			党委委员	张　永	2021 年 9 月—2021 年 12 月
			党委委员	张志军	2021 年 7 月—2021 年 12 月
			党委委员	张丽宁	2021 年 9 月—2021 年 12 月

（二）宁夏能源铝业党委工作机构

2009 年 3 月，宁夏能源铝业成立党群工作部。

2011 年 9 月，党群工作部更名为政治工作部。

2017 年 8 月，政治工作部更名为党群工作部。

2019 年 4 月，党群工作部更名为党建部（党委办公室、工会办公室）。

党群工作部、政治工作部、党建部是党委的综合职能机构，主要负责党的建设、党委会议、思想政治工作、统战、精神文明建设、新闻宣传、企业文化建设、团青、扶贫援助等工作；负责工会委员会、职工代表大会、女职工委员会日常工作；负责评优评先、职工帮扶、救助基金、职工疗休养等工作；负责企务公开、劳动竞赛、班组建设等工作。

（三）中共铝电公司委员会

2017 年 2 月 25—26 日，中共国家电投集团铝电投资有限公司委员会在青铜峡铝业分公司图书馆会议厅召开第一次党员代表大会，选举产生铝电公司第一届党委委员及党委书记、党委副书记。

2021 年 9 月 13 日，中共国家电投集团铝电投资有限公司委员会召开一届二次党员代表大会，增补 4 名党委委员。

2021 年，铝电公司党委委员 10 人。

2017—2021 年铝电公司历届党委班子任职情况见表 10-1-2。

表 10-1-2　2017—2021 年铝电公司历届党委班子任职表

职务	姓名	任职时间	职务	姓名	任职时间
党委书记	刘　丰	2017 年 3 月—2021 年 3 月	党委副书记	王同明	2017 年 3 月—2019 年 3 月
			党委委员	丁江涛	2017 年 3 月—2021 年 3 月
			党委委员	马国林	2017 年 3 月—2019 年 3 月
			党委委员	魏永春	2017 年 3 月—2021 年 3 月
			党委委员	郑家江	2017 年 3 月—2021 年 3 月
			党委副书记	冯建清	2019 年 3 月—2021 年 3 月
			党委副书记	刘　卫	2019 年 3 月—2021 年 3 月
			党委委员	周庆华	2019 年 11 月—2021 年 3 月
党委副书记（主持工作）	冯建清	2021 年 3 月—2021 年 6 月	党委副书记	刘　卫	2021 年 3 月—2021 年 6 月
			党委委员	丁江涛	2021 年 3 月—2021 年 6 月
			党委委员	魏永春	2021 年 3 月—2021 年 6 月
			党委委员	周庆华	2021 年 3 月—2021 年 6 月
党委书记	冯建清	2021 年 6 月—2021 年 12 月	党委副书记	吴克明	2021 年 6 月—2021 年 12 月
			党委副书记	刘　卫	2021 年 6 月—2021 年 12 月
			党委委员	魏永春	2021 年 6 月—2021 年 12 月
			党委委员	赵明杰	2021 年 9 月—2021 年 12 月
			党委委员	张廷锋	2021 年 9 月—2021 年 12 月
			党委委员	周庆华	2021 年 6 月—2021 年 12 月
			党委委员	张　永	2021 年 9 月—2021 年 12 月
			党委委员	张志军	2021 年 7 月—2021 年 12 月
			党委委员	张丽宁	2021 年 9 月—2021 年 12 月

公司党委设党建部、党委办公室、党委组织部、党委巡察办，全面负责党的建设、党委事务、宣传、意识形态、干部队伍、统战、企业文化建设、精神文明建设和群团等工作。其中，党委办公室与党建部合署办公，党委组织部与人力资源部合署办公，党委巡察办和纪委办公室合署办公。

（四）基层党组织

1. 宁夏能源铝业党委所属党组织

2009 年 3 月 9 日，宁夏能源铝业党委下设 3 个党委、15 个党总支、5 个直属党支部，共有 101 个党支部，党员 1682 人。3 个党委分别为机关党委、青铝股份党委、通润铝材党委；5 个直属党支部分别为煤炭及煤化工分公司党支部、电力分公司党支部、科技信息中心党支部、进出口公司党支部、建安公司党支部；15 个党总支分别为电解一部党总支、电解二部党总支、电解三部党总支、阳极一部党总支、阳极二部党总支、阳极三部党总支、铸造中心党总支、动力部党总支、大修部党总支、机械制造部党总支、经济技术开发公司党总支、中青迈电解部党总支、中青迈阳极部党总支、中青迈动力部党总支、青鑫炭素党总支。

2010 年，宁夏能源铝业党委下设党委 6 个，直属党支部 3 个，党总支 19 个，基层党支部 101 个，党员 1682 人。

2011—2015 年，宁夏能源铝业先后进行管控一体化和区域一体化改革，多次进行机构优化调整，公司党组织设置随之调整。2015 年，共有基层党委 10 个，党总支 4 个，党支部 98 个，党员 2416 人。10 个基层党委分别为机关党委、煤炭煤化工分公司党委、临河发电党委、青铝发电党委、中卫热电党委、工程检修党委、青鑫炭素党委、青铜峡分公司党委、宁东分公司党委、通润铝材党委。4 个党总支分别为中卫新能源党总支、吴忠新能源党总支、销售分公司党总支、红一煤矿党总支。

2016 年，下设基层党委 10 个，党总支 3 个，基层党支部 96 个，党员 2410 人。

2017 年，下设基层党委 10 个，党总支 3 个，党支部 80 个，党员 2368 人。

2018 年，下设基层党委 9 个，党总支 3 个，党支部 76 个。

2. 铝电公司党委所属党组织

2017 年 1 月，铝电公司党委下设党组 1 个，为铝业国贸党组；党委 12 个，分别为山西铝业党委、遵义公司党委、宁夏能源铝业机关党委、煤炭煤化工分公司党委、青铜峡分公司党委、宁东分公司党委、临河分公司党委、青鑫炭素党委、通润铝材党委、工程检修党委、青铝发电党委、中卫热电党委。直属党支部 1 个，山西能源党支部；党总支 7 个，分别为销售分公司党总支、中卫新能源党总支、吴忠新能源公司党总支，山西铝业氧化铝分公司党总支，遵义公司氧化铝分公司党总支和矿山分公司党总支，铝业国贸机关党总支；基层党支部113个，党员2738人。

2018年，铝电公司党委下设党组1个，党委11个，党总支7个，基层党支部108个，党员2696人。

3. 铝电公司（宁夏能源铝业）党委所属党组织

2019年，铝电公司（宁夏能源铝业）党委下设党委11个，分别为青铜峡分公司党委、宁东分公司党委、科技工程公司党委、青鑫炭素党委、临河发电党委、青铝发电党委、中卫热电党委、煤炭分公司党委、山西铝业党委、遵义公司党委、铝业国贸党委。党总支3个，分别为银川（售电）新能源党总支、中卫新能源党总支、铝合金材料分公司党总支。党支部1个，为几内亚公司党支部。基层党支部124个，党员总数2020人。

2020年，铝电公司（宁夏能源铝业）党委下设党委11个，党总支1个，基层党支部136个，党员总数2146人。

2021年，成立机关党委；撤销铝合金材料分公司党总支，成立新材料公司党委；成立绿能公司党总支。铝电公司（宁夏能源铝业）党委下设党委13个，基层党支部169个，党员总数2198人。

二、重要会议

（一）宁夏能源铝业党委

1. 党员代表大会

中共宁夏能源铝业第一次党员代表大会。2018年10月13—14日，中共国家电投集团宁夏能源铝业有限公司委员会在青铜峡分公司图书馆会议厅召开第一次党员代表大会。大会应到代表125名，实到118名。大会的主要任务是总结公司党委五年来的工作，分析当前形势，提出今后五年发展思路。大会通过《党委工作报告的决议》《纪委工作报告的决议》。选举产生中共国家电投集团宁夏能源铝业有限公司第一届委员会，第一届纪律检查委员会。随后召开第一届委员会第一次全体会议，选举党委书记1名，党委副书记2名。召开第一届纪律检查委员会第一次全体会议，选举纪委书记、纪委副书记各1名。

中共宁夏能源铝业委员会一届二次党员代表大会。2021年9月6日，中共国家电投集团宁夏能源铝业有限公司委员会召开一届二次党员代表大会。根据宁夏回族自治区党委组织部提名，补选3名党委委员。增补后，中共宁夏能源铝业委员会委员有10名，党委书记1名，党委副书记 2 名。

2. 党委会

依据《中国共产党章程》等党内规章制度，公司党委先后制定、修订《党委会议议事规则》，党委会研究决定加强党的政治建设、思想建设，领导班子建设，干部人才队伍建设，基层党组织建设和党员队伍建设，履行党风廉政建设主体责任，精神文明建设，企业文化建设，统战工作，保密和群团组织等方面的重要事项，公司"三重一大"事项必须经过党委会研究决定或作为前置审议。党委实行集体领导，凡属党委职责范围内的事项，必须执行少数服从多数原则，由党委成员集体讨论决定，党委书记带头执行民主集中制制度。党委会一般每月召开 1 次，遇有重要情况可以随时召开，党委会须有半数以上党委成员到会方可召开，讨论决定干部任免事项必须有三分之二以上党委成员到会，党委会议题由党委书记提出，表决实行主持人末位表态制，研究多个事项的，逐项进行表决。党委会发挥党委"把方向，管大局，促落实"领导作用，推动公司生产经营和建设发展。

2011 年，宁夏能源铝业召开党委会 3 次。其中，11 月 28 日第一次党委会专题研究推荐党的十八大代表和宁夏回族自治区第十一次党代会代表候选人。12 月 27 日第三次党委会，审议通过 2012 年春节福利发放议题、2011 年工资总额使用方案、企业负责人职务消费管理暂行办法等议题。

2012 年，宁夏能源铝业党委召开 13 次党委会。其中，2 月 5 日第二次党委会，审议通过 2012 年度综合业绩考核责任书，听取关于员工长期休假管理办法、机关考勤休假管理办法情况汇报。3 月 27 日第三次党委会，听取铝业板块专业技术人才储备、青铝股份电价落实和 2011 年利润分配情况汇报，审议通过 2012 年对外捐赠赞助、煤炭板块相关议题。6 月 1 日第五次党委会，听取辅业改革、管控一体化进展情况汇报，审议通过主要生产岗位劳务工转九年制合同工实施方案、铝板块主要生产岗位同工同酬实施方案、铝板块职工退出实施办法等议题。10 月 31 日第十次党委会，审议通过用电负荷与其自备机组有关问题的框架协议、红一矿综掘复工、红二矿开工建设、2012 年取暖费发放标准方案，国防教育委员会、社会治安综合治理委员会、维稳工作领导小组调整等议题。

2013 年，宁夏能源铝业党委召开 5 次党委会。其中，1 月 24 日第二次党委会，审议通过枣泉发电增资扩股协议修改建议、2013 年综合业绩考核管理办法、工资总额预算管理办法，关于改进工作作风、落实中央八项规定的实施细则，研究青铝股份出售临河发电股权、增加宁东二期一系列及二期二系列投资资本金等议题。3 月 11 日第三次党委会，审议通过煤化工筹建处干部安排、通润铝材运营模式分析及推荐方案、煤炭板块管控方案等议题。6 月 7 日第四次党委会，审议通过成立红墩子矿区光伏电站组织机构、成立技术工程公司（中电投铝业技术中心）方案、后备干部及优秀70后干部培养方案、选人用人工作检查及后备干部考察方案等议题。

2014年，宁夏能源铝业党委召开12次党委会。其中，8月6日党委会，审议通过公司党委和纪委落实"两个责任"实施方案。12月16日党委会，通报公司党的群众路线教育实践活动"两方案一计划"整改落实情况，审议通过关于建立健全惩治和预防腐败体系2013—2017年工作规划的方案。

2015年，宁夏能源铝业党委召开17次党委会。其中，3月17日第二次党委会，学习习近平总书记关于党要管党、全面从严治党论述摘要，审议通过公司2015年反腐倡廉建设工作会议筹备议题。4月30日第三次党委会，学习中共中央、国务院关于深化体制机制改革加快实施创新驱动发展战略的若干意见，审议通过公司创建星级服务型党支部实施方案，安排公司党委班子成员联系基层党支部开展"六个一活动"。

2016年，宁夏能源铝业党委召开10次党委会。其中，3月9日第一次党委会，审议通过关于开展"四风"问题整治情况"回头看"工作方案、关于公司党委班子"三严三实"专题教育民主生活会征集意见建议整改任务清单。5月4日第二次党委会，审议通过公司"学党章党规、学系列讲话，做合格党员"学习教育方案，员工"文化、创新、安全、关爱"四大行动方案，听取公司团委第一次代表大会筹备情况和驻村扶贫工作队定点扶贫工作情况汇报。7月1日第三次党委会，审议通过公司"两优一先"评选和星级服务型党支部评定命名议题，听取机关党委关于开展"两学一做"转变作风、提高效能活动方案的汇报。9月8日第四次党委会，审议通过关于公司基层党组织换届选举工作的议题，听取公司"四风"问题整治情况"回头看"现场检查及问题整改情况的汇报。

2017年，宁夏能源铝业党委召开21次党委会。其中，2月19日第二次党委会，审议通过"两学一做"学习教育常态化制度化工作实施方案、落实党支部"三会一课"制度实施方案、2017年党群工作56项责任清单、通润铝材"僵尸企业"处置清算方案等议题。7月25日第七次党委会，审议通过宁东焙烧烟气净化环保改造项目、中卫香山风电场200兆瓦风电等项目立项、公司机构改革及领导人员编制方案等议题。8月25日第九次党委会，审议通过公司机构改革及管理人员编制方案、关于撤销通润铝材党委设立党总支等议题。9月12日第十二次党委会，审议通过成立"三供一业"移交改造办公室、职能部门一般管理岗位竞聘、与宁夏广银铝业有限公司签订电解铝原铝液直供购销合同、宁夏锦绣轻合金循环经济产业有限公司签订电解铝液直供购销合同等议题。9月28日第十四次党委会，审议通过煤炭煤化工分公司人员安置方案、技术中心创新能力建设项目采购设备、青铝股份办市政职能分离移交工作方案。12月4日第二十一次党委会，审议通过公司党建工作五年规划、党建工作责任制考核管理办法、基层党组织党建工作报告制度、党组织书记述职考评管理办法、党员积分管理办法。

2018年，宁夏能源铝业党委召开7次党委会。其中，1月4日第一次党委会，审议通过2017年度预算执行情况及2018年预算编制情况、机关与所属单位人员交流挂职等议题，听取关于签订三供一业供电业务运行管理及资产划转移交协议有关情况汇报，听取关于市政、医院移交有关事宜汇报。3月30日第5次党委会，审议通过公司向售电公司无偿划转银川新能源股权、2018年党委理论学习中心组学习方案、党委班子成员2018年党建联系点实施方案等议题。5月13日第7次党委会，审议通过变更宁夏能源铝业经营范围并修改公司章程、电解铝盐渣浮渣无害化处置及循环利用项目与兰州鸿池碳素技术有限公司合作、2018年基层党组织书记和党员培训教育实施方案等议题。

2019年，宁夏能源铝业党委召开4次党委会。其中，1月18日第一次党委会，审议通过公司经营情况及资金情况、所属单位领导人员综合业绩考核管理办法等议题。

2019年3月—2021年9月，宁夏能源铝业党委会与铝电公司党委会合并召开党委会会议。

2021年，宁夏能源铝业党委召开6次党委会。其中，9月28日第一次党委会，学习贯彻习近平总书记在中央民族工作会议、中央党校（国家行政学院）中青年干部培训班开班式上的重要讲话精神，国务院关于安全生产重要会议精神，传达铝电公司党委第一至十七次党委会议重点工作督办落实情况报告、公司境外党建工作情况报告，审议通过青铝股份董（监）事调整建议、成立国电投（宁夏宁东）新能源有限公司、成立国电投宁夏盐池县能源科技有限公司铝型材分公司等议题。10月26日第二次党委会，学习贯彻习近平总书记在中央人才工作会议上的重要讲话精神、习近平总书记关于能源安全重要指示精神及中央、国家电投、宁夏回族自治区关于能源保供有关重要会议及文件精神，国家电投2021年第三次党组（扩大）会议精神、学习国家电投《关于推进巡视巡察上下联动的实施意见》，听取2021年第二批巡察整改"回头看"综合情况、青铝发电等五家单位法治建设与风控合规综合评价情况汇报，审议通过公司领导人员和职能部门县域开发任务及激励考核方案、清洁能源公司内设机构及人员配置等议题。11月10日第三次党委会议，审议通过公司与中卫市沙坡头区人民政府合作框架协议议题。11月29日第四次党委会议，学习贯彻党的十九届六中全会精神及习近平总书记参观"十三五"科技创新成就展时的重要讲话，学习陈维义在国家电投巡视巡察上下联动交流会上的讲话精神，传达铝电公司党委2021年第一至二十次党委会议重点工作督办落实情况报告，审议通过关于建立贯彻落实习近平总书记重要指示批示精神共性台账、公司领导班子 2021 年度述职报告、推荐 2021 年度国家电投先进集体、杰出奋斗者等议题。12 月 20 日第五次党委会，学习贯彻中央经济工作会议精神，听取公司党委 2021 年第一至二十一次党委会议重点工作督办落实情况汇报，审议通过关于学习宣传贯彻党的十九届六中全会精神工作方案、公司 2021 年度党建工作责任制考核结果、公司 2021 年度党员领导干部密切联系群众考评结果等议题，听取关于大坝框架协议相关问题汇报。12 月 25 日第六次党委会，学习贯彻习近平总书记关于党史学习教育重要指示及中央党史学习教育总结大会精神，审议通过公司党委书记 2021 年度述职报告、公司党委专职副书记 2021 年度述职报告、调整新能源公司和新材料公司党组织设置，宁夏能源铝业、铝业国贸 2022 年度期货业务计划等议题。

3. 党政联席会议

2009 年，公司制定《党政联席会议制度》，党政联席会议是公司党委参与企业管理和生产经营活动的重要形式，主要研究、决定公司重大决策、重要干部管理、重要项目安排和大额度资金使用等重大事项。党政联席会议参加人员为董事长、党委书记、总经理、党委副书记、工会主席、纪委书记及其他党委班子成员，副总经理、财务总监、总工程师及其他经营班子成员。办公室主任、秘书列席会议。

2009 年，召开 18 次党政联席会议。其中，3 月 2 日第一次会议，研究管理机构设置、干部竞聘方案、干部管理程序及权限、中青迈电解铝投产准备等议题。3 月 27 日第五次会议，审议 2009 年考核责任书、机关办公楼分配方案及领导用车管理方案、青铝东方董事变更、350 千安系列技术优化、期货运作等议题。5 月 21 日第八次会议，研究大坝电厂股权，红一煤矿设计单位招标及红二、红三、红四煤矿精查招标，宁东电解铝项目二系列建设投资估算，控亏减亏落实等议题。7 月 3 日第十二次会议，审议青铝股份异地改造项目二期工程建设、铝材加工部购置挤压机、科级干部招聘议题。10 月 29 日第十五次会议，研究委托理财产品、设立科技信息中心党支部、青鑫炭素购置 3500 吨成型挤压机预压缸总成设备，薪酬、年金、医保等议题，听取公务用车改革方案（试行）实施情况汇报。

2010 年，召开 20 次党政联席会议。其中，1 月 24 日第一次党政联席会议，审议通过青铝股份与青铜峡铝电、中青迈股权整合方案，干部考评办法，设立青工部，特重病救助基金使用管理办法等议题。4 月 9 日第六次会议，审议通过青铝股份与铝电公司、中青迈股权整合方案，干部考评办法、所属单位领导班子后备干部考察实施方案、公司"十二五"发展规划等议题。6 月 21 日第十一次会议，审议通过公司党委"两优一先"评选和推荐宁夏国资委先进集体和个人名单、推进工资制度改革实施方案及新进人员工资待遇管理规定、电力板块机构设置方案等议题。9 月 28 日第十五次党政联席会议，审议宁东征地、铝业板块九年制合同工转为无固定期限合同工议题。12月20日第二十次会议，审议煤炭板块干部聘任、相关单位党组织设置、工会组织设置调整等议题，听取公司年度利润预计完成情况、红墩子矿区总体规划进展情况汇报。

2011年，召开14次党政联席会议。其中，5月5日第五次会议，审议通过青铝股份子（分）公司机构设置方案、艾伊水郡住房出售办法、宁夏能源铝业管控一体化优化调整方案（征求意见稿）、辅业改革方案、青铝股份异地改造项目二期一系列电解车间补贴等议题，听取职工团购房工作情况、青铝股份上市前期准备工作情况汇报。8月26日第十一次会议，研究红一矿用工招录及培训计划、干部选任等议题，听取关于宁夏能源铝业管控一体化方案、关于宁夏能源铝业辅业改革工作方案的情况报告。10月26日第十三次会议，审议通过机关及支持性中心定员定编方案、所属单位管理部门设置方案、青铝股份分（子）公司管理及技术岗位定员定编方案、与中南大学联合建立硕士研究生培养基地、与宁夏天净集团新能源公司战略合作发展风电等议题，听取公司新办公区域规划、公司2012年大中型基建投资及利润预测情况汇报。

2012年，当年没有召开党政联席会议。

2013年8月27日恢复党政联席会议，全年共召开3次。其中，9月4日第一次党政联席会议，审核通过宁夏能源铝业党政联席会议管理细则，规定会议内容、会议程序、会议纪律等。11月8日第二次会议，审议通过进一步优化管控一体化改革工作第一阶段实施方案、2013年取暖费发放标准实施方案、中卫热电项目开工、研究煤炭板块相关投资计划及资金安排、捐赠（育才基金、扶贫）等议题。12月26日第三次会议，听取2013年综合业绩考核情况汇报，审议通过2013年工资总额分配方案、安全生产风险抵押金调整方案等议题。

2014年，召开12次党政联席会议。其中，1月9日第一次会议，听取2013年度干部考评情况汇报，审议通过物资采购部、供销分公司主要负责人竞聘方案等议题。4月3日第五次会议，审议120千安、160千安电解系列关停，临河发电3号机组开工，临河发电变更为宁夏能源铝业分公司等议题，听取宁夏能源铝业、青铝股份年度股东会、董事会、监事会会议筹备情况汇报。7月2日第八次会议，听取青铝股份电解铝系列购电模式及电价调整方案汇报，审议通过财务管控模式优化方案、领导班子分工、领导干部请销假制度等议题。9月28日第十次会议，听取关于开展电解铝套期保值业务、成立煤业公司、中卫新能源机构调整、青铝发电综合业绩考核情况等汇报，审议干部人事相关议题。12月10日第十一次会议，审议通过公司2015年综合计划、2015年大学生招聘计划等议题。

2015年，召开14次党政联席会议。其中，1月26日第二次会议，审议通过青铜峡区域管控实施方案，检修分公司、工程公司重组方案等议题。3月18日第四次会议，听取关于调整2015年度法人授权委托及合同管理有关事项、关于配合大坝发电公司完成股东变更等情况汇报，审议通过销售分公司机构设置及定员编制相关议题。5月22日第六次会议，审议通过科技创新激励机制实施方案、机关"三重一大"制度实施办法、员工奖惩管理办法、公司员工离岗休假管理规定等议题。9月30日第十三次会议，听取关于公司简政放权、青铜峡分公司阳极作业成本法实施情况等汇报，审议通过与中卫市人民政府开发合作框架协议、成立国家电投宁夏能源铝业中卫热电有限公司等议题。

2016年，召开5次党政联席会议。其中，2月4日第一次会议，听取关于2015年度先进单位、先进集体、劳动模范、先进工作者评选情况汇报，2016年青铝股份与宁夏广银铝业签订电解原铝液直供购销合同等情况汇报，审议通过权力清单制度建设工作方案、2016年度法定代表人授权委托等议题。3月8日第二次会议，听取关于中卫新能源开展融资工作、煤炭分公司停工期间人员安置方案等汇报，审议通过关于推荐参加2016年度国家电投及宁夏回族自治区党校培训人员、干部管理相关议题。3月24日第三次会议，审议通过2016年期货套保方案、向国家开发银行提供股权质押议题，听取关于公司2016年经营管理计划情况、2016年综合计划、2016年工作会议暨二届三次职代会筹备情况汇报。6月4日第四次会议，听取公司"四风"问题整治回头看现场检查情况汇报，审议通过中卫新能源生产运营中心项目开工、银川新能源河南陕县50兆瓦光伏发电项目融资合作开发立项、参股成立宝胜（宁夏）线缆科技股份有限公司等议题。6月20日第五次会议，审议通过宝胜（宁夏）线缆科技有限公司章程、技术工程公司注销、开展买入无风险套利业务等议题，听取关于简政放权事项执行情况汇报。

2017年，召开21次党政联席会议。其中，3月7日第一次会议，审议"三供一业"分离移交方案。3月28日第2次会议，审议通过2017年综合计划及预算方案、青铝股份与宁夏锦绣轻合金循环经济产业有限公司合作意向书、电力分公司注销、中卫热力注销等议题。9月28日第15次会议，审议通过九年制及以下固定期合同转签无固定期劳动合同管理方案、青铝股份办市政职能分离移交工作方案等议题。

2018年2月28日，根据国务院国资委及国家电投有关要求，决定废止宁夏能源铝业党政联席会议管理细则、宁夏能源铝业会议管理办法等制度，党政联席会议不再召开。

4. 党委理论学习中心组学习会议

2009年7月20日，制定《党委理论学习中心组学习制度（试行）》，对中心组学习时间、内容、形式等做出具体安排。中心组是党委领导班子和领导干部在职理论学习的重要组织形式。中心组成员由党委委员、副总工程师、机关部门主要负责人、团委书记组成。

2010年，中心组学习5次。主要学习《中共中央　国务院关于深入实施西部大开发战略的若干意见（摘要）》，胡锦涛、温家宝、李克强同志在西部大开发工作会上的讲话（摘要），胡锦涛总书记在党的十七届五中全会第一次、第二次全体会议上的讲话等内容。

2011年，中心组学习11次。主要学习中共十七届六次全会精神、宁夏经济工作会议精神、中电投"十二五"规划宣传提纲、中国共产党90年光辉历程的五大特征、胡锦涛七一讲话宣讲提纲、胡锦涛在纪念辛亥革命100周年大会上的讲话等内容。

2012年，中心组学习12次。学习习近平总书记在中央党校（国家行政学院）春季学期开学典礼上的重要讲话，传达中央企业反腐倡廉建设会议精神、中纪委第七次全会精神、中电投纪检监察工作会议精神、宁夏纪委十届六次全会精神；习近平关于保持党的纯洁性论述、温家宝让权力在阳光下运行、贺国强以党风廉政建设和反腐败斗争新成效取信于民的理论文章等内容。

2013年，中心组学习3次。重点学习习近平总书记西柏坡重要讲话和在全国宣传思想工作会议上的重要讲话精神，李克强总理在2013夏季达沃斯论坛上的讲话，习近平总书记在党的群众路线教育实践活动工作会议上的重要讲话，传达中电投第二批深入开展党的群众路线教育实践活动部署大会精神。

2014年，中心组学习12次。学习刘云山在中央和国家机关教育实践活动中央督导组组长座谈会上的讲话，宁夏经济工作会议精神，习近平总书记在党的群众路线教育实践活动第一批总结暨第二批部署会议上的重要讲话，习近平总书记谈"三严三实"，习近平总书记坚持全面从严治党、落实管党治党责任要求，王岐山落实主体责任和监督责任关键看行动根本在担当的理论文章、中共十八届四中全会公报等内容。

2015年，中心组学习12次。学习关于全面建设法治央企的意见、学习贯彻《中共中央　国务院关于进一步深化电力体制改革的若干意见》、《关于深入开展"三严三实"专题教育实施方案的通知》、习近平总书记在中共中央政治局第二十六次集体学习时的重要讲话精神等内容。

2016年，中心组学习14次。学习习近平总书记在中央政治局专题民主生活会上的重要讲话、在中纪委十八届六次全会上的重要讲话、在中央媒体调研和座谈会上的重要讲话、在庆祝中国共产党成立95周年大会上的重要讲话、视察宁夏重要讲话和重要指示批示精神，党的十八届六中全会精神，国有企业党建工作会议精神，国家电投党组关于落实全面从严治党要求进一步加强和改进党建工作的实施意见，国家电投党组关于新形势下加强和改进群团工作的实施意见等内容。

2017年，中心组组织学习12次。重点学习党的十九大精神、中央经济工作会议精神、《中共中央　国务院关于推进安全生产领域改革发展的意见》、中央深化改革和加快经济发展的战略决策、宁夏回族自治区党委十一届九次全会精神、国家电投落实中央八项规定精神加强作风建设"5条禁令、30个不准"等内容。

2018年，中心组学习12次。主要学习习近平总书记在纪念马克思诞辰200周年大会上的重要讲话精神、全国组织工作会议上的重要讲话精神、全国生态环境保护大会上的重要讲话精神、全国宣传思想工作会议重要讲话精神、关于反对形式主义官僚主义的重要指示批示、全国国有企业深化改革座谈会精神、庆祝改革开放40周年大会上的重要讲话精神，《中国共产党支部工作条例（试行）》等内容。

2019年3月，宁夏能源铝业党委中心组与铝电公司党委中心组合并学习。

（二）铝电公司党委

1. 党员代表大会

（1）中共国家电投集团铝电投资有限公司第一次代表大会。2017年2月25—26日，中国共产党国家电投集团铝电投资有限公司第一次党员代表大会在青铜峡分公司图书馆会议厅召开。大会正式代表105名，实到代表104名，符合相关规定。主要任务是选举产生中国共产党国家电投集团铝电投资有限公司第一届委员会委员，中国共产党国家电投集团铝电投资有限公司第一届纪律检查委员会委员。

大会以差额选举、无记名投票方式，选举产生中国共产党国家电投集团铝电有限公司第一届委员会委员6名，选举产生中国共产党国家电投集团铝电有限公司第一届纪律检查委员会委员5名。

中国共产党国家电投集团铝电投资有限公司第一届委员会第一次全体会议和中国共产党国家电投集团铝电投资有限公司第一届纪律检查委员会第一次全体会议，选举产生第一届委员会党委书记、副书记和纪委书记。

（2）中共国家电投集团铝电投资有限公司一届二次党员代表大会。2021年9月13日，中国共产党国家电投集团铝电投资有限公司一届二次代表大会在银川召开。大会应到代表105名，实到代表89名，符合有关规定。大会以差额选举、无记名投票方式，增补中国共产党国家电投集团铝电投资有限公司第一届委员会委员4名。

2. 党委会

铝电公司依据《中国共产党章程》等党内规章制度，制定、修订《党委会议事规则》。党委会实行集体领导，凡属党委职责范围内的事项，必须执行少数服从多数原则，由党委成员集体讨论决定。党委会议一般每月召开 1 次，遇有重要情况可以随时召开，党委会议须有半数以上党委成员到会方可召开，讨论决定干部任免事项必须有三分之二以上党委成员到会，党委会议议题由党委书记提出，表决实行主持人末位表态制，研究多个事项的，要逐项进行表决。

2017 年，铝电公司召开 11 次党委会。其中，3 月 30 日第一次党委会，审议通过《关于为几内亚项目增加外币投资额的请示》，中心组 2017 年学习计划，2017 年党群工作要点，机关党支部、分工会组建工作方案等议题，听取 2016 年国家电投党建工作专项检查整改、公司团代会筹备方案及五四系列活动安排情况的汇报。6 月 2 日第三次党委会议，审议通过保密管理制度、务川氧化铝工程项目申请开工的议案、临河分公司 3 号机组启动、青铜峡电解铝自备供电线路项目立项、三项制度改革实施方案、为遵义公司出具股东决定、开展供应链融资等议题。7 月 19 日第五次党委会议，审议通过遵义项目相关事项，领导人员交流管理办法、人员挂职、借调管理办法、机关一般员工管理办法、机关工资管理办法等议题。8 月 30 日第六次党委会，听取遵义铝业项目需公司党委会审批事项的进度汇报，听取公司网络安全、党支部标准化建设实施办法等汇报，审议通过加强信访维稳工作，启动资产证券化，成立审计与内控委员会、山西铝业等 4 家单位离任审计报告等议题。10 月 31 日第七次党委会议，学习党的十九大精神和国家电投学习宣贯动员会精神，审议通过撤销机关第四党支部、成立铝电公司党建思想政治工作研究会、"未来之星"青年人才库人选，山西能源利润分配方案等议题。11 月 28 日第九次党委会，审议通过铝电公司落实董事会职权试点实施方案，关于向遵义公司增加注册资本金，机关党支部选举结果等议题。

2018 年，铝电公司召开 20 次党委会。其中，1 月 26 日第一次党委会，审议通过贸易协同方案（2018 年版）、2017 年综合业绩考核结果和 2018 年综合业绩考核指标的议案，遵义项目直接委托远达环保开展烟气脱硫和水岛特许经营的议案，2018 年计划预算及关于挂牌转让鼎泰氧化铝股权的议案等议题。3 月 2 日第二次党委会，审议通过关于为几内亚项目支付资源价款的议案、内部审计办法、经济责任审计办法、风险管理办法、铝电公司章程修订案等议题。5 月 17 日第七次党委会，专题研究国家电投党组巡视组反馈问题整改落实工作。5 月 24 日第八次党委会，审议通过安全生产专项整治活动实施方案、巡视整改方案、党建五年发展规划。11 月 22 日第十八次党委会，审议通过成立青铝股份铝合金材料分公司、党委理论学习中心组学习制度等议题，听取十八届中央巡视问题整改情况汇报、国家电投对铝电公司党委巡视反馈问题整改情况汇报。

2019 年，铝电公司召开 25 次党委会。其中，3 月 11 日第七次党委会，审议通过运营管控优化调整方案，党委2019年度巡察工作计划，党委2019年第一轮巡察单位和巡察组组长、副组长名单等议题。4月17日第十二次党委会议，审议通过第二批"未来之星"推荐、党委成员履行全面从严治党主体责任实施细则、党内规范性文件管理办法等议题。6月22日第十五次党委会，审议通过科技工程公司、青鑫炭素、铝合金分公司市场化改革方案，公司"不忘初心、牢记使命"主题教育实施方案。8月8日第十七次党委会，审议通过宁夏能源铝业转让煤业公司股权、党委会议事规则、宁夏能源铝业党委会议事规则（修订）、机关工资管理办法、职务职级分离并行管理办法等议题。12月10日第二十四次党委会，审议通过几内亚铝业开发项目一期工程建设及运营管理模式有关方案、企业年金实施细则等议题。

2020年，铝电公司召开十四次党委会。其中，1月17日第一次党委会，学习中央经济工作会议精神，审议通过山西铝业杨家沟铝土矿项目申请投资决策、宁武宽草坪铝土矿项目申请投资决策、国家电投对铝电公司党委巡视整改专项督查反馈意见整改方案等议题。3月12日第三次党委会，学习贯彻习近平总书记在湖北考察新冠疫情防控及关于统筹做好疫情防控和经济社会发展系列重要讲话精神，审议通过向国家电投推荐抗击新冠肺炎疫情和复产复工先进基层党组织和优秀共产党员、成立几内亚公司党委等议题。11月2日第十二次党委会，学习贯彻党的十九届五中全会精神，审议通过党员领导干部密切联系群众工作考核评价实施细则、华能宁夏能源有限公司转让华能宁夏大坝发电有限责任公司股权、财务总监（总会计师）委派及管理办法等议题，听取关于公司一流队伍建设实施方案的汇报，通报国家电投党组巡视和专项督查反馈问题整改落实等议题。

2021年铝电公司召开二十三次党委会。其中，1月26日第一次党委会，学习习近平总书记在省部级主要领导干部学习贯彻党的十九届五中全会精神专题研讨班开班式上的重要讲话精神，听取公司党委巡察工作的评估情况、2020年力戒形式主义工作情况、生态环保情况汇报。5月11日第九次党委会，审议通过并购汉能吴忠市太阳山光伏发电有限公司股权、并购宁夏天净神州风力发电有限公司股权、并购宁夏振武光伏发电有限公司股权、并购海原县振发光伏电力有限公司股权、并购宁夏马斯特实业集团有限公司所持新能源项目股权、并购新疆石河子市国龙能源科技有限公司股权等议题。5月30日第十次党委会，学习贯彻习近平总书记关于巡视整改的重要论述，审议通过党史学习教育"红色百年"行动项目、铝电公司与正信光电新能源配套项目投资及并购合作框架协议、青铜峡市人民政府与铝电公司投资合作框架协议、盐池县人民政府与铝电公司合作框架协议、关于铝电公司项目发展工作机构优化调整及责任划分、关于成立国家电投宁夏能源铝业盐池能源科技有限公司、关于成立山西绿电交通发展有限公司等议题。11月29日第二十一次党委会，审议关于建立贯彻落实习近平总书记重要指示批示精神共性台账议题，审议通过党委会议事规则、党委"第一议题"制度、舆情工作管理办法3部制度、铝电公司工会换届选举方案，听取2021年统战工作情况汇报。12月20第二十二次党委会，审议通过关于学习宣传贯彻中共十九届六中全会精神工作方案、审议铝电公司第二届（宁夏能源铝业第四届）工会候选人建议名单议题。12月25日第二十三次党委会，学习贯彻习近平总书记关于党史学习教育重要指示及中央党史学习教育总结大会精神，审议通过铝电公司"零容忍"问题清单等议题。

3. 党委理论学习中心组学习会议

2017年，铝电公司党委理论学习中心组（简称中心组）学习11次，主要学习中国共产党党委（党组）理论学习中心组学习规则，2017年全国两会精神，中纪委第十八届七次全会公报，中国共产党问责条例，关于新形势下党内政治生活的若干准则，关于推进"两学一做"学习教育常态化制度化的意见，党的十九大精神等内容。

2018年，中心组学习7次。主要学习习近平新时代中国特色社会主义思想的历史地位和丰富内涵、2017年中央经济工作会议精神、习近平总书记在学习贯彻党的十九大精神研讨班开班式上的重要讲话要点、《中共中央政治局关于加强和维护党中央集中统一领导的若干规定》、中共中央政治局贯彻落实中央八项规定的实施细则、十九届中央纪委二次全会精神、习近平总书记关于反对形式主义官僚主义的重要批示和指示摘录、中共中央办公厅关于统筹规范督查检查考核工作的通知。

2019年，中心组学习10次。主要学习习近平总书记在十九届中央纪委三次全会上的重要讲话精神、庆祝改革开放40周年大会上的重要讲话精神、《习近平谈治国理政》、习近平总书记在"不忘初心、牢记使命"主题教育工作会议上的重要讲话、《中共中央关于在全党开展"不忘初心、牢记使命"主题教育的意见》、中国共产党第十九届中央委员会第四次全体会议公报、习近平总书记在中央政治局第十八次集体学习会上的重要讲话精神、《国家电投"不忘初心、牢记使命"主题教育实施方案》、《国家电投关于贯彻落实习近平总书记重要批示精神深入推进中央八项规定精神落实的具体措施》。

2020年，中心组学习9次。主要学习习近平总书记在"不忘初心、牢记使命"主题教育总结大会上的重要讲话精神、《中国共产党国有企业基层组织工作条例（试行）》、中央企业负责人会议精神、党的十九届五中全会精神、习近平总书记在中央全面依法治国工作会议上的重要讲话精神、国家电投"不忘初心、牢记使命"主题教育总结大会精神、宁夏回族自治区党委十二届九次全会精神。

2021年，中心组学习12次。主要学习《习近平谈治国理政》《中国共产党章程》，

习近平总书记《在纪念中国人民志愿军抗美援朝出国作战 70 周年大会上的重要讲话》，
习近平总书记视察宁夏重要讲话和重要指示批示精神，中共十九届六中全会公报，《中共
中央关于党的百年奋斗重大成就和历史经验的决议》，习近平总书记在深入推动黄河流域
生态保护和高质量发展座谈会上的重要讲话精神，《习近平新时代中国特色社会主义思想
学习问答》等。

第二节　组织建设

一、党员队伍

（一）党员情况

2009 年以来，公司党委严格党员党籍和组织关系管理。党委、党总支、党支部逐级建立
台账，确保每名党员都能及时编入党组织，参加党的组织生活，接受党组织教育管理监督。
规范党组织关系转接，审查党员档案，严把转接"条件关"，严把"身份关"，坚持"凡转
必审"原则，查证党员身份的真实性以及入党程序的规范性，严把"程序关"，保证组织关
系转接工作的严肃性和有效性。

2017 年 10 月，全国党员管理信息系统上线，公司党员基础信息统一采集，纳入系统管理。
组织关系采取省域内线上转接 + 省域外纸质介绍信转接两种方式并行。为保证对每名党员的
有组织管理，公司党委每年年底对党员组织关系进行一次集中排查，理顺隶属关系，开展年
度党员信息统计，并报送属地上级党组织管理部门。

按照《中国共产党发展党员工作细则》，严把标准，规范流程，优化结构，圆满完成各
年度党员发展任务，共发展党员 1048 名。党建部每年印发关于做好年度发展党员工作的通知，
指导各所属党组织开展好发展党员工作。各级党组织全面落实"控制总量，优化结构，提高
质量，发挥作用"的总要求，按照《中国共产党发展党员工作细则》，严格发展党员工作标
准和程序。坚持把政治标准放在首位，对政治上不合格的，坚决拒绝发展入党。严格落实谈
心谈话、政治审查、组织审批、入党宣誓、按期转正等入党程序，确保每名新党员都是政治
合格的先进分子。根据发展党员计划，结合党员队伍的性别、民族、年龄、职业分布，重点
做好一线工人、空白班组、高知识群体的发展党员工作，确保完成发展任务。加大向基层一
线倾斜力度，落实"双培养一输送"机制，重点发展生产一线班组长、业务骨干、技术能手

和优秀青年工人入党。着力解决党员空白班组问题，优先从党员空白班组的优秀人员中发展党员。注重在知识层次高、文化水平高、专业技能高，具有较强创造力和较大影响力的人才群体中发展党员。各级党组织在重点群体中积极做好政治引领和思想引导工作，加大组织吸纳力度，进一步优化党员队伍结构。

2009—2021 年公司党员人数见表 10-2-1。

表 10-2-1 2009—2021 年公司党员人数情况表

公司	年份	发展党员（名）	党员总数（年末数）
宁夏能源铝业	2009	78	1670
	2010	83	1682
	2011	99	2089
	2012	75	2089
	2013	67	2269
	2014	87	2324
	2015	67	2416
	2016	98	2410
铝电公司	2017	92	2738
	2018	59	2696
	2019	67	2020
	2020	50	2146
	2021	126	2198
合计		1048	

火线入党。2021 年 10 月 31 日，响应宁夏国资委党委关于参加全区新冠疫情防控志愿者的号召，公司组建由 8 人组成的疫情防控志愿者服务队，人力资源部入党积极分子李飞跃踊跃报名参加，并于 11 月 1—17 日，在银川市西夏区同安苑社区开展疫情防控志愿者服务工作。在此期间，李飞跃不畏艰险、积极主动，迎风雪、战疫情，在封控单元楼 24 小时轮班值守，开展人员摸排、防疫知识宣传、防疫码查验、维持秩序、物资配送、健康监测等工作，圆满完成疫情防控任务。

根据《中共中央组织部关于抓紧做好在新冠肺炎疫情防控第一线发展党员工作的通知》中"对于奋战在抗疫一线的医务人员、基层干部群众、公安民警、社区工作者等，已确定为入党积极分子，本人一贯表现好、符合党员条件，但培养考察期未满一年，在抗疫一线事迹突出的，经党支部研究同意，报上级党委批准，可及时吸收其为预备党员"的规定，李飞跃符合党员发展条件。经公司人力资源部党支部 11 月 22 日党员大会审议同意，机关党委 2021 年第二次党委会审议，同意吸收李飞跃为中共预备党员。

消除党员空白班组。根据国家电投《关于做好在基层一线班组中发展党员工作的通知》，公司党委对所属各单位基层班组进行全面调查摸底。截至 2019 年 5 月，铝电公司 15 家直管单位共有 493 个基层班组，其中，有 4 家单位无党员空白班组，11 家单位共有 189 个党员空白班组、占班组总数的 38%，有党员的班组 304 个、占班组总数的 62%。公司党委印发《党员队伍建设"双培养一输送"实施方案》《选派优秀党员驻点联系党员空白班组指导意见》，通过引导员工群众积极向党组织靠拢；加大青年骨干培养，鼓励职工向先进典型看齐，积极提交入党申请书。统筹调配班组党员，基层单位在生产班组人员调配上，兼顾每个生产班组中有一定数量的党员，把同专业、同类别班组的党员、党员班组长和党员骨干调配到党员空白班组中，把新参加工作的党员优先充实到党员空白班组中；动员党员到最需要的地方去，鼓励二线职工党员到一线班组工作；建立帮扶工作机制，对于暂不适合调整的党员空白班组，采取党员班组与党员空白班组、党员与非党员结对子等方式开展"一帮一"活动，选派优秀党员与党员空白班组建立联系工作机制，参加班组活动。截至 2021 年底，公司已消除党员空白班组。

（二）民主评议

民主评议党员是公司各基层党支部每年一项常态化工作，在党支部党员大会上进行民主评议党员。

民主评议党员包含以下环节：会前学习，学习习近平新时代中国特色社会主义思想，打牢思想基础；开展谈心谈话，广泛征求意见，结合工作实际，党支部班子成员之间必谈，班子成员和党员之间要广泛谈，党员之间相互谈；对照党章标准，查找突出问题，查找自身在政治合格、执行纪律合格、品德合格、发挥作用合格方面的差距和不足，重点看是否存在理想信念模糊动摇、大是大非问题上态度不鲜明，组织观念淡薄、道德品行失范，不履职尽责、不担当作为等问题；召开支委会开展批评和自我批评，党支部书记代表支部班子说明征求意见和查摆问题情况，集体研究提出整改措施，带头开展批评和自我批评。党支部班子成员联系班子存在的问题，把自己摆进去、把职责摆进去、把思想和工作摆进去查找不足，进行党性分析，明确整改方向。开展批评和自我批评，既直面问题、坦诚相见，又要实事求是、出于公心，达到解决问题、触动思想、增进团结、促进工作的效果；召开党员大会，民主评议党员。民主评议党员按照个人自评、党员互评、民主测评的程序，对党员进行评议，民主测评按照优秀、合格、基本合格、不合格四个等次，对党员进行投票测评；做出组织评定，抓好问题整改。党支部结合评议情况，综合分析党员日常表现，给每名党员评定等次并向本人反馈。对评为优秀的党员予以表扬，对评为合格的党员肯定优点、提出希望和要求，对评为基本合格的党员指出差距、帮助改进，对评为不合格的党员，立足教育帮助，明确时限，促进转化提高。

党支部组织生活会后，党支部和班子成员分别列出整改清单、明确整改事项和具体措施，党员做出整改承诺。整改内容和完成情况在一定范围内予以公示，接受党员群众监督。党支部将班子查摆的问题、整改措施以及民主评议党员结果报上级党组织备案。

对党员实行量化考核百分制，一个年度为一个考评周期，包括日常考核、民主评议和群众测评三部分，日常考核占80%，民主评议占15%，群众测评占5%。党员日常考核重点考核党员在"四个合格"（政治合格、执行纪律合格、品德合格、发挥作用合格）方面的表现，是党员量化考核的重点，民主评议和群众测评从党内和党外测评来考核党员的综合表现；民主评议，按照中共中央、上级党组织和公司党委要求，由本支部其他党员对该党员进行评议；群众测评，围绕党员密切联系群众、服务群众、工作作风、工作表现、遵章守纪等方面，由群众对该党员进行评价。

党支部将党员日常考核的年度得分和年底民主评议得分、群众测评得分累加，确定党员年度总分和等级，并予以公示。

（三）党费

党费收缴、使用和管理是党的基层组织建设和党员队伍建设的重要工作，公司党委严格按照《关于中国共产党党费收缴、使用和管理的规定》，认真执行中共中央组织部、地方党委以及国家电投党组对党费管理的要求，完善党费收缴使用管理有关制度，对广大党员进行自觉交纳党费的教育，增强党员自觉交纳党费的意识。党费使用坚持统筹安排、量入为出、收支平衡、略有结余的原则，主要作为党员教育经费的补充，使用范围包括培训党员，订阅或购买用于开展党员教育的报刊、资料、音像制品和设备，表彰先进基层党组织、优秀共产党员和优秀党务工作者，慰问党员，补助遭受严重自然灾害的党员和修缮因灾受损的基层党员教育设施。党费管理实行专人负责、专立项目、专项审批、专款专用，以党委名义设立银行账户，存入指定国有银行，党费利息是党费收入的一部分，与党费一同管理。

公司党委在党员大会或者党的代表大会上，报告（或书面报告）党费收缴、使用和管理情况，接受党员或者党的代表大会代表的审议和监督。党支部每年向党员公布一次党费收缴情况。

（四）党员培训教育

2009 年，公司党委制定党员学习教育管理办法，建设支部党员活动阵地，健全党员教育、"三会一课"、主题教育、党员积分考评、民主评议党员等制度。全年组织党员培训 200 余次，培训党员 5000 多人次，党员培训率达 97%。

2010 年，公司党委制定《基层党组织考核办法》，深化党员考核管理工作，坚持党员考核公开，接受群众监督。

2012 年，公司党委把党员学习教育常态化，每月有组织开展各项学习活动，学习《中国共产党章程》及上级党组织的有关文件精神，撰写学习心得。7 月，举办党支部书记培训班 2 期，参加培训 80 人，培训内容为创造性地做好新形势下企业党建党务工作、如何做好企业党务工作、党支部书记职责及日常工作、对做好党支部书记的几点思考，谈体会、谈感想，到公司下属单位参观学习。11 月 8 日，公司党委组织全体党员、干部和入党积极分子，收看中国共产党第十八次全国代表大会开幕会实况转播。

2013 年 10 月，举办基层党支部书记培训班，培训内容为学习党的十八大精神，剖析企业党建工作的难点和重点，企业党支部工作方法和内容，参加培训 45 人。培训期间，各党支部书记结合各自工作实际，围绕加强党支部规范化建设、如何开展好基层党建工作交流经验。

2014 年 10 月，举办基层党支部书记培训班，培训主要内容为发展党员工作细则，基层组织建设业务知识，参加培训 45 人。参加培训的党支部书记还围绕党的十八届四中全会和习近平总书记系列重要讲话精神进行学习讨论，参观优秀党支部，学习借鉴兄弟支部的好做法。

2015 年 10 月，举办基层党支部书记培训班，学习习近平总书记"四个全面"重要论述和关于治国理政、全面从严治党重要思想，学习"三严三实"专题，学习党章、党的基本知识。

2016 年，各单位党委以理论学习中心组、专题辅导等多种形式，学习传达中共十八届六中全会和全国国有企业党的建设工作会议精神。9 月，举办政工干部培训班，邀请宁夏国资委党委组织部负责人、中共宁夏区委党校老师，分别讲授国有企业党组织换届选举程序、中国共产党化解风险挑战的成功经验等内容，参加培训 50 人。

2017 年 10 月 18 日，组织机关及所属 12 个基层党委（党总支）近 2000 名党员及部分职工代表收看收听党的十九大开幕大会盛况。11 月，举办 2 期基层党支部书记培训班，邀请上海市委党校老师专题解读党的十九大精神。

2018 年 8 月，举办基层党支部书记、党务干部培训班，学习习近平新时代中国特色社会主义思想、党的十九大精神、党的十九大修订的新党章、新时代对国企党建工作的要求等内容，并到区内先进企业学习交流。

2019年7月，在"不忘初心、牢记使命"主题教育期间，在宁夏银川市委党校举办为期1周的培训班，百名党支部书记和党务工作者系统学习习近平新时代中国特色社会主义思想，学习牢牢掌握意识形态工作领导权、《中国共产党纪律处分条例》、党支部的工作职责和工作方法，深刻认识和把握中国共产党人的初心和使命，加强党支部标准化、规范化建设等，学员还到六盘山革命教育基地开展红色教育。

2020年9月，在石嘴山市委党校举办2期党务干部培训班，各单位党建部门负责人和党支部书记162人参加培训，学习习近平新时代中国特色社会主义思想，习近平总书记视察宁夏重要讲话和重要指示批示精神，马克思辩证唯物主义、历史唯物主义基本原理和方法论以及党的基本理论知识和相关制度条例。培训班还安排了红色家风主题党课、提升党员领导干部自身素养等情景式教学。培训班结束时进行闭卷考试，测试培训效果和掌握的基本知识。

2021年，铝电公司选调干部参加各类线下培训245人次，培训主要内容为党性教育、廉洁教育、依法治企等。11月，由于新冠肺炎疫情影响，公司采取线上培训方式，培训内容包括习近平新时代中国特色社会主义思想、习近平总书记七一重要讲话精神、马克思主义辩证唯物主义、历史唯物主义基本原理和方法论、如何做好新时期基层党建工作等。举办2期党务干部与党支部书记培训班，共有159人参加。

二、干部管理

（一）党管干部原则

2016年10月，在国有企业党的建设工作会议上，习近平总书记提出，国有企业领导人员要敢于担当，做到"对党忠诚，勇于创新，治企有方，兴企有为，清正廉洁"。这是国企党员领导干部的标准，也是肩负起做强做优做大国有企业，履职尽责、担当有为的总要求。

铝电公司（宁夏能源铝业）党委坚持以习近平新时代中国特色社会主义思想为指导，坚持党管干部原则，任人唯贤，注重德才兼备，坚持严管和厚爱结合、激励和约束并重，把"对党忠诚，勇于创新，治企有方，兴企有为，清正廉洁"国有企业领导干部二十字标准与国家电投"信念坚定、对党忠诚，勇于创新、敢于担当，知人善用、善于成事，甘于奉献、率先垂范，顾全大局、精诚团结，平等待人、关爱员工，清正廉洁、修身齐家，自我批评、持续提升"的干部行为公约相结合，作为选拔和使用干部的原则和标准。

（二）选拔任用及管理

选拔任用。2009—2012年，公司坚持党委把关，集体研究的原则。在委任制、聘任制、选任制使用干部中，都采取"公示制"的办法，增加选人用人的透明度。考察人选不搞唯票是举，综合考查干部岗位胜任力、工作业绩、群众基础等因素。随着公司业务的不断拓展，产业链延伸，为满足工作对干部数量、业务能力及知识结构的需要，公司采取内部培养、集团交流、市场招聘等形式，拓宽选人用人渠道，适应公司各板块用人需求。公司党委提出选用干部的八条标准：一用把公司的事当成自己的事，认真负责、精益求精的人；二用把公司的钱当成自己的钱，严把财务开支关、把住投资风险关的人；三用不斤斤计较，有自我牺牲精神，不讲条件、默默无闻工作的人；四用勇于负责、善于管理、一级对一级负责任的人；五用有良好群众基础，讲究领导艺术的人；六用想办事、会办事、办成事的人；七用不断学习、钻研业务、不断创新的人；八用克制私欲、有自知之明、有自我约束能力、廉洁从业的人。

2013年，宁夏能源铝业对干部提出"在状态，善谋事，风气正"的要求，制定《领导干部管理办法》，对干部选拔任用程序、任职资格、日常管理、退出等做出明确规定。强调干部管理要坚持党管干部原则与董事会依法选择经营者以及经营管理者依法行使用人权相结合的原则；坚持德才兼备、以德为先、任人唯贤的原则；坚持群众公认，注重实绩原则；坚持公开、平等、竞争、择优原则。

2018年，铝电公司制定《领导人员选拔任用管理办法》，规定选拔任用领导人员，要坚持新时期党的好干部标准，建立科学规范的领导人员选拔任用制度，发挥党组织的领导和把关作用，突出政治标准和专业能力。规定党组织领导班子成员与董事会成员、经理层成员实行双向进入、交叉任职。党委书记、董事长（执行董事）由一人担任，董事长（执行董事）、总经理分设；总经理一般担任党委副书记并进入董事会；党委专职副书记一般进入董事会，专责抓党建工作。公司党委每年至少一次专题研究干部队伍建设工作；拟提任或者进一步使用的人选对个人廉洁从业情况做出说明，所在单位党委（党组织）对其廉洁从业情况提出结论性意见，并由党委（党组织）书记和纪委书记签字；提拔担任领导职务的，在党委讨论决定后、下发任职通知前，在一定范围内公示，公示期不少于5个工作日，党委指定专人进行任前谈话。领导人员实行任期制，每任期3年。

2020年，围绕国家电投一流队伍建设要求，公司党委多次研究干部人才队伍制度建设并专题听取人才盘点工作汇报，制订《一流队伍建设实施方案》，明确公司一流队伍建设三年目标和32个具体行动项，进行责任分解，划定时间节点。公司党委全年调整79人次，其中，提拔80后干部15人。同时，党委把推进干部年轻化作为一项十分重要而紧迫的任务来抓，优化干部年龄结构。

2021年，党委调整干部101人次，提拔重用的干部中，80后干部16人。推行经理层成员任期制和契约化管理，制订《公司所属各单位经理层成员任期制和契约化管理工作方案》，通过机会均等、公平竞争、优胜劣汰的用人机制，真正形成干部能上能下机制。修订《领导人员交流管理办法》，推行干部交流工作，机关与基层单位干部交流，铝业与电力板块干部交流。选派干部到国家电投挂职学习。针对各自特点确定学习培训方向，选派青年干部到系统内相关单位挂职学习。安排兄弟单位专业技术人员到公司挂职交流，借鉴先进管理经验，使干部交流常态化。

　　监督考核。公司按照干部管理的相关要求，建立健全党风廉政建设责任制、党内民主生活会制度、民主评议干部制度、职代会评议干部制度、领导干部离任审计制度等一系列行之有效的规章制度。2009—2021年间，对20多名岗位调整的所属单位负责人进行离任审计，客观评价干部在任期内经济责任履行情况，为组织正确、科学地考核和任用干部提供重要依据。坚持"四凡四必"（考察对象档案"凡提必审"，个人有关事项报告"凡提必核"，纪检监察机关意见"凡提必听"，线索具体的信访举报"凡提必查"）。严格执行领导干部个人有关事项报告制度。运用监督执纪"四种形态"（经常开展批评和自我批评，让"红红脸、出出汗"成为常态；党纪轻处分、组织调整成为违纪处理的大多数；党纪重处分、重大职务调整的成为少数；严重违纪涉嫌违法立案审查的成为极少数），惩处极少数，教育大多数干部。

　　公司党委积极探索建立和完善干部激励机制、容错机制和保护机制，为激发党员干部干事创业内生动力营造良好环境。制定《贯彻落实"三个区分开来"容错纠错实施办法（试行）》，把干部在推进改革中因缺乏经验、先行先试出现的失误，同明知故犯的违纪违法行为区分开来；把上级尚无明确限制的探索性试验中的失误和错误，同上级明令禁止后依然我行我素的违纪违法行为区分开来；把为推动发展的无意过失，同为谋取私利的违纪违法行为区分开来。在市场化改革试点中，激励干部敢于担当，积极作为。

　　每年对中层干部从工作业绩、工作态度、思想品德、团结协作等方面进行考核。年中和年末进行2次业务知识考试。年底，党政主要负责人、纪委书记进行个人述职，副职提交书面述职报告；开展民主测评，由公司领导、中层干部及职工代表分别对被考核人进行评议。考核结果作为中层干部聘任和奖惩的依据。对所属单位选人用人实行"一报告、两评议"原则。

第三节　思想政治建设

一、主题教育

（一）学习实践科学发展观活动

按照中电投党组部署和安排，宁夏能源铝业于2009年3月18日—6月29日开展学习实践科学发展观活动。学习分为3个阶段8个环节。3月18日—4月26日为学习调研阶段。公司党委制订《宁夏能源铝业学习实践科学发展观活动方案》，成立学习实践活动领导小组和5个工作小组，明确工作职责。3月18日，公司党委召开学习实践活动动员大会，对学习实践活动进行动员部署，学习党的十七大精神和《科学发展观学习读本》等内容。为全体党员干部购买相关学习书籍、资料近2000册（份）。领导班子成员和机关党员干部每周集中学习半天，并利用业余时间自学。组织1200多名党员参加中电投学习实践活动知识答题测试，领导班子成员组成7个调研组，围绕"加快公司产业集群发展战略实施步伐，增强公司核心竞争力的意见和建议"等5个共同调研课题和"如何围绕项目建设管理，提高效率、降低成本，保证工程质量，为公司发展提供保障"等9个专项课题开展调研，形成7个调研报告。公司党委结合发展建设实际，召开发展战略、煤炭与煤化工项目等12个专题座谈会，就公司发展、项目推进等进行研讨。学习期间，共编发《简报》27期，在中电投网站发布信息30多条、发表论文36篇，在公司网站、报纸、广播共发布信息400多条。

4月26日—6月15日为分析检查阶段。通过发放征求意见表、召开座谈会、设立征求意见箱等形式共征求意见建议189条，参与1100余人，形成报告。公司党委先后2次召开专题会议研究讨论分析报告，提交117名职工群众进行评议，评价"好"和"较好"的114人，占总评议人数的97.44%。

6月15日进入整改落实阶段。根据第一、第二阶段提出的"加快公司产业集群发展战略实施步伐，增强公司核心竞争力"，"围绕项目建设管理，提高效率、降低成本，严格保证工程质量"，"九年制合同工待遇下降，人员流失"等7个方面的问题，召开动员会、研讨会、调研会等，制定59项整改措施，明确整改完成时间、落实部门、责任人。启动"标准化管理推进年"，开展对标管理、与各单位签订"综合业绩考核责任书"、实施350千安电解系列优化完善方案、推进青铜峡铝业自备电厂项目建设、中青迈临河动力站一期项目建设等。

（二）党的群众路线教育实践活动

2013年，根据中共中央及上级党组织部署安排，宁夏能源铝业党委开展党的群众路线教育。10月31日，公司党委召开党的群众路线教育实践活动动员会，安排部署公司党的群众路线教育实践活动。11月1日，公司党委制定《关于深入开展党的群众路线教育实践活动实施方案》，按照"照镜子、正衣冠、洗洗澡、治治病"的总要求，把党的群众路线教育实践活动分"学习教育，听取意见"，"查摆问题，开展批评"，"整改落实，建章立制"三个环节进行。

学习教育、听取意见阶段。公司党委和基层党委领导班子成员学习党章和党的十八大、十八届三中全会精神、习近平总书记系列重要讲话、马克思主义群众观点和党的群众路线论述。公司领导班子专门安排5个半天进行集中学习，并用一天半时间集中开展专题学习讨论，邀请宁夏回族自治区党委讲师团教授对公司党员干部进行2次集中授课教育。分2批组织副处级以上干部、重点岗位工作人员到宁夏回族自治区纪委廉政警示教育中心开展警示教育。各基层党委组织不少于3天的集中学习和专题讨论，并结合工作实际，采取灵活多样的方式，扩大学习覆盖面。开门搞活动，通过群众提、自己找、互相帮、集体议等方式，广泛听取党员、干部和职工群众意见建议，全面查找"四风"问题。公司领导班子成员分头深入11个联系点、17个基层单位开展专题调研，召开9次班组座谈会，与235名干部职工谈话交流，面对面听取一线干部职工的意见，共征集各类意见建议368条。

查摆问题、开展批评阶段。公司领导班子成员之间、班子成员与职能部门、基层干部与职工之间共开展三个层面两轮谈心活动，认真撰写对照检查材料。公司党委先后召开2次会议，集体讨论领导班子对照检查材料。公司党委和17个基层单位党委（党总支）先后召开领导班子专题民主生活会，共有87名班子成员参加。106个党支部召开专题组织生活会，1754名党员参加党员评议，评议为"好"的占91%。

整改落实、建章立制阶段。根据征求意见和民主生活会查摆出来的问题，制订整改方案，明确整改任务、责任领导、责任部门和完成时限，进行公示，把整改落实置于职工群众全过程监督之下。对征求到的368条意见汇总归纳为90条，2014年底全部完成。

公司党委坚持问题导向，着力解决职工群众反映强烈的突出问题，修订管理制度，下发《关于进一步加强四项费用管理的通知》《关于规范公司机关公文管理工作的通知》《关于规范会议管理的通知》，对"三多"问题集中治理，会议数量同比减少25个，文件同比减少7%，停办3种工作简报。加强"三公"经费管理，严格预算执行，完善统计分析月报制度，2014年1—9月，会议费、差旅费、业务招待费和办公费同比分别降低83%、37%、57%和39%；制定《会议管理办法》《总经理办公会议管理细则》《月度例会管理细则》《废旧闲置资产管理办法》《机关岗位管理办法》等18项涉及"四风"方面的制度，巩固教育实践活动成果。

修订《公司特重病救助管理办法》，建立送温暖等服务困难职工常态化机制。2013—2014年，投入19.5万元救助21名特重病职工及职工子女，为5名住院职工办理互助医疗帮扶金5.45万元。开展"金秋助学"活动，发放助学金42.5万元。走访慰问困难职工220人次，发放慰问金等27万元，建立3个基层帮扶联系点，切实解决职工群众的实际困难。

（三）"三严三实"专题教育

2015年，中共中央在县处级以上领导干部中开展"三严三实"（严以修身、严以用权、严以律己，谋事要实、创业要实、做人要实）专题教育。5月，宁夏能源铝业党委召开"三严三实"专题教育动员会，制定《深入开展"三严三实"专题教育实施方案》，明确活动的主要内容、目标任务、方法步骤等。

围绕生产经营和改革发展中心任务，对照"三严三实"要求，聚焦对党忠诚、个人干净、敢于担当，教育引导各级领导干部加强党性修养，坚持实事求是，改进工作作风，着力解决不严不实问题，切实增强践行"三严三实"的思想自觉和行动自觉，做到"在状态，善谋事，风气正，敢担当"，努力在深化"四风"整治上见实效，在营造良好政治生态上见实效，在推动改革发展稳定上见实效。利用报纸、电视、网站、简报、展板等多种媒体，进行专题报道，刊发时评文章，累计编发稿件150多篇。

聚焦深化认识、行动自觉。党员干部深入学习习近平总书记系列重要讲话精神，学习党章和党的纪律规定，学习先进典型事迹，并从各类违纪违法案件中吸取教训。5月26日—7月1日，公司两级党组织领导陆续为党员干部讲"三严三实"专题教育党课，980多名党员干部参加党课学习。两级党委（党总支）理论学习中心组先后分3次召开专题学习研讨会，两级班子成员围绕确定的3个主题，交流自身的学习感悟，从思想信念、作风建设、改革创新等方面谈认识、讲感受，查摆问题，提出整改措施。

2016年1月22日，公司党委召开"三严三实"专题教育民主生活会，从"三严三实"方面查摆问题。征求意见建议216条，从9个方面制定34项整改措施，明确责任和时限，实行销号管理。

（四）"两学一做"学习教育

根据中共中央"两学一做"学习教育部署和国家电投党组安排，2016年4月，公司党委召开"两学一做"学习教育动员会，制订《"两学一做"学习教育实施方案》，在全体党员中开展"学党章党规、学系列讲话，做合格党员"学习教育。

学习教育主要任务。教育引导党员尊崇党章、遵守党规，用习近平总书记系列重要讲话精神统一思想和行动。

主要目标。实现"四个进一步",即进一步坚定理想信念,提高党性觉悟;进一步增强政治意识、大局意识、核心意识、看齐意识,坚定正确政治方向;进一步树立清风正气,严守政治纪律政治规矩;进一步强化宗旨观念,勇于担当作为。

主要做法。公司党委及所属 12 个基层党委(党总支)开展"两学一做"专题学习讨论,学习《习近平总书记系列重要讲话读本》《习近平总书记重要讲话文章选编(领导干部读本)》《习近平谈治国理政》等。以学习贯彻党的十八届六中全会精神为主题,召开专题民主生活会。班子成员履行"一岗双责",联系 60 个基层党支部,开展一次党课、一次调研等"六个一"工作。89 个基层党支部以"三会一课"为主线,开展专题研讨、党课、组织生活会、民主评议党员。公司党委组织开展谈一点认识、提一条建议、一个行动项的"三个一"活动,1731 名在职党员积极参与。各级党组织对党员回答"三个一"进行归纳整理、建立台账,建议采纳率 56%。

"两学一做"学习教育期间,公司党委组织开展"党员工程"66 项,党员先锋岗、责任区、技术攻关等主题实践活动 282 个,创造经济效益 6279 万元。

(五)"不忘初心、牢记使命"主题教育

2019 年 5 月,中共中央以县处级以上领导干部为重点,在全党开展"不忘初心、牢记使命"主题教育,总要求是"守初心、担使命,找差距、抓落实",目标是理论学习有收获、思想政治受洗礼、干事创业敢担当、为民服务解难题、清正廉洁做表率。

2019 年 6 月 14 日,公司党委召开理论学习中心组第四次(扩大)会议,学习习近平总书记 5 月 31 日重要讲话精神,安排主题教育工作。6 月 18 日,下发铝电公司《"不忘初心、牢记使命"主题教育实施方案》,把落实国家电投党组赋予的"三大战略定位"和公司"三化一型"战略目标、推动几内亚项目建设和在宁"三个千亿"战略构想,作为"守初心、担使命"的重要目标任务写入方案。制定铝电公司、班子成员、中层干部、本部党支部及党员等 8 张重点工作任务清单,明确各层级推进主题教育的时间表和路线图,使各层面工作更清晰、更直观。

主题教育分 2 批进行,总体安排 6 个月时间。公司机关、铝业国贸第一批开展,2019 年 6 月开始,8 月底基本结束;其他各单位第二批开展,2019 年 9 月开始,11 月底基本结束。以公司部门副主任级及以上领导干部为重点,在全体党员中开展。主题教育从加强学习教育、深入调查研究、深刻检视问题、狠抓整改落实等方面开展。

加强学习教育。公司党委把深入学习领会好中央精神,特别是习近平总书记重要讲话精神作为开展主题教育的首要任务,购买《习近平新时代中国特色社会主义思想学习纲要》,

下发至机关全体党员。7 月 18 日，公司党委举办第一期主题教育读书班，10 名班子成员利用 1 天时间静下心来读原著、悟原理。7 月 28 日，开展"三个一"大研讨，进行调研成果交流，谈一个方面感受最深的认识体会、一个党委重点思考的影响公司战略落地的瓶颈问题和一个一揽子整改措施。组织机关部分党员分 2 批赴六盘山革命教育基地，开展一次知识竞答、走一次长征路、唱一首红歌、重温一次入党誓词、读一遍长征史、听一堂微党课、体验一次红军餐"七个一"活动。领导班子成员赴六盘山革命教育基地、西吉将台堡红军会师纪念馆开展初心教育，向革命先辈敬献花篮，重温入党誓词。

深入调查研究。公司党委采取不打招呼、不预先安排路线、不开汇报会、不搞层层陪同、不增加负担、不扎堆调研，直接深入基层一线"六不一直接"方式奔赴问题现场，面向群众了解情况，认真填写征求意见建议表、调研期间解决问题清单。领导班子赴定点扶贫村开展工作调研，解决扶贫村的操心事、烦心事和揪心事。公司党委书记在庆七一表彰大会上讲专题党课，各级领导班子成员到分管领域、基层单位、联系点或所在党支部讲党课，公司机关各部门副主任级及以上党员干部在所在党组织讲一次党课。

深刻检视问题、狠抓整改落实。公司党委结合国家电投党组巡视巡察、党建工作责任制考核及其他日常检查、班子调查研究和职工群众反映强烈的问题，制定立行立改清单。出台为基层减负 14 条具体措施，确定会议文件减少 30% 的目标任务，细化各部门发文、会议计划数量，以及不同类型会议参会范围、时长、年度次数，将每周三定为"无会日"，纳入 JYKJ 考核，切实扭转文风、会风。

公司"不忘初心、牢记使命"主题教育工作经验在国家电投第一批总结和第二批部署会上进行交流；几内亚项目获得国家发改委境外投资项目备案；国家电投向铝电公司注资，改善财务状况，提升公司发展动能；主题教育期间，公司领导班子现场调研，解决改革发展、生产经营"卡脖子"问题，通过技术攻关、指标竞赛等举措，青铜峡分公司 2019 年上半年吨铝完全成本同比降低 1153 元；党委书记、董事长刘丰代表国家电投参加中央第 30 巡回指导组座谈会并发言，介绍铝电公司主题教育做法；7 月 22 日，刘丰在国家电投年中党组（扩大）会上做交流发言，介绍公司深化改革、优化管控、降本增效、国内国际"两翼"发展的良好经验，得到国家电投主要领导认可；8 月 31 日，刘丰的署名文章《让"两星"照耀企业未来之路》在《国家电投人才学院》刊发，撰写的《加强调研查问题　即知即改抓落实》案例被《国家电投报》等刊发。反对形式主义和官僚主义 14 条措施实施后，受到基层好评，形成典型材料报送国家电投参阅。

（六）党史学习教育

2021年，是中国共产党成立100周年。根据中共中央关于在全党开展党史学习教育的要求和国家电投党组安排，3月18日，公司党委制订下发《党史学习教育实施方案》。

公司党委紧扣学史明理、学史增信、学史崇德、学史力行，学党史、悟思想、办实事、开新局目标任务，运用国家电投党组"学研创落"工作方法，在169个党组织和133名处级及以上干部、2010名党员中开展党史学习教育。公司党委组织召开2次党史学习教育专题读书班和7次专题研讨，所属各党委（党总支）组织召开25次读书班和65次专题研讨，开展"三会一课"学习研讨1122次。开展"央企百年跟党走"20次主题党日活动，2051人次参加。开展祭扫革命烈士陵园、瞻仰革命遗迹、重温入党誓词、党员志愿者服务等丰富多彩的活动142次，参与者2703人次。组织2批78名党员领导干部赴山东沂蒙革命老区开展"传承红色基因　赓续沂蒙精神"教育，组织党员干部、团员青年1300余人次就近开展党性教育。以"三问"（问认识、问能力、问行动）为载体召开党支部组织生活会，各级党员领导干部以普通党员身份参加。推进"红色百年"特色行动，以县域红色资源项目为突破口，推进项目开发建设，盐池革命历史纪念园项目建成投产；开展"红色百年"信息平台积分竞赛活动，职工参与率达99%。

开展"我为群众办实事"实践活动，确定174项实事清单，当年办结166项。其中，临河发电修建的"铝电路"解决了员工出行难、交通不便的问题。开展党史微党课比赛、红歌赛、演讲比赛、3期党史知识线上竞答等，成立党员突击队参与宁夏疫情防控志愿服务，召开庆祝建党100周年表彰大会及劳动模范、青年座谈会等。成立党员尖刀班、党员突击队等创先争优团体209个，完成安全环保、生产指标、科技创新等方面项目攻关214项。

二、新闻宣传

（一）管理机构

公司新闻宣传工作先后由党群工作部、政治工作部、党建部管理。

2009年至2011年11月，青铝股份新闻中心承担宁夏能源铝业部分新闻宣传任务。青铝有线广播、电视采编播出宁夏能源铝业新闻，《青铝之声》企业报刊发宁夏能源铝业新闻。以上媒体由青铝股份党委工作部管理。

2011年11月，宁夏能源铝业成立新闻中心，为业务支持性单位。主要负责公司电视新闻采编、制作、播出及其他电视节目播出；负责《宁夏能源铝业报》的采访、编辑、组版、付印及发放；负责公司门户网站和内网管理和运行。

2017 年 9 月，撤销宁夏能源铝业新闻中心。

2019 年 4 月，新闻宣传工作由铝电公司（宁夏能源铝业）党建部负责。11 月，成立铝电公司（宁夏能源铝业）新闻中心。

（二）青铝股份新闻媒体

青铝电视台成立于 1987 年 3 月，由自办台和转播中央及地方台节目组成。宁夏能源铝业成立以来，青铝股份新闻中心电视台每天 19 点到 23 点转播中央台和地方台电视节目 100 套。自办电视栏目有公司新闻、为党旗增辉、学习贯彻落实职代会精神、劳动者之歌，制作并播放宁夏能源铝业新闻。2018 年停播。

《青铝之声》创刊于 1985 年 1 月 10 日，创刊时名为《青铝厂报》。2003 年 12 月，按地方新闻出版管理部门要求，更名为《青铝之声》，为四开四版半月刊，一版为公司要闻，二版、三版为综合新闻，四版为文艺副刊。宁夏新闻出版管理部门核发内刊号。2011 年 12 月停办，共办 626 期。

（三）《宁夏能源铝业报》

2010 年 5 月 21 日，《宁夏能源铝业报》创刊，为对开四版半月刊。一版为企业要闻，二版为综合新闻，三版为新闻焦点、企业窗口、人物、新闻之友等专版，四版为文艺副刊。《宁夏能源铝业报》每期印刷 1000 份，发至各单位、车间、班组，部分对外交流。2017 年底停办，共出版 160 期。

（四）网站

2009 年，宁夏能源铝业开通党务网站和门户网站，党务网站属于内网性质，设置《头条新闻》《公司要闻》《系统动态》《员工风采》《学习交流》《文艺天地》等 22 个栏目。门户网站设置《公司简介》《新闻中心》《社会责任》《企业文化》等栏目，是公司与社会各界联系沟通的纽带和桥梁。

2019 年 4 月，铝电公司与宁夏能源铝业合署办公，保留宁夏能源铝业党务网站和业务，取消宁夏能源铝业门户网站，业务由铝电公司门户网站取代，设置公司简介、头条回顾、重要新闻、系统动态、行业信息、信息公开、社会责任、企业文化等栏目。

（五）微信公众号

宁夏能源铝业微信公众号于 2017 年 5 月建立，主要为传播公司政策、重要新闻等，2019 年 4 月关闭。铝电公司微信公众号于 2017 年 6 月建立，主要传播国家电投和公司主要政策、会议精神，展示公司党建、群团及先进典型人物事迹。2021 年底，用户 8823 人。

（六）《铝和电》杂志

《铝和电》杂志创刊于 2017 年 3 月，为季刊，根据公司重点工作，设置不同栏目，主要展示公司党、政、工、团等方面先进经验和先进典型事迹，是公司企业文化宣贯的载体之一。每期印刷 700～1000 份，发至所属各单位、车间、班组，部分对外交流。截止到 2021 年底，共编印 20 期。

（七）意识形态主体责任

公司认真贯彻落实中共中央、上级党组织关于意识形态工作的决策部署，强化公司及所属各单位意识形态工作责任。

2009 年，宁夏能源铝业党委面对机构设置、人员调整、工资制度改革等重大事项，加强意识形态教育工作。

2010—2016 年间，公司党委主要围绕新时期新形势下如何加强和改进党建和思想政治工作、机构薪酬调整等，加强宣传引导、丰富职工文化生活，激发干部职工干劲。

2017 年，公司党委成立意识形态工作领导小组，对意识形态工作负主体责任，党委书记为意识形态工作第一责任人。公司党委召开专题会议研究意识形态工作，按照"一岗双责"要求，明确党委班子成员职责，确保各分管领域意识形态工作有人抓、有人管。把意识形态工作纳入党建工作责任制，季度召开党建工作例会，通报意识形态工作情况，督促各单位落实管理主体责任，加强各单位的意识形态管控。成立党建思想政治工作研究会，下设包括思想政治及企业文化工作研究会在内的 5 个专业研究会，为党建理论研究提升创造组织制度保障。

2018 年 7 月 26 日，铝电公司制订《培育践行社会主义核心价值观行动方案》，8 月 9 日，宁夏能源铝业印发《培育和践行社会主义核心价值观暨宣贯"和"文化实施方案》，方案主要内容包括深化学习教育、深化民族团结教育、创建各级文明单位、开展创新竞赛、深化员工四大行动、加强重大节日宣传、深化志愿者服务活动、宣贯企业文化品牌、实施企业文化考评九个方面。主要目标任务是以实现中华民族伟大复兴中国梦为根本目标，以继承弘扬中华优秀传统文化为立足点，以学雷锋志愿服务、爱国主义教育、诚信教育、勤劳节俭教育等为切入点，分步骤、有重点地培育和践行社会主义核心价值观，常态化培训和宣传贯彻国家电投"和"文化理念。开展培育和践行社会主义核心价值观主题教育活动，促进全体干部职工的"五个明显增强"（即忠诚意识明显增强、科学发展理念明显增强、责任感明显增强、业务水平明显增强、奉献精神明显增强），努力锻造一支政治坚定、作风优良、纪律严明、勤政为民、恪尽职守、清正廉洁的干部职工队伍，为公司经营发展提供高效服务和有力保障。

2020年，公司党委将密切联系群众工作作为党建工作的重要内容之一，印发《关于密切联系群众的指导意见》，开展副处级以上党员领导干部密切联系群众工作，通过常态化的驻点联系、跟班劳动，与一线职工群众"同吃、同住、同劳动"，虚心听取意见建议，力求把情况摸清、把问题找准、把对策落实，着力打通制约改革发展和生产经营的"痛点"问题。

2021年，公司各级党委把学习和践行社会主义核心价值观和国家电投"和"文化作为主要学习内容。通过《铝和电》内刊、门户网站、微信公众号等自有媒体宣传"和"文化，各党支部利用"三会一课"等形式，宣贯"和"文化理念，强化意识形态和宣传文化工作。8月，结合社会主义核心价值观内容，在电力、氧化铝、电解铝3个板块开展国家电投核心价值观大讨论，4000多人参加，征集4套核心价值观文案和4套员工行为公约文案。

第四节　精神文明建设

一、企业文化

（一）品牌文化

宁夏能源铝业成立前，青铝股份拥有"QTX"（取"青铜峡"三字首拼大写字母）牌铝锭商标，1989年6月在国家商标局注册，1996年在英国伦敦金属交易所和上海金属交易所注册，成为免检产品。

2009年4月，"QTX"商标被国家评为驰名商标，生产的重熔用铝锭、变形铝及铝合金圆铸锭、电工圆铝杆、铸造铝合金锭、变形铝及铝合金扁铸锭、铝电解用高石墨质阴极炭块等6种产品，通过中国有色金属产品实物质量认定，达到国际同类产品实物质量水平。"QTX""鲲鹏""青鑫"商标连续八次获得宁夏回族自治区著名商标称号。

"青鑫"商标于2008年1月22日在德国注册，2018年1月31日续展注册至2028年。商标图案以汉字"青鑫"、字母为主创元素，以字母"QX"为主图案设计，"C"是化学元素碳。"青鑫"凭借着优质的产品质量、企业信誉和服务，得到国内外各大型电解铝企业的认可，目前产品已出口到澳大利亚、新西兰、德国、瑞典、荷兰、美国、巴西、印度、埃及等27个国家和地区41家铝企业。商标现归属国电投宁夏能源铝业青鑫炭素有限责任公司。

"鲲鹏"牌铝合金制品商标，于1990年4月在国家商标局注册。2001年，"鲲鹏"牌商标被宁夏工商行政管理局认定为"宁夏著名商标"，主要用于铝合金建筑型材、铝合金民用型材、铝合金铝材制品。2003年被中国质量检验协会建材专业委员会评为"国家质量检测合格建材产品"。2004年被中国质量检验协会建材专业委员会评为"全国建材行业质量可信产品"。商标现归属国家电投集团宁夏能源铝业科技工程有限公司。

"安凯胜迪"牌风电塔筒免爬器商标，于2020年5月在国家知识产权局商标局注册。是科技工程公司自主研制的风电塔筒免爬器产品，先后获得软件著作权1项，国家发明专利1项、实用新型专利4项，通过欧盟CE认证和国内权威机构检测认证，部分技术被国家一级创新机构确定为首次应用。目前已在8个省近20个风电场安装应用超过1000台，得到客户肯定和行业的认可。商标现归属于国家电投集团宁夏能源铝业科技工程有限公司。

"九天"牌氧化铝商标，于2021年4月在国家知识产权局商标局注册。"九天"源自遵义公司所在地贵州省务川仡佬族苗族自治县的仡佬之源"九天母石"，取名"九天"，意喻揽九天之月，创绿色铝都。商标图案以"九"字为主创元素，用草书的手法演变成翱翔飞龙、灵动流水和九天母石形态，有机地融入"Al"演变的活性氧化铝元素，描绘出"龙舞九天，铝行天下"图腾，充分体现"九天牌"铝产品形象特征和文化内涵。公司拥有配套务正道地区铝土矿资源储量约1.5亿吨，一期100万吨/年氧化铝及配套的2×100万吨铝土矿项目2020年4月建成投产，采用拜耳法氧化铝生产工艺，首创"干法制粉、矿石焙烧脱硫"先进工艺技术，首创在国内有色矿山应用综合机械化开采技术，成为国内唯一一家矿石供给率100%的氧化铝企业，具有显著的资源和技术优势。商标现归属国家电投集团贵州遵义产业发展有限公司。

"银沙"牌氧化铝于2009年7月创立，商标归属国家电投集团山西铝业有限公司。

2015年10月，由中铝网主办的2015（第十届）中国铝行业"十佳厂商"，公司名列其中。"QTX""鲲鹏"商标连续次届获得宁夏回族自治区著名商标称号。

2021年底，公司拥有"银沙""QTX""青鑫""鲲鹏""安凯胜迪""九天"等6个商标；拥有人文品牌7个，分别为邓宏兴劳模创新工作室、杨占军劳模创新工作室、王彪技能大师工作室、柳军技能创新工作室、耿自钦劳模创新工作室、蒋同芳创新工作室；"点灯·圆梦"列入国家电投"映山红"子品牌；拥有铝阴极钢棒和压接器之间连接的方法、电解槽胶带输送机铝矿与矸石混合运输分料方法、提高风力发电机发电效率减少噪声的方法、一种氧化铝烧结工艺及氧化铝熟料等发明技术专利16项，电解铝炭渣处理系统、炭块磨具测量装置、可调太阳能光伏支架系统等实用性专利71件。

2017年，人民日报评论部编写，人民出版社出版的《习近平讲故事》一篇"延伸阅读"中写道："两名来自宁夏的技术工人王琨和兰志学，克服重重险阻，以高超的技艺和认真的态度，为哈萨克斯坦三大炼油厂之一的阿特劳炼油厂解决了重大的技术难题，在当地被传为佳话。"这 2 位工人就是公司员工。2018 年 2 月，《宁夏日报》以《宁夏能源铝业王琨、兰志学扬名哈萨克斯坦——回转窑里扭乾坤》为题进行报道。

（二）国家电投文化宣传贯彻

2016 年，按照国家电投党组要求，公司制定"和"文化宣传贯彻方案，明确文化建设的目标、原则、步骤和任务，促使"和"文化理念的统一与落地，推进企业文化与战略、管理、行为的深度融合。通过公司网站、电视、广播、报纸等载体宣传国家电投"和"文化理念，制作宣传册，置于班组、党员阵地、室外宣传栏等醒目位置，潜移默化，结合"求实、创新、团结、图强"自强不息的青铝精神，引导广大职工立足岗位，争做奋斗者，着力推动"和"文化理念落地，带领职工群众创价值、做贡献。

2017 年，开展国家电投 VI 视觉识别排查清理，进行全面更新。下发公司企业文化建设实施方案，制作铝电公司企业形象宣传片，8 月，公司荣获中国企业文化研究会颁发的"互联网＋时代企业文化传播融合创新优秀单位"称号。组织参加国家电投"好声音""好形象""好故事"系列活动，征集公司"好故事"14 个。组织 3 名职工代表参加铝电公司"奋斗者故事会"，开展"奋斗在铝电"职工寄语征集活动，征集寄语 116 条。开展"秀出我的安全"情景剧巡回展演活动，活动以车间、班组职工为参与主体，立足岗位安全，让职工自编、自导、自演。职工自创剧目 12 个，评选出 6 个优秀剧目深入到基层车间进行巡回展演，演出 7 场次，2300 多名职工观看，使安全教育更加生动化、具体化、形象化，参与者潜移默化地接受教育，夯实安全工作基础。举办"和美仲夏　筑梦铝电"文化主题活动，宣贯"和"文化理念，增强职工主人翁的意识。

2018—2021 年，公司党委坚持在党建、群团、新闻宣传等各类培训中加入企业文化宣贯内容，企业文化内训师到部分单位开展专题培训。按年度组织各单位开展企业文化 VI 标识自查整改工作。举办职工篮球赛、演讲赛、系统各单位快闪展播等，营造浓厚的文化氛围。

（三）文化活动

2009 年 9 月，公司举办公"祖国万岁——中电投人"为主题的摄影书法美术集邮作品展。在青铝股份体育馆举办"与祖国同行"庆祝新中国成立 60 周年大型文艺晚会。10 月，在宁夏国资委举办的全区国有企业组工干部创先争优价值观主题演讲比赛上，公司选手获得二、三等奖。11 月，宁夏国资委党委召开庆祝新中国成立 60 周年"国企之歌"文艺会演，青铝股份获二等奖。12 月，公司举办"迈步新征程"文艺晚会，职工表演舞蹈《岭南春早》、大合唱《祖国不会忘记你》等节目。

2010年12月，公司举办"回顾发展历程，畅想美好明天"演讲比赛，20名选手从不同角度、不同层面讴歌了一代代青铝人艰苦创业、顽强拼搏的精神，展示新一代青铝人奋勇拼搏、与时俱进、开拓创新、再展宏图的信念和致力于公司做大、做强、做优的情怀。

2011年1月，公司在北京会议中心承办中电投《激情回眸 跨越梦想》2011年迎新春晚会。6月，举办"与党同心 与青铝同行"庆祝建党90周年知识竞赛，20支代表队参加，青铝股份阳极二部代表队获得一等奖。6月，120人参加宁夏回族自治区国企庆祝建党90周年暨宁夏职工原创歌曲大合唱比赛，青铝厂歌《人生为了赢》获得三等奖。6月，公司举办"红歌唱响中电投"大型歌会，14支代表队1000多名员工高唱《没有共产党就没有新中国》等歌曲。

2012年2月，公司举办"新征程 新跨越"文艺晚会，职工自导自演歌舞《龙腾狮跃迎新春》、快板《公司新形象》、舞蹈《爱我中华》、京剧舞蹈秀、器乐演奏、戏曲小品等节目。

2014年12月，青铝建企50周年纪念日之际，纪录片《风雨同舟世纪情》在公司电视台和网站首播，《劳动者之歌——优秀职工风采录》《我的锅底坑情愫——职工文艺作品集》正式发行。《风雨同舟世纪情》通过几代劳模的故事，反映了50年来干部职工艰苦创业、自强不息的奋斗历程；《劳动者之歌》收录自1995年以来，《青铜峡铝厂报》《青铝报》《青铝之声》《宁夏能源铝业报》所刊发的部分省部级劳模、厂（公司）级标兵、优秀共产党员、杰出青年、优秀班组长、岗位（操作）能手的典型事迹，展现劳动者风采，显示榜样力量；《我的锅底坑情愫——职工文艺作品集》收录自1995年以来，《青铝之声》《宁夏能源铝业报》刊登的散文、诗歌、小说等文艺作品，反映干部职工感悟生活、品味人生、抒发情感的美好情操。

2015年，公司开展"中国梦，劳动美，幸福路"美文诵读比赛，17支代表队参加比赛。煤炭煤化工选送的《就这样一路走来》获得一等奖，青铜峡分公司选送的《中国梦，劳动美，幸福路》、工程检修选送的《中国梦》、宁东分公司选送的《奔向辉煌》获得二等奖。15名选手参加"同抒巾帼情 唱响中国梦"庆三八妇女节歌唱比赛。

2016年5月，公司举办"唱响奋斗者之歌"职工合唱比赛，共唱《走向复兴》《国家》《保卫黄河》《歌唱祖国》等歌曲。

2017年5月，国家电投举办"好声音""好形象""好故事"系列活动，公司职工原创歌曲《放飞》、改编歌曲《乘风破浪》获得好评。2名员工获得"好声音"决赛三等奖。征集国家电投"好故事"14个。

2018年5月，公司举办"铝电梦劳动美"第二期"我是奋斗者"故事会。10名讲述者通过朴实的语言、鲜活的事例、饱满的热情，讲述了一个个发生在自己身边的奋斗者故事，感动和激励在场的每一个人。

2019 年，公司举办"与祖国同行，创铝电辉煌"庆祝新中国成立 70 周年系列活动。9 月 26 日，由青铜峡分公司主办，各分公司协办的"放歌新时代，迈步新征程"职工大合唱比赛在青铜峡分公司体育馆举行。

2020 年，公司举办"礼赞奋斗者，建功创一流"第四期"我是奋斗者"故事分享会、新春"和"会，激发职工群众昂扬向上、砥砺奋进的精神面貌。

2021 年，公司举办"奋斗百年路，启航新征程"庆祝建党 100 周年主题活动，开展劳模座谈宣讲会、职工演讲比赛、微党史课比赛、老照片征集、唱红歌比赛等，宣传公司光荣历史、奋斗历程，引导广大职工奋进新时代。

（四）体育活动

2009 年 6 月 27 日，公司举办第一届职工运动会，开幕式表演大型团体操和舞蹈《舞动的青春　喜迎盛世中国》《太极功夫扇》《红旗颂》《第九套广播体操》《我永远爱你——中国》等。运动会历时 2 天，全公司 26 个代表队共 2229 人次参加 47 个项目的比赛，39 人获得个人项目冠军，青铝股份电解一部、物流配送部和开发公司获团体前三名。

2010 年 5 月 6—8 日，在宁夏国资委举办的全区国有企业首届体育运动会上，获团体总分第一名，在排球、羽毛球等 6 个项目比赛中取得好成绩，表演的《全健排舞》荣获优秀文体表演奖。7 月 7—15 日，公司举办排球比赛，共有 14 个单位 13 支男队和 8 支女队参赛。8 月 20—22 日，公司举办第二届职工运动会，共有 27 支代表队 2696 人次参加 10 个大项、23 个小项比赛，23 人次获得个人项目冠军，19 人次打破 9 项运动会纪录。

2011 年 8 月 19—20 日，公司举办第三届职工运动会，共有 22 支代表队 2388 人次参加 22 个个人项目、9 个集体项目比赛。参加中电投首届乒乓球比赛和宁夏总工会举办的"长庆杯"羽毛球、乒乓球赛，公司代表队获得羽毛球团体第二名、男单第二名、男子双打第三名。公司荣获国家体育总局颁发的"全民健身活动先进集体"荣誉称号。

2012 年，公司举办职工足球赛、排球赛和羽毛球赛。在青铝股份体育馆组织承办中电投首届职工羽毛球赛西北区域选拔赛，中电投华北、西北、西南、中南等 9 个区域 120 多名羽毛球选手参加比赛，公司代表队获团体季军，动力分公司职工李斌获得男单第二名。

2013 年，公司在青铜峡和宁东两个赛区举办乒乓比赛，23 个单位的 93 名男女选手参加比赛。9 月 9—17 日，举办篮球赛，16 支男子代表队参加，分别在青铜峡分公司、宁东分公司、红一煤矿设立 3 个分赛区。宁东分公司代表队获得冠军，青铜峡分公司代表队获得亚军，动力分公司代表队获得第三名。

2014 年，公司举办"青铝杯"足球赛、羽毛球赛和职工气排球联赛等活动。煤业公司、中卫新能源、中卫热电、供销分公司工会等举办趣味运动会、篮球赛、乒乓球赛。

2015年，公司举办首届职工台球赛和第三届职工气排球联赛，丰富职工文化活动。

2016年8月24—26日，公司在青铝股份体育馆举办乒乓球赛，13支代表队、94名职工参加。11月23—25日，公司举办第四届职工气排球联赛，13支代表队130余名运动员参加36场比赛。

2017年8月24日，公司在银川机关举办篮球赛，比赛历时11天，9支队伍参加36场比赛。12月13日，公司举办第五届气排球赛，11支代表队参加25场比赛。

2018年，以铝电公司文体协会和机关兴趣小组为平台，公司举办新春和会。参加国家电投在北京举办的足球赛、乒乓球赛、篮球赛。开展"大干四季度，决胜攻坚战"铝电杯职工篮球赛和机关台球赛。

2019年，公司在宁夏亲水体育中心举办"铝电杯"职工篮球赛，15支代表队参赛。参加宁夏回族自治区第十五届运动会，荣获体育道德风尚奖，多个项目获得佳绩。

2020年9月15日，公司在中卫市全民健身中心举办职工足球比赛。12家单位120名队员参加比赛。10月27—28日，在青铜峡铝业体育馆举办职工气排球赛，11家单位运动员展示风采。

2021年，公司举办职工篮球赛，承办国家电投"建功创一流"第五赛区篮球赛，贵州金元、黄河公司、陕西分公司、云南国际和铝电公司的5支代表队参加比赛，铝电公司代表队获得冠军。参加国家电投羽毛球赛，获得第五赛区团体第一名，在决赛中获得团体第五名。

二、社会责任

公司认真贯彻落实中共中央及宁夏回族自治区、国家电投党组关于扶贫帮扶工作部署和要求，严格按照"六个精准"要求，紧紧围绕"两不愁三保障"和乡村振兴工作部署，积极参加国家"十一五""十二五""十三五""十四五"扶贫及脱贫攻坚工作。每年召开党委会议，对年度捐赠扶贫方案及资金进行审议。2010—2021年，共派驻5个工作队，投入扶贫、消费帮扶、教育帮扶资金共计740.62万元，促进定点帮扶村和结对帮扶村经济发展，履行央企社会责任，圆满完成脱贫攻坚和乡村振兴任务。

（一）扶贫工作

1.定点帮扶困村

（1）新台村。吴忠市红寺堡开发区南川乡新台村，人口4878人，耕地10377亩，人均2.1亩，被宁夏回族自治区列为扶贫村。2010年，宁夏能源铝业开始定点帮扶。当年，2次安排工作组前往新台村调查研究，确定资助对象26名，对其中16个单亲困难家庭学生和孤儿建立救助档案。7月30日、9月27日、10月21日，先后3次前往慰问和助学，为新台村小学购买10台电脑、1000册图书，订阅260份《小龙人报》，发放助学款1.4万元。2011年1月，慰问80户困难户，送去米、面、油等慰问品和慰问金。4月，结束对新台村的帮扶。

（2）甜水河村。2011年4月20日，宁夏能源铝业对吴忠市红寺堡区太阳山镇甜水河村开始帮扶。甜水河村所辖面积31.75平方公里，村民由原甜水河村、旧城村以及隆德、泾源两县移民组成，住户896户，总人口4478人，耕地面积10399亩，小学2所。帮扶工作由政治工作部牵头，团委具体负责实施，各单位协助。2012年12月27日，公司购置5万元的慰问品，慰问特困户和老党员。捐助5万元，作为村集体资金，用于公益事业。2013年春节前，为甜水河村30户特困户购买米、面、油等生活用品。3月，结束对甜水河村的帮扶。

（3）苏堡村。2013年3月起，宁夏能源铝业开始定点帮扶固原市泾源县大湾乡苏堡村。苏堡村有农户385户，总人口1456人，全村耕地面积2200亩，以种植业、养殖业、劳务输出为主，有小学1所，学生97人，有建档立卡贫困户101户377人。6月9日，公司安排3人组成的工作队到苏堡村，开展驻村扶贫工作。2013—2015年投入帮扶资金11万元，其中，2014年7月10日，投入帮扶资金3万元，为苏堡村硬化剧院广场，面积500平方米。2015年2月15日，投入帮扶资金3万元，慰问50户贫困户，送去米、面、油等生活用品。

2016年1月，投入帮扶资金12.04万元。其中，出资2.24万元，邀请技术专家为苏堡村举办种植养殖技术培训班，对20名贫困学生实施"映山红"一对一爱心助学活动，凡考上大学的学生每人每年资助500元助学金，直到其大学毕业。硬化道路3公里，修建垃圾回收池1个，支持21户贫困户养殖中蜂，每户养殖10窝，每窝补助200元；定向给12户贫困户每户3000元的兜底帮扶补助，对考入大学的4名贫困户学生给予每户5000元的教育帮扶补助，共计2万元。年底，苏堡村建档立卡户脱贫20户78人。

2017年，宁夏回族自治区党委开展第二批扶贫干部驻村工作，公司安排3人组成工作队，投入帮扶资金15万元，用于苏堡村建档立卡户养殖业扶贫补贴、兜底户扶贫、村党支部阵地建设等。

2018年，公司投入帮扶资金15万元，主要用于苏堡村建档立卡户养殖业扶持、兜底户帮扶等。其中，投入资金11.6万元，帮扶29户养殖户建设50立方米青贮池29座。帮助村委会购置座椅、资料柜等2.5万元。用帮扶资金补贴苏堡村26户养蜂户6万元。2018年初，苏堡村荣获固原市"民族和谐示范村"称号，驻村工作队荣获泾源县"优秀驻村工作队"称号，第一书记杜水锋荣获固原市"优秀第一书记"称号，队员张志博连续两年荣获泾源县"脱贫攻坚先进个人"称号。

2019年，公司投入27.77万元，给建档立卡户发放米面油1.12万元；为村集体购置拖拉机等4台农机具17.85万元；投入8.8万元，补贴村民建设青贮池及养殖牛羊、家禽。苏堡村2019年初通过国检验收，实现脱贫摘帽，获得泾源县"脱贫销号先进村"称号。

2020年，是决战决胜脱贫攻坚之年。公司投入28.62万元巩固脱贫成果。其中，用于帮扶农户实施青贮池建设6.6万元，鼓励农户扩大育肥牛、基础母牛养殖规模补贴11.02万元，发展壮大集体经济，购置农机具，资助村老年饭桌、爱心超市，慰问困难村民。实施消费扶贫，购买苏堡村村民蜂蜜83.5万元。2020年，杜水锋、沈富裕获得宁夏回族自治区"脱贫攻坚先进个人"称号。

2021年，公司在苏堡村投入帮扶资金28.96万元，购置大马力拖拉机26万元，犁具2.1万元，安装GPS定位系统0.86万元，用于农耕服务项目。实施消费帮扶，2021年6月购买村集体及村民养殖蜂蜜57万元。

2021年6月，公司帮扶的苏堡村集体经济收入35万元，"十三五"期间确立的83户建档立卡户全部实现脱贫摘帽，人均纯收入由建档初期2014年的3140元，提升至9880元，贫困发生率由2014年的25%下降到2019年的0.4%，已转入衔接国家乡村振兴战略规划。

（4）王家山村。2017年初，山西省忻州市委确定河曲县土沟乡王家山村为铝电公司帮扶对象，公司安排山西铝业负责王家山村扶贫。山西铝业党委选派驻村第一书记和驻村扶贫工作组。王家山村有47户110口人，耕地1380亩。山西铝业帮助村民种植花椒树，鼓励村民种植土豆，与贫困户达成"以购代扶"计划。2018年，王家山村近1/3的农户种植土豆40余亩，产量近10万斤。

2019年，山西铝业投入6.5万元，用于王家山村集体建设小杂粮加工坊。发展"浅山丘陵"经济林900余亩，获得政府补偿26万多元。扶贫工作队利用政府扶持的村光伏产业，设立10个公益岗位，安排贫困户人员务工，年度人均获益3100余元。实施消费扶贫，发动职工购买村民种植的小米1.5万余斤，村民获益1.5万余元，贫困户人均获益500元。2019年底，王家山村党支部被评为河曲县五星级党支部，王家山村通过国检验收，实现脱贫摘帽。

2020年，驻村工作队争取特色种植产业项目。2月底，向地方政府申请扶持资金4.32万元，完成133亩张杂3号谷子种植项目审核。打破光伏发电收益平均分配机制，重新制定光伏收益分配办法，全年所涉岗位人均收益5000余元，救助户户均3000余元，其他人均1300余元，贫困人口人均可支配收入2.89万元，在全乡名列前茅。

2021年，驻村工作队协助王家山村党支部重点开展务工、光伏产业等项目，成立村合作社。5月，按照地方政府要求，王家山村并入榆岭窊村。6月，驻村工作队完成王家山村扶贫任务。

2017 年承担扶贫任务以来，山西铝业选派两任第一书记，结合村实际，确立发展杂粮种植产业的扶持思路，公司先后投入帮扶资金 9.95 万元，帮扶王家山村发展张杂 3 号谷子等特色产业。2019 年底，山西铝业被河曲县土沟乡推荐参加县扶贫办组织的"扶贫先进集体"评选；2018 年 3 月，第一书记孙志平获河曲县"脱贫攻坚模范第一书记"称号；2019 年 7 月，第一书记李峥嵘获河曲县"优秀党务工作者"称号。

2. 结对帮扶

2018 年，根据宁夏回族自治区《关于组织开展第二批企业结对帮扶深度贫困村的通知》要求，结对帮扶西吉县兴平乡赵垴村、杨坪村、马沟村，分别由宁夏能源铝业、科技工程公司、青铝发电承担任务。

2019 年，公司投入结对帮扶村资金 25.6 万元。其中，赵垴村 10 万元，主要补贴青贮池及牛羊养殖；科技工程公司使用帮扶资金 10 万元，建设 78 个青贮池；青铝发电使用帮扶资金 5.6 万元，建设青贮池。

2020 年，公司投入 45 万元，每村 15 万元，用于 3 个结对帮扶村养殖户建设青贮池及鼓励发展养殖业补贴。赵垴村由公司结对帮扶，发展养殖业和建设青贮池补贴 7.3 万元，实施"明亮工程"，为 110 户村民建设太阳能路灯费用 7.7 万元，共计帮扶资金 15 万元。杨坪村由科技工程公司结对帮扶，帮扶村民建设青贮池，补贴 7.35 万元。马沟村由青铝发电结对帮扶，出资 8.15 万元扶贫资金，与该村帮扶单位为马沟村购置青贮玉米收割机、旋耕机、四铧犁等农机具。

2020 年 3 月 16 日，青铜峡市委办公室下发《青铜峡市"百企帮千户"精准扶贫工作实施方案》的通知，分配宁夏能源铝业结对帮扶 24 户，公司将任务落实到下属各单位。其中，青铜峡分公司结对帮扶青铜峡镇同进村贫困户 4 户、边缘户 2 户，支付帮扶资金 7.28 万元；青铝发电结对帮扶青铜峡镇同兴村边缘户 5 户、未脱贫建档立卡户 1 户，支付帮扶资金 4 万元；科技工程公司结对帮扶邵岗镇同乐村未脱贫的建档立卡户 4 户、脱贫监测户 2 户，支付帮扶资金 4.8 万元；青鑫炭素结对帮扶邵岗镇同乐村未脱贫的建档立卡户 4 户、脱贫监测户 1 户、边缘户 1 户，支付帮扶资金 4.72 万元。

2020 年，山西省原平市下发《关于进一步深化百企帮百村精准扶贫工作的通知》，按照通知要求，山西铝业结对帮扶原平市南白乡后堡村。山西铝业采取产业帮扶、消费扶贫、就业扶贫等方式，支付帮扶资金 40 万元。

2021 年，青鑫炭素资助结对帮扶的邵岗镇同乐村 6 户困难户就业补助、温暖慰问、养殖补助共计 4.8 万元；青铜峡分公司为结对帮扶青铜峡镇同心村 8 户贫困户就业、产业帮扶和教育资助共计 7.3 万元。

3. 消费扶贫

2019 年，公司按照国家电投党组安排，实施消费扶贫，购买贫困地区农副产品 113 万元。

2020 年 4 月，公司按照国务院国资委《关于做好集中采购中央企业定点扶贫县滞销农产品有关工作的通知》要求，机关及 12 家单位集中采购定点扶贫地区——四川省大凉山美姑县蜂蜜 11469 瓶，共计 100.93 万元。5 月，按照国家电投《关于支援陕西省延川县开展消费扶贫的通知》，公司通过员工福利、员工爱心购买等方式采购延川县大枣等农副产品，共购买小米、红枣等农副产品 39.51 万元。6 月，公司投入资金 20.83 万元，购买西吉县胡麻油、荞麦面、酸辣粉、小杂粮以及结对帮扶村民自制工艺拖鞋等产品，提高当地村民经济收入，助力西吉县脱贫摘帽。中秋节前，为机关干部职工购买西吉县粉条、杂粮 185 箱。截至 9 月底，用于消费扶贫的资金达到 160.44 万元。

（二）重点乡村持续帮扶

2021 年 6 月，按照宁夏回族自治区党委办公厅、人民政府办公厅《关于向重点乡村持续选派驻村第一书记和工作队的实施意见》，公司帮扶村调整为石嘴山市大武口区星海镇富民村、中卫市海原县三合镇富陵村、七营镇张堡村。2021 年 7 月 1 日，公司选派的 3 支工作队共 9 人分别进驻帮扶村开展工作。经驻村工作队充分摸底，并与当地政府沟通，公司将 2021 年乡村振兴（扶贫）工作预算资金进行调整，主要用于大武口区富民村和海原县富陵村、张堡村。

帮扶大武口区星海镇富民村 21.99 万元，用于太阳能路灯建设，共建太阳能路灯 107 座，爱心超市建设及重大节日慰问困难群众。帮扶海原县三合镇富陵村资金 59.49 万元，用于补充村部爱心超市货物，为老年服务中心购置灶具和食材，帮助肉牛肥育、基础母牛繁育及肉牛养殖场运行。帮扶张堡村资金 20.5 万元，其中，2 万元扶持爱心超市建设，4.5 万元购买 11 台电动三轮车用于垃圾转运，1 万元购买洒水车水箱 1 个用于村组道路绿化植物浇水，3 万元新建地坑式垃圾箱存放点 10 个，10 万元进行养殖补贴。

（三）公益捐赠

2010 年 4 月，青海玉树发生 7.1 级地震，造成 2698 人遇难，270 人失踪。8 月，甘肃舟曲强降雨引发泥石流，1463 人遇难，307 人失踪。宁夏能源铝业党委号召公司 8948 名干部职工向青海玉树、甘肃舟曲、宁夏中部干旱带受灾群众捐款，共捐款 100 多万元。

2011 年 10 月，宁夏能源铝业捐款 40 万元建设青铜峡峡口镇郝渠希望小学。

2017 年，遵义公司设立 20 万元"映山红"爱心助学公益基金，在贵州省务川县范围内开展捐助活动。从 2015 年开始，公司团委在定点和结对帮扶的泾源县大湾乡苏堡村小学和西吉县兴平乡赵垴村小学开展"映山红·点灯圆梦"爱心助学项目，动员职工开展"一对一"捐助活动，每人每年资助每个贫困学生 500 元，先后有 50 名爱心人士"一对一"资助 50 名贫困学生，累计捐助助学金、学习用品、校服等 30 万元，提升企业形象，履行社会责任，项目得到地方政府的高度肯定。"映山红·点灯圆梦"爱心助学被列入国家电投"映山红"品牌。先后向宁夏、贵州等地贫困市县希望工程捐款 300 余万元。公司获得"宁夏希望工程 20 年杰出公益伙伴"荣誉称号。

2019—2021 年，公司捐赠资金主要用于几内亚公司，投入公益性慰问金 95 万元，对所在地社区群众进行慰问。投入 19.3 万元，帮助项目所在地修缮校舍，购置桌椅、学习文具等。

2020 年，新冠疫情发生期间，公司分别向几内亚公司、山西铝业、遵义公司所在地卫生防疫部门捐赠疫防物资，合计资金 184 万元，用于当地政府开展疫情防控。向上海铝业国贸所在地——大二居委会和塘汉居委会困难家庭援助社区发展资金 3 万元。

第五节　党风廉政建设

一、党委主体责任

在党风廉政建设和反腐败工作中，各级党委主体责任包括领导责任、教育责任、管理责任、检查考核责任和示范责任。公司每年召开党风廉政建设和反腐败工作会议，与所属党组织签订《党风廉政建设目标责任书》。

2009—2010 年，宁夏能源铝业党委围绕把党风廉政建设与发展、生产、经营、建设相结合，同研究、同部署，印发《关于贯彻落实〈建立健全惩治和预防腐败体系 2009—2012 年工作规划〉的实施方案》。以抓好党风廉政建设责任制的落实为重点，加强对制度执行力的监督检查，着力解决党员干部在党性党风党纪方面存在的突出问题，整体推进反腐倡廉建设各项工作，为公司发展提供坚强政治保证。将领导班子及其成员执行党风廉政建设责任制情况列入民主生活会和述职报告内容。

2011—2012 年，公司党委修订《党风廉政建设责任制考核细则》，完成党风廉政建设责任制和惩防体系建设自查报告及中层领导干部廉政档案填报工作。开展中层领导岗位和关键岗位廉洁从业风险点排查，推进工程建设领域突出问题和"小金库"专项治理工作。对各级领导班子及其成员履行党风廉政建设责任提出要求，重点督促各单位主要负责人履行第一责任人职责。将所属单位领导班子和领导人员执行党风廉政建设责任制情况列入生产经营目标责任考核之中，将考核结果作为领导人员业绩评定、奖励惩处、选拔任用的重要依据。

2013—2014年，公司党委印发《建立健全惩治和预防腐败体系2013—2017年工作规划实施方案》，下发《关于落实"两个责任"主要任务及分工方案的通知》，明确党委和纪委在党风廉政建设中分别承担的10个方面的工作任务。公司党委认真贯彻落实中央八项规定精神和中电投24条实施细则。制定公司25条实施细则，完善配套制度，明令禁止调研、检查、会议以任何名义发放纪念品，不得安排高档住宿、提供高档菜肴、组织无关的参观活动。严禁公车私用，公务车辆节假日一律封存停驶。紧盯落实中央八项规定精神，逐级建立管理台账、中央八项规定执行情况报告制度，从严控制发文、办会和各项费用支出。建立日常督查机制，公开举报渠道，开展专项检查。结合党的群众路线教育实践活动，健全完善领导干部职务消费、公务用车、会议管理等各项制度。督促所属党组织认真落实惩治和预防腐败工作任务，严格工作落实和责任追究。2014年，公司在宁夏回族自治区"廉洁企业"建设考核中取得排名第一的业绩。

2015—2016年，公司党委印发《贯彻落实中电投集团"两个责任"的实施意见》和《党委落实"两个责任"主要任务及分工方案》。与所属各单位党组织和机关各党支部签订党风廉政责任书，与公司管理中层以上干部和关键岗位人员签订《廉洁从业承诺书》和《家庭助廉公约》并进行集体约谈，通过强化党的政治纪律和政治规矩，不断增强廉洁从业、依法用权自觉性。组织开展党风廉政建设检查，对检查考核排名靠后的2家单位进行通报，向12家单位下发整改建议书。深入推进公司党风廉政建设和反腐败工作，强化监督执纪问责，制定《落实"两个责任"报告制度》，每半年组织1次公司班子成员和公司管理干部报告"两个责任""一岗双责"和个人廉洁情况，对党风廉政情况进行评价。在公司各级领导班子中，开展"一岗双责""三个一"活动，即解决一个廉政方面的热点问题，创建一项预防腐败的长效机制，推进一个重点领域的改革创新。每半年围绕"两个责任""一岗双责"履行情况，对职能部门、所属各单位和领导班子进行检查，对发现的问题，下发整改建议书，对问题集中的领导干部进行约谈，对落实"两个责任"不力的单位主要负责人进行问责。通过从严整改、从严问责，"两个责任"得到较好落实。

2017年，铝电公司党委严格贯彻全面从严治党要求，落实"两个责任"，签订责任书，制定下发工作要点和34项责任清单，召开纪检监察工作推进会，落细落实党风廉政建设任务。同时，高度重视国家电投党风廉政建设检查反馈的16项问题整改工作，专题研究制定整改方案和24项整改措施。认真贯彻落实中央八项规定精神，国家电投"5条禁令、30个不准"和"5项措施"，坚持不懈抓好作风建设。探索实践运用监督执纪"四种形态"，制定《党风廉政谈话管理办法》。召开以解决执纪审查中发现的班子不团结、政治生活不正常等问题的专题民主生活会，提升解决自身问题的能力。

2018年，公司党委第一责任人与所属单位党组织负责人签订党风廉政建设责任书，层层传导压力。开展以"学习党章，不忘初心，牢记使命"为主题的党规党纪宣传教育月活动，开展公务用车、公务接待专项检查。巩固落实中央八项规定成果，加强对元旦、春节等节假日期间落实情况的监督检查，利用警示教育大会和工作推进会，通报违反中央八项规定精神典型案件，以案明纪。持续加强作风建设，印发《关于加强减亏控亏增盈攻坚期间作风建设的通知》，聚焦新问题、新表现，开展形式主义、官僚主义专项整治，推进党风企风不断向好。

2019年，与所属单位党委（党总支）签订《党风廉政建设责任书》，细化考核要求和评分标准25条。印发《贯彻落实2019年全面从严治党、党风廉政建设和反腐败工作部署行动项》，制定《解决会风文风调研检查等形式主义突出问题为基层减负的14项措施》，力戒形式主义，得到国家电投肯定和广大干部员工认同。党委主要领导深入基层，调研党风廉政建设情况，全年共谈话49人次。召开2次党风廉政建设工作推进会，对工作落实跟踪督导。党委会全年13次听取党风廉政建设工作专题汇报，研究部署党风廉政建设工作。对所属单位党组织落实党风廉政建设责任制执行情况检查，印发整改通知12份，反馈问题67项，提出整改建议69条，并将检查结果纳入JYKJ考核兑现，有效促进党风廉政建设责任制的落实。

2020年，公司党委强化政治监督、政治巡察，持续推进党风廉政建设高质量发展，履行管党治党责任。精准把握改革方向，推动纪检监察体制改革落实落地。对照"一岗双责"责任清单，对分管部门、分管领域党风廉政建设工作进行检查和指导，先后召开5次专题会议听取党风廉政建设工作汇报。支持纪委查办案件，研究问题线索处置。严肃查处公司系统原燃物料采制化领域存在的腐败问题，推动公司燃煤采购流程优化和关键岗位轮换，受到国家电投纪检监察组领导的表扬。

2021年，印发《贯彻落实〈中共中央关于加强"一把手"和领导班子监督的意见〉的实施方案》。针对临河发电燃煤掺假案、山西铝业矿石案分别召开通报会和警示教育大会，制定《铝电公司高风险岗位人员轮岗交流管理办法》，建立高风险岗位人员轮换机制。

二、纪检监察机构

（一）宁夏能源铝业

1. 纪律检查委员会

2009年3月，宁夏能源铝业成立纪律检查委员会，中电投任命纪委书记1名，有委员5名。

2011年11月、2012年3月、2015年2月、2017年12月先后4次对纪委书记进行重新任命，对纪委委员进行调整。

2018年10月，中共国家电投集团宁夏能源铝业有限公司召开第一次党员代表大会，大会选举产生新一届纪律检查委员会委员7名，在纪委第一次全体会议上，选举纪委书记1名，纪委副书记1名。

2009—2021年宁夏能源铝业历届纪律检查委员会委员任职情况见表10-5-1。

表 10-5-1　2009—2021年宁夏能源铝业历届纪律检查委员会任职表

职务	姓名	任职时间	纪委副书记	委员
纪委书记	袁向东	2009年3月—2010年6月	—	刘志锋、党建锋、尤军、王仲洲、卢振才
纪委书记	李庭利	2010年11月—2011年11月	牛学福	刘志锋、党建锋、杨晓望、吕宏军、卢振才、王仲洲
纪委书记	—	2011年11月—2014年5月	王斌	牛学福、刘志锋、张廷锋、杨晓望、吕宏军、卢振才、王永兴
纪委书记	李克忠	2014年10月—2017年11月	王斌	张廷锋、卢振才、曹桦、尤军、杨晓望、刘志锋、王刚
纪委书记	张廷锋	2017年12月—2021年6月	王斌	尤军、田泽、刘志锋、许春珠、吕宏军、王刚、刘海峰
纪委书记	张志军	2021年7月—2021年12月	—	李卫萍、何兵、许春珠、吕宏军、尤军、田泽、刘海峰

2. 工作机构和职责

2009年3月，设立纪检监察室，职责是依照党章和行政监察法赋予的职权，维护党的纪律和行政纪律，落实宁夏国资委及公司惩治和预防腐败体系建设，监督、检查各级党组织和党员遵守党纪；贯彻执行党的路线方针政策；开展廉洁从业风险防范管理、效能监察工作，监督检查公司"三重一大"决策、选人用人等事项。监督检查主管级及以上领导干部遵章守纪的情况，受理党员控告、申诉，受理对领导干部、党员违反党纪、政纪的检举，检查、调查党的组织和领导干部、党员违犯党的纪律的重要案件，执行公司纪委对违纪行为做出的处理决定。

2010 年，纪检监察室更名为纪检监察部。

2011 年 9 月，纪检监察部更名为监察部。

2017 年 9 月，监察部更名为纪检监察部。

（二）铝电公司

1. 纪律检查委员会

2017 年 2 月 26 日，中国共产党国家电投集团铝电投资有限公司第一次党员代表大会在青铝股份图书馆会议厅召开，选举铝电公司第一届纪律检查委员会委员 5 名，纪委书记 1 名。

2019 年 6 月、2021 年 7 月，对纪委书记、纪委委员进行调整（见表 10-5-2）。

表 10-5-2　铝电公司历届纪律检查委员会任职表

职务	姓名	任职时间	纪委副书记	委员
纪委书记	郑家江	2017 年 3 月—2019 年 1 月	–	张廷锋、李卫萍、李光、何兵
纪委书记	张廷锋	2019 年 3 月—2021 年 6 月	王　斌	李卫萍、何兵、许春珠、吕宏军、尤军、田泽、刘海峰
纪委书记	张志军	2021 年 7 月—2021 年 12 月	–	李卫萍、何兵、许春珠、吕宏军、尤军、田泽、刘海峰

2. 工作机构和职责

2017 年 3 月，设立纪检监察部，主要职责是依照党章和行政监察法赋予的职权维护党的纪律和行政纪律，落实公司惩治和预防腐败体系建设；监督、检查各级党组织和党员遵守党纪；贯彻执行党的路线方针政策的情况；开展廉洁从业风险防范管理、效能监察工作；监督检查公司"三重一大"决策、选人用人等事项。监督检查主管级及以上领导干部遵章守纪的情况；受理党员的控告、申诉；受理对领导干部、党员违反党纪、政纪的检举；检查、调查党的组织和领导干部、党员违犯党的纪律的重要案件；执行公司纪委对违纪行为做出的处理决定。

2019 年 4 月，铝电公司纪委与宁夏能源铝业纪委合署办公。12 月，纪检监察部更名为纪委办公室，为纪委常设工作机构，与党委巡察办公室合署办公。对所属单位执行"三重一大"情况开展监督，尤其在干部选聘、工程建设项目招投标、物资采购等领域开展监督工作，规范程序，发现和纠正不规范行为，防止发生违规违纪问题。

三、纪检监察工作

（一）廉政制度

2009—2010年，宁夏能源铝业制定《党风廉政建设责任制实施细则》《关于贯彻落实〈建立健全惩治和预防腐败体系2009—2012年工作规划〉实施方案》《关于对财经违规行为的责任追究办法（试行）》《基建工程建设管理监督办法（试行）》《纪检监察信访举报工作办法（试行）》《监察部门参加重大事故调查实施责任追究的规定（试行）》《企业监察办法（试行）》《物资采购管理监督办法（试行）》《效能监察办法（试行）》《招标监督办法（试行）》《关于贯彻落实中电投集团公司廉洁从业风险防范管理工作实施意见》《关于成立公司党风廉政建设责任制领导小组的通知》《关于成立公司贯彻落实惩治和预防腐败体系建设领导小组及工作机构的通知》等监督管理制度。

2011—2012年，制定《党风廉政建设责任制考核细则》《廉洁从业人员风险防范管理实施办法》《招投标管理办法》《招标监督办法》《监察部月度综合业绩考核管理办法》，修订《纪检监察信访举报工作办法（试行）》《关于对财经违规行为的责任追究办法（试行）》《燃料采购管理监督暂行办法（试行）》《党风廉政建设责任制实施细则》《关于对财经违规行为的责任追究办法》《基建工程建设管理监督办法》《纪检监察信访举报工作办法》《效能监察办法》等制度。

2013—2014年，制定修订领导干部职务消费、公务用车、会议管理等5部制度。修订《招标监督专员管理办法》《党风监督员管理办法》，印发《落实"两个责任"主要任务及分工方案》《建立健全惩治和预防腐败体系2013—2017年工作规划实施方案》《开展提升党风廉政建设制度执行力活动实施方案》。

2015—2016年，制定《机关贯彻落实"三重一大"制度实施办法》《员工收受礼品礼金上交登记及移交管理办法》《纪检监察"一案双查"办法》《贯彻落实中央八项规定监督问责办法》《纪检监察信访举报工作办法》《纪律审查工作办法》《落实"两个责任"报告制度》《严格规范党员干部办理婚丧嫁娶等事宜暂行规定》《纪委会议议事规则》，修订《党风廉政建设责任制考核细则》《效能监察实施办法》《所属企业纪委书记述职述责和重要事项报告办法》等制度。

2017—2018年，铝电公司制定《党风廉政谈话管理办法》《总部员工收受礼金礼品上交管理实施办法》《党风建设责任制实施办法》《党风廉政建设责任制考核办法》等制度。

2019—2021年，铝电公司制定修订《构建"大监督"格局实施意见（试行）》《巡察工作制度》《巡察工作手册》《落实"全面从严治党"主体责任清单》《贯彻落实"三重一大"

决策制度实施办法》《党风监督员管理办法》《高风险岗位人员轮岗交流管理办法》《员工奖惩制度》等制度。

（二）反腐倡廉教育

2009 年，开展以"加强党性党风党纪教育"为主题的反腐倡廉宣传教育月活动。组织100 多名中层以上领导干部到宁夏女子监狱和劳动教养所参观，接受警示教育。利用公司网站《纪检监察》专栏，编辑发布廉政教育学习材料，扩大宣传教育覆盖面。

2010 年，开展以"扎实推进反腐倡廉制度建设"为主题的反腐倡廉宣传教育月活动。组织党员干部学习《中国共产党党员领导干部廉洁从政若干准则》《责任重于泰山》以及中电投汇编的《领导人员廉洁从业手册》等，所属各单位集中学习反腐倡廉文件、资料 95 场次，受教育 1846 人次；制作宣传栏 28 块、展板 10 块。组织观看《国门惩腐》《铲除小金库》等警示教育片 63 场，受教育 1240 人次。电视播放反腐倡廉宣传教育 18 次，广播稿件 44 篇，召开专题分析会 29 次，686 人参加，查找问题 227 条，制定整改措施 236 条。

2011 年，开展以"以人为本，执政为民，加强作风建设"为主题的党风廉政宣传月活动。组织党员干部学习《中国共产党党员领导干部廉洁从政若干准则》《中国共产党廉洁自律准则》，412 名干部参加廉政知识测试；组织 100 余人参观预防职务犯罪展览；各单位制作宣传展板 10 块，观看警示教育片 59 场，受教育 1500 人次；召开专题分析会 29 次，查找问题227 条，制定整改措施 236 条；征集警句格言 700 多条、字画 100 幅，举办廉政文化书画展。

2012 年，开展以"维护党纪，保持党的纯洁性"为主题的反腐倡廉宣传教育月活动，组织干部参加保持纯洁性廉洁从业培训班，157 名党员干部参观银川监狱接受警示教育，2180人观看警示教育片，开展反腐倡廉知识测试、廉洁短信征集、举办廉洁从业漫画展等活动。以"反贪拒腐，诚信守法"为主题，大力推进廉洁文化进机关、进车间、进班组、进家庭的"四进"活动，开展岗位廉洁从业承诺、签订家庭助廉协议。青铜峡分公司被宁夏回族自治区命名为"廉洁文化进企业示范点创建单位"。

2013 年，开展以"学党章，严纪律，改作风，务实推进三步走"为主题的反腐倡廉宣教月活动，将廉洁文化向机关、车间、班组和家庭延伸。11 月 6 日，召开廉洁文化建设现场观摩会，宁夏纪委、国资委和检察院领导莅临现场观摩指导，青铜峡分公司被宁夏国资委授牌示范单位，公司授牌示范单位 9 家。开展"坚决反对腐败，建设廉洁政治"征文活动，征集理论文章 29 篇，上报宁夏纪委 14 篇，公司获得优秀组织奖。

2014 年，开展以"转作风凝聚正能量，严纪律强化执行力"为主题的反腐倡廉宣传教育月活动。制作《反腐倡廉促发展，风清气正展宏图》电视片，与《坚决以零容忍态度整治腐败》《廉政中国》等电教片在门厅巡回播放。针对兄弟单位8起典型案例制作警示教育展板，分别在机关和青铝股份图书馆展出。组织公司副处级以上领导干部旁听法庭审判，到宁夏廉政警示教育中心接受警示教育。

2015年，开展以"学习党规党纪，从严依法治企"为主题的反腐倡廉宣教月活动。公司纪委与93名中层以上管理干部签订《廉洁从业承诺书》《家庭助廉公约》。公司及所属单位利用中心组学习、"三会一课"、专题辅导等形式，组织开展《中国共产党章程》《中国共产党党内监督条例》《国有企业领导人员廉洁从业若干规定》等重要党内法规学习117场次。开展"守纪律，讲规矩"系列活动，党委（党总支）书记讲党课11场次，参与党纪条规知识测试1462人。向中层及以上干部发放《中国共产党廉洁自律准则》和《中国共产党纪律处分条例》单行本，组织公司党员干部集中收看中央纪委副书记张军的专题辅导报告录像，全年公司党员干部共观看《作风建设永远在路上》等警示教育片41场次，举办预防职务犯罪警示教育课13场次，公司领导班子成员传阅宁夏纪委印制的《忏悔录》，用发生在身边的17起典型案例，教育引导党员领导干部公正用权、廉洁从业。分批组织521名中层以上干部和重点岗位人员参观银川监狱、驻地看守所和警示教育基地接受教育。

2016年，开展以"知敬畏，明底线，守规矩，刻于心，践于行"为主题的反腐倡廉宣传教育月活动。组织专题辅导讲座60场次，安排中层及以上党员干部传阅涉案人员《忏悔录》，组织观看警示教育片13场次。邀请宁夏纪委领导做专题辅导，以闭卷的方式，组织1376名党员进行党章党规党纪知识测试；组织14支代表队开展党规党纪知识竞赛活动；副处级以上干部撰写《作风建设永远在路上》观后感117篇。组织100多人参观银川监狱、宁夏回族自治区警示教育基地，举办预防职务犯罪讲座等，巩固教育效果。

2017年，开展以"学习《准则》《条例》，增强'四个意识'，解决突出问题，助力突破提升"为主题的反腐倡廉宣传教育月活动，创新两个"自选动作"，即开展一次领导干部家属参观警示教育基地活动，弘扬家庭助廉新风尚，组织41名中层以上干部家属参观宁夏回族自治区警示教育基地；开展一次党委（总支）、支部书记参加的党规党纪知识竞赛活动，共有15支代表队参加。编辑下发《学习材料汇编》《党纪条规测试题库》，组织党员干部学习中共十八届六中全会和中央纪委七次全会精神，学习"两个准则"和"三个条例"，学习国家电投、铝电公司党风廉政建设工作会议精神。全系统共组织中心组理论学习35次，参加907人次，各党支部利用"三会一课"学习103次，参加1219人次；组织中层及以上党员干部传阅宁夏回族自治区纪委印制的《忏悔录》；公司职能部门和所属单位组织观看警示教育片2部，1279人参加，137名党员干部撰写观后感；采取网络在线答题方式，组织1719名党员进行党章党规党纪知识测试；组织家风家教征文活动，征集文章 108 篇；对公司管理在职的 105 名处级干部进行关爱提醒谈心，所属单位班子成员约谈分管领域和重点岗位人员 916 人次；组织系统全体副科级及以上干部签订《廉洁从业承诺书》和《家庭助廉公约》808 份。

2018 年，开展以"学习党章党规，不忘初心、牢记使命"为主题的党规党纪宣传教育月活动。党委理论学习中心组、"三会一课"及其他方式集中学习 270 余次，参加 5225 人次，开展集中研讨 69 次，参加 1034 人次；公司各级党组织负责人讲党课 73 次，参与人数 1517 人次；分层级组织重温入党誓词 61 次，参与党员 1352 人次；开展"清风颂"廉洁文化作品和"廉洁齐家"家训家规征集活动，征集到廉洁文化作品 40 余幅、"廉洁齐家"家训家规 20 余条，在国家电投党规党纪宣传教育平台展示廉洁文化作品 4 幅、家训家规 4 条、稿件 1 篇，关爱谈话 2094 人次；公司 1330 余名党员干部下载安装党规党纪宣教 APP，参加 4 期党规党纪知识答题，参与率 100%。

2019 年，开展以"学讲话，守纪律，强作风，纠正形式主义、官僚主义突出问题"为主题的宣教月活动。公司及所属单位党组织负责人讲党课 58 人次，受教育人数达 1320 人次。公司全体党员参加党规党纪测试闯关答题，参与率和闯关率均达到 100%。领导班子成员开展谈心谈话 106 人次，机关部门负责人开展谈心谈话 55 人次，所属单位班子成员及干部开展谈心谈话 1923 人次。公司党员干部和重点岗位人员赴警示教育基地参观学习 85 批次，共计 2124 人次。先后征集推送廉洁文化作品 452 件，学习体会 570 篇。

2020 年，铝电公司制定《2020 年党规党纪宣传教育工作行动项》。先后组织党员干部学习《党规党纪知识学习题库》《反腐密钥》《忏悔警示录》等材料，开展案件警示教育，参加国家电投"领道"闯关答题活动，参观警示教育基地。9 月，组织开展廉洁文化作品征集活动，征集到的 78 件优秀作品在公司展播，并给予奖励。

2021 年，以深化作风建设年为契机，铝电公司制定《2021 年反腐倡廉教育行动项》。汇编《反腐倡廉学习教育材料》《党规党纪知识学习题库》，组织党员干部开展党规党纪知识网络答题活动。组织公司全员签订"严守纪律，拒绝酒驾"承诺书，观看酒驾醉驾警示教育片，开展家庭安全知识宣传教育活动，提高员工遵纪守法意识。

（三）监督检查

2009 年，宁夏能源铝业制定《招投标管理暂行办法》《建设工程招标评标实施细则》，对红一煤矿工程前期工作及施工准备阶段实施专项监督。根据中电投《关于深入开展"小金库"及"账外账"自查自纠工作的通知》精神，公司成立自查自纠工作小组，共查出并处置"小金库"及"账外账"207 万元。通过重点抽查、专项检查等形式，推动对条例规定的贯彻落实。

公司纪委先后参与红墩子煤矿开发工程、35千伏输电线路工程等项目的招标投标工作，监督公司招投标工作规范开展。

2010年，开展"小金库"专项治理"回头看"工作，严格承诺责任，各单位、部门主要负责人、财务负责人与公司签订《杜绝"小金库"承诺书》19份。公司纪委分别对青铝股份、青鑫炭素、建安公司、电力分公司、煤炭煤化工分公司、建设指挥部、科技信息中心、青铝进出口公司落实党风廉政建设责任制、推进惩治和预防腐败体系建设和招投标管理进行检查，对领导班子"三重一大"集体决策制度的落实开展监督检查。针对检查中发现的问题，下发纪检监察巡视检查整改建议书8份。

2011年，根据中电投《关于开展工程建设领域突出问题专项治理工作实施方案》要求，对工程建设领域突出问题进行专项治理，对青铝股份、青鑫炭素和宁夏能源铝业重组以来在建的基建工程项目、技改工程项目进行摸底排查，对临河发电项目、中青迈电解铝项目、石墨化阴极炭素项目、中卫香山风电等重点项目开展自查工作，发现问题31项，下发整改通知13份，提出整改要求31项。根据中共中央办公厅国务院办公厅《关于〈深入开展"小金库"治理工作的意见〉的通知》、中电投及宁夏国资委工作要求，组织公司职能部门和各单位完成"小金库"全面复查工作。

2012年，整治收送礼金、有价证券、支付凭证和商业预付卡问题。对19个所属单位开展"小金库"治理活动，对账外账、绩效奖金发放等情况进行检查，修改完善制度9部，建立"小金库"专项治理长效机制。对青铜峡分公司、宁东分公司、青铝发电等19个单位党风廉政建设责任制落实情况进行专项检查，对检查出的2030个风险点分析评估，制定防控措施2106条。

2013年，公司纪委及时宣贯严禁公款吃喝、公车私用、公款送礼以及公款购买赠送贺年卡、烟花爆竹等节庆禁令的纪律要求，坚持中央八项规定执行情况月度报告制度，公司办公室、审计部、监察部等部门通过"三公"经费专项检查、专项审计、效能监察等形式，对落实中央八项规定精神情况进行监督检查。全公司会议费、业务招待费、办公费同比下降45.1%、39.3%、9.2%。

2014年，重点对中央八项规定和公司25条实施细则执行情况进行监督检查。强化铝业板块采制化工作督查，提交督查督办工作报告7份，提出监察建议31条，处理违规操作问题2起，督促制定采制化制度3部、修订制度5部，制定120千安、160千安系列关停工作监督方案，督促相关单位建立拆除资产移交清单，对关停工作相关程序进行持续跟踪。加强对元旦、春节、国庆、中秋等节假日的监督检查，明确纪律要求，严格执行事前报告等制度。制订《开展提升党风廉政建设制度执行力活动实施方案》，重点对中央八项规定精神和公司25条实施细则执行情况进行监督检查和巡视检查。"四项费用"（会议费、差旅费、业务招待费和办公费）同比下降53%。

2015年，开展"四项费用"的监督检查，机关及所属单位"四项费用"比进度预算节约604.37万元，其中，业务招待费较上年同期同比降低49.68%，差旅费同比降低2.52%，办公费同比降低26.76%，会议费同比降低了60.83%。公司加大对节假日期间公务用车的监督检查力度，坚决纠正公车维修管理漏洞，其中，机关公车使用费用较上年同期减少50多万元。完成领导班子成员和机关人员办公用房的彻底整改。

2016年，对青鑫炭素物资采购和炭块质量开展专项监督，发现问题4项，提出整改建议8条；针对宁东分公司、青铜峡分公司和青鑫炭素废炭灰、废焦粉处置开展专项监督，发现问题4项，提出监察建议3条。制定《贯彻落实中央八项规定监督问责办法》，公司所有公务车辆加装ETC和GPS定位系统，规范车辆派遣、节日封存工作。开展"四风"问题整治情况"回头看"工作，对国家电投现场检查反馈的18个问题，下发整改建议书5份，对所属单位发现的106个问题提出整改措施204条，整改率达100%。

2017年，落实国家电投"5条禁令、30个不准"监督检查，开展落实中央八项规定专项巡察，规范领导人员操办婚丧喜庆事宜，提前印发通知和发送1000余条次廉洁提醒信息强调纪律，集中排查整治违规购买消费高档白酒问题，针对问题整改，全年累计下发监察建议书10份。

2018年，铝电公司制定《全力推进铝电公司"壹号工程"加强作风建设八条规定》，服务遵义公司项目建设，确保项目顺利投产。制定招标采购、选人用人和资金管理等六方面26条防范措施。开展扶贫领域作风问题专项治理工作。铝电公司制订《扶贫领域作风问题专项治理实施方案》，针对扶贫工作措施不够精准、职能作用发挥不好四方面问题进行全面整改。

2019年，公司出台《解决会风文风调研检查等形式主义突出问题为基层减负的14项措施》，明确每周三为"无会日"，将减少发文和会议数量，缩短会议时长与公司领导班子成员"JYKJ"考核挂钩。当年，公司会议同比减少34%，下发文件同比减少41%。铝电公司《构建"大监督"格局实施意见（试行）》，为提升监督工作的整体效能提供保障。对公司机关及所属单位的纪律处分执行情况和公务用车、业务接待、综合库房管理等进行专项监督，反馈问题22个并监督整改。组织对公司党委管理干部的配偶子女经商办企业情况进行排查监督，签订廉洁自律承诺书。

2020年，公司纪委全面落实监督责任，落实国家电投纪检监察组疫情防控工作要求，加强对疫情防控落实情况的监督，确保实现公司系统零病例。建立提醒报告单、监督提示函机制。针对期货贸易、原燃物料采制化方面存在的问题，及时向公司党委提醒报告，向相关职能部门发出监督提示函 6 份，涉及问题 17 项，通过提醒谈话等方式，进一步夯实"一岗双责"责任。开展物资管理监督、"微权力"靶向监督专项行动，反馈问题 172 项，并督促整改。强化重点领域、关键环节的风险防控，对 2 家电厂开展燃煤采制化专项督查，发现问题 82 项，并对整改落实情况进行跟踪督办。加强选人用人考察、面试等环节的全程监督，从动议酝酿阶段就参与选人用人工作的监督。

2021 年，开展落实国家电投零容忍问题清单、国企改革三年行动和常态化疫情防控等监督检查；开展购销领域专项监督检查，对检查发现的 41 项问题建立整改台账，定期督办落实。统筹年度监督重点工作，定期组织召开大监督联席会议，制定 38 项大监督重点任务检查清单，全部督促完成。根据国家电投统一部署，完成"靠企吃企"专项整治工作。围绕职工群众关心热点深化"微权力"靶向监督，发现评先评优、绩效分配等方面的 5 项共性问题，持续巩固监督成效。

（四）效能监察

2009 年，对红墩子红一煤矿工程前期工作及施工准备阶段实施效能监察，检查工程项目法人责任制，工程的设计、施工、监理、设备和材料采购等招标情况。立项 3 个，提出监察建议 7 项，下发监察建议书 5 份，监察通知书 6 份，监察考核决定 1 份，创造经济效益138.82 万元，挽回经济损失 18.32 万元。

2010 年，开展对工程建设领域突出问题进行专项治理、青铝股份供应物资质量管理、生产保卫工作管理、驻外销售点工作管理和红一煤矿工程建设安全施工管理等 5 项工作开展效能监察。

2011 年，效能监察项目立项 9 项，共下发效能监察建议书 7 份，提出建议 24 条，督促整改落实。接受宁夏国资委效能监察督导组对中卫新能源的督导检查。

2012 年，开展效能监察 21 项，内容涵盖制度建设、安全管理、生产经营、物资采购、招投标管理、合同管理等方面，提出整改措施 43 项，避免经济损失 169.62 万元，节约资金341.24 万元，增加经济收益 1784.7 万元，挽回经济损失 320.65 万元。

2013 年，制定《贯彻落实中央八项规定实施细则》，对各部门、单位贯彻落实中央八项规定情况开展效能监察。开展清理会员卡活动，促进干部廉洁从业。公司统一立项 3 项，所属 18 家单位自主立项 22 项，有效进行立项物资采购和采购质量效能监察，发现公司库存还能使用的备件 1731 余万元。开展统一立项工程项目管理效能监察，重点规范项目前期、计划管理、工程质量管理等工作，新建制度 14 部。开展中央八项规定精神落实效能监察，规范公务用车、会务接待等工作流程，下发效能监察通知书 37 份，提出监察建议 96 条，提出整改措施 43 条，纠正工作偏差 3 类共 8 项，完善业务流程 8 项。物资采购和采购质量效能监察项目被宁夏国资委评为优秀效能监察项目，"降本增效"效能监察获中电投优秀效能监察项目三等奖。

2014 年，从落实中央八项规定、公司 25 条实施细则、公司重大决策执行情况、党的群众路线教育实践活动问题整改、审计和财务自查自纠发现问题整改等五个方面，重点检查所属 8 家单位，提出监察建议 79 条，纠正偏差 3 类共计 74 项，完善流程节点 140 项，落实整改措施 386 项。避免经济损失 8.22 万元，挽回经济损失 35.95 万元，节约资金 552.91 万元，增加经济效益 266 万元。

2015 年，效能监察系统共立项 24 项，其中统一立项 2 项，所属单位自主立项 22 项，在组织实施中，提出监察建议 112 条，整改不规范行为 32 项，节约资金 987 万元，挽回经济损失 171 万元，督促修订制度 35 部。职能部门重点开展"三重一大"决策事项和物资采购效能监察，梳理工作流程 15 项，规范管理行为 4 项，其中，物资采购效能监察项目被宁夏国资委纪委评为优秀项目。在电力板块粉煤灰等固体废弃物综合利用专项监察中，提出监察建议 6 条，整改不规范行为 2 项。

2016 年，在物资和燃料采购、项目建设、安全生产管理、廉洁风险防控和作风建设 5 个选题中，统一立项 1 项，12 家单位自主立项 14 项，取得经济效益 790 余万元。开展统一立项物资采购和低效无效资产处置效能监察，发现问题 8 项，提出整改建议和措施 17 条，堵塞管理漏洞 4 项，1 家供应商被列入黑名单。

2017 年，开展落实中央八项规定和库存物资管理效能监察，所属各单位自主立项开展安全生产管理等 13 项效能监察，提出效能监察建议 41 项，整改完成 63 项，促进生产经营与管理。

2018 年，效能监察共立项 20 项，其中，国家电投统一立项开展应收账款效能监察，铝电公司立项遵义项目工程建设管理效能监察，所属单位自主立项 18 项。制订下发应收账款清查效能监察实施方案，各单位对应收账款开展自查自纠。

2019 年，根据国家电投通知要求，公司取消效能监察。

（五）队伍建设

2009 年，聘任纪检监察巡视员 8 人，党风监督员 39 人，招标监督员 13 人。组织纪检监察干部参加中电投组织的业务培训、效能监察工作现场交流会，参加宁夏国资委组织的业务培训，提升纪检监察人员业务能力和政治素质。

2010 年，组织纪检监察人员、纪检监察巡视员、招投标监督员、党风监督员学习公司党风廉政建设、惩防体系建设和招投标监督各项制度，纪检监察干部参加国资委举办的信访、案件软件培训班和中电投组织的各类纪检监察业务培训班 5 人次。

2011 年，在宁夏能源铝业设立党委的单位设立纪委，有 8 位专职纪委书记、31 位专职兼职纪检监察岗位人员。对所属 12 个单位的纪检监察工作人员进行集中培训。

2012 年，配齐专兼职纪检监察人员，通过推荐、培训、考试选聘 10 名招标监督专员和 25 名党风监督员。组织开展纪检监察业务学习培训，组织参加以综合监督、招投标监督及效能监察为主要内容的高级研修班。

2013 年，围绕管理提升活动，积极转职能、转方式、转作风，带头落实中央八项规定，深入查找自身存在的"四风"问题，所属 18 个单位的纪委负责人（包括分管纪检监察工作领导）开展网上述职。

2014 年 3 月，通过个人述职述责、集体打分、板块之间互评等形式，对所属各单位的纪委书记（包括分管纪检监察工作领导）工作开展情况进行测评。6 月，制定所属单位纪委书记考核办法，将考核结果纳入绩效薪酬考核体系。选配 11 名招标监督专员，加强所属各单位招标监督力量。举办 2 次纪检监察干部业务培训班，选派 7 名干部参加中电投组织的业务培训。

2015 年，解决所属各单位纪委书记分工和专职纪检监察工作人员配备问题。承办宁夏国资委国有企业效能监察业务培训班，所属单位 24 名纪检监察干部参加培训，15 名纪检干部参加宁夏国资委纪委的案件工作培训班。

2016 年，选派 11 名纪检干部参加中央纪律检查委员会举办的纪检监察业务培训班，3 人被评为优秀学员；举办纪检监察综合业务培训班，邀请宁夏纪委领导进行专题授课，共 57 人参加培训。

2017 年，严格执行纪委书记、副书记提名考察要求，提名考察遵义公司、山西铝业 2 名纪委书记和宁夏能源铝业所属单位 6 名纪委书记，交流任职 2 名纪委书记。组织 20 名纪检监察干部开展业务培训，组织部分纪检监察干部赴金元集团鸭溪电厂学习先进经验。

2018 年，铝电公司、宁夏能源铝业纪检监察部主任任职向国家电投请示，对遵义公司监审部主任和山西铝业纪检监察部主任任职请示批复，2 人参加国家电投北戴河纪检监察业务培训、8 人参加国家电投监督执纪业务干部培训、3 人参加国家电投纪检监察业务骨干培训，对 28 名专兼职纪检监察干部进行案件查办业务培训。

2019 年 3 月，铝电公司纪委和宁夏能源铝业纪委合署办公。印发《党委关于推进纪检监察体制改革实施方案（试行）》。对 30 名党风监督员开展监督业务培训，选派 24 名纪检干部参加国家电投组织的专业培训。

2020 年，拓宽选拔纪检干部的渠道，从生产一线选拔多名骨干充实到所属单位纪委书记岗位，推动纪检干部跨板块交流。对个别不在状态的纪委书记及时进行组织调整，全年对公司 34 名纪检干部和 13 名党风监督员开展业务培训，选派 8 名干部参加国家电投组织的纪检、巡察等业务培训，抽调 24 人次参与专项工作，通过"上挂下派""以案代训"等方式，提升纪检队伍的监督执纪能力。

2021 年，选派 6 名纪委书记和纪检干部参加国家电投培训，建立巡察人才库，举办巡察业务骨干培训班，安排 4 名纪检人员参加灵武市纪委监委对临河发电燃煤掺假案件查办，选派 3 名纪检干部到吴忠市纪委监委进行为期 8 个月"以干带训"锻炼。

（六）信访件办理

2009 年，接待和处理信访件 16 件（次）。接待公司内退职工来访 150 余人，召开解释说明会议 6 次；接待原加宁公司员工来访 60 人，讲解劳动法和公司用工政策，经过与劳资部门协商，妥善解决来访人员反映的问题。

2010 年，全年调查处理各类来信 8 件，按照规范要求及时调查核实处理并了结，其中，青铝股份 2 名处级干部和 1 名科级干部受到处理。

2011 年，收到群众来信来访 12 件，其中上级转办 2 件，全部进行调查核实，下发整改建议书 4 份，提出整改建议 20 条，诫勉谈话 5 人，批评教育 7 人。对署名信件，到有关单位召开一定范围的职工代表会议，反馈有关信息，提出建议要求。

2012 年，收到信访举报 8 件。在 ERP 网站设立信访专题栏目，方便职工群众监督举报。对收到的举报，纪委监察部门积极组织调查核实，对有关事项下发信访整改建议书。

2013 年，受理群众信访举报 7 件。全部依法依纪进行调查核实，提出整改建议 32 条，及时纠正不规范行为，堵塞管理漏洞。发挥信访举报的治本作用，将纪检监察工作与公司 ERP 信息管理系统相结合，在物资（备品备件）供应和质量检测自动流转环节，授予监督人员权限，实现对权力全程监控和实时预警。

2014 年，严格落实查办案件以上级纪委为主的要求，第一时间向中电投纪检组报告。畅通信访举报渠道，在网站上公布举报邮箱和投诉电话，在各单位设立举报信箱，选聘 28 名党风监督员。当年受理信访举报 16 件，完成 16 件，下发并跟踪落实信访整改建议 42 条。

2015 年，受理各类信访 19 件（含国家电投转交的巡视组交办 9 件），重复件合并后为 13 件，办结 13 件。其中，立案 2 件，给予党内警告处分 1 人，党内严重警告处分 2 人，组织处理 1 人，追究青铝发电班子成员党风廉政建设责任，一票否决其年度综合业绩。

2016 年，受理信访举报 25 件，给予党纪、政纪处分 5 人，调岗、降职 5 人次，退回不合规报销费用 47431 元。约谈、函询有信访反映的中层干部 8 人次；调整岗位、降职等组织处理 8 人次，立案 4 件，给予党内严重警告处分 3 人，党内警告处分 3 人，行政记过 1 人。

2017 年，受理信访举报 22 件（重复件合并后为 13 件），办结 12 件，立案 1 件。

2018 年，收到各级各类信访举报线索 62 件，合并处理 44 件，其中，国家电投转办 12 件，巡视移交 9 件，自收 23 件。44 件全部办结，追究责任 113 人，党政纪处分 45 人，组织调整 3 人，通报批评、诫勉提醒谈话 65 人。

2019 年，收到各级信访举报线索 84 件，合并归类处理后为 56 件，全部办结。追究责任 22 人，给予党纪政纪处分 11 人。全年开展关爱提醒谈话 92 人次，组织处理、提醒和诫勉谈话等 14 人。

2020 年，收到信访举报 39 件，合并处理后为 35 件。对违纪违规责任人进行了处理，全年责任追究 43 人次，党政纪处分 22 人次。实施"一案双查"，共追究领导责任和管理责任 20 人。注重"四种形态"转化运用，当年，运用第一种形态教育帮助和处理人数占比为 51.16%，事实不实的 13 人予以澄清。

2021 年，收到信访举报和问题线索 40 件，合并处理后为 37 件，全部办结，共收缴违纪违规钱款 83.55 万元。相关人员给予党纪、政纪处理，开除党籍 7 人，党内警告 2 人，行政警告 7 人，行政记过 1 人，撤职 1 人，留用察看 3 人，开除并解除劳动合同 5 人，提醒、诫勉谈话 8 人，通报批评 1 人，调离岗位 7 人。对损害公司利益的违纪违法问题开展"一案双查"，对山西铝业矿石掺假案管理人员给予行政警告 1 人。

第六节　巡视巡察

一、巡视

（一）中央巡视问题整改

1. 问题

2015 年，十八届中央第五巡视组对原中电投进行巡视问题反馈，其中，涉及铝电公司（原国际矿业）问题 2 个。

2. 整改

2018 年 8 月，铝电公司党委完成党的十八届中央巡视组巡视涉及原国际矿业问题整改，向国家电投上报《铝电公司关于十八届中央巡视组巡视整改落实情况的报告》。9 月，完成十八届中央巡视组巡视国家电投整改落实情况督查组监督检查工作。针对国家电投督查组指出原国际矿业违规发放购物卡整改不彻底问题，再次追缴 7 人 2.6 万元购物卡，并向国家电投进行专题汇报，完成整改。

（二）国家电投党组巡视及问题整改

1. 巡视

2017 年，国家电投党组完成 3 批 10 家单位的巡视。按照国家电投党组巡视组的要求，对通报的共性问题开展自查自纠，举一反三，深入查找公司在贯彻全面从严治党和依法依规治企方面存在的薄弱环节，落实整改。

2018 年，公司党委接受国家电投党组第二巡视组巡视。

2021 年，配合国家电投党组第一巡视组，完成对公司党委的巡视整改"回头看"工作。

2. 整改

2018 年 3 月 8 日—4 月 13 日，国家电投党组第二巡视组巡视公司党委。制订《配合国家电投党组巡视组巡视工作方案》，成立巡视工作联络组，统筹配合国家电投巡视工作。5 月，巡视结束后，公司党委高度重视国家电投巡视反馈问题的整改工作，立即成立巡视整改工作领导小组及办公室，并召开第七次党委会专题研究部署巡视整改工作，制订《国家电投党组第二巡视组巡视铝电公司党委反馈问题整改工作方案》，将巡视反馈的问题细化为七大类 18 项 83 个具体事项，针对所属单位党建工作开展不均衡、大额资金使用未经党委会决策、部分制度修订严重滞后、红墩子煤矿未批先建和煤矿核准困难等问题提出 258 条整改措施。

2019 年，公司党委召开 3 次专题会，研究国家电投巡视反馈问题整改工作。对整改不彻底、不到位的 3 项问题重新进行"回炉"，再次整改，确保问题真改、实改。

2020 年，公司党委完成铝业国贸纪检监察部负责人长期空缺、无专职纪检监察人员和宁夏能源铝业人身伤亡事故居高不下，正南公司资不抵债且不具备持续经营条件，铝电公司、宁夏能源铝业和山西铝业用工方式复杂问题等 4 项专项督查反馈问题的整改销号。

2021 年 5 月 7—31 日，国家电投党组第一巡视组对铝电公司进行巡视整改"回头看"。针对巡视整改"回头看"反馈的意见，公司党委于 9 月 13 日召开第一次党委扩大会，9 月 26 日召开巡视"回头看"反馈问题整改方案讨论会，安排整改工作，研究制订整改方案，问题分解为 3 个大类 10 个分项 36 个具体事项。对照国家电投巡视问题清单、零容忍问题开展自查自纠，发现各类问题 196 项。9 月 28 日，公司党委第十八次党委会审议，将整改方案上报国家电投巡视工作领导小组，并印发至公司各部门、各单位认真落实。公司纪委严格落实巡视"回头看"反馈问题整改监督责任，制定《巡视整改工作调度会管理办法》《巡视巡察整改监督工作实施细则》《巡视巡察问题整改责任追究办法》，针对逾期未整改问题进行问责，下发监督建议书 12 份。

二、巡察

（一）组织机构

2018 年 4 月 3 日，铝电公司党委会成立巡察工作领导小组及巡察办公室，领导小组组长由党委书记担任，副组长由党委副书记、纪委书记担任，成员由纪检监察部、人力资源部、党群工作部、审计与内控部主要负责人组成，负责巡察工作，对党委负责。

巡察工作领导小组下设办公室，负责领导小组的日常工作，与纪检监察部合署办公。主要职责是负责协调、督促巡视反馈问题整改，做好巡视整改监督；负责统筹推进公司党委巡察工作，提出公司党委巡察工作计划，传达贯彻公司党委和巡察工作领导小组的决策部署，向公司党委和巡察工作领导小组报告巡察工作情况。

（二）工作开展

2018—2021 年，按照巡察工作五年规划，公司党委共派出 19 个巡察组，完成对 15 家党组织的常规（专项）巡察（包括铝业国贸 5 家分支机构）、6 家党组织的巡察"回头看"，实现巡察工作全覆盖。

巡察组坚持以问题为导向、实事求是、依规依纪开展巡察工作。党建方面，重点围绕落实全面从严治党主体责任，组织建设、支部换届选举，董事会、党委会、总经理办公会议事规则等开展监督，加强对权力运行和重要决策环节的监督。党风廉政方面，紧盯关键岗位、重要节点和薄弱环节开展监督检查，全面检视，靶向整治，筑牢防控措施落实。经济发展方面，重点围绕电解铝板块节能降耗和指标提升、综合智慧能源开发、电力板块燃煤采制化、遵义项目建设，铝业国贸合规管理等开展监督。重点对被巡察单位对照国家电投"两个清单"零容忍自查自纠，以及落实巡视、审计、"不忘初心、牢记使命"、党史学习教育等问题整改情况开展监督，坚持做到党委的决策部署到哪里，巡察监督就跟进到哪里，做到巡察监督不留空白点。

（三）发现的问题

2018—2021 年，铝电公司党委巡察反馈问题 1034 个。

按照"四个落实"监督内容要求分析巡察问题，落实党的路线方针政策和党中央重大决策部署，以及公司党委重要战略部署，是履行党的领导职能责任的关键所在，巡察发现问题 312 个，占比 30.2%；落实全面从严治党战略部署，是履行党的领导职能责任的政治保障，巡察发现问题 311 个，占比 30.1%；落实新时代党的组织路线，是履行党的领导职能责任的组织保障，巡察发现问题 294 个，占比 28.4%；落实巡察、审计、主题教育等监督整改情况，是检验履行党的领导职能责任的试金石，巡察发现问题 117 个，占比 11.3%。

对 15 家党组织的常规（专项）巡察（包括铝业国贸 5 家分支机构）共反馈问题 761 个。

"两个责任"落实方面，发现问题 154 个，占问题总数的 20%，主要表现为党组织没有定期研究部署党风廉政建设相关工作，廉洁提醒谈话未实现全覆盖，未将日常党风廉政建设工作纳入 JYKJ；班子成员对落实党风廉政建设"一岗双责"重视不够，对分管领域党风廉政建设监督、管理不到位；对巡视、巡察、审计及主题教育检视反馈问题整改不到位；对照国家电投"两个清单"、零容忍清单开展自查自纠不到位，选人用人、招标采购、合同管理等方面的问题屡改屡犯；落实纪检监察体制改革存在差距，个别单位"三转"未落实到位，纪检人员仍然存在旁站式监督。纪委作用发挥不够，对物资管理、招投标、期货、工程建设等重点领域和采制化等关键岗位监督不到位，廉洁风险依然存在。

党建工作方面，发现问题 134 个，占问题总数的 18%。主要表现为党委理论学习中心组学习质量不高，"三会一课"不规范，学习形式单一、针对性不强，结合实际抓落实不够；党委会和总经理办公会决策事项不清楚，决策会议召开不规范；党支部选举不规范，党建量化考核不到位，发展党员不规范。

选人用人方面，发现问题 104 个，占问题总数的 14%。主要表现为干部选拔程序不规范，党委会讨论干部未执行"一人一议"，干部公示时间与公司制度要求不一致，党委会研究干部任免未执行回避制度；干部人事档案不规范，受处分人员相关信息未放入档案，干部考察相关资料不完整；干部考察工作不严谨。个别单位干部考察范围偏窄，考察报告未体现干部"三龄两历"及民主测评结果；干部任前廉洁谈话不规范。

招标采购方面，发现问题 102 个，占问题总数的 13%。主要表现为存在超权限采购，应招未招、拆分招标等现象；公开招标项目转非公开后降低投标人资格条件要求；个别单位单一来源采购、竞争性谈判理由不充分、过程不规范，存在廉洁风险；合同管理不规范，存在超权限范围和期限签订合同、合同要素不完整、合同变更不规范等问题；供应商和客户管理不规范，未对供应商开展评价；采制化管理不规范。采制化分离不到位，存在管理漏洞和廉洁风险。

制度建设方面，发现问题 70 个，占问题总数的 9%。主要表现为制度修订不及时，未按上级制度及时修订本单位的制度；制度不健全，个别单位存在采购、采制化、财务管理等方面重要制度不完善的情况；制度制定不严谨，制度质量不高，实操性不强，制度执行不严格。实际操作与制度存在"两张皮"现象。

落实中央八项规定精神方面，存在问题 67 个，占问题总数的 9%。主要表现为领导人员履职待遇台账管理不规范，信息登记不全。差旅费报销不规范，存在未履行审批程序，超标准乘坐交通工具、超标准报销等情况；接待管理不规范，接待审批不严格，酒水管理不规范、未建立接待台账；公务用车管理不规范，未建立车辆使用台账，个别公务用车无派车单，维修保养台账、加油台账、封存里程数与里程统计台账记录不能相互印证；会议较多、会议效率不高，存在上级文件照抄照搬，上下一般粗现象。

财务管理方面，发现问题 54 个，占问题总数的 7%。主要表现为会计基础管理不规范，存在部分会计凭证信息填写不全，支撑材料不完整；费用报销流程不合规，报销手续不全，审核不严；费用列支和税金提取不规范。费用列支未按规定取得发票，存在税务风险，缴纳税金未履行审批手续。

安全环保方面，发现问题 32 个，占问题总数的 4%。主要表现为排污许可证过期，排放超标，受到地方环保部门的处罚；承包商管理比较薄弱；固废、危废管理不规范，存在环保风险；个别项目环保未达标。

经营风险方面，发现问题 19 个，占问题总数 2%。主要表现为应收账款数额较大，回收不及时。如铝业国贸深圳公司预付账款 305 万元存在无法收回风险；市场化单位青鑫炭素、科技工程公司应收账款额度较大，历史遗留应收账款回收难度较大；存在增值税发票风险，比如发现铝业国贸重庆公司已抵扣进项税额 2461 万元存在潜在风险；购销业务风险未有效识别，比如铝业国贸华中分公司存在合同未履行、保证金未及时收回风险；部分物资未入账，存在账、卡、物、资金不一致的情况。

项目建设方面，发现问题 15 个，占问题总数的 2%。主要表现为遵义公司 2 个矿山项目及氧化铝项目资质不全，投资 1068 万元的姚家林矿探矿权即将到期、面临灭失风险；山西铝业五台矿、宁武矿、杨家沟矿、贺家圪台矿均未获取建设用地审批手续，存在重大法律风险；临河发电推动项目核准主动性不强，3 台在运机组未核准，项目建设用地规划许可证等合规手续尚未办理。

其他方面发现问题 10 个，占问题总数的 1%。

（四）问题整改

截至 2021 年 12 月 31 日，铝电公司党委巡察共计发现问题 1034 个，整改完成 990 个，整改完成率为 95%。

开展巡察工作以来，各单位累计修订、制定制度 604 项，形成制度管人、管事的良好局面。

针对历年巡察发现的问题，公司党委结合问题性质从多个角度和领域安排部署专项治理工作。针对 2018—2019 年第一轮巡察中发现党建基础薄弱、干部选拔程序不规范、合同管理不规范、拆分标段等问题，巡察办于 2019 年 9 月汇编 50 项问题的自查自纠问题清单，印发《关于针对巡察发现问题开展自查自纠的通知》，开展内部巡察问题专项整治，所属单位逐项对照检查，举一反三，自查自纠。

2020 年 10 月，派出 2 个督察组对科技工程公司、青鑫炭素党委开展巡察整改专项督查，对 26 名相关责任领导、责任人进行追责问责。针对巡察发现党建方面的共性问题持续开展整治。全面梳理对所属各单位党组织巡察过程中发现的党建工作问题，结合历年巡察检查等发现的问题，形成基础问题整改"15+N"行动项（即 15 个共性问题和各单位个性问题整改行动项），说明整改依据，明确整改标准，落实整改责任，年末对整改情况进行重点检查，对问题整改不彻底、屡查屡犯的责任单位加倍考核，推动基础问题彻底整改，夯实基层党建工作基础。开展集中轮训，针对性强化党务干部培训，着重提高党务工作人员履职能力和党建工作水平。2021 年以来，对所属单位进行党建工作督导，对难点疑点问题进行答疑解惑，促进相关问题整改，提升基层党建工作水平。

针对巡察发现的干部管理基础薄弱、选人用人不规范、人事档案管理工作不扎实等问题，公司专项整治。修订《领导干部选拔任用管理办法》等 4 部制度，对所属单位选人用人进行检查，规范各单位的选人用人管理。加强对各单位档案管理的监督指导，按照"专用库房""三室分开"等要求，帮助所属单位规范人事档案的管理。

针对巡察反馈的制度更新不及时、合同签订不规范等问题，制定党的领导和党的建设、战略管理、业务管理、职能管理、监督五大类制度。结合国家电投内控评价三年全覆盖管理要求，依托法治建设及风控合规综合评价工作，开展所属单位制度建设检查。

2021 年，针对物资采购应招未招、拆分标段以及石油焦、燃煤采制化等问题开展专项整治。对山西铝业、遵义公司、青铝发电、科技工程公司、青铜峡分公司等 5 家党组织进行现场检查。制定修订《采购管理规定》《采购实施细则》《物资管理规定》等 7 部制度，下发《关于进一步规范公司采购工作的通知》，确保物资采购管理工作规范合规。

第七节　工　会

一、组织机构

（一）宁夏能源铝业工会委员会

2009 年 4 月 1 日，宁夏能源铝业在青铝股份体育馆召开第一届工会会员代表大会，选举 11 名工会委员会委员。

2011 年 11 月 12 日，宁夏能源铝业工会召开第一届委员会第三次会议，选举工会主席。

2013 年 3 月，宁夏能源铝业工会召开全委会议，增补 5 名工会委员会委员。

2015 年 1 月 14 日，宁夏能源铝业工会委员会召开会议，选举工会委员会委员、工会主席。

2016 年，中电投宁夏青铜峡能源铝业有限公司工会委员会变更为国家电投集团宁夏能源铝业有限公司工会委员会。

2020 年 1 月 20 日，宁夏能源铝业工会召开会员代表大会，增补 10 名工会委员会委员，第一次全委会选举工会主席。

（二）铝电公司工会委员会

2017 年 2 月 20 日，国家电投工委批复，同意成立国家电投集团铝电投资有限公司工会委员会。2 月 26 日，铝电公司召开第一次工会会员代表大会，选举产生铝电公司工会第一届委员会委员、工会经费审查委员会委员和女职工委员会委员，选举产生工会主席。3 月 20 日，国家电投工会委员会批复，同意铝电公司工会第一次会员代表大会选举结果。

2009—2021 年铝电公司（宁夏能源铝业）历届工会主席任职情况见表 10-7-1。

表 10-7-1　2009—2021 年铝电宁夏能源铝业历届工会主席任职表

公司	姓名	任职时间
宁夏能源铝业	袁向东	2009 年 4 月—2010 年 7 月
	李克忠	2014 年 10 月—2017 年 11 月
	张廷锋	2017 年 11 月—2019 年 3 月
	刘　卫	2019 年 3 月—2021 年 12 月
铝电公司	郑家江	2017 年 3 月—2019 年 3 月
	刘　卫	2019 年 3 月—2021 年 12 月

（三）工作机构及职责

2009—2018 年，宁夏能源铝业工会设工会办公室，属日常工作机构，职能是负责工会日常工作，负责宣传、贯彻、落实工会相关法规条例，组织职工积极参与企业民主管理，推进企务公开，加强民主监督，维护职工正当权益，促进职工与企业和谐发展；负责职工代表大会组织、落实大会决议、提案；负责班组建设，教育和引导职工积极参加公司的生产经营、各项劳动竞赛活动等。

2019 年 3 月，铝电公司（宁夏能源铝业）工会下设工会办公室，与党建部合署办公，负责工会委员会日常事务。

（四）基层工会组织

2009—2021 年，铝电公司（宁夏能源铝业）工会不断完善基层工会组织，充分发挥桥梁纽带作用，围绕中心，服务大局。根据《中国工会章程》，宁夏能源铝业工会在原有青铜峡分公司、宁东分公司等工会组织的基础上，2011 年成立临河发电工会、红墩子红一煤矿工会、工程公司工会。2012 年，成立青鑫炭素工会、中卫热电工会、红二煤矿项目筹建处工会、中卫新能源工会、吴忠新能源工会、银川新能源工会等基层工会组织。红墩子红一煤矿工会、中卫热电工会、红二煤矿项目筹建处工会脱离宁夏能源铝业工会。吴忠新能源工会、银川新能源工会等统一由中卫新能源工会管理。2021 年底，宁夏能源铝业工会下设公司本部分工会、临河发电工会、青铝发电工会、中卫新能源工会、青铜峡分公司工会、宁东分公司工会、科技工程公司工会、青鑫炭素工会和铝合金分公司分工会。铝电公司工会下设铝电金海分工会、铝业国贸工会、山西铝业工会、遵义公司工会和宁夏能源铝业工会。

二、女职工组织

（一）女工委员会

2009 年 4 月 1 日，中电投宁夏青铜峡能源铝业集团有限公司工会第一届会员代表大会选举产生女职工委员会，委员由 3 人组成。

2017 年 2 月 26 日，铝电公司工会第一次会员代表大会选举 3 名同志为第一届女职工委员会委员。

女工委员会主要职责是围绕公司党委的中心工作，加强女职工的思想教育，发动女职工积极参加政治、文化、业务技能学习，协助行政部门贯彻执行有关女工保护的政策法令和规定，建立健全女职工的保护制度和设施；积极参与民主管理，维护女职工的民主权利，了解女职工的意见和要求，研究女职工切实利益的提案，组织女职工积极参加各种劳动竞赛，推广宣传典型女职工先进事迹。

（二）女职工权益保护

2009 年以来，公司工会严格贯彻落实女职工的特殊保护，每年修订《女职工权益保护专项集体合同》，并在职代会上审议通过并签订。合同对女职工劳动权益保护、特殊利益保护都做了明确规定。严格落实女职工"四期"（经期、孕期、产期、哺乳期）保护制度和《女职工禁忌劳动范围的规定》，组织女职工进行专项体检。

2015 年，首次将"因实际情况满足不了每天 2 次哺乳时间的，合并为 3 个月的哺乳假"写入《女职工权益保护专项集体合同》并监督执行。

健全各级女工组织，完善制度，为工作顺利开展提供保障。

开展女职工提素建功工程，围绕公司中心工作，在女职工中开展岗位练兵，提高女职工的技术业务素质，增强为企业发展创新创效的能力。选树女工先进典型，发挥先进示范导向作用。每年开展形式多样的庆三八活动，丰富女职工工余生活。开展"巾帼建功"活动，每 2 年评选表彰"巾帼建功标兵""巾帼建功标兵岗"。

三、职工代表大会

（一）宁夏能源铝业职工代表大会

1. 第一届职工代表大会

2009 年 4 月 2 日，宁夏能源铝业在青铝股份会展中心会议厅召开一届一次职工代表大会，218 名代表参加会议。审议通过关于《总经理工作报告》《工会工作报告》《财务工作报告》的决议，表决通过《宁夏能源铝业集体合同》，总经理、工会主席分别代表企业方与职工方签订 2009 年《集体合同》。

2010 年 2 月 5 日，宁夏能源铝业在青铝股份体育馆召开一届二次职工代表大会。会议审议通过关于《总经理工作报告》《工会工作报告》的决议，签订《宁夏能源铝业 2010 年集体合同》《女职工权益保护专项集体合同》。会议期间，共征集提案 3 条，建议 22 条，提案和建议全部得到落实。其中，九年制合同工与正式职工同工同酬的建议，公司 2010 年下发《关于九年制合同工变更劳动合同的通知》，实现劳务工与无固定期员工同工同酬。

2011 年 2 月 17—18 日，宁夏能源铝业在青铝股份体育馆召开一届三次职工代表大会。会议审议通过关于《总经理工作报告》《工会工作报告》的决议，审议通过《2010 年集体合同》及《女职工权益保护专项集体合同》，总经理与工会主席及各单位分别签订《2011 年集体合同》《女职工权益保护专项集体合同》《2011 年综合业绩考核责任书》。会议期间，共征集

53 项提案，全部得到落实。其中，技术员及职能人员电话费补贴提案，当年给予每人每月 50 元话费补贴。在职工生日时送上生日蛋糕的提案等予以采纳落实。

2012 年 2 月 6—7 日，宁夏能源铝业在青铝股份体育馆召开一届四次职工代表大会。大会审议通过关于《总经理工作报告》《工会工作报告》的决议，签订《2012 年集体合同》《女职工权益保护专项集体合同》。会议期间共征集 57 项提案，提案和建议全部得到落实。提案和建议涉及公司发展与改革方面的内容，如建议尽快打通三条产业链，加快发展方式转变；健全完善本部安全体系，加快各分子公司安全体系建设；结合"安康杯"劳动竞赛活动，开展"安全自主型班组"创建活动；做好铝业市场运作、提高盈利能力等，体现职工代表关心企业发展，关注生产经营，代表履职能力和水平不断提升。

2013 年 1 月 31 日—2 月 1 日，宁夏能源铝业在青铝股份召开一届五次职工代表大会。大会审议通过关于《总经理工作报告》《工会工作报告》的决议，审议通过并签订《2013 年集体合同》《工资专项集体合同》《女职工权益保护专项集体合同》《2013 年综合业绩考核责任书》。会议期间共征集 84 项提案，提案委员会分别提交到 10 个责任部门进行落实，提案和建议全部得到落实。其中，关于取得技术职称或技能等级提案，宁夏能源铝业下发《新进人员待遇管理办法》，对于取得技能等级证、学历等，均按规定工资加分晋档。对于劳保用品质量、定额方面的提案，公司修订《劳动防护用品管理办法》，对劳保品质量、定额都有明确规定。

2. 第二届职工代表大会

2014 年 1 月 23—24 日，宁夏能源铝业在青铝股份体育馆召开二届一次职工代表大会。大会审议通过关于《总经理工作报告》《工会工作报告》的决议，审议通过并签订《2014 年集体合同》《工资专项集体合同》《女职工权益保护专项集体合同》《2014 年综合业绩考核责任书》。会议期间共征集提案 57 项，提案审查委员会结合公司开展党的群众路线教育实践活动，将 57 项建议分别提交到 11 个责任部门，提案和建议全部得到落实。

2015 年 2 月 9—10 日，宁夏能源铝业召开二届二次职工代表大会。大会审议通过关于《总经理工作报告》《工会工作报告》的决议，审议通过并签订《2015 年集体合同》《工资专项集体合同》《女职工权益保护专项集体合同》《2015 年综合业绩考核责任书》。会议期间共征集提案 43 件。经提案审查委员会会议研究决定，对青铝发电 1 号、2 号机组电除尘升级改造、青铝家属区生活用水水质等 8 件提案予以立案落实，其他提案和建议均予以答复。

2016 年 3 月 29—30 日，宁夏能源铝业召开二届三次职工代表大会。大会审议通过关于《总经理工作报告》《工会工作报告》的决议，审议通过并签订《2016 年集体合同》《工资专项集体合同》《女职工权益保护专项集体合同》《2016年综合业绩考核责任书》。会议期间征集提案、建议81件，经提案工作委员会审核，立案12件。提案主要有尽快打通铝电产业链，降低生产成本；推进项目进展，出台新的自备电价政策；拓展外部市场，打通新材料基地供热项目等。关系公司发展战略等提案全部落实。

2017年4月16—18日，宁夏能源铝业召开二届四次职工代表大会。大会审议通过关于《总经理工作报告》《工会工作报告》的决议，审议通过并签订《2017年集体合同》《工资专项集体合同》《女职工权益保护专项集体合同》《2017年综合业绩考核责任书》。会议期间征集职工代表建议，征集提案48件，征集意见建议135条。经提案工作委员会审查，立案10件，按照职责分工，提案委员会编制10份提案承办通知单发至相关部门办理。其中，建议公司建立库存过剩物资互换平台，降低库存，将青铜峡分公司餐票改为餐卡，职工根据工作实际自备用餐或者购买用餐卡；扩大特重病救助范围及降低报销费用门槛等全部落实。

2018年2月8—10日，宁夏能源铝业召开二届五次职工代表大会。大会审议通过关于《总经理工作报告》《工会工作报告》的决议，审议通过并签订《2018年集体合同》《工资专项集体合同》《女职工权益保护专项集体合同》《2018年综合业绩考核责任书》。会议期间征集职工代表提案，经提案工作委员会审查，立案7件。其中，尽快组织实施焙烧一车间200系列燃控系统升级改造，保证生产产能最大化；青铜峡分公司动力维修车间1人值守岗位改为视频集中监控等7件提案全部落实。

3. 第三届职工代表大会

2019年2月22日，宁夏能源铝业在青铝发电召开三届一次职工代表大会。大会审议通过关于《总经理工作报告》《工会工作报告》的决议，审议通过签订《2019年集体合同》《工资专项集体合同》《女职工权益保护专项集体合同》《2019年综合业绩考核责任书》。会议期间征集职工代表提案36件，立案5件，办结5件。其中，改革发展类提案6件，占16.7%；安全环保类提案4件，占11.1%；经营管理类提案13件，占36.1%；人力资源类提案10件，占27.8%；后勤保障类的提案3件，占8.3%。职工代表提出的关于深化企业改革、应对市场竞争、提升管理水平、加强人才队伍建设等提案全部得到落实。

（二）铝电公司职工代表大会

2017年2月27日，铝电公司一届一次职工代表大会在青铝股份体育馆召开。大会审议通过关于《总经理工作报告》《工会工作报告》的决议。签订《2017年经营业绩责任书》。选举产生第一届董事会职工董事、第一届监事会职工监事。

2018年2月4—6日，铝电公司一届二次职工代表大会在山西省忻州市原平市召开。会议审议通过关于《总经理工作报告》《工会工作报告》的决议，签订《2018年集体合同》《2018年工资专项集体合同》《2018年女职工权益保护专项集体合同》《2018年综合业绩考核责任书》。会议期间共征集提案23份。涉及"改革发展"方面提案2份，"经营管理"方面提案6份，"安全生产"方面提案4份，"人力资源"方面提案4份，"体制机制"方面提案3份，"和谐企业"方面提案2份，"福利待遇"方面提案1份，"其他"方面提案1份。经公司党委会、提案审查委员会审议，最终立案4件，分别为青铜峡分公司提出的"加大环保投入，满足国家环保要求"提案、宁东分公司提出的"加大环保设施投入，确保排放达标"提案、铝业国贸武汉公司提出的"扩大协同范围，进一步提高集约化水平"提案、铝电公司提出的"铝电公司其他原辅材料集中采购方案"提案全部落实。列为意见、建议17件，直接答复提案人的2件。

2019年2月18日，铝电公司一届三次职工代表大会暨工作会议在北京市西城区金融大街28号院3号楼召开。会议审议通过《总经理工作报告》《工会工作报告》的决议，签订《2019年集体合同》《2019年工资专项集体合同》《2019年女职工权益保护专项集体合同》《2019年综合业绩考核责任书》。会议期间征集职工代表建议提案，经提案审查工作委员会审查立案5件，成立审计内控人才库、开通氧化铝期货业务、创建网络安全培训教育平台、遵义公司现场倒班公寓扩建等提案全部得到落实。

2020年1月21日，铝电公司一届四次（宁夏能源铝业三届二次）职工代表大会暨工作会议在青铜峡分公司召开。会议审议通过《总经理工作报告》《工会工作报告》的决议，签订《2020年集体合同》《2020年工资专项集体合同》《2020年女职工权益保护专项集体合同》《2020年综合业绩考核责任书》。会议期间职工代表围绕公司改革发展、安全生产、经营管理、人才队伍、和谐企业建设等方面建言献策，向职代会递交提案，经提案审查工作委员会审查，立案5件，火电、新能源企业推广应用新技术设备，将青铜峡区域打造成铝电公司员工技能培训基地，减轻班组记录，恢复职工疗（休）养假待遇等全部得到答复落实。

2021年2月3日，铝电公司（宁夏能源铝业三届三次）一届五次职工代表大会在银川机关召开。会议审议通过关于《总经理工作报告》《工会工作报告》的决议，签订《2021年集体合同》《2021年工资专项集体合同》《2021年女职工权益保护专项集体合同》《2021年综合业绩考核责任书》。会议期间，征集职工代表提案35件，经提案审查工作委员会确定立案6件，分别是优化市场化单位JYKJ考核体系；强化市场化单位风险管控、在电解铝板块推广使用青鑫炭素石墨化炭块；推动铝电公司高质量发展、加快提升电解铝板块设备自动化水平，强化设备升级改造；提高劳动生产率、建立铝电公司系统内专业技术交流群，解决专业难题；分享有价值的创新方法及合理化建议；在青铜峡厂区内主要交通路口设立路标、标识牌等装置，便于厂区内交通管理及外来车辆区域识别；修建临河发电至宁东分公司职工通行道路，方便职工安全出行等。提案全部落实。列为意见、建议12件，直接答复提案人17件。

四、厂务公开

依据公司《厂务公开实施办法》，公司每年在职工代表大会上公开重大决策、生产经营以及业务招待费的使用情况。利用生产调度会、安全通报会、总经理办公会、干部大会、职工代表座谈会等形式，对干部任免、评先选优、招聘竞赛等事项进行通报，并做到事前公示、事后公开，通过文件、企业报、通报、简报、局域网等形式公开透明，接受职工监督。

2009年，制定《职工代表大会实施细则》《厂务公开实施办法》等制度，规范厂务公开和民主监督程序。

2010年，建立健全厂务公开民主管理运行机制。通过厂务公开栏、意见箱、职工座谈会等形式，对干部任免、评先选优、招聘竞聘等201项事项进行公示、通报、公开，主动接受职工监督。

2011年，推行民主管理"阳光工程"。成立以总经理为组长、工会主席为副组长的厂务公开领导小组。按照《厂务公开管理办法》的要求，通过公开栏、意见箱、职工座谈会等多种形式，对"三重一大"、干部任免、评先选优、招聘竞聘、燃料管理、特重病救助基金使用情况等事项进行通报和公示、事中监督、事后公开。工会成员和职工代表定期参加公司生产经营等有关会议，掌握情况，提出建议，公司党政领导支持工会参政议政。

2012年，各单位以班组为基础，推动厂务公开工作向班组延伸、向一线延伸。各级工会通过多种形式就职工关心的热点、难点问题直接与职工讨论审议，确保职工对企业管理的知情权、参与权、监督权。

2013年，通过公开栏、意见箱、职工座谈会等多种形式，对"三重一大"、评先选优、招聘竞聘、特重病救助基金使用情况等事项进行事前公示、事中监督、事后公开。工会会员代表和职工代表定期参加公司的生产经营管理等有关会议，听取意见，提出建议，调动职工当家作主的积极性。

2014年，通润铝材工会将厂务公开纳入公司整体考核之中，在车间设立厂务公开栏，定期将企业费用支出、薪酬福利、业绩考核等事项向职工公开。吴忠新能源工会积极搭建平台，对公司生产经营、安全管理、利益分配等重大事项和涉及职工切身利益的问题，行政领导与职工面对面对话，传达政策，听取意见，答疑释惑。

2015年，修订《厂务公开管理办法》，各级工会坚持利用会议、文件、公开栏、网络等多种形式，及时公开涉及重大决策、生产经营管理、职工切身利益、党风廉政建设等方面内容共计238次867项。各单位车间、班组进一步规范公开事项的程序和内容，维护职工知情权、参与权、监督权，使公开、公示成为维护职工合法权益的有效形式。

2016年，公开涉及重大决策、生产经营管理、职工切身利益、党风廉政建设等七个方面的内容共计公开事项828项，维护职工的知情权、参与权、监督权。

2017年，铝电公司工会制定《关于深入推进厂务公开民主管理工作的通知》，把重大决策事项、生产经营重要情况、涉及职工切身利益事项、领导班子建设和廉洁从业事项、公务用车、公务接待、因公出国经费预算执行情况等，作为厂务公开的重点公开事项，每季度进行跟踪督办，向职工通报企业重大决策和涉及公司改革发展稳定的重要情况，听取职工的意见和建议，将公司内网、OA办公系统建设成落实厂务公开的主阵地，接受职工群众监督。

2018年，坚持把厂务公开工作纳入公司发展全局，形成党务公开、厂务公开联动推进。把厂务公开工作纳入各单位党建工作考核体系，健全党务、厂务公开领导机制，不断加大综合协调、督促检查力度。

2019年，修订《厂务公开工作管理办法》，为厂务公开工作健康发展提供保障。党务干部培训内容增加厂务公开内容，强化对厂务公开工作制度的宣贯力度，不断提高制度化、规范化水平。

2020年，完善厂务公开工作平台和载体，采取会议、公开栏、专题简报、网络平台等方式进行公开。在"四级"公开网络基础上，创新开展职工代表巡视、参加党委会、安全生产经营会议等厂务公开监督方式，合理应用厂务公开监督成果，确保厂务公开的有效实施。

2021年，组织职工代表现场巡视，发现问题400余条，全部完成整改落实。代表职工与公司平等协商签订《集体合同》《工资专项集体合同》和《女职工特殊权益保护专项合同》，全覆盖监督检查各单位评先选优、绩效发放等涉及职工切身利益事项的公开情况，切实维护职工合法权益和特殊利益。

五、竞赛

（一）劳动竞赛

2009年，开展"我为节能降耗做贡献""创双优"等主题劳动竞赛。在青铝股份开展电解生产控制、成本控制与设备管理、电解槽焙烧启动等劳动竞赛。全年共开展劳动竞赛55次，创造经济效益6300多万元。

2010 年，开展"创新增效年"等活动，创造经济效益 2349 万元。煤炭板块各单位以"技术改进、技术攻关、技术创新"等为内容开展专项竞赛活动，在红三井田煤炭资源勘探工程中，通过设计优化，降低投资近千万元。

2011 年，开展"四比四创"（比提高质量、创优品牌，比节能降耗、创新技术，比安全生产、创优管理，比增强素质、创新业绩）主题劳动竞赛。围绕打造"平安红一"主题，实现矿井安全建设零事故。临河发电开展"争创宁夏样板机组"劳动竞赛活动，实现 1 号、2 号 2 台机组顺利投运，机组投产后做到了热控保护投入率、热工自动投入率、电气保护投入率均为100%，创造宁夏地区样板工程。

2012—2013 年，开展"创双优"劳动竞赛和"群策群力齐动员，减亏扭亏做贡献""五比五赛"（比管理能力、赛控亏能力，比指标水平、赛盈利能力，比管控水平、赛降本能力，比安全环保水平、赛保障能力，比策划水平、赛组织能力）专项竞赛活动。参赛单位临河发电解决生产过程中的疑难杂症，机组低负荷单台电机给水泵运行和 3 台磨煤机运行方式试验取得成功，日增加供电量约 120 万千瓦时，降低厂用电率 1%，降低煤耗约 3 克／千瓦时。

2014 年，开展"保安全、保质量、保工期"劳动竞赛，提升设备检修质量，促进检修现场安全文明生产。

2015—2017 年，开展"创先争优""争当岗位技术能手"等劳动竞赛 41 次。各单位有序开展"奉献在岗位，大干 300 天""冲刺四季度"等劳动竞赛，以竞赛促生产、促安全、促管理、促效益、促发展，圆满完成全年任务。

2018 年，开展以"群策群力齐动员，扭亏脱困做贡献"为主题的"扭亏脱困大干一百天"铝业电解生产、电工、钳工、铸造工专项劳动竞赛。评选出 5 个优胜车间，青铜峡分公司电解二车间运行二班等 10 个优胜班组和 50 名优秀员工获奖励。

2019 年，以"当好主人翁，建功创一流"主题实践活动为载体，开展劳动竞赛、技术比武、岗位练兵、群众性经济技术创新等建功立业活动，助力公司经济效益提升。围绕降本增效，组织在宁夏各单位开展"扭亏脱困，提质增效"工作先进个人评选活动，每月对评选出的 100 名先进个人进行表彰奖励。

2020 年，开展"安全零死亡，建功创一流"专项劳动竞赛。开展电解铝指标提升劳动竞赛，推进电解铝生产指标及精细化管理再上台阶，促进一流电解铝产业建设。开展电力板块"跑赢自己，跑赢同行"的争发电量"双跑赢"劳动竞赛，努力完成发电量年度综合计划目标。

2021 年，围绕"争当主人翁，建功创一流"主题，开展"双跑赢"提升技术指标劳动竞赛和"安全零死亡"劳动竞赛，巩固安全生产成果，推动电解铝指标提升，为跑赢自己、跑赢同行奠定坚实基础。开展"提升电解铝生产指标"专项劳动竞赛活动，每季度评选 1 个进步最快车间、1 个进步最快工区。

（二）技能竞赛

公司注重提升员工业务技能，采用岗位技能培训、岗位练兵、技术大比武等形式，全面提高员工的专业技能，重点培养生产岗位领军人物，营造尊重知识、崇尚技术的良好氛围。

2009 年，开展"创建学习型组织，争做知识型员工"活动，各单位开展技术比武、岗位练兵 94 次，累计参加 1.42 万人次。

2010 年，举办电工、钳工、天车工、焊工、叉车工、焙烧工、铸造工等工种技术比武、岗位练兵活动 45 次，1800 多名职工参加。在宁夏锅炉工技术比武中，公司代表队获得团体第二名；6 月 29 日，公司举办焙烧工职业技能大赛，12 名选手参加比赛，2 人获得一等奖。9 月 9—12 日，在包头铝业公司举办的"中国铝业杯"第四届全国有色金属行业职业技能比武中，公司荣获团体优秀奖。

2011 年，开展电解、铸造、煅烧、天车、浇铸、电焊等 16 个岗位技术比武、岗位练兵活动，参加人数 5876 人次；8 月 10—12 日，中电投首届铝电解工技术比武在青铝股份举办，黄河水电公司一队、黄河水电公司二队、宁东分公司分别获得团体奖前三名。

2012 年，举办电解、阳极、铸造等 16 个岗位 3256 人次参加的技术比武。6 月 25—28 日，在宁夏回族自治区钳工职业技能竞赛中，邓宏兴获得个人第一名。7 月 27 日—8 月 26 日，开展年度职工职业技能资格鉴定考评，电焊工、维修电工、装配钳工、电解工、净化工、铸造工 6 个工种的 392 名职工参加，职业技能鉴定分高级技师、技师、高级工 3 个级别，是公司成立以来第一次开展高级技师职业技能鉴定。9 月 6 日，在中国铝业广西分公司举行的全国有色金属行业职业竞赛中，青铜峡分公司张云取得多功能天车组个人第三名，被授予"全国有色行业岗位技术能手"称号。

2013 年，各级工会组织电解、铸造、天车等 17 个岗位开展技术比武、岗位练兵等活动 158 次，3494 人参加，9 人晋升为高级技师，99 人晋升为技师。2 月 16 日，在红一矿举行煤、电、铝电工技能比赛，青铜峡分公司、宁东分公司、临河发电和红一矿代表队参加，青铜峡分公司代表队夺得第一名。

2014 年，在电解、铸造、煅烧、天车、焊工等岗位开展技术比武、岗位练兵活动，1919 人次参加。

2015 年，组织电解、天车、集控运行等工种 2653 人参加技术比武和岗位练兵活动。宁东分公司荣获"中国铝业杯"第九届全国有色金属行业比武团体优秀奖。6 月 15—18 日，国家电投在五凌公司黑麋峰培训基地举办首届档案职业技能大赛，公司获优秀组织奖。

2016 年，青铜峡分公司、宁东分公司等先后举办电解工、阳极工、维修电工、钳工、焊工、多功能天车工等职工职业技能大赛。10 月 18 日，青铜峡分公司代表公司参加中国有色金属工业协会主办的"中国铝业杯"第十届全国有色金属行业职业技能竞赛决赛，4 名选手参加铝电解工（阳极炭素焙烧）、仪器仪表维修工、机修钳工 3 个工种的竞赛。

2017 年，开展电解、阳极、铸造、电工、钳工和焊工等多工种的技术大比武。

2018 年，宁夏能源铝业第十八次党委会审议通过《职工技能管理办法》，从组织机构、组织管理、表彰奖励等都做了明确规定，凡公司职工，不受年龄、资历、学历和职务限制，均可参加竞赛。110 名选手参加公司 2018 年电工、钳工、铸造工技能竞赛。承办第六届全国职工技能大赛钳工宁夏选拔赛，公司荣获团体二等奖。

2019 年，铝电公司组队参加国家电投举办的风电运维工、继电保护和内训师技能竞赛，中卫热电杨勇获得继电保护三等奖。各工会开展电解工、电工、钳工、焊工等多工种技能比赛 170 次，参加人数 5544 人次。山西铝业开展"我的地盘我做主，提质增效见行动"全员劳动竞赛，铝业国贸举办第五届期货模拟交易技能大赛。

2020 年 7 月 17 日，公司举办 2020 年火电安全技能竞赛，临河发电、青铝发电、中卫热电和山西铝业热电 4 支代表队 16 名队员参加竞赛。9 月 7—9 日，举办"匠心铸未来，建功创一流"2020 年电解岗位技能竞赛，铝板块 10 支代表队 56 名选手参加比赛。国家电投举办铝电解岗位技能比赛，青铜峡分公司代表一队获团体二等奖、宁东分公司第二代表队获团体三等奖。

2021 年 5 月 31 日，在青铜峡分公司邓宏兴劳模创新工作室启动公司"建功创一流"职工技能竞赛。此次竞赛包括焊接、火电机组集控、光伏运维、安全管理、阳极焙烧、氧化铝运维、铝土矿山运维、铝电解等项目，有 200 余人参与。8 月 31 日，铝电公司举办 2021 年"建功创一流"安全管理技能竞赛，运行监控中心、电气运维部、风机运维一部、风机运维二部共 8 支队伍参加比赛。

（三）"安康杯"竞赛

1998 年，中华全国总工会和原国家经贸委在全国开展"安康杯"竞赛。通过安全生产管理、领导者安全生产意识、职工安全生产知识水平和能力、安全生产各项指标等竞赛，降低各类事故的发生率和各类职业病的发病率。

公司开展"安康杯"竞赛活动，最早始于 1999 年，以后每年按照竞赛活动的要求和目标，组织各基层单位和班组，宣传《中华人民共和国安全生产法》，建立健全《工会劳动保护监督检查工作条例》《工会劳动保护监督检查工作制度》等制度。利用会议、自办媒体等，宣传竞赛的主题、目的和意义；每年结合"安全生产月"活动，制定"安康杯"竞赛活动要求和目标，并与班组建设有机结合，同步开展检查、评比和表彰奖励。

2009—2021 年，公司工会每年确定一个"安康杯"竞赛主题，提升公司及各单位、车间、班组安全生产管理、安全文化建设、职工安全健康培训教育水平，以岗位安全为重点，开展安全生产知识竞赛、一份安全家书、安全生产宣传、巡回报告、书信短信、图片展览、温馨提示、文艺宣传等形式多样的安全文化活动，养成职工安全生产和职业健康习惯，推广先进班组管理经验，培育有特色、有成效的班组安全生产管理模式。

2009 年 7 月 12 日，青铝股份获"全国'安康杯'优胜企业"称号，青铝股份电解一部电解五车间生产二班获"2009 年全国'安康杯'竞赛优胜班组"称号。

2011 年，宁东分公司焙烧车间生产二班获"宁夏回族自治区 2010 年度'安康杯'竞赛优胜班组"称号。

2012 年，公司荣获"2011 年度全国'安康杯'竞赛优胜单位"称号；宁东分公司电解一车间运行三班获"全国'安康杯'竞赛优胜班组"称号；青铜峡分公司获"宁夏回族自治区'安康杯'竞赛示范单位"称号。

2013 年，检修维修四车间维修四班获"全国'安康杯'竞赛优胜班组"称号。

2016 年，宁东分公司获"2014—2015 年度全国'安康杯'竞赛优胜单位"称号，青铜峡分公司 200 千安电解车间七厂房运行二班获"2014—2015 年度全国'安康杯'优胜班组"称号。

六、职工权益保障

（一）劳动监督

2009 年，公司工会成立劳动保护监督检查委员会，从劳动保护的源头参与，组织职工代表参与安全和环境保护措施的制定，发挥劳动保护监督检查队伍的作用，参与有关部门对各单位劳动防护需求情况进行走访调研，对劳保用品发放与使用情况进行监督检查，督促相关部门及时修订劳动防护用品定额标准，配发有效、合理的劳动防护用品。督促加大对降噪、隔离设施及除尘等职业卫生的监测力度，保障一线职工的身心健康。各级工会参与安全事故调查，与相关部门查清事故原因和责任，制定整改措施，加强事故防范，维护职工生命安全。

依据《中华人民共和国工会法》《中华人民共和国劳动法》《中华人民共和国职业病防治法》等国家劳动安全卫生有关法律法规和全国总工会颁布的工会劳动保护监督检查"三个条例"，制定宁夏能源铝业《工会劳动保护工作实施办法》，包括目的、意义、工会职责、奖励和处罚内容。

公司工会每年组织职工代表深入各单位开展巡视工作，落实职工依法行使民主参与、民主管理和民主监督的权利，检查安全生产、安全防护、文明施工等安全管理情况，检查劳动报酬、工作时间、员工生活、福利费使用等，检查年度经营方案落实、规章制度执行等经营管理情况，检查精神文明建设、领导班子作风建设、"创争"活动、职工文化娱乐等文化建设情况；检查职工代表大会通过事项落实，职工代表提案落实、厂务公开制度执行、集体合同和劳动合同履行等民主管理工作。

2021年，公司500个班组均已配发冰柜、电风扇、饮水机、微波炉、血压仪及风油精等常用药品，并为铝电解高温生产一线班组安装空调。每年暑季，为职工发放茶叶、冰糖、西瓜等防暑降温物品，每天为生产一线班组配送防暑饮料、雪糕等，做好防暑降温，保障职工身体健康。

（二）维护职工权益

公司工会依据《中华人民共和国劳动法》《中华人民共和国劳动合同法》，监督落实《集体合同》，改善职工工作环境（噪声、湿度、温度）、女职工特殊保护、劳保用品发放、健康检查、请假制度、"三险二金"、带薪疗养、带薪休假等，建立健全劳动争议调解工作机构，妥善处理好企业和职工各方利益，稳定劳动关系。

2009年，签订《集体合同》《女职工权益保护专项集体合同》，建立职工疗（休）养机制，制定《职工疗（休）养管理办法》《职工体检管理办法》。针对九年制合同工待遇下降、人员流失等问题，公司全额恢复停发半年的铝业板块职工绩效工资，调升原九年制合同工薪酬标准，实现同工同酬，将分流人员50%工资额留给减员后的班组，当年安排疗（休）养职工192人，完成职工体检1500人。11月5日，公司召开职代会主席团（组）长会议，专题讨论职工奖励等方案与制度。把保障女职工合法权益和特殊利益作为女工工作的重点，将"为女职工发放卫生保健费、足额缴纳生育保险金，确保女职工纳入生育保险范畴"等内容充实到合同条款中，保障女职工劳动卫生权益。对涉及职工利益的重大事项，坚持以职工代表团（组）长会议的形式予以审议。审议通过企业年金建立方案、住房公积金调整方案、补充医疗保险建立方案、职工体检管理办法、职工疗（休）养管理办法等9项关系职工切身利益的重要制度和方案。

2010年，召开相关会议审议通过工资改革方案、特重病救助基金管理办法等多项关系职工切身利益的制度和方案。

2011年，召开相关会议审议通过《企业年金方案》《管控一体化实施方案》《艾依水郡住房出售办法》《企业年金方案实施细则》等 4 项关系职工切身利益的制度和方案。

2012 年，公司所属 19 家单位全部建立职代会制度。先后组织筹备并召开职代会及联席会议，审议通过《职工福利费管理办法》《女职工长期休假管理办法》等事关职工切身利益的制度。公司荣获宁夏回族自治区"劳动关系和谐企业先进单位"称号。

2013 年，开展"送管理、送服务、送资金，请职工提意见、请职工来监督、请职工做评议"的"三送三请"活动，深化工会帮扶工作。协调联系中电投工委确定青鑫炭素为中电投工委帮扶点。

2014 年，发挥职代会民主管理的主渠道作用，青铜峡分公司工会在 120 千安、160 千安系列关停过程中，广泛听取职工代表意见，维护职工合法利益和劳动权益，确保关停过程中职工队伍稳定。青铝发电工会健全完善"三重一大"向职代会报告制度，加强职代会的标准化、规范化建设，调动职工参政议政的积极性。

2015 年，工会方与企业方平等协商，首次将"有不满 1 周岁婴儿的女职工，每一个工作日内给予 2 次哺乳时间，每次 1 小时（含往返时间），确因实际情况满足不了哺乳时间，由本人申请，单位同意，也可合并为 3 个月的哺乳假"写入《女职工权益保护专项集体合同》。

2016 年，安排 239 名职工疗休养，安排 6215 名职工健康体检。全年为女职工发放卫生保健费 29.5 万元，独生子女保健费 30.2 万元。

2017 年，组织职工代表对中卫热电、中卫新能源落实职代会决议情况、职工代表提案落实情况、职业卫生健康防治、涉及职工切身利益的重大事项执行情况以及职工关心的热点、难点问题进行巡视，形成反馈意见和建议，督促整改。

2018 年，组织职工代表巡查生产现场安全管理，检查问题 256 条，全部得到整改落实。

2019 年，对职工群众普遍关心的问题及时回应，解决职工提出的问题 238 项。青铜峡分公司利用"网上职工之家"为职工及家属释疑解惑，解决"三供一业"移交后改造等问题 60 项，帮助职工群众解决生活上遇到的困难和问题。

2020 年，支持几内亚公司的疫情防控工作。开展五一劳动节慰问活动，向生产一线的劳动者们送去节日的问候和价值 21 万元慰问物资，向全体职工发放防暑慰问品 19 万元。

2021 年，划拨专项资金 192 万元购置慰问品，慰问奋战在新冠疫情一线的职工家属、疫情致困员工、集中安置和居家隔离人员以及疫情防控志愿服务人员等共计 9100 人次。划拨 30 万元专项经费慰问坚守生产一线的干部职工。

七、班组建设

2009 年，开展"创建学习型组织，争做知识型员工"活动，围绕公司"三步走"发展战略，组织开展以创建"一流工作、一流服务、一流业绩、一流团队"为内容的"工人先锋号"活动，引领和激励广大职工立足岗位，勤奋工作，在推进"三条产业链"建设，打造宁东产业集群、确保安全生产、提高经营效益和提升管理水平等方面发挥作用。

2010 年，开展"创建学习型组织，争做知识型职工"活动，重点加强职工思想道德素质和科学文化素质建设，提升职工技能水平。

2011 年，建立健全班组建设领导机构，印发《班组建设实施方案》，从制度建设、组织建设、队伍建设等方面予以规范。开展"班组升级赛"，召开班组经验交流会，以安全管理、生产组织、绩效管理、民主管理和创新管理为主题进行交流。

2012 年，深化"工人先锋号"创建活动，健全班组建设领导机构，组织开展"班组升级赛"活动，选树 10 个"工人先锋号"和 10 名"优秀班组长"。

2013 年，围绕创新品牌、创优业绩、创建和谐的"三创"主线，开展"六型"班组创建活动。召开班组建设推进会，印发《班组建设五年规划》。以"班组升级赛"为载体，加强对班组建设工作的检查指导，建立奖惩机制，定期开展考核评比。举办 8 期班组长培训班，培训班组长 365 人。

2014 年，制订"安全生产自主管理型班组"创建活动实施方案，建设"四个一流"职工队伍，在全体职工中开展创建"工人先锋号"活动。开展"寻找最美一线工人""聚焦一线"活动。推进"六型"班组建设，开展"安全生产自主管理型"班组创建活动。宁东分公司工会打造班组建设标杆，将公司首届"十佳班组长"焦卫国所在电解一车间综合班命名为"焦卫国班"，推广学习焦卫国班组管理模式和先进经验。动力分公司工会开展班组管理创星级活动，制定"五星级"工作标准，定期评定，给予不同等级业绩奖励。检修分公司工会细化和完善班组管理标准，发布 25 项班组管理制度，制定 17 项班组安全防范措施，全面提高班组安全自主管理能力。青铜峡分公司工会着力塑造班组亲情安全文化，开展家企共建、电话家访活动，班长每月向班员家属电话通报职工工作情况，及时了解职工思想动态，共同提升职工安全意识。

2015 年，推进"六型"班组建设，以"创建学习型组织，争做知识型职工"活动和职工素质提升工程为抓手，以班组精细化管理、降耗提效为目标，组织开展班组升级赛、创星级班组等活动。12 月 18 日，公司召开班组建设推进会，表彰 9 个"工人先锋号"和 10 名优秀班组长。各级工会组织举办班组长培训班 14 期，培训班组长 481 人次。

2016年，青铜峡分公司组织160名班组长进行管理能力提升培训；宁东分公司工会以评选十佳班组为抓手，用典型引领、示范带动的办法推动班组建设；临河分公司、中卫新能源、中卫热电等单位按照"六型"班组要求推进班组标准化建设，班组管理水平不断提升。青铜峡分公司200千安电解车间七厂房运行二班荣获宁夏回族自治区"工人先锋号"称号。

2017年，铝电公司开展第一届寻找"最美班组长"活动，通过职工赞、全员寻、单位推、网络评、广泛学，评选一批"最美班组长"。

2018年4月23日，中卫热电员工赵海宝荣获宁夏五一劳动奖章，青铜峡分公司350千安电解维修班被授予宁夏"工人先锋号"称号。

2019年5月29—31日，召开班组建设推进会，下发《班组建设实施方案》。举办2期班组长培训班，对100名班组长进行培训。各单位举办班组长培训班19期，培训班组长714人次。开展寻找"最美班组长"活动，评选表彰10名"最美班组长"，有14万人次参与投票。对电力板块单位班组建设情况进行调研，对基层班组记录台账进行梳理，精简、合并或清理相关记录台账，减轻班组负担。山西铝业制订《班组建设三年规划》，通过"三步走"创建"六优"班组；宁东分公司针对班组生产指标完成、操作规程执行、原材物料消耗、现场管理及创建无泄漏等建立考评机制。

2020年，制订《2020—2022年优化班组建设工作方案》，为班组松绑减负。

2021年，制订《示范班组建设实施方案》，推进"四好"班组建设。4月23日，召开示范班组建设暨班组减负现场推进会，山西铝业、青铝发电、青铜峡分公司、宁东分公司、青鑫炭素5家单位做班组建设经验交流，并参观宁东分公司煅烧车间原料班、电解四车间综合班，听取班组建设及减负工作的经验介绍。当年，2个班组被评为"国家电投示范班组"，13个班组被评为"公司示范班组"，10名"最美班组长"得到表彰奖励。

八、"职工之家"建设

根据"扩大覆盖面，增强凝聚力"的要求，努力把基层工会建成组织健全、维权到位、职工信赖的"职工之家"，打造基层车间、班组为工作活跃、作用明显的"职工小家"。

2011年，开展"书香伴我行"读书活动，分别在红一煤矿、临河发电、中卫新能源等地建立职工书屋，购买图书2万余册。

2013年，工会投入40多万元，为"职工之家"配置体育器材和各类图书。在红二煤矿、宁东分公司等地建立职工书屋，购买图书3900多册。

2014年，投入24.5万元为宁东分公司、中卫新能源建立"职工之家"，改善职工文化生活设施。

2016年，宁东分公司添置体育活动器材，车间更新饮水机、冰柜。工程检修班组添置电脑。改造公司机关职工活动场馆和篮球场。先后投入50余万元，解决基层单位职工生产生活和业余文化生活中的具体困难。

2019年，公司工会投资28万元，为职工书屋购买图书，为职工学习和提升技能素质创造条件。

2021年10月，中卫新能源"职工小家"被国家电投授予"示范职工小家"，由"文体活动小家"、"民主管理小家"、"智慧培训小家"、"温馨生活小家"、"学习创新小家"、班组室及宿舍组成。

公司有国家电投"示范职工小家"3个，分别是青铜峡分公司"职工小家"、中卫新能源"职工小家"和遵义公司大竹园矿"职工小家"。

青铜峡分公司"职工小家"。青铜峡分公司动力二车间"职工小家"，成立于2015年4月，面积56平方米，现有人员19人，有钳工、电工、焊工、管工、下水工等工种，承担青铝区域供水、排水、通风及污水处理系统检修维护保障任务。2020年12月，宁夏能源化工冶金通信工会授牌"先进职工小家"。

中卫新能源"职工小家"。中卫新能源香山"示范职工小家"是国家电投首批建设的20个"示范职工小家"之一，于2021年9月完成建设，10月14日正式揭牌启用，面积为1737平方米。"职工小家"以"4+X"为阵地建设标准，设置"文体活动小家""民主管理小家""智慧培训小家""温馨生活小家""学习创新小家"等功能室。"民主管理小家"的"留声墙"记录职工的心声和想说的话语；"文体活动小家"配置跑步机、动感单车、健身器材、杠铃、哑铃、乒乓球台和台球桌等健身器材；"温馨生活小家"建有"小食堂""小药箱"，使职工在"小家"中感受"家"的温暖；"学习创新小家"为职工配置业务技能学习、创新管理等图书，引导职工营造"爱读书，多读书，读好书"的良好氛围。

遵义公司大竹园矿"职工小家"。遵义公司大竹园矿"职工小家"，于2021年4月建设，10月投入使用，12月通过国家电投线上验收并授予"示范职工小家"称号。设有"健身阅览小家""创新技术小家""党群活动小家""探亲小家"及"观影娱乐小家"，面积约320平方米。"创新技术小家"开展"五小"创新活动，完成5个创新项目，在遵义公司、铝电公司"五小"创新评比中获奖。探亲小家先后接待职工家属22人次，为职工家属探亲提供方便。

九、关心关爱

（一）慰问活动

2009年以来，公司工会坚持开展"春送健康，夏送清凉，秋送助学，冬送温暖"系列活动，关注职工群众最关心最直接最现实的问题，当好职工的"娘家人"。

1. 春送健康

开展"面对面、心贴心、实打实服务职工在基层"活动，关注职工身心健康，每年组织开展职工健康体检，组织女职工开展专项体检及"两癌"筛查，坚持每年为女职工办理"团体安康保险"。将职工健康体检工作纳入民主监督主要内容，切实履行集体合同相关内容。所属各单位陆续开展"健康周""健康伴我行"等活动，组织一线职工开展口腔义诊、健康讲座及体检报告解读等关爱活动。组织劳模等先进人物疗休养活动，至2021年底，参与疗休养活动超过1200余人次。

2. 夏送清凉

坚持员工关爱行动，持续开展"夏送清凉"活动。工会每年慰问"三伏"天坚守在电解槽旁、焙烧炉边、炙热煤堆、锅炉巡检现场等生产一线的广大干部职工，送去雪糕、清凉饮品、茶叶、西瓜等。13年来，累计发放慰问品价值超过1000万元。督促各单位积极开展防暑降温工作，切实把职工身体健康和生命安全放到工作的首位，做到关心职工、爱护职工，为职工群众服务、为安全生产服务。

3. 金秋助学

2006年8月，青铝集团制定《捐资助学实施办法》，每年为高考被录取普通高校二本及以上的职工子女每人发放5000元助学金。宁夏能源铝业成立后，延续这一做法，开展"金秋助学"活动。"金秋助学"作为一项长效激励机制，工会连续多年坚持开展。据统计，到2021年，累计为1008名职工子女发放"金秋助学金"448万元，对15名困难职工家庭开展"阳光助学"，发放助学金7.5万元。

4. 冬送温暖

进一步完善困难职工帮扶长效机制，健全困难职工档案，实施"精准帮扶"。关心困难职工、患病住院职工，做好"两节"慰问，表达公司对职工的关爱。截至2021年底，各级工会共慰问帮扶困难职工2200人次，发放慰问金440余万元，体现以人为本的理念，凝心聚力。

（二）互助基金

2010年4月13日，宁夏能源铝业一届二次职工代表大会审议通过《特重病救助基金使用管理办法》，为保证特重病救助基金公正、合理使用，成立公司特重病救助基金会。救助会入会以自愿、互助互济、非营利及权利与义务对等为原则，由公司工会统一管理。会员每5年缴纳一次会费，遵守基金会管理办法和有关规定，执行基金会的决定，可享受本办法规定的25种特重病医疗救助。全年筹集特重病救助基金101万元，对22名患有特重病的职工进行了救助，救助金额24.1万元。

2011年，修订《特重病救助基金管理办法》，救助特重病职工27人，发放救助金21.6万元。组织职工参加宁夏总工会开展的职工医疗互助活动，1551人参加医疗互助，缴纳互助金7.76万元，为10名住院职工办理医疗互助金4.12万元。

2012年，救助13名患病职工，救助金额15.5万元。

2013年，救助11名患有特重病的职工，发放救助金10.03万元，为5名住院职工办理互助医疗帮扶金5.45万元。

2014年，救助26名患有特重病的职工，救助金额18.62万元。

2015年，救助特重病职工27人，发放救助金21.6万元。

2016年，为31名患病职工办理救助金27.7万元。

2017年，为24名患病职工办理救助金15.36万元，组织2456名职工参加宁夏回族自治区总工会第五期医疗互助保险，为22名职工办理互助金12.85万元。

2018年，为22名患病职工办理救助金10.0041万元。

2019年，为47名患病职工办理救助金35.5万元。

2020年，为20名患病职工办理救助金11万元。

2021年，为23人次发放救助金12.62万元。

第八节　共青团

一、组织机构

（一）宁夏能源铝业团委及基层团组织

2010年3月31日，共青团宁夏能源铝业第一次代表大会在青铝股份会展中心召开，选举产生共青团宁夏能源铝业第一届委员会委员。公司团委下属11个基层团委，分别为青铝股份团委及所属电解一部团委、电解二部团委、阳极一部团委、阳极二部团委、铸造中心团委、动力部团委、中青迈铝业动力部团委、中青迈铝业综合部团委、中青迈铝业阳极部团委、中青迈铝业电解部团委；3个团总支，分别为青铝股份质量监督部团总支、通润铝材团总支、青鑫炭素团总支；2个直属团支部，分别为电力分公司团支部、煤炭及煤化工分公司团支部。共有71个团支部，3822名团员。

2011年，有9个基层团委，分别为红一矿团委、临河发电公司团委、青铜峡分公司团委、宁东分公司团委、动力分公司团委、检修分公司团委、物流配送中心团委、通润铝材团委、青鑫炭素团委；5个团总支，分别为煤化工筹建处团总支、吴忠新能源团总支、质量检测中心团总支、建设工程公司团总支、实业公司团总支；1个直属团支部，枣泉发电团支部。共有67个团支部，3552名团员青年。

2011—2015年，团组织机构未发生较大变化。

2016年5月13日，共青团国家电投集团宁夏能源铝业第一次代表大会在青铜峡分公司图书馆会议厅召开，选举产生共青团宁夏能源铝业委员会第一届委员。公司团委下属团委9个，分别为煤炭煤化工分公司团委、临河发电团委、青铝发电团委、中卫热电团委、青铜峡分公司团委、宁东分公司团委、工程检修团委、青鑫炭素团委、通润铝材团委；团总支3个，分别为吴忠（银川）新能源团总支、中卫新能源团总支、销售分公司团总支。共有59个团支部，3005名团员青年。

（二）共青团铝电公司委员会

2017年4月5日，国家电投批复同意成立共青团国家电投集团铝电投资有限公司委员会。5月4日，共青团铝电公司第一次代表大会在山西铝业召开。公司团委下属团委13个，分别为宁夏能源铝业团委、铝业国贸团委、山西铝业团委、遵义公司团委，宁夏能源铝业所属煤炭煤化工分公司团委、临河发电团委、青铝发电团委、中卫热电团委、青铜峡分公司团委、宁东分公司团委、工程检修团委、青鑫炭素团委、通润铝材团委；团总支3个，分别为吴忠（银川）新能源团总支、中卫新能源团总支、销售分公司团总支。共有80个团支部，3934名团员青年。

2019年，铝电公司（宁夏能源铝业）团委下属11个团委，分别为铝业国贸团委、山西铝业团委、遵义公司团委、临河发电团委、青铝发电团委、中卫热电团委、青铜峡分公司团委、宁东分公司团委、科技工程公司团委、青鑫炭素团委、煤业公司团委；2个团总支，分别为中卫新能源团总支、铝合金分公司团总支；1个直属团支部，为几内亚公司团支部。

2020年，中卫新能源团总支更名为中卫新能源团委，煤业公司团委撤销。

2021年，铝电公司（宁夏能源铝业）团委下设10个团委，分别为铝业国贸团委、山西铝业团委、遵义公司团委、临河发电团委、青铝发电团委、新能源公司团委、青铜峡分公司团委、宁东分公司团委、科技工程公司团委、青鑫炭素团委；1个团总支，铝合金分公司团总支；1个直属团支部，铝电金海团支部。72个团支部，2925名团员青年。

二、培训教育

2010年5月20日，公司党委印发《关于进一步加强和改进共青团工作的实施意见》，明确当前和今后一个时期团青工作的总体要求和基本原则，围绕"深化党建带团建工作，加强和改进团的基层组织建设，探索完善团组织发挥作用的途径和方式"工作思路开展工作。5月26日，公司举办青年成长论坛活动，搭建青年成长平台。

2012年，公司团委举办第二届青年成长成才论坛，建立青年成长成才档案，搭建"推优荐才"平台。10月22日—11月2日，在青铝股份图书馆举办2期团干部（青工）培训班，100人参加，培训内容包括共青团工作实务、公司发展规划及战略、青年成长机制探索、青年心理咨询、公司安全理念及基础安全知识等。

2013年7月22日—8月3日，公司团委在青铝股份图书馆举办2期团干部（青工）培训班，培训的主要内容有共青团工作实务、青工技能培训、青年职业规划讲座、团队与沟通拓展训练。

2014年10月28—31日，公司团委举办3期团干部（青工）培训班，100人参加，培训内容包括青年安全监督岗专项培训、青年新闻宣传写作摄影专题培训、讨论交流座谈。先后前往宁夏电视台、中石化宁夏公司、神华宁煤参观考察学习。举办盐池光伏项目研究、行动学习法、铝业沙盘推演等4次青年成长沙龙。

2015年5月，公司团委组织开展以"转变作风，提升能力"为主题的专题调研，通过座谈会、基层实地考察、发放问卷等形式，深入基层，走近青年，与基层单位团干部和青年员工面对面交流，了解基层青年诉求。各团组织开展专题调研14次，走访基层组织52个，走访基层一线青年469人，听取意见建议301条。11月16—19日，举办团干部培训班，45人参加。培训的主要内容包括共青团工作实务、安全管理、新媒体使用、财务知识、公文写作等知识，开展团队合作拓展训练、青年沙龙、交流座谈等活动。

2016年11月14—18日，国家电投团委西北协作区团干部培训班在青铜峡分公司图书馆举办。宁夏能源铝业59名团干部参加培训，学习创新方法、毛泽东诗词鉴赏、党的十八届六中全会精神解读、新媒体如何发挥作用、青年思想政治工作方法等知识讲座，组织开展素质拓展、青年沙龙、读书分享会。

2017年5月4日，以五四表彰的"十大青年先锋"为"火种"，建立50人"未来之星"人才库。11月5—10日，铝电公司在山西铝业举办"未来之星"青年人才（第一期）训练营。11月23—24日，举办团干部培训班，培训内容有党的十九大精神解读、安全生产知识、青年思想政治工作方法、团组织换届选举等，举行《习近平的七年知青岁月》读书分享会。12月14日，公司党委印发《关于做好"未来之星"党员兼任党支部主要职务的通知》，对"未来之星"培养工作做出部署。各单位将"未来之星"党员安排到党支部书记（副书记）岗位上进行锻炼。

2018年，3月8—10日，在北京宝之谷培训基地举行"未来之星"第二期训练营拜师仪式。公司系统各单位主要负责人及各位跨级导师和"未来之星"50余人参加培训、拜师活动。公司主要领导为"未来之星"党员讲授《牢牢把握新时代党的建设总要求，为提升铝电公司党建工作质量建功立业》的专题党课。9月13—16日，公司"希望之星"第一期训练营在青铜峡分公司举办，所属各单位的38名"希望之星"参加本次训练营。公司领导为"希望之星"讲授"把学习有效融入自身成长成才的方法和技巧"，以自身经历为青年讲解如何走出舒适区，如何在不断锤炼中成长，如何融入团队，如何在面对困难时保持良好心态和不懈奋斗的精神，如何成为一名有担当、有责任、有情怀的新时代青年等内容。

2019年，录制《我和我的祖国》快闪视频，弘扬主旋律，传播正能量。开展"青年大学习"，以习近平新时代中国特色社会主义思想为主线，开展青年大学习活动。50名优秀青年进入公司第二批"未来之星"青年人才库，在中央团校举办两期"双星"及团干部培训班，100名优秀青年和团干部参加培训。

2020年，开展"青春心向党，建功新时代"主题教育实践活动，围绕"奔涌吧后浪，科技创新青年行"等主题活动，举办3场头脑风暴和市场化单位战略研讨会。

2021年，利用团委会学习研讨会、团支部会议、知识竞赛答题、青年大学习等形式，开展学习党史、新中国史、改革开放史、社会主义发展史等内容。举办"学党史，强信念，跟党走"主题团日活动，邀请劳动模范为团员青年讲党史、忆厂史、说奋斗故事，分享成长经验。

三、共青团活动

（一）"青字号"工程

2009年，组织实施"四柱一星"计划，即青年安全监督岗、青年突击队、青年文明号、青年岗位能手活动和"青铝十佳青年"评选。设立"青年安全监督岗"47个，围绕生产经营中心工作开展各种安全活动。

2012年7月20日，成立青年突击队42支，参加人数454人，先后完成技术攻关、设备抢修、降本增效等41项。

2013年，以"青"字号活动为主要载体，组织青年职工积极参与安全管理，青鑫炭素团委开展"我为控亏献计策"活动，6 个生产岗位设立"青年安全监督岗"，岗员 20 余人。检修公司团委开展"创一流青安岗，做安全型青年"主题活动，把"青安岗"打造成一支"安全护卫队"。

2014 年，设立青年安全岗 51 个，参与青年职工 162 人。

2015 年，设立 97 个青工安全监督岗，620 名青年职工参与。

2016 年，各级团组织开展"员工创新行动·青年勇于担当"主题实践活动，引领青年主动投身创新实践。青铜峡分公司开展 QC 活动 20 项，创造经济效益 2683 万元；吴忠新能源"光伏组件输出异常分析与处理"提高电站发电量 50 余万千瓦时，直接经济效益近 50 万元；青鑫炭素石墨化车间小炭棒石墨化和炭粉提纯新工艺，优化装炉方案和送电曲线，年创造效益 100 万元。

2017 年，设置青年安全监督岗 113 个，开展各类突击队活动 46 次。各基层团组织开展创新创效活动，形成青年创新清单 156 项，创造经济效益 1075 万元。

2018 年，联合宁夏科技厅创新培训机构举办青年创新培训，举办 2 期青年创新方法训练营，在公司系统内征集"五小"创新项目 41 项，对优秀项目表彰奖励。

2019 年 6 月 18 日，在青铜峡分公司图书馆举办"创新方法训练营"培训班，共有 57 名青年参加。培训内容包括创新方法概述与 TRIZ 概述、解决问题的流程、重点工具应用与解题案例、实际演练等。参加 2019 年全国创新方法大赛宁夏分赛区活动，6 个参赛项目均荣获三等奖，公司团委荣获优秀组织奖。

2020 年，开展"跑赢自己、跑赢同行"的"双跑赢"青年"五小"创新活动。遵义公司申报的"铝土矿终粉磨 V 选进料溜槽防堵新方法"小革新获得一等奖，山西铝业申报的"回转窑系统设备长周期优化"等 5 项获得二等奖，宁东分公司申报的"电解质料场加装破碎装置"等 7 项获得三等奖。组织 42 名青年参加宁夏回族自治区创新方法训练营，组建 17 个项目组参赛，6 个项目入围决赛并获中国创新方法大赛宁夏分赛三等奖。

2021 年 12 月 15 日，开展"青力·青为"青年"五小"创新成果分享活动，各单位携带创新亮点项目参与展评活动，1000 多名员工通过视频直播在线同步观看。"五小"创新开展以来，电解铝、氧化铝、电力、矿山等板块的小革新、小改造、小发明、小设计、小建议创新项目共计 41 项，其中，科技工程公司"阳极导杆卡具夹紧压板装置"项目荣获一等奖。

（二）专项活动

2010 年 3 月 5 日，在青铝股份举办"忠诚敬业，爱岗奉献"主题实践活动。活动内容包括弘扬雷锋精神、开展青年志愿者活动，弘扬治沙精神、开展青年生态志愿林种树活动，弘扬互助精神、开展捐资助学活动，倡导奉献精神、开展青年突击队活动，倡导敬业精神、开展爱企爱岗学习教育活动，倡导艰苦奋斗精神、融入公司"创新增效年"活动。

2011年5月4日，举办庆五四团青联谊活动。开展"学党史，知党情，跟党走"主题活动，宣传贯彻党的十七届六中全会精神，开展"在光荣的旗帜下——团员话成长"七一主题活动。

2012年，公司团委动员各级团组织开展"提升技能强素质，确立目标早成才"，"节能降耗，青年争先"，"忆事故，受教育"，"管理提升，青年先行"等系列活动，引导青年正确认识形势，明确目标，厉行节约，扎实做好本职工作。

2013年6月6日，举办第二届青工演讲比赛，12名选手以散文、配乐诗朗诵、快板书等形式，还原青年员工在平凡岗位上做出不平凡业绩的事迹。

2014年，联合学校、银行、医院、宁夏电视台、百合网等单位，组织单身青年相亲活动，举办青年相亲会6场次，单身青年300余人次参加，有2对青年牵手步入婚姻殿堂。

2015年11月20日，举办以"以奋斗者为本，传承青铝精神"为主题的第四届青工宣讲比赛。12名选手分别讲述技术创新带头人、爱护班员的老班长等先进人物典型事迹。

2016年，举办"以奋斗者为本"的青工宣讲比赛，12名选手讲述身边爱岗敬业、无私奉献奋斗者事迹。开展青年员工思想动态调研，把握青年思想状况和合理诉求。开通官方微信公众号，成立新媒体宣传组，招募5名有特长优秀青年组成宣传团队，开辟《青声》栏目，宣贯"和"文化。

2017年，开展"学习总书记讲话，做合格共青团员"及"一学一做"教育实践活动。各级团组织围绕习近平总书记系列重要讲话精神、团章、国家电投及公司发展战略和形势任务等，组织团员学习。以"怎样做一名合格团员"为主题，结合实际工作组织专题团课，将"一学一做"教育实践与实际工作相结合，各级团组织共建立团员青年突击队42个，围绕急险任务开展各类活动41次，在重点、关键岗位设置青年安全监督岗113个；开展青年"五小"创新活动，形成青年创新清单156项。开展"十佳青年奋斗者"评选，发动全体团员青年，广泛推选基层青年奋斗者，通过网络投票和集中评选，最终评选出首届"十佳青年奋斗者"；开展"学习习近平总书记重要讲话，做合格共青团员"主题征文活动，共征集优秀征文30篇；开展"映山红"团员青年志愿服务活动，团员青年志愿者在厂区、社区等开展志愿服务活动27次。

2018年，组织48名单身团员青年分别参加4次单身青年联谊活动。3月5日，开展"学雷锋·比奉献"活动，在厂区、社区、学校等开展服务活动25次。根据党委部署，在共青团务川县委的大力支持下，开展为期6天的"助力脱贫攻坚·青春梦想起航"走进央企夏令营活动。

2019年，开展"青春心向党，建功创一流"第三届"我是奋斗者"故事会。组织50名青年录制《我和我的祖国》快闪视频，弘扬主旋律，传播正能量；联系宁夏税务局举办"铝税情缘，情定七夕"单身青年联谊等多场次联谊活动，深受青年好评。

2020年9月27日，举办以"礼赞奋斗者，建功创一流"为主题的第四届"我是奋斗者"故事会。11名员工讲述自己在工作中坚守初心、砥砺奋进的故事，在抗击新冠疫情中克难尽职、稳工稳产的故事，在科技创新中敢于挑战推动企业高质量发展的故事，传递出奋斗者的正能量。

2021年5月26日，举办"学党史，强信念，跟党走"主题团日活动，邀请劳动模范为团员青年讲党史、忆厂史、说奋斗故事。6月18日，在青铜峡分公司图书馆三楼举办庆祝中国共产党成立100周年"奋斗百年路，启航新征程"演讲比赛。7月31日，举办第七期"相约仲夏·遇见我的他（她）"单身青年联谊活动，来自临河发电、宁东分公司、宁夏和仁堂口腔连锁医院、银川丽人医院、石嘴山银行、宁夏惠企有限公司的48名单身青年参加活动，现场促成4对青年男女成功牵手。

（三）志愿者服务

2009年3月5日，各单位组织团员青年开展树木移栽认领、整治环境卫生、健康知识科普讲座等活动，宣传保护环境知识，提高环保意识。

2010年3月10日，组织党团员、青年职工，与全国劳动模范、治沙绿化英雄白春兰一同植树劳动，并为宁夏能源铝业"青年林"石碑揭牌。

2011年4月13日，组建"沙海绿洲"青年志愿者服务队，686名青年加入志愿者队伍。80多名党团员来到盐池县生态教育基地——白春兰冒贤业绩园，栽种獐子松、杨树等树木400多株。10月，公司出资40万元捐建中电投"映山红"青铜峡郝渠希望小学，作为中电投"映山红"爱心助学试点工程在全系统宣传推广学习。

2012年，在中电投团委和宁夏能源铝业党委的支持下，持续资助"映山红"青铜峡郝渠希望小学，定期组织志愿者爱心回访、捐赠文体和学习用品。

2013年，组织志愿者回访"映山红"青铜峡郝渠希望小学，捐建图书室和校园广播系统一套，为15名优秀学生和30名贫困、特困学生送去学习用品等，并对该校特困儿童开展一对一爱心助学活动。开展环境保护行动，组织志愿者义务植树，开展"红二青年林"防风固沙林种植活动。

2014年，有1043名青年志愿者注册加入"映山红"爱心助学组织。组织青年志愿者前往宁夏南部贫困山区，针对孤儿、留守儿童和特困学生等需要帮助的对象，开展一对一爱心助学，为贫困乡村教学捐助电脑、打印机各 8 台；开展学雷锋志愿服务活动，开展家电维修、医疗咨询、扶贫帮困、服务孤寡老人等志愿者义务服务活动 10 余次；组织志愿者前往宁夏盐池县白春兰治沙基地开展义务植树和爱国主义教育 3 次，参与"红一青年林、红二青年林、香山青年林"义务植树。

2016 年，与驻村工作队配合，动员爱心人士伸出援助之手，开展"映山红·点灯圆梦"爱心助学活动，为苏堡村确定的 27 名（2020 年增加到 32 名）贫困学生和西吉县兴平乡赵垴村确定的 17 名（2020 年增加到 18 名），共计 50 名贫困生每人资助 500 元，延续到高中或大学毕业。2021 年底，"映山红·点灯圆梦"爱心助学活动已持续开展 6 年。

2017 年，广大团员青年志愿者在厂区、社区开展服务活动 25 次。宁夏区域持续开展"映山红·点灯圆梦"爱心助学活动，当年资助苏堡村小学 27 名贫困学生，每人每年资助 500 元直至大学毕业，该项目以优秀志愿服务项目被宁夏推荐为全国精神文明"4 个 100"提名项目。

2018 年，公司团委持续开展"映山红·点灯圆梦"爱心助学活动，该项目入选国家电投"映山红"十大子品牌。

2020 年，在抗击新冠疫情的特殊时期，公司团员青年积极投身到战疫情、保生产、保稳定活动中，各单位青年志愿者主动参与到疫情防控工作中，给办公区域消毒，在关键区域值守，为隔离员工配送生活用品，协助开展核酸检测等，发挥先锋作用，展现青春力量。

2021 年，铝电金海组织团员青年开展以"关注小环境，共享大健康"为主题的团日活动，对几内亚项目维嘉营地医务室进行清洁、整理；山西铝业团委开展"立足岗位学雷锋，我为百元降本建新功"主题活动；遵义公司团委组织 40 余名团员青年及志愿者开展美化家园、整治环境活动；临河发电团委开展以"学雷锋，抗疫情，保安全，促检修"为主题的青年志愿者服务月活动；青铝发电团委开展以"弘扬雷锋精神我们在行动"为主题的系列活动，对厂区门口进行清理，结合 2 号机组检修重点开展工作。新能源公司团委开展"我青春，我奉献，我骄傲"主题团日活动，组织团员青年爱心献血、义务劳动等。青铜峡、宁东各区域团组织在当地社区开展维修、义诊等活动。

第十一章　所属公司

　　铝电公司肩负着国家电投"专业化产业子集团、铝业贸易服务平台、铝业科技创新平台"三大战略使命，致力于打造成为产业一体化、管理专业化、机制市场化的全产业链创新型现代一流企业，确保国家电投新时期战略在铝电公司落地深植。

　　遵循协同发展、高效运营的原则和三级管控的要求，铝电公司优化调整管控体系和组织架构，建立更加高效的运转机制，形成以铝电产业链为核心的产业集群，产业主要分布于宁夏、山西、贵州、上海、北京以及非洲几内亚共和国。注册资本 44.77 亿元，资产总额 406 亿元，用工总数 9466 人。

　　截至 2021 年 12 月，铝电公司（宁夏能源铝业）共注销公司 21 家，投资参股公司 9 家，运行公司 40 家，其中，子公司 31 家，分公司 4 家，支持性中心 5 家。

第一节　三级管控主体公司

一、铝业国贸

（一）组织机构

　　中电投铝业国际贸易有限公司（简称铝业国贸）2010 年 1 月 18 日注册成立，注册地址为上海市虹口区吴淞路 218 号 32 层，注册资本金 1 亿元人民币，分别由中电投（出资占比 30%）、中电投蒙东能源集团有限责任公司（简称内蒙古公司，出资占比 28%）、宁夏能源铝业（出资占比 28%）、黄河公司（出资占比 14%）共同出资。

　　2011 年 3 月，铝业国贸注册资本增资至 5 亿元人民币，增资后，各股东持股比例分别为中电投 30%、内蒙古公司 25%、宁夏能源铝业 20%、黄河公司 20%。

　　2013 年 12 月，铝业国贸注册资本增资至 15 亿元人民币，各股东持股比例不变。

2017 年 1 月，铝业国贸名称变更为国家电投集团铝业国际贸易有限公司。

2017 年 4 月，国家电投将持有的铝业国贸 30% 股权划转至铝电公司。股权划转后，铝业国贸股东及出资比例为：铝电公司 30%、蒙东能源 25%、宁夏能源铝业 25%、黄河公司 20%。

2020 年 12 月，铝业国贸注册资本由 15 亿元增加至 25 亿元，增资后各股东的出资额和持股比例分别为：铝电公司出资 7.5 亿元，出资比例 30%；蒙东能源出资 6.25 亿元，出资比例 25%；宁夏能源铝业出资 6.25 亿元，出资比例 25%；黄河公司出资 5 亿元，出资比例 20%。

2010 年 1 月—2021 年 3 月，铝业国贸先后为中电投、国家电投二级单位。

2021 年 4 月，铝业国贸为铝电公司下属单位。8 月，铝业国贸实施管控优化改革，对组织结构进行优化调整。在业务部门下设 4 个营销部，就近服务生产单位。精简管理层级，将深圳公司、银川公司、武汉公司、重庆公司、沈阳公司等 5 家分支机构业务上收至铝业国贸机关，保留北京公司。

截至 2021 年 12 月 31 日，铝业国贸在册人员 104 人。其中，35 岁及以下 34 人，占总人数的 32.7%；36—45 岁 35 人，占总人数的 33.65%；46 岁及以上 35 人，占总人数的 33.65%。研究生 22 人，本科 77 人，大专 5 人。

中共铝业国贸党组成立于 2011 年 10 月，2018 年 8 月党组改设党委，下设 9 个党支部，有党员 47 名。

（二）经营情况

铝业国贸自 2010 年成立到 2021 年 12 月 31 日，累计销售收入 3551.61 亿元，2010—2011 年累计实现利润总额 1.77 亿元，2012—2013 年累计利润亏损 8.06 亿元，2014—2019 年累计实现利润 5.74 亿元，2020 年利润亏损 16.798 亿元，2021 年利润总额 6574.37 万元。

二、铝电金海

（一）组织机构

铝电金海有限公司（简称铝电金海）是铝电公司与广西投资集团有限公司共同出资组建的合资公司，于 2020 年 7 月 17 日成立，双方股权比例分别为 51%、49%。注册资本金 1 亿元人民币，注册地为北京市西城区西直门外大街 18 号楼 8 层 3 单元 901 室。主要从事境内外矿业、铝业、港口、电站项目的投资、建设和运营，境外工业园区、开发区建设管理与运营，铝业生产物资进出口，铝产品销售等业务。

铝电金海共设置职能部室 8 个、生产管理部门 2 个（矿山生产部、港口生产部）。2021年 12 月，在册员工 70 人。其中，中方员工 62 人，几内亚籍员工 8 人；男性员工 55 人，女性员工 15 人；35 岁及以下员工 39 人，36—45 岁员工 13 人，46 岁以上员工 18 人；本科及以上学历 52 人，大专学历 8 人。

铝电金海成立中共铝电金海委员会，下设 3 个党支部，有党员 31 名。

（二）管控模式

按照国家电投三级管控的要求，铝电公司对铝电金海实行"多块牌子、一套人马"，由铝电金海对铝电香港、几内亚公司、高丽亚公司、维嘉港公司实行一体化垂直管理。

1. 铝电香港

铝电香港有限公司 2019 年 6 月 27 日在香港注册成立，注册资本金 1 元人民币。主要经营融资、资本运作、铝土矿等大宗物资国际贸易、远洋运输及工程物流、银行账户及结算、外汇管理等。

2. 几内亚公司

国家电投国际投资开发（几内亚）有限责任公司 2010 年 10 月 6 日在几内亚共和国注册，由铝电香港 100% 控股，注册资本为 10 亿几内亚法郎，注册地位于几内亚共和国科纳克里马塘区科雷亚街道。主要职能是维嘉临港工业与园区的规划、发展，招商引资，几内亚项目建设、运营，监督管理矿、路、港等资产。

几内亚项目一期工程于 2019 年 5 月 29 日开工建设，概算总投资 25.97 亿元人民币。2021年 4 月 24 日首船铝土矿发运至中国，6 月 8 日抵达京唐港接卸。当年开采铝土矿 309.62 万吨，发运铝土矿 9 船共 164.14 万吨，实现营业收入 4.87 亿元人民币，实现利润 158 万元人民币。6 月 30 日，一期项目主体工程通过验收，9 月 28 日全面进入商业运行。

3. 高丽亚公司

几内亚高丽亚矿山股份有限公司 2020 年 10 月 14 日在几内亚共和国注册成立，由几内亚公司投资，注册资本金 5 亿几内亚法郎，注册地在几内亚共和国科纳克里市玛当区科雷亚街道。是矿山生产单位和矿石业务成本中心，主要履行矿山生产运营、安全监督、几内亚境内矿石购销以及其他日常管理职能。

4. 维嘉港公司

几内亚维嘉港股份有限公司 2020 年 10 月 14 日在几内亚共和国注册，注册资本 5 亿几内亚法郎，几内亚公司控股 100%，注册地址为几内亚共和国博法省维嘉港。主要履行港口生产运营、安全监督、在几内亚境内的港口业务开展及其他日常管理职能。

三、山西铝业

（一）组织机构

国家电投集团山西铝业有限公司（简称山西铝业）是由铝电公司和山西省经济建设投资公司（简称山西经投）共同出资成立的氧化铝（含矿山）企业，出资比例分别为96.54%和3.46%，注册资本金24.58亿元人民币，注册地为山西省忻州市原平市西镇乡张村。

山西铝业前身为山东鲁能集团有限公司（简称鲁能集团）下属的山西鲁能晋北铝业有限责任公司（简称鲁能晋北铝业），由鲁能集团旗下2家公司和山西经济建设投资公司（简称山西经投）3家股东发起筹建，成立于2002年10月。2012年3月，中电投国际矿业投资有限公司（简称国际矿业）以34.28亿元收购晋北铝业，持有股权96.54%，晋北铝业更名为中电投山西铝业有限公司。2017年2月9日，国际矿业由铝电公司吸收合并，铝电公司控股96.54%，山西经投持股3.46%，企业更名为国家电投集团山西铝业有限公司（简称山西铝业）。

山西铝业实行公司—车间（矿）—班组的管控模式。设置职能部门12个、支持性机构3个、生产单位20个，共有115个班组。2021年12月，在册员工1359人。其中，35岁及以下829人，占比61%；36—45岁405人，占比29.8%；46岁以上125人，占比9.2%。男女职工比例分别为74.9%、25.1%。研究生17人，本科437人，大专452人，中专168人。

山西铝业成立中共山西铝业委员会，下设35个党支部，有党员280名。

（二）项目建设

1. 氧化铝项目

山西铝业一期工程氧化铝产能100万吨／年，2005年10月14日由国家发展和改革委员会核准批复。二期工程氧化铝产能160万吨／年（4条拜耳法生产线），其中，100万吨／年氧化铝产能2007年9月27日由国家发展和改革委员会核准批复，120万吨／年的氢氧化铝产能2011年4月25日由山西省经济和信息化委员会批复。

一期100万吨／年、二期100万吨／年氧化铝工程由鲁能晋北铝业公司建设完成，建设实际总投资105.46亿元，其中五台天和矿投资2.12亿元。一期100万吨／年氧化铝项目包括2条拜尔法生产工艺系列、1条烧结法生产工艺系列及配套设施。其中，拜尔法系列2004年10月16日开工建设，2006年5月25日投产，2006年9月达产达标，年产能80万吨；烧结法系列2007年底开工，建设模式为PC承包，2010年4月28日投产，年产能20万吨。二期160万吨／年氧化铝项目采用拜尔法生产工艺，建设模式为PC承包，实际总投资48.22亿元，4个生产系列，每个系列年产能40万吨，2007年开工，2010年上半年基本建成陆续投产，

2011 年上半年达产达标。

2017 年、2018 年，山西铝业先后实施挖潜改造工程，增加年产能 30 万吨，山西铝业氧化铝年总产能达到 290 万吨。

2. 矿山

山西铝业共有 4 座铝土矿山，具体为五台矿、宁武矿 2 座露天矿，杨家沟、贺家圪台 2 座井工矿，资源总储量 1.02 亿吨，设计年产能 370 万吨。其中，五台矿资源储量 2899.82 万吨，设计年产能 100 万吨，2009 年建成，2010 年 8 月投产，至 2021 年 12 月，累计采矿 1672.56 万吨；宁武矿资源储量 3180.15 万吨，设计年产能 120 万吨，2004 年 8 月取得采矿权，2012 年取得采矿证，后因资源整合停工，直到 2019 年 4 月 20 日开工，2020 年 9 月 30 日投产，至 2021 年 12 月，累计采矿 185.41 万吨；杨家沟矿资源储量 1721.37 万吨，2020 年 11 月取得兴县应急管理局关于杨家沟矿二系统开工批复，正在开展地采基建工程施工；贺家圪台矿资源储量 2386.83 万吨，正在办理采矿证手续。

（三）经营情况

2012 年至 2021 年底，山西铝业合并口径累计氧化铝产量 2755 万吨、电解铝产量 18 万吨、矿石开采量 1509.14 万吨，完成工业总产值 698.81 亿元，实现利润 2.35 亿元，累计上缴税费 46.97 亿元。其中，山西铝业实现利润负 5.65 亿元，主要是应收和委贷眉山铝业资产减值 13.58 亿元，剔除眉山铝业特殊事项影响，累计实现利润 7.93 亿元。

（四）所属公司

1. 吕梁矿业

吕梁矿业是山西铝业全资子公司，2013 年成立，注册资本金 5000 万元。下辖贺家圪台、杨家沟 2 个铝土矿。

2. 绿电交通

山西绿电交通发展有限公司由山西铝业与忻州神达、上海启源芯动力、北京综合智慧能源共同出资组建，2021 年 6 月 25 日成立，注册资本金 5000 万元。其中，山西铝业持股 46%，忻州神达持股 29%，上海启源芯动力持股 15%，北京综合智慧能源持股 10%。2021 年 10 月建成 3 座换电站、18 个充电桩，服务 106 辆（台）电动设备。

3. 嘉侣半导体

山西嘉侣国晶半导体材料有限公司由山西铝业与中科晶电信息材料公司合资成立，2021 年 9 月 17 日注册，注册资本 5000 万元，其中山西铝业持股 60%，中科晶电持股 40%。注册地为山西省忻州市原平市。主要经营矿产资源（非煤矿山）开采、有色金属合金制造、销售等。

4. 启明星铝业

眉山启明星铝业有限公司 2006 年 7 月成立，注册地为四川省眉山市东坡区修文镇，年电解铝产能 12.5 万吨，为山西铝业控股子公司。由山西铝业、四川启明星投资发展有限责任公司（简称启明星投资）、四川启明星铝业有限公司（简称启明星铝业）共同出资组建。其中，山西铝业持股 65%（原持有眉山铝业 25% 股权，2011 年收购广东金马旅游集团股份有限公司所持眉山铝业 40% 股权后，持股比例达到 65%），启明星投资持股 30%，启明星铝业持股 5%。2015 年底，眉山铝业进入破产清算程序，2018 年 1 月 16 日工商登记注销。

四、遵义公司

（一）组织机构

国家电投集团贵州遵义产业发展有限公司（以下简称遵义公司）是铝电公司控股公司，成立于 2007 年 12 月 15 日，注册地为贵州省遵义市务川仡佬族苗族自治县大坪工业园区，注册资本金 18.9 亿元人民币，股东及投资比例分别为铝电公司持股 62.3%，贵州省地质矿产勘查开发局一〇六地质大队（简称一〇六地质队）持股 15.6%，务川新型工业投资开发有限公司（简称务川工投）持股 15%，国家电投集团重庆电力有限公司（简称重庆电力）持股 7.1%。

遵义公司从成立到建成投产历经 10 多年。2007 年 11 月 18 日，中国电力投资集团公司与贵州省遵义市人民政府签订《遵义煤电化铝一体开发项目框架合作协议》，当年 12 月 15 日，组建成立中电投贵州遵义产业发展有限公司，作为中电投二级单位，负责务（川）正（安）道（真）煤电铝、绥阳煤电化 2 个一体化项目的投资建设及对贵州铁路公司的投资。2008 年 12 月，中电投并购贵州金元集团，遵义公司和金元集团分别作为中电投二级单位。2011 年 9 月，中电投实施管控一体化改革，遵义公司与金元集团进行管理架构重组，遵义公司为三级单位，内部不再设管理机构，由金元集团直接管理，但作为中电投全资子公司的股权关系未变。2012 年 4 月 20 日，注册成立遵义公司务川氧化铝分公司，主要负责氧化铝的生产、经营和销售。7 月 17 日，注册成立遵义公司务川铝矿分公司，主要负责铝土矿的开发和销售。

2014 年 12 月，中电投按照专业化管理要求和"统筹安排，板块分离"的原则，将遵义公司划归中电投国际矿业管理。12 月 31 日，金元集团与国际矿业签署《遵义公司委托管理协议》，遵义公司将绥阳化工全部股权转让给金元集团，将贵广铁路全部股权投资转让给中电投中电物流公司。2015 年，遵义公司股权和管理权正式划归国际矿业，其余股东股权未变。

2017 年 1 月，铝电公司成立，遵义公司归属铝电公司管理。3 月，遵义公司成立氧化铝管理部，与氧化铝分公司合署办公；成立矿山管理部，与铝矿分公司合署办公。7 月，遵义公司完善各部室职能,撤销两分公司设置的部门。11月,遵义公司完成资产重组,由铝电公司、一〇六地质大队、务川工投、重庆电力共同持股,注册资本金18.9亿元。

遵义公司按照公司—车间(矿)—班组的管控模式,设置10个职能部门、16个生产单位、45个班组。2021年12月,有员工675人。其中,男职工572人,女职工103人。职工平均年龄31岁,其中,35岁及以下526人,占77.92%;36—45岁99人,占14.66%;46岁及以上50人,占7.42%。本科及以上学历255人,占37%;大专学历348人,占52%;中专学历38人,占6%。

遵义公司成立中共遵义公司委员会,下设11个党支部,有党员117名。

(二)项目设计、建设、投产及技术装备

遵义公司总体建设规划为,年产能200万吨氧化铝项目和400万吨铝土矿项目。一期建设年产100万吨氧化铝项目和200万吨铝土矿项目,概算总投资57.76亿元,其中,氧化铝项目34.97亿元,铝土矿项目22.79亿元。拥有铝土矿资源共5处,探明并备案铝土矿总储量约为1.54亿吨,到2021年底,已开采101.05万吨。

1. 氧化铝

氧化铝项目于2014年7月获中电投批复,基建工期26个月。2012年11月,场平工程开工,2013年底竣工。2014年4月,分解沉降槽土建基础工程开工建设,2015年2月竣工。2015年至2017年11月项目处于停建阶段。2017年11月取得开工批复,工程复工。2020年3月完工,4月29日氧化铝生产系统投产,6月生产出商品氧化铝。2021年8月25日,矿石焙烧脱硫系统开始投料试运行。

氧化铝项目由中电投电力工程有限公司、贵阳铝镁设计研究院有限公司、贵州七冶建设集团有限责任公司、五矿二十三冶建设集团有限公司4家单位组成联合体总承包。其中,中电投电力工程有限公司为总承包单位、中铝国际工程股份有限公司贵阳分公司研究院负责工程设计、山东智诚建设项目管理有限公司负责主体工程施工监理。

2. 铝土矿

遵义公司铝土矿由瓦厂坪、大竹园、岩风阡、红光坝、姚家林5座矿山组成,其中,瓦厂坪矿、大竹园矿已取得采矿权证并建成投产,其他3个矿取得探矿权,处于项目前期阶段。

瓦厂坪矿。据勘探报告记载,资源储量为3890万吨,设计产能100万吨/年,瓦厂坪铝土矿批复概算投资11.04亿元,实际投资11.33亿元。2013年12月取得中电投开工批复。2015年至2017年8月处于缓建不再安排工程投资阶段。2018年5月完成井巷、机电工程,开始综采现场试验及试生产。2019年4月25日获得安全生产许可证,进入采矿生产阶段。

2021 年底，累计产量 72.61 万吨。瓦厂坪矿采取自主管理分包建设模式，由长沙有色冶金设计研究院设计，北京国电德胜工程监理有限公司负责主工业场地场平及矿区公路施工建设监理，湖南华楚工程建设咨询监理有限公司负责坑探掘进工程施工监理，中煤科工集团北京华宇工程有限公司负责土建及安装工程施工监理。参建单位有中建八局基础设施建设有限责任公司、中国华冶科工集团有限公司、湖南涟邵建设工程（集团）有限责任公司、贵州万通环保工程有限公司、重庆海鑫建设有限责任公司。

大竹园矿。据勘探报告记载，大竹园矿的资源储量为 6335 万吨，设计年产能 100 万吨，批复概算投资为 11.75 亿元，实际投资为 13.32 亿元。2013 年 12 月取得开工批复。2015 年至 2017 年 8 月处于缓建不再安排工程投资阶段。2017 年 8 月复工。2019 年 7 月完成井巷、机电工程，开始试生产。2021 年底累计产量 28.44 万吨。大竹园矿采取自主管理分包建设方式，昆明有色冶金设计研究院股份公司负责工程设计，湖南和天工程项目管理有限公司负责井巷掘支工程施工监理，中煤科工集团北京华宇工程有限公司负责土建及安装工程施工监理，湖南涟邵建设工程（集团）有限责任公司、重庆兴达实业（集团）有限公司负责工程建设。

2021 年底，岩风阡、红光坝、姚家林 3 个铝土矿处于项目前期阶段。其中，岩风阡铝土矿资源量 2895 万吨，处于勘探阶段；红光坝铝土矿资源量 2037 万吨，完成勘探；姚家林铝土矿资源量 260 万吨，完成地质详查工作。

遵义公司氧化铝项目运用国内先进的拜耳法氧化铝工艺，单条 100 万吨／年生产线，首创"终粉磨干法制粉、高硫铝土矿焙烧脱硫"技术工艺；矿山采用煤矿综合机械化开采工艺，采用长壁式开采。

（三）经营情况

遵义公司主要产品为氧化铝、铝土矿，铝土矿为自给。至 2021 年 12 月 31 日，公司资产总额为 69 亿元，累计产矿 101.05 万吨，累计商产氧化铝 75 万吨，累计销量 75 万吨，累计营业收入 18 亿元。

五、临河发电

（一）组织机构

国家电投集团宁夏能源铝业有限公司临河发电分公司（简称临河发电）是宁夏能源铝业分公司，2014 年 6 月 26 日成立，地址位于宁夏回族自治区灵武市临河镇二道沟村。

临河发电的前身，是 2010 年 8 月 18 日成立的中电投宁夏能源铝业临河发电有限公司，2014 年 8 月 2 日更名为中电投宁夏能源铝业临河发电分公司，2017 年 1 月更名为国家电投集团宁夏能源铝业有限公司临河发电分公司。

临河发电实行分公司—部门—班组的管理模式。共设置 10 个职能部门、5 个生产部门。2021 年 12 月，在册员工 357 人。其中，女性员工 66 人（占比 18.48%），男性员工 291 人（占比 81.52%）；员工中，35 岁及以下 226 人，35—44 岁 70 人，45 岁及以上 61 人；研究生学历占比 1.4%，本科学历占比 55%，大专学历占比 31%。

临河发电成立中共临河发电分公司委员会，下设 8 个党支部，有党员 103 名。

（二）项目建设

2009 年 4 月 9 日，宁夏经委下发《关于中电投青铜峡迈科铝业动力站一期工程项目核准的批复》，同意建设青铝异地改造项目配套临河动力站（一期）3×350 兆瓦机组工程项目，地址位于宁夏灵武市临河综合工业园 A 区。临河发电项目采用 3×350 兆瓦超临界燃煤直接空冷机组，同步建设脱硝、除尘、脱硫等环保设施，采用 1 号、2 号机组 +3 号机组模式建设。总投资 40.92 亿元。

1 号、2 号机组由中国电力工程顾问集团西北电力设计院设计，中电投电力工程有限公司（EPC 模式）建设，宁夏恒安工程建设监理咨询有限公司监理。2009 年 10 月 23 日，1 号、2 号机组（2×350 兆瓦机组）开工建设，2011 年 6 月 12 日和 7 月 2 日分别通过 168 小时满负荷试运行。

3 号机组由中国电力工程顾问集团西北电力设计院设计，中电投电力工程有限公司（PC 模式）、中电投远达环保工程有限公司等单位建设，宁夏电力建设监理咨询有限公司监理。2014 年 6 月 18 日开工建设，2016 年 4 月 1 日通过 168 小时满负荷试运行。其间，330 千伏保安供电线路建成投入运行。

临河发电采用 3 台国产 350 兆瓦、空冷、纯凝、超临界燃煤空冷机组，水、氢、氢冷发电机，煤粉锅炉。

2017 年 6 月，临河发电 3 号机组以"点对点"孤网模式对宁东铝业分公司直供电。2018 年，宁夏能源铝业与宁夏电力公司达成共识，同意临河发电 3 台机组直供宁东铝业，2019 年 3 月，临河发电升压站母线互联改造工程完工，3 台机组对宁东铝业进行直供电。

临河发电投产后，先后对电除尘、脱硫、脱硝等系统进行了重大技术改造，达到超低排放的环保标准。

（三）经营情况

2011 年 6 月投产到 2021 年 12 月，累计发电量 626.07 亿千瓦时，累计工业总产值 134.01 亿元，累计利润 -3.59 亿元。

六、青铝发电

（一）组织机构

青铜峡铝业发电有限责任公司（以下简称青铝发电）由青铝股份和国电英力特能源化工集团股份有限公司（简称国电英力特）共同出资，2006 年 5 月 26 日成立，双方各出资 50%。注册地在宁夏青铜峡市青铜峡镇，注册资本金 5 亿元人民币。

青铝发电实行"运、维、管"合一的管理架构，采用公司—部门—班组的管控模式，下设 8 个职能管理部门、4 个生产单位、19 个班组。2021 年 12 月，在册职工 320 人，其中，35 岁及以下 162 人，占比 50.63%；36—45 岁 98 人，占比 30.62%；46 岁以上 60 人，占比 18.75%。男性员工 259 人，占公司总人数的 80.94%；女性员工 61 人，占公司总人数的 19.06%。本科及以上学历 215 人，占公司总人数的 67.19%；专科学历 77 人，占公司总人数的 20.06%；中专及以下学历 28 人，占全公司总人数的 8.75%。

青铝发电成立中共青铝发电委员会，下设 7 个党支部，有党员 105 名。

（二）项目建设

2005 年 3 月，青铝股份建设 2×330 兆瓦发电机组，作为电解铝生产的自备电厂，实现煤电铝联营的构想被宁夏回族自治区列入《"十一五"能源专项规划》和《"十一五"电力规划》。2008 年 10 月 16 日，国家能源局下发《关于开展宁东煤电化基地项目前期工作的函》，同意开展项目开工前的各项准备工作。2009 年 1 月 20 日，国家发改委下发《关于宁夏青铜峡铝业自备电厂核准的批复》。2008 年 10 月 16 日项目开工建设。2010 年 5 月和 2010 年 9 月，1 号、2 号机组分别具备投运条件。2010 年 11 月 24 日和 2010 年 11 月 5 日，1 号、2 号机组分别完成 168 小时试运。项目总投资 24.11 亿元。

2012 年 12 月 9 日，青铝发电 1 号、2 号机组及公用系统通过中国国电集团公司专家验收。依据宁夏回族自治区相关文件精神，青铝发电纳入宁夏电网统调管理。

青铝发电由西北电力设计院设计，宁夏恒安建设监理咨询有限公司负责工程监理，宁夏电力建设工程公司、宁夏二建集团有限责任公司等承建，脱硫工程由北京博奇电力科技有限公司 EPC 总承包。采用国产亚临界燃煤发电直接空冷机组，同步建设烟气脱硫设施。采用 2 台国产 330 兆瓦、空冷、纯凝、亚临界参数汽轮机，水、氢、氢冷发电机，煤粉锅炉。

青铝发电先后对磨煤机增容、电除尘器高频电源、脱硫公用系统、超低排放、灰场增容等进行改造，主汽压力、温度、各主要运行参数均达到设计要求，机、炉、电、热、化、脱硫、输煤及各公用系统完全达到设计和环保要求。

2019年11月，完成青铝发电对青铜峡分公司电解点对点直供电，实现铝电产业链贯通。

（三）经营情况

青铝发电自投产至2021年12月31日，累计发电量456.94亿千瓦时，热力720.23万吉焦，工业总产值100.49亿元，利税总额2.76亿元。

七、中卫新能源

（一）组织机构

国家电投集团宁夏能源铝业中卫新能源有限公司（简称中卫新能源）是宁夏能源铝业全资子公司。2010年10月20日成立，注册资本金9.97亿元，注册地宁夏中卫市沙坡头区常乐镇。

中卫新能源实行公司—部门（单位）—班组管控模式，设置9个职能部门、4个生产单位、9个班组。2021年12月，在册员工166人。其中，35岁及以下117人，占比70.48%；36—45岁29人，占比17.47%；46岁及以上20人，占比12.05%。男职工占比84.94%，女职工占比15.06%；研究生4人，本科131人，大专27人。

中卫新能源成立中共中卫新能源公司委员会，有8个党支部，有党员69名。

（二）项目建设

1. 风电项目

中卫新能源风电项目，均位于中卫香山风电场，共建13期和200兆瓦项目，装机容量850兆瓦，总投资61.47亿元。一期至十三期风电分别于2011年6月22日至2016年3月31日分期建设并投入运行。200兆瓦新建项目于2020年9月28日建成投入运行。至2021年底，中卫香山风电场累计发电量86.47亿千瓦时。

2. 光伏项目

中卫新能源光伏项目，均位于中卫香山区域，为30兆瓦和50兆瓦光伏发电项目，装机容量为80兆瓦，工程总投资4.99亿元，分别于2013年11月15日和2020年12月25日正式并网发电。至2021年底，累计发电量4.67亿千瓦时。

（三）经营情况

截至2021年12月31日，中卫新能源资产总额54.84亿元，累计发电量91.15亿千瓦时，劳动生产总值3.74亿元。累计收入7.7亿元，利润总额17.76亿元。

（四）一体化管控

2019年9月22日，根据《铝电公司新能源板块所属单位机构优化整合实施方案》，银川新能源、吴忠新能源、配售电公司、氢能公司与中卫新能源按照"五块牌子、一套班子、一套管理机构"一体化管理，中卫新能源为管理主体，全面负责新能源发电项目的投资、建设和运营，供热管网投资、建设和运营及电（热）力营销等工作。

1. 银川新能源

国家电投集团宁夏能源铝业银川新能源有限公司，是国家电投宁夏电能配售电有限公司全资子公司，2013年4月18日成立，注册资本1.21亿元，注册地址为宁夏回族自治区银川市金凤区新昌西路168号。该公司建设项目为红墩子光伏电站，建设容量60兆瓦。一期项目投资3.05亿元，于2013年5月9日开工建设，2013年11月25日全容量并网发电。二期项目投资2.89亿元，于2013年9月20日开工建设，2013年12月28日全容量并网发电。

截至2021年12月31日，银川新能源资产总额4.66亿元，累计发电量7.63亿千瓦时，累计收入8136万元，利润总额2.15亿元，劳动生产总值6819万元。

2. 吴忠新能源

国家电投集团宁夏能源铝业吴忠新能源有限公司，是宁夏能源铝业全资子公司，2011年9月13日成立，注册资本金1.0665亿元。该公司建设项目为太阳山光伏电站，总装机容量30兆瓦，项目投资5.33亿元，2011年9月20日开工建设，2011年12月31日全容量并网发电。

截至2021年底，吴忠新能源资产总额3.39亿元，累计发电量4.68亿千瓦时，累计收入4460万元，利润总额9921万元，劳动生产总值3961万元。

3. 配售电公司

国家电投宁夏电能配售电有限公司是宁夏能源铝业全资子公司，注册资本1.41亿元，2015年8月3日成立。主要经营购电，售电、热、冷、汽、水，新能源技术开发，合同能源管理，电力项目投资建设、运营管理等业务。投资建设公司本部分布式光伏0.419兆瓦综合智慧能源示范项目，2016年10月开工建设，2016年12月并网发电。

截至2021年12月31日，公司资产总额2.57亿元，累计发电量306万千瓦时，累计收入5202万元，利润总额7965万元，劳动生产总值828万元。

4. 氢能公司

国电投铝电（宁夏）氢能应用有限公司（简称氢能公司）由铝电公司、国核院、宁东管委会科创公司共同出资，分别持股55%、35%、10%，2021年3月25日成立，注册资本金2000万元，注册地位于宁夏宁东能源化工基地双创基地，工程总投资9850万元。为独立法人单位，与中卫新能源一体化管理。氢能公司以分布式光伏和自备电厂能源互补作为配套电源建设宁东可再生能源制氢示范项目，制氢规模为每小时1000标准立方米。2020年11月28日制氢主体工程开工，2021年6月26日启动电解槽制氢。

八、青铜峡分公司

（一）组织机构

青铜峡铝业股份有限公司青铜峡铝业分公司（简称青铜峡分公司）是青铝股份的全资分公司，2011年6月30日成立。主要负责青铝股份在青铜峡区域电解铝生产、经营及辅助生产管理，承担青铝股份在该区域后勤服务及社会职能运行、管理。

2015年1月，宁夏能源铝业对铝业板块实施区域一体化改革，按照"区域化"管理模式，将动力分公司、物流中心、质检中心、实业分公司负责的青铜峡区域的业务和供销分公司负责的物资采购业务分别整合到青铜峡分公司，撤销动力等4个分公司（中心），成立动力部、物流部、质检部、后勤服务部，青铜峡分公司成为区域一体化管理主体。核心产业包括电解铝、阳极、铸造三大生产系统及动力、仓储、20兆瓦光伏等辅助系统。拥有120千安、160千安、200千安、350千安4个电解铝系列，电解铝产能58万吨/年，阳极制品产能32万吨/年。按照工业和信息化部2013年发布的《铝行业规范条件》要求，120千安、160千安2个电解铝系列因工艺技术和装备水平相对落后，不符合行业准入规范，属于淘汰产能，2014年5月15日和6月23日分别关停，16万吨产能在国家电投系统内置换；200千安、350千安2个电解生产系列正常运行，年产电解铝产能42万吨，阳极制品30万吨。

青铜峡分公司实行分公司—车间（站、中心）—班组的管控模式，设置8个职能部门，25个生产车间（站、中心）。2021年12月，在册员工2792人。其中，34岁及以下484人，35—44岁849人，45岁及以上1459人；男性86.7%，女性13.3%；研究生学历6人，本科学历343人，大专学历697人，中专学历202人。

青铜峡分公司成立中共青铜峡分公司委员会，下设33个党支部，有党员624名。

（二）市政职能移交

青铜峡分公司负责管理运行的青铝股份市政职能、职工医院及生活区"三供一业"，按照国务院国资委有关政策要求，2018年移交青铜峡市政府。2019年，林地、路灯、排水、绿化设施资产和管理职能移交青铜峡市政府。

（三）经营情况

2009—2021年，青铜峡分公司累计生产铝产品618.98万吨，实现工业总产值803.07亿元。其中，2019年、2020年、2021年三年分别实现利润0.65亿元、2.49亿元、7.83亿元。

九、宁东分公司

（一）组织机构

青铜峡铝业股份有限公司宁东铝业分公司（以下简称宁东分公司）是青铝股份全资分公司，位于宁夏回族自治区银川市灵武市临河工业园区 A 区。2011 年 6 月 30 日成立，为青铝股份在宁东区域集产、供、服务于一体的综合性电解铝生产企业。

宁东分公司的前身是中电投青铜峡迈科铝业有限公司，于 2008 年 3 月成立，负责宁东电解铝项目的生产运营管理。该公司由中电投黄河上游水电公司、西安迈科金属有限责任公司、青铝股份共同投资建设。2011 年 7 月，根据中电投批复，青铝股份吸收合并原中电投青铜峡迈科铝业有限责任公司，成立宁东分公司。

宁东分公司实行分公司—车间—班组管理模式，设置 8 个职能部门、19 个生产车间（站）、86 个班组。2021 年 12 月，在册员工 1647 人。其中，女性 141 人（占比 8.56%），男性 1506 人（占比 91.44%）；研究生学历占比 0.7%，本科学历占比 15%，大专学历占比 31.1%；35 岁及以下 777 人，占比 47.18%；36—45 岁 455 人，占比 27.62%；46 岁及以上 415 人，占比 25.2%。

宁东分公司成立中共宁东分公司委员会，下设 27 个党支部，有党员 366 名。

（二）项目建设

宁东分公司建设项目规划占地面积 251 万平方米，实际使用 173 万平方米，规划建设 4 条电解铝生产线，已完成 2 条电解铝生产线及配套的阳极、供电、运输等系统建设并投产。

350 千安电解铝项目。2007 年 11 月 13 日，宁夏经委下发《关于核准青铜峡铝业股份有限公司 120 千安系列异地改造项目的通知》，同意在宁东能源化工基地建设 350 千安大型预焙电解铝项目，电解铝年产能 27 万吨。工程于 2008 年 3 月 18 日开工建设，2009 年 4 月 28 日建成投产，项目投资 33.318 亿元。由贵阳铝镁设计研究院有限公司（以下简称贵阳院）设计，由 2 个电解车间及配套净化、阳极及铝液铸造系统组成，288 台电解槽，年产原铝液 27 万吨。

400 千安电解铝项目。2008 年 5 月 26 日，宁夏经委下发《关于青铜峡铝业股份有限公司异地改造项目二期工程核准的批复》，核准规模为年产电解铝 81 万吨（3 个系列 × 27 万吨）。其中，二期一系列于 2010 年 3 月 13 日开工建设，2011 年 7 月 20 日建成投产，电解铝年产能 30 万吨，建设投资 26.88 亿万元。由沈阳铝镁设计院有限公司（以下简称沈阳院）设计，由 2 个电解车间及净化、阳极及铝液铸造系统等组成。288 台电解槽，年产原铝液 30 万吨。另外 2 个电解系列未建设。

350 千安、400 千安 2 个电解铝系列均由贵阳新宇监理公司监理，电解系统主要由中国有色七冶、八冶、二十一冶等单位承建，阳极系统主要由中国有色二十三冶承建，供电系统主要由有色二十一冶、有色七冶承建。主要生产设备为铝电解槽、电解多功能机组及阳极生产系统。辅助系统包括：供电系统、电算站、运输系统、供风系统、供暖系统、天然气系统、质检系统、物资供应系统及仓储物流系统。

350千安系列和400千安系列均采用冰晶石—氧化铝熔盐电解法技术及工艺，2个电解铝系列自投产以来，公司先后投资5.05亿元，进行350千安电解系列隐患治理及技术升级改造、焙烧烟气净化改造、煅烧烟气净化改造、电解烟气净化改造、氧化铝输送系统改造。其中，350千安电解系列隐患治理及技术升级改造后系列电流强化至383千安，较改造前年增加铝产量2.06万吨，系列吨铝直流电耗较改造前降低162千瓦时；焙烧烟气净化改造后达到超低排放标准，氧化铝输送系统改造后总电能单耗降低25.25千瓦时／吨氧化铝，用电量降低2774万千瓦时／年，降低电费成本887.7万元／年。

（三）经营情况

2015—2021年，累计实现工业总产值447.6亿元，累计产量356.40万吨、销量358万吨，利润总额13.19亿元，所得税费用1.69亿元，净利润10.59亿元。

十、科技工程公司

（一）组织机构

国家电投集团宁夏能源铝业科技工程有限公司（简称科技工程公司）是青铝股份全资子公司，注册地宁夏青铜峡市青铜峡工业园区（铝厂厂区），注册资本1.0688亿元。公司通过ISO 9001、ISO 14001和ISO 28000体系认证。

科技工程公司由多个机构、多次整合而成。2011年6月，宁夏能源铝业将青铝股份大修分厂、机械制造厂以及电解维修车间进行整合，成立青铝股份检修分公司。2015年1月26日，检修分公司与中电投宁夏能源铝业建设工程有限公司合并，成立中电投宁夏能源铝业工程检修有限公司。2017年6月30日，公司名称变更为国家电投集团宁夏能源铝业工程检修有限公司。2018年9月7日，公司名称变更为国家电投集团宁夏能源铝业科技工程有限公司。

科技工程公司采用公司—事业部—班组的管控模式，公司下设15个部门及单位，其中，职能部门8个、事业部6个、支持性机构1个，有17个班组。截至2021年12月，在册职工333人。其中，35岁及以下107人，占比32.13%；36—45岁71人，占比21.32%；46岁以上155人，占比46.54%。男员工271人，占比81.38%；女员工62人，占比18.62%。本科及以上学历107人，占比32.13%；大专学历98人，占比29.43%。

科技工程公司成立中共科技工程公司委员会，下设5个党支部，有党员112名。

科技工程公司是国家高新技术企业，以产品更新、技术革新推动铝材板块的转型，主要业务从建筑工程、机械制造加工拓展到铝型材生产加工、固体危废处理、综合智慧能源建设等领域，形成五大业务板块。其中，机械制造板块以铝行业用阳极钢爪、虹吸管、铸模等产品、备件为主，具备年 5000 吨钢铸造产能；铝型材加工板块以铝合金光伏支架、风机免爬器、民用型材、装配式建筑、电缆桥架为主，具备年 1.2 万吨自产及配套产能；固废环保板块拥有危险废物经营许可证，具备年处理 1.2 万吨电解槽废阴极炭块、8000 吨阳极炭渣、1.8 万吨大修渣处置能力；拥有建筑工程施工总承包二级资质，能够承揽系统内外集中式、分布式光伏电站 EPC 等综合智慧能源项目。

科技工程公司是铝电公司市场化试点单位，以"做大型材加工、做强危废环保处置和机加工业务、做优综合智慧能源产业"作为发展思路和中长期发展规划，建立了以利润为核心、以价值创造为导向的绩效考评和薪酬分配体系，立足内部强保障、外拓市场增效益。

（二）经营情况

至 2021 年 12 月，公司自主研发设计加工的铝合金光伏产品销往全国 23 个省区，累计承接项目 86 个，装机容量 180 万千瓦，铝合金光伏支架销量 3.6 万吨，销售免爬器 667 台，铝合金装配式建筑已投入使用，建成西鸽酒庄 217.6 千瓦、银川五中 30.24 千瓦等综合智慧能源项目，2015—2021 年，连续七年实现盈利，累计营业收入 18.35 亿元，利润总额 1.21 亿元。

（三）一体化管理情况

国家电投宁夏盐池县能源科技有限公司铝型材分公司，是盐池能源科技分公司，2021 年 10 月 12 日成立，注册地址在盐池县工业园区块二（高沙窝北），为 5 万吨/年铝型材生产线建设项目。盐池铝型材与科技工程公司一体化管理，盐池能源科技投资，科技工程公司负责建设、生产、运营管理。项目计划总投资 4.85 亿元，占地面积 258.31 亩。2021 年 9 月 25 日取得盐池县工业园区入园准入函，10 月 18 日获得盐池县审批局备案文件，2021 年底项目尚未开工建设。

十一、青鑫炭素

（一）组织机构

中电投宁夏能源铝业青鑫炭素有限公司（简称青鑫炭素）是宁夏能源铝业全资子公司，位于青铜峡工业园区铝厂厂区，成立于 1999 年 8 月 26 日，注册资本 6000 万元。

青鑫炭素前身为青铜峡市青鑫炭素有限责任公司，由原青铜峡铝厂职工集资组建，为青铜峡市民营企业。2008 年 12 月 22 日，青鑫炭素召开股东会，通过关于青鑫炭素将 100% 股权转让给青铝集团的决议，青铝集团收购青鑫炭素，12月26日，公司更名为中电投宁夏能源铝业青鑫炭素有限公司。

青鑫炭素采用公司—车间—班组三级管控模式，下设8个职能部门、4个生产车间。2021年12月，在册员工368人。其中，35岁及以下156人，36—45岁138人，46岁及以上74人。男性员工占比85.9%，女性员工占比14.1%；本科及以上学历69人，大专学历100人。

青鑫炭素成立中共青鑫炭素委员会，下设10个党支部，70名党员。

（二）项目建设

一期项目规划占地面积9.47万平方米，建设面积2.88万平方米，由青铝三期建设指挥部负责组织施工，宁夏煤建三公司、中国有色二十三冶、中国有色八冶、中国有色二十一冶及宁夏渠口农场建筑公司负责承建，1999年10月30日开工建设，2000年10月25日建成投产，年产能1万吨。二期项目于2003年12月24日建设，由中国有色八冶一、二公司承建，2004年11月20日建成投产，年产能1万吨。主要生产石墨含量大于35%的优质高石墨炭块、半石墨质炭块、各种热捣糊、冷捣糊。

2007年3月15日，石墨化阴极炭素制品生产线开工建设，12月18日建成投产，年产能2万吨。利用已有公用设施，新增2万吨阴极炭块，2008年8月15日建成投产。

2009年3月，公司石墨化阴极炭素制品产能2万吨，形成完整的石墨化阴极炭素产品系列。2019年9月—2020年11月，分别实施4号焙烧炉和3号焙烧炉的节能改造，将原32室阴极焙烧炉拆除，新建2台36室敞开式环式焙烧炉，焙烧产能增加2万吨。

青鑫炭素具有煅烧、中碎、成型、焙烧、石墨化、加工等完整的生产系统，并拥有3500吨立压卧挤旋转料室油压机、德国奥图泰（Outotec）振动成型机、自动配料系统、内串式石墨化炉、天然气焙烧系统和以多功能组合铣床为主的炭块加工设备，装备水平国内领先。具备4万吨铝用阴极炭素产品和2万吨多规格石墨电极生产能力。

2019年，青鑫炭素被铝电公司列入市场化改革试点单位，连续六年实现盈利。拥有3项阴极炭块国家发明专利、13项实用新型技术专利和3项国家软件著作，是中国有色金属工业协会铝用炭素分会理事单位，负责起草《铝电解用阴极糊》《石墨化阴极炭块用煅后石油焦》《超高功率石墨电极》《铝用阴极石墨质炭块》等12项行业标准。被中国国际商会选举担任中国—阿拉伯联合商会中方理事会副主席单位，被宁夏回族自治区列入"专精特新"拟入库培育企业名单。自主研发的铝电解用阴极冷捣糊项目，打破国外企业垄断，填补国内技术空白，获得中国有色金属工业科学技术奖二等奖。高石墨质炭块、石墨化阴极炭块等主要产品出口澳大利亚、新西兰、德国、瑞典、荷兰、美国、巴西、印度、埃及等27个国家和地区的

41 家铝企业。"青鑫"品牌以质量、信誉、服务等优势被国内外各大型电解铝企业认可。

（三）经营情况

2009—2021 年，青鑫炭素累计产量 47.89 万吨，累计实现工业总产值 32.52 亿元。利润总额从 2011 年的 -1736 万元到 2021 年的 5011 万元，实现扭亏为盈。上缴税费 2.51 亿元。

十二、新材料公司

（一）组织机构

国电投宁夏青铜峡新材料有限公司（简称新材料公司）是青铝股份全资子公司，2021 年 11 月 2 日成立，注册资本 1.5 亿元，注册地为宁夏吴忠市青铜峡市工业园区。

新材料公司前身为 2019 年 1 月 29 日成立的青铝股份铝合金材料分公司。2021 年 11 月，铝电公司根据国家电投《关于成立宁夏青铜峡新材料有限公司的批复》，对铝合金分公司进行市场化改革，成立新材料公司，负责青铝股份铝合金及其他有色金属新材料的研究、生产、销售及经营，独立经营，独立核算。新材料公司通过 ISO 9001 质量管理体系认证、ISO 14001 环境管理体系认证、OHSAS 18001 职业健康安全管理体系认证，2020 年 10 月 16 日取得 IATF 16949 质量体系认证，2021 年 9 月 23 日通过 QC 080000 有害物质认证。

新材料公司采用公司—事业部（车间）—班组的管控模式，下设 5 个职能部室和合金、板带箔 2 个事业部。2021 年 12 月，在册员工 271 人。其中，35 岁及以下 91 人，36—45 岁 109 人，46 岁及以上 71 人；男性职工占比 88%，女性职工占比 12%；研究生学历 4 人，本科学历 52 人，大专学历 61 人，中专学历 25 人。

新材料公司成立中共新材料公司委员会，下设 5 个党支部，有党员 89 名。

（二）装备技术

新材料公司拥有 2 条瓦格斯塔夫竖井气滑圆铸锭生产线，3 条 16 公斤合金锭生产线，1 条 20 公斤普铝生产线，2 条 1600 毫米和 4 条 1900 毫米铝铸轧生产线，1 条 1850 毫米冷轧生产线，1 条 1450 毫米冷轧生产线。2 条冷轧生产线均配有美国霍尼韦尔测厚系统和郝氏公司的自动厚度控制系统、自动板型控制系统及配套的精整设备。新材料公司利用青铝股份优质电解铝液和 QTX 铝锭商标资源，承担铝合金材料研发及相关产品制造生产任务。年产能 30 万吨，主要为铝、铝合金、金属熔铸制品、铝箔坯料、铝合金板带材等铝系列产品。主要产品有各规格变形铝合金圆铸锭，A356.2、356Z.2-1、360Z.6、413Z.1 铸造铝合金锭，1 系、3 系、8 系铸轧卷及冷轧板带材。"QTX"牌合金锭已成为知名高端锻造铝轮毂用材制作商和电器制造指定品牌。

（三）经营情况

2019 年 1 月—2021 年 12 月，累计完成产量 33.93 万吨，工业总产值 48.63 亿元。2021 年实现利润 1364 万元。

十三、绿能公司

（一）组织机构

绿动未来能源有限公司（简称绿能公司）是铝电公司的全资子公司，2021 年 4 月成立，注册资本金 2 亿元，注册地在重庆市渝北区。

公司设 5 个职能部门和西南区域、华北区域、新能源发展 3 个项目部。有员工 24 人，平均年龄 36.3 岁。其中，35 岁及以下 11 人，占比 46%；36—45 岁 10 人，占比 42%；46 岁及以上 3 人，占比 12%。男性占比 62.5%，女性占比 37.5%。本科及以上 23 人。

绿能公司成立中共绿能公司总支部委员会，有党员 12 名。

（二）业务

绿能公司主营业务为与绿色智慧物流相关的电动汽车、充换电设施投融资、建设、运营及新能源开发、投资、建设、经营、维护、管理等。

2021 年 6 月 25 日，完成黄骅港综合智慧能源项目及配套 3.67 兆瓦分布式光伏项目立项审批，国家电投远达环保工程有限公司设计、施工，静态总投资为 3236.46 万元，动态总投资为 3262.49 万元。

十四、绿电能源

（一）组织机构

国电投宁夏绿电能源有限公司（简称绿电能源）是铝电公司全资子公司，2021 年 7 月 6 日成立，2021 年 9 月 13 日注册，注册资本金 1 亿元，注册地为宁夏银川市金凤区新昌西路 168 号，负责铝电公司在宁夏区域外新能源、智慧能源项目开发、建设和运营。

截至 2021 年底，绿电能源按照管理层和项目公司两个层级管理，综合管理暂由中卫新能源代管，项目经理兼综合管理。主要在甘肃省平凉市和定西市、山西省原平市、云南省元江县、陕西省榆林市等区域联系开发光伏、风电等新能源项目。项目均处于前期阶段。

绿电能源隶属中共铝电公司委员会智慧能源开发部党支部，有党员 12 名（含借调 10 名）。

（二）管理模式

公司在甘肃省平凉市和定西市分别成立新能源项目开发公司，与绿电能源实行"多块牌子、一套班子"一体化运营管理模式。

1. 平凉公司

国电投绿电能源（平凉）有限公司（简称平凉公司），是铝电公司的全资子公司，2021年11月23日注册成立，注册资本金2亿元，注册地为甘肃省平凉市崆峒区泾河南路明发欧洲城陇翠巷一号，负责甘肃平凉区域新能源、综合智慧能源项目开发和建设、运营工作。

2. 定西公司

国电投绿电能源（定西）有限公司（简称定西公司），是铝电公司控股子公司，由铝电公司和定西新能源发展公司共同出资，2021年11月13日成立，注册资本金5000万元，其中，铝电公司股权80%，定西新能源发展公司股权20%。注册地为甘肃省定西市安定区建设大厦，负责甘肃定西区域的新能源、综合智慧能源项目前期开发和建设运营工作。定西公司设董事会。

十五、清洁能源

（一）组织机构

国电投（宁夏）清洁能源有限公司（简称清洁能源），是铝电公司全资子公司，2021年9月15日注册成立，注册资本金为2亿元，注册地为银川市金凤区新昌西路168号2号楼。主要承担铝电公司在宁夏区域风电、太阳能发电、氢能、供冷（热）、分布式综合智慧能源等项目投资、建设。

清洁能源实行"1+N"管理模式，即"一套机构、N块牌子"，清洁能源为管理主体，项目公司为生产单位。

清洁能源设置5个管理部门，2021年12月31日，有在册员工5人，借调6人。

（二）一体化管理

1. 同心新能源

国电投（同心县）新能源有限公司是铝电公司全资子公司，2021年10月12日注册成立，注册资本金2亿元，注册地为同心县工业园区扶贫产业园7号。2021年12月底，完成同心县分布式光伏开发一期项目（农村农户）和同心县行政中心光伏车棚一期项目工程建设，其中，同心县分布式光伏开发一期项目（农村农户）已并网发电，建设总容量77.46千瓦，并网容量为38.58千瓦，获取备案总容量为60.16兆瓦。

2. 宁东新能源

国电投（宁夏宁东）新能源有限公司是铝电公司全资子公司，2021年10月15日注册成立，注册资本金为 2 亿元，注册地为宁东能源化工基地总部大楼 14 楼。2021 年 11 月 19 日，完成宁东 150 兆瓦光伏复合发电项目备案。

十六、盐池能源科技

（一）组织机构

国电投宁夏盐池县能源科技有限公司（简称盐池能源科技）是宁夏能源铝业全资子公司。2021 年 5 月 31 日成立，7 月 2 日注册，注册地为盐池县高沙窝工业园区，注册资本 5 亿元。负责宁夏能源铝业在盐池区域新能源项目、供汽（供热）、有色金属铸造、铝型材加工等项目开发、建设、生产。

2021 年底，公司在册 1 人，铝电公司系统内借调 6 人，主要开展项目前期工作，与中卫新能源合署办公，尚未建立组织架构。有 3 名党员，参加党员所在党支部组织生活。

（二）项目进展

2021 年，完成 2 个项目的投资立项。其中，盐池革命历史纪念园综合智慧能源项目装机容量为 100 千瓦，静态投资 175.38 万元，2021 年 9 月 13 日建设，12 月 29 日并网发电。盐池县北塘村二区屋顶分布式光伏试点项目装机容量 5.97 兆瓦，静态投资 2723.41 万元，2021 年 11 月 23 日立项。

（三）所属公司

2021 年 10 月 21 日，铝电公司成立国电投宁夏盐池县能源科技有限公司铝型材分公司，属盐池能源科技分公司。铝型材项目由盐池能源科技投资，科技工程公司负责建设、生产、运营管理。一期计划建设 2.5 万吨铝型材生产线。

第二节　投资与注销公司

一、投资公司

1997 年 6 月—2020 年 8 月，铝电公司、宁夏能源铝业、青铝股份投资、参股广西广投临港工业有限公司、宁夏红墩子煤业有限公司、宁夏枣泉发电有限责任公司、宁夏西部创业实业股份有限公司、宝胜（宁夏）线缆科技有限公司、银川经济技术开发区投资控股有限公司、北京智科产业投资控股集团股份有限公司、哈尔滨东轻特种材料有限责任公司、国能宁夏大坝发电有限责任公司 9 家公司，成为各公司的股东。9 家企业主要分布在宁夏、广西、黑龙江 3 个省区（见表 11-2-1）。

表 11-2-1　投资公司基本信息表

单位	注册地址	注册资本金（万元）	注册登记时间	参股公司及比例	投资收益
广西广投临港工业有限公司	广西壮族自治区北海市铁山港区滨海大道 300 号 1 幢 802 号	5000	2020 年 8 月 5 日	铝电公司，49%	0
宁夏铝电新能源技术开发有限公司	宁夏银川市金凤区新昌西路 168 号	4500	2021 年 11 月 25 日	铝电公司，20%	0
宁夏红墩子煤业有限公司	银川市滨河新区星河街 15 号	110000	2018 年 8 月 20 日	宁夏能源铝业，40%	144670.67
宁夏枣泉发电有限责任公司	宁东能源化工基地灵州综合工业园（A）区	80400	2009 年 12 月 18 日	宁夏能源铝业，49%	0
宁夏西部创业实业股份有限公司	银川市金凤区北京中路 168 号 C 座一楼	145837.4735	1994 年 2 月 18 日	宁夏能源铝业，4.9%	0
宝胜（宁夏）线缆科技有限公司	宁夏临河综合项目区 A 区	50000	2016 年 6 月 27 日	宁夏能源铝业，10%	0
银川经济技术开发区投资控股有限公司	银川市开发区紫荆花商务中心 D 座 1001 室	30500	2001 年 8 月 7 日	宁夏能源铝业，3.28%	547.49
北京智科产业投资控股集团股份有限公司	北京市昌平区科技园区超前路 9 号	53944.29	1999 年 8 月 26 日	宁夏能源铝业，0.49%	0
哈尔滨东轻特种材料有限责任公司	哈尔滨市平房区哈平路 8 号	13839.06	2002 年 1 月 15 日	宁夏能源铝业，1.45%	128.27
国能宁夏大坝发电有限责任公司	宁夏青铜峡市大坝镇	14000	1997 年 6 月 22 日	青铝股份，43.5%	—

二、注销公司

2009 年 7 月—2021 年 5 月，铝电公司、宁夏能源铝业、青铝股份因发展思路调整、改革改制、重组整合等原因，先后注销中电投宁夏能源有限公司、无锡青鹏贸易有限公司、深圳市青铝东方实业有限公司、中电投青铜峡迈科铝业有限公司、青铜峡铝电有限公司、青铝东方国际有限公司、上海峡铝贸易有限公司、青铜峡铝业经济技术开发有限公司、中电投宁夏能源铝业进出口有限公司、中电投宁夏能源铝业技术工程有限公司、中电投宁夏能源铝业中卫热力有限公司、青铜峡通润铝材有限责任公司、中电投宁夏青铜能源铝业集团有限公司电力分公司、国家电投集团宁夏能源铝业有限公司煤炭煤化工分公司、眉山启明星铝业有限公司、中电投宁夏能源铝业临河发电有限公司、中电投宁夏能源铝业二连浩特能源有限公司、国家电投集团贵州遵义产业发展有限公司务川氧化铝分公司、国家电投集团贵州遵义产业发展有限公司务川铝矿分公司、重庆鼎泰拓源氧化铝开发有限公司、遵义正南实业发展有限公司（见表 11-2-2）。

表 11-2-2 注销公司基本信息表

序号	单位名称	注册地址	注册资本（万元）	注册登记时间	注销登记时间	股东	资产
1	中电投宁夏能源有限公司	宁夏银川市金凤区新昌西路 168 号	100000.00	2008 年 6 月 13 日	2009 年 7 月 16 日	中电投持股 100%	宁夏能源铝业
2	无锡青鹏贸易有限公司	无锡市锡山经济开发区东亭中路 7-1 至 9 号	75.00	2003 年 6 月 19 日	2009 年 12 月 28 日	青铝股份持股 100%	青铝股份
3	深圳市青铝东方实业有限公司	深圳市福田区深南中路 6031 号杭钢富春商务大厦 2408-2410	4000.00	2004 年 11 月 8 日	2010 年 8 月 23 日	青铝集团持股 75%，广州金创利经贸有限公司持股 25%	宁夏能源铝业
4	中电投青铜峡迈科铝业有限公司	银川市宁东能源化工基地临河综合工业园区	200000.00	2008 年 1 月 7 日	2011 年 11 月 17 日	宁夏能源公司持股 50%、青铝股份持股 25%、西安迈科持股 25%	青铝股份吸收合并
5	青铜峡铝电有限公司	宁夏银川经济技术开发区	91900.00	2004 年 3 月 8 日	2011 年 11 月 17 日	宁夏能源铝业持股 80%，宁夏电投持股 20%	青铝股份吸收合并
6	青铝东方国际有限公司	中国香港	30 万美金	2004 年 11 月 3 日	2012 年 5 月 4 日	宁夏能源铝业持股 100%	资产总额 337.54 万美元汇入宁夏能源铝业
7	上海峡铝贸易有限公司	上海市宝山区牡丹江路 1325 号 3B — 169	3000.00	2005 年 5 月 25 日	2012 年 11 月 28 日	青铝股份持股 100%	可分配利润 16404496.88 元全部分配给青铝股份后，工商注销
8	青铜峡铝业经济技术开发有限公司	宁夏青铜峡市大坝镇	7500.00	2001 年 12 月 26 日	2013 年 3 月 21 日	宁夏能源铝业持股 100%	青铝股份

续表

序号	单位名称	注册地址	注册资本（万元）	注册登记时间	注销登记时间	股东	资产
9	中电投宁夏能源铝业进出口有限公司	宁夏银川市金凤区新昌西路168号	1000.00	2002年5月17日	2014年1月17日	宁夏能源铝业持股100%	宁夏能源铝业
10	中电投宁夏能源铝业技术工程有限公司	宁夏银川市金凤区新昌西路168号	1000.00	2013年12月18日	2017年3月29日	宁夏能源铝业持股100%	宁夏能源铝业
11	中电投宁夏能源铝业中卫热力有限公司	中卫市沙坡头区文萃南路	10000.00	2015年11月27日	2017年9月14日	宁夏能源铝业持股100%	国能宁夏发电
12	青铜峡通润铝材有限责任公司	宁夏回族自治区青铜峡市青铜峡镇	39000.00	2007年8月1日	2017年11月2日	青铝股份持股100%	青铝股份吸收合并
13	中电投宁夏青铜能源铝业集团有限公司电力分公司	宁夏银川市金凤区新昌西路168号	—	2009年12月11日	2017年11月15日	—	宁夏能源铝业
14	国家电投集团宁夏能源铝业有限公司煤炭煤化工分公司	宁夏银川市金凤区新昌西路168号	—	2009年12月11日	2017年12月26日	—	宁夏能源铝业
15	眉山启明星铝业有限公司	四川省眉山市东坡区修文镇	23400.00	2006年8月16日	2018年1月16日	山西铝业持股65%，四川启明星投资公司持股30%，四川启明星铝业持股5%	破产清算
16	中电投宁夏能源铝业临河发电有限公司	宁夏灵武市临河镇二道沟村	10000.00	2010年10月15日	2018年5月16日	宁夏能源铝业持股100%	宁夏能源铝业吸收合并
17	中电投宁夏能源铝业二连浩特能源有限公司	内蒙古二连浩特市锡林街北前进路东聚安小区2号楼	500.00	2016年1月5日	2019年1月10日	宁夏能源铝业持股100%	空壳公司
18	国家电投集团贵州遵义产业发展有限公司务川氧化铝分公司	贵州省遵义市务川县都濡镇杨村	—	2012年4月20日	2019年8月23日	—	遵义产业

续表

序号	单位名称	注册地址	注册资本（万元）	注册登记时间	注销登记时间	股东	资产
19	国家电投集团贵州遵义产业发展有限公司务川铝矿分公司	贵州省遵义市务川县涴水镇	—	2012 年 7 月 17 日	2019 年 8 月 23 日	—	遵义产业
20	重庆鼎泰拓源氧化铝开发有限公司	重庆市白马工业园区内	100448.46	2002 年 7 月 17 日	2021 年 2 月 25 日	国家电投重庆江口水电持股 42.05%，重庆天泰持股 34.59%，遵义正南公司持股 23.36%	破产清算
21	遵义正南实业发展有限公司	贵州省遵义市务川县丹砂街道保元浙商城 1 栋 1 单元 4 楼	41946.68	2017 年 10 月 24 日	2021 年 5 月 21 日	铝电公司持股 100%	破产清算

第十二章　人物·先进

第一节　人物简介

一、公司领导简介

丁江涛　男，汉族，1969 年 3 月生，宁夏隆德县人。中共党员，大学学历，高级工程师。2017 年 1 月—2017 年 3 月，任铝电公司副总经理，铝业国贸党组书记、总经理。2017 年 3 月—2021 年 6 月，任铝电公司党委委员、副总经理，铝业国贸党组书记、党委书记、总经理（其间，2018 年 8 月—2019 年 3 月，兼任铝电公司营销管理中心主任，2019 年 3 月—2021 年 6 月兼任宁夏能源铝业副总经理）。

马国林　男，汉族，1962 年 11 月生，辽宁省葫芦岛市人。中共党员，在职研究生学历，正高级工程师。2010 年 9 月—2018 年 12 月，先后任宁夏能源铝业党委委员、副总经理、党委副书记、总经理（法定代表人）、党委书记、董事长（其间，2017 年 1 月—2018 年 12 月，兼任铝电公司副总经理）。

王同明　男，汉族，1962 年 12 月生，山东省龙口市人。中共党员，在职研究生学历，高级工程师。2011 年 4 月—2013 年 6 月，任宁夏能源铝业党委委员、总经理。2017 年 1 月—2019 年 3 月，任铝电公司党委副书记、董事、总经理。

王振林　男，汉族，1975 年 10 月生，内蒙古自治区赤峰市人。中共党员，大学学历，高级会计师。2017 年 4 月—2019 年 3 月，任宁夏能源铝业党委委员、财务总监。

牛庆仁　男，汉族，1961 年 9 月生，河南省博爱县人。中共党员，在职研究生学历，正高级工程师。2009 年 3 月—2017 年 4 月，任宁夏能源铝业党委委员、副总经理（其间，2013 年 9 月—2017 年 4 月，兼任宁夏能源铝业总法律顾问）。2017 年 4 月—2021 年 9 月，任铝电公司首席专家。

石四存　男，汉族，1965 年 11 月生，河南省林县人。中共党员，在职研究生学历，高级工程师。2009年3月—2012年3月，任宁夏能源铝业党委委员、副总经理。

冯建清 男，汉族，1966年9月生，宁夏中卫市人。中共党员，大学学历，正高级工程师。2009年3月—2019年3月，先后任宁夏能源铝业党委委员、副总经理、党委副书记、总经理（其间，2009年3月—2011年11月、2018年4月—2019年3月兼任青铝股份总经理，2017年4月—2019年3月兼任铝电公司产业管理中心副主任）。2019年3月—2021年6月，任铝电公司（宁夏能源铝业）党委副书记、总经理，青铝股份总经理。2021年9月—2021年12月，任铝电公司（宁夏能源铝业）党委书记、董事长，青铝股份董事长。

刘　卫 男，汉族，1963年9月生，上海市人。中共党员，在职研究生学历，主任编辑。2018年1月—2019年3月，任宁夏能源铝业党委副书记。2019年3月—2021年12月，任铝电公司（宁夏能源铝业）党委副书记、工会主席。

刘　丰 男，汉族，1971年7月生，内蒙古自治区呼和浩特市人。中共党员，在职研究生学历，高级工程师。2013年6月—2017年1月，任宁夏能源铝业党委副书记、董事长。2017年1月—2017年4月，任铝电公司董事长（法定代表人）、党委筹备组组长兼任宁夏能源铝业党委副书记、董事长，铝业国贸董事长（法定代表人）。2017年4月—2019年3月，任铝电公司党委书记、董事长（法定代表人），兼任铝业国贸董事长（法定代表人）（其间，2017年4月—2017年11月，兼任宁夏能源铝业董事长）。2019年3月—2021年3月，任铝电公司（宁夏能源铝业）党委书记、董事长（法定代表人）兼铝业国贸董事长（法定代表人）。

刘元兵 男，汉族，1969年4月生，山西省太原市人。中共党员，大学学历，高级工程师。2017年2月—2018年4月，任遵义公司党委书记、董事长。2018年4月—2019年3月，任宁夏能源铝业党委委员、副总经理。

李克忠 男，汉族，1971年5月生，河南省鹿邑县人。中共党员，大学学历，高级经济师。2014年10月—2017年11月，任宁夏能源铝业党委委员、纪委书记、工会主席。

李庭利 男，汉族，1965年2月生，陕西省定边县人。中共党员，大专学历，高级经济师。2009年3月—2010年11月，任宁夏能源铝业党委委员、副总经理。2010年11月—2011年11月，任宁夏能源铝业党委副书记、纪委书记。2011年11月—2016年11月，任宁夏能源铝业党委委员、副总经理。

吴克明 男，汉族，1968年11月生，宁夏中宁县人。中共党员，大学学历。正高级工程师。2018年11月—2021年1月，任宁夏能源铝业党委委员、总工程师（其间，2019年3月—2021年1月，兼任铝电公司总工程师）。2021年1月—2021年6月，任铝电公司副总经理，宁夏能源铝业党委委员、副总经理。2021年6月—2021年12月，任铝电公司（宁夏能源铝业）

党委副书记、总经理（其间，2021年9月—2021年12月，兼任青铝股份总经理）。

吴连成　男，汉族，1965年9月生，宁夏固原市人。中共党员，在职研究生学历，正高级工程师。2009年3月—2009年9月，任宁夏能源铝业党委委员、副总经理。2013年6月—2014年4月，任宁夏能源铝业总经理。2014年4月—2017年1月，任宁夏能源铝业党委委员、总经理。

吴金华　男，汉族，1962年5月生，江苏省苏州市人。中共党员，在职研究生学历，正高级工程师。2009年9月—2011年8月，任宁夏能源铝业党委委员、副总经理。

张　永　男，汉族，1973年3月生，贵州省遵义市人。中共党员，大学学历，高级工程师。2021年3月—2021年9月，任铝电公司（宁夏能源铝业）副总经理。2021年9月—2021年12月，任铝电公司（宁夏能源铝业）党委委员、副总经理，青铝股份副总经理。

张廷锋　男，汉族，1966年3月生，宁夏固原市人。中共党员，大学学历，高级工程师。2017年12月—2019年3月，任宁夏能源铝业党委委员、纪委书记、工会主席。2019年3月—2021年6月，任铝电公司纪委书记，宁夏能源铝业党委委员、纪委书记。2021年6月—2021年9月，任铝电公司副总经理，宁夏能源铝业党委委员、副总经理。2021年9月—2021年12月，任铝电公司（宁夏能源铝业）党委委员、副总经理，青铝股份副总经理。

张志军　男，汉族，1970年3月生，内蒙古自治区通辽市人。中共党员，大学学历，高级经济师、注册安全工程师。2021年7月—2021年12月，任铝电公司（宁夏能源铝业）党委委员、纪委书记。

张丽宁　女，汉族，1976年11月生，宁夏盐池县人。中共党员，大学学历，正高级会计师。2021年7月—2021年9月，任铝电公司（宁夏能源铝业）总会计师。2021年9月—2021年12月，任铝电公司（宁夏能源铝业）党委委员、总会计师，青铝股份总会计师。

周庆华　男，汉族，1968年10月生，宁夏中宁县人。中共党员，大学学历，高级工程师。2019年11月—2021年12月，任铝电公司（宁夏能源铝业党）党委委员、副总经理（其间，2021年9月—2021年12月，兼任青铝股份副总经理）。

郑小虎　男，汉族，1964年3月生，山西省五台县人。中共党员，大学学历，高级工程师。2017年4月—2020年12月，任宁夏能源铝业党委委员、副总经理，青铝股份副总经理（其间，2017年4月—2019年3月，兼任铝电公司产业管理中心副主任，2019年3月—2020年12月，兼任铝电公司副总经理）。2020年12月—2021年12月，任铝电公司（宁夏能源铝业）副总监（其间，2020年12月—2021年9月，任宁夏能源铝业党委委员）。

郑家江　男，汉族，1966年10月生，安徽省凤台县人。中共党员，在职研究生学历，高级政工师。2017年1月—2017年3月，任铝电公司纪委筹备组组长、工会筹备组组长。2017年3月—2019年1月，任铝电公司党委委员、纪委书记、工会主席。2019年1月—2021年6月，任铝电公司党委委员兼任山西铝业党委书记、董事长。

赵明杰　男，满族，1965年12月生，辽宁省沈阳市人。中共党员，大学学历，高级工程师。2009年3月—2010年11月，任宁夏能源铝业党委委员。2010年11月—2021年9月，任宁夏能源铝业党委委员、副总经理（其间，2019年3月—2021年9月，兼任铝电公司副总经理，2019年4月—2021年1月，兼任铝电公司总法律顾问）。2021年9月—2021年12月，任铝电公司（宁夏能源铝业）党委委员、副总经理，青铝股份副总经理。

胥克俊　男，汉族，1967年10月生，甘肃省天水市人。中共党员，大学学历，高级工程师。2009年3月—2017年4月，任宁夏能源铝业党委委员、总工程师。2017年4月—2019年3月，任铝电公司首席专家。2019年3月—2021年12月，任铝电公司（宁夏能源铝业）首席专家。

袁向东　男，汉族，1964年4月生，天津市人。中共党员，在职博士，正高级工程师。2009年3月—2010年6月，任宁夏能源铝业党委副书记、纪委书记、工会主席。

高士友　男，汉族，1966年3月生，内蒙古赤峰市人。中共党员，在职博士，高级工程师。2017年3月—2019年1月，任山西铝业党委书记、董事长。2019年1月—2021年12月，任铝电公司首席专家。

黄　河　男，汉族，1963年2月生，宁夏中卫市人。中共党员，在职研究生学历，高级会计师。2008年12月—2011年4月，任宁夏能源铝业党委书记、总经理，青铝股份董事长。2011年4月—2013年7月，任宁夏能源铝业党委书记、董事长，青铝股份董事长（其间，2011年12月—2013年7月，兼任青铝股份党委书记）。

黄永峰　男，汉族，1957年8月生，宁夏中卫市人。中共党员，大学学历，高级农经师。2014年6月—2017年11月，任宁夏能源铝业党委书记。

颜传宝　男，汉族，1964年11月生，安徽省长丰县人。中共党员，大学学历，高级工程师。2014年7月—2018年4月，任宁夏能源铝业党委委员、副总经理（其间，2017年4月—2018年1月，兼任宁夏能源铝业总法律顾问）。2018年4月—2021年6月，任遵义公司党委书记、董事长。2021年6月—2021年12月，任铝电公司（宁夏能源铝业）总监。

魏永春　男，汉族，1970年11月生，宁夏盐池县人。大学学历，中共党员，高级会计师。2009年3月—2017年1月，任宁夏能源铝业党委委员、财务总监。2017年1月—2017年3月，任铝电公司副总经理、财务总监，兼任宁夏能源铝业党委委员、财务总监。2017年3月—2020年12月，任铝电公司党委委员、副总经理、财务总监（其间，2019年3月—2020年12月，兼任宁夏能源铝业副总经理、总会计师）。2020年12月—2021年9月，任铝电公司党委委员、副总经理，宁夏能源铝业副总经理。2021年9月—2021年12月，任铝电公司（宁夏能源铝业）党委委员、副总经理，青铝股份副总经理。

铝业国贸

吴大明　男，1961年6月生，福建省武平县人。中共党员，大学学历，高级会计师。2017年9月—2018年8月，任铝业国贸党组成员、纪检组长、工委主任。2018年8月—2019年8月，任铝业国贸党委委员、纪委书记、工会主席。2019年8月—2021年6月，任铝业国贸副总监。

朱敬明　男，1964年1月生，江苏省高邮市人。中共党员，大学学历，高级经济师。2017年3月—2021年6月，任铝业国贸财务总监、总法律顾问。

苏　琛　女，1973年6月生，山西省稷山县人。中共党员，在职研究生学历，高级经济师。2019年8月—2021年6月，任铝业国贸党委委员、纪委书记。

二、省部级及以上先进个人简介

（一）全国劳动模范

李树春　男，汉族，1956年4月生，陕西省定边县人。中共党员。青铝股份电解一部四车间主任兼党支部书记。1976年退伍，分配到青铜峡铝厂，三十四年如一日，工作在电解生产一线。2002—2007年，在他的带领下，电解四车间主要生产指标在公司电解车间保持前列，创造国内同类槽型的最好生产水平，成为青铝股份各电解车间学习的榜样。2005年，106千安系列自焙电解槽改造为160千安的预焙电解槽后，面对改造投产期间的各项繁重工作任务，他带头奋战在改造投产现场，实现改造系列电解槽投产当年就达产达标的奇迹。在他的培养下，四车间两名工区长分别荣获中国有色行业劳动模范、中电投劳动模范光荣称号。30年来，他以一个共产党员的标准，严格要求自己，始终保持兢兢业业的工作态度，严于律己的工作作风，赢得了职工的好评。1998年荣获全国五一劳动奖章，2008年被宁夏国资委评为优秀共产党员，2009年被评为中电投优秀共产党员。2010年4月荣获全国"劳动模范"称号，受到表彰奖励。

（二）全国五一劳动奖章获得者

陈丽伟　男，汉族，1974年1月生，山东曲阜人。中共党员，电解铝技师。青铝股份电解二部一车间工区长。1994年，青铝技校毕业，分配至青铜峡铝厂电解一分厂，成为一名电解工。2004年，调到电解二部，很快掌握了350千安预焙电解槽的通电、焙烧、启动以及正常生产槽管理工艺。参与 350 千安大型预焙槽技术条件综合寻优的实施工作，在电解槽"节能减排，提质降耗"上有突破性进展，制定并完善 350 千安电解槽现场操作标准化规程。在他的带领下，工区生产指标名列前茅，并被青铝股份授予"优胜工区"，他被公司评为优秀团员、岗位能手、十佳青年、2007 年度先进生产者和节能先进个人，2008 年被公司授予"青铝标兵"称号，被评为宁夏百佳"岗位能手"。2009 年 4 月荣获全国五一劳动奖章，受到表彰奖励。

陈治江　男，汉族，1974 年 8 月生，宁夏中卫人。国家级高技能人才，享受国务院政府特殊津贴。中青迈铝业电解部电解一车间副主任。1994 年技校毕业到青铜峡铝厂电解一分厂电解五车间工作。2004 年，担任电解二车间区长期间，工区技术指标槽设定电压由 4.4 伏降至 4.165 伏；槽平均电压由 4.45 伏降至 4.19 伏；电流效率全年保持在 92.04% 以上，吨铝直流电单耗在 13656 千瓦时。2009 年，中青迈铝业电解槽通电启动时，创造了干法启动无脱极现象发生的行业纪录，大胆改变传统的焦粉铺设方式，实现低温焙烧的方案，成为行业奇迹。他提出以电解槽温度控制为中心，控制技术条件组合和狠抓现场操作质量的技术条件控制思路，适合全石墨质阴极炭块电解槽的技术条件，推动全石墨质阴极炭块的应用。2010 年，他所在的电解部技术指标与 2009 年相比，阳极毛耗吨铝下降 20.84 千克，原铝交流电单耗吨铝下降了 179 千瓦时，铝液铸损由 17‰降低到 10‰左右，超产 5076 吨。2007 年，荣获"中国有色金属行业技术能手"，2009 年 2 月，被评为国家高技能人才，享受国务院政府特殊津贴，2009 年 11 月，获中国有色金属工业协会第四届技能奖。2011 年 4 月，荣获全国五一劳动奖章，受到表彰奖励。

杨占军　男，回族，1974 年 7 月生，宁夏吴忠市人。中共党员，铝电解工技师。宁东分公司电解一车间三工区区长。1995 年 9 月技校毕业，成为青铝股份一名电解工人。2009 年 4 月，他主动投身宁东分公司 350 千安电解系列启动、投产工作，担任车间工区长。他大胆提出改变传统的焦粉铺设方式实现低温焙烧的方案，创造干法启动无脱极事件发生的行业纪录。电解槽启动后，将电解槽设定电压降至 3.98 伏以下，在低电压、低铝水、高分子比的工艺技术条件下，保持电解槽较为理想的炉底洁净度和电解槽稳定性。2010 年下半年，他所管理的工区连续 18 个月平均电流效率接近 94%，吨铝直流电耗控制在 13600 千瓦时以下，全年平均电流效率达到 93% 以上。同时，他摸索总结出 350 千安石墨化阴极预焙槽后期管理中各项技术条件的规范标准，为分公司电解槽管理及以后大修槽启动、后期管理提供可行性依据。2011 年 7 月，他提出电解槽"分类、分段"管理思路，对部分槽况较差的电解槽适当提高电解质温度与分子比，改善炉底情况，规整炉膛。他所在的工区先后培养生产主任 3 名、工区长 5 名，班长 8 名。2007 年，被评为"青铜峡市企业优秀生产者"，2010 年被评为"青铝股份优秀共产党员"，2011 年被评为"宁夏能源铝业标兵"，他所管理的工区被中电投授予"2010 年度工人先锋号"，2013 年 4 月，被全国总工会授予五一劳动奖章。

（三）全国青年岗位能手

何生平 男，汉族，1986 年 7 月生，青海省西宁市人。中共党员，在职研究生学历。宁东分公司电解三车间党支部副书记、副主任。2007 年 8 月，大学毕业后到青铝股份电解二部维修车间，成为见习技术员。2009 年 10 月，担任中青迈电解部净化车间技术员，总结工作经验和实际操作技术编写《压力罐操作、烟气净化工艺》等规程。协调完成 350 千安电解多功能天车轨道滑线、16 吨葫芦双制动、精控出铝等改造项目，协助完成铸造机缺损件的测绘加工工作，设计制作电解槽应急母线，解决 350 千安电解槽二次启动阴极压降升高问题。2012 年 6 月，完成 400 千安电解槽槽周母线三维建模工作。2012—2015 年，车间原铝液产量累计超计划 2087 吨，原铝液可比交流电单耗处于中电投铝板块最高水平，达到国内铝行业领先水平，被中电投评为金牌电解系列，电解四车间连续三年被评为宁夏能源铝业先进集体。2015 年，他兼任宁东分公司团委书记，组织开展"技术大比武"，"创新培训方式，提升培训效果"效果明显，2016 年，宁东分公司团委被国家电投授予"五四红旗团委"。获宁夏能源铝业"青年岗位能手""青年五四奖章"，铝电公司"青年先锋""宁夏青年五四奖章"等多项荣誉称号，2018 年 7 月，被共青团中央、人力资源和社会保障部授予"全国青年岗位能手"。

（四）全国有色金属行业劳动模范

丁发俊 男，汉族，1972 年 1 月生，宁夏青铜峡市人。中共党员，高级工程师。青铝股份铸造中心铸造三车间主任。1995 年 7 月，从北京科技大学毕业，成为型材厂挤压车间一名技术员。2003 年，他牵头成立 QC 攻关小组，仅用 3 个月时间，使 6063 铝合金型材硬度提高 10%，挤压型材成品率由 60% 提高到 82%，并使铝型材首次单机年产量突破 3500 吨。他编写的《6063 铝合金型材挤压工艺》成为生产的技术指导。2005 年 5 月，任铸造三车间副主任后，克服棒材生产工艺参数难以把握及成品率低下等困难，仅用 10 天时间就生产出 400 吨合格产品，产品成品率由 30% 提高到 85% 以上。通过优化生产组织，使原设计需要 6 条铸造机生产线才能完成的生产任务，仅用 4 条生产线就满足要求，节约设备购置费 230 余万元，减少用工，提高设备利用效率，降低能源消耗。他主持的直径 85 棒材技术攻关、600 公斤大铝锭研制和开发、3 万吨 550×200×2500 毫米铝排项目效果明显。他撰写的论文多次在《轻合金加工技术》及《铝加工》等国家级专业期刊上发表。荣获吴忠市科技创新奖、宁夏第五届青年五四奖章。

2009年3月，被人力资源和社会保障部、中国有色金属工业协会、中国黄金协会等单位授予"全国有色金属行业劳动模范"。

李　涛　男，汉族，1973年9月生，宁夏青铜峡人，中共党员，高级工程师。青铝股份电解一部工区长。他1994年9月参加工作，从一名普通工人到工区长，在电解一线工作16年。2005年进入160千安电解系列工作，他所在工区4年时间电解槽电流效率从投产初期的92.5%提高到94%。2007年，电解槽平均电流效率最高达到94.81%，原铝液综合交流吨铝电耗完成13974千瓦时，名列公司电解系列榜首，创造同系列电解槽国内最好生产水平。2006年8月，他被任命为160千安电解系列一工区区长，通过调整技术条件，规范操作程序，优化覆盖料结构，不到3个月时间，就稳定了生产，电流效率由93%提高到93.7%。他所带领的工区被电解一部评为"信得过"工区，他本人多次荣获公司"先进生产者""青铝标兵"称号。2009年3月，被人力资源和社会保障部、中国有色金属工业协会、中国黄金协会等单位授予"全国有色金属行业劳动模范"。

（五）中央企业劳动模范

姬全德　男，汉族，1967年11月生，宁夏同心县人。中共党员，铝电解技师。青铜峡分公司350千安电解八车间工区长。1986年，他高中毕业招工进入青铜峡铝厂，在电解厂房工作28年。从自焙电解槽到预焙电解槽，凭借吃苦耐劳、勤学苦练、爱岗敬业、无私奉献的精神练就高超的铝冶炼技能，成为公司的冶炼技术骨干。在异型阴极电解槽焙烧启动和生产过程中，摸索出燃气—铝液两段焙烧方法。在青铜峡350千安电解系列技术改造期间，他从阳极定位、合理调整覆盖料结构、制定阴极防氧化措施、调整空燃比等方面入手，探索出燃气—铝液两段焙烧在小修槽上的应用，解决了小修槽炉底不平，无法采用焦粉焙烧的难题，填补了公司的技术空白。建立稳定的、合理的电解工艺技术条件，坚持电解槽分类管理，建立了规整的炉膛内形，使整个工区槽温、分子比平稳地控制在规定的范围内，实现较高的电流效率。1998年、2005年，分别荣获青铝集团标兵，2007年荣获青铝集团优秀共产党员称号，2010年荣获宁夏能源铝业先进工作者，2012年荣获中电投劳动模范，2013年9月，被人力资源和社会保障部、国务院国资委授予"中央企业劳动模范"。

（六）宁夏劳动模范

王　彪　男，汉族，1978年12月生，宁夏海原县人。中共党员，铝电解高级技师。宁东分公司电解四车间党支部书记、主任。1997年9月，技校毕业分配到青铜峡铝厂，成为一名电解工人。2005年，在120千安改造工程中担任青年突击队队长，在123天的时间里，完成通电投产。参与编写《120千安电解系列生产工艺流程》。2011年7月，到宁东分公司电解四车间工作。18 年来，他先后担任电解车间大组长、工区长、工艺技术员、车间副主任等职务。他带领团队用 92 天完成宁东分公司 144 台 350 千安电解槽启动，创造国内同系列启动投产纪录。在他的带领下，电解四车间各项生产指标连续多年取得中电投铝行业的最好成绩。2012—2014 年，电解铝综合交流电耗成为中电投铝板块最高水平，400 千安电解系列被中电投评为金牌电解系列。主持编写的 400 千安电解槽槽周母线三维建模，使管理人员对槽周各母线作用及电流走向认识更为直观。"多功能天车出铝风管技术改造"获得国家经济实用型技术专利。他主办的"王彪技术创新工作室"，培养的徒弟有 4 人考取铝电解高级技师，13 人考取技师资格。2007 年，荣获吴忠市"青年岗位能手"。2009 年，荣获全国"青年岗位能手"。2011 年被宁夏能源铝业评为"优秀共产党员"。2014 年，荣获宁夏回族自治区"五一劳动奖章"和宁夏能源铝业"劳动模范"。2015 年 4 月，被宁夏回族自治区党委、政府授予"自治区劳动模范"。

刘西宁　男，汉族，1973 年 6 月生，山东省曲阜市人。中共党员。宁东分公司电解四车间二区工区长。2000 年 9 月参加工作，主持并参与研发"悬挂式炭渣箱改造项目""热料中转平台项目""多功能天车简易抓斗改造项目"等，在节能降耗中作用明显，已被车间和分公司普遍应用。在多年的工作中形成的"刘西宁工作法"，为创造良好的经济技术指标奠定基础。生产指标连续 7 年名列国家电投铝业板块前茅。2012 年以来，他管理的二工区电流效率平均完成 91.8%，交流电耗平均控制在吨铝 13247 千瓦时，各项指标创造直接经济效益7600 余万元，保持着国内 400 千安大型电解槽最佳运行状态。工区多次被分公司评为"模范工区"。电解四车间二工区专门设有"刘西宁党员示范岗"。荣获国家电投"优秀奋斗者""优秀共产党员"和宁夏能源铝业"先进工作者"等多项荣誉称号。2020 年 12 月被宁夏回族自治区党委、政府授予"自治区劳动模范"。

（七）宁夏优秀共产党员

王　健　男，汉族，1967 年 11 月生，江苏丰县人。中共党员。青铝股份电解四车间二工区区长。1987 年，技工学校毕业，分配到青铜峡铝厂电解二分厂电解三车间。作为一名电解工，他工作上潜心钻研，总结摸索电解槽管理技术，自学成才，成为一名技师。2004 年，他严格控制管理 160 千安电解槽系列技术指标，使本工区电流效率保持在 93.8% 以上，阳极效应可控率达到 85% 以上，平均电压降至 4.248 伏。他始终把安全管理放在首位，他所在的工区未发生人身伤亡事故。2007 年，二工区电流效率达到 94.8%，吨铝交流电耗 13961 千瓦时，处于国内同等系列电解槽领先行列。2009 年，调整工艺技术条件、跟班测量数据，使电流效率达到 93.83%，生产指标保持在公司同系列电解槽最高水平。2006 年 5 月，应贵阳铝镁设计院邀请，赴印度某铝厂进行技术指导，他过硬的技术获得国内外专家的一致好评，圆满完成了公司委派的技术指导工作。他连续多年荣获青铝股份先进生产工作者。2010年，荣获中电投劳动模范，2012年6月，被宁夏回族自治区党委授予"2010—2012年全区创先争优优秀共产党员"荣誉称号。

戚　政　男，汉族，1982年1月生，宁夏中卫市人。中共党员，大专学历。宁东分公司电解三车间二工区长。2001年12月，他从部队复员被分配到青铝股份电解三分厂，成为电解工。后调入宁东分公司电解车间，参与400千安电解槽系列启动，所负责工区生产指标连续10年名列国家电投铝板块前茅。主持和参与研发的"电解质倒灌装置"等工器具优化措施被车间和公司普遍应用。形成"一个重视、两个提高、三个加强"的戚政工作法。2020年，所负责工区电流效率完成92.87%，阳极毛耗完成486.3公斤/吨，吨铝交流电单耗完成12992千瓦时，原铝液Al 99.70以上品级率97.4%。在电解三车间二工区，专门设有"戚政党员示范岗"，起到表率作用。2013年，荣获宁夏国资委"先进生产者"。2014年，荣获宁夏能源铝业"劳动模范"。2019年，荣获国家电投"优秀共产党员"。2021年，被宁夏回族自治区党委宣传部评选为"岗位学雷锋标兵"，被宁夏回族自治区党委授予"全区优秀共产党员"称号。

（八）宁夏五一劳动奖章获得者

黄曙光　男，汉族，1968年6月生，陕西省横山人。中共党员，高级电工技师。宁东分公司维修车间检修四车间班长。1988年技校毕业，分配到青铝集团大修部，成为一名维修电工。2009年，担任宁东分公司维修车间电解维修班班长，其间，先后完成多功能天车加料系统自动控制、400系列环形轨道更换、350系列多功能天车控制系统110伏技改、净化破碎料管管材及连接方法技改等十多项技术改造，2011年，2项技术改造项目获公司一等奖。在宁东350千安电解系列创金牌电解铝系列和400千安电解系列启动期间，担任电解槽上部结构、不停电启动装置应急保障小组等4个应急组组长，处理工程遗留问题148项，首次使用逐级分流开关无故障运行，顺利完成400千安电解槽启动工作。编写多功能天车及电器培训教案，担任部门及车间培训教师，授课百余课时。制作各类PPT教学教材7部，累计10余万字，职工逐渐掌握多功能天车等电解设备维护检修技术。他实行的班组标准化管理，未发生一起人身及设备事故。2004年，他带领的班组获得宁夏回族自治区先进班组。2005年，他带领的班组荣获全国学习型优秀班组。2012年4月，其本人被宁夏回族自治区总工会授予"自治区五一劳动奖章"。

赵海宝　男，汉族，1976年10月生，山西省柳林县人。中共党员，本科学历。中卫热电总工程师。1998年，毕业于天津大学，毕业后即参加工作。2010年10月，任临河发电发电运行部副主任。参与临河发电 3 号机组直供宁东铝业"点对点"直供电项目生产准备及调试运行，编制直供整套启动方案和应急预案，编制《直供电调度运行规程》等优化运行管理，规范运行操作，使机组保持连续运行 459 天的良好记录，多次避免机组非停和全厂停电事故发生。建立以值长为中心的调度管理体系和以专业主管为中心的技术管理体系，持续推进"运行四化"建设，深化"两票三制"管理，未发生人员操作失误。他提出的化学运行"ON-CALL"值班模式，达到了减员增效。他建立个人、班组、专业、部门四级培训管控机制，编制实操培训题库，提出系统学习"七步法"。2018 年 1 月，任中卫热电总工程师，组织成立 9 个技术攻关小组，解决生产上的技术问题，使公司的安全管理、运行管理、检修管理持续规范。2018 年，荣获国家电投"优秀奋斗者"称号。2018 年 4 月，被宁夏回族自治区总工会授予自治区五一劳动奖章。

（九）宁夏五一巾帼奖章获得者

刘家英　女，汉族，1976 年 10 月生，湖南省常德市人。青铝质量检测中心质检一部光谱分析班技术员兼班长。1997 年 10 月，她大学毕业到质量监督部检验科光谱分析班从事检验工作，主要承担铝及铝合金产品的检验分析工作。每天要对 1200 多个铝及铝合金样品进行分析试样，审查分析数据，每天准确发出近千个分析数据，撰写 6 份分析报告。2010 年 11 月，担任光谱分析班副班长，工作更是认真负责，做实每一个检测产品，每年光谱分析班发出 400 余万个数据，完成各类分析报告 2 万余份，实现光谱分析全年质量零事故目标。她先后参加"国家认可实验室"管理体系、"三标一体"管理体系内审员培训及全国"质量检验"专业技术岗位培训。光谱分析班 2011 年荣获中电投"十大巾帼建功标兵岗"和宁夏能源铝业"青年文明号"。2008 年和 2010 年，本人荣获青铝股份"三八红旗手"和"巾帼建功先进者"。2012 年 3 月，被宁夏回族自治区总工会授予宁夏回族自治区五一巾帼奖章。

（十）中央企业优秀共青团员

黄　凯　男，汉族，1988 年 10 月生，湖南省耒阳市人。共青团员。宁东分公司动力车间团委负责人。2008 年，入职青铝股份阳极二部综合维修车间实习，在回转窑调试、组装车间悬链电气设备安装、煅烧车间天车维修等方面，工作兢兢业业，吃苦耐劳，得到领导和大家一致好评。2009 年 5 月，调到宁东分公司动力车间，成为司炉工，参加 1 号余热锅炉安装、调试、运行，确保宁东厂区的生产正常、生活供暖安全。2011 年，成为动力车间余热炉运行三班值班长。他参与处理余热炉大小紧急事故上千次，余热炉及各类管道抢修工作超过百次。参与组织了"动力分公司安全月主题知识竞赛""青年成长沙龙活动""员工趣味运动会"，主持了"员工新年联谊晚会"等各类文化艺术活动。同时，兼职动力车间团组织宣传委员。

2011 年 5 月，获宁夏能源铝业"优秀共青团员"称号。2013 年，主持动力分公司第一届"青年成长成才"沙龙活动。2014 年 11 月，获宁夏能源铝业第三届青工宣讲一等奖。2015 年 4 月，被共青团中央企业团工委授予"中央企业优秀共青团员"。

第二节　人物名录

一、公司管理的干部

丁　宇　历任铝业国贸东北公司副总经理，铝产品部东北营销部主任。

丁永华　历任青铝股份机械制造部副部长，检修分公司党委委员、副经理，宁东分公司党委委员、副总经理，中卫热电党委委员、纪委书记、工会主席。

丁发俊　历任通润铝材副经理，工程检修党委委员、副总经理、专家，科技工程专家。

丁江涛　曾任铝电公司市场营销部总监。

于　伟　历任山西铝业党委委员、副总经理，铝电香港副总经理，几内亚公司党委委员、副总经理。

万　欣　历任铝业国贸铝产品部副主任、人力资源部（党委组织部）副主任。

卫　璜　历任山西铝业党委委员、党委副书记、副总经理、总经理，"集团公司三级咨询"，遵义公司董事，绿能公司董事。

马志军　历任中青迈铝业电解部副部长、综合部副部长，宁东分公司党委委员、副总经理兼任总工程师。

马治军　历任青铝股份电解二部副部长，青铜峡分公司党委委员、副总经理、总经理，宁夏能源铝业计划与发展部总监，电解铝部主任，铝电公司电解铝部主任。

马俊伟　历任青鑫炭素党委委员、纪委书记、工会主席，铝电公司纪委办公室（党委巡察办）副主任。

王小宁　历任宁夏能源铝业办公室（政策与法律部）副主任，政策与法律部（体制改革办公室）副主任，铝电公司法律与企业管理部副主任、主任，"集团公司三级咨询"，科技工程公司董事。

王永兴　历任青铝股份党委委员、工会主席、总经理助理兼人资部主任，宁夏能源铝业党群工作部（工会办公室）副主任，铝电公司党建部（党委办公室、工会办公室）副主任、"集团公司三级咨询"，青铝发电监事会主席，大坝发电监事会主席，红墩子煤业监事会主席。

王文柱　历任中青迈铝业阳极部副部长，青铝股份生产机动部副部长，青鑫炭素党委副书记、纪委书记。

王化琳　历任青铝股份党群工作部副主任、宁夏能源铝业培训中心副主任兼团委书记，宁夏能源铝业电力营销部副主任兼银川新能源党总支副书记、副总经理、工会主席，铝电公司电力部副主任。

王　冰　历任铝业国贸重庆公司副总经理、氧化铝部山西营销部主任。

王玉平　历任青铝股份铸造中心副主任，宁东分公司党委委员、副经理，宁夏能源铝业技术中心专家，铝电公司副调研员。

王兆虎　曾任铝电公司（宁夏能源铝业）团委书记。

王　刚　历任中青迈铝业办公室主任，青铝股份物流配送部党总支书记、主任，红一煤矿党委副书记、纪委书记、工会主席，煤炭煤化工公司党委副书记、纪委书记、工会主席，科技工程公司党委委员、副总经理、专家，铝电公司副调研员。

王亚军　历任临河发电总工程师，中卫热电党委委员、党委副书记、副总经理、总经理。

王延庆　历任宁东分公司总工程师、副总经理。

王仲洲　曾任宁夏能源铝业党群工作部主任、机关党委副书记。

王吉辉　历任供销分公司、销售分公司副总经理，宁东分公司党委委员、副总经理，临河发电党委委员、副总经理。

王克义　历任煤炭煤化工公司党委委员、副总经理兼红一煤矿党委书记、矿长，宁夏能源铝业矿业部主任兼铝电公司产业中心矿业部主任兼煤炭项目筹建处党委书记、主任，红墩子煤业法定代表人、执行董事，红一煤矿执行董事，铝电公司矿业部主任。

王克文　历任中青迈铝业工程管理部副主任，建设工程公司党委委员、副经理，工程检修副总经理，科技工程公司副总工程师、副总经理，"集团公司四级咨询"，铝电金海监事。

王学农　历任中卫热电总工程师、党委委员、纪委书记、工会主席、副总经理，临河发电党委委员、副总经理，大坝发电董事、副总经理。

王明德　历任宁夏能源铝业总经理工作部副主任，建设工程公司党委副书记、副经理。

王荣艳　曾任青铜峡分公司党委委员、纪委书记。

王　铁　曾任科技工程公司党委委员、副总经理。

王爱东　历任通润铝材党委书记、总经理，青铜峡分公司铝板带加工部党支部书记、主任，宁夏能源铝业技术中心专家，铝电公司调研员，青铝发电董事，银控公司监事，哈尔滨东轻董事。

王晓利　历任宁夏能源铝业工程部副主任、物资与采购部副主任、计划与发展部（科技管理部、物资与采购部）副主任，铝电公司市场营销部副主任兼任招标中心主任。

王振林　曾任宁夏能源铝业副总会计师。

王海洋　曾任清洁能源副总经理。

王晓娟　历任宁夏能源铝业人力资源部（党委组织部、体制改革办公室）副主任，铝电公司人力资源部（党委组织部）副主任

王　彪　历任宁东分公司总工程师、党委委员、副总经理。

王晨杰　历任铝电公司审计与内控部副主任，市场营销部副主任、主任。

王　斌　历任青铝股份销售部副主任、总经理工作部主任兼任销售部副主任，通润铝材党委书记、副总经理，供销分公司党总支书记、总经理，销售分公司党总支书记、总经理，宁夏能源铝业电解铝部（市场营销部）销售总监，铝合金分公司党总支书记、副总经理，铝电公司市场营销部总监、主任。

王　斌　历任青铝股份党委委员、总经理助理兼总经理工作部主任，物流配送中心党委书记、总经理，宁夏能源铝业纪委副书记，铝业国贸北京公司董事长。

王　锋　历任中卫新能源总工程师，山西铝业党委委员、副总经理，临河发电党委副书记、总经理。

王新璋　曾任山西铝业设备总工程师。

王毅杰　历任实业分公司纪委书记、工会主席，青铜峡分公司后勤服务部副部长。

尤　军　历任宁夏能源铝业审计部主任，青铝股份党委委员、财务总监兼财务与产权管理部主任，宁夏能源铝业副总经济师兼任宁东分公司党委书记、副总经理，宁夏能源铝业党群工作部（工会办公室）主任，铝电公司规划发展部总监、党委巡察组组长、"集团公司三级咨询"，西部创业董事，枣泉发电监事会主席，科技工程公司董事，青鑫炭素董事，铝业国贸监事。

牛宏斌　历任山西铝业党委委员、副总经理，铝电公司氧化铝部副主任。

牛学福　历任青铝股份党委委员、纪委书记兼审计监察部主任，宁夏能源铝业纪检监察部主任、纪委副书记。

方旭东　历任煤化工项目筹建处总工程师、红一煤矿副经理。

卢振才　历任宁夏能源铝业纪检监察室副主任、主任，党群工作部主任，政治工作部主任。

叶　铭　历任铝业国贸政治工作部（工委办公室）主任、党建部（党委办公室、工会办公室）

主任。

田　泽　历任宁夏能源铝业计划与发展部主任，中卫新能源党总支书记、经理，宁夏能源铝业办公室（政策与法律部）主任、董事会秘书、总法律顾问、总经理助理，铝电公司综合管理部（董事会办公室）主任、纪委副书记兼纪委办公室（党委巡察办）主任

田永锋　历任青铝股份铸造中心主任，青铜峡分公司党委委员、副总经理，青鑫炭素党委委员、副总经理、总工程师、专家，"集团公司四级咨询"。

田建设　历任宁夏能源铝业计划与发展部副主任、主任。

付　励　历任宁夏能源铝业电力分公司副经理、电力事业部副主任兼吴忠新能源副总经理、党总支书记、总经理，兼任银川新能源总经理，宁夏能源铝业总经理助理、计划与发展部主任兼项目前期办公室主任，铝电公司产业中心科技管理部主任，铝电新能源党委书记、执行董事、总经理，氢能公司党委书记、董事长、总经理，盐池能源科技执行董事、总经理，铝电公司规划发展部主任。

付　强　历任煤炭煤化工副经理，煤化工项目筹建处副主任，红二煤矿筹建处党总支副书记，煤炭煤化工选煤厂项目筹建处副主任。

白怀宁　历任通润铝材党委副书记、纪委书记、工会主席，工程检修党委委员、副总经理，宁东分公司党委委员、纪委书记、工会主席，临河发电党委书记、纪委书记、工会主席。

冯万明　历任青铝股份总经理助理兼动力分公司党委书记、经理，宁夏能源铝业副总工程师兼青铝股份动力分公司经理，青铜峡分公司党委委员、副总经理。

冯秀峰　历任青铝股份人力资源部主任、安全环保监察部主任、物流配送中心党委书记、副经理，青铜峡分公司后勤服务部副部长。

石成荣　曾任宁夏能源铝业党群工作部副主任。

吉海平　曾任宁夏能源铝业审计部副主任。

邢继广　历任铝业国贸党委委员、党委副书记、总经理，铝电公司总经理助理。

师振兴　曾任铝电公司综合管理部副总监。

曲　杰　历任青铝股份动力部副部长，临河发电党委副书记、工会主席、纪委书记。

吕宏军　历任青铝股份党委委员、财务总监，宁夏能源铝业审计部主任、审计与内部控制部主任，铝电公司审计部主任、调研员。

吕　钢　曾任青铝发电党委委员、纪委书记、工会主席。

吕国东　历任临河发电党委委员、副经理，青铝发电党委委员、副总经理，临河发电党委副书记、副总经理、总经理，山西铝业党委委员、副总经理。

吕国强　历任中卫热电党委委员、副总经理、执行董事、党委副书记、党委书记、总经理。

吕树平　历任山西铝业副总会计师，遵义公司党委委员、财务总监兼遵义正南实业财务总监，铝电公司计划与财务部副主任兼绿能公司财务总监。

朱　军　历任银川新能源（配售电公司、吴忠新能源）总工程师，中卫新能源党委委员、副总经理、党委副书记、执行董事、总经理，氢能公司董事长、总经理。

朱敬明　曾任铝电公司智慧能源开发部总监。

乔　平　历任青铝股份党群工作部副主任，实业公司党委委员、副经理，宁夏能源铝业办公室（党委办公室、政策与法律部）副主任，铝电公司办公室（董事会办公室）副主任、党委巡察组组长。

乔荣来　历任科技工程公司党委委员、副总经理，宁东分公司党委委员、党委副书记、副总经理、总经理。

刘云泽　历任遵义公司氧化铝分公司副总经理，遵义公司党委委员、副总经理，铝电公司氧化铝部副总监。

刘仁建　历任铝业国贸党委委员、氧化铝部主任兼燃料部主任。

刘玉国　曾任遵义公司监察审计部主任、兼任办公室主任。

刘兴华　历任宁东分公司总工程师，中卫新能源党委委员、副总经理。

刘　刚　历任宁夏能源铝业总经理工作部副主任兼驻京办事处主任，政治工作部副主任、项目前期办公室副主任。

刘孝民　历任山西铝业人力资源部（党委组织部）主任，铝电公司法人治理部（董事会办公室）副主任。

刘启扬　历任红一煤矿党委委员、副经理、副矿长，宁夏能源铝业煤炭项目筹建处党委委员、副主任，红墩子煤业副总经理，铝电公司副调研员，遵义公司监事会主席，红墩子煤业董事。

刘志锋　历任宁夏能源铝业总经理工作部副主任、主任兼董事会秘书，青铝股份董事会秘书、证券部主任，青铝发电党委副书记、书记、总经理，铝电公司总经理助理兼党建部（党委办公室、工会办公室）主任。

刘宏毅　历任青铝股份阳极一部副部长，中青迈铝业阳极部副部长，宁东分公司党委书记、副经理、专家，铝电公司安全与质量环保部总监，青铜峡分公司专家。

刘尚灵　曾任临河发电党委委员、财务总监。

刘建平　历任青鑫炭素党委委员、党委副书记、党委书记、副总经理、总经理、董事长。

刘　晖　历任铝业国贸深圳公司副总经理，铝业国贸副调研员。

刘晓平　曾任红二煤矿项目筹建处副主任。

刘海峰　历任枣泉发电党委委员、副经理，中卫热电党委委员、党委副书记、党委书记、副总经理，宁夏能源铝业纪检监察部主任，临河发电党委书记，广投临港总经理。

刘焕静　历任宁夏能源铝业会计核算中心副经理，青铜峡分公司党委委员、财务总监。

刘　樊　曾任铝业国贸纪委办公室副主任。

刘策峰　历任青铝发电总工程师，临河发电党委委员、副总经理。

汤　杰　曾任宁夏能源铝业政策与法律部副主任。

汤艳丽　曾任青铝发电党委委员、财务总监。

许伏忠　曾任青铝发电党委委员、总工程师。

许良发　历任红一煤矿党委委员、总工程师，煤炭煤化工公司党委委员、总工程师，宁夏能源铝业煤炭项目筹建处党委委员、总工程师，宁夏能源铝业矿业部副主任，遵义公司党委委员、副总经理，铝电公司矿业部副主任。

许志军　曾任宁夏能源铝业计划与发展部副主任。

许春珠　历任宁夏能源铝业人力资源部（党委组织部、体制改革办公室）副主任、主任，铝电公司人力资源部（党委组织部）总监、调研员，氢能公司董事，枣泉发电董事。

孙少波　历任青铝股份机械制造部部长，检修分公司党委书记、副总经理，工程检修副总经理，宁夏能源铝业技术中心专家，"集团公司四级咨询"。

孙淡彬　历任铝业国贸深圳公司财务总监、计划与财务部副主任。

苏旭东　历任青铜峡分公司总工程师、副总经理。

杜水锋　历任青铝股份总经理工作部副主任，中青迈铝业办公室副主任，宁夏能源铝业新闻中心副主任、党群工作部（工会办公室）副主任，铝电公司党建部（党委办公室、工会办公室）副主任，遵义公司党委副书记、工会主席。

杜向武　历任青铝股份总经理工作部副主任，宁夏能源铝业总经理工作部副主任，临河发电党委副书记、副总经理，青铝发电党委书记、副总经理，铝电公司法律与企业管理部主任。

杜华斌　历任青铝股份医院副院长，实业分公司党委委员、后勤服务部副部长，铝电公司副调研员。

李广进　历任中青迈铝业供应部副主任，建设工程公司党委委员、副经理，工程检修党委委员、纪委书记、工会主席，青鑫炭素党委委员、纪委书记、工会主席、副总经理。

李卫萍　历任铝电公司人力资源部（党委组织部）主任、"集团公司三级咨询"，遵义公司董事，绿能公司董事，铝业国贸监事会主席。

李长虹　历任宁夏能源铝业发电部副主任，临河发电党委副书记、副总经理、总经理。

李心涛　历任铝电公司综合事务部（董事会办公室、政策与法律部）主任，铝电公司（宁夏能源铝业）董事会秘书，青铝股份董事会秘书。

李少康　历任山西铝业党委委员、总经理兼铝电公司产业中心氧化铝部主任，遵义公司党委副书记、总经理，"集团公司三级咨询"，山西铝业董事，广投临港监事会主席。

李宁生　历任枣泉发电财务总监，临河发电党委委员、财务总监，山西铝业党委委员、财务总监、副总经理，红墩子煤业财务总监。

李冬彦　历任建设指挥部供应部主任，青铝股份物流配送中心党委委员、副总经理、总经理，青铜峡分公司党委委员、副总经理。

李　冰　历任青铝股份阳极二部副部长，青铜峡分公司党委副书记、纪委书记、工会主席、副总经理，宁夏能源铝业电解铝部副主任。

李吉文　曾任新材料公司党总支委员、副总经理。

李自华　曾任铝业国贸武汉公司总经理。

李承军　历任铝电公司党群工作部（工会办公室）主任、党建部（党委办公室、工会办公室）主任，铝业国贸党委副书记、纪委书记、工会主席。

李宝平　历任吴忠新能源副经理，中卫新能源党总支副书记、党总支书记、副总经理、总经理，枣泉发电副董事长、副总经理。

李国庆　历任铝电公司工会副主席、工会办公室主任。

李国昌　历任铝电公司阳极三部副部长、阳极一部副部长，供销分公司党总支委员、副总经理，销售分公司党总支委员、副总经理，青铜峡分公司党委委员、副总经理，山西铝业党委委员、副总经理。

李金国　历任中青迈铝业综合部主任，铝业国贸党委委员、副总经理。

李春万　历任宁夏能源铝业电力分公司副经理、电力事业部副主任、发电部副主任。

李树革　曾任红一煤矿副经理。

李祖国　历任红二煤矿项目筹建处党总支委员、党委委员、副主任，铝电公司矿业部副主任，红墩子煤业副总经理。

李海斌　曾任宁夏能源铝业安全环保监察部副主任。

李晓伟　历任铝业国贸深圳公司副总经理、铝业国贸氧化铝部副主任。

李　强　曾任遵义公司党委委员、财务总监。

李德顺　历任建设指挥部财务处副处长，中青迈铝业财务部副主任，青铝股份财务与产权部副主任，青铜峡分公司总会计师，宁夏能源铝业会计核算中心副经理，大坝发电总会计师，"集团公司四级咨询"。

李魁昌　历任青铝股份计划经营部主任，宁夏能源铝业规划与发展部副主任。

杨丹丹　曾任遵义公司党委委员、纪委书记。

杨生龙　历任青铜峡分公司总工程师、副总经理。

杨　阳　历任山西铝业党委委员、纪委书记、工会主席，宁东分公司党委副书记、工会主席。

杨宏伟　历任青铝股份大修部部长，检修分公司党委副书记、纪委书记、工会主席，工程检修党委委员、副总经理兼总工程师，科技工程公司党委委员、总工程师、副总经理、专家。

杨晓望　历任宁夏能源铝业财务与产权股权管理部副主任、主任，财务部主任，青铜峡分公司党委书记、副总经理、财务总监兼宁夏能源铝业会计核算中心经理。

杨雪萍　曾任山西铝业财务总监。

杨富强　历任青铝股份生产机动部副主任，青铜峡铝电公司电解三部副部长，青铝股份生产机动部主任，宁夏能源铝业铝业生产部主任、电解铝部（市场营销部）主任兼技术中心主任，宁东分公司专家，铝电金海总工程师。

吴　平　历任青铝股份安全环保部副主任，质检中心副经理，青铜峡分公司质检部副部长，工程检修党委委员、纪委书记、工会主席兼通润铝材党总支副书记，科技工程公司党委委员、纪委书记、工会主席。

吴卫国　历任青铝股份阳极三部部长、阳极一部部长，青铜峡分公司党委书记、副总经理，青鑫炭素党委书记、党委副书记、总经理，宁夏能源铝业技术中心专家、电解铝部总监，宁东分公司党委委员、副总经理，铝电公司调研员，宝胜线缆董事，科技工程公司董事。

吴永喜　曾任山西铝业矿山总工程师。

吴全武　曾任宁夏能源铝业安全生产环保部副主任。

吴延平　历任遵义公司铝矿分公司副总经理，遵义公司矿山部负责人。

吴克明　历任青铝股份电解一部部长、生产机动部主任、总经理助理、党委委员、副总经理，宁夏能源铝业副总工程师兼宁东分公司党委副书记、总经理，公司总经理助理兼青铜峡分公司党委副书记、总经理、技术中心主任。

吴志双　历任铝电公司计划经营部副主任、总监，几内亚公司党委委员、副总经理，铝电香港副总经理，铝电公司规划发展部总监，铝电金海党委委员、副总经理。

吴荣敏 曾任煤炭与煤化工部副主任。

吴 斌 曾任宁夏能源铝业安监部副主任兼煤炭安监部主任。

何生平 历任青鑫炭素党委委员、副总经理，新材料公司党总支书记、总经理。

何 兵 历任铝电公司纪检监察部副主任、主任，纪委办公室（党委巡察办）主任。

何学宁 历任青铝股份党委委员、总经理助理兼工程审计处处长，建设指挥部指挥长，宁夏能源铝业副总工程师兼建设工程公司党委书记、总经理，工程检修党委委员、副总经理、总工程师，青铜峡分公司党委书记、副总经理，铝电公司党委巡察组组长、"集团公司三级咨询"，氢能公司监事，红墩子煤业董事，山西铝业董事。

何海军 历任遵义公司氧化铝总工程师、副总经理。

佘海波 历任铝电公司计划经营部主任，几内亚公司党委委员、副总经理，铝电香港副总经理，铝电金海党委委员、副总经理。

余国利 历任中卫新能源党总支委员、党委委员、副总经理，清洁能源执行董事、总经理。

邹建刚 历任青铝股份物流配送部副部长，物流配送中心党委副书记、纪委书记、工会主席，青铜峡分公司物流部副部长。

应凌峰 曾任铝业国贸计划与财务部副主任。

辛 龙 曾任中卫新能源副总经理。

汪宗军 历任铝电公司规划发展部副总监，绿能公司董事、副总经理。

沈 龙 历任铝电公司办公室（董事会办公室）副总监，科技工程公司党委委员、党委书记、副总经理、总经理、董事长。

宋小勇 历任遵义公司党委委员、副总经理、项目前期办公室主任。

宋继浩 曾任铝电金海工程部主任。

宋晓雷 历任青铝发电党委委员、财务总监。

宋 越 历任青铝股份党委委员、总经理助理兼建设指挥部指挥长助理、动力部部长，宁夏能源铝业副总工程师兼安全与环境保护监察部主任、物资与采购部主任、青铜峡分公司党委副书记、党委书记、总经理，宁夏能源铝业总经理助理兼安全与质量环保部主任，铝电公司安全总监兼安全与质量环保部主任。

张凤强 历任宁夏能源铝业电力分公司副经理，中卫新能源党总支书记、副经理兼中卫热电党委书记、副经理，吴忠（银川）新能源副经理、党总支副书记，大坝发电副总经理，"集团公司四级咨询"。

张 宁 历任铝电公司技术中心副主任，新材料公司党总支委员、副总经理。

张本林　历任青铝发电总经理，中卫热电党委书记、经理。

张仰泰　历任煤炭煤化工副经理，煤炭与煤化工部副主任，煤炭煤化工项目前期工作组主任，煤炭项目筹建处党委委员、纪委书记、工会主席，红墩子煤业纪委书记、工会主席。

张永锋　历任铝业国贸党委委员，沈阳公司执行董事、总经理，铝产品部主任。

张廷锋　历任建筑安装工程公司副经理、经理，宁夏能源铝业工程部主任、人力资源部主任兼培训中心主任、党政联席会秘书。

张丽宁　历任煤炭煤化工党委委员、财务总监，青铜峡分公司党委委员、财务总监，宁夏能源铝业财务与产权部铝业成本总监、副主任兼临河发电党委委员、财务总监、红墩子煤业党委委员、财务总监、银川新能源财务总监，铝电公司计划与财务部副主任、主任、副总会计师。

张学军　历任宁夏能源铝业市场营销部副主任、主任，物资与采购部主任。

张志军　历任遵义公司党委委员、纪委书记、工会主席，宁东分公司总经理、党委副书记、党委书记。

张建云　曾任宁夏能源铝业人力资源部副主任。

张建伟　曾任绿电能源副总经理。

张　磊　历任遵义公司大竹园矿矿长，遵义公司党委委员、副总经理。

张晓春　历任红一煤矿党委委员、副总经理，煤炭项目筹建处党委委员、副主任，红墩子煤业副总经理。

张　银　曾任宁东分公司阳极总工程师。

张联华　历任青铝股份医院院长，实业分公司党委委员、副经理，青铜峡分公司后勤服务部副部长兼医院院长，铝电公司副调研员。

张　楠　历任青铝股份财务与产权部部长、审计与监察部部长，宁东分公司总会计师。

张韶华　历任青铝股份党群工作部主任，宁夏能源铝业新闻中心主任，科技工程公司党委副书记、党委书记、副总经理，遵义公司党委副书记、纪委书记、工会主席，"集团公司三级咨询"，青鑫炭素董事，山西铝业董事。

陆宝东　历任遵义公司铝矿分公司副总经理，重庆鼎泰公司副总经理，遵义公司党委委员、副总经理，大坝发电董事、总会计师。

陈　鹏　历任中卫新能源党委委员、副总经理，绿电能源副总经理。

陈　巍　历任铝业国贸重庆公司副总经理，铝业国贸综合管理部（董事会办公室）副主任。

陈云山　历任青铝股份审计与内控部副主任，实业分公司总会计师，工程检修党委委员、财务总监兼青铝发电党委委员、财务总监，科技工程公司党委委员、财务总监，青铜峡分公司财务部主任师，"集团公司四级咨询"。

陈岁宏 历任遵义公司氧化铝总工程师，山西铝业副总经理。

陈京晖 历任宁夏能源铝业科技与信息化部副主任、安全质量与环境保护监察部副主任，铝电公司安全与质量环保部副主任。

邵国君 历任遵义公司党委委员、副总经理，铝电公司调研员。

邵 擎 历任遵义公司人力资源部主任，铝电公司人力资源部（党委组织部）副总监，综合管理部副主任。

范红平 历任遵义公司铝矿分公司副总经理，遵义公司办公室主任、供销物流中心主任、党委委员、副总经理、专家。

范朝峰 曾任青铝发电总工程师。

林红兰 历任通润铝材党委委员、财务总监兼青鑫炭素财务总监，铝业国贸银川公司副总经理、总经理，铝业国贸铝产品部副主任。

林金华 历任遵义公司计划经营部主任、党委委员、副总经理，铝电公司规划发展部副主任，智慧能源开发部主任。

虎兴茂 曾任科技工程公司党委委员、副总经理。

金国忠 历任铝业国贸武汉公司副总经理、铝产品部西北营销部主任。

金 霞 历任铝业国贸银川公司副总经理，铝业国贸副调研员。

周庆华 曾任中青迈铝业电解部副部长。

周 洋 历任青铜峡分公司党委委员、党委副书记、副总经理。

周 涛 历任临河发电党委委员、副总经理，宁夏能源铝业办公室（党委办公室、政策与法律部）副主任，中卫新能源党总支委员、副总经理，中卫热电党委委员、副总经理，铝电公司电力部副主任，盐池能源科技副总经理、执行董事、总经理。

周红惠 历任青铝股份动力部副部长、动力分公司副经理，青铜峡分公司动力部副部长、"三供一业"移交改造办公室副主任。

周来挺 历任宁夏能源铝业计划与发展部副主任、煤炭与煤化工部副主任，临河发电党委委员、纪委书记、工会主席，铝电公司项目前期办公室副主任。

郑小虎 历任临河发电党委书记、总经理，宁夏能源铝业发电部主任兼吴忠（银川）新能源党总支书记、总经理，二连浩特能源总经理。

郑建忠 历任青铝股份阳极二部副部长、生产机动部副主任、铝业生产部（调度中心）

副主任，宁夏能源铝业电解铝部（市场营销部）副主任，青铜峡分公司党委委员、副总经理。

赵天明　历任遵义公司氧化铝厂副厂长，遵义公司党委委员、副总经理，"集团公司四级咨询"。

赵仕君　历任遵义公司氧化铝分公司副总经理，遵义公司总工程师，铝电公司氧化铝部专家。

赵光利　历任山西铝业党委委员、总工程师、副总经理、专家，铝电公司副调研员。

赵国利　历任青鑫炭素党委委员、财务总监，铝电公司审计部副主任。

赵忠斌　历任新材料公司党总支副书记、书记、副总经理、总经理，山西铝业党委书记、董事长。

赵　玲　曾任铝电金海市场物资部主任。

赵　荆　曾任科技工程公司党委委员、副总经理。

赵海宝　曾任中卫热电党委委员、总工程师。

赵常明　历任宁夏能源铝业工程管理部副主任、招投标管理部副主任。

郝　川　历任青铝发电党委委员、总工程师、纪委书记、工会主席、副总经理、党委副书记、总经理。

郝东珍　曾任煤化工项目筹建处总工程师。

胡少华　历任铝电新能源党委委员、副总经理。

胡江宁　历任临河发电党委委员、财务总监兼吴忠新能源财务总监，枣泉发电党委委员、财务总监、董事。

胡学军　历任遵义公司铝矿分公司副总经理、HSE 部主任、办公室主任。

侯江涛　历任中卫热电公司财务总监兼中卫新能源财务总监。

侯　新　历任青鑫炭素副总经理、总经理，宁夏能源铝业技术中心副主任。

姚元元　曾任广投临港副总经理。

姚文林　历任青铝股份生产机动部副主任，检修分公司党委委员、副总经理，科技工程公司党委副书记、党委书记、副总经理、总经理，宁东分公司党委委员、副总经理，绿电能源执行董事、总经理。

姚　轩　曾任中卫热电党委委员、财务总监。

姚国庆　历任山西铝业供销物流分公司党支部书记、副经理、经理，青铜峡分公司党委委员、副总经理。

姚　瑛　历任铝业国贸综合管理部（政策与法律部）主任、风控与法律部主任。

贺玉艳 历任青铝股份实业公司党委书记、经理，青铜峡分公司党委委员、副总经理，工程检修党委委员、副总经理，铝合金分公司党总支副书记、总经理、专家，铝电公司副调研员，山西铝业监事会主席，青鑫炭素董事。

贺 华 历任宁夏能源铝业科技与信息中心副主任、主任，科技与信息部主任。

贺瑞明 历任铝业国贸总经理助理、市场研究部主任，深圳公司董事长，重庆公司执行董事、总经理。

袁传耀 曾任铝电金海计划部主任。

耿宁生 历任宁夏能源铝业计划与发展部副主任，青铝发电副经理、党委委员、纪委书记、工会主席。

贾 旺 历任宁东分公司设备总工程师、党委委员、副总经理。

贾晖杰 历任宁夏能源铝业电力分公司副经理兼电力事业部副经理、发电部副主任，临河发电党委委员、总经理，宁夏能源铝业安全质量与环保监察部主任，铝电公司产业中心安全质量与环保监察部主任，电力部主任兼配售电总经理。

顾菊芳 历任铝业国贸财务部主任、期货部主任。

柴洪云 历任山西铝业党委委员、副总经理，遵义公司党委副书记、总经理。

党建锋 历任宁夏能源铝业人力资源部主任、副总经济师兼宁东分公司党委书记、副总经理，中卫热电党委书记，青铝发电党委书记。

徐 泓 历任铝业国贸综合管理部（政策与法律部）副主任、总监，铝业国贸调研员。

徐 煜 曾任青鑫炭素副经理。

徐文勇 历任青铝股份质量监督部主任、质检中心党总支书记、经理，青铜峡分公司党委委员、副总经理，青鑫炭素党委书记、副总经理，铝电公司巡察组组长，"集团公司三级咨询"。

徐占亮 历任宁夏能源铝业（青铝股份）财务部副主任、主任，财务与产权部主任，铝电公司计划与财务部主任、市场营销部主任、总经理助理兼人力资源部（党委组织部）主任。

殷松明 历任青铝股份供应部党总支书记、部长，供销分公司党总支书记、总经理。

高云龙 历任临河发电党委委员、副总经理，中卫热电党委委员、副总经理。

高中华 历任中青迈铝业动力部副部长，青铝股份动力分公司党委委员、副经理，青铜峡分公司动力部副部长，中卫新能源党总支副书记、工会主席，铝电公司纪检监察部（党委巡察办）副主任、纪委办公室（党委巡察办）副主任、党建部（党委办公室、工会办公室）副主任。

高　宏　　曾任宁夏能源铝业电源项目筹建处副主任。

郭中华　　曾任山西铝业安全总监。

郭前锋　　历任铝电公司计划经营部副主任兼几内亚公司党委委员、副总经理、总经理，铝电金海（几内亚）党委书记、副总经理、董事长，铝电香港执行董事。

黄　河　　历任铝业国贸重庆公司总经理，山西铝业党委委员、副总经理，绿能公司董事长、总经理。

黄宝成　　曾任临河发电党委委员、副经理。

黄贵平　　历任中青迈铝业动力部副部长，青铝股份动力分公司党委委员、副经理，宁东分公司党委委员、副总经理。

黄爱军　　历任中卫新能源副总经理，铝电公司电力部副总监，规划发展部专家。

黄晓明　　历任青铜峡铝电公司电解三部副部长，青铝股份计划经营部副主任，宁夏能源铝业铝业生产部（调度中心）副主任，宁东分公司党委委员、党委副书记、副总经理、工会主席，铝电公司规划发展部副主任。

梅纪东　　历任铝业国贸纪委委员、人力资源部（党委组织部）主任、纪委办公室主任。

曹　桦　　历任宁夏能源铝业监察部副主任，山西铝业党委副书记、纪委书记、工会主席。

龚素梅　　历任中青迈铝业财务总监，宁夏能源铝业审计部副主任。

常玉杰　　历任青铝股份电解二部副部长，宁东分公司党委委员、副总经理，青铜峡分公司党委委员、党委副书记、工会主席、副总经理、总经理。

崔明杰　　历任青铝股份生产机动部副主任，宁夏能源铝业铝业生产部（调度中心）副主任、电解铝部（市场营销部）副主任，铝电公司电解铝部副主任。

康　宁　　历任青铝股份电解一部副部长，青铜峡分公司党委委员、副总经理，宁夏能源铝业技术中心专家。

康利中　　曾任临河发电副经理。

章建康　　历任宁夏能源铝业电力事业部主任兼临河发电经理，副总工程师兼发电部主任。

章烈荣　　曾任宁东分公司党委委员、纪委书记。

梁卓佳　　历任铝业国贸深圳公司总经理，铝业国贸运营管理部主任。

彭威亚　　历任几内亚公司副总经理、商务部主任。

董成勇　　历任铝业国贸重庆公司副总经理，铝业国贸氧化铝部西南营销部主任。

蒋文多　　历任铝电公司安全与质量环保部副总监，山西铝业党委委员、副总经理。

韩大鹏　　曾任遵义公司党群工作部（工会办）主任。

韩福生　历任青铝股份检修分公司党委委员、副经理，青铜峡分公司副总经理兼总工程师。

锁明敏　曾任青鑫炭素副总经理。

智世奇　历任宁夏能源铝业财务部副主任，铝电公司财务与产权管理部副主任、主任，计划与财务部总监、审计部主任兼几内亚公司财务总监，铝电香港财务总监，铝电国际投资香港总监，铝业国贸党委委员、财务总监。

嵇微微　历任铝业国贸市场研究部副主任、发展与研究部副主任。

程　华　曾任铝电公司财务与产权管理部副主任。

程　溪　历任铝电公司法律与企业管理部总监兼几内亚公司党委委员、法律总监，铝电公司（宁夏能源铝业）总法律顾问兼几内亚公司法律总监。

葛明波　曾任宁夏能源铝业财务与产权股权管理部副主任。

童文君　历任中青迈铝业电解部副部长，宁东分公司党委副书记、纪委书记、工会主席，青铜峡分公司党委委员、纪委书记、工会主席，中卫新能源党委委员、纪委书记、工会主席。

路　海　曾任青鑫炭素党委委员、副总经理。

詹　磊　历任青铝股份党委委员、总经理助理，宁夏能源铝业生产技术部主任、技术中心主任、技术工程公司经理，青铜峡分公司专家，宁夏能源铝业计划与发展部（科技管理部、物资与采购部）铝业总监，铝电公司科技与创新部总监、主任。

雍绍平　历任中卫新能源党委委员、总工程师，临河发电党委委员、副总经理。

蔡永泽　历任中青迈铝业阳极部部长、综合部主任，青鑫炭素党委书记、党委副书记、党委委员、副总经理，"集团公司四级咨询"。

廖　鹏　曾任山西铝业氧化铝总工程师。

樊旭延　历任青铝股份财务部副主任、检修分公司副经理、实业分公司副经理。

樊相来　历任青铝股份质检中心党总支委员、副经理，通润铝材副总经理，青铜峡分公司铝板带加工部副主任。

潘志远　历任宁夏能源铝业安全生产环保部主任、安全与环境保护监察部主任，实业分公司党委书记、经理，青铜峡分公司党委委员、副总经理兼后勤服务部部长兼"三供一业"移交改造办公室主任。

潘建平　历任中卫新能源党委委员、副总经理，枣泉发电副总经理，中卫新能源专家，铝电公司副调研员。

潘居政　曾任铝电公司安全与质量环保部副总监。

颜传宝　历任煤炭与煤化工经理，宁夏能源铝业煤炭事业部主任、副总工程师兼煤炭煤化工部主任、煤炭与煤化工党委书记、总经理。

霍万龙　历任枣泉发电党总支书记、总经理、副总经理，宁夏能源铝业发电部主任兼生产监控中心主任兼银川新能源（配售电公司、吴忠新能源）党总支书记、执行董事、总经理，铝电公司科技与创新部主任，"集团公司三级咨询"，青铝发电董事，绿能公司董事，大坝发电副董事长。

魏永鹏　历任铝电公司巡察办副主任，山西铝业供销物流分公司党支部副书记、经理，山西铝业党委委员、副总经理，遵义公司党委书记、副总经理、董事长。

魏　然　曾任铝业国贸审计内控部副主任。

二、副高级及以上职称资格人员

2021 年末，公司副高级及以上职称资格人员见表 12-2-1。

表 12-2-1　铝电公司（宁夏能源铝业）副高级及以上职称资格人员

序号	姓名	性别	专业名称	资格名称	授予时间	工作单位
1	丁发俊	男	机械工程	高级工程师	2007 年 9 月	科技工程公司
2	丁江涛	男	工程	高级工程师	2005 年 8 月	铝业国贸
3	丁向东	男	机械工程	高级工程师	2021 年 11 月	青铜峡分公司
4	门自兵	男	机械工程	高级工程师	2017 年 8 月	宁东分公司
5	于泳涛	男	冶炼	高级工程师	2008 年 11 月	公司机关
6	马志军	男	冶炼	高级工程师	2004 年 8 月	宁东分公司
7	马晓花	女	电力工程技术	高级工程师	2021 年 12 月	临河发电
8	万 欣	女	经济	高级经济师	2017 年 12 月	铝业国贸
9	卫 璜	男	轻金属冶炼	成绩优异的高级工程师	2002 年 12 月	山西铝业
10	卞永海	男	体育教育	中学高级教师	2002 年 8 月	青铜峡分公司
11	王小宁	女	政工	高级政工师	2003 年 12 月	公司机关
12	王小静	女	经济	高级经济师	2018 年 12 月	公司机关
13	王凤山	男	教育	中学高级教师	2004 年 8 月	青铜峡分公司
14	王永兴	男	政工	高级政工师	2008 年 12 月	公司机关
15	王 宁	男	机械制造	高级工程师	2010 年 3 月	公司机关

续表

序号	姓名	性别	专业名称	资格名称	授予时间	工作单位
16	王　冰	男	经济	高级经济师	2017 年 12 月	铝业国贸
17	王兆虎	男	政工	高级政工师	2021 年 12 月	公司机关
18	王　闯	男	经济	高级经济师	2018 年 12 月	公司机关
19	王　刚	男	政工	高级政工师	2013 年 12 月	科技工程公司
20	王兴华	男	经济	高级经济师	2003 年 12 月	山西铝业
21	王同明	男	冶炼	高级工程师	1998 年 4 月	公司机关
22	王旭晖	男	电力工程技术	高级工程师	2017 年 12 月	清洁能源
23	王吉辉	男	经济	高级经济师	2017 年 12 月	临河发电
24	王克义	男	采矿工程	高级工程师	2004 年 1 月	公司机关
25	王学农	男	电力工程技术	高级工程师	2014 年 12 月	公司机关
26	王克明	男	电气工程	高级工程师	2004 年 6 月	青铜峡分公司
27	王昌昌	男	冶炼	高级工程师	2021 年 11 月	宁东分公司
28	王荣艳	女	政工	高级政工师	2009 年 12 月	青铜峡分公司
29	王　耿	男	经济	高级经济师	2021 年 12 月	公司机关
30	王晓利	男	工业工程技术	高级工程师	2001 年 12 月	公司机关
31	王晓娟	女	政工	高级政工师	2011 年 12 月	公司机关
32	王　磊	男	石油化工	高级工程师	2008 年 4 月	遵义公司
33	王　彪	男	冶炼	高级工程师	2021 年 11 月	宁东分公司
34	王　斌	男	机械工程	正高级工程师	2010 年 12 月	公司机关
35	王　锋	男	电力工程技术	高级工程师	2011 年 12 月	临河发电
36	王　婷	女	会计	高级会计师	2020 年 12 月	山西铝业
37	邓全礼	男	电气工程	高级工程师	2005 年 8 月	青铜峡分公司
38	牛宏斌	男	轻金属冶炼	高级工程师	2003 年 12 月	公司机关
39	牛缚鲲	男	电力工程技术	高级工程师	2012 年 12 月	中卫新能源
40	冯建清	男	电气	正高级工程师	2008 年 11 月	公司机关
41	任江涛	男	电力工程技术	高级工程师	2020 年 12 月	临河发电
42	石　玮	男	机械工程	高级工程师	2001 年 12 月	科技工程公司
43	白玉炫	男	卫生技术	副主任技师	2009 年 12 月	青铜峡分公司
44	白怀宁	男	政工	高级政工师	2006 年 3 月	临河发电
45	付红琴	女	电气工程	高级工程师	2020 年 10 月	宁东分公司

续表

序号	姓名	性别	专业名称	资格名称	授予时间	工作单位
46	付 励	男	电力工程技术	高级工程师	2000 年 12 月	公司机关
47	付绍伟	男	政工	高级政工师	2002 年 12 月	青铜峡分公司
48	甘进军	男	机械工程	高级工程师	2005 年 8 月	科技工程公司
49	田永锋	男	机械工程	正高级工程师	2020 年 10 月	青鑫炭素
50	田志俊	男	电力工程技术	高级工程师	2000 年 12 月	临河发电
51	田 刚	男	电力工程技术	高级工程师	2021 年 12 月	青铝发电
52	田 泽	男	经济	高级经济师	2012 年 12 月	公司机关
53	田建东	男	水暖工程	高级工程师	2005 年 8 月	青铜峡分公司
54	叶 铭	男	政工	高级政工师	2007 年 8 月	铝业国贸
55	邢继广	男	会计	高级会计师	2013 年 12 月	铝业国贸
56	邢 福	男	机械工程	高级工程师	2011 年 1 月	青铜峡分公司
57	许 宁	男	临床医学检验技术	副主任技师	2017 年 12 月	青铜峡分公司
58	许伏忠	男	电力工程技术	高级工程师	2018 年 12 月	青铝发电
59	许良发	男	采矿工程	高级工程师	2017 年 8 月	公司机关
60	许春珠	男	电力工程技术	高级工程师	2002 年 12 月	公司机关
61	许 萍	女	机械工程	高级工程师	2011 年 1 月	青鑫炭素
62	闫文斌	男	农业	高级兽医师	2005 年 8 月	宁东分公司
63	朱力军	男	电气工程	高级工程师	2018 年 12 月	铝电金海
64	朱玉双	男	供水排水工程	高级工程师	2019 年 11 月	宁东分公司
65	朱 军	男	电力工程技术	高级工程师	2018 年 12 月	中卫新能源
66	朱敬明	男	经济	高级经济师	2017 年 12 月	铝业国贸
67	朱善德	男	采矿工程	高级工程师	1999 年 11 月	遵义公司
68	汤永英	女	会计	高级会计师	2020 年 12 月	临河发电
69	孙少波	男	机械	正高级工程师	2006 年 8 月	青铜峡分公司
70	孙云光	男	政工	高级政工师	2003 年 12 月	山西铝业
71	孙进忠	男	政工	高级政工师	2001 年 11 月	青铜峡分公司
72	乔 平	男	政工	高级政工师	2008 年 12 月	公司机关
73	乔荣来	男	机械工程	高级工程师	2020 年 10 月	宁东分公司
74	吕玉华	女	机械工程	高级工程师	2010 年 3 月	新材料公司
75	吕宏军	男	会计	高级会计师	2002 年 8 月	公司机关

续表

序号	姓名	性别	专业名称	资格名称	授予时间	工作单位
76	吕国东	男	电力工程技术	高级工程师	2013 年 12 月	山西铝业
77	吕树平	男	会计	高级会计师	2019 年 12 月	公司机关
78	刘 卫	男	新闻	主任编辑	2010 年 9 月	公司机关
79	刘仁建	男	经济	高级经济师	2001 年 12 月	铝业国贸
80	刘自荣	男	政工	高级政工师	2006 年 3 月	青鑫炭素
81	刘志涛	男	政工	高级政工师	2020 年 12 月	公司机关
82	刘志锋	男	经济	高级经济师	2014 年 12 月	公司机关
83	刘 杰	男	经济	高级经济师	2011 年 1 月	铝业国贸
84	刘策峰	男	电力工程技术	高级工程师	2017 年 12 月	临河发电
85	刘焕静	女	会计	高级会计师	2014 年 12 月	青铜峡分公司
86	刘 明	男	电气工程	高级工程师	2007 年 9 月	宁东分公司
87	刘尚灵	女	会计	高级会计师	2020 年 12 月	临河发电
88	刘 洋	男	电力工程技术	高级工程师	2021 年 12 月	中卫新能源
89	刘建平	男	机械工程	高级工程师	2010 年 10 月	青鑫炭素
90	刘建忠	男	电力工程技术	高级工程师	2019 年 12 月	青铝发电
91	刘春虎	男	石油化工	高级工程师	2005 年 12 月	公司机关
92	刘海峰	男	工程	高级工程师	1999 年 12 月	公司机关
93	刘 偲	女	会计	高级会计师	2021 年 12 月	铝业国贸
94	刘新娟	女	会计	高级会计师	2021 年 12 月	公司机关
95	刘兴华	男	供用电工程	高级工程师	2019 年 9 月	中卫新能源
96	刘富洪	女	有机化工	高级工程师	2004 年 4 月	临河发电
97	刘慧云	女	机械工程	高级工程师	2010 年 3 月	新材料公司
98	刘 璨	男	电力工程技术	高级工程师	2020 年 12 月	临河发电
99	李少华	男	经济	高级经济师	2013 年 12 月	青铜峡分公司
100	李广进	男	工程	高级工程师	2004 年 8 月	青鑫炭素
101	李广清	男	经济	高级经济师	2017 年 12 月	青铝发电
102	李少康	男	轻金属冶炼	成绩优异的高级工程师	2003 年 12 月	遵义公司
103	李卫萍	女	工业工程技术	高级工程师	2002 年 12 月	公司机关
104	李心涛	男	经济	高级经济师	2008 年 12 月	公司机关
105	李云鹏	男	体育教育	中学高级教师	2004 年 8 月	青铜峡分公司

续表

序号	姓名	性别	专业名称	资格名称	授予时间	工作单位
106	李宁生	男	会计	高级会计师	2012 年 7 月	公司机关
107	李存志	男	电力工程技术	高级工程师	2006 年 12 月	青铝发电
108	李 冰	男	机械工程	高级工程师	2012 年 7 月	公司机关
109	李 伟	男	会计	高级会计师	2019 年 12 月	公司机关
110	李吉文	男	电气工程	高级工程师	2013 年 11 月	新材料公司
111	李自华	男	政工	高级政工师	2006 年 3 月	铝业国贸
112	李红毅	男	政工	高级政工师	2005 年 5 月	公司机关
113	李承军	男	政工	高级政工师	2000 年 12 月	铝业国贸
114	李宏建	男	地质	高级工程师	2003 年 12 月	山西铝业
115	李金国	男	冶炼	高级工程师	2003 年 8 月	铝业国贸
116	李国辉	男	医学检验技术	副主任技师	2009 年 11 月	青铜峡分公司
117	李建华	男	政工	高级政工师	2007 年 12 月	青铜峡分公司
118	李祖国	男	采矿工程	高级工程师	2020 年 10 月	铝电公司本部
119	李 高	男	工程	高级工程师	2000 年 11 月	公司机关
120	李 强	男	会计	高级会计师	2018 年 12 月	遵义公司
121	李雪银	男	电气工程	高级工程师	2007 年 9 月	宁东分公司
122	李 瑞	男	采矿工程	高级工程师	2021 年 11 月	公司机关
123	陈 升	男	材料工程	高级工程师	2021 年 11 月	青鑫炭素
124	陈金洪	男	电气工程	高级工程师	2017 年 8 月	青铜峡分公司
125	陈京晖	男	工程	高级工程师	2004 年 8 月	公司机关
126	陈 亮	男	电气工程	高级工程师	2011 年 1 月	科技工程公司
127	陈玺泽	男	会计	高级会计师	2012 年 12 月	公司机关
128	陈 巍	男	经济	高级经济师	2012 年 12 月	铝业国贸
129	陈振烈	男	外科	副主任医师	2006 年 8 月	青铜峡分公司
130	杜向武	男	经济	高级经济师	2019 年 12 月	公司机关
131	杜华斌	男	内科学	副主任医师	2008 年 11 月	青铜峡分公司
132	邸拥军	男	政工	高级政工师	2006 年 9 月	青铝发电
133	何学宁	男	土建	高级工程师	2010 年 3 月	公司机关
134	陆志华	男	机械工程	高级工程师	2012 年 7 月	青铜峡分公司
135	陆宝东	男	经济	高级经济师	2015 年 3 月	公司机关

续表

序号	姓名	性别	专业名称	资格名称	授予时间	工作单位
136	沙成红	男	电气自动化	高级工程师	2000 年 12 月	公司机关
137	沙 泉	男	经济	高级经济师	2004 年 8 月	青铜峡分公司
138	邵国君	男	采矿工程	高级工程师	2014 年 12 月	遵义公司
139	佘海波	男	有色金属冶金	成绩优异的高级工程师	2007 年 12 月	铝电金海
140	沈富裕	男	政工	高级政工师	2003 年 12 月	公司机关
141	宋艳欣	女	经济	高级经济师	2004 年 12 月	公司机关
142	宋继浩	男	港口工程	高级工程师	1998 年 6 月	铝电金海
143	宋晓雷	男	会计	高级会计师	2021 年 12 月	青铝发电
144	宋 越	男	机械工程	高级工程师	2002 年 11 月	公司机关
145	苏晓萍	女	会计	高级会计师	2021 年 12 月	青铜峡分公司
146	汪宗军	男	电力工程技术	高级工程师	2014 年 12 月	绿能公司
147	吴卫国	男	工程	高级工程师	1997 年 12 月	宁东分公司
148	吴志双	男	会计	高级会计师	2003 年 2 月	铝电金海
149	吴连成	男	冶炼	正高级工程师	2008 年 11 月	公司机关
150	吴克明	男	冶炼	正高级工程师	2015 年 12 月	公司机关
151	吴国良	男	经济	高级经济师	2006 年 8 月	科技工程公司
152	吴 鸿	男	轻金属冶炼	成绩优异的高级工程师	2008 年 12 月	遵义公司
153	吴建宁	男	机械工程	高级工程师	2002 年 11 月	青铜峡分公司
154	杨生龙	男	电气工程	正高级工程师	2017 年 8 月	青铜峡分公司
155	杨存花	女	机械工程	高级工程师	2014 年 9 月	青铜峡分公司
156	杨宏伟	男	机械工程	高级工程师	2005 年 8 月	科技工程公司
157	杨春蓉	女	经济	高级经济师	2013 年 12 月	宁东分公司
158	杨雪萍	女	会计	高级会计师	2013 年 12 月	山西铝业
159	杨富强	男	冶炼	高级工程师	2007 年 9 月	铝电金海
160	杨福光	男	工程	高级工程师	2004 年 8 月	青铜峡分公司
161	杨静涛	女	电力工程技术	高级工程师	2013 年 12 月	公司机关
162	杨 磊	男	电力工程技术	高级工程师	2018 年 12 月	临河发电
163	应凌峰	男	会计	高级会计师	2018 年 1 月	铝业国贸
164	余国利	男	经济	高级经济师	2019 年 12 月	清洁能源

续表

序号	姓名	性别	专业名称	资格名称	授予时间	工作单位
165	张　永	男	电力工程技术	高级工程师	2014 年 10 月	公司机关
166	张存兵	男	轻金属冶炼	高级工程师	2002 年 12 月	遵义公司
167	张廷锋	男	工程	高级工程师	2012 年 7 月	公司机关
168	张丽宁	女	会计	正高级会计师	2018 年 4 月	公司机关
169	张志军	男	经济	高级经济师	2010 年 12 月	公司机关
170	张丽荣	女	电气工程	高级工程师	2018 年 9 月	青铜峡分公司
171	张茂贤	男	采矿工程	高级工程师	1996 年 6 月	山西铝业
172	张　泉	男	机械工程	高级工程师	2003 年 8 月	青铜峡分公司
173	张俊涛	女	电力工程技术	高级工程师	2004 年 12 月	山西铝业
174	张　银	男	机械工程	高级工程师	2019 年 9 月	宁东分公司
175	张新宁	男	政工	高级政工师	2017 年 12 月	临河发电
176	张　锋	男	电气工程	高级工程师	2004 年 8 月	宁东分公司
177	张联华	男	普通外科	主任医师	2017 年 12 月	青铜峡分公司
178	张韶华	男	政工	高级政工师	2002 年 12 月	遵义公司
179	张　磊	男	矿井建设工程	高级工程师	2017 年 11 月	遵义公司
180	钏　飞	男	冶炼	高级工程师	2019 年 9 月	公司机关
181	林红兰	女	会计	高级会计师	2011 年 5 月	铝业国贸
182	林金华	女	经济	高级经济师	2015 年 12 月	公司机关
183	孟录山	男	化学分析	高级工程师	2002 年 7 月	山西铝业
184	孟　婷	女	会计	高级会计师	2019 年 12 月	公司机关
185	郑小虎	男	电力工程技术	高级工程师	2003 年 12 月	公司机关
186	郑建忠	男	电气工程	高级工程师	2004 年 8 月	青铜峡分公司
187	周庆华	男	冶炼	高级工程师	2004 年 8 月	公司机关
188	周来挺	男	经济	高级经济师	2013 年 12 月	公司机关
189	周学良	男	计量工程	高级工程师	2017 年 8 月	青铜峡分公司
190	周国强	男	电力工程技术	高级工程师	2005 年 12 月	临河发电
191	周　涛	男	电力工程技术	高级工程师	2019 年 12 月	盐池能源科技
192	周海军	男	机械工程	高级工程师	2005 年 8 月	青铜峡分公司
193	金　霞	女	机械工程	高级工程师	2006 年 8 月	铝业国贸
194	罗庆芳	女	电力工程技术	高级工程师	2014 年 12 月	临河发电

续表

序号	姓名	性别	专业名称	资格名称	授予时间	工作单位
195	段立林	男	轻金属冶炼	高级工程师	2015 年 12 月	山西铝业
196	段孝忠	男	工程	高级工程师	2004 年 8 月	科技工程公司
197	郝 川	男	电力工程技术	高级工程师	2020 年 12 月	青铝发电
198	郝少文	男	冶炼	高级工程师	2011 年 1 月	宁东分公司
199	郝玉成	男	电力工程技术	高级工程师	2020 年 12 月	青铝发电
200	贺文辉	男	电气工程	高级工程师	2010 年 3 月	青铜峡分公司
201	贺瑞明	男	热能动力工程	高级工程师	2004 年 12 月	铝业国贸
202	洪 峰	男	采矿工程	高级工程师	2019 年 12 月	遵义公司
203	胡江宁	女	会计	高级会计师	2019 年 12 月	公司机关
204	胡学军	男	采矿工程	高级工程师	2004 年 3 月	遵义公司
205	姜年月	男	经济	高级经济师	2004 年 8 月	遵义公司
206	施选峰	男	会计	高级会计师	2020 年 12 月	公司机关
207	胥克俊	男	采掘	高级工程师	2001 年 12 月	公司机关
208	姚文林	男	电气工程	高级工程师	2013 年 11 月	绿电能源
209	姚 瑛	女	经济	高级经济师	2013 年 11 月	铝业国贸
210	俞成斌	男	工程	高级工程师	2004 年 8 月	公司机关
211	赵仕君	男	轻金属冶炼	成绩优异的高级工程师	2005 年 12 月	公司机关
212	赵光利	男	轻金属冶炼	高级工程师	2000 年 12 月	山西铝业
213	赵 宏	男	建筑工程	高级工程师	2012 年 1 月	山西铝业
214	赵社生	男	采矿工程	高级工程师	2002 年 7 月	山西铝业
215	赵远征	男	电力工程技术	高级工程师	2011 年 12 月	青铝发电
216	赵国利	男	会计	高级会计师	2018 年 12 月	公司机关
217	赵明杰	男	土建	高级工程师	2010 年 3 月	公司机关
218	赵 玲	女	经济	高级经济师	2014 年 12 月	铝电金海
219	柳 军	男	电力工程技术	高级工程师	2018 年 12 月	青铝发电
220	柳振升	男	政工	高级政工师	2009 年 12 月	青铜峡分公司
221	党建锋	男	政工	高级政工师	2006 年 9 月	青铝发电
222	高士友	男	露采	高级工程师	2003 年 8 月	公司机关
223	高中华	男	水暖	高级工程师	2011 年 1 月	公司机关
224	高立华	男	经济	高级经济师	2020 年 12 月	青铝发电

续表

序号	姓名	性别	专业名称	资格名称	授予时间	工作单位
225	高晓芳	女	电力工程技术	正高级工程师	2021 年 12 月	山西铝业
226	郭世军	男	政工	高级政工师	2005 年 5 月	青铜峡分公司
227	郭中华	男	化工	高级工程师	2005 年 8 月	山西铝业
228	郭立军	男	经济	高级经济师	2012 年 12 月	清洁能源
229	郭前锋	男	经济	高级经济师	2019 年 12 月	铝电金海
230	海旭东	男	体育教育	中学高级教师	2004 年 8 月	青铜峡分公司
231	贾晖杰	男	电力工程技术	高级工程师	2004 年 12 月	公司机关
232	栗晋青	男	英语	副译审	1997 年 1 月	山西铝业
233	陶 明	男	电力工程技术	高级工程师	2013 年 12 月	公司机关
234	徐文勇	男	化验	高级工程师	2001 年 12 月	公司机关
235	徐岱蔚	男	机械工程	高级工程师	2010 年 3 月	科技工程公司
236	徐明磊	男	电气工程	高级工程师	2019 年 9 月	青铜峡分公司
237	徐 旋	男	土建	高级工程师	2016 年 12 月	青铜峡分公司
238	袁传耀	男	经济	高级经济师	2011 年 12 月	铝电金海
239	展明鹏	男	采矿工程	高级工程师	2017 年 8 月	公司机关
240	曹 军	男	电力工程技术	高级工程师	2016 年 12 月	公司机关
241	曹 桦	女	政工	高级政工师	2014 年 12 月	山西铝业
242	常玉杰	男	冶炼	高级工程师	2013 年 11 月	青铜峡分公司
243	崔永胜	男	电力工程技术	高级工程师	2016 年 10 月	青铝发电
244	崔明杰	男	电力工程技术	高级工程师	2002 年 12 月	公司机关
245	崔富新	男	冶炼	高级工程师	2011 年 5 月	铝业国贸
246	龚建云	男	机械工程	高级工程师	2018 年 9 月	遵义公司
247	黄贵平	男	电气工程	高级工程师	2017 年 8 月	宁东分公司
248	黄爱军	女	电力工程技术	高级工程师	2002 年 12 月	公司机关
249	黄继勇	男	冶炼	高级工程师	2016 年 2 月	遵义公司
250	康 宁	男	冶炼	高级工程师	2009 年 11 月	青铜峡分公司
251	康善贵	男	电力工程技术	高级工程师	2018 年 12 月	临河发电
252	梅纪东	男	电力工程技术	高级工程师	2003 年 12 月	铝业国贸
253	梅怀军	男	建筑工程	高级工程师	2021 年 12 月	宁东分公司
254	章烈荣	男	冶炼	高级工程师	2020 年 10 月	宁东分公司

续表

序号	姓名	性别	专业名称	资格名称	授予时间	工作单位
255	程亚娟	女	化学分析检测	高级工程师	2015 年 12 月	山西铝业
256	董汉会	男	管道专业施工	高级工程师	2002 年 12 月	山西铝业
257	董旭洲	男	电力工程技术	高级工程师	2016 年 12 月	临河发电
258	韩永东	男	政工	高级政工师	2008 年 12 月	公司机关
259	韩新栋	男	政工	高级政工师	2010 年 5 月	青铝发电
260	蒋文多	男	采矿工程	高级工程师	2016 年 12 月	山西铝业
261	童文君	男	机械	高级工程师	2011 年 1 月	中卫新能源
262	童彦波	男	会计	高级会计师	2021 年 12 月	公司机关
263	解晓宁	男	工业自动化及仪表	高级工程师	2002 年 12 月	公司机关
264	路怀伟	男	机械工程	高级工程师	2018 年 9 月	宁东分公司
265	雍绍平	男	电力工程技术	高级工程师	2004 年 12 月	临河发电
266	詹磊	男	冶炼	正高级工程师	2013 年 12 月	公司机关
267	蔡彦峰	男	地质勘查	高级工程师	2011 年 12 月	山西铝业
268	廖鹏	男	轻金属冶金	高级工程师	2021 年 12 月	山西铝业
269	裴翠燕	女	经济	高级经济师	2016 年 12 月	临河发电
270	谭菊梅	女	电气工程	高级工程师	2011 年 1 月	新材料公司
271	潘志远	男	机械工程	高级工程师	2001 年 12 月	青铜峡分公司
272	颜传宝	男	煤炭工程	高级工程师	2004 年 12 月	公司机关
273	霍万龙	男	电力工程技术	高级工程师	2001 年 12 月	公司机关
274	魏永春	男	会计	高级会计师	2002 年 8 月	公司机关
275	魏壮强	男	轻金属冶炼	高级工程师	2006 年 12 月	遵义公司
276	魏武沁	男	经济	高级经济师	2019 年 12 月	铝业国贸

三、国家电投（中电投）先进个人

（一）优秀共产党员

1.2009 年

李树春　青铝股份

陈天星　青鑫炭素

2. 2011 年

范　程　中卫新能源工程部副主任

徐　明　青鑫炭素炭块加工部技术员

张立胜　青铝股份动力部供电一车间安全员

姜学群　青铝股份物流配送部汽运汽修室汽车修理班班长

3. 2011—2012 年

邓永林　青铜峡分公司电解一车间副主任

杨　红　宁东分公司电解二车间工区长

黄宝成　临河发电副总工程师

李祖国　红二煤矿筹建处副主任

张立英　动力分公司供电五车间副主任

4. 2014 年

刘西宁　宁东分公司电解四车间工区长

宋　军　检修分公司热加工车间铆焊一班班长

任江涛　临河发电汽机主管

张卫东　煤炭煤化工红一煤矿调度室主任

张　霓　质量检测中心宁东质检站化验主管

5. 2014—2016 年

程大栋　青铜峡分公司 200 千安电解车间主任

贾永生　宁东分公司动力车间锅炉班长

范朝峰　临河发电运行部主任

6. 2016—2018 年

王永进　山西铝业热电分公司汽机车间主任

尤　军　宁夏能源铝业副总经济师、党群工作部主任

刘策峰　青铝发电副总工程师、生技部主任

王生祥　青铜峡分公司电解四车间工区长

赵　荆　工程检修研发中心主任

陈　巍　铝业国贸人资部高级经理

7. 2019—2020 年

吴克明　铝电公司总工程师兼青铜峡分公司党委书记、总经理

赵普辉　几内亚公司综合部主任

张宏云　青铜峡分公司电解三车间三工区区长

戚　政　宁东分公司电解三车间二工区区长

柳　军　青铝发电发电运行部副主任

赵天明　遵义公司副总工程师兼氧化铝厂厂长

张志博　青铜峡分公司铁路工厂站主任、宁夏泾源县大湾乡苏堡村驻村工作队员

汤笑天　铝业国贸计划与财务部资金管理专责

8.2021年杰出共产党员

郭前锋　铝电金海党委委员、副总经理

柳　军　青铝发电发电部主任

王生祥　青铜峡分公司电解四车间工区长

（二）优秀党务工作者

1.2009年

李庭利　青铝股份党委书记

2.2014年

甘进军　检修分公司政治工作部主任、机关党支部书记

童文君　宁东分公司工会主席

3.2014—2016年

赵　虎　宁东分公司电解一车间党支部书记

刘志涛　青铝发电党务工团专责

4.2016—2018年

李承军　铝电公司党群部（工会办）主任

张　婧　中卫新能源党群主管

赵克良　宁东分公司质检站主任、党支部书记

5.2019—2020年

徐　亮　山西铝业纪委办公室主任、综合管理党支部书记

刘文华　中卫热电党群工作部主任

韩向文　铝电新能源发电场主任、生产第一党支部书记

6.2021年

陈治江　宁东分公司机关第二党支部书记、党群工作部主任

陈富强　青铜峡分公司电解二车间党支部书记、主任

王　艳　山西铝业党建部（党委办公室、工会办公室）党支部书记、主任

王　磊　遵义公司党群工作部（党委办公室、工会办公室）主任

王兆虎　铝电公司团委书记、党建部党支部纪检委员

（三）劳动模范

1. 2009 年

王　健　青铝股份电解一部四车间工区长

2. 2011 年

姬全德　青铜峡分公司电解五车间区长

3. 2014 年

李永明　宁东分公司电解四车间三工区区长

（四）先进工作者

4. 2012 年

吕国东　临河发电发电运行部主任

马国孝　青铜峡分公司电解六车间工区长

5. 2013 年

王旭晖　吴忠新能源生产工程部主任

宗林海　宁东分公司电解三车间工区长

6. 2014 年

李海琦　检修分公司装修车间焊修班班长

李永明　宁东分公司电解四车间工区长

7. 2016 年（优秀奋斗者）

刘西宁　宁东分公司电解四车间二工区区长

杨　勇　工程检修车间主任兼项目部经理

陆　勇　中卫新能源生产技术部主管

8. 2017 年（百名奋斗者）

刘兴华　宁东分公司供电车间副主任

赵海宝　临河发电运行部主任

郭前锋　铝电公司几内亚公司总经理

9. 2018 年（百名奋斗者）

吴志双　铝电公司计划经营部总监

秦玉文　临河发电发电运行部主任、党支部书记

陈　鹏　遵义公司工程项目部主任

张建伟　山西铝业热电分公司副经理

10. 2019 年（杰出奋斗者）

王延庆　宁东分公司电解四车间主任

11. 2020 年（杰出奋斗者）

赵永兴　山西铝业电仪检修车间党支部副书记、副主任

12. 2021 年（杰出奋斗者）

吴志双　铝电金海副总经理

13. 2020 年 3 月，抗击新冠疫情和复工复产优秀共产党员

海旭东　青铜峡分公司办公室主任

黄继勇　遵义公司 HSE 部副主任

高晓芳　临河发电设备维护部副主任

姚　瑛　铝业国贸综合管理部（政策与法律部）主任、第一党支部书记

四、公司先进个人

（一）优秀共产党员

1. 2009 年

康　宁　青铝股份电解一部

李树春　青铝股份电解一部

王少东　青铝股份电解一部

周海涛　青铝股份电解一部

屠昌侠　青铝股份电解一部

马俊强　青铝股份电解二部

甘进军　青铝股份电解二部

赵　虎　青铝股份电解二部

金　梅　青铝股份电解二部

冯　超　青铝股份阳极一部

谭菊兰　青铝股份阳极一部

周学海　青铝股份阳极二部

赵永福　青铝股份阳极二部

王国军　青铝股份阳极二部

郑红兵　青铝股份阳极二部

赵晓虎　青铝股份铸造中心

杜海涛　青铝股份铸造中心

崔剑冰　青铝股份动力部

王福来　青铝股份动力部

张　雷　青铝股份大修部

梁文平　青铝股份大修部

李　忠　青铝股份机械制造部

宋云祥　青铝股份通润铝材

魏　红　青铝股份物流配送中心

李贵祥　青铝股份物流配送中心

李卓越　青铝股份物流配送中心

金国忠　青铝股份物流配送中心

徐文勇　青铝股份质量监督部

贺文辉　青铝股份质量监督部

汪　先　青铝股份开发公司

邹茹燕　青铝股份开发公司

岳志波　青铝股份开发公司

杨成刚　青铝股份开发公司

张克平　青铝股份铝材加工部

周　丽　青铝股份安全环保部

杨　鹏　青铝股份销售部

高中华　青铝股份中青迈铝业

李万仁　青铝股份中青迈铝业

黄贵平　青铝股份中青迈铝业

王　耿　青铝股份中青迈铝业

李保安　青铝股份中青迈铝业

郭　栋　青铝股份中青迈铝业

杜华斌　青铝股份医院

高捍东　青铝股份保卫处

尤照云　青铝股份保卫处

吕宏军　青铝股份机关

闫学伟　青铝股份机关

杨福光　青铝股份机关

李　龙　青铝股份机关

李忠义　青铝股份机关

陈天星　青鑫炭素

冯少勇　煤炭与煤化工分公司

赵祖新　建安公司

王荣艳　公司党群工作部

杜向武　公司总经理工作部

田建设　公司计划发展部

杨晓望　公司财务与股权产权部

张丽宁　公司财务与股权产权部

蔡素华　公司审计部

2. 2010 年

张学军　公司市场营销部副主任

吕　钢　公司人力资源部薪酬管理高级主管

郭中华　公司安全生产环保部安全监督高级主管

颜传宝　煤炭煤化工经理

任海峰　煤炭煤化工工程管理部工程管理主管

吕国东　电力分公司临河动力站筹建处副主任

宋　越　青铝股份党委委员、总经理助理

刘自荣　青铝股份纪委审计监察部纪检主管

方东臣　青铝股份销售部销售员

贾晓莉　青铝股份供应部综合管理室主任

张爱平　青铝股份安全环保部安全督查

王昕平　青铝股份生产机动部设备管理室主任

何吉宁　青铝股份电解一部电解一车间主任

杨文新　青铝股份电解一部电解一车间综合班班长

马学峰　青铝股份电解一部电解四车间电解班副班长

康旭明　青铝股份电解一部综合维修车间维修班班长

邓全礼　青铝股份电解二部电算站站长

黄建华　青铝股份电解二部电解八车间工区长

马大勇　青铝股份电解三部宣教干事

陆建东　青铝股份电解三部综合维修车间电气技术员

刘世志　青铝股份电解三部电解六车间安全员

舒继宗　青铝股份阳极一部组装车间中频炉班班长

马建福　青铝股份阳极一部焙烧二车间安全员

丁少军　青铝股份阳极二部成型车间安全员

王学峰　青铝股份阳极二部焙烧车间

曹　磊　青铝股份铸造中心铸造五车间生产班长

郭登岐　青铝股份铸造中心铸造一车间主任

贺文宏　青铝股份铸造中心铸造二车间技术员

陈　亮　青铝股份铸造中心铸造四车间副主任

张　锋　青铝股份动力部供电一车间主任

陈永强　青铝股份动力部供电二车间安全员

陆森林　青铝股份动力部热力车间钳工班班长

崔长江　青铝股份大修部生产设备科技术员

张军立　青铝股份大修部装修车间槽修班班长

王　忠　青铝股份机械制造部铸造车间主任

李晓琴　青铝股份机械制造部辅修车间电机修理班班长

李卓越　青铝股份物流配送部综合计划室技术员

闫爱萍　青铝股份物流配送部配送室副科长

姜学群　青铝股份物流配送部汽运汽修室修理班班长

曹立平　青铝股份开发公司环卫室主任

李广邦　青铝股份开发公司物业维修室副主任

黄长春　青铝股份开发公司生产室生产班班长

黄　平　青铝股份质量监督部质检室副主任

李有财　青铝股份保卫部消防队队长

郑建国　青铝股份联防队副队长

陈恒江　通润铝材铸轧车间工艺技术员

焦卫国　中青迈铝业电解部电解一车间综合班班长

刘士杰　中青迈铝业动力部供电车间班长

刘　明　中青迈铝业阳极部生产设备室主任

徐彬彬　中青迈铝业综合部铁路工厂站

尹淑琴　建设指挥部档案管理员

蔺森龙　建设指挥部管理员

武　炜　青鑫炭素营销科销售员

王恩阜　青鑫炭素设备维修车间安全员

王安锋　建安公司工程管理部副主任

王　赢　科技信息中心技术开发部

王志强　青铝股份离退休办

郭茂林　青铝股份离退休办

3. 2011 年

吴永宁　公司人力资源部培训主管

郭中华　公司安全监察部高级主管

王荣艳　公司党群工作部工会主管

龚建云　红一矿机电部主任

邵　擎　红一矿人资部主任

张晓春　红一矿副经理

王必矿　红一矿调度室主任

李祖国　红二煤矿项目筹建处副主任

王　磊　煤化工项目筹建处煤化工技术部主任

张　军　临河发电综合部主任

周　砚　临河发电实验中心煤质化验班班长

王惠勇　吴忠新能源项目主管

陶　明　中卫新能源工程部副主任

杨永贵　枣泉发电综合部主任

刘海滨　　青铝股份党群工作部党建高级主管

王志刚　　青铝股份供应部综合管理室副主任

郭怀际　　青铝股份人力资源部退休办副主任

刘自荣　　青铝股份审计监察部纪检主管

金　霞　　青铝股份销售部综合管理室主任

魏晁成　　青铝股份电解一部电解四车间班长

王　彪　　青铝股份电解一部电解一车间副主任

刘　征　　青铝股份电解一部综合维修车间安全员

丁建雄　　青铝股份电解一部生产设备室副主任

王凤山　　青铝股份电解二部综合管理室宣教干事

甘进军　　青铝股份电解二部维修车间副主任

陈丽伟　　青铝股份电解二部电解一车间工区长

邢　福　　青铝股份电解三部净化车间主任

陈建华　　青铝股份电解三部电解六车间主任

郝玉刚　　青铝股份电解三部电解七车间副主任

戚红武　　青铝股份阳极一部安全员

马克荣　　青铝股份阳极一部焙烧二车间技术员

田志军　　青铝股份阳极二部组装车间技术员

王国军　　青铝股份阳极二部焙烧车间安全员

韩文建　　青铝股份铸造中心铸造二车间副主任

贾　宁　　青铝股份铸造中心铸造一车间生产班长

尹　杰　　青铝股份铸造中心铸造二车间维修班副班长

陆学军　　青铝股份铸造中心铸造三车间生产班长

陈永强　　青铝股份动力部供电二车间安全员

张世宏　　青铝股份动力部供电三车间电工

梁　健　　青铝股份动力部供电四车间电工

汤元宁　　青铝股份大修部生产设备室技术员

张　雷　　青铝股份大修部装修车间装修工

李春林　　青铝股份机械制造部辅修车间专工

闫爱萍　　青铝股份物流配送部配送室主任

曹元伍　青铝股份物流配送部铁路工厂站调度班长

李贵祥　青铝股份物流配送部汽运汽修室主任

邹建国　青铝股份开发公司物业室班长

温卫忠　青铝股份开发公司招待所厨师

章兴霞　青铝股份开发公司总务室幼儿园园长

刘明祥　青铝股份质量监督部综合管理室主任

谭如现　通润铝材公司压延车间轧辊修磨班班长

曲宁之　中青迈铝业动力部汽机车间主任

赵志伟　中青迈铝业电解部净化车间班长

马光宇　中青迈铝业电解部铸造车间技术员

赵汉江　中青迈铝业阳极部成型车间成型工

陆双林　中青迈铝业动力部供电车间整流所所长

赵　荆　中青迈铝业综合部综合维修车间副主任

尉振斌　中青迈铝业综合部物流室值班长

陈崇云　建设指挥部供应部材料室主任

乔荣庆　建设指挥部电解室主任

黄执军　青鑫炭素设备维修车间班长

田继东　青鑫炭素炭块加工车间技术员

李　刚　青鑫炭素成型二车间班长

孙桂荣　青鑫炭素总账会计

姜会宁　建安公司司机

刘　璨　科技信息中心综合部副主任

4. 2012 年

刘志锋　公司办公室主任

郭中华　公司安全与环境保护监察部高级主管

袁传耀　公司计划与发展部高级主管

贾晖杰　公司发电部副主任

张荣伟　红一煤矿机电管理部副主任

展明鹏　红一煤矿技术管理部副主任

王　栋　红一煤矿政治工作部副主任

韩　炜　煤化工项目筹建处计划与财务部主任

刘东艳　临河发电财务部副主任

丁　玉　临河发电发电运行部值长

杨生虎　临河发电集控机长

王旭晖　吴忠新能源生产工程部主任

潘建平　中卫新能源副经理

张君祥　枣泉发电技术组负责人

时　刚　青铜峡分公司铸造二车间副主任

陈志刚　青铜峡分公司成型二车间副主任

张　宏　青铜峡分公司电解三车间设备专工

侍明栋　青铜峡分公司铸造一车间技术员

丛志军　青铜峡分公司净化三车间班长

许　伟　青铜峡分公司组装一车间技术员

金凤兵　青铜峡分公司焙烧一车间班长

张　炜　青铜峡分公司铸造三车间安全员

杜德章　青铜峡分公司电解二车间班长

马占华　青铜峡分公司净化一车间安全员

王　雷　青铜峡分公司电解六车间天车工

黄建兵　青铜峡分公司组装二车间班长

陈丽伟　宁东分公司电解三车间区长

陈少军　宁东分公司电解四车间班长

吴　革　宁东分公司净化车间副主任

雷荣胜　宁东分公司铸造车间班长

王　琨　宁东分公司成型车间副主任

赵　辉　宁东分公司组装车间副主任

郭　栋　动力分公司动力二车间维修班维修工

王道志　动力分公司供电一车间主任

王越鹏　动力分公司供电三车间变电检修班负责人

方东臣　供销分公司销售部销售专责

刘华湘　供销分公司材料部业务员

申彦华　检修分公司维修一车间副主任

尚文祥　检修分公司装修车间技术员

宋　军　检修分公司热加工车间班长

徐　魏　物流配送中心物流一车间班长

孔　军　物流配送中心物流二车间副主任

陈怀玉　物流配送中心运输二车间电解运输班长

夏青山　物流配送中心宁东铁路站副站长

邱宝虎　质量检测中心青铜峡质监站环境监测工

叶新平　通润铝材氧化车间司机

王骥鹏　通润铝材压延车间技术员

郝全义　通润铝材铸轧车间磨床班班长

郑玉想　青鑫炭素加工车间校锯工

王维祥　青鑫炭素成型一车间专工

王青宁　青鑫炭素成型二车间专工

李万仁　建设工程公司计划合同部仓库主管

杨　杰　建设工程公司综合部纪检监察主管

沙　明　建设工程公司工程管理部主管

李红梅　建设工程公司财务部主管

高捍东　实业公司物业项目部联防队队长

李有财　实业公司安保部消防队队长

王琳娜　实业公司餐饮项目部客房部经理

张生军　实业公司医院公共卫生副主任医师

刘　璨　技术中心硬件系统运维主管

沈富裕　新闻中心新闻采编主管

5. 2013 年

蒋文多　红一煤矿安全管理部副主任

伏　军　红一煤矿通防队地质工

张　磊　红二煤矿筹建处调度安监部主任

孟　静　临河发电发电运行部主值

余光瑞　青铝发电总会计师

张利邦　青铝发电发电部四值值长

刘策峰　青铝发电计划经营部主任

朱　军　吴忠新能源（银川新能源）红墩子光伏电站站长

刘海峰　中卫热电副经理

白振华　中卫新能源香山风电场值班长

杜德章　青铜峡分公司 160 千安电解车间班长

蒋保拥　青铜峡分公司 350 千安电解车间班长

穆鸿昌　青铜峡分公司生产技术部电解工艺主管

王向东　青铜峡分公司电算站班长

丁海军　青铜峡分公司成型一车间设备技术员

丁向东　青铜峡分公司成型二车间副主任

张兴春　青铜峡分公司焙烧一车间净化工

李世贵　青铜峡分公司焙烧二车间班长

葛德林　青铜峡分公司组装二车间中频炉组长

袁长江　青铜峡分公司运输一车间副班长

李　强　青铜峡分公司运输二车间出铝司机

赵　荆　青铜峡分公司维修一车间主任

王　强　青铜峡分公司维修二车间安全员

王贤年　青铜峡分公司维修三车间机械专工

赵逢春　宁东分公司电解三车间安全员

李保安　宁东分公司电解二车间工区长

纪　文　宁东分公司净化车间残极清理班长

马　驰　宁东分公司铸造车间铸造工

刘承胜　宁东分公司焙烧车间多功能天车班长

李金涛　宁东分公司组装车间安全员

张　伟　宁东分公司维修车间副主任

井　宇　宁东分公司运输车间出铝车司机

陈红剑　宁东分公司生产技术部电解工艺主管

梁　健　动力分公司供电四车间整流所所长

张立胜　动力分公司供电一车间安全员

蔺彦军 动力分公司供电二车间电工

张再亮 动力分公司供电三车间技术员

方东臣 供销分公司销售部销售主管

董吉洪 检修分公司炉修车间内衬工

韩庆卫 检修分公司辅修车间技术员

马正科 检修分公司办公室文秘专责

张 倩 物流配送中心物流一车间原料班（炉料库）库管员

牛静茹 物流配送中心计划部计划专责

陈 军 物流配送中心宁东铁路站（仓储）机车司机

丁 勇 质检中心计量站宁东计量检修班

付国强 质检中心青铜峡质检站环境监测班

周长群 实业分公司青铜峡餐饮管理中心员工

杨建川 实业分公司生产计划部主任

邹建国 实业分公司青铜峡物业管理中心专工

赵永东 通润铝材铸轧车间熔炼二班班长

张永力 通润铝材压延车间轧机班班长

齐 龙 青鑫炭素成型二车间焙烧生产班班长

罗 勇 青鑫炭素设备维修中心电气专工

陈崇云 工程公司计划合同部主任兼党支部书记

曹 军 公司安全与环境保护监察部高级主管

马俊伟 公司办公室秘书高级主管

王 闯 公司人力资源部劳动组织主管

刘玉国 公司监察部监察高级主管

刘 璨 公司技术中心运维主管

6. 2014—2016 年

蒋文多 红一煤矿安全管理部副主任

杨晓宁 红二煤矿项目筹建处调度安监部安全专责

郭卫兵 临河发电安全环保部安全主管

周国强 临河发电生产技术部主任

佘奇波 青铝发电设备维护部主网班长

柳　军　青铝发电发电运行部电气专责

杜发龙　中卫新能源发电一场运行值班员

邵立华　中卫新能源检修中心专工

朱　军　吴忠新能源红墩子光伏电站主任

常　芸　中卫热电设备保护部继保班班长

邓　礼　中卫热电发电运行部电气专工

王俊义　工程检修炉修车间扎固班班长

马正科　工程检修综合部行政专责

郭　曼　工程检修计划经营部合同与信息主管

李耀邦　工程检修辅修车间主任兼党支部书记

李建国　工程检修热加工车间安全员

郭东强　青鑫炭素综合车间技术员

杨　琼　青鑫炭素炭块加工车间天车工

王志勇　青铜峡分公司 200 千安电解车间运行三班班长

周少龙　青铜峡分公司 200 千安电解车间运行四班班长

余金云　青铜峡分公司 350 千安电解车间运行班长

李俊平　青铜峡分公司 350 千安电解车间设备专工

王　健　青铜峡分公司 350 千安电解车间工区长

冯占勇　青铜峡分公司铸造二车间综合维修班维修工

王贤年　青铜峡分公司铸造一车间综合维修班维修工

袁长江　青铜峡分公司铸造一车间运输二班班长

丁　茜　青铜峡分公司成型一车间成型三班混配工

杨　海　青铜峡分公司成型二车间工艺专工

王建军　青铜峡分公司组装车间一区组装班班长

孔　军　青铜峡分公司运输车间主任

毕庆明　青铜峡分公司运输车间电解运输一班班长

文建国　青铜峡分公司动力维修车间机械专工

桂文忠　青铜峡分公司动力一车间余热发电站班长

黄　平　青铜峡分公司质检站副主任

王永刚　青铜峡分公司铁路站机车司机长

闫中辉　青铜峡分公司物流一车间天车工

丁建雄　青铜峡分公司安监部副主任

曹立平　青铜峡分公司后勤部青铜峡餐饮中心副主任

陈少华　宁东分公司电解一车间见习技术员、副区长

刘　军　宁东分公司电解三车间天车班班长

白　明　宁东分公司电解四车间综合班班长

李宝剑　宁东分公司铸造车间技术员

江　磊　宁东分公司成型车间安全员

贾永生　宁东分公司动力车间锅炉班班长

王少东　宁东分公司净化车间技术员

曾　云　宁东分公司运输车间车辆修理班班长

段志强　宁东分公司供电车间技术员

黄曙光　宁东分公司维修车间维修四班班长

徐　敏　宁东分公司供应部采购专责

钏　飞　宁东分公司生技部调度运行主管

白　鹤　宁东分公司办公室机要专责

魏春燕　销售分公司销售二部销售专责

孙　超　通润铝材综合部行政主管

王骥鹏　通润铝材压延车间机械主管

曹　军　公司安全与环境保护监察部电力高级主管

沙　乐　公司办公室秘书专责（挂职）

任海峰　公司计划与发展部综合计划主管

郭建男　公司政策与法律部法律事务专责（挂职）

7. 2017 年

蒋　蓉　煤炭煤化工专责

周有宁　临河发电输煤除灰部运行班长

白智勇　临河发电发电运行部机长

刘东艳　临河发电计划部主任兼机关党支部书记

李存志　青铝发电发电部主任兼党支部书记

刘志涛　青铝发电团委书记兼党工团专责

白振华　　中卫新能源运行值班员

盛宝峡　　吴忠新能源太阳山光伏电站站长

吴瑞华　　中卫热电公司燃料外协调运员

张军立　　工程检修固废处理项目部项目主管

徐岱蔚　　工程检修氧化车间副主任

张晓军　　工程检修人资部主任

李海琦　　工程检修装修车间技术员

黄建勇　　青鑫炭素成型二车间主任、党支部书记

李　勇　　青鑫炭素成型一车间综合班班长

锁明敏　　青鑫炭素设备维修中心设备主管

康旭明　　青铜峡分公司 200 千安电解车间维修班班长

裴静发　　青铜峡分公司 350 千安电解车间维修班副班长

马　瑞　　青铜峡分公司铸造二车间叉车工

马海峰　　青铜峡分公司成型二车间统计核算员

黄文升　　青铜峡分公司焙烧二车间运行二班班长

侯　宏　　青铜峡分公司组装车间生产二班副班长

王　东　　青铜峡分公司电算站电气专工

赵旭东　　青铜峡分公司运输车间出铝工兼司机

张　升　　青铜峡分公司供电三车间整流所所长

张惠斌　　青铜峡分公司供电四车间变电班班长

石晓飞　　青铜峡分公司动力一车间余热炉副班长

周永国　　青铜峡分公司动力维修车间维修工

王世勋　　青铜峡分公司物流一车间维修工

黄晓宏　　青铜峡分公司质检站维修工

孙守升　　青铜峡分公司物业管理中心综合班班长

白玉炫　　青铜峡分公司医疗服务中心工会主席

曹立平　　青铜峡分公司餐饮管理中心主任

李　文　　青铜峡分公司办公室行政专责

王徽宁　　青铜峡分公司安监部安监专责

梅怀纲　　宁东分公司人资部主管

乔荣来　宁东分公司生技部主任

丁　林　宁东分公司安监部主管

马　波　宁东分公司电解二车间主任、党支部书记

周　洋　宁东分公司电解二车间副主任

董国平　宁东分公司电解四车间工会主席

马光宇　宁东分公司铸造车间工艺专工

郭　凯　宁东分公司动力车间副主任

李守忻　宁东分公司运输车间副班长

周占军　宁东分公司后勤服务部安全员

赵克良　宁东分公司质检站主任、党支部书记

付国强　宁东分公司质检站副站长

徐　敏　宁东分公司供应部采购专责

王　斌　销售分公司经理、党总支书记

刘新宁　销售分公司综合部铁路局计划专责

谭如现　通润铝材压延车间磨床班班长

高占成　通润铝材财务部主任

梅　琨　公司办公室机要秘书主管

田宏建　公司计划部综合统计专责

周海霞　公司人资部社保主管

李红毅　公司监察部纪检高级主管

王荣艳　公司工会办工会高级主管

8. 2018 年

任海峰　铝电公司规划与发展部规划管理

马俊伟　铝电公司党建部党建管理

任　乐　铝电公司人力资源部领导人员及干部管理

林红兰　铝业国贸银川公司副总经理、党支部副书记

王　冰　铝业国贸氧化铝部高级主管

郭前锋　几内亚公司副总经理

陈　欣　山西铝业氧化铝分公司烧成车间副主任

史振岗　山西铝业氧化铝分公司原料车间生产技术管理

李　冬　山西铝业氧化铝分公司分解二车间安全环保督察员

张建伟　山西铝业热电分公司副经理

吕海艳　山西铝业供销物流分公司成本核算管理

刘　毅　山西铝业检修分公司电气车间主任

冯晋伟　山西铝业实业公司物业部主任

王晓强　山西铝业人力资源部副主任

焦　菲　山西铝业矿产部预算和招投标管理

张　南　山西铝业化验中心副主任

邵　擎　遵义公司人力资源部主任

林金华　遵义公司党委委员、副总经理

张肇成　遵义公司生产运行部技术管理

刘华龙　遵义公司蒸发工序主任、党支部青年委员

洪安贵　遵义公司热电厂副厂长

夏　晓　遵义公司大竹园矿生产与技术部矿山地质专责

吴红卫　遵义公司矿山部副主任

杨　静　遵义公司鼎泰氧化铝公司财务出纳

李春生　临河发电输煤除灰部斗轮机司机

刘凤涛　临河发电发电部机长

柳　军　青铝发电发电运行部副主任

潘　新　青铝发电设备维护部机务班组长

张婷婷　青铝发电输煤除灰部运行四班主值兼安全员

王业成　中卫热电发电运行部一值备用主值

申新华　中卫热电设备维护部辅机班技术员

沙俊杰　中卫热电党群部党建专责

高皖宁　中卫新能源检修中心副主任

杨耀鹏　中卫新能源综合部综合事务

盛宝峡　银川（售电）新能源太阳山光伏电站、小罗山风电项目部主任

杨　勇　青铜峡分公司电解一车间工区长

马俊强　青铜峡分公司电解四车间副区长

吴　斌　青铜峡分公司净化车间350净化二班班长

康旭明　青铜峡分公司电解维修车间 200 千安维修班班长

闫　松　青铜峡分公司电算站（计算机中心）科信管理主管

赵永东　青铜峡分公司成型一车间煅烧一班煅烧工

张贵忠　青铜峡分公司焙烧二车间生产一班班长

丁东平　青铜峡分公司组装车间副主任

梁　健　青铜峡分公司供电四车间整流所所长

雷荣祥　青铜峡分公司动力二车间综合维修工

刘海军　青铜峡分公司运输一车间技术专工

孔　军　青铜峡分公司运输二车间副主任、副书记

刘　明　宁东分公司计划经营部主任

杨　红　宁东分公司电解二车间二工区工区长

张立军　宁东分公司电解四车间运行三班班长

魏全奎　宁东分公司煅烧车间原料班班长

乔　捷　宁东分公司焙烧车间工艺技术员

党　科　宁东分公司铸造车间铸造工

于成勇　宁东分公司运输车间出铝车司机出铝工

郭　栋　宁东分公司动力车间综合维修班班长

张灵芝　宁东分公司质检站化学分析班班组技术员

刘　凯　科技工程公司装修车间槽修班炉窑工

梁文平　科技工程公司炉修车间内衬班班长

李　忠　科技工程公司辅修车间安全员兼工会主席

宗　林　科技工程公司铝材加工部机械班副班长

马正科　科技工程公司办公室风险与内控主管

张军立　科技工程公司固废处理中心物资主管

锁明敏　青鑫炭素设备维修中心副主任

周立宁　青鑫炭素成型一车间焙烧一班班长

齐　龙　青鑫炭素成型二车间焙烧班班长

赵小军　铝合金分公司合金锭铸造车间设备专工

张改珍　铝合金分公司综合管理部主管

孙　超　煤业公司红墩子项目部技术主管

宁　佳　煤业公司瓦厂坪项目部安全主管

张志博　公司定点帮扶村扶贫干部

9. 2019—2020 年

胡天军　铝电金海工程部副主任

武世平　铝电金海计划部计划投资统计管理

韩永东　铝电金海综合部秘书

史喜录　铝电金海综合部后勤管理

谢瑞金　铝电金海港口筹备组临时负责人

孔凡涛　铝业国贸发展与研究部动力煤市场研究高级主管

徐　烁　铝业国贸期货部交易计划专责

樊海涛　铝业国贸西北分公司业务部临时负责人

陈　鹏　铝业国贸北京公司综合部主任

蔡彦峰　山西铝业宁五矿业分公司副总经理

杜思思　山西铝业综合管理部机要文书

高思思　山西铝业设备检修部技术监督

李树峰　山西铝业电仪检修车间安全管理

李峥嵘　山西铝业仓储物流车间党支部副书记、山西河曲县土沟乡王家山扶贫第一书记

刘志勇　山西铝业机务维修一车间技术管理

吕海艳　山西铝业计划与财务部成本会计

马铁捞　山西铝业压溶二车间技术管理

牛晓鹏　山西铝业库区车间副主任

潘进锋　山西铝业发电运行车间技术管理

吴庆君　山西铝业压溶一车间支部副书记、副主任（主持工作）

张福民　山西铝业分解一车间副书记、副主任（主持工作）

张　军　山西铝业仓储物流车间车务班副班长

赵鹏栋　山西铝业保障保卫中心物业管理

代　勇　遵义公司溶出沉降车间乙班班长

韩鲜文　遵义公司赤泥压滤车间副主任（主持工作）

何月莘　遵义公司纪委办公室纪检管理主管

罗　斌　遵义公司热电运行车间副主任

冉启来　　遵义公司设备管理部设备技术管理

田　建　　遵义公司大竹园矿运维队电钳班班长

叶天明　　遵义公司供销公司副主任

邹黠彪　　遵义公司瓦厂坪矿副矿长

杨攀林　　临河发电发电运行部电气主管

刘尚灵　　临河发电机关党支部书记、副总会计师

汤永英　　临河发电财务资产部主任

耿伯儒　　临河发电设备维护部热控主管

周有宁　　临河发电输煤除灰部运行三班班长

张国立　　临河发电发电运行部一值值长

袁　超　　青铝发电发电运行部机长

杨振富　　青铝发电设备维护部燃检班班长

何建军　　青铝发电输煤除灰部副主任

马　丽　　青铝发电燃料管理部燃料统计分析及合同管理专责

卢　伟　　青铝发电人力资源部干部管理、薪酬主管

杜发龙　　新能源公司运行监控中心值长

姜　泳　　新能源公司 HSE 安全监察与环保督察主管

郭立军　　新能源公司副总经济师兼人资部主任

詹　辉　　新能源公司风机运维二部风机主管

杨　海　　青铜峡分公司成型二车间副主任、宁夏泾源县大湾乡苏堡村扶贫工作队队员

王志勇　　青铜峡分公司电解一车间一区副区长

杨彦福　　青铜峡分公司电解二车间副主任

李　岗　　青铜峡分公司电解四车间三区区长

吴　斌　　青铜峡分公司净化车间安全员

刘生昌　　青铜峡分公司 200 千安电解维修班副班长

刘永刚　　青铜峡分公司成型一车间煅烧二班班长

赵永福　　青铜峡分公司成型二车间原料班班长

李　军　　青铜峡分公司焙烧一车间生产三班班长

张　敏　　青铜峡分公司焙烧二车间运行三班班长

王越鹏　　青铜峡分公司供电三车间检修班检修工

梁　健　青铜峡分公司供电四车间整流所所长

刘海军　青铜峡分公司运输一车间技术专工

陈锦娇　青铜峡分公司铁路工厂站车务班班长

温俊明　青铜峡分公司炉窑维修车间扎固班班长

贾淑云　青铜峡分公司质检计控中心计量室能源专工

孙建民　青铜峡分公司仓储物流配送中心起重维修班班长

赵虎军　青铜峡分公司组装车间生产一班班长

李　文　青铜峡分公司人资部干部人事主管

丁向东　青铜峡分公司生技部副主任

魏晁成　宁东分公司电解一车间电解工

何成文　宁东分公司电解二车间副主任

杨文辉　宁东分公司焙烧车间副主任

姚　伟　宁东分公司成型车间成型二班班长

栾　威　宁东分公司组装车间安全员

黄少军　宁东分公司动力车间综合运行班班长

孙金龙　宁东分公司供电车间副主任（主持工作）

王少东　宁东分公司净化车间工艺专工

董永江　宁东分公司综合服务中心副主任（主持工作）

张全武　宁东分公司铁路工厂站原料验收班班长

丁　林　宁东分公司安全与环境保护监察部安全主管

张　伟　宁东分公司维修车间主任

王　娟　宁东分公司财务部会计主管

吴奉明　宁东分公司生产技术部电解设备专责

周贵忠　宁东分公司运输车间出铝工

聂炜军　科技工程公司机械制造部铸造二班副班长

汤元宁　科技工程公司铝材事业部组装班班长　　陈　亮　科技工程公司研发中心主任

马占文　科技工程公司固废处理部物资主管

魏　乐　科技工程公司新能源装备部副经理

赵俊梅　科技工程公司计划与财务部出纳（内部核算）专责

李　勇　青鑫炭素成型一车间综合班班长

李　杨　青鑫炭素石墨化加工车间石墨化二班天车工

胡江涛　青鑫炭素计划与生产技术部主任

施新忠　青鑫炭素焙烧车间焙烧一班班长

郭东强　青鑫炭素党群工作部党建主管

李义智　铝合金分公司铸轧车间副主任

李永富　铝合金分公司生产技术（研发）部副主任

马立刚　铝合金分公司变形铝合金铸轧车间设备专工

于光远　铝合金分公司压延启动组电气专工

郑立军　铝合金分公司合金锭铸造车间熔铸三班班长

刘　蕾　铝电公司人力资源部人才开发与教育培训管理

郭建男　铝电公司法律与企业管理部法律事务

田宏建　铝电公司计划与财务部综合计划管理高级主管

李　高　铝电公司市场营销部招标与物资综合管理高级主管

范哲友　铝电公司电解铝部供电与项目主管

（二）优秀党务工作者

1. 2009 年

何吉宁　青铝股份电解一部

张　宁　青铝股份电解二部

韩福生　青铝股份阳极一部

史红书　青铝股份阳极二部

韩学义　青铝股份铸造中心

王克明　青铝股份动力部

李国栋　青铝股份大修部

李少华　青铝股份物流配送中心

曹佩勇　青铝股份开发公司

姚文林　青铝股份中青迈综合部

李冬彦　青铝股份中青迈指挥部

杨　军　青鑫炭素党支部

刘海峰　电力分公司党支部

张廷锋　建安公司党支部

王化琳　公司党群工作部

李庭利　公司机关

2. 2010 年

李庭利　青铝股份党委书记

王仲洲　公司机关党委副书记、党群工作部主任

余国利　电力分公司党支部委员

叶　川　青铝股份动力部党总支书记

李红宇　青铝股份阳极一部机关党支部书记

张中华　青铝股份电解一部运输车间党支部书记

张　宁　青铝股份电解二部电解八车间党支部书记

徐景国　青铝股份铸造中心机关党支部书记

贺玉艳　青铝股份开发公司党总支书记

刘海滨　青铝股份电解三部机关党支部书记

姜年月　中青迈铝业动力部党支部委员

王　耿　中青迈铝业电解部党支部委员

陆俊义　青鑫炭素党总支委员、成型二部党支部书记

张廷锋　建安公司党支部副书记

3. 2011 年

卢振才　公司党群工作部主任、机关党委书记

王克义　红一煤矿经理、党委书记

章建康　临河发电经理、党委书记

张韶华　青铝股份党群工作部主任

张　泉　青铝股份电解一部净化车间主任、党支部书记

李会春　青铝股份电解二部九车间副主任、党支部副书记

张建勋　青铝股份阳极一部组装车间主任、党支部书记

郑建忠　青铝股份阳极二部副部长、党总支书记

陈　亮　青铝股份铸造中心铸造四车间副主任、党支部副书记

李有强　青铝股份动力部水风车间主任、党支部书记

李国栋　青铝股份大修部炉修车间主任、党支部书记

蔡志平　中青迈铝业电解部电解一车间主任、党支部书记

韩步武　中青迈铝业阳极部综合管理室主任、机关党支部书记

李文辉　中青迈铝业动力部动力车间主任、党支部书记

刘建平　青鑫炭素副经理、党总支副书记

刘　宁　青鑫炭素安全环保部副主任、维修车间党支部副书记

4.2012 年

韩永东　公司政治工作部党建主管

王　刚　红一煤矿党委副书记、纪委书记、工会主席

曲　杰　临河发电党委副书记、纪委书记、工会主席

李宝平　吴忠新能源副经理

郑立昌　青铜峡分公司焙烧二车间主任

海旭东　青铜峡分公司办公室主任

刘宏毅　宁东分公司党委书记

赵　虎　宁东分公司电解一车间党支部书记

田建东　动力分公司动力一车间主任、党支部书记

王志刚　供销分公司综合部主任

杨宏伟　检修分公司党委副书记、纪委书记、工会主席

李少华　物流配送中心青铜峡铁路站党支部书记

周学良　质量检测中心计量站党支部书记

贾　坤　通润铝材氧化车间主任、党支部书记

刘自荣　青鑫炭素政治工作部主任

屈文才　建设工程公司党委副书记、纪委书记、工会主席

肖丽英　实业公司政治工作部副主任

5.2013 年

牛蓉蓉　煤炭分公司党工团主管

刘志涛　青铝发电党群工作部党务专责

张新宁　临河发电办公室主任（原政工部主任）

董建阳　中卫热电机关党支部副书记

王惠勇　吴忠新能源综合部主任

潘建平　中卫新能源副总经理、党总支委员

程大栋　青铜峡分公司 120 千安电解车间主任（原党支部书记）

韩学义　青铜峡分公司铸造二车间党支部书记

张建勋　青铜峡分公司组装一车间党支部书记

蔡志平　宁东分公司电解三车间党支部书记

俞　斌　宁东分公司成型车间党支部书记

李有强　动力分公司维修车间主任、支部书记

张志博　动力分公司政治工作部副主任、机关党支部书记

杨　勇　检修分公司装修车间主任兼党支部书记

门　丽　供销分公司综合部政工主管

伍永胜　物流配送中心物流一车间主任、支部书记

顾新革　物流配送中心宁东铁路站（仓储）副主任、党支部委员

金国林　质量检测中心宁东质检站党支部书记

康兴隆　实业分公司政工部主管

孙　超　通润铝材综合部党建专责

吴建成　青鑫炭素成型二车间党支部副书记

朱　辉　工程公司综合部副主任、综合党支部委员

沙　乐　新闻中心新闻采编专责

6. 2014—2016 年

尤　军　公司副总经济师兼宁东分公司党委书记、副经理

唐智录　红一煤矿矿机电队党支部书记

田　泽　中卫新能源党总支书记、经理

张　婧　中卫新能源综合部党群主管

韩新栋　青铝发电党群工作部主任

董建阳　中卫热电机关党支部副书记

陈绪明　工程检修炉修车间党支部书记

孙　燕　青铜峡分公司政治工作部主任

李红宇　青铜峡分公司成型二车间党支部书记

王　彪　宁东分公司电解四车间党支部书记

曹富春　通润铝材铸轧党支部书记

7. 2017 年

牛蓉蓉　煤炭煤化工党工团主管

张　婧　中卫新能源党群主管

张利邦　中卫热电发电部党支部副书记

张思贤　工程检修装修车间党支部副书记

朱　辉　工程检修综合部副主任

刘自荣　青鑫炭素综合部副主任

章烈荣　青铜峡分公司350千安电解车间党支部书记

丁梦晨　宁东分公司政工部纪检专责

陈治江　宁东分公司政工部主任

王志刚　销售分公司综合部主任

卢振才　公司政工部主任

8. 2018年

刘占营　铝电公司纪检监察部纪检监察管理

任　烁　铝业国贸第一党支部副书记、综合部助理经理

曹　桦　山西铝业党委副书记、纪委书记、工会主席

王　璐　山西铝业党群工作部党建管理

马肖华　山西铝业党群工作部党建管理兼机关党群干事

胡　炼　遵义公司热电厂煤气工序主任、党支部副书记

范丽鹏　遵义公司机电与装备部技术专责、大竹园矿党支部副书记

郭秀娟　临河发电党群部党建及宣传主管

韩新栋　青铝发电党群工作部主任

董建阳　中卫热电设备维护部党支部副书记

张　婧　中卫新能源综合部副主任

郭立军　银川（售电）新能源副总经济师兼综合部主任

田建东　青铜峡分公司动力一车间党支部书记

金国林　青铜峡分公司质检计控中心党支部组织委员

刘海滨　青铜峡分公司党群工作部主任

陈志江　宁东分公司党群工作部主任

张卫宝　宁东分公司铁路工厂站成品验收班班长

陈绪明　科技工程公司炉修车间主任、党支部书记

尹训铜　青鑫炭素石墨化加工车间党支部书记

9. 2019—2020 年

朱　辉　铝电金海综合部副主任

刘　浩　铝电金海第一党支部书记、党群管理

叶　铭　铝业国贸党建部主任

刘琳琳　铝业国贸东北公司综合部党群纪检监察主管

周　伟　山西铝业实验研究中心党支部副书记

王素萍　山西铝业矿业部党群管理

陈琳伟　山西铝业党建部（党委办公室、工会办公室）副主任

高方霞　遵义公司党群工作部（党委办公室、工会办公室）党务主管

李　伟　遵义公司检修党支部组织委员、电仪检修车间电气设备管理专责

张卫宝　临河发电党群工作部纪检专责

刘凤涛　临河发电发电运行部党支部组织委员、集控运行机长

马晓明　青铝发电维护党支部组织委员、电气班检修工

蒋爱红　青铝发电纪委办公室副主任

郝玉刚　青铜峡分公司电解四车间党支部书记、主任

贾银忠　青铜峡分公司焙烧一车间党支部书记、主任

孔　军　青铜峡分公司运输二车间党支部书记、主任

陆志华　青铜峡分公司机关第三党支部书记、副总工程师兼生技部主任

郭世军　青铜峡分公司机关第一党支部宣传委员、新闻中心副主任

崔强强　宁东分公司电解三车间党支部宣传委员、运行一班电解工

董国平　宁东分公司电解四车间党支部纪检委员、综合班副班长

刘　伟　宁东分公司组装车间党支部宣传委员、组装一班副班长

蒲和平　宁东分公司煅烧车间党支部宣传委员、原料班煅烧工

孙　超　科技工程公司党群工作部（纪委办公室）副主任

张思贤　科技工程公司机械制造部党支部书记、副经理

刘自荣　青鑫炭素机关党支部书记、党群工作部主任

罗　勇　青鑫炭素团青负责人、石墨化加工车间副主任

黄　凯　铝合金分公司综合管理部副主任（主持工作）

沙　乐　铝电公司党建部（党委办公室、工会办公室）党委秘书

高中华　铝电公司纪委办公室（党委巡察办）副主任

（三）标兵（劳动模范）

1. 2009 年

张丽宁　公司财务产权与股权管理部

张晓春　煤炭煤化工分公司

潘建平　电力分公司前期项目筹建处

高立春　青铝股份电解一部电解三车间

王　宇　中青迈铝业电解部电解二车间

姚文林　中青迈铝业综合部生产机动室

马桂军　青铝股份铸造中心铸造五车间生产二班

陈忠彦　青铝股份阳极二部成型二车间

田利宁　青铝股份阳极一部维修车间机电班

张卫宝　青铝股份大修部炉修车间内衬班

汤永英　青铝股份财务与产权部

杨　勇　青铝股份电解三部电解六车间

郭长利　青铝股份机械制造部辅修车间导杆修理班

寇　岳　青鑫炭素成型一车间

赵永贵　青鑫炭素炭块加工车间

2. 2010 年

吕　钢　公司人力资源部

蒋文多　红一煤矿矿建组

罗庆芳　临河发电综合管理部

赵　虎　中青迈铝业电解部电解二车间

郭登岐　青铝股份铸造中心铸造一车间

刘西宁　青铝股份电解三部电解六车间

于　耀　中青迈铝业综合部综合维修车间

路怀伟　中青迈铝业阳极部焙烧车间

张建红　中青迈铝业动力部供电车间检修班

张永力　通润铝材压延车间 1450 轧机班

王志刚　青铝股份电解二部电解九车间运行三班

李笑虎　青铝股份阳极一部成型二车间

赵志同　青鑫炭素维修车间机电二班

田健立　青鑫炭素成型一车间焙烧一班

胡天军　建设指挥部工程管理部

3. 2011 年

许良发　红一煤矿总工程师

吕国东　临河发电化学水工部主任

朱　军　吴忠新能源生产工程部主管

刘　蕾　中卫新能源工程部副主任

程大栋　青铜峡分公司电解一车间主任

沈　辉　青铜峡分公司铸造三车间生产四班副班长

田志军　青铜峡分公司组装二车间设备专工

常玉杰　宁东分公司副经理

杨占军　宁东分公司电解一车间三工区区长

贾　旺　宁东分公司电解三车间设备技术员

方景松　检修分公司装修车间槽修班钳工

马　峰　质量检测中心质检一部光谱分析班班长

马晓军　通润铝材挤压车间电气专工、维修班班长

刘　宁　青鑫炭素安全与环境保护监察部副主任

张丽宁　公司财务部对外信息披露高级主管

4. 2012 年

刘东艳　临河发电财务资产部副主任

王旭辉　吴忠新能源生产工程部主任

汤国武　中卫新能源香山风电场副主任

郝玉刚　青铜峡分公司电解二车间主任

王建明　青铜峡分公司电解四车间运行四班二区组长（九年制）

张旭升　青铜峡分公司焙烧二车间工艺专工

侍明栋　青铜峡分公司铸造一车间工艺技术员

乔荣来　宁东分公司生产技术部主任

范永华　宁东分公司电解二车间运行一班副班长（九年制）

宗林海　宁东分公司电解三车间三工区工区长

刘　森　检修分公司辅修车间宁东工作站班长

李　波　宁东质检站副主任

王骥鹏　通润铝材压延车间机械专工

王　涛　实业公司青铜峡物业管理中心副主任

徐占亮　公司财务部副主任

5. 2013 年

朱　茂　红一煤矿机电运输队运转班班长

姚巍忠　吴忠新能源生产工程部主管

杨　健　青铜峡分公司 200 千安电解车间七厂房运行二班小组长

杜明道　青铜峡分公司 350 千安电解车间主任

杨　红　宁东分公司电解二车间一工区区长

王　彪　宁东分公司电解四车间主任

陆双林　动力分公司供电五车间整流一所所长

张玉霞　青铜峡质检站检查衡量二班班长

田继红　检修分公司热加工车间机械技术员

6. 2014 年

潘鑫银　红二煤矿调度安监部矿建专责

李怀平　中卫新能源发电一场运行一值值长

牛建华　青铝发电设备维护部机务班班长

康旭明　青铜峡分公司维修一车间维修三班班长

戚　政　宁东分公司电解三车间二区工区长

马存明　宁东分公司电解一车间运行二班副班长

杨生龙　动力分公司供电四车间主任

韩庆卫　检修分公司维修车间机械专工

马铜霞　青铜峡质检站炭素分析班班长

7. 2015 年

高晓芳　临河发电生产技术部电气二次主管

姜海涛　青铝发电输煤运行部输煤运行四班班长

陶　明　中卫新能源工程部主任　段海林　中卫热电发电运行部备用值长

杨　勇　工程检修装修车间主任兼榆林项目部经理

李红宇　青铜峡分公司成型二车间主任

刘菲凡　青铜峡分公司200千安电解车间天车班多功能天车工

蔡志平　宁东分公司电解三车间主任

李文胜　通润铝材氧化车间维修班维修工

刘焕静　会计核算中心副经理

8. 2016年

秦玉文　临河分公司发电运行部副主任

张志刚　青铝发电设备维护部辅控班班长

李换刚　工程检修计划经营部副主任兼铝材销售部副主任

梁　龙　青铜峡分公司200千安电解车间工艺技术员

刘承胜　宁东分公司焙烧车间生产二班班长

9. 2017年

陈瑞明　临河分公司设备维护部副主任

高　峰　银川（售电）新能源小罗山风电场发电运维部主任

王生祥　青铜峡分公司350千安电解车间工区长

赵　虎　宁东分公司电解一车间主任

张兴政　工程检修装修车间焊修班副班长

10. 2018年

余晓松　临河发电设备维护部锅炉转机班班长

许伏忠　青铝发电安全总监兼HSE部主任

邓　礼　中卫热电发电运行部电气主管

白振华　中卫新能源发电二场运行二班值班员

周　洋　青铜峡分公司电解二车间主任

马　英　宁东分公司电解一车间三区工区长

王志刚　科技工程公司装修车间槽修班班长

何伏俊　青鑫炭素成型一车间焙烧三班班长

11. 2019年

徐占亮　公司计划与财务部主任

郭前锋　铝电国际副总经理

廖　鹏　山西铝业生产运营部总工程师兼第二党支部书记

张　磊　遵义公司大竹园矿矿长、党支部书记

刘策峰　青铝发电总工程师

秦玉文　临河发电运行副总工程师、发电运行部党支部书记

张　磊　中卫热电发电运行部五值值长

杨　勇　青铜峡分公司电解一车间一区工区长

杨智强　宁东分公司电解四车间工区长

尹训铜　青鑫炭素石墨化加工车间主任、党支部书记

12. 2020 年

玛玛卡尼·迪亚洛（外籍）　铝电金海社区关系负责人

魏晓红　山西铝业生产技术部（调度中心）副主任

梁　锐　临河发电发电运行部锅炉主管

刘建忠　青铝发电运行副总工程师

陶　明　新能源公司项目管理部主任

王生祥　青铜峡分公司电解四车间三工区区长

张　勇　宁东分公司煅烧车间主任

唐保宁　科技工程公司炉窑修理部焊修班班长

齐　龙　青鑫炭素焙烧车间焙烧二班班长

侍明栋　铝合金分公司变形铝合金铸造车间技术专工

13. 2021 年

徐艳玲　铝电金海财务管理中心主任、人资部主任

程良杰　山西铝业压溶二车间沉降甲班班长

孙　楠　遵义公司质检化验中心副主任（主持工作）

刘亚斌　临河发电发电运行部汽机主管

钱　鑫　青铝发电发电运行部副主任

董　洋　中卫新能源电气运维部运维二班副班长

张孔亮　青铜峡分公司电解一车间二区工区长

黄　亮　宁东分公司电解三车间党支部书记、主任

魏志东　青鑫炭素成型一车间成型二班副班长

宫　政　新材料公司压延车间轧机班班长

（四）先进工作者

1. 2009 年

田建设　公司计划与发展部

杜向武　公司总经理工作部

李宝平　公司工程管理部

王化琳　公司党群工作部

郭中华　公司安全生产环保部

吴登中　公司审计部

蒋文多　煤炭煤化工分公司煤炭项目筹建处

鲁志平　煤炭煤化工分公司煤化工项目筹建处

任海峰　煤炭煤化工分公司工程管理部

范　程　电力分公司前期项目筹建处

赵永权　电力分公司临河动力站筹建处

马永兴　电力分公司临河动力站筹建处

李永明　青铝股份电解一部电解一车间

陈富强　青铝股份电解一部电解二车间

吴建宁　青铝股份电解一部电解三车间

王会子　青铝股份电解一部净化一车间净化二班

张　峰　青铝股份电解一部运输车间车辆班

龚　然　青铝股份电解一部综合维修车辆综合班

尹学东　青铝股份电解一部电解五车间三班

冯瑞国　青铝股份电解一部电解四车间电解四班

常玉杰　青铝股份电解二部电解八车间

穆宏昌　青铝股份电解二部九车间

任　和　青铝股份电解二部综合维修车间

王延庆　青铝股份电解二部生产设备室

赵逢春　青铝股份电解二部运输车间

李　岗　青铝股份电解二部电解八车间电解三班

张学斌　青铝股份电解二部电解九车间综合班

邢　福　青铝股份电解三部净化三车间

袁庆丰　　青铝股份电解三部电解七车间

周静伟　　青铝股份电解三部综合维修车间

裴静发　　青铝股份电解三部综合维修车间电解维修班

赵新生　　青铝股份电解三部运输车间出铝班

梅少华　　青铝股份电解三部电解六车间运行二班

马克荣　　青铝股份阳极一部生产设备管理室

马　冲　　青铝股份阳极一部成型一车间生产三班

赵永福　　青铝股份阳极二部煅烧车间原料班

张峻峰　　青铝股份阳极二部焙烧二车间综合班

刘占吉　　青铝股份阳极二部组装二车间生产四班

冯运华　　青铝股份阳极二部综合维修车间

田　涛　　青铝股份阳极二部组装二车间中频炉班

戚红武　　青铝股份阳极三部成型三车间

金凤兵　　青铝股份阳极三部焙烧三车间运行一班

张建勋　　青铝股份阳极三部组装三车间

刁仁秀　　青铝股份铸造中心铸造一车间生产一班

韩文健　　青铝股份铸造中心铸造二车间

郭　刚　　青铝股份铸造中心铸造四车间生产二班

李爱华　　青铝股份铸造中心综合维修车间维修一班

时　刚　　青铝股份铸造中心铸造三车间

马金良　　青铝股份铸造中心铸造三车间生产三班

赵西建　　青铝股份动力部供电一车间整流所

王振平　　青铝股份动力部供电二车间试验班

顾建军　　青铝股份动力部供电三车间整流所

程志波　　青铝股份动力部供电四车间大修班

闫少林　　青铝股份动力部热力车间四号余热炉

徐万贵　　青铝股份大修部炉修车间

唐保宁　　青铝股份大修部装修车间焊修班

薛全文　　青铝股份大修部炉修车间扎固班

孔　巍　　青铝股份质量监督部计量管理室

哈丽萍　　青铝股份质量监督部检验室分析二班

徐春梅　　青铝股份物流配送部

顾新革　　青铝股份物流配送部汽运科汽修室

李小平　　青铝股份物流配送部仓储室调装班

马立柱　　青铝股份机械制造部铆锻车间

李晓峰　　青铝股份通润铝材铸轧车间

冯宝银　　青铝股份通润铝材压延车间精整班

候　学　　青铝股份铝材加工部挤压车间生产班

闫立峰　　青铝股份安全环保部

付晓强　　青铝股份党群工作部

鞠家庆　　青铝股份销售部

门　丽　　青铝股份总经理工作部

刘冬梅　　青铝股份供应部

李海斌　　青铝股份开发公司生产室

任志华　　青铝股份开发公司物业室

卢振彤　　青铝股份开发公司宁东工作站

张立军　　青铝股份保卫部综合管理室联防队

祁瑞涛　　青铝股份保卫部生产保卫室护卫队

何丽萍　　青铝股份医院

马俊伟　　中青迈铝业电解部电解一车间

张　伟　　中青迈铝业电解部综合维修车间

牛永保　　中青迈铝业电解部综合维修车间

肖　宁　　中青迈铝业电解部二车间运行四班

魏全奎　　中青迈铝业阳极部成型车间原料班

庄兴瑞　　中青迈铝业阳极部组装车间组装二班

张大荣　　中青迈铝业阳极部焙烧车间生产三班

刘建国　　中青迈铝业动力部供电车间

杜隶生　　中青迈铝业综合部物流室出铝班

张晓鹏　　中青迈铝业综合部铁路工厂站运转班

乔荣庆　　建设指挥部工程管理部电解室

陈崇云　建设指挥部供应部材料室

卢振海　青鑫炭素维修车间

孙桂荣　青鑫炭素财务部

齐　龙　青鑫炭素成型二车间

刘建平　青鑫炭素

杨岩波　青鑫炭素生产设备部

胡江涛　青鑫炭素营销部

杨立志　进出口公司期货部

张素艳　建安公司计划经营部

张新平　建安公司工程管理部

樊学谆　科技信息中心综合部

满金涛　科技信息中心青铜峡工作站

2. 2010 年

王小宁　公司总经理工作部

田建设　公司计划与发展部

唐智录　红一煤矿机电组

靳　浩　红一煤矿综合组

裴宗和　红一煤矿矿建组

杨晓灵　红一煤矿技术组

何中宝　红二煤矿筹建处

张仰泰　煤化工项目筹建处

姜　勇　临河发电计划经营部

刘东艳　临河发电财务资产部

赵永权　临河发电发电运行部

张　雄　吴忠新能源前期项目部

范　程　中卫新能源（中卫热电项目筹建处）工程部

程启军　枣泉发电前期技术组

康　宁　青铝股份电解一部

李永明　青铝股份电解一部电解一车间

杨建军　青铝股份电解一部电解二车间

宗林海　青铝股份电解一部电解五车间

李俊平　青铝股份电解一部综合维修车间

杨智强　青铝股份电解一部电解四车间

张成俊　青铝股份电解一部一车间二班

于建宁　青铝股份电解一部二车间电解一班

张志波　青铝股份电解一部三车间电解四班

黄建华　青铝股份电解二部电解八车间

马国孝　青铝股份电解二部电解九车间

王　勤　青铝股份电解二部综合维修车间维修二班

王　成　青铝股份电解二部净化车间贮运二班

姬全德　青铝股份电解二部电解八车间

朱　明　青铝股份电解二部电解八车间运行四班

李新国　青铝股份电解二部运输车间修理班

陈建华　青铝股份电解三部电解六车间

刘生昌　青铝股份电解三部综合维修车间电解维修二班

刘海军　青铝股份电解三部综合运输车间

杨存花　青铝股份电解三部电解净化车间

杨建宏　青铝股份电解三部七车间运行二班

杨　刚　青铝股份电解三部电解六车间运行一班

赵永峰　青铝股份阳极一部焙烧二车间综合班

许　伟　青铝股份阳极一部组装车间

王建军　青铝股份阳极一部组装车间组装一班

吴　伟　青铝股份阳极一部焙烧二车间

周学海　青铝股份阳极二部维修车间维修一班

陈建军　青铝股份阳极二部煅烧车间生产二班

丁东平　青铝股份阳极二部成型车间

李世贵　青铝股份阳极二部焙烧车间综合班

王举明　青铝股份阳极二部组装车间生产三班

李永刚　青铝股份铸造中心铸造五车间生产四班

王旭东　青铝股份铸造中心综合管理室

武鸿江　青铝股份铸造中心铸造三车间综合班

冯占勇　青铝股份铸造中心综合维修车间

张彦军　青铝股份铸造中心铸造四车间生产一班

王有绪　青铝股份铸造中心铸造一车间生产一班

田　红　青铝股份铸造中心铸造五车间生产二班

王克明　青铝股份动力部供电二车间

赵柄民　青铝股份动力部热力车间电工班

刘光勇　青铝股份动力部供电三车间继电保护班

荫祥林　青铝股份动力部热力车间 2 号余热炉班

赵西建　青铝股份动力部供电一车间

马金保　青铝股份动力部水风车间

徐万贵　青铝股份大修部炉修车间

张永峰　青铝股份大修部装修车间槽修班

李红军　青铝股份大修部炉修车间内衬班

苏建新　青铝股份质量监督部计量室电工仪表检修班

马小东　青铝股份质量监督部质检室碳素分析检查班

姜学群　青铝股份物流配送部汽运汽修室修理班

徐慧英　青铝股份物流配送部配送室备件班

钟志英　青铝股份物流配送部综合计划室

杨　旭　青铝股份物流配送部仓储室维修班

韩庆洪　青铝股份机械制造部铸造车间

褚志刚　青铝股份保卫部综合管理室消防队

冯应举　青铝股份保卫部生产保卫室护卫队

赵晓冬　青铝股份生产机动部能源管理室

吕元新　青铝股份供应部备件室

梅怀纲　青铝股份人力资源部

伍　斌　青铝股份企业管理部综合管理室

田玉梅　青铝股份开发公司银川项目部

温鸿原　青铝股份开发公司招待所餐饮部

王玉宁　青铝股份开发公司物业室管工班

陈凤琴　青铝股份医院妇产科

侯　杰　通润铝材铸轧车间生产丙班

许有明　通润铝材压延车间维修班

曹青峡　青铝股份铝材加工部氧化车间组装班

冯中明　中青迈铝业电解部电解一车间

黄　波　中青迈铝业电解部铸造车间运行三班

马　彬　中青迈铝业电解部净化车间贮运一班

强保军　中青迈铝业电解部电解一车间运行一班

张瑞军　中青迈铝业阳极部成型车间煅烧四班

赵　俊　中青迈铝业阳极部组装车间组装一班

黄少军　中青迈铝业动力部动力车间空压班

郭　栋　中青迈铝业综合部维修车间维护三班

赵忠斌　中青迈铝业综合部生产调度室

苏晓峰　中青迈铝业综合部物流室车辆二班

朱　辉　建设指挥部办公室

宋有明　建设指挥部供应部

朱自龙　青鑫炭素炭块加工车间

李守雄　青鑫炭素成型二车间成型生产一班

张　杰　青鑫炭素生产设备部

哈立军　青鑫炭素石墨化车间

张　淼　青鑫炭素煅烧车间生产一班

王安锋　建安公司工程部

贺　华　科技信息中心

3. 2011 年

龚建云　红一煤矿机电管理部主任

张卫东　红一煤矿调度室主任

陶威铭　红一煤矿计划经营部主管

杨　芸　红二煤矿筹建处计划管理部成本预算主管

李自勇　煤化工筹建处选煤厂项目部主任

刘东艳　临河发电财务资产部副主任

秦玉文　临河发电发电运行部备用机长

宋鹏飞　临河发电生产技术部热控主检修工

文位忠　吴忠新能源计划与财务部主管

范　程　中卫热电副总工程师兼计划经营部主任

杨永贵　枣泉发电综合部主任

段学涛　青铜峡分公司电解一车间三厂房四班副班长

李　涛　青铜峡分公司电解二车间一厂房工区长

王会宾　青铜峡分公司电解二车间电解二班作业长

李少兵　青铜峡分公司电解三车间工区长

蒋　涛　青铜峡分公司电解三车间电解二班副班长

杨彦福　青铜峡分公司电解四车间工会主席、工艺技术员

马学锋　青铜峡分公司电解四车间电解四班三小组组长

杨丹丹　青铜峡分公司电解五车间工艺专工

王文晖　青铜峡分公司电解五车间电解四班作业长

章烈荣　青铜峡分公司电解六车间工艺专工

郭应龙　青铜峡分公司电解六车间三班作业长

张彩青　青铜峡分公司净化一车间设备技术员

张晓华　青铜峡分公司净化二车间设备技术员

马玉平　青铜峡分公司净化三车间残极清理工

王　东　青铜峡分公司电算站电气专工

郭　刚　青铜峡分公司铸造一车间三区生产二班班长

孟宏斌　青铜峡分公司铸造一车间二区生产三班职工

韩学义　青铜峡分公司铸造二车间主任

孙立军　青铜峡分公司铸造一车间三工区运行四班副班长

李金宏　青铜峡分公司成型一车间生产一班班长

王殿海　青铜峡分公司成型二车间生产三班班长

王学东　青铜峡分公司焙烧一车间主任

王占斌　青铜峡分公司焙烧一车间生产四班班长

张　敏　青铜峡分公司焙烧二车间生产三班多功能天车工

吕生涛　青铜峡分公司组装一车间副主任

雷　青　青铜峡分公司成型一车间工艺技术员

丁建雄　青铜峡分公司生产技术室副主任

戚红武　青铜峡分公司安全监察室安全员

潘晓兵　宁东分公司电解一车间天车班小组长

郭明威　宁东分公司电解一车间运行二班作业长

兰　周　宁东分公司电解二车间工艺技术员

侯　立　宁东分公司电解二车间一区副区长

王晓勇　宁东分公司电解三车间运行二班班长

李永明　宁东分公司电解四车间三区区长

李　方　宁东分公司电解四车间运行三班作业长

周　震　宁东分公司焙烧车间生产三班班长

李吉文　宁东分公司铸造车间主任

李　龙　宁东分公司净化车间主任

张学武　宁东分公司组装车间组装一班班长

倪天军　宁东分公司电解三车间综合班

范哲友　动力分公司生产技术室副主任

赵西建　动力分公司供电一车间整流所所长

王振平　动力分公司供电二车间试验班班长

王文娟　动力分公司供电三车间专工

高卫红　动力分公司供电四车间试验班班长

郝其江　动力分公司动力一车间4号空压站班长

李　江　动力分公司动力二车间除盐水站班长

杨　鹏　供销分公司销售部销售员

孙景来　检修分公司维修一车间维修五班副班长

朱井明　检修分公司维修二车间维修三班钳工

黄　卿　检修分公司维修二车间维修一班维修工

马兴江　检修分公司维修三车间维修二班班长

高　洋　检修分公司维修四车间综合班班长

赵金忠　检修分公司炉修车间综合班班长

郭　亮　检修分公司炉修车间扎固班扎固工

马广斌　检修分公司热加工车间技术员

韩庆卫　检修分公司辅修车间机械专工

马学诗　检修分公司维修一车间维修五班班长

李　波　质量检测中心质检二部化验技术专工

万　金　质量检测中心计量部自动化仪表一班班长

贺文辉　质量检测中心电气专工

王　宏　物流配送中心物流一车间技术员

马　涛　物流配送中心物流二车间副主任

张改珍　物流配送中心青铜峡铁路站技术员

崔育才　物流配送中心宁东铁路站主任

张天赐　物流配送中心运输二车间出铝二班班长

夏广涛　物流配送中心维修车间技术员

曾　云　物流配送中心运输车间维修一班副班长

杨生金　物流配送中心运输二车间出铝一班出铝工

肖振刚　物流配送中心运输二车间主任

魏永鹏　通润铝材铸轧车间工艺技术员

李云鹏　通润铝材压延车间 1450 轧机主操作手

景　辉　通润铝材维修车间电气技术员

王　涛　青鑫炭素维修车间机电二班电工

刘学涛　青鑫炭素炭块加工车间加工三班组长

施新忠　青鑫炭素成型一车间焙烧工段调温班副班长

刘自新　青鑫炭素成型二车间焙烧生产一班班长

武　炜　青鑫炭素市场营销部营销员

胡天军　建设工程公司工程部主任

邹建国　实业公司物业项目部技术员

赵玉忠　实业公司实业项目部综合维修班班长

张淑芹　实业公司餐饮项目部餐厅领班

樊红军　实业公司餐饮项目部第二食堂班长

马学琴　实业公司医院内科主治医师

孙宪平　实业公司安保部安全专责

刘　璨　　公司技术中心综合部副主任

田建设　　公司计划与发展部副主任

吕　钢　　公司人力资源部薪酬管理高级主管

刘玉国　　公司监察部监察高级主管

4. 2012 年

孔祥逊　　红一煤矿副总工程师兼生产技术部主任

马继平　　红一煤矿机电管理部技术员

黄　军　　红一煤矿工程管理部专责

杨　芸　　红二煤矿筹建处计划管理部成本预算主管

韩　炜　　煤化工筹建处计划与财务部主任

丁　玉　　临河发电发电运行部值长

杨小龙　　临河发电生产技术部锅炉点检

张君祥　　枣泉发电计划经营部副主任

徐　鹏　　吴忠新能源太阳山光伏电站主值班员

周　军　　中卫新能源综合部主管

范　程　　中卫热电计划部主任

孙　燕　　青铜峡分公司工会办公室主任

马淑红　　青铜峡分公司生产与技术部设备主管

杨学洪　　青铜峡分公司电解一车间二厂房一班副班长（九年制）

张　刚　　青铜峡分公司电解一车间三厂房工区长

何宝明　　青铜峡分公司电解二车间一厂房运行四班作业长（九年制）

杨智强　　青铜峡分公司电解二车间二厂房四工区工区长

薛玉华　　青铜峡分公司电解三车间运行三班副班长（九年制）

张宏军　　青铜峡分公司电解三车间综合班班长

丁小军　　青铜峡分公司电解四车间天车班天车工（九年制）

张锡金　　青铜峡分公司电解四车间二工区工区长

梁东辉　　青铜峡分公司电解五车间运行二班副班长（九年制）

马俊强　　青铜峡分公司电解五车间运行一班班长

吴兴政　　青铜峡分公司电解六车间运行二班一区作业长（九年制）

董占海　　青铜峡分公司净化一车间生产三班班长

张明智　青铜峡分公司净化二车间综合班班长

张惠霞　青铜峡分公司净化三车间储运一班净化工

周　军　青铜峡分公司电算站维修二班班长

丁海军　青铜峡分公司成型一车间设备技术员

马　涛　青铜峡分公司成型二车间沥青熔化班班长

李小龙　青铜峡分公司焙烧一车间生产三班副班长（九年制）

田力宁　青铜峡分公司焙烧一车间工艺专工

张峻峰　青铜峡分公司焙烧二车间综合班班长

杨学春　青铜峡分公司组装一车间组装二班班长

张万聪　青铜峡分公司组装二车间设备专工

马金云　青铜峡分公司组装二车间生产一班副班长（九年制）

刁仁秀　青铜峡分公司铸造一车间一区生产二班班长

周全明　青铜峡分公司铸造一车间三区综合班员工（九年制）

郑立军　青铜峡分公司铸造二车间生产三班班长

陆学军　青铜峡分公司铸造三车间生产一班班长

马志军　宁东分公司电解一车间运行三班班长（九年制）

李保安　宁东分公司电解二车间一工区区长

高利军　宁东分公司电解三车间一工区作业长（九年制）

李永明　宁东分公司电解四车间三工区区长

李　鑫　宁东分公司电解四车间测量组组长（九年制）

陆晓威　宁东分公司净化车间技术员

周贵忠　宁东分公司成型车间原料班班长

冯　超　宁东分公司焙烧车间多功能天车工

王　宁　宁东分公司组装车间技术员

李宝剑　宁东分公司铸造车间技术员

丁　林　宁东分公司安全环保监察部安全专责

赵西建　动力分公司供电一车间整流所所长

蒲　芳　动力分公司供电三车间主任

王福来　动力分公司供电四车间检修班检修工

夏伏军　动力分公司供电五车间试验班副班长

贾建民　动力分公司动力二车间汽机运行班班长

李凤其　动力分公司维修车间管工二班管工

刘新宁　供销分公司销售部铁路计划专责

段孝忠　检修分公司安全与环境保护监察部主任

李俊平　检修分公司维修一车间技术员

杜向文　检修分公司维修二车间维修二班副班长

王贤年　检修分公司维修三车间技术员

田　川　检修分公司维修四车间专工

蔡　科　检修分公司维修四车间维修二班维修工（九年制）

曹有福　检修分公司装修车间焊修班铆工

王俊义　检修分公司炉修车间扎固班副班长

张自文　检修分公司炉修车间内衬班内衬工（九年制）

李建红　检修分公司热加工车间铆焊班班长

徐春梅　物流配送中心计划与财务部统计专责

许　玲　物流配送中心物流一车间油气保管员

杨文苍　物流配送中心物流二车间车辆二班班长

刘　明　物流配送中心运输一车间铸造运输班叉车司机

马树翔　物流配送中心运输二车间阳极运输二班班长

王金龙　物流配送中心青铜峡铁路站机务班班长

李晓鹏　物流配送中心宁东铁路站运输班副班长

李向军　物流配送中心维修车间综合维修班汽车电工

宋满宏　物流配送中心维修车间综合维修班汽车修理工（九年制）

丁春彦　质检中心青铜峡质检站检查衡量三班副班长

李春早　质检中心青铜峡质检站物相分析班班长

李　凯　质检中心计量站宁东计量检修班班长

杨洪宁　通润铝材氧化车间生产一班班长

马爱民　通润铝材挤压车间综合班时效工

卢思远　通润铝材铸轧车间维修班检修工（九年制）

熊海军　青鑫炭素市场营销部销售主管

冯　伟　青鑫炭素成型一车间成型生产三班副班长（九年制）

李　刚　青鑫炭素成型二车间生产二班班长（九年制）

范亚龙　青鑫炭素炭块加工车间工艺专工

何　鹏　青鑫炭素石墨化车间装出炉一班班长（九年制）

乔荣胜　工程公司计划合同部计划主管

邹茹燕　实业公司政工部企业文化宣传专责

褚志刚　实业公司生产保卫队消防班班长

李海斌　实业公司材料加工车间炭环班班长

童彦霞　实业公司医院药房主管

陈永刚　实业公司宁东物业管理中心食堂管理员

袁传耀　公司计划部投资高级主管

胡江宁　公司财务部预算及资金管理兼成本管理高级主管

李　高　公司煤炭部工程建设高级主管

马　亮　技术中心软件运维专责

5. 2013 年

黄　鑫　红一煤矿机电运输队维修电工

马兔余　红一煤矿生产技术部地面辅助工

齐丽莎　红一煤矿财务部管理员

张　磊　红二煤矿筹建处工程技术部主任

丁鸿林　临河发电发电运行部锅炉主管

杨小龙　临河发电生产技术部锅炉点检

孙　健　中卫新能源计财部合同主管

徐　鹏　吴忠新能源红墩子电站值长

门生麒　中卫热电计划部专责

杨晓学　青铜峡分公司 120 千安电解车间一厂房运行三班班长

毛建赟　青铜峡分公司 120 千安电解车间运行二班副班长

刘文华　青铜峡分公司 160 千安电解车间副主任

侯吉全　青铜峡分公司 160 千安电解车间清极班班长

董治林　青铜峡分公司 160 千安电解车间作业长

张宁峡　青铜峡分公司 200 千安电解车间安全员

陈　银　青铜峡分公司 200 千安电解车间六厂房运行四班小组长

贾学贤　青铜峡分公司 200 千安电解车间七厂房三工区区长

黄　亮　青铜峡分公司 350 千安电解车间工艺专工

张茂礼　青铜峡分公司 350 千安电解车间八厂房运行三班作业长

施进科　青铜峡分公司 350 千安电解车间九厂房运行四班副班长

赵海强　青铜峡分公司 350 千安电解车间九厂房运行三班作业长

陈金洪　青铜峡分公司 350 千安电解车间净化系统设备专工

杨立军　青铜峡分公司成型一车间 160 系列煅烧二班班长

房明生　青铜峡分公司成型一车间 200 系列热媒班班长

丁新亮　青铜峡分公司成型一车间 200 系列成型四班混配工

赵永福　青铜峡分公司成型二车间原料班班长

赵　旭　青铜峡分公司焙烧一车间副主任

黄长青　青铜峡分公司焙烧二车间运行二班转运清理工

包建云　青铜峡分公司焙烧二车间运行三班焙烧工

王海斌　青铜峡分公司组装一车间工会主席、安全员

杨　海　青铜峡分公司组装二车间工艺专工

朱继升　青铜峡分公司铸造一车间生产一区工艺技术员

李春和　青铜峡分公司铸造一车间生产二区生产一班铸造工

吴志东　青铜峡分公司铸造二车间生产三班副班长

贾少锋　青铜峡分公司铸造三车间工艺技术员

季彦鹏　青铜峡分公司铸造三车间生产三班铸造工

王　铁　青铜峡分公司维修一车间副主任

魏　乐　青铜峡分公司维修一车间电气技术员

姬　涛　青铜峡分公司维修二车间维修三班班长

马耀南　青铜峡分公司维修三车间维修二班班长

李新平　青铜峡分公司运输一车间车辆一班班长

郑满兆　青铜峡分公司运输一车间车辆二班叉车工

张高山　青铜峡分公司运输二车间阳极运输一班班长

戚红武　青铜峡分公司安监部安监主管

马立刚　宁东分公司电解一车间技术员

杨　杰　宁东分公司电解一车间二工区副区长

解　银　宁东分公司电解二车间测量组组长

戚　政　宁东分公司电解三车间二工区区长

曹学军　宁东分公司电解三车间三工区副区长

郑建兵　宁东分公司组装车间技术员

刘　凯　宁东分公司组装车间生产一班班长

杨金宝　宁东分公司成型车间成型三班班长

袁禄山　宁东分公司焙烧车间设备维护组组长

吴　洋　宁东分公司净化车间储运一班班长

马光宇　宁东分公司铸造车间技术员

白建国　宁东分公司运输车间车辆一班副班长

王兴保　宁东分公司维修车间维修三班班长

刘　奇　宁东分公司维修车间维修工

范如松　宁东分公司电算站技术员

杨　灏　宁东分公司生产技术部主管

陈志平　动力分公司供电一车间副主任

徐化民　动力分公司供电三车间检修班班长

魏　刚　动力分公司供电四车间电气专工

段志强　动力分公司供电五车间电气专工

王学军　动力分公司动力一车间水源地运行工

郭　栋　动力分公司动力二车间维修班班长

陈　岐　动力分公司维修车间钳工班班长

杨　平　供销分公司综合部综合管理专责

韩庆卫　检修分公司辅修车间机械专工

南付军　检修分公司炉修车间扎固班扎固工

王志刚　检修分公司装修车间槽修班钳工

俞　辉　检修分公司炉修车间内衬班内衬工

邢学科　检修分公司生产技术部电气主管

金彦林　物流配送中心物流一车间卸料班班长

蒋　鑫　物流配送中心青铜峡铁路站机务班机车司机

孙道林　物流配送中心青铜峡铁路站车务班调车长

张　明　物流配送中心维修车间吊车班吊车司机

杨　静　物流配送中心宁东铁路站运转班货运员

童玉涛　质检中心宁东质检站检查衡量一班班长

张　波　质检中心计量站仪表技术专责

梁　花　质检中心青铜峡质检站检查衡量三班班长

魏永鹏　通润铝材铸轧车间工艺技术员

袁学海　通润铝材压延车间维修工

唐　立　通润铝材生产设备部机械专工

何伏俊　青鑫炭素成型一车间生产二班班长

王青宁　青鑫炭素成型二车间工艺技术专工

常海兵　青鑫炭素设备维修车间电工班维修电工

刘卫华　青鑫炭素炭块加工车间生产二班炭块铣工

李天林　青鑫炭素人力资源部员工管理主管

陈振烈　实业分公司医疗服务中心外科主任

祁瑞涛　实业分公司生产保卫队护卫队副队长

黄　强　实业分公司青铜峡物业管理中心维修班班长

张淑芹　实业分公司青铜峡餐饮管理中心服务班班长

柏晓冬　实业分公司安监部安全专责

王安锋　工程公司工程管理部副主任

付晓强　新闻中心新闻采编主管

郭立军　公司计划部经济运行主管

韩永东　公司政工部企业文化主管

6. 2014 年

张培帅　红一煤矿机运队副井信号工

陶建龙　红一煤矿调度室调度员

陶威铭　煤炭煤化工综合部后勤主管

刘友欣　煤炭煤化工安全管理部安监员

李小花　临河分公司计划部综合计划专责

范朝峰　临河分公司发电部副主任

伍　洋　吴忠（银川）新能源红墩子光伏电站运维二值值长

陆　勇　　中卫新能源发电二场运行班主值

张利邦　　中卫热电生产准备二组组长

丁志斌　　中卫热电工程部锅炉专工

王　鹏　　青铝发电燃料部煤管班班长

马明海　　青铝发电发电部一值值长

李广清　　青铝发电计划部副主任

赵法平　　青铜峡分公司200千安电解车间六厂房运行一班班长

赵　赫　　青铜峡分公司200千安电解车间六厂房运行三班副班长

张锡金　　青铜峡分公司200千安电解车间七厂房二区工区长

马　军　　青铜峡分公司200千安电解车间七厂房运行三班小组长

卢学武　　青铜峡分公司200千安电解车间天车班班长

丁海军　　青铜峡分公司350千安电解车间八厂房运行一班副班长

梁东辉　　青铜峡分公司350千安电解车间八厂房运行四班班长

毛建伟　　青铜峡分公司350千安电解车间九厂房天车班天车工

马全有　　青铜峡分公司350千安电解车间九厂房天车班天车工

丛志军　　青铜峡分公司350千安电解车间净化系统综合班班长

王　东　　青铜峡分公司电算站电气专工

李少春　　青铜峡分公司成型一车间成型一班班长

马小军　　青铜峡分公司成型二车间设备专工

马　宁　　青铜峡分公司焙烧一车间生产三班班长

马克锋　　青铜峡分公司焙烧二车间运行一班班长

白　鑫　　青铜峡分公司组装一车间组装二班副班长

赵虎军　　青铜峡分公司组装二车间浇铸一班班长

马　军　　青铜峡分公司铸造一车间一区一班班长

王　刚　　青铜峡分公司铸造一车间二区三班班长

满金涛　　青铜峡分公司铸造一车间三区设备技术员

朱治锋　　青铜峡分公司铸造一车间三区一班班长

赵勇刚　　青铜峡分公司铸造二车间生产二班班长

马振云　　青铜峡分公司铸造二车间生产三班铸造工

路顺超　　青铜峡分公司维修一车间机械技术员

常国良　青铜峡分公司维修二车间维修一班副班长

成　军　青铜峡分公司维修二车间维修三班副班长

杜海涛　青铜峡分公司维修三车间维修一班班长

徐志强　青铜峡分公司运输一车间设备专工

刘海军　青铜峡分公司运输二车间设备专工

张高山　青铜峡分公司运输二车间阳极运输一班班长

哈　涛　青铜峡分公司运输二车间阳极运输二班搬运车司机

吴凤琴　青铜峡分公司生产技术部项目管理专责

马　英　宁东分公司电解一车间一区工区长

黄宗璞　宁东分公司电解二车间二区工区长

常小元　宁东分公司电解二车间运行班长

杨　乐　宁东分公司电解三车间天车班

张　特　宁东分公司电解四车间工艺专工

元　勇　宁东分公司电解四车间三区副工区长

刘　胜　宁东分公司净化车间净化工

马学清　宁东分公司铸造车间铸造工

侯　俭　宁东分公司铸造车间铸造工

刘　彬　宁东分公司成型车间班长

黄　涛　宁东分公司成型车间天车工

马　威　宁东分公司组装车间工艺专工

刘　涛　宁东分公司焙烧车间主任

徐　谦　宁东分公司维修车间班长

云玉材　宁东分公司维修车间维修工

马建军　宁东分公司运输车间副班长

于世保　动力分公司供电二车间运行电工

马　波　动力分公司供电三车间高压试验工

张建红　动力分公司供电五车间高压试验工

王宏伟　动力分公司动力一车间热动专工

贾永生　动力分公司动力二车间锅炉工

乔　慧　动力分公司维修车间副主任

王文娟　动力分公司生产技术部高压电气主管

陈　才　供销分公司销售部统计主管

马春伟　检修分公司生产技术部机械专工

张　辉　检修分公司装修车间焊修班铆工

杨旭芳　检修分公司炉修车间内衬班内衬工

崔建荣　检修分公司热加工车间铆焊一班班长

丁东平　质检中心计量站副站长

蔡　清　质检中心宁东质检站化验班班长

潘　维　质检中心青铜峡质检站检查衡量三班副班长

伍永胜　物流配送中心物流一车间主任

何丽娟　物流配送中心宁东仓储统计核算员兼仓储班班长

王永刚　物流配送中心青铜峡铁路站机务班机车司机

张　禧　物流配送中心宁东铁路站运输班调车长

王　峰　物流配送中心维修车间调度员

王卫平　通润铝材压延车间精修班班长

高占成　通润铝材财务部主任

刘　荣　通润铝材挤压车间维修班班长

朱自龙　青鑫炭素炭块加工车间综合班焊刀工

郭东强　青鑫炭素综合车间技术员

锁明敏　青鑫炭素设备维修中心设备主管

魏志东　青鑫炭素成型一车间成型生产四班副班长

王明宇　青鑫炭素成型二车间成型生产三班班长

虎兴茂　实业分公司安监部副主任

孙守升　实业分公司青铜峡物业管理中心综合班班长

雍　霞　实业分公司医疗服务中心内科副主任医师

温卫忠　实业分公司青铜峡餐饮管理中心厨师班班长

尤照云　实业分公司生产保卫队治安保卫专责

王　彦　工程公司财务部主任

张秀花　培训中心安全培训专责

陈立峰　核算中心综合部副主任

马俊伟　公司办公室秘书高级主管

伍　斌　公司计划部综合统计高级主管

7. 2015 年

孙虹凯　红二煤矿调度安监部机电专责

蒋文多　红一煤矿安全管理部副主任

尹晓伟　红一煤矿机电队运行班长

陈瑞明　临河分公司发电运行部值长

李占胜　临河发电输煤除灰部输煤运行三班班长

李芝华　临河发电设备点检部热工专业技术员

王亚龙　青铝发电设备维护部机务班维修工

路　鑫　青铝发电发电运行部二值机长

李继东　青铝发电计划经营部采购专责

邵立华　中卫新能源检修中心检修三班班长

李　明　吴忠新能源太阳山光伏电站运行一值值长

陆森林　中卫热电设备维护部炉务班主检修工

葛文奇　中卫热电发电运行部四值巡检

赵亚芬　中卫热电检验中心班长

闫立才　工程检修炉修车间内衬班班长

王玉蓬　工程检修项目部主管兼临河项目部经理

宋　超　工程检修挤压车间维修班综合维修工

郭永红　青鑫炭素成型一车间成型生产四班班长

贺玉辉　青鑫炭素财务部副主任

马玉军　青鑫炭素综合车间炭块质量检验班副班长

杨　勇　青铜峡分公司 200 千安电解车间工区长

陈　伟　青铜峡分公司 350 千安电解车间工艺专工

王世英　青铜峡分公司 350 千安电解车间运行四班作业组长

丁银生　青铜峡分公司铸造一车间二区生产一班班长

万金硕　青铜峡分公司成型一车间电气技术员

王建成　青铜峡分公司焙烧一车间 200 系列生产二班副班长

李　力　青铜峡分公司焙烧二车间维修班班长

梁　健　青铜峡分公司供电四车间整流所所长

王学斌　青铜峡分公司动力一车间 3 号余热锅炉房班长

韩宗宁　青铜峡分公司动力维修车间综合维修班班长

马　宁　青铜峡分公司运输车间阳极运输班牵引车司机

吴志强　青铜峡分公司物流一车间备品备件班班长

马生宝　青铜峡分公司质检站光谱分析班班长

张淑琴　青铜峡分公司餐饮管理中心服务班班长

李文春　宁东分公司电解二车间运行班班长

何文凯　宁东分公司电解三车间运行一班作业长

刘西宁　宁东分公司电解四车间二区工区长

王　龙　宁东分公司焙烧车间运行班副班长

董　浩　宁东分公司组装车间班长

田　川　宁东分公司维修车间电气专工

纪　文　宁东分公司净化车间残极清理班班长

刘兴华　宁东分公司供电车间副主任

魏春燕　销售分公司销售二部销售专责

马海军　通润铝材铸轧车间检修班班长

王秋萍　通润铝材安监部安监员

杜少华　通润铝材压延车间计划专责

郝少文　技术中心科技管理高级主管

李嘉辉　新闻中心新闻采编

马俊伟　公司办公室秘书高级主管

王　东　公司安监部安全主管

8. 2016 年

潘居政　公司安监部环境保护与技术监督高级主管

王兆虎　公司团委副书记

苏晓萍　会计核算中心总账主管

尹晓伟　红一煤矿机电队维修电工班班长

陈瑞明　临河发电发电运行部二值值长

余晓松　临河发电生产技术部锅炉点检

侯克俭　青铝发电输煤运行部煤管专责

刘建忠　青铝发电发电部主任

田　刚　青铝发电生技部电气专工

王宇军　吴忠（银川）新能源小罗山风电场值长

邵立华　中卫新能源检修中心专工

马治元　中卫热电设备维护部热控班技术员

张建平　中卫热电输煤运行部主任

王智兴　中卫热电发电运行部四值值长

王学文　工程检修辅修车间组装班班长

徐万贵　工程检修生产工程部主任

赵金忠　工程检修炉修车间综合班班长

田立鹏　青鑫炭素营销部销售主管

张　洋　青鑫炭素设备维修中心综合维修工

李守雄　青鑫炭素成型二车间成型一班

马　荣　青铜峡分公司200千安电解车间七厂房运行一班电解工

程大栋　青铜峡分公司350千安电解车间主任

马俊义　青铜峡分公司350千安电解车间天车班天车工

雷　青　青铜峡分公司成型一车间工艺专工

李　军　青铜峡分公司焙烧一车间生产四班班长

李　亮　青铜峡分公司组装车间二区生产二班班长

李　峰　青铜峡分公司铸造一车间运输班叉车工

方建军　青铜峡分公司铸造二车间综合维修班班长

张天赐　青铜峡分公司运输车间电解运输二班班长

丛　林　青铜峡分公司供电四车间检修专工

周丰国　青铜峡分公司动力维修车间综合维修班班长

李凤其　青铜峡分公司动力一车间维修班班长

王　东　青铜峡分公司电算站电气技术员

李少华　青铜峡分公司铁路站副主任

李　娜　青铜峡分公司质检站化学环境监测班班长

段志坚　青铜峡分公司后勤部餐饮中心项目管理专责

白　超　宁东分公司生产技术部热动主管

王元启　宁东分公司电解一车间运行一班班长

白文波　宁东分公司电解二车间工艺技术员

元　博　宁东分公司电解四车间天车班天车工

黄　波　宁东分公司铸造车间生产三班班长

刘　伟　宁东分公司组装车间组装四班班长

梁冠华　宁东分公司维修车间安全员

段志强　宁东分公司供电车间电气技术员

白景文　宁东分公司铁路工厂站技术专工

贾建明　宁东分公司动力车间汽机班班长

何学礼　通润铝材压延车间综合班班长

李义智　通润铝材铸轧车间电气专工

陈　才　销售分公司综合部业务主管

9. 2017 年铝电公司优秀奋斗者

马俊伟　公司党群工作部（工会办公室）高级主管

林金华　公司计划经营部高级主管

李　伟　宁夏能源铝业财务部资产与财务监督主管

胡　涛　临河分公司发电运行部一部值长

高晓芳　临河发电生技部电气二次主值

钱　鑫　青铝发电发电运行部值长

王　鹏　青铝发电输煤运行部煤管班班长

杨生虎　中卫热电发电运行部主任

周晓勇　中卫热电设备维护部电气主管

王志斌　中卫新能源发电二场运行主值

李俊霞　银川（售电）新能源计划部主管

张建华　青铜峡分公司计划部副主任

杨文辉　青铜峡分公司 200 千安电解车间工艺专工

姬　涛　青铜峡分公司成型二车间技术专工

李健元　青铜峡分公司焙烧二车间技术专工

丁海龙　青铜峡分公司组装车间电气专工

王贤年　　青铜峡分公司铸造一车间设备专工

黄宗璞　　宁东分公司电解二车间工区长

张建红　　宁东分公司供电车间试验班班长

王延庆　　宁东分公司电解四车间副主任

乔　捷　　宁东分公司焙烧车间工艺技术员

马　英　　宁东分公司电解一车间工区长

乔荣来　　宁东分公司生产技术部主任

李耀邦　　工程检修公司辅修车间主任

张峻峰　　工程检修公司销售中心销售主管

路　海　　青鑫炭素设备维修中心主任

简国锋　　青鑫炭素生产计划部主管

刘　樊　　铝业国贸财务部高级经理

王　玮　　铝业国贸铝产品部经理

孙　振　　铝业国贸沈阳公司业务部主管

蔡婷婷　　铝业国贸武汉公司财务部主管

金　霞　　铝业国贸银川公司综合部主任

牛宏斌　　山西铝业副总经理

孙云光　　山西铝业副总经济师、三期推行办公室主任

魏晓红　　山西铝业生产运行部主管

杨　杰　　山西铝业吕梁矿业公司员工

张建伟　　山西铝业热电分公司调度室主任

柳长青　　山西铝业检修分公司经理

黄江峰　　山西铝业科技信息实验中心计量中心主任

冯晋伟　　山西铝业事业公司物业部主任

李　骋　　山西铝业氧化铝分公司主管工程师

史振岗　　山西铝业氧化铝分公司原燃料厂调度室主任

任续宏　　山西铝业氧化铝分公司压溶二车间副主任

邵国君　　遵义公司党委委员、副总经理（主持工作）

何友谊　　遵义公司氧化铝生产技术部副主任

范丽鹏　　遵义公司大竹园矿机电与装备部专责

向洪强　遵义公司氧化铝 HSE 部主管

罗天伦　遵义公司氧化铝生产技术部主管

姜　懿　遵义公司瓦厂坪矿综合事务部专责

郭举钢　山西能源副总工程师合盛堡光伏电站站长

10. 2017 年宁夏能源铝业优秀奋斗者

倪　丹　公司人资部工资与绩效考核主管

杨静涛　公司发电部生产运行（节能）高级主管

杨国辉　临河发电生产运行部值长

杨小龙　临河发电生技部主任助理、锅炉主管

王继东　临河发电输煤除灰部运行主管

滕志远　临河发电发电部 3 号机机长

刘建忠　青铝发电发电运行部主任

何宝晶　青铝发电设备维护部炉务班班长

倪建伟　青铝发电设备维护部汽机专责

马　信　青铝发电计划部物资采购专责

杜军贤　中卫热电燃料部主任

康　鹏　中卫热电设备维护部锅炉专工

张利邦　中卫热电发电运行部副主任兼党支部副书记

姬伟华　中卫热电输煤运行部主管

韩向文　中卫新能源发电场主任

李　冰　银川（售电）新能源小罗山风电场发电运维一值值长

周建宁　青铜峡分公司 350 千安电解车间工区长

马如宏　青铜峡分公司 350 千安电解车间天车班

吴国成　青铜峡分公司 200 千安电解车间六厂房电解工

姜武保　青铜峡分公司质检站维修班维修工

胡　勇　青铜峡分公司铸造二车间技术员

张学斌　青铜峡分公司青铜峡铁路站工电班班长

徐韶山　青铜峡分公司供电四车间变压器大修班班长

张衍军　青铜峡分公司供电三车间专工

张立新　青铜峡分公司动力一车间维修班班长

李有强　青铜峡分公司动力维修车间主任

石立成　青铜峡分公司电算站运行维护三班班长

刘　冲　青铜峡分公司成型一车间天车工

朱伟军　青铜峡分公司成型二车间煅烧四班班长

杨彦福　青铜峡分公司200千安电解车间工艺技术员

刘海军　青铜峡分公司运输车间技术员

赵继龙　青铜峡分公司铝材加工部销售主管

单　宁　宁东分公司电解二车间运行一班班长

刘　凯　宁东分公司组装车间中频炉班班长

张立英　宁东分公司供电车间主任

孙金龙　宁东分公司供电车间技术员

苏旭东　宁东分公司电解三车间专工

侯显杰　宁东分公司电解四车间技术员

贾艳斌　宁东分公司电解一车间运行二班班长

李正才　宁东分公司焙烧车间综合班护炉工

马　磊　宁东分公司运输车间出铝班出铝车司机

史学银　宁东分公司成型车间成型一班班长

梅怀军　工程检修炉修车间副主任

韩庆洪　工程检修热加工车间铸造一班副班长

董建军　工程检修氧化车间机械班班长

张军立　工程检修固废处理项目部项目主管

罗佳楠　青鑫炭素成型一车间成型一班副班长

徐　亮　青鑫炭素石墨化车间加工二班炭块铣工

黄建勇　青鑫炭素成型二车间主任

李　瑞　煤炭项目筹建处综合计划部工程管理专责

11. 2018年铝电公司优秀奋斗者

赵　玲　公司计划经营部对标与招投标管理高级主管

阮捷竹　公司审计与内控部内控及风险管理专责

沈　龙　宁夏能源铝业办公室综合事务高级主管

刘福超　临河发电发电运行部值长

张学锋　青铝发电设备维护部机务班班长

赵会峰　青铝发电燃料部主任

郭小兵　银川（售电）新能源红墩子电站值长

侯江涛　中卫热电财务总监

赵　勇　中卫热电设备维护部炉务班班长

胡胜利　中卫新能源生技部主任

马全义　青铜峡分公司电解二车间二区工区长

周建宁　青铜峡分公司电解四车间二区工区长

黄　卿　青铜峡分公司成型一车间维修班班长

杨晓兵　青铜峡分公司成型二车间维修班班长

陆志华　青铜峡分公司安全总监兼 HSE 部主任

马建才　宁东分公司副总会计师兼财务部主任

李保安　宁东分公司电解二车间三区工区长

辛志礼　宁东分公司电解四车间天车班班长

杨丹丹　宁东分公司电解三车间主任、党支部书记

李吉文　宁东分公司铸轧车间主任、党支部书记

田继红　科技工程公司热加工车间技术专工

周静伟　科技工程公司研发中心副主任

刘　婧　青鑫炭素财务部成本会计

黄亚军　青鑫炭素安全总监 HSE 部主任

刘智江　铝业国贸重庆公司业务部副主任

章　君　铝业国贸武汉公司业务部副主任

刘仁建　铝业国贸氧化铝部主任

艾顺龙　铝业国贸综合部经理

周春雷　铝业国贸铝产品部助理

王姚蕾　铝业国贸沈阳公司财务部助理经理

樊海涛　铝业国贸银川公司业务部业务员

李自勇　煤炭筹建处副总工程师兼综合部主任

赵　玉　山西铝业人力资源部主管

赵永胜　山西铝业党群工作部（工会办）主任

廖　鹏　　山西铝业氧化铝分公司副主任师

陈建忠　　山西铝业氧化铝分公司分解二车间主任

吴庆君　　山西铝业氧化铝分公司压溶二车间主任

杜思思　　山西铝业氧化铝分公司质量管理员

张恒涛　　山西铝业热电分公司调度室值长

赵永兴　　山西铝业检修分公司副经理

刘松洁　　山西铝业供销物流分公司安全环保管理专责

武建明　　山西铝业化验中心取制样站长

魏壮强　　遵义公司氧化铝厂厂长

黄继勇　　遵义公司 HSE 部副主任

王继洪　　遵义公司瓦厂坪矿专责

伍兴龙　　遵义公司大竹园矿专责

向怀江　　遵义公司热电厂主管

杨华杰　　遵义公司设备检修厂业务部

张礼进　　遵义公司生产运行部主管

12. 2018 年宁夏能源铝业优秀奋斗者

倪　丹　　公司人资部工资与绩效考核主管

王荣艳　　公司党群部党建工会高级主管

杨文齐　　临河发电发电运行部 3 号机机长

王继东　　临河发电输煤除灰部运行主管

李　鑫　　临河发电设备维护部热控二班技术员

张　弘　　临河发电办公室人资主管

李广清　　青铝发电计划经营部主任

蒋爱红　　青铝发电党群工作部纪检监察专责

邓彦武　　青铝发电发电运行部汽机主管

王耀辉　　青铝发电生产技术部热控主管

董小强　　中卫热电发电运行部三值值长

任晨蕊　　中卫热电设备维护部继电保护班主检

李　军　　中卫热电输煤除灰部四班班长

康　鹏　　中卫热电设备维护部辅机专工

詹伟华　中卫新能源检修中心检修一班技术员

周　琼　银川（售电）新能源营销部副主任

韩志坚　青铜峡分公司电解一车间四区工区长

张红亮　青铜峡分公司电解一车间生产一班二区组长

张宏云　青铜峡分公司电解三车间三区工区长

胡引军　青铜峡分公司电解三车间运行三班一区作业长

李晓鹏　青铜峡分公司电解四车间运行三班班长

王忠军　青铜峡分公司净化车间储运四班班长

马具宝　青铜峡分公司电解维修车间设备专工

高　华　青铜峡分公司焙烧一车间设备专工

李健元　青铜峡分公司焙烧二车间工艺技术员

张　勇　青铜峡分公司组装车间一区中频炉班班长

赵勇刚　青铜峡分公司铸造二车间生产四班班长

张高山　青铜峡分公司运输车间阳极运输班班长

刘建军　青铜峡分公司动力二车间 3 号空压站站长

魏　杰　青铜峡分公司仓储配送中心安全专责

王金龙　青铜峡分公司铁路工厂站机务班班长

毛　宁　宁东分公司电解一车间党支部书记、车间主任

马明华　宁东分公司电解二车间工艺专工

倪天东　宁东分公司电解三车间综合班班长

赵　宁　宁东分公司电解四车间三区副工区长

庞向兵　宁东分公司成型车间二班成型工

何　涛　宁东分公司维修车间电气专工

赵　樨　宁东分公司供电车间检修班副班长

罗　茂　宁东分公司电算站维修主管

张景芃　宁东分公司运输车间车辆二班叉车司机

王安锋　宁东分公司生产技术部副主任

闫立才　科技工程公司炉修车间内衬班班长

郭长力　科技工程公司辅修车间导杆修理班班长

董吉洪　科技工程公司生产技术部检查员

张　春　科技工程公司铝材加工部组装班班长

张永刚　青鑫炭素成型二车间设备专工

马成立　青鑫炭素设备维修中心综合维修工

马鸿付　青鑫炭素石墨化加工车间加工二班炭块铣工

魏志宏　青鑫炭素综合车间质检班班长

张培帅　煤炭项目筹建处瓦厂坪项目部运转班班长

13. 2019 年优秀奋斗者

潘居政　公司安环部安全环保（综合管理）

王兆虎　公司党建部党建管理

艾顺龙　铝业国贸综合部主管

庄　重　铝业国贸氧化铝部高级经理

王克文　铝电国际副总工程师

蔡杰涛　山西铝业热电分公司值长

魏晓红　山西铝业生产运营部调度中心副主任

孙庆斌　山西铝业供销物流分公司副经理

刘卫强　山西铝业吕梁矿业公司（贺家圪台矿业公司）副经理

李玉琳　山西铝业化验中心原料成品站站长

代小明　遵义公司热电厂副厂长

高　飞　遵义公司氧化铝厂矿石焙烧脱硫工序运行技术岗

胡成勇　遵义公司生产运行部技术管理

杨永波　遵义公司瓦厂坪矿生产技术副主任

王继东　临河发电输煤除灰部运行主管

高晓芳　临河发电技术带头人

耿伯儒　临河发电设备维护部热控三班班长

韩新栋　青铝发电党群工作部主任、办公室负责人

何建军　青铝发电发电运行部运行三值值长

杨振富　青铝发电设备维护部灰硫班班长

杨　勇　中卫热电设备维护部继保班班长

陆森林　中卫热电设备维护部辅机班主检修工

马　明　中卫热电输煤除灰部安全专责

陶　明　新能源公司项目管理部主任

韩向文　新能源公司发电场主任兼党支部书记

周建宁　青铜峡分公司电解四车间三区工区长

赵科举　青铜峡分公司电解二车间工艺专工

曹　春　青铜峡分公司电解三车间三区工区长

康旭明　青铜峡分公司电解维修车间 200 千安维修班班长

杜向文　青铜峡分公司成型一车间维修班班长

姬　涛　青铜峡分公司成型二车间电气技术员

赵　旭　青铜峡分公司焙烧一车间副主任

祁怀君　青铜峡分公司焙烧二车间工艺技术专工

马金云　青铜峡分公司组装车间生产三班班长

王　刚　青铜峡分公司供电四车间大修班班长

李振军　青铜峡分公司生产技术部电解铸造生产主管

张　勇　宁东分公司焙烧车间主任

何富龄　宁东分公司维修车间机械专工

柳　江　宁东分公司运输车间副主任

高　臻　宁东分公司成型车间工艺专工

宗林海　宁东分公司电解三车间工区长

段志强　宁东分公司供电车间电气专工

虎兴茂　科技工程公司安全总监

万天骄　科技工程公司装修车间有色金属冶金炉修炉工

李　忠　科技工程公司辅修车间安全专工

李雯霖　青鑫炭素财务部副主任

郭永红　青鑫炭素成型一车间生产四班班长

熊海军　青鑫炭素营销部主管

丁学东　铝合金分公司铸轧车间熔铸三班班长

方建军　铝合金分公司合金锭铸造车间综合维修班维修工

14. 2020 年优秀奋斗者

刘新娟　公司计财部资金主管

黄后法　铝业国贸党建部（工会办）主管

徐艳玲　　铝电金海财务部主任

高　超　　铝电金海物资部副主任

刘卫强　　山西铝业贺家圪台矿业分公司总经理

马肖华　　山西铝业党建部党建主管

孙庆斌　　山西铝业市场营销部党支部书记、副主任

杨　洋　　山西铝业 HSE 部党支部书记、主任

赵　伟　　山西铝业机务检修三车间代行副主任

陈　松　　遵义公司生产技术部控制中心主任助理

刘晓曦　　遵义公司电仪车间主任助理

范丽鹏　　遵义公司大竹园矿机电装备部设备技术主管

邓文榜　　遵义公司党支部新闻宣传与企业文化专责

李小花　　临河发电计划经营部主任助理、综合计划主管

余晓松　　临河发电设备维护部锅炉主管

李芝华　　临河发电生产技术部热控主管

姜海涛　　青铝发电输煤除灰部运行一班班长

马　丽　　青铝发电燃料管理部燃料统计分析及合同管理专责

何宝晶　　青铝发电设备维护部炉务班班长

陶雨宏　　新能源公司检修中心维护班班长

李　岩　　新能源公司发电场主任兼生产第一党支部书记

李　平　　青铜峡分公司生技部阳极生产管理

张关达　　青铜峡分公司电解副总工程师、电解一车间主任

陈富强　　青铜峡分公司电解二车间主任

朱晓东　　青铜峡分公司电解三车间二区区长

王利宁　　青铜峡分公司电解维修车间 350 千安维修班组长

王生杰　　青铜峡分公司成型一车间维修班副班长

邵喜灵　　青铜峡分公司成型二车间成型二班班长

王红英　　青铜峡分公司组装车间生产四班班长

刘　鹏　　青铜峡分公司焙烧一车间工艺专工

刘建平　　青铜峡分公司焙烧二车间运行一班班长

杨　涛　　青铜峡分公司供电四车间变电班班长

祁小东　宁东分公司综合服务中心物业班长

王志强　宁东分公司电解二车间设备专工

李　伟　宁东分公司成型车间副主任

王　虎　宁东分公司净化车间储运一班班长

雷双强　宁东分公司供电车间整流所所长

曾　云　宁东分公司运输车间修理班班长

马国兵　宁东分公司维修车间电气专工

李金涛　宁东分公司安全与环境保护监察部安全专责

马正科　科技工程公司办公室副主任

张　升　科技工程公司固废处理部危处理中心班长

沙立涛　科技工程公司机械制造部铆焊班班长

李　明　青鑫炭素计划与生产技术部设备主管

张　存　青鑫炭素成型二车间成型一班副班长

金　涛　青鑫炭素成型石墨化加工车间天车工

孙立军　铝合金分公司变形铝合金铸造车间熔铸三班班长

马海军　铝合金分公司铸轧车间设备专工

刘建宁　铝合金分公司市场营销部采购专责

15. 2021 年优秀奋斗者

田宏建　公司计划与财务部综合计划管理

徐　烁　铝业国贸期货部交易计划兼期货交易岗

乔秋菊　铝电金海人力资源部干部与社保管理

张　军　铝电金海港口生产部电热控管理

吴庆君　山西铝业压溶一车间党支部副书记、副主任（主持工作）

郑　伟　山西铝业分解一车间副主任

龚永富　山西铝业分解二车间分解丁班班长

李学良　山西铝业焙烧车间技术管理

蒋同芳　山西铝业发电维修车间技术管理

王美东　山西铝业宁武矿业分公司安全环保部主任

戴　洋　遵义公司计划与财务部副主任（主持工作）

庞光勇　遵义公司热电运行车间技术主管

罗开波　遵义公司原料制备车间值班长

徐　旭　遵义公司大竹园矿生产技术部主任助理

张　庆　临河发电燃料管理部副主任（主持工作）

徐　涛　临河发电输煤部输煤运行班长

姚　兵　临河发电设备维护部输煤班班长

王亚龙　青铝发电设备维护部机务班技术员

白利民　临河发电计划经营部综合计划、统计专责

杨尚军　临河发电输煤除灰部煤管班班长

徐　鹏　中卫新能源宁东制氢站副站长

李　璞　中卫新能源电气运维部主任助理

王　川　绿能公司项目开发

李　岗　青铜峡分公司电解三车间工区长

马耀奎　青铜峡分公司生产技术部副主任

贾学贤　青铜峡分公司电解二车间工区长

王生祥　青铜峡分公司电解四车间工区长

王　东　青铜峡分公司电算站（信息中心）电气专工

哈　涛　青铜峡分公司焙烧一车间160系列生产一班班长

祁怀君　青铜峡分公司焙烧二车间工艺专工

张天赐　青铜峡分公司运输二车间电解运输班班长

杨　浩　青铜峡分公司动力二车间综合维修班班长

孙　璐　青铜峡分公司质检计控中心光谱化学分析班班长

尚文举　青铜峡分公司铁路工厂站安全专责

穆荣华　青铜峡分公司电解一车间生产三班电解工（九年制）

赵万银　青铜峡分公司电解三车间见习副区长（九年制）

马树晟　青铜峡分公司电解四车间电解工（九年制）

张　伟　青铜峡分公司炉窑维修中心焊工（九年制）

叶　炜　宁东分公司安全总监兼安监部主任

李保安　宁东分公司电解二车间工区长

曾旭东　宁东分公司电解四车间安全员

刘承胜　宁东分公司焙烧车间班长

邓旭龙　宁东分公司净化车间副主任

刘　扬　宁东分公司动力车间党支部书记、主任

赵雪峰　宁东分公司铸造车间生产班组长

解晨明　宁东分公司供电车间检修班班长

马金虎　宁东分公司电解一车间班长（九年制）

王　彬　宁东分公司电解二车间班组长（九年制）

苏小军　宁东分公司电解三车间班组长（九年制）

王　昊　宁东分公司电解四车间班组长（九年制）

董　超　宁东分公司组装车间班组长（九年制）

田治福　科技工程公司综合智慧能源部副经理

黄　帅　科技工程公司固废处理部技术员

张　春　科技工程公司铝材事业部下料班班长

刘　仁　青鑫炭素装备能源部电气专工

虎占发　青鑫炭素石墨化加工车间铣工

张则成　青鑫炭素焙烧车间焙烧三班员工（九年制）

马兴江　新材料公司变形铝合金铸造车间综合维修班班长

田　伟　新材料公司压延车间维修班班长

张　聪　新材料公司铸轧车间熔铸三班轧机主操

16. 2020 年 4 月，抗击新冠肺炎疫情及复工复产优秀共产党员

王惠勇　公司办公室信访及行政事务管理

潘居正　公司安环部安全环保（综合）管理

高中华　公司纪委办公室副主任

徐　泓　铝业国贸综合部副主任

李自华　铝业国贸华中分公司总经理

任　烁　铝业国贸机要专责兼第一党支部副书记

陈　鹏　几内亚公司综合事务管理

李　鹏　几内亚公司安全管理

姚国庆　山西铝业供销物流分公司经理

赵永兴　山西铝业设备维修部副经理兼电仪车间主任

李宏建　山西铝业矿业部副总经理

陈　明　山西铝业生产运营部原料车间设备管理

胡　炼　遵义公司热电厂煤气车间主任

谭佳慧　遵义公司后勤管理中心副主任

江振兴　遵义公司瓦厂坪矿综合管理专责

潘银年　遵义公司氧化铝厂运行技术管理专责

杨小龙　临河发电设备维护部副主任

路　琳　临河发电办公室综合专责

陈东霖　临河发电输煤除灰部煤场综合班班长

许伏忠　青铝发电安全总监兼 HSE 部主任

柳　军　青铝发电运行部副主任（主持工作）

路　鑫　青铝发电办公室后勤管理

杨　峰　中卫热电 HSE 部主任

沙俊杰　中卫热电党群工作部副主任

田　雨　中卫热电输煤除灰部运行班长

盛宝峡　新能源公司太阳山、红墩子光伏电站、小罗山风电场主任

陶雨宏　新能源公司检修中心二班代理班长

马铭唯　新能源公司办公室综合事务

张关达　青铜峡分公司电解一车间党支部书记兼车间主任

王金国　青铜峡分公司电解二车间安全员

陈江伟　青铜峡分公司电解三车间工会主席

马学诗　青铜峡分公司电解维修车间班长

王国军　青铜峡分公司焙烧二车间安全员

陈振烈　青铜峡分公司医疗服务中心外科主任兼党支部书记

赵卫英　青铜峡分公司综合服务中心副班长

李金涛　宁东分公司 HSE 部安全专责

孙　富　宁东分公司供销中心采购专责

吴　勇　宁东分公司成型车间安全员

徐　涛　宁东分公司电解四车间天车工

陈永刚　宁东分公司综合服务中心食堂管理员

关学东　科技工程公司 HSE 部主任

甘进军　科技工程公司党群工作部（纪委办公室）副主任

韩庆卫　科技工程公司机械制造部技术员

黄亚军　青鑫炭素安全总监兼 HSE 部主任

王维祥　青鑫炭素计划部副主任（主持工作）

齐　龙　青鑫炭素成型二车间焙烧二班班长

赵继龙　铝合金分公司市场营销部采购主管

马　瑞　铝合金分公司变形铝合金铸造车间安全员

梁　涛　铝合金分公司合金锭铸造车间叉车工

第三节　先进集体

一、省部级及以上先进单位

2009 年，青铝集团被人力资源和社会保障部、中国有色金属工业协会、中国黄金协会联合授予全国有色金属行业"先进集体"。

2009 年 4 月 27 日，青铝股份被宁夏回族自治区总工会授予宁夏回族自治区五一劳动奖状。

2013 年 7 月 6 日，宁夏能源铝业荣获"全国企业党建工作先进单位"称号。

2014 年 3 月 2 日，青铜峡分公司物流部物流一车间成品验收班被全国总工会授予"全国五一巾帼标兵岗"荣誉称号。

2020 年 11 月 27 日，山西铝业被山西省总工会授予山西省五一劳动奖状。

二、国家电投（中电投）先进集体

（一）先进基层党组织

1. 2011 年

宁夏能源铝业机关党委、青铝股份铸造中心党总支、青铝股份电解一部党总支、青鑫炭素成型二车间党支部、青铝股份中青迈铝业电解部党总支。

2. 2011—2012 年

临河发电党委、宁东分公司电解一车间党支部、红墩子红一煤矿党委。

3. 2014 年

宁东分公司党委、动力分公司维修车间党支部、检修分公司党委。

4. 2014—2016 年

宁东分公司电解三车间党支部、中卫新能源党总支、青铜峡分公司 200 千安电解车间党支部、工程检修党委。

5. 2017—2018 年

临河发电输煤除灰党支部、铝电公司党委、青铜峡分公司动力维修车间党支部、青铝发电发电部党支部、宁东分公司电解四车间党支部。

6. 2019—2020 年

青铜峡分公司电解二车间党支部、青铝发电党委、临河发电发电运行部党支部、科技工程公司炉窑修理部党支部。

7. 2021 年（红旗党组织）

宁东分公司电解三车间党支部、青铜峡分公司党委、青铜峡分公司电解二车间党支部、青铝发电党委、临河发电发电运行部党支部。

8. 2021 年（示范党支部）

青铜峡分公司电解四车间党支部、山西铝业压溶二车间党支部、科技工程公司机械制造部党支部、青铝发电发电党支部、宁东分公司电解四车间党支部、铝电新能源生产第一党支部、青鑫炭素石墨化加工车间党支部。

（二）先进集体

2009 年，青鑫炭素；2017 年，山西铝业；2018 年，铝业国贸铝产品部；2019 年，青铝发电；2020 年，青铜峡分公司；2021 年，宁东分公司。

2020 年 3 月，青铜峡分公司党委、中卫热电公司发电运行部党支部、山西铝业供销物流分公司党支部荣获国家电投抗击新冠疫情和复工复产先进基层党组织。

三、公司先进集体

（一）先进基层党组织

1. 2009 年

青铝股份党委、开发公司党总支、电解一部党总支、青鑫炭素成型一车间党支部、动力部党总支、煤炭与煤化工党支部、物流配送中心党总支、公司机关党委第三党支部、中青迈铝业党总支。

2. 2010 年

煤炭煤化工党支部、电解二部党总支、电力分公司党支部、阳极二部党总支、电解一部党总支、大修部党总支、动力部党总支、青鑫炭素党总支、阳极一部党总支、建安公司党支部。

3. 2011 年

红一矿党委、电解三部运输车间党支部、临河发电党委、中青迈铝业电解部电解二车间党支部、电解一部党总支、中青迈铝业阳极部组装车间党支部、阳极一部党总支、中青迈铝业动力部供电车间党支部、大修部党总支、青鑫炭素机关党支部。

4. 2011—2012 年

红二煤矿项目筹建处党总支、物流配送中心青铜峡铁路站党支部、中卫新能源党总支、质量检测中心宁东质检站党支部、青铜峡分公司党委、通润铝材挤压车间党支部、青铜峡分公司成型一车间党支部、青鑫炭素设备维修车间党支部、青铜峡分公司电解四车间党支部、建设工程公司综合党支部、宁东分公司党委、实业公司实业项目部党支部、检修分公司党委。

5. 2012—2013 年

红一煤矿党总支、动力分公司供电五车间党支部、红二煤矿项目筹建处党支部、供销分公司第二党支部、临河发电党委、检修分公司热加工车间党支部、青铝发电发电党支部、物流配送中心物流一车间党支部、青铜峡分公司铸造一车间党支部、质量检测中心机关党支部、青铜峡分公司成型二车间党支部、实业分公司宁东物业管理中心党支部、宁东分公司电解一车间党支部、通润铝材铸轧车间党支部、宁东分公司电解四车间党支部、青鑫炭素成型一车间党支部。

6. 2014—2016 年

青铜峡分公司党委、青鑫炭素机关党支部、吴忠新能源党总支、青铜峡分公司动力维修车间党支部、红一煤矿机电队党支部、青铜峡分公司成型二车间党支部、临河分公司运行党支部、宁东分公司成型车间党支部、青铝发电发电党支部、宁东分公司动力车间党支部、中卫热电输煤运行党支部、销售分公司第一党支部。

7. 2016—2017 年

临河分公司运行党支部、青铜峡分公司动力一车间党支部、青铝发电机关党支部、青铜峡分公司动力维修车间党支部、中卫新能源党总支、青铜峡分公司青铜峡铁路站党支部、中卫热电发电运行党支部、宁东分公司组装车间党支部、工程检修炉修车间党支部、宁东分公司质检站党支部、青鑫炭素成型二车间党支部、宁东分公司成型车间党支部、青铜峡分公司200千安电解车间党支部、公司计划部党支部、青铜峡分公司组装车间党支部、红一煤矿党支部。

8. 2017—2018 年

铝业国贸沈阳公司党支部、青铜峡分公司动力二车间党支部、山西铝业检修分公司党支部、青铜峡分公司仓储配送中心党支部、山西铝业矿业部（吕梁矿业公司）党支部、青铜峡分公司质检计控中心党支部、山西铝业氧化铝分公司分解一车间党支部、宁东分公司供电车间党支部、遵义公司大竹园矿党支部、宁东分公司电算站党支部、临河发电发电运行党支部、宁东分公司铁路工厂站党支部、青铝发电机关党支部、科技工程公司装修车间党支部、中卫热电发电运行党支部、科技工程公司辅修车间党支部、青铜峡分公司电解四车间党支部、青鑫炭素石墨化加工车间党支部。

9. 2019—2020 年

山西铝业党委、青铜峡分公司电解维修车间党支部、山西铝业矿业部党支部、青铜峡分公司焙烧二车间党支部、山西铝业压溶一车间党支部、青铜峡分公司运输二车间党支部、铝业国贸西北分公司党支部、宁东分公司电解四车间党支部、遵义公司党委、宁东分公司组装车间党支部、遵义公司质检化验中心党支部、宁东分公司煅烧车间党支部、临河发电发电运行党支部、科技工程公司机械制造部党支部、青铝发电发电党支部、青鑫炭素成型二车间党支部、新能源公司生产第二党支部、铝合金分公司党总支、青铜峡分公司电解一车间党支部。

（二）先进单位

1. 2010 年

红一煤矿、中青迈建设指挥部。

2. 2011 年

红一煤矿、吴忠新能源、宁东分公司、检修分公司、公司人力资源部。

3. 2012 年

红一煤矿、吴忠新能源、宁东分公司、检修分公司、公司计划部。

4. 2013 年

临河发电、吴忠新能源、动力分公司、公司财务部。

5. 2014 年

临河分公司、青铜峡分公司、宁东分公司、动力分公司、公司安监部。

6. 2015 年

临河分公司、青铜峡分公司、宁东分公司、动力分公司、公司安监部、临河分公司、中卫新能源、工程检修、宁东分公司、公司发电部。

（三）先进集体

1. 2009 年

公司财务产权与股权管理部、电力分公司、青铝股份电解三部、青铝股份动力部、青铝股份铝材加工部、青铝股份电解一部、青铝股份销售部、中青迈公司阳极部、建设指挥部工程管理部、建安公司、煤炭项目筹建处、青铝股份电解二部电解八车间、青铝股份阳极三部成型三车间、青铝股份开发公司招待所、青铝股份物流配送部仓储室、青铝股份生产机动部调度室、青铝股份铸造中心铸造二车间、中青迈铝业动力部供电车间、青鑫炭素成型一车间、科技信息中心宁东工作站。

2. 2010 年

公司财务与产权股权管理部、红一煤矿机电组、红一煤矿综合组、临河发电安全生产部、中卫新能源工程管理部、临河发电综合管理部、中青迈铝业电解部、中青迈铝业动力部、青铝股份阳极二部青铝股份电解一部、青铝股份物流配送部、青铝股份电解二部净化车间、青铝股份阳极一部组装车间、青铝股份铸造中心铸造三车间、青铝股份大修部炉修车间、青鑫炭素维修车间、青鑫炭素炭块加工车间加工三班、建设指挥部供应部、建安公司工程管理部、科技信息中心青铜峡工作站。

3. 2011 年

红一煤矿计划经营部、红二煤矿筹建处机电管理部、临河发电发电运行部、中卫新能源发电运维部、枣泉发电技术组、青铜峡分公司电解一车间、青铜峡分公司组装一车间、青铜峡分公司铸造二车间、宁东分公司电解二车间、宁东分公司铸造车间、动力分公司供电五车间、动力分公司动力二车间、供销分公司销售部、检修分公司炉修车间、质量检测中心质检二部、物流配送中心物流二车间、通润铝材铸轧车间、青鑫炭素成型一车间、建设工程公司工程管理部、实业公司实业项目部。

4. 2012 年

红一煤矿机电运输队、红二煤矿筹建处机电管理部、临河发电发电运行部、吴忠新能源太阳山光伏电站、中卫新能源香山风电场、青铜峡分公司电解一车间、青铜峡分公司成型一车间、青铜峡分公司铸造三车间、宁东分公司电解四车间、宁东分公司焙烧车间、动力分公司供电四车间、动力分公司动力一车间、供销分公司销售部、检修分公司热加工车间、检修分公司维修三车间、物流中心计划与财务部、质检中心计量站、通润铝材氧化车间、工程公司综合部、实业分公司青铜峡物业管理中心。

5. 2013 年

红一煤矿机电运输队、红二煤矿筹建处工程技术部、临河发电发电运行部、吴忠新能源生产工程部、中卫新能源香山风电场、中卫热电计划部、青铜峡分公司 160 千安电解车间、青铜峡分公司组装一车间、青铜峡分公司铸造三车间、宁东分公司电解四车间、宁东分公司维修车间、动力分公司供电二车间、动力分公司动力一车间、供销分公司销售部、检修分公司炉修车间、物流配送中心物流一车间、质检中心青铜峡质检站、通润铝材挤压车间、青鑫炭素成型二车间、实业分公司宁东物业管理中心。

6. 2014 年

红二煤矿项目筹建处、临河发电发电运行部、吴忠新能源太阳山光伏电站、中卫热电生产准备部、青铝发电发电部、青铜峡分公司 200 千安电解车间、青铜峡分公司组装一车间、青铜峡分公司铸造二车间、宁东分公司电解三车间、宁东分公司焙烧车间、动力分公司供电四车间、供销分公司销售部、检修分公司炉修车间、质检中心生产技术部、物流配送中心物流一车间、通润铝材压延车间、青鑫炭素石墨化车间、实业分公司宁东物业管理中心、工程公司计划合同部。

7. 2015 年

红一煤矿机电队、临河发电工程管理部、青铝发电输煤运行部、中卫新能源工程部、吴忠新能源太阳山光伏电站、中卫热电发电运行部、工程检修辅修车间、青鑫炭素设备维修中心、青铜峡分公司铸造二车间、青铜峡分公司组装车间、青铜峡分公司供电三车间、宁东分公司电解四车间、宁东分公司成型车间、销售分公司综合部、通润铝材铸轧车间。

8. 2016 年

公司财务部、青铝发电、中卫新能源、工程检修公司、青铜峡分公司、临河发电发电运行部、中卫热电发电运行部、青鑫炭素成型一车间、宁东分公司电解四车间。

9. 2017 年

铝电公司先进集体：公司党群工作部（工会办公室）、公司计划经营部、临河发电、宁东分公司、银川新能源、宁夏能源铝业财务与产权部、铝业国贸期货部、铝业国贸重庆公司、山西铝业生产运行部、山西铝业检修分公司、遵义公司大竹园矿。宁夏能源铝业先进集体：公司财务部、临河发电、银川（售电）新能源、宁东分公司。

10. 2018 年

铝电公司先进集体：遵义公司、几内亚公司、银川（售电）新能源、青鑫炭素、临河发电、科技工程公司、铝业国贸氧化铝部、山西铝业检修分公司、山西铝业党群工作部、遵义公司工程项目部。宁夏能源铝业先进集体：临河发电、银川（售电）新能源、科技工程公司、青鑫炭素。

11. 2019 年

公司市场部、公司电解铝部、铝业国贸西北分公司、山西铝业热电分公司、遵义公司热电厂、青铝发电、新能源公司、青铜峡分公司、宁东分公司、科技工程公司辅修车间、青鑫炭素营销部。

12. 2020 年

铝电金海工程部、山西铝业五台矿业分公司、遵义公司生产运行部、青铝发电生产技术部、新能源公司发电场、青铜峡分公司电解四车间、宁东分公司电解三车间、科技工程公司炉窑修理部、青鑫炭素石墨化加工车间、铝合金分公司合金锭铸造车间。

13. 2021 年

铝业国贸计划与财务部、铝电金海港口生产部、山西铝业压溶一车间、遵义公司矿石焙烧脱硫车间、青铝发电设备维护部主网班、青铜峡分公司电解四车间、宁东分公司电解四车间、科技工程公司综合智慧能源部、青鑫炭素焙烧车间、新材料公司铸轧车间。

14. 2020 年 4 月，荣获铝电公司抗击新冠疫情及复工复产先进基层党组织

公司机关第二党支部、铝业国贸第一党支部、几内亚公司临时第二党支部、山西铝业党委、山西铝业实业公司党支部、遵义公司机关第二党支部、临河发电机关党支部、青铝发电维护党支部、中卫热电输煤除灰党支部、新能源公司生产第一党支部、青铜峡分公司机关第一党支部、青铜峡分公司电解四车间党支部、青铜峡分公司组装车间党支部、宁东分公司机关第四党支部、宁东分公司供销中心党支部、科技工程公司机械制造部党支部、青鑫炭素机关第一党支部、铝合金公司铸轧车间党支部。

第四节　社会荣誉

一、集体

2009 年 6 月 17 日，宁夏能源铝业被评为"推动宁夏可持续发展十佳功勋单位"。

2010 年 5 月 12 日，宁夏能源铝业被授予"宁夏慈善奖"。

2010 年 7 月 14 日，宁夏能源铝业被授予"宁夏希望工程 20 年优秀公益伙伴奖"。

2010 年 12 月 7 日，宁夏能源铝业被评为"宁夏爱国拥军模范单位"。

2012 年 3 月 28 日，宁夏能源铝业被评为"劳动关系和谐企业"。

2012 年 4 月 16 日，宁夏能源铝业被评为"宁夏十大企业"。

2013 年 8 月 10 日，动力分公司维修车间电工班被评为"职工职业道德建设先进班组"。

2020 年 7 月 30 日，山西铝业被评为"山西省文明单位"。

2020 年 11 月 6 日，山西铝业被评为"山西省功勋企业""山西省综合百强企业""山西省制造业百强企业"。

2021 年 4 月 27 日，铝业国贸被评为"2019—2020 年度上海市文明单位"。

2021 年 8 月 26 日，铝业国贸被评为"2021 上海企业 100 强"。

2021 年 11 月 18 日，山西铝业被评为"山西省百强企业""山西省制造业百强企业"。

二、个人

2009 年 6 月 17 日，宁夏能源铝业党委书记、总经理黄河被评为"宁夏可持续发展十佳功勋人物"。

2009 年 9 月 6 日，宁夏能源铝业党委书记、总经理黄河获"时代功勋——第 6 届感动中国·百佳人物"奖。

2012 年 4 月 16 日，宁夏能源铝业董事长、党委书记黄河被评为"宁夏十大优秀企业家"。

2019 年 7 月，山西铝业安宁被评为"铝电公司见义勇为优秀员工"。

2020 年 5 月，铝业国贸西北分公司赵文斌被评为"银川市兴庆区 2019 年度优秀青年志愿者"。

2020 年 11 月 6 日，铝电公司党委委员，山西铝业党委书记、董事长郑家江被评为"山西省功勋企业家"。

2021 年 3 月，宁东分公司电解三车间戚政被评为"宁夏回族自治区岗位学雷锋标兵"。

中国电力投资集团公司文件

中电投人资〔2008〕48 号

关于成立中电投宁夏能源有限公司的通知

各直管单位：

为了促进集团公司宁夏区域能源企业的发展，经研究决定，成立中电投宁夏能源有限公司（以下简称：宁夏公司）。

宁夏公司为集团公司二级单位，现阶段，集团公司授权西北分公司管理。本部设在宁夏回族自治区银川市。负责管理集团公司在宁夏的资产与股权。

宁夏公司注册资本金为 10 亿元人民币。

宁夏公司依照《中电投宁夏能源有限公司组建方案》（见附件）组建。组建初期，要严格控制本部机构设置和定员人数，今后随着业务和管理范围的扩展再适时做出相应调整。

　　附件：中电投宁夏能源有限公司组建方案

二〇〇八年五月二十九日

附件：

中电投宁夏能源有限公司组建方案

根据《中华人民共和国公司法》（以下简称《公司法》）及有关法律法规规定，按照中国电力投资集团公司关于组建中电投宁夏能源有限公司，促进宁夏区域能源项目建设与发展的要求，制定本方案。

一、公司名称

中文全称：中电投宁夏能源有限公司

中文简称：中电投宁夏公司

英文全称：China Power Investment Corporation NingXia Energy Co.，LTD.

英文简称：CPI NingXia Energy Company

二、公司性质

中国电力投资集团公司（以下简称：集团公司）的全资子公司，独立法人实体，集团公司二级单位。

注册资本和法定住所：

（一）注册资本

注册资本金为 10 亿元人民币。

（二）法定住所

中国宁夏回族自治区银川市新昌西路 168 号。

邮政编码：750001。

三、经营范围

1. 从事发电企业的投资建设与生产经营和管理，组织电力、热力产品营销。

2. 从事煤炭开采、煤化工产业的开发与经营。

3. 从事铁路运输、金属冶炼和型材生产、加工与销售。

4. 从事煤炭衍生品的生产、销售及粉煤灰的综合开发与利用。

5. 经有关部门批准，从事国内投融资业务。

6. 经营国家批准或允许的其他业务。

四、领导体制

公司设董事会，董事会由 7 人组成，董事长为公司法定代表人。

公司设监事会，监事会由 3 人组成。

公司设总经理 1 人、副总经理 2 ~ 3 人、财务总监 1 人。

公司设党组书记 1 人，纪检组长、工委主任 1 人。

本部机构与定员

（一）本部机构

可设总经理工作部、计划与发展部、人力资源部、财务与产权管理部、安全生产环保部、工程部、监察审计部、党群工作部等 8 个部门，根据公司业务的开展，逐步设立。

（二）本部定员

暂定 35 人，随业务开展适时调整。

中国电力投资集团公司文件

中电投人资〔2008〕117号

关于成立中电投宁夏青铜峡能源铝业集团有限公司的通知

各二级单位：

为了促进集团公司宁夏产业的发展，集团公司决定，成立中电投宁夏青铜峡能源铝业集团有限公司（以下简称：宁夏能源铝业）。

宁夏能源铝业由中电投宁夏能源有限公司和宁夏青铜峡铝业集团公司重组组成，为集团公司二级单位。

宁夏能源铝业重组工作完成后，中电投宁夏能源有限公司即行撤销。

二〇〇八年十二月十九日

国家发展和改革委员会文件

发改能源〔2009〕224 号

国家发展改革委关于宁夏青铜峡铝业自备电厂核准的批复

宁夏回族自治区发展改革委：

报来《关于青铜峡铝业自备电厂 2×30 万千瓦工程核准的请示》（宁发改能源〔2008〕758 号）及有关材料收悉。经研究，现就该项目核准事项批复如下：

一、为推进铝电联营，支持青铜峡铝业股份有限公司发展，同意建设青铜峡铝业自备电厂项目。

项目单位为青铜峡铝业股份有限公司。

二、项目建设地点为宁夏回族自治区青铜峡市。

三、本工程建设 2 台 30 万千瓦国产亚临界直接空冷燃煤发电机组。

电厂采用空冷发电技术，年用水量约 271 万立方米，使用青铜峡铝业股份有限公司废污水处理后的中水。电厂投产后，年需燃煤约 150 万吨，由宁东煤田灵武矿区、鸳鸯湖矿区供应，燃煤经铁路、公路运至电厂。电厂所排灰渣要综合利用，盛家墩灰场主要满足事故贮灰需要。

电厂以 220 千伏电压等级接入系统。电网工程由电网企业投资建设，具体方案另行审定。

四、项目动态总投资为 26.4 亿元，其中项目资本金为 5.3 亿元，约占动态总投资的 20%，由青铜峡铝业股份有限公司以自有资金出资。

资本金以外所需资金 21.1 亿元，由国家开发银行、中国建设银行分别贷款 10.55 亿元和 10.55 亿元。

五、本项目建设烟气脱硫装置、高效静电除尘器和在线连续监测装置，采用低氮燃烧技术，并预留脱除氮氧化物装置空间。各项排放指标要满足国家环保要求。

六、项目单位要优化工程设计，选用节能设备，加强节能管理。项目投产后发、供电煤耗等各项能耗指标应控制在设计水平。

七、项目建设应严格执行《招标投标法》的有关规定，所需设备要通过公开招标采购。

八、核准项目的相关文件分别是《建设项目选址意见书》（宁建选字第 47 号）、《关于青铜峡铝业自备电厂（2×300 兆瓦）工程环境影响报告书的批复》（环审〔2007〕294 号）、《关于青铜峡铝业自备电厂一期（2×300 兆瓦）工程建设用地预审意见的复函》（国土资预审字〔2006〕336 号）和《关于青铜峡铝业自备电厂工程（2×300 兆瓦）水土保持方案的复函》（水保函〔2007〕35 号）等。

九、如需对本项目核准文件所规定的有关内容进行调整，请及时以书面形式向我委报告，并按照有关规定办理。

十、请青铜峡铝业股份有限公司根据本核准文件，办理相关城乡规划、土地使用、资源利用、安全生产等相关手续。

十一、本核准文件有效期限为 2 年，自发布之日起计算。在核准文件有效期内未开工建设项目的，应在核准文件有效期届满 30 日前向我委申请延期。项目在核准文件有效期内未开工建设也未申请延期的，或虽提出延期申请但未获批准的，本核准文件自动失效。

二〇〇九年一月二十日

宁夏回族自治区 发展和改革委员会文件

宁发改审发〔2011〕31号

关于核准中电投太阳山光伏并网电站 一期30兆瓦工程项目的批复

中电投宁夏青铜峡能源铝业集团有限公司：

报来《关于核准中电投太阳山光伏发电一期30兆瓦项目核准的请示》（宁能铝计划〔2011〕12号）收悉。经研究，现将有关核准事项批复如下：

一、为开发利用太阳山地区丰富的太阳能资源，促进我区新能源产业的发展，同意建设中电投太阳山光伏并网发电一期30兆瓦工程项目，并进行清洁发展机制（CDM）开发。

二、本期项目建设地点位于吴忠市太阳山开发区内，西侧为211国道，南侧为盐（池）—中（宁）高速公路，北侧为宁夏发电集团太阳山风电场二期工程，距太阳山管委会所在地约12公里。

三、本期项目建设规模为30兆瓦，项目分为30个1兆瓦的光伏方阵，选用YL230P-29b型230兆瓦的多晶硅电池组件，配备60台500千瓦逆变器，全部采用固定安装方式。

四、项目电网接入方案按照宁夏电力公司接入系统批复确定。

五、工程总投资53323万元，单位千瓦投资为17196元，其中，项目资本金为10664.6万元，占总投资的20%，由中电投宁夏青铜峡能源铝业集团有限公司以自有资金出资，其余由项目单位申请银行贷款解决。

六、上网电价由价格主管部门按有关程序核定。

七、项目建设应严格执行《招标投标法》有关规定，所需设备、材料通过招标采购。

八、核准项目的相关文件分别是《自治区发改委关于印发宁夏电投太阳山 50 兆瓦等八个太阳能光伏发电项目可行性研究报告审查意见的通知》（宁发改能源〔2010〕120 号）、《自治区国土资源厅关于中电投太阳山 30 兆瓦并网光伏电站工程建设用地的预审意见》（宁国土资预审字〔2011〕3 号）、《自治区环保厅印发的中电投太阳山 30 兆瓦并网光伏电站工程项目环境影响评价表审批意见》（宁环表〔2010〕79 号）、《自治区水利厅关于中电投太阳山 30 兆瓦并网光伏电站水土保持方案的复函》（宁水审发〔2010〕44 号）、《国家开发银行宁夏分行关于承诺中电投太阳山光伏发电一期 30 兆瓦项目贷款的函》（开行宁函〔2011〕6 号）。

九、项目开工后一年内须建成投产。项目开工、竣工等均需向我委报告。如需对项目建设规模、总投资等进行调整，需及时向我委报告，并办理相关手续。

据此批复，请尽快开展下一步工作。

二〇一一年二月十日

中国电力投资集团公司文件

中电投规划〔2014〕429号

关于宁夏能源铝业青铝股份
120千安、160千安电解系列关停方案的批复

宁夏能源铝业：

你公司报来的《宁夏能源铝业关于青铝股份120千安、160千安电解系列关停工作实施方案的请示》（中电投宁铝计划〔2014〕98号）及有关材料收悉。经集团公司2014年第5次总经理办公会议审议，现就关停方案批复如下：

一、原则同意青铝股份120千安、160千安电解系列关停方案。

二、宁夏能源铝业要按照关停方案组织青铜峡铝业股份有限公司做好120千安、160千安电解系列关停工作。要妥善处理关停人员分流、安置工作，确保安全生产、职工稳定。积极争取中央财政奖励资金和地方政府财政补贴。

三、电解系列关停实施中遇到问题要及时向集团公司汇报。

二〇一四年六月十七日

宁夏回族自治区
发展和改革委员会文件

宁发改审发〔2015〕382 号

关于中电投宁夏能源铝业集团
宁东电解铝供电系统改造项目核准的批复

中电投宁夏青铜峡能源铝业集团有限公司：

报来《关于宁东电解铝供电系统改造项目核准的请示》（中电投宁铝计划〔2015〕111 号）及有关材料收悉。经组织审查研究，现就核准有关事项批复如下：

一、为了解决中电投宁东电解铝系列单电源、双回路供电模式问题，提高电解铝项目供电安全可靠性；同时考虑项目各项核准支持性文件已齐全并已开始组织实施，为完善项目手续，同意核准中电投宁夏青铜峡能源铝业集团有限公司宁东电解铝供电系统改造工程。

二、项目建设内容包括：甜水河变电站扩建一个 330 千伏出线间隔；青铝宁东电解铝开关站扩建 1 个 330 千伏进线间隔；建设 330 千伏线路总长约 22 公里，从甜水河 330 千伏变电站新建间隔起，到青铝宁东 330 千伏开关站新建间隔，导线为 2×JL/G1A-630/45 钢芯铝绞线；建设配套系统二次和光纤通信工程。

三、项目总投资 7228 万元。其中：项目建设资本金 1446 万元，约占动态总投资 20%，由你公司出资，其余部分申请贷款解决。

四、如需对本核准文件所规定的内容进行调整，请及时以书面形式向我委报告，并按照有关规定办理。

五、请项目法人根据本核准文件，办理相关建设手续，尽快组织完成项目建设。

二〇一五年十月十二日

宁夏回族自治区经济和信息化委员会
宁夏回族自治区物价局

宁经信电力发〔2017〕216号

自治区经济和信息化委员会　自治区物价局
关于调整国家电投宁夏能源铝业电解铝
供电模式与用电价格的通知

国网宁夏电力公司、国家电投集团宁夏能源铝业有限公司：

为进一步落实自治区政府关于促进我区铝行业发展要求，根据《国务院办公厅关于营造良好市场环境促进有色金属工业调结构促转型增效益的指导意见》（国办发〔2016〕42号）文件精神和《国家能源局西北监管局关于明确发电企业电力业务许可监督管理工作有关要求的通知》（西北监能资质〔2017〕11号）文件要求，决定对国家电投宁夏能源铝业（以下简称青铝）电解铝供电模式与用电价格进行调整，通知如下：

一、青铝青铜峡地区350千安系列由青铜峡2×33万千瓦自备电厂以自备方式供电，运行方式按照"自发自用、余量上网、不足网购、参与调峰"的原则，富余电量按标杆电价80%上网销售（或按照交易规则参与电力直接交易），不足电量可参与电力直接交易补充。200千安系列保持原有供电模式不变。

二、宁东350千安系列、400千安系列生产用电由临河动力站供应，不足电量参与全区电力直接交易。

三、根据国家发改委《关于加强和规范燃煤自备电厂监督管理的指导意见》要求，国家电投宁夏能源铝业所属自备机组及动力站自有机组，要承担维护电力系统安全稳定运行的责任和义务，参与电网辅助服务考核与补偿，提供调峰等辅助服务。

四、自发自用电量按要求承担国家规定的政府性基金、政策性交叉补贴。系统备用容量由青铝与宁夏电力公司协商确定，执行自治区物价局核准的价格。

五、宁夏能源铝业应积极与具备核准（备案）权限的能源主管部门沟通，尽快补齐核准（备案）手续。

六、本通知执行期自 2017 年 7 月 1 日起，《自治区经济和信息化委员会自治区物价局关于调整国家电投宁夏能源铝业电解铝供电模式与用电价格的通知》（宁经信电力发〔2017〕112 号）文件停止执行。如遇国家政策调整，则适时做出调整并按新的政策执行。自治区经信委联合自治区物价局督导本通知的落实，宁夏能源铝业、宁夏电力公司负责按照本通知要求，做好调整供电主体，电费结算工作。

二〇一七年七月一日

国家电投集团铝电投资有限公司章程（节选）

（2018 年 3 月 16 日一届五次董事会修正）

第一章　总则

第一条　为规范国家电投集团铝电投资有限公司（以下简称"公司"）的组织和行为，维护股东、公司和债权人的合法权益，完善法人治理结构，根据《中华人民共和国公司法》（以下简称《公司法》）和《中华人民共和国企业国有资产法》（以下简称《企业国有资产法》）等法律、法规和规范性文件，制订本章程。

第二条　公司名称：

中文全称：国家电投集团铝电投资有限公司，简称：铝电公司。

英文全称：State Power Investment Corporation Aluminum & Power Investment Co., LTD，简称：SPICAPI。

第三条　公司住所：北京市西城区西直门外大街 18 号楼 8 层 3 单元 901、902、903、905、906、907、908、909；9 层 3 单 元 1001、1002、1003、1005、1006、1007、1008、1009。

第四条　公司是依照《公司法》规定设立的一人有限责任公司（法人独资），在国家工商行政管理机构注册登记，取得法人营业执照。

…………

第二章　注册资本和经营范围

第十一条　公司注册资本为人民币 44.77 亿元，其中以现金方式投入 41.23 亿元，股权方式投入 3.54 亿元，认缴时间为 2017 年 1 月 18 日。

第十二条　公司营业期限为 30 年，自公司设立登记之日起算。

第十三条　公司的经营范围：投资境外、境内矿山、铝业、电站及与之配套的铁路、公路、港口相关项目；承包与其实力、规模、业绩相适应的国外工程项目；对外派遣实施上述境外工程所需的劳务人员；进出口业务。

第十四条　公司根据实际情况，可以改变经营范围，但应当办理变更登记。

…………

第三章　股东

第十五条　公司由国家电力投资集团有限公司（以下简称"股东"）独资设立并履行股东职责。

第十六条　公司不设股东会，股东依照《公司法》等法律、行政法规的规定对公司行使以下股东职权：

…………

第四章　党委

第十七条　公司设立党委。党委设书记 1 名，其他党委成员若干名。董事长、党委书记原则上由一人担任。符合条件的党委成员可以通过法定程序进入董事会、监事会、经理层。董事会、监事会、经理层成员中符合条件的党员可以依照有关规定和程序进入党委。同时，按规定设立纪委。

第十八条　公司党委根据《中国共产党章程》及《中国共产党党组工作条例》等党内法规履行职责。

（一）保证监督党和国家方针政策在公司的贯彻执行，落实党中央、国务院重大战略决策、国资委党委以及上级党组织有关重要工作部署。

（二）坚持党管干部原则与董事会依法选择经营管理者以及经营管理者依法行使用人权相结合。党委对董事会或总经理提名的人选进行酝酿并提出意见建议，或者向董事会、总经理推荐提名人选；会同董事会对拟任人选进行考察，集体研究提出意见建议。

（三）研究讨论公司改革发展稳定、重大经营管理事项和涉及职工切身利益的重大问题，并提出意见建议。

（四）承担全面从严治党主体责任。领导公司思想政治工作、统战工作、精神文明建设、企业文化建设和工会、共青团等群团工作。领导党风廉政建设，支持纪委切实履行监督责任。

　　…………

国家电投集团宁夏能源铝业有限公司章程（节选）

（2018 年 5 月 25 日第二次临时股东会修正）

第一章　总则

第 4 条　公司概况

公司名称：国家电投集团宁夏能源铝业有限公司。

英文名称：STATE POWER INVESTMENT CORPORATION NINGXIA ENERGY ALUMINUM CO.，LTD.

注册资本：46.03 亿元人民币。

公司住所：宁夏回族自治区银川市新昌西路 168 号。

法定代表人：董事长为公司法定代表人。

公司形式：公司为有限责任公司，是企业法人，有独立的财产，享有法人财产权。公司以其全部财产对公司的债务承担责任。

经营范围：向发电、煤化工、煤炭行业投资，投资与管理，铁路运输、电解铝、阴极炭素、建材、金属材料、机电等系列产品，进出口贸易（不含许可经营项目）、机械维修、仓储、房屋租赁、机电设备租赁、信息咨询，公益林养护。

…………

第二章　公司股东、出资方式及出资期限

第 14 条　公司股东及通讯

14.1　国家电投集团铝电投资有限公司

地址：北京市西城区西直门外大街 18 号金贸中心 C1 座 8 层

电话：010-56625243

传真：010-56625243

邮编：100044

14.2　宁夏国有资本运营集团有限责任公司

地址：银川市金凤区枕水巷建材大厦 12 楼

电话：0951-6662399

传真：0951-6662399

邮编：750002

第 15 条　股东出资额及出资比例

公司总股本为 46.03 亿元人民币，实收资本为 46.03 亿元人民币。

15.1　国家电投集团铝电投资有限公司，出资总计 35 亿元人民币，占总股本的 76.05%。

15.2　宁夏国有资本运营集团有限责任公司，出资总计 11.03 亿元人民币，占总股本的 23.95%。

第 16 条　出资方式

16.1　国家电投集团铝电投资有限公司以下列方式出资：以受让国家电力投资集团公司所持宁夏能源铝业 76.05% 股权出资，作价 35 亿元人民币。

16.2　宁夏国有资本运营集团有限责任公司以下列方式出资：以受让宁夏国资委所持宁夏能源铝业 23.95% 股权出资，作价 11.03 亿元人民币。

第 17 条　出资期限

17.1　各股东依据《合作及重组协议书》认缴的公司注册资本总计为 4602529307.21 元人民币，该资金在上述协议生效后 10 个工作日内缴存于公司所设的账户。

…………

第六章　公司党委

第 31 条　党组织机构设置

31.1　公司设立党委。党委设书记 1 名，其他党委成员若干名。董事长、党委书记原则上由一人担任。符合条件的党委成员可以通过法定程序进入董事会、监事会、经理层。董事会、监事会、经理层成员中符合条件的党员可以依照有关规定和程序进入党委。同时，按规定设立纪委。

31.2　公司党委设党群工作部作为工作部门，同时设立工会、团委等群众性组织；公司纪委设纪检监察部作为工作部门。

31.3　基层党组织机构设置及其人员编制纳入公司管理机构和编制。所属单位党委班子、纪委班子成员按照公司定编配备。设党总支的所属单位配置专职副书记分管纪检监察工作，配备纪检专责。

31.4　党建工作经费纳入企业管理费用，不超过年度工资薪金总额的 1%。

第 32 条　公司党委职责

公司党委根据《中国共产党章程》及《中国共产党党组工作条例》等党内法规履行下列职责。

32.1　监督党和国家方针政策在公司的贯彻执行，落实党中央、国务院重大战略决策、国资委党委以及上级党组织有关重要工作部署。

32.2　坚持党管干部原则与董事会依法选择经营管理者以及经营管理者依法行使用人权相结合。党委对董事会或总经理提名的人选进行酝酿并提出意见建议，或者向董事会、总经理推荐提名人选；会同董事会对拟任人选进行考察，集体研究提出意见建议。

32.3　研究讨论公司改革发展稳定、重大经营管理事项和涉及职工切身利益的重大问题，并提出意见建议。

32.4　承担全面从严治党主体责任，领导公司思想政治工作、统战工作、精神文明建设和工会、共青团等群团工作。领导党风廉政建设，支持纪委切实履行监督责任。

32.5　党委会作为董事会、经营班子会的前置会议，对涉及公司发展战略、改革重组，"三重一大"重要事项和重大经营管理事项先行研究讨论后由董事会或董事会执委会，经营班子会做出决定。

32.6　党委讨论和决定公司下列重大事项：

32.6.1　需要向上级党组织请示报告的重要事项及下级单位党组织请示报告的重要事项；

32.6.2　内部机构设置、职责、人员编制等事项；

32.6.3　重大决策、重要人事任免、重大项目安排、大额资金使用等事项；

32.6.4　公司党的建设、基层党组织和党员队伍建设方面的重要事项；

32.6.5　思想政治工作、精神文明建设和企业文化建设方面的重要事项；

32.6.6　党风廉政建设和反腐败工作方面的重要事项；

32.6.7　其他应当由党委讨论和决定的重大问题。

第 33 条　公司纪委职责

33.1　落实公司惩治和预防腐败体系建设，健全各项反腐倡廉制度，组织开展反腐倡廉宣传教育，健全完善抓早抓小抓严工作机制，推进廉洁企业建设。

33.2　监督检查公司系统各级党组织、党员遵守党章、党规、党纪，执行党的路线方针政策的情况。

33.3　监督检查铝电公司和公司重大决策部署贯彻落实，各项规章制度和廉洁从业有关规定的执行情况。

33.4　监督检查公司各级领导班子履行党风廉政建设责任、落实"三重一大"决策事项、开展党务公开、厂务公开等情况。

33.5　受理公司系统党组织、党员和监察对象违纪违规问题的检举、控告和申诉，严肃查处违纪违规问题；参与重大质量、安全事故的调查处理。

33.6　组织开展巡视检查、效能监察，对生产经营管理重点领域、关键环节开展专项治理和日常监督检查。

33.7　开展廉洁从业风险防范管理工作，预防职务犯罪。

33.8　加强纪检监察队伍建设，指导所属单位开展工作。

…………

青铜峡铝业股份有限公司职工医院移交协议

移交方（以下简称"甲方"）：青铜峡铝业股份有限公司

接收方（以下简称"乙方"）：青铜峡市卫生和计划生育局

根据《关于国有企业办教育医疗机构深化改革的指导意见》（国资发改革〔2017〕134号）和《关于企业分离办社会职能有关财务管理问题的通知》（财企〔2005〕62号）的有关规定，经双方友好协商，就甲方所属职工医院（以下称"被移交机构"）移交乙方管理的具体事宜达成如下协议：

一、移交基准日

移交基准日为2018年5月31日，从2018年6月1日起甲方将被移交机构的管理职能及资产全部移交乙方，由乙方对医院实施管理。

二、移交资产

（一）甲方按照"移交资产无偿划转"的原则，将被移交机构（含土地使用权、房屋产权及配套设施设备等）一次性无偿整体移交给乙方。资产移交清单以移交基准日的账面金额为依据进行编制。

（二）经核实确认，纳入移交的土地使用权一宗，面积以实际核定为准。

（三）移交前被移交机构的债权、债务由甲方负责清理，乙方、被移交机构均不承担原有债权债务、合同纠纷和连带责任，移交后被移交机构运行过程中的债权、债务由乙方承担。

（四）移交基准日后的供水、供电、供热按照甲方要求签订能源使用协议，具体事宜另行协商。

三、移交程序

本协议签订之后，双方在15日内完成移交资产盘点清查，经签字、盖章确认后，办理实物资产移交验收手续。

四、义务和责任

（一）甲方承担的义务和责任

1. 甲方保证将被移交机构所有职能及资产无偿移交乙方。

2. 甲方配合乙方办理有关权属变更手续（所产生的费用由乙方承担）。

（二）乙方承担的义务和责任

1. 自移交基准日起，乙方负责被移交机构的管理，甲方不再参与任何管理。

2. 自移交基准日起，被移交机构发生的各项费用由乙方承担，甲方不再承担被移交机构的任何费用。

3. 乙方负责将青铝地区纳入区域医疗卫生服务体系规划，确保青铝地区医疗卫生和计划生育管理工作在移交后不受影响。

五、附则

（一）本协议经双方签字盖章后生效，未尽事宜，由双方另行协商解决和签订补充协议。

（二）有关本协议的履行所产生的任何异议，双方协商解决。

（三）本协议一式八份，由甲、乙双方各执四份。

2018 年 5 月 16 日

国家电力投资集团有限公司文件

国家电投体改〔2018〕406号

关于青铝股份职工家属区物业移交项目
签署正式协议的批复

铝电公司：

你单位《关于签订青铝股份职工家属区物业分离移交正式协议的请示》（国家电投铝电综合〔2018〕210号）收悉。经研究，现批复如下：

一、根据宁夏回族自治区国有企业职工家属区"三供一业"分离移交工作小组办公室2018年6月14日专题会议纪要精神，同意青铝股份废止原与宁夏建投城市运营管理公司签署的框架协议，重新与吴忠国运盛物业服务有限公司签署物业分离移交协议，协议费用为9900万元，包括维修改造费用8122万元，外墙保温费用1778万元。其中，外墙保温费用由铝电公司及青铝股份自行承担，不属于中央财政补助及集团配套范围。

二、根据宁夏回族自治区国有资产管理改革专项小组办公室《关于明确国有企业职工家属区"三供一业"分离移交资产处置相关政策规定的通知》（宁国资改办发〔2017〕1号）精神，同意青铝股份向接收方吴忠国运盛物业服务有限公司一次性支付物业管理过渡期补贴费用680万元，同时补足住房公共维修基金、物业储备金735.4万元。该部分资金由铝电公司及青铝股份自行承担，不属于中央财政补助及集团配套范围。

三、项目正式协议签订后，请抓紧组织维修改造、管理职能移交，确保2018年底前完成。要在改造过程中加强控制，进一步压减不必要费用。同时，及时落实维修改造资金，对目前缺口部分，应先行垫付。

此复

2018年9月17日

国家电力投资集团有限公司文件

国家电投计财〔2018〕496号

关于铝电公司"三供一业"移交涉及资产
无偿划转的批复

铝电公司：

你公司《关于青铝股份职工家属区"三供一业"资产移交的请示》（国家电投铝电财产〔2018〕253号）收悉。根据《国务院办公厅转发国务院国资委、财政部关于国有企业职工家属区"三供一业"分离移交工作指导意见的通知》（国办发〔2016〕45号）要求，现批复如下：

一、同意你公司所属青铝股份将供电15项资产无偿划转至国网宁夏电力有限公司吴忠供电公司，划转价值以2017年12月31日为基准日，经审计后的账面净值为基础确定。具体见附件1。

二、同意你公司所属青铝股份将供水1项、供气2项、供热22项、物业管理25项资产无偿划转至吴忠国运盛物业服务有限公司，划转价值以2018年8月31日为基准日，经审计后的账面净值为基础确定。具体见附件2。

三、请你公司严格执行国资管理相关规定，及时办理资产移交协议签署、产权登记变更等手续。

附件：1. 青铜峡铝业股份有限公司移交资产明细表（供电项目）（略）
　　　2. 青铜峡铝业股份有限公司移交资产明细表（供水、供气、供热、物业管理项目）（略）

2018年11月13日

编纂始末

　　根据中共中央关于在全党开展党史学习教育的要求和国家电投党组安排部署，2021 年 3 月，铝电公司启动党史学习教育。3 月 17 日，时任铝电公司党委书记、董事长刘丰主持召开 2021 年第五次党委会，提出结合党史学习教育，讲好企业发展史，编纂公司志书，真实记载企业建设发展状况，发挥志书存史、资政、教化功能的要求。公司党委决定，把学习中国共产党的历史与公司的历史结合起来，教育和引导全体党员和广大职工，以史为鉴，不忘初心，牢记使命，以习近平新时代中国特色社会主义思想为指导，以打造产业一体化、管理专业化、机制市场化的全产业链创新型现代企业为己任，确保国家电投新时期战略在公司落地深植。

　　2021 年 4 月 13 日，党建部着手安排志书编纂工作，抽调张韶华、吴卫国、贺玉艳三名同志着手开展工作。三位同志一边学习修志知识，了解和掌握修志常识及编纂要求，一边查阅公司史料，与各部门负责人面对面交流沟通，梳理脉络。按照"横不缺项，纵不断线"，"横排门类，纵述史实"，"事以类从，类为一志"等修志要求，完成《铝电公司志（2009—2021）》（以下简称《铝电公司志》）凡例及大纲初稿，邀请宁夏方志办专业人员进行审核把关，提交编委会主要领导审核。其间，进行多次讨论，集思广益，根据专家指导意见和领导意见进行补充和完善。发放到各部门、各单位征集意见，根据征集意见和建议，进行再修改，形成大纲拟定稿。

　　2021 年 8 月 19 日，公司召开《铝电公司志》编纂工作启动会议，介绍编纂工作方案，明确各阶段的工作任务和时间节点，时任党委副书记、工会主席刘卫做动员讲话并提出具体要求。刘卫强调，公司志书要全面展示铝电人为企业无私奉献、创新创造的精神风貌，为建设具有全球竞争力的创新型现代一流企业提供历史经验和规律借鉴；要学习铝电公司的历史，从中感悟今天的发展来之不易，感悟前辈的艰辛，感悟我们党的伟大，从过往接续精神的力量，为未来构建智慧的桥梁。

　　2021 年 9 月下旬，编辑部正式组建。10 月 8 日抽调人员基本到位。编辑部对编纂工作过程中的各个环节进行仔细梳理和规划，以周为单位，制定工作进度推进表。编辑部实行周例会制，每周五召开工作例会，通报工作进度，及时解决出现的问题，布置下周工作。针对具体问题及时讨论确定，统一思想，明确方向，确保进度。编辑部实行编纂分工负责制，采取"总纂＋分编"与"分编＋联络员"相结合的工作机制，分解大纲内容，责任到人，明确任务。编辑部成立4个编写小组，分别负责12章内容的编写。编写一组，由贺玉艳任组长，金霞、吴芳、李富军为组员，主要负责第二章铝产业、第三章能源产业、第四章生产运行管理、第五章安全环保质量健康、第六章科技与信息化、第八章行政管理等内容的编写。编写二组，由吴卫国任组长，杨新亮为组员，主要负责第七章改革发展、第九章后勤服务等内容。编写三组，由金霞负责，主要承担第十二章人物·先进等内容。编写四组，由邸拥军任组长，张韶华、刘福明为组员，主要负责照片、序言、凡例、目录、概述、大事记、第一章公司建置、第十章党建群团、第十一章所属公司、附录、编纂始末等内容。

2021年10月9日，公司党委下发关于成立《铝电公司志》编纂委员会的通知，党委书记、董事长冯建清任主任，党委副书记、总经理吴克明，党委副书记、工会主席刘卫任副主任，班子其他成员、技术序列领导、总助、副总师、部门主任组成成员。成立编委会办公室，设在党建部。成立编辑部，冯建清任主编，吴克明、刘卫任副主编，张韶华任执行主编。党建部下发收集资料的通知，从收集原则、基本任务、资料类型、资料来源、收集方式及注意事项等进行说明。

2021年10月24日—11月4日，各小组与大纲内容所对应部门、单位负责人和联络员进行第一轮全面交流和讨论，进一步明确收集要求、完成时间及收集内容。编辑部要求编写人员每周至少1次与责任部门联络员就资料收集内容进行沟通，督导其按照通知要求收集资料。11月24—26日，第一、第二编写小组分别到电解铝部、青铜峡分公司、科技工程公司、青鑫炭素、新材料就大纲相关内容进行现场沟通，并征集相关资料。

为确保《铝电公司志》的质量，编辑部进行了多次培训，采取请专家讲授和自行讲解相结合的办法，讲述记事方法、资料收集、志书体例、行文规范等内容。针对工作过程中出现的问题，有针对性地进行培训，结合志稿内容，讲述相关知识和规范，答疑释惑。

2022年6月，在公司党委的关心支持下，外聘2位有史志编写经验和经历的专业人员参与志书编写。编辑部对相关工作任务进行调整，成立编纂一部，由贺玉艳任组长、郭恒君任副组长。编纂二部由吴卫国担任组长、马生珍任副组长。保留前期的3个编写小组，分别划入一部、二部。对第四编写小组人员和任务进行调整，由马生珍指导，沈富裕、陈江伟及党建部各专业管理人员共同完成第十章内容，张韶华、贺玉艳、郭恒君、马生珍完成其他内容。

2023年1月30日，党建部主持召开第三次推进会，按照公司领导要求，从进度滞后、资料欠缺较多的部门抽出 8 位同志，用一个月时间，集中力量补充资料。大家舍弃周末休息时间，加班加点，努力工作，终于在 2 月底完成阶段性工作，完成初稿。

2023 年 3 月 3 日，将成册的初稿送达编委会各成员进行审读，编辑部也紧张有序地开展全面校核和修改工作。由于内容的重复和遗漏、体例上的矛盾、事件的准确性、笔法上的差异及字词句的规范等，初稿存在诸多问题，编辑部逐一解决，对章节进行调整、提炼，去粗取精，纠错补漏，删繁就简。

2023 年 3 月 30 日，公司召开《铝电公司志》编纂委员会会议，听取编纂工作进展汇报和相关事项说明，反馈初稿审核意见、建议，安排部署下一步重点工作。会议指出，《铝电公司志》是全面、系统、客观记述 13 年来公司各方面发展历程与现状的资料性文献，是一项功在当代、惠泽千秋的事业。各部门要切实提高做好《铝电公司志》编纂工作的思想认识，积极主动作为，以强烈的历史使命感和责任感继续做好后续工作。各部门负责人要亲自审核、亲自把关，亲自召开会议研究审核相关内容，在审阅过程中做到细致、负责，抓好统筹协调，积极补充完善，确保志书内容的整体性和一致性；编辑部要注重志书全部细节，坚持以习近平新时代中国特色社会主义思想为指引，从全局的角度审视具体问题，确保志书脉络和条理清楚。要注重信息的准确性和权威性，通过广泛收集、综合分析、多方核实、查阅印证等手段，对收集的资料进行核实，呈现出真实、客观的状态。要注重表述质量，对语言的选择、句子的结构、表述的方式精打细敲，力求用清晰、简洁、生动的语言来进行表述。会后，编写人员与各部门、各单位，就初稿内容的完整性、准确性、真实性等进一步沟通，继续解决遗留的问题。11 月 16 日，完成《铝电公司志》复审稿，发至编委会各成员及各单位审核。12 月 8 日，陆续收到复审稿修改意见，边收集，边修改，边核实，12 月 22 日完成修改。12 月 26 日，执行主编张韶华、编辑金霞完成总纂稿。

2024 年 3 月中旬公司党建部组织完成照片编辑，3 月下旬完成送审稿。4 月 2 日，公司召开《铝电公司志》专家评审会，邀请宁夏回族自治区人大常委会委员刘卫、宁夏社会科学院原副院长刘天明、宁夏社会科学院地方志编纂处处长负有强、宁夏社会科学院图书资料中心主任张明鹏、吴忠市委党史和地方志研究室主任胡建东及公司有关领导、专家、相关部门负责人对志稿进行评审。专家一致认为，《铝电公司志》送审稿，政治观点正确，体例比较完备，以事系人，述而不论，行文规范，既突出行业特色，又突出时代特色，是一部较为成熟的送审稿，决定通过评审，完成专家修改意见后进入出版流程。评审会后，在孙超、杨新亮、韩新栋等同志的配合下，编辑部按照专家的修改意见进行了仔细修改和认真加工，补充附录等相关内容，形成较为完备的志稿。4 月 29 日，《铝电公司志》编委会召开终审会。会议认